二十四史

文白对照精华版·精选精译

《二十四史》编委会·编

第三册

史记
汉书

线装书局

列　传

史记卷六十一

伯夷列传第一

夫学者载籍极博，犹考信于六艺。《诗》、《书》虽缺，然虞夏之文可知也。尧将逊位，让于虞舜，舜禹之间，岳牧咸荐，乃试之于位，典职数十年，功用既兴，然后授政。示天下重器，王者大统，传天下若斯之难也。而说者曰尧让天下于许由，许由不受，耻之逃隐。及夏之时，有卞随、务光者。此何以称焉？太史公曰：余登箕山，其上盖有许由冢云。孔子序列古之仁圣贤人，如吴太伯、伯夷之伦详矣。余以所闻由、光义至高，其文辞不少概见，何哉？

孔子曰："伯夷、叔齐，不念旧恶，怨是用希。""求仁得仁，又何怨乎？"余悲伯夷之意，睹轶诗可异焉。其传曰：

伯夷、叔齐，孤竹君之二子也。父欲立叔齐，及父卒，叔齐让伯夷。伯夷曰："父命也。"遂逃去。叔齐亦不肯立而逃之。国人立其中子。于是伯夷、叔齐闻西伯昌善养老，盍往归焉。及至，西伯卒，武王载木主，号为文王，东伐纣。伯夷、叔齐叩马而谏曰："父死不葬，爰及干戈，可谓孝乎？以臣弑君，可谓仁乎？"左右欲兵之。太公曰："此义人也。"扶而去之。武王已平殷乱，天下宗周，而伯夷、叔齐耻之，义不食周粟，隐于首阳山，采薇而食之。及饿且死，作歌。其辞曰："登彼西山兮，采其薇矣。以暴易暴兮，不知其非矣。神农、虞、夏忽焉没兮，我安适归矣？于嗟徂兮，命之衰矣！"遂饿死于首阳山。

由此观之，怨邪非邪？

或曰："天道无亲，常与善人。"若伯夷、叔齐，可谓善人者非邪？积仁絜行如此而饿死！且七十子之徒，仲尼独荐颜渊为好学。然回也屡空，糟糠不厌，而卒蚤夭。天之报施善人，其何如哉？盗蹠日杀不辜，肝人之肉，暴戾恣睢，聚党数千人横行天下，竟以寿终。是遵何德哉？此其尤大彰明较著者也。若至近世，操行不轨，专犯忌讳，而终身逸乐，富厚累世不绝。或择地而蹈之，时然后出言，行不由径，非公正不发愤，而遇祸灾者，不可胜数也。余甚惑焉，傥所谓天道，是邪非邪？

子曰"道不同不相为谋"，亦各从其志也。故曰："富贵如可求，虽执鞭之士，吾亦为之。如不可求，从吾所好。""岁寒，然后知松柏之后凋。"举世混浊，清士乃见。岂以其重若彼，其轻若此哉？

"君子疾没世而名不称焉。"贾子曰："贪夫徇财，烈士徇名，夸者死权，众庶冯生。""同明相照，同类相求。""云从龙，风从虎，圣人作而万物睹。"伯夷、叔齐虽贤，得夫子而名益彰。颜渊虽笃学，附骥尾而行益显。岩穴之士，趣舍有时若此，类名堙灭而不称，悲夫！闾巷之人，欲砥行立名者，非附青云之士，恶能施于后世哉？

译文：

世上记事的书籍虽然很多，但学者们仍然以"六艺"——

《诗》、《书》、《礼》、《乐》、《易》、《春秋》等经典为征信的凭据。《诗经》、《尚书》虽有缺损,但是记载虞、夏两代的文字都是可以见到的。尧将退位,让给虞舜,还有舜让位给禹的时候,都是由四方诸侯长和州牧们推荐出来的,于是,让他们先试着任职工作,主持事务数十年,做出了成就,建立了功绩,然后再把大政交给他们。这是表示天下是极贵重的宝器,帝王是最大的统领者,把天下移交给继承者就是如此的困难。然而,也有人说过,尧要把天下让给许由,许由不肯接受,以为是一种耻辱而逃走隐居起来。到了夏代的时候,又有卞随、务光等人。这些人又为什么要受到称许呢?太史公说:我登过箕山,相传山上有许由之墓。孔子依次评论古代的仁人、圣人、贤人,对吴太伯和伯夷等讲得很详细。我听说许由、务光等节义品德至为高尚,而经书中有关他们的文辞却见不到,这是为什么呢?

孔子说:"伯夷、叔齐,不是老记着人家以前的过错,因此怨恨他们的人就少。""追求仁德而得到仁德,又有什么可怨恨的呢?"我对伯夷兄弟的用意深感悲痛,但看到那些逸诗又(不免对孔子说的话)感到诧异。他们的传记说道:

伯夷、叔齐是孤竹君的两个儿子。父亲想把王位传给叔齐,到了父亲去世以后,叔齐要让位给伯夷。伯夷说:"这是父亲的遗命啊!"于是便逃走了。叔齐也不肯即位而逃走。国人只好立孤竹君的第二个儿子为王。这时,伯夷、叔齐听说西伯昌能关心老人,扶养老人,便一起去归附他。等到达那里,西伯已去世了。武王用车载着西伯的神主,追谥为文王,率军东进去征伐商纣。伯夷、叔齐拉住武王的马而谏阻道:"父亲死了却不安葬,大动干戈去打仗,这难道是孝的行为吗?身为臣子,却要去杀害国君,这难道可以算做仁德吗?"周王左右的人准备杀掉他们,太公说:"他们是义人啊!"扶着他们离开了。武王摧毁了殷商的暴虐统治,天下都归附了周朝,而伯夷、叔齐却认为这是很可耻的事,为了表示对殷商的忠义,不肯再吃周朝的粮食,隐居在首阳山中,靠着采食薇菜充饥。到了由于饥饿而将死的时候,作了一首歌,歌辞说:"登上那西山啊,采些那薇菜呀!以暴臣啊代暴王,他还不知多荒唐!神农、虞舜和夏禹,授政仁人相禅让,圣人倏忽辞世去,我辈今日向何方?啊,别啦,永别啦!命运衰薄令人哀伤!"终于饿死在首阳山中。

从这些记载来看,伯夷、叔齐是怨呢,还是不怨呢?

有人说:"天道并不对谁特别偏爱,但通常是帮助善良人的。"像伯夷、叔齐,总可以算得上是善良的人了吧!难道不是吗?他们行善积仁,修养品行,这样的好人竟然给饿死了!再说孔子的七十二位贤弟子这批人吧,仲尼特别赞扬颜渊好学。然而颜回常常为贫穷所困扰,连酒糟谷糠一类的食物都吃不饱,终于过早地去世了。上天对于好人的报偿,到底是怎样的呢?盗跖天天在屠杀无辜的人,割人肝,吃人肉,凶暴残忍,胡作非为,聚集党徒数千人,横行天下,竟然能够长寿而终。他又究竟积了什么德,行了什么善呢?这几个例子是最典型,最能说明问题的了。若要说到近代,那种品行不遵循法度,专门违法乱纪的人,反倒能终身安逸享乐,富贵优裕,一代一代地传下去;而有的人(诚如孔子教诲的那样,)居住的地方要精心地加以选择;说话要待到合适的时机才启唇;走路只走大路,不抄小道;不是为了主持公正,就不表露愤懑,结果反倒遭遇灾祸。这种情形多得简直数也数不清。我实在感到非常困惑,倘若这就是所谓的天道,那么,这天道究竟是对,还是错呢?

孔子说"主义不同的人,不互相商议谋划",都各自按照自己的意志去做事。孔子又说："富贵如果能够求得，就是要干手拿鞭子的卑贱的职务，我也愿意去干；如果不能求得，那还是按照我自己的喜好去干吧！""天气寒冷以后，才知道松树、柏树是最后落叶的。"世间到处混浊龌龊，那清白高洁的人就显得格外突出。这岂不是因为他们是如此重视道德和品行，又是那样鄙薄富贵与苟活啊！

"君子感到痛心的是到死而名声不被大家所称颂。"贾谊说："贪得无厌的人为追求钱财而不惜一死，胸怀大志的人为追求名节而不惜一死，作威作福的人为追求权势而不惜一死，芸芸众生只顾惜自己的生命。""同是明灯，方能相互辉照；同是一类，方能相互亲近。""飞龙腾空而起，总有祥云相随；猛虎纵身一跃，总有狂风相随；圣人一出现，万物的本来面目便都被揭示得清清楚楚。"伯夷、叔齐虽然贤明，由于得到了孔子的赞扬，名声才更加响亮；颜渊虽然好学，由于追随孔子，品德的高尚才更加明显。那些居住在深山洞穴之中的隐士们，他们出仕与退隐也都很注重原则，有一定的时机，而他们的名字，就大都被埋没了，不被人们所传颂，真可悲啊！一个下层的平民，要想磨炼品行，成名成家，如果不依靠德高望重的贤人，怎么可能让自己的名声流传于后世呢？

史记卷六十二

管晏列传第二

管仲夷吾者,颍上人也。少时常与鲍叔牙游,鲍叔知其贤。管仲贫困,常欺鲍叔,鲍叔终善遇之,不以为言。已而鲍叔事齐公子小白,管仲事公子纠。及小白立为桓公,公子纠死,管仲囚焉。鲍叔遂进管仲。管仲既用,任政于齐,齐桓公以霸,九合诸侯,一匡天下,管仲之谋也。

管仲曰:"吾始困时,尝与鲍叔贾,分财利多自与,鲍叔不以我为贪,知我贫也。吾尝为鲍叔谋事而更穷困,鲍叔不以我为愚,知时有利不利也。吾尝三仕三见逐于君,鲍叔不以我为不肖,知我不遭时也。吾尝三战三走,鲍叔不以我为怯,知我有老母也。公子纠败,召忽死之,吾幽囚受辱,鲍叔不以我为无耻,知我不羞小节而耻功名不显于天下也。生我者父母,知我者鲍子也。"

鲍叔既进管仲,以身下之。子孙世禄于齐,有封邑者十余世,常为名大夫。天下不多管仲之贤而多鲍叔能知人也。

管仲既任政相齐,以区区之齐在海滨,通货积财,富国强兵,与俗同好恶。故其称曰:"仓廪实而知礼节,衣食足而知荣辱,上服度则六亲固。四维不张,国乃灭亡。下令如流水之原,令顺民心。"故论卑而易行。俗之所欲，因而予之；俗之所否，因而去之。

其为政也，善因祸而为福，转败而为功。贵轻重，慎权衡。桓公实怒少姬，南袭蔡，管仲因而伐楚，责包茅不入贡于周室。桓公实北征山戎，而管仲因而令燕修召公之政。于柯之会，桓公欲背曹沫之约，管仲因而信之，诸侯由是归齐。故曰："知与之为取，政之宝也。"

管仲富拟于公室，有三归、反坫，齐人不以为侈。管仲卒，齐国遵其政，常强于诸侯。后百余年而有晏子焉。

晏平仲婴者，莱之夷维人也。事齐灵公、庄公、景公，以节俭力行重于齐。既相齐，食不重肉，妾不衣帛。其在朝，君语及之，即危言；语不及之，即危行。国有道，即顺命；无道，即衡命。以此三世显名于诸侯。

越石父贤，在缧绁中。晏子出，遭之涂，解左骖赎之，载归。弗谢，入闺。久之，越石父请绝。晏子愕然，摄衣冠谢曰："婴虽不仁，免子于厄，何子求绝之速也？"石父曰："不然。吾闻君子诎于不知己而信于知己者。方吾在缧绁中，彼不知我也。夫子既已感寤而赎我，是知己；知己而无礼，固不如在缧绁之中。"晏子于是延入为上客。

晏子为齐相，出，其御之妻从门间而窥其夫。其夫为相御，拥大盖，策驷马，意气扬扬，甚自得也。既而归，其妻请去。夫问其故。妻曰："晏子长不满六尺，身相齐国，名显诸侯。今者妾观其出，志念深矣，常有以自下者。今子长八尺，乃为人仆御，然子之意自以为足，妾是以求去也。"其后夫自抑损。晏子怪而问之，御以实对。晏子荐以为大夫。

太史公曰：吾读管氏《牧民》、《山高》、《乘马》、《轻重》、《九府》，及《晏子春秋》，详哉其言之也。既见其著书，欲观其行事，故次其传。至其书，世多有之，是以不论，论其轶事。

管仲，世所谓贤臣，然孔子小之。岂以为周道衰微，桓公既贤，而不勉之至王，乃称霸哉？语曰"将顺其美，匡救其恶，故上下能相亲也"。岂管仲之谓乎？

方晏子伏庄公尸哭之，成礼然后去，岂所谓"见义不为无勇"者邪？至其谏说，犯君之颜，此所谓"进思尽忠，退思补过"者哉！假令晏子而在，余虽为之执鞭，所忻慕焉。

译文：

管仲，名夷吾，是颍上人。他年轻时曾与鲍叔牙交游，鲍叔知道他很有才能。管仲生活贫困，常常占鲍叔的便宜，但鲍叔始终对他很好，没有怨言。后来鲍叔侍奉齐国的公子小白，管仲侍奉公子纠。等到小白立为齐桓公，公子纠被杀死，管仲也被囚禁起来了。于是，鲍叔向桓公推荐管仲。管仲被任用以后，执掌齐国的政事，齐桓公的霸业因此得以成功，九次会集诸侯，使天下一切得到匡正，都是根据管仲的计谋。

管仲说："我当初贫困的时候，曾经和鲍叔一起经商，分财利时自己常常多拿一些，但鲍叔并不认为我贪财，知道我是由于生活贫困的缘故。我曾经为鲍叔办事，结果使他更加穷困，但鲍叔并不认为我愚笨，知道这是由于时机有利和不利。我曾经三次做官，三次都被君主免职，但鲍叔并不认为我没有才干，知道我是由于没有遇到好时机。我曾三次作战，三次都战败逃跑，但鲍叔并不认为我胆小，知道这是由于我还有老母的缘故。公子纠失败,召忽为他而死,我被囚禁起来受屈辱,但鲍叔并不认为我不知羞耻,知道我不拘泥于小节,而以功名不显扬于天下为羞耻。生我的是父母,但了解我的却是鲍叔啊!"

鲍叔在推荐管仲辅佐齐桓公之后,甘愿身居管仲之下。鲍叔的子孙世代都在齐国享受俸禄,十几代人都得到了封地,往往都成为有名的大夫。所以天下人不称赞管仲的贤能,却称颂鲍叔能够识别人才。

管仲在齐国执政任相,使地处海滨的小小齐国流通货物,积聚财帛,富国强兵,办事能够与百姓同好恶。所以他说:"仓库充实了,人才知道礼仪节操,衣食富足了,人才懂得荣誉和耻辱。君主如能带头遵守法度,那么,父母兄弟妻子之间便会亲密无间。礼义廉耻得不到伸张,国家就要灭亡。国家颁布的政令像流水的源泉一样畅通无阻,是因为它能顺应民心。"因为道理浅显,容易实行。百姓所要求的,就顺应他们的愿望提供给他们;百姓所反对的,就顺应他们的愿望抛弃它。

管仲为政,善于转祸为福,把失败变为成功。重视控制物价,谨慎地处理财政。桓公实际上是由于怨恨少姬,南下袭击蔡国,但管仲却借这个机会,责备楚国不向周天子进贡包茅。桓公实际上是北伐山戎,但管仲却借这个机会,命令燕国恢复召公的政令。桓公在柯地与鲁国会盟,后来又想违背同曹沫的盟约,但管仲借助这个盟约使桓公建立了信义,因此诸侯都来归附齐国。所以说:"懂得给予就是索取的道理,这是治理国政的法宝。"

管仲的财富足以和公室相比,他有三归高台,又有反坫,但齐国人并不认为他奢侈。管仲死后,齐国仍然遵循他制定的政令法规,常比各国诸侯都强大。经过一百多年以后,齐国又出现了一位晏子。

晏平仲，名婴，是古莱国的夷维人，历事齐灵公、齐庄公、齐景公三朝，由于节俭和勤于政事而受到齐国人民的推重。他担任齐相，不吃两样的肉食，妻妾不穿丝绸衣裳。他在朝廷，国君有话问他，他就严肃地回答；不向他问话，他就严肃地办事。当国家有道的时候，就顺命行事，无道的时候，就权衡度量着去行事。他由于这样做，而能够三朝都在诸侯之中显扬名声。

越石父是个贤能的人，犯了罪被拘禁。晏子外出，在路上遇见他，就解下坐车左边的马，赎出了石父，并让他上车，一同回了家。晏子没有向石父告辞，就进入内室，许久不出来，于是越石父请求断绝交往。晏子大吃一惊，整理自己的衣冠郑重道歉说："我虽然没有仁德，但也帮助您摆脱了困境，您为什么这样快就要断绝交往呢？"石父说："不能这样说。我听说君子在不了解自己的人那里受屈，在知己人那里受到尊敬。当我在囚禁期间，那些人是不了解我的。您既然了解我，并且把我赎出来，这就是知己了，知己而待我无礼，那还不如被囚禁着。"于是，晏子请他进来待为上宾。

晏子担任齐国的宰相，一次外出，他车夫的妻子从门缝偷看她的丈夫。她的丈夫为宰相驾车，坐在大车盖下边，鞭打着四匹马，意气昂扬，特别得意。车夫回家以后，他的妻子就要求离去，车夫问他为什么。妻子说："晏子身长不满六尺，却做了齐国的宰相，名声显扬于诸侯。今天我看他出来，意志深远，常常流露出甘居人下的情态。现在你身长八尺，却给人家当车夫，但看你那样子却是心满意足，因此我要求离去。"从此以后，她丈夫就变得谨慎谦虚了。晏子感到奇怪，就问他，车夫如实做了回答。晏子推荐他做了大夫。

太史公说：我读管氏的《牧民》、《山高》、《乘马》、《轻重》、《九府》，以及《晏子春秋》，书中说得详细极了。看了他们所著的书以后，还想了解他们的所作所为，所以，编写了他们的传记。至于他们的著作，世上流传很多，所以不再论述，传中只讲他们的轶事。

管仲，世人都称他是贤臣，但孔子却轻视他。难道是因为周室衰微，桓公很贤明，而管仲却不勉励他去扶持王室，而辅佐他成就霸主了吗？古语说："帮助发扬君主的美德，纠正他的过错，所以上下就能互相亲近。"说的就是管仲吧？

当晏子伏在齐庄公尸体上痛哭，尽到为臣的礼仪之后才肯离去，难道这就是所说的"表现出大义来就不能说是没有勇气"的人吗？至于他进谏上书，冒犯君主的威严，这就是人们所说的"在朝廷上想着要尽忠，下朝就想着要补救过失"的人吧？假如晏子至今还活着，我即使是替他执鞭效劳，也是我喜欢和羡慕的事啊！

史记卷六十三

老子韩非列传第三

老子者,楚苦县厉乡曲仁里人也,姓李氏,名耳,字聃,周守藏室之史也。

孔子适周,将问礼于老子。老子曰:"子所言者,其人与骨皆已朽矣,独其言在耳。且君子得其时则驾,不得其时则蓬累而行。吾闻之,良贾深藏若虚,君子盛德,容貌若愚。去子之骄气与多欲,态色与淫志,是皆无益于子之身。吾所以告子,若是而已。"孔子去,谓弟子曰:"鸟,吾知其能飞;鱼,吾知其能游;兽,吾知其能走。走者可以为罔,游者可以为纶,飞者可以为矰。至于龙吾不能知,其乘风云而上天。吾今日见老子,其犹龙邪!"

老子修道德,其学以自隐无名为务。居周久之,见周之衰,乃遂去。至关,关令尹喜曰:"子将隐矣,强为我著书。"于是老子乃著书上下篇,言道德之意五千余言而去,莫知其所终。

或曰:老莱子亦楚人也,著书十五篇,言道家之用,与孔子同时云。

盖老子百有六十余岁,或言二百余岁,以其修道而养寿也。

自孔子死之后百二十九年,而史记周太史儋见秦献公曰:

"始秦与周合，合五百岁而离，离七十岁而霸王者出焉。"或曰儋即老子，或曰非也，世莫知其然否。老子，隐君子也。

老子之子名宗，宗为魏将，封于段干。宗子注，注子宫，宫玄孙假，假仕于汉孝文帝。而假之子解为胶西王卬太傅，因家于齐焉。

世之学老子者则绌儒学，儒学亦绌老子。"道不同不相为谋"，岂谓是邪？李耳无为自化，清静自正。

庄子者，蒙人也，名周。周尝为蒙漆园吏，与梁惠王、齐宣王同时。其学无所不窥，然其要本归于老子之言。故其著书十余万言，大抵率寓言也。作《渔父》、《盗跖》、《胠箧》，以诋訿孔子之徒，以明老子之术。畏累虚、亢桑子之属，皆空语无事实。然善属书离辞，指事类情，用剽剥儒、墨，虽当世宿学不能自解免也。其言洸洋自恣以适己，故自王公大人不能器之。

楚威王闻庄周贤，使使厚币迎之，许以为相。庄周笑谓楚使者曰："千金，重利；卿相，尊位也。子独不见郊祭之牺牛乎？养食之数岁，衣以文绣，以入大庙。当是之时，虽欲为孤豚，岂可得乎？子亟去，无污我。我宁游戏污渎之中自快，无为有国者所羁，终身不仕，以快吾志焉。"

申不害者，京人也，故郑之贱臣。学术以干韩昭侯，昭侯用为相。内修政教，外应诸侯，十五年。终申子之身，国治兵强，无侵韩者。

申子之学本于黄老而主刑名。著书二篇，号曰《申子》。

韩非者，韩之诸公子也。喜刑名法术之学，而其归本于黄老。非为人口吃，不能道说，而善著书。与李斯俱事荀卿，斯自以为不如非。

非见韩之削弱，数以书谏韩王，韩王不能用。于是韩非疾治国不务修明其法制，执势以御其臣下，富国强兵而以求人任贤，反举浮淫之蠹而加之于功实之上。以为儒者用文乱法，而侠者以武犯禁。宽则宠名誉之人，急则用介胄之士。今者所养非所用，所用非所养。悲廉直不容于邪枉之臣，观往者得失之变，故作《孤愤》、《五蠹》、《内外储》、《说林》、《说难》十余万言。

然韩非知说之难，为《说难》书甚具，终死于秦，不能自脱。

《说难》曰：

凡说之难，非吾知之有以说之难也；又非吾辩之难能明吾意之难也；又非吾敢横失能尽之难也。凡说之难，在知所说之心，可以吾说当之。

所说出于为名高者也，而说之以厚利，则见下节而遇卑贱，必弃远矣。所说出于厚利者也，而说之以名高，则见无心而远事情，必不收矣。所说实为厚利而显为名高者也，而说之以名高，则阳收其身而实疏之；若说之以厚利，则阴用其言而显弃其身。此之不可不知也。

夫事以密成，语以泄败。未必其身泄之也，而语及其所匿之事，如是者身危。贵人有过端，而说者明言善议以推其恶者，则身危。周泽未渥也而语极知，说行而有功则德亡，说不行而有败则见疑，如是者身危。夫贵人得计而欲自以为功，说者与知焉，则身危。彼显有所出事，乃自以为也故，说者与知焉，则身危。强之以其所必不为，止之以其所不能已者，身危。故曰：与之论大人，则以为间己；与之论细人，则以为粥权。论其所爱，则以为借资;论其所憎,则以为尝己。径省其辞,则不知而屈之;泛滥博文,则多而久之。顺事陈意,则曰怯懦而不尽;虑事广肆,则曰草野而倨侮。此说之难,不可不知也。

凡说之务,在知饰所说之所敬,而灭其所丑。彼自知其计,则毋以其失穷之;自勇其断,则毋以其敌怒之;自多其力,则毋以其难概之。规异事与同计,誉异人与同行者,则以饰之无伤也。有与同失者,则明饰其无失也。大忠无所拂悟,辞言无所击排,乃后申其辩知焉。此所以亲近不疑,知尽之难也。得旷日弥久,而周泽既渥,深计而不疑,交争而不罪,乃明计利害以致其功,直指是非以饰其身,以此相持,此说之成也。

伊尹为庖,百里奚为虏,皆所由干其上也。故此二子者,皆圣人也,犹不能无役身而涉世如此其污也,则非能仕之所设也。

宋有富人,天雨墙坏。其子曰"不筑且有盗",其邻人之父亦云,暮而果大亡其财,其家甚知其子而疑邻人之父。昔者郑武公欲伐胡,乃以其子妻之。因问群臣曰:"吾欲用兵,谁可伐者?"关其思曰:"胡可伐。"乃戮关其思,曰:"胡,兄弟之国也,子言伐之,何也?"胡君闻之,以郑为亲己而不备郑。郑人袭胡,取之。此二说者,其知皆当矣,然而甚者为戮,薄者见疑。非知之难也,处知则难矣。

昔者弥子瑕见爱于卫君。卫国之法,窃驾君车者罪至刖。既而弥子之母病,人闻,往夜告之,弥子矫驾君车而出。君闻之而贤之曰:"孝哉,为母之故而犯刖罪!"与君游果园,弥子食桃而甘,不尽而奉君。君曰:"爱我哉,忘其口而念我!"及弥子色衰而爱弛,得罪于君。君曰:"是尝矫驾吾车,又尝食我以其余桃。"故弥子之行未变于初也,前见贤而后获罪者,爱憎之至变也。故有爱于主,则知当而加亲;见憎于主,则罪当而加疏。

故谏说之士不可不察爱憎之主而后说之矣。

夫龙之为虫也，可扰狎而骑也。然其喉下有逆鳞径尺，人有婴之，则必杀人。人主亦有逆鳞，说之者能无婴人主之逆鳞，则几矣。

人或传其书至秦。秦王见《孤愤》、《五蠹》之书，曰："嗟乎，寡人得见此人与之游，死不恨矣！"李斯曰："此韩非之所著书也。"秦因急攻韩。韩王始不用非，及急，乃遣非使秦。秦王悦之，未信用。李斯、姚贾害之，毁之曰："韩非，韩之诸公子也。今王欲并诸侯，非终为韩不为秦，此人之情也。今王不用，久留而归之，此自遗患也，不如以过法诛之。"秦王以为然，下吏治非。李斯使人遗非药，使自杀。韩非欲自陈，不得见。秦王后悔之，使人赦之，非已死矣。

申子、韩子皆著书，传于后世，学者多有。余独悲韩子为《说难》而不能自脱耳。

太史公曰：老子所贵道，虚无，因应变化于无为，故著书辞称微妙难识。庄子散道德，放论，要亦归之自然。申子卑卑，施之于名实。韩子引绳墨，切事情，明是非，其极惨礉少恩。皆原于道德之意，而老子深远矣。

译文：
老子是楚国苦县厉乡曲仁里人，姓李，名耳，字聃，在周朝做管理藏书的史官。

孔子到周朝国都雒邑，打算向老子请教礼的知识。老子说："你所说的，他本人和骨骸都已腐朽了，只有他的言论还在。况且君子遭遇时运好，就坐上车子去做官；不逢其时，就像蓬草一样随风转移，可止则止。我听说：'会做生意的商人把货物囤藏起来，外表上好像没有货物一样。君子具有高尚的品德，但容貌谦恭就像愚蠢的人。'去掉你的骄气与多欲，故意做作的恣态和过大不实际的志向，这些对于你自身都没有好处。我要告诉你的，就是这些而已。"孔子离去，对弟子们说："鸟儿，我知道它能飞；鱼儿，我知道它能游；兽类，我知道它能跑。会跑的可以使用网（捉住它），会游的可以使用丝线（钓住它），会飞的可以使用箭（射中它）。至于龙，我就不能知道了。它乘着风云而上升到天空。我今天见到老子，他大概像一条龙吧！"

老子讲修道德，他的学说以深自韬隐，不求闻达为主旨。久住周京，看到周朝衰微下去，于是就离开了。经过散关，关令尹喜说："你将要隐居了，请尽力为我著书吧！"于是老子便著述《老子》上下二篇，论述"道"与"德"之意五千多字，然后离去，没有人知道他后来怎么样了。

有人说，有个叫老莱子的，也是楚国人，著书十五篇，论述道家的体用。与孔子生活在同一时代。

老子大概活了一百六十多岁，有人说活了二百多岁，由于讲修道德，所以养得高寿。

在孔子死后一百二十九年，史书上记载周太史儋见过秦献公，并说："开始秦与周是合并的，大约合五百年后分离，分离七十年后，就会出现霸王。"有人说儋就是老子，有人说不是，世人没有人知道是对还是不对。老子是一个隐士。当世谁也不知这些话是否应验。老子，是个隐居的君子。

老子的儿子名宗，曾做过魏国的将领，封在段干这个地方。宗的儿子叫注。注的儿子叫宫。宫的玄孙叫假，假曾在汉文帝朝做官。假的儿子解是胶西王卬的太傅，因此定居于齐地。

世上学习老子学说的人，往往贬斥儒学，而研究儒学的人，也贬斥老子的学说。大概这就是所谓"道不同不相为谋"的缘故吧！李耳主张无为而听任自然的变化，清静而自得事理之正。

庄子是蒙地人，名周。曾做过蒙地漆园的官吏，与梁惠王、齐宣王是同一时代的人。他的学说无所不及，但要旨却源于老子的理论。所以他写的书虽有十多万字，但大多都是寓言文字。作《渔父》、《盗跖》、《胠箧》，来毁辱孔子的学生，以表明老子的道术。至于他写的畏累虚、亢桑子之类，都是没有其事的杜撰。但他善于连缀文字以成辞章，表达事理，形容情状，来攻击儒家和墨家的学说，即使是当世饱学的学者，也都不能免于遭受攻击。他的文章汪洋恣肆，以适应自己的论证目的，所以当时从王公大人以下，没有一个能够像器皿似的使用他。

楚威王听说庄周贤能，派人去重金聘请，答应让他做卿相。庄周笑笑对楚使说："千金的确是重利，卿相的确是尊位，但你没见过天子祭祀天地时所用的牺牛吗？这些牛被饲养好几年，然后被披上彩绣的衣服，送进太庙去作祭品，在这个时候，即使想做一只自由的小猪，还能办得到吗？你赶快走吧，不要玷污我的人格！我宁愿在有着污泥的小河沟里自由自在，也不愿被国君所约束，终身不做官，使我的心志快乐。"

申不害是京县人，原来是郑国的一个小官。后来学了刑名之术来求见韩昭侯，昭侯任用他为相，对内整饬政治教化，对外应付诸侯之国，达十五年。一直到申子去世之时，韩国国治兵强，没有敢于侵犯的。

申子之学，源于黄帝和老子，而主张循名责实。著书二篇，叫作《申子》。

韩非，是韩国的贵族子弟。爱好刑名法术的学说，这种学说源于黄老。韩非生来口吃，不善于言说，却善于著书。与李斯同时求学于荀卿，李斯自认为才能不及韩非。

韩非看到韩国国势渐渐削弱，屡次上书规谏韩王，但韩王都不加采纳。因此韩非痛心国君治国不致力于讲求法制，不能用权势来驾驭臣下，不能使国家富强，兵力强大，不求贤任能，反而举任一些文学游说之士，使他们位居于专务功利实际的人之上。韩非认为儒生搬弄文辞来扰乱法术，而任侠的人又用武力干犯禁忌。平安时就恩宠那些有浮名虚誉的文人，危急时则要用披甲带胄的武士。现在平时培养的人不是所要使用的人，而所使用的人却不是平日所培养的人。他又悲愤那些清廉正直的臣子不为奸邪之臣所容，考察历史上治国得失的演变之迹，因此写下了《孤愤》、《五蠹》、《内外储》、《说林》、《说难》等十余万字的文章。

然而韩非尽管深知游说之道甚难，写下《说难》一文特别详备，但最终还是被害死在秦国，未能以身自免。

《说难》写道：

大凡对君主游说的难处，不是难在用我具有的知识来向君主游说，也不是难在我的口才难以表达我的意思，更不是难在我不敢把自己的意思毫无顾忌地充分讲出来。游说的难处，是在于了解游说对象的心理，方可使我的言论适合他的口味。

如果君主希望博取很高的名望，而游说者却对他说如何博取厚利，那么就会被君主看成为志节卑下，而以卑贱的待遇来对待他，这样，游说者必定要被君主远远抛弃了。如果君主希望获取厚利，而游说者却拿怎样获得高明去劝说他，那就会被君主看成是一个没有头脑的人，而且和他所计划的事相去太远，结果游说者必定不会被收用了。如果君主暗地里想获得厚利，而外表却装作好高明的样子，游说者若以获得高明的言论去劝说他，君主就会表面上同意游说者的意见，任用游说者，实际上却对他疏远；游说者若以获取厚利的言论去劝说他，君主就会暗中采用他的言论，表面上却要抛弃游说者。这是不可不省察的。

　　事情由于保密而成功，由于语言的泄露而失败。未必是游说者泄露的，只是游说者无意中说破了君主秘藏着的心事，这样游说者就有生命危险。显贵有了错误的苗头，而游说者却公开用大道理去推测他的不良行为，那么游说者就有生命危险。君主对游说者的亲密恩泽还没有达到深厚的程度，而游说者却讲出极知心的话，游说者的主张被采用并获得成功，他的功德就会被君主遗忘。游说者的主张没有被实行因而遭致失败，他就要引起君主的怀疑，这样游说者就有生命危险。显贵计划了一件事情，感到很得意，想自己表功，但游说者也曾参与，知道这件事，那么游说者就有生命危险。君主表面上号召做某一件事，而实际上却是为了成就另一件事，游说者参与并知道底细，那么游说者就有生命危险。如果勉强对方去做他不愿做的事情，或者勉强他中止他所不愿意罢手的事情，就有生命危险。所以说，游说者要是同君主议论大臣的事，便会被认为是离间君臣关系；要是同君主议论近臣的事，便会被认为是冒犯君主的权威。谈论君主所宠爱的人，便会被认为是拿君主宠爱的人做靠山；谈论君主所厌恶的人，便会被认为是试探君主对自己的看法。要是游说者说话简单直接，就会被认为缺少才智而得不到重用；要是滔滔不绝说得不着边际，就会被认为啰里啰唆浪费时间。要是简略地陈述大意，就会被说成是懦弱不敢大胆尽言；要是把考虑的事情毫无顾忌尽情谈出来，又会被说成是粗野傲慢。这一切都是游说者的难处，是不可不知道的。

游说者所应注意的重要问题，就在于如何去美化君主最自负的地方，而掩盖他最自惭形秽之处。对方如果以为自己的计谋高明，就不要指责他过去的失败而使他受窘；要是他认为自己的果断很勇敢，就不要拿他由于考虑不周造成的过错去激怒他；要是他夸耀自己的能力很强，就不要拿他感到棘手的问题非难他。规划不同的事与君主有同样打算的，赞美别人的行事和君主相同的。对这些事和人，游说者就要注意文饰自己的观点不要刺伤他们。有人和君主做了同样失败的事，一定要表面上说他没有错。君主大怒时不要违抗，言辞不要有锋芒，然后发挥自己的口辩智慧。这就是游说者得以亲近君主，不被怀疑，而可以充分说出自己言论主张的办法。如果得以与君主长期共事，感情和恩泽很深厚，替君主深谋远虑而不受怀疑，互相争论也不获罪，遇事便可以公开地论断利害，使他获得成功，直截了当地指出君主的是非，使他能够改正。彼此的关系如能像这样维持下去，那游说就算是成功了。

伊尹曾做过厨子，百里奚曾做过奴仆，他们都从自己从事的工作的角度请求君主采用他们的主张。这两个人都是古代的圣人，尚不能不亲自去从事卑贱的事以求进用。像这样卑躬屈节，也并不是贤能之士感到耻辱的事。

宋国有个富翁，天下大雨冲塌了他家的墙壁。他儿子说："如果不快修好这堵墙，就要有盗贼来。"他邻人的父亲也说了同样的话。到了晚上,他家果然被盗,丢失了不少钱财,他家的人都说自己的儿子聪明,却怀疑邻人的父亲。从前郑武公想讨伐胡国,便把自己的女儿嫁给胡君做妻子。接着他问群臣说:"我想对外用兵,哪一国可以攻打呢?"大夫关其思回答说:"胡国可以攻打。"郑武公便杀了关其思,说道:"胡国是兄弟国家,你说可以攻打,居心何在?"胡国国君听到这件事,认为郑君和自己关系密切,便不防备郑国了。郑国乘机袭击胡国,把它吞灭了。邻人之父和关大夫的话都对,但重的遭受到杀戮,轻的被人所怀疑。可见认识某一事理并不困难,但如何处理这种认识就困难了。

  从前弥子瑕很受卫君的宠爱。卫国的法律,凡是私自驾用君主车子的人就要受断足的刑罚。有一次,弥子瑕的母亲病了,有人闻讯,连夜去告诉他,弥子瑕就假称君主的命令,私自驾了卫君的车子出去。卫君知道后,反而称赞他说:"真是一个孝子啊,为了母亲甘愿受断足之刑。"弥子瑕和卫君游果园,弥子瑕摘一个桃子吃,觉得又香又甜,没有吃完,就把剩下的让给卫君吃了。卫君说:"弥子瑕真是爱我啊,不顾自己爱吃却想着我。"等到后来弥子瑕老态龙钟,卫君对他的宠爱消减了,他得罪了卫君,卫君就说:"弥子瑕曾经假称我的命令,私自驾用我的车子,又曾经给我吃剩的桃子吃。"所以说弥子瑕的行为和以前并没有什么不同,可当初为卫君所赞许,而后来却变成了罪过,其原因就是卫君心中的爱和憎起了变化。所以一个人被君主宠爱的时候,他的智谋合乎君主的口味,君主就对他更加亲近。当他被君主厌恶的时候,他的过失与君主的厌恶心理相应,君主就对他更加疏远。因此游说谏诤的人必须事先仔细观察君主爱憎如何,然后再进言。

龙作为一种虫类，可以亲近它，骑它，但它的喉咙下倒生着尺把长的鳞，如果有人触动了它，就必定要丧命。君主也同样生有逆鳞，游说者能够不触犯君主的逆鳞，就差不多成功了。

有人把韩非的书传到秦国。秦王看了《孤愤》、《五蠹》等书，慨叹说："唉，我要是能见到这个人，并与他交往，即使是死了也不遗憾了。"李斯说："这几卷书是韩非写的。"秦国因此加紧攻打韩国。韩王最初不任用韩非，等到形势危急，便派韩非出使秦国。秦王很高兴，尚未任用他时，李斯、姚贾妒忌韩非，就诋毁他说："韩非是韩国的贵族子弟，现在大王要吞并诸侯，韩非最终还是要为韩国效力，而不会为秦国效力，这是人之常情。现在大王不任用他，久留于秦，将来再放他回去，这是自己留下后患，不如加以罪名，依法处死他。"秦王认为有道理，就派人将韩非关押起来。李斯派人送毒药给韩非，让他自杀。韩非想要向秦王申诉，未能见到。秦王后来悔悟了，使人去赦免韩非，但是韩非已经死了。

申子、韩子都有著作留传到后世，不少学者都有他们的著作。我暗自悲伤韩非写了《说难》一文，自己却未能逃脱死路。

太史公说：老子看重道、虚无，听任事物自然变化，因此他写的书人们认为语义微妙难于理解。庄子推演老子关于道德的学说，放言高论，而要旨最终也归宗于自然之道。申子常常勉励自己，实践循名责实的理论。韩非以法律为准绳，判断事情，明察是非，到了极端便是惨急苛刻，残酷无情。申子、韩子的理论都源于"道德"学说，但老子原来的学说那是深远多了。

史记卷六十四

司马穰苴列传第四

司马穰苴者,田完之苗裔也。齐景公时,晋伐阿、甄,而燕侵河上,齐师败绩。景公患之。晏婴乃荐田穰苴曰:"穰苴虽田氏庶孽,然其人文能附众,武能威敌,愿君试之。"景公召穰苴,与语兵事,大说之,以为将军,将兵扞燕晋之师。穰苴曰:"臣素卑贱,君擢之闾伍之中,加之大夫之上,士卒未附,百姓不信,人微权轻,愿得君之宠臣,国之所尊,以监军,乃可。"于是景公许之,使庄贾往。穰苴既辞,与庄贾约曰:"旦日日中会于军门。"穰苴先驰至军,立表下漏待贾。贾素骄贵,以为将己之军而己为监,不甚急。亲戚左右送之,留饮。日中而贾不至。穰苴则仆表决漏,入,行军勒兵,申明约束。约束既定,夕时,庄贾乃至。穰苴曰:"何后期为?"贾谢曰:"不佞大夫亲戚送之,故留。"穰苴曰:"将受命之日则忘其家,临军约束则忘其亲,援枹鼓之急则忘其身。今敌国深侵,邦内骚动,士卒暴露于境,君寝不安席,食不甘味,百姓之命皆悬于君,何谓相送乎!"召军正问曰:"军法期而后至者云何?"对曰:"当斩。"庄贾惧,使人驰报景公,请救。既往,未及反,于是遂斩庄贾以徇三军。三军之士皆振慄。久之,景公遣使者持节赦贾,驰入军中。穰苴曰:"将在军,君令有所不受。"问军正曰:"驰三军法何?"正曰:"当斩。"使者大惧。穰苴曰:"君之使不可杀之。"乃斩其仆,车之左驸,马之左骖,以徇三军。遣使者还报,然后行。士卒次舍井灶饮食问疾医药,身自拊循之。悉取将军之资粮享士卒,身与士卒平分粮食,最比其羸弱者。三日而后勒兵,病者皆求行,争奋出为之赴战。晋师闻之,为罢去。燕师闻之,度水而解。于是追击之,遂取所亡封内故境而引兵归。未至国,释兵旅,解约束,誓盟而后入邑。景公与诸大夫郊迎,劳师成礼,然后反归寝。既见穰苴,尊为大司马。田氏日以益尊于齐。

已而大夫鲍氏、高、国之属害之,谮于景公。景公退穰苴,苴发疾而死。田乞、田豹之徒由此怨高、国等。其后及田常杀简公,尽灭高子、国子之族。至常曾孙和,因自立为齐威王,用兵行威,大放穰苴之法,而诸侯朝齐。

齐威王使大夫追论古者《司马兵法》而附穰苴于其中,因号曰《司马穰苴兵法》。

太史公曰:余读《司马兵法》,闳廓深远,虽三代征伐,未能竟其义,如其文也,亦少褒矣。若夫穰苴,区区为小国行师,何暇及《司马兵法》之揖让乎?世既多《司马兵法》,以故不论,著穰苴之列传焉。

译文:

司马穰苴是田完的后世子孙。齐景公时,晋国进犯阿和甄,燕国也入侵黄河南岸地,齐国军队大溃败。景公为此忧虑,晏婴因而推荐田穰苴说:"穰苴虽为田氏的庶出子孙,但他这个人,文德可使部下亲附,武略可使敌人畏惧,希望您能验试一下他。"景公召见穰苴，同他讨论军事，大加赞赏，任他为将军，率兵抵御燕晋两国的军队。穰苴说："臣下出身卑贱，是您把我从民间提拔上来，地位放在大夫之上，士兵并未亲附，百姓也无信任，资望既浅，缺乏权威，希望得到您的宠臣、国内有威望的人来监察军队，只有这样才能办到。"于是景公答应了他的条件，派庄贾前往。穰苴告辞之后，与庄贾约定说："明天正午在军门外相会。"第二天，穰苴先驰车到达军营，树立日表，打开滴漏，等待庄贾。庄贾一向傲慢自大，喜欢摆架子，认为率领自己的军队而由自己来当军监，不大着急。亲戚僚属为他送别，留下宴饮。直到正午庄贾仍未来。穰苴便放倒日表，截断滴漏，先入"军门"，整顿军队，反复说明各项规定。规定既经确立，到了傍晚，庄贾才到。穰苴问："为什么迟到？"庄贾道歉说："本人因为大夫和亲戚相送，所以耽搁了。"穰苴说："将领从接受任命之日就不顾家庭，从亲临军营申明号令就不顾亲戚，从拿起鼓槌指挥作战就不顾个人安危。现在敌国深入我地，举国骚动，士兵暴露于境内，国君睡不安稳，食不香甜，百姓之命皆系于您一身，还谈得上什么相送呢！"召军正来问"按照军法，按期不到者应如何处置？"回答是："应当斩首"。庄贾害了怕，派人驰车报告景公，请求救命。人走了，还没来得及返回，庄贾已被斩首示众于三军。三军士兵皆震惊战慄。过了好一会儿，景公派使者持节来赦免庄贾，车子闯入营垒之中。穰苴说："将在军中，国君的命令可以不必完全照办。"问军正说："闯入营垒依法当如何处置？"军正说："应当斩首。"使者大惊失色。穰苴说："国君的使者不可以杀。"便斩了驾车的驭手，砍断车子的左辅，杀死左边的马，示众于三军。派使者回报，然后开拔。士兵安营扎寨，打井砌灶，饮水吃饭，看病抓药，皆亲自过问，以示关怀。把将军的粮食全部拿来与士兵共享，本人与士兵平分粮食，标准最接近于身体瘦弱者。三天之后集合待发，病弱的人都要求前往，奋勇争先要去作战。晋国的军队听说，撤兵而去。燕国的军队听说，也渡河而溃散。于是乘胜追击，收复境内失去的国土率师而归。进入国都之前放下武器，解除规定，盟誓之后才敢进城。景公与众大夫迎之于郊，依礼慰劳军队完毕，然后才返回休息。见到穰苴之后，把他晋升为大司马。田氏从此在齐国日益显赫。

不久大夫鲍氏、高氏、国氏一伙陷害他，向景公进谗言。景公罢退穰苴，穰苴发病而死。田乞、田豹一伙从此怨恨高氏、国氏等。后来田常杀齐简公，全部灭掉高子、国子之族。到田常的曾孙和，便自立为齐威王，用兵作战，显示武力，极力仿效穰苴的兵法，当时诸侯都来朝见齐国。

齐威王命大夫们追论古代的《司马兵法》而把穰苴的兵法也附在里面，因此号称《司马穰苴兵法》。

太史公说：我读《司马兵法》，内容宏大深远，即使夏、商、西周三代的征伐也未能穷尽其义，从文字上看，未免有点夸大。至于穰苴，仅仅是为小国行师用兵，哪里赶得上《司马兵法》的讲求礼仪规定呢？世上流传的《司马兵法》既然很多，所以不复详论，只为穰苴写了传记。

史记卷六十五

孙子吴起列传第五

孙子武者,齐人也。以兵法见于吴王阖庐。阖庐曰:"子之十三篇,吾尽观之矣,可以小试勒兵乎?"对曰:"可。"阖庐曰:"可试以妇人乎?"曰:"可。"于是许之,出宫中美女,得百八十人。孙子分为二队,以王之宠姬二人各为队长,皆令持戟。令之曰:"汝知而心与左右手背乎?"妇人曰:"知之。"孙子曰:"前,则视心;左,视左手;右,视右手;后,即视背。"妇人曰:"诺。"约束既布,乃设鈇钺,即三令五申之。于是鼓之右,妇人大笑。孙子曰:"约束不明,申令不熟,将之罪也。"复三令五申而鼓之左,妇人复大笑。孙子曰:"约束不明,申令不熟,将之罪也;既已明而不如法者,吏士之罪也。"乃欲斩左右队长。吴王从台上观,见且斩爱姬,大骇。趣使使下令曰:"寡人已知将军能用兵矣。寡人非此二姬,食不甘味,愿勿斩也。"孙子曰:"臣既已受命为将,将在军,君命有所不受。"遂斩队长二人以徇。用其次为队长,于是复鼓之。妇人左右前后跪起皆中规矩绳墨,无敢出声。于是孙子使使报王曰:"兵既整齐,王可试下观之,唯王所欲用之,虽赴水火犹可也。"吴王曰:"将军罢休就舍,寡人不愿下观。"孙子曰:

"王徒好其言，不能用其实。"于是阖庐知孙子能用兵，卒以为将。西破强楚，入郢，北威齐晋，显名诸侯，孙子与有力焉。

孙武既死，后百余岁有孙膑。膑生阿鄄之间，膑亦孙武之后世子孙也。孙膑尝与庞涓俱学兵法。庞涓既事魏，得为惠王将军，而自以为能不及孙膑，乃阴使召孙膑。膑至，庞涓恐其贤于己，疾之，则以法刑断其两足而黥之，欲隐勿见。

齐使者如梁，孙膑以刑徒阴见，说齐使。齐使以为奇，窃载与之齐。齐将田忌善而客待之。忌数与齐诸公子驰逐重射。孙子见其马足不甚相远，马有上、中、下辈。于是孙子谓田忌曰："君弟重射，臣能令君胜。"田忌信然之，与王及诸公子逐射千金。及临质，孙子曰："今以君之下驷与彼上驷，取君上驷与彼中驷，取君中驷与彼下驷。"既驰三辈毕，而田忌一不胜而再胜，卒得王千金。于是忌进孙子于威王。威王问兵法，遂以为师。

其后魏伐赵，赵急，请救于齐。齐威王欲将孙膑，膑辞谢曰："刑余之人不可。"于是乃以田忌为将，而孙子为师，居辎车中，坐为计谋。田忌欲引兵之赵，孙子曰："夫解杂乱纷纠者不控卷，救斗者不搏撠，批亢捣虚，形格势禁，则自为解耳。今梁赵相攻，轻兵锐卒必竭于外，老弱罢于内。君不若引兵疾走大梁，据其街路，冲其方虚，彼必释赵而自救。是我一举解赵之围而收弊于魏也。"田忌从之，魏果去邯郸，与齐战于桂陵，大破梁军。

后十三岁，魏与赵攻韩，韩告急于齐。齐使田忌将而往，直走大梁。魏将庞涓闻之，去韩而归，齐军既已过而西矣。孙子谓田忌曰："彼三晋之兵素悍勇而轻齐，齐号为怯，善战者因其势而利导之。兵法，百里而趣利者蹶上将，五十里而趣利者军半至。使齐军入魏地为十万灶，明日为五万灶，又明日为三万灶。"庞涓行三日，大喜，曰："我固知齐军怯，入吾地三日，士卒亡者过半矣。"乃弃其步军，与其轻锐倍日并行逐之。孙子度其行，暮当至马陵。马陵道狭，而旁多阻隘，可伏兵，乃斫大树白而书之曰"庞涓死于此树之下"。于是令齐军善射者万弩，夹道而伏，期曰"暮见火举而俱发"。庞涓果夜至斫木下，见白书，乃钻火烛之。读其书未毕，齐军万弩俱发，魏军大乱相失。庞涓自知智穷兵败，乃自刭，曰："遂成竖子之名！"齐因乘胜尽破其军，虏魏太子申以归。孙膑以此名显天下，世传其兵法。

吴起者，卫人也，好用兵。尝学于曾子，事鲁君。齐人攻鲁，鲁欲将吴起，吴起取齐女为妻，而鲁疑之。吴起于是欲就名，遂杀其妻，以明不与齐也。鲁卒以为将。将而攻齐，大破之。

鲁人或恶吴起曰："起之为人，猜忍人也。其少时，家累千金，游仕不遂，遂破其家。乡党笑之，吴起杀其谤己者三十余人，而东出卫郭门。与其母诀，啮臂而盟曰：'起不为卿相，不复入卫。'遂事曾子。居顷之，其母死，起终不归。曾子薄之，而与起绝。起乃之鲁，学兵法以事鲁君。鲁君疑之，起杀妻以求将。夫鲁小国，而有战胜之名，则诸侯图鲁矣。且鲁卫兄弟之国也，而君用起，则是弃卫。"鲁君疑之，谢吴起。

吴起于是闻魏文侯贤，欲事之。文侯问李克曰："吴起何如人哉？"李克曰："起贪而好色，然用兵司马穰苴不能过也。"于是魏文侯以为将，击秦，拔五城。

起之为将，与士卒最下者同衣食。卧不设席，行不骑乘，亲裹赢粮，与士卒分劳苦。卒有病疽者，起为吮之。卒母闻而哭之。人曰："子卒也，而将军自吮其疽，何哭为？"母曰："非然也。往年吴公吮其父，其父战不旋踵，遂死于敌。吴公今又吮其子,妾不知其死所矣。是以哭之。"

文侯以吴起善用兵,廉平,尽能得士心,乃以为西河守,以拒秦、韩。

魏文侯既卒,起事其子武侯。武侯浮西河而下,中流,顾而谓吴起曰:"美哉乎山河之固,此魏国之宝也!"起对曰:"在德不在险。昔三苗氏左洞庭,右彭蠡,德义不修,禹灭之。夏桀之居,左河济,右泰华,伊阙在其南,羊肠在其北,修政不仁,汤放之。殷纣之国,左孟门,右太行,常山在其北,大河经其南,修政不德,武王杀之。由此观之,在德不在险。若君不修德,舟中之人尽为敌国也。"武侯曰:"善。"

吴起为西河守,甚有声名。魏置相,相田文。吴起不悦,谓田文曰:"请与子论功,可乎?"田文曰:"可。"起曰:"将三军,使士卒乐死,敌国不敢谋,子孰与起?"文曰:"不如子。"起曰:"治百官,亲万民,实府库,子孰与起?"文曰:"不如子。"起曰:"守西河而秦兵不敢东乡,韩赵宾从,子孰与起?"文曰:"不如子。"起曰:"此三者,子皆出吾下,而位加吾上,何也?"文曰:"主少国疑,大臣未附,百姓不信,方是之时,属之于子乎?属之于我乎?"起默然良久,曰:"属之子矣。"文曰:"此乃吾所以居子之上也。"吴起乃自知弗如田文。

田文既死,公叔为相,尚魏公主,而害吴起。公叔之仆曰:"起易去也。"公叔曰:"奈何?"其仆曰:"吴起为人节廉而自喜名也。君因先与武侯言曰:'夫吴起贤人也,而侯之国小,又与强秦壤界,臣窃恐起之无留心也。'武侯即曰:'奈何?'君因谓武侯曰:'试延以公主,起有留心则必受之,无留心则必辞矣。以此卜之。'君因召吴起而与归,即令公主怒而轻君。吴起见公主之贱君也，则必辞。"于是吴起见公主之贱魏相，果辞魏武侯。武侯疑之而弗信也。吴起惧得罪，遂去，即之楚。

楚悼王素闻起贤，至则相楚。明法审令，捐不急之官，废公族疏远者，以抚养战斗之士。要在强兵，破驰说之言从横者。于是南平百越；北并陈蔡，却三晋；西伐秦。诸侯患楚之强。故楚之贵戚尽欲害吴起。及悼王死，宗室大臣作乱而攻吴起，吴起走之王尸而伏之。击起之徒因射刺吴起，并中悼王。悼王既葬，太子立，乃使令尹尽诛射吴起而并中王尸者。坐射起而夷宗死者七十余家。

太史公曰：世俗所称师旅，皆道《孙子》十三篇，吴起《兵法》，世多有，故弗论，论其行事所施设者。语曰："能行之者未必能言，能言之者未必能行。"孙子筹策庞涓明矣，然不能蚤救患于被刑。吴起说武侯以形势不如德，然行之于楚，以刻暴少恩亡其躯。悲夫！

译文：

孙子叫作武的，是齐国人。他以所著兵法求见于吴王阖庐。阖庐说："您的十三篇我已全部拜读，可以试着为我操演一番吗？"孙子说"可以。"阖庐问："可用妇女来操演吗？"孙子说："可以。"于是答应孙子，选出宫中美女，共计一百八十人。孙子把她们分为两队，派王的宠姬二人担任两队的队长，让她们全部持戟。命令她们说："你们知道你们的心口、左手、右手和背的方向吗？"妇女们说："知道。"孙子说："前方是按心口所向，左方是按左手所向，右方是按右手所向，后方是按背所向。"妇女们说："是。"规定宣布清楚，便陈设斧钺，当场重复了多遍。然后用鼓声指挥她们向右,妇女们大笑。孙子说:"规定不明,申说不够,这是将领的过错。"又重复了多遍,用鼓声指挥她们向左,妇女们又大笑。孙子说:"规定不明,申说不够,是将领的过错;已经讲清而仍不按规定来动作,就是队长的过错了。"说着就要将左右两队的队长斩首。吴王从台上观看,见爱姬将要被斩,大惊失色。急忙派使者下令说:"寡人已知道将军善于用兵了。但寡人如若没有这两个爱姬,吃饭也不香甜,请不要斩首。"孙子说:"臣下既已受命为将,将在军中,国君的命令可以不必完全照办。"于是将队长二人斩首示众。用地位在她们之下的人担任队长,再次用鼓声指挥她们操练。妇女们向左向右向前向后,跪下起立,全都合乎要求,没有一个人敢出声。然后孙子派使者回报吴王说:"士兵已经阵容整齐,大王可下台观看,任凭大王想让她们干什么,哪怕是赴汤蹈火也可以。"吴王说:"将军请回客舍休息,寡人不愿下台观看。"孙子:"大王只不过喜欢我书上的话,并不能采用其内容。"从此阖庐才知道孙子善于用兵,终于任他为将。吴国西面击破强楚,攻入郢,北威齐、晋,扬名于诸侯,孙子在其中出了不少力。

孙武死后,过了一百多年又有孙膑。孙膑出生在阿、鄄之间,也是孙武的后世子孙。孙膑曾与庞涓一起学习兵法。庞涓为魏国做事因而当上魏惠王的将军,但自认才能不如孙膑,便暗地派人召见孙膑。孙膑到了魏国,庞涓唯恐孙膑超过自己,嫉妒他,而以刑罚砍去他的双脚并施以墨刑,想使他埋没于世不为人知。

齐国使者到大梁来,孙膑以刑徒的身份暗地来见,用言辞打动齐国使者。齐国使者觉得此人不同凡响,暗地用车把他载到齐国。齐国的将军田忌欣赏孙膑而以客礼待之。田忌多次与齐国的诸公子赛马，下重金赌胜。孙子注意到他们的马奔跑能力不相上下，并且都分上、中、下三等。因此孙子对田忌说："您只管下大注，臣下必能使您获胜。"田忌相信并答应了他，与齐王和诸公子用千金来赌胜，到了临比赛时，孙子说："请用您的下等乘马对付他们的上等乘马，请用您的上等乘马对付他们的中等乘马，请用您的中等乘马对付他们的下等乘马。"三等乘马全部比赛完毕，结果田忌一场不胜而两场胜，终于得到王的千金之赏。所以田忌把孙子推荐给齐威王。威王向他请教兵法，因而任他为军师。

后来魏国攻打赵国，赵国危急，向齐国求援。齐威王想任孙膑为将，孙膑谢绝说："受过刑的人是不可以的。"所以任田忌为将，而任孙子为军师，让他坐在辎车中筹划计谋。田忌打算率军前往赵国，孙子说："劝解纠纷不能挥拳相加，平息争斗不能亲自上手，避实击虚，利用形势来牵制敌人，危难自可解除。现在魏国和赵国正在交战，精锐部队必定全部开往国外，留在国内疲于应付的都是老弱病残。您不如率兵迅速前往大梁，占据要津，冲击敌人正好虚憊的地方，他们必定会放下赵国赶回救援。这样我们就能同时解除赵国之围又使魏国遭受打击。"田忌照他的计谋去做，魏军果然离开邯郸，与齐国会战于桂陵，结果大破魏军。

又过了十三年，魏国和赵国攻打韩国，韩国向齐国告急。齐国派田忌率兵前往，直奔大梁。魏将庞涓听到消息，放下韩国赶回，但齐军已经越过齐境而西进。孙子对田忌说："他们三晋的军队素来慓悍勇武而看不起齐国，齐国有怯懦的名声，善于作战的人只能因势利导。兵法上说，行军百里与敌争利会损失上将军，行军五十里而与敌争利只有一半人能赶到。（为了让魏军以为齐军大量掉队，）应使齐军进入魏国境内后先设十万个灶，过一天设五万个灶，再过一天设三万个灶。"庞涓行军三天，见到齐军所留灶迹，非常高兴，说："我本来就知道齐军怯懦，入我境内三天，士兵已经逃跑了一大半。"所以丢下步兵，只率轻兵锐卒，用加倍的速度追赶齐军。孙子估计魏军的行军速度，天黑应当赶到马陵。马陵道路狭窄，旁多险阻，可以埋伏兵马，于是把一棵大树削去树皮，露出白木，在上面写上"庞涓死于此树之下"。然后命齐军善射者持上万张弩，埋伏在道路两旁，约定好"天黑见到点着的火就一起放箭"。庞涓果然于夜晚来到削去树皮的大树下，看见树上写着字，便钻木取火来照明。字还没有读完，齐军万弩齐发，魏军大乱失去队形。庞涓自知无计可施，军队已彻底失败，只好自刎，临死说："总算叫这小子成了名！"齐国乃乘胜全歼魏军，俘虏了魏太子申回国。孙膑因此而名扬天下，世人皆传习他的兵法。

吴起，是卫国人，喜欢用兵。曾向曾子求学并臣事鲁国国君。齐人攻打鲁国，鲁国想任吴起为将，但吴起娶了齐国女子为妻，而鲁国人怀疑他。当时吴起为了成就功名，竟杀了自己的妻子，以表白自己与齐国没关系。鲁国终于任他为将，率兵攻打齐国，大破齐国。

鲁国有人说吴起的坏话："吴起的为人，属于猜忌残忍之人。他年轻时，家有千金，出外求仕不顺利，弄得倾家荡产。乡里人都笑话他，吴起竟杀死毁谤自己的三十多人，出卫的郭门东去。临行向他的母亲告别，咬着自己的胳臂发誓说：'我吴起不做卿相，决不再回卫国。'这样吴起求学于曾子。但过了不久，他的母亲去世，吴起却始终也没有回去。曾子看不起他，而与吴起断绝关系。吴起只好去鲁国，学习兵法，求事于鲁国国君。鲁国国君怀疑他（与齐国有关系），吴起又杀妻求将。像鲁国这样的小国而有打胜仗的名声,那么诸侯就要打鲁国的主意了。而且鲁国和卫国是以兄弟相称,我们的国君若起用吴起,那么就等于抛弃卫国。"鲁国国君因而疑心,辞退吴起。

当时吴起听说魏文侯贤明,想去投靠他。魏文侯问李克说:"吴起是个什么样的人?"李克说:"吴起贪财好色,但用兵即使司马穰苴也超不过他。"因此魏文侯任吴起为将,进攻秦国,拔取秦的五座城池。

吴起担任将领,与士兵最下层吃饭穿衣同一标准。睡觉不铺卧席,走路不乘车子,亲自捆扎和担负粮食,与士兵分担劳苦。有个士兵长了脓疮,吴起为他吸脓,士兵的母亲听说后就哭了。别人对他说:"你的儿子不过是普通士兵,而将军却亲自为你的儿子吸脓,你为什么要哭呢?"这位母亲说:"我并不是哭这个。前些年吴公曾为孩子的父亲吸脓,他的父亲打起仗来勇往直前,绝不后退,结果被敌人杀死。吴公现在又来给他的儿子吸脓,贱妾真不知道他会死在哪里,所以才哭。"

魏文侯因吴起善于用兵,廉洁公平,能取得士兵的拥戴,所以任他为西河郡守,命他防御秦、韩两国的进攻。

魏文侯死后,吴起又臣事他的儿子武侯。武侯乘船顺西河而下,行至水流当中,回头对吴起说:"山河险固多么壮丽,这真是魏国最宝贵的东西呀!"吴起回答说:"重要的是道德而不是险固。从前三苗氏左有洞庭,右有彭蠡,因为不讲求道德礼仪,禹灭亡了他。夏桀的国土,左有黄河济水,右有泰山、华山,伊阙在他的南面,羊肠在他的北面,不行仁政,汤放逐了他。殷纣的国土,左有孟门山,右有太行山,恒山在他的北面,大河流经他的南面,不行德政,武王杀了他。从这些看来,重要的是道德而不是险固。如果您不讲求道德,今天船上的人将来都会变成敌国的人。"武侯说:"讲得好。"

吴起任西河郡守,很有名气。魏国选任相邦,以田文为相。吴起不高兴,对田文说:"请让我与您比比功劳,行不行?"田文说:"可以。"吴起说:"率领三军,使士兵乐于效死拼命,敌国不敢打我国的主意,您比得上我吗?"田文说:"不如您。"吴起说:"治理百官,亲和万民,充实府库,您比得上我吗?"田文说:"不如您。"吴起说:"守西河,令秦兵不敢东向,韩、赵归顺,您比得上我吗?"田文说:"不如您。"吴起说:"这三点,您都在我之下,而职位反而在我之上,是何道理?"田文说:"国君年幼,国人疑虑,大臣尚未亲附,百姓尚未信任,当此之时,是把国政交给您呢?还是交给我呢?"吴起沉默了半天,说:"应该交给您。"田文说:"这就是为什么我的地位会在您之上。"吴起这才知道自己不如田文。

田文死后,公叔任丞相,娶魏国公主,而陷害吴起。公叔的仆人说:"吴起很容易除掉。"公叔说:"如何下手?"他的仆人说:"吴起为人廉洁自爱。您可以先对武侯去讲:'吴起是个贤人,而您的国土太小,又与强秦国为邻,臣下担心吴起不会有久留之心。'武侯会说:'那么怎么办呢?'您就对武侯说:'可把公主嫁给他作为试探,吴起愿意留下就会接受,不愿留下就会拒绝,用这种办法考验他。'您再召吴起一起回家。然后让您那位公主对您发脾气表示看不起您。吴起见您那位公主看不起您,便一定会拒绝娶公主。"后来吴起看到这位公主看不起魏国的相邦,果然拒绝了魏武侯。武侯也起了疑心,不再信任他。吴起害怕因此而获罪,只好离开到楚国去。

楚悼王一向听说吴起贤能,一到楚国就让他当上楚国的相邦。吴起申明法令,裁撤多余的官吏,废除楚公族中的疏远子孙，把节省下的经费用于养兵。目的在于使军队强大，打击用纵横之说游说的人。因此南平百越；北并陈、蔡，迫使三晋退却；西伐秦。诸侯都忧虑楚国的强大。原来楚国的贵族都想害死吴起。等到悼王死后，宗室大臣作乱，讨伐吴起，吴起跑到悼王停尸的地方，趴在悼王身上。讨伐吴起的人由于射、刺吴起，也击中悼王的尸体。悼王被埋葬之后，太子即位，命令尹把射、刺吴起而连带击中悼王的尸体的人全部处死。因射、刺吴起而被灭族的人有七十多家。

太史公说：只要世人一讲起行师用兵，都要称道《孙子》十三篇，吴起的《兵法》，世上也流传得很多，所以不复详论，只谈他们的作为建树。谚语说："能实际去做的人未必能高谈阔论，能高谈阔论的人未必能实际去做。"孙子料算庞涓是相当机智的，但却不能使自己从一开始就免遭刑罚。吴起为魏武侯论说山川形势不如道德重要，但用之于楚国，却是以刻薄残暴、缺乏仁爱而丧命。太可悲了！

史记卷六十六

伍子胥列传第六

伍子胥者，楚人也，名员。员父曰伍奢。员兄曰伍尚。其先曰伍举，以直谏事楚庄王，有显，故其后世有名于楚。

楚平王有太子名曰建，使伍奢为太傅，费无忌为少傅。无忌不忠于太子建。平王使无忌为太子取妇于秦，秦女好，无忌驰归报平王曰："秦女绝美，王可自取，而更为太子取妇。"平王遂自取秦女而绝爱幸之，生子轸。更为太子取妇。

无忌既以秦女自媚于平王，因去太子而事平王。恐一旦平王卒而太子立，杀己，乃因谗太子建。建母，蔡女也，无宠于平王。平王稍益疏建，使建守城父，备边兵。

顷之，无忌又日夜言太子短于王曰："太子以秦女之故，不能无怨望，愿王少自备也。自太子居城父，将兵，外交诸侯，且欲入为乱矣。"平王乃召其太傅伍奢考问之。伍奢知无忌谗太子于平王，因曰："王独奈何以谗贼小臣疏骨肉之亲乎？"无忌曰："王今不制，其事成矣。王且见禽。"于是平王怒，囚伍奢，而使城父司马奋扬往杀太子。行未至，奋扬使人先告太子："太子急去，不然将诛。"太子建亡奔宋。

无忌言于平王曰："伍奢有二子，皆贤，不诛且为楚忧。

可以其父质而召之，不然且为楚患。"王使使谓伍奢曰："能致汝二子则生，不能则死。"伍奢曰："尚为人仁，呼必来。员为人刚戾忍訽，能成大事，彼见来之并禽，其势必不来。"王不听，使人召二子曰："来，吾生汝父；不来，今杀奢也。"伍尚欲往，员曰："楚之召我兄弟，非欲以生我父也，恐有脱者后生患，故以父为质，诈召二子。二子到，则父子俱死。何益父之死？往而令仇不得报耳。不如奔他国，借力以雪父之耻，俱灭，无为也。"伍尚曰："我知往终不能全父命。然恨父召我以求生而不往，后不能雪耻，终为天下笑耳。"谓员："可去矣！汝能报杀父之仇，我将归死。"尚既就执，使者捕伍胥。伍胥贯弓执矢向使者，使者不敢进，伍胥遂亡。闻太子建之在宋，往从之。奢闻子胥之亡也，曰："楚国君臣且苦兵矣。"伍尚至楚，楚并杀奢与尚也。

伍胥既至宋，宋有华氏之乱，乃与太子建俱奔于郑。郑人甚善之。太子建又适晋，晋顷公曰："太子既善郑，郑信太子。太子能为我内应，而我攻其外，灭郑必矣。灭郑而封太子。"太子乃还郑。事未会，会自私欲杀其从者，从者知其谋，乃告之于郑。郑定公与子产诛杀太子建。建有子名胜。伍胥惧，乃与胜俱奔吴。到昭关，昭关欲执之。伍胥遂与胜独身步走，几不得脱。追者在后。至江，江上有一渔父乘船，知伍胥之急，乃渡伍胥。伍胥既渡，解其剑曰："此剑直百金，以与父。"父曰："楚国之法，得伍胥者赐粟五万石，爵执珪，岂徒百金剑邪！"不受。伍胥未至吴而疾，止中道，乞食。至于吴，吴王僚方用事，公子光为将。伍胥乃因公子光以求见吴王。

久之，楚平王以其边邑钟离与吴边邑卑梁氏俱蚕，两女子争桑相攻，乃大怒，至于两国举兵相伐。吴使公子光伐楚，拔其钟离、居巢而归。伍子胥说吴王僚曰："楚可破也。愿复遣公子光。"公子光谓吴王曰："彼伍胥父兄为戮于楚，而劝王伐楚者，欲以自报其仇耳。伐楚未可破也。"伍胥知公子光有内志，欲杀王而自立，未可说以外事，乃进专诸于公子光，退而与太子建之子胜耕于野。

五年而楚平王卒。初，平王所夺太子建秦女生子轸，及平王卒，轸竟立为后，是为昭王。吴王僚因楚丧，使二公子将兵往袭楚。楚发兵绝吴兵之后，不得归。吴国内空，而公子光乃令专诸袭刺吴王僚而自立，是为吴王阖庐。阖庐既立，得志，乃召伍员以为行人，而与谋国事。

楚诛其大臣郤宛、伯州犁，伯州犁之孙伯嚭亡奔吴，吴亦以嚭为大夫。前王僚所遣二公子将兵伐楚者，道绝不得归。后闻阖庐弑王僚自立，遂以其兵降楚，楚封之于舒。阖庐立三年，乃兴师与伍胥、伯嚭伐楚，拔舒，遂禽故吴反二将军。因欲至郢，将军孙武曰："民劳，未可，且待之。"乃归。

四年，吴伐楚，取六与灊。五年，伐越，败之。六年，楚昭王使公子囊瓦将兵伐吴。吴使伍员迎击，大破楚军于豫章，取楚之居巢。

九年，吴王阖庐谓子胥、孙武曰："始子言郢未可入，今果何如？"二子对曰："楚将囊瓦贪，而唐、蔡皆怨之。王必欲大伐之，必先得唐、蔡乃可。"阖庐听之，悉兴师与唐、蔡伐楚，与楚夹汉水而陈。吴王之弟夫概将兵请从，王不听，遂以其属五千人击楚将子常。子常败走，奔郑。于是吴乘胜而前，五战，遂至郢。己卯，楚昭王出奔。庚辰，吴王入郢。

昭王出亡，入云梦；盗击王，王走郧。郧公弟怀曰："平王杀我父，我杀其子，不亦可乎！"郧公恐其弟杀王，与王奔随。

吴兵围随，谓随人曰："周之子孙在汉川者，楚尽灭之。"随人欲杀王，王子綦匿王，己自为王以当之。随人卜与王于吴，不吉，乃谢吴不与王。

始伍员与申包胥为交，员之亡也，谓包胥曰："我必覆楚。"包胥曰："我必存之。"及吴兵入郢，伍子胥求昭王。既不得，乃掘楚平王墓，出其尸，鞭之三百，然后已。申包胥亡于山中，使人谓子胥曰："子之报仇，其以甚乎！吾闻之，人众者胜天，天定亦能破人。今子故平王之臣，亲北面而事之，今至于僇死人，此岂其无天道之极乎！"伍子胥曰："为我谢申包胥曰，吾日莫途远，吾故倒行而逆施之。"于是申包胥走秦告急，求救于秦。秦不许。包胥立于秦廷，昼夜哭，七日七夜不绝其声。秦哀公怜之，曰："楚虽无道，有臣若是，可无存乎！"乃遣车五百乘救楚击吴。六月，败吴兵于稷。会吴王久留楚求昭王，而阖庐弟夫概乃亡归，自立为王。阖庐闻之，乃释楚而归，击其弟夫概。夫概败走，遂奔楚。楚昭王见吴有内乱，乃复入郢。封夫概于堂谿，为堂谿氏。楚复与吴战，败吴，吴王乃归。

后二岁，阖庐使太子夫差将兵伐楚，取番。楚惧吴复大来，乃去郢，徙于鄀。当是时，吴以伍子胥、孙武之谋，西破强楚，北威齐晋，南服越人。

其后四年，孔子相鲁。

后五年，伐越。越王句践迎击，败吴于姑苏，伤阖庐指，军却。阖庐病创将死，谓太子夫差曰："尔忘句践杀尔父乎？"夫差对曰："不敢忘。"是夕，阖庐死。夫差既立为王，以伯嚭为太宰，习战射。二年后伐越，败越于夫湫。越王句践乃以余兵五千人栖于会稽之上，使大夫种厚币遗吴太宰嚭以请和，求委国为臣妾。吴王将许之。伍子胥谏曰："越王为人能辛苦。今王不灭，后必悔之。"吴王不听，用太宰嚭计，与越平。

其后五年，而吴王闻齐景公死而大臣争宠，新君弱，乃兴师北伐齐。伍子胥谏曰："句践食不重味，吊死问疾，且欲有所用之也。此人不死，必为吴患。今吴之有越，犹人之有腹心疾也。而王不先越而乃务齐，不亦谬乎！"吴王不听，伐齐，大败齐师于艾陵，遂威邹鲁之君以归。益疏子胥之谋。

其后四年，吴王将北伐齐，越王句践用子贡之谋，乃率其众以助吴，而重宝以献遗太宰嚭。太宰嚭既数受越赂，其爱信越殊甚，日夜为言于吴王。吴王信用嚭之计。伍子胥谏曰："夫越，腹心之病，今信其浮辞诈伪而贪齐。破齐，譬犹石田，无所用之。且《盘庚之诰》曰：'有颠越不恭，劓殄灭之，俾无遗育，无使易种于兹邑。'此商之所以兴。愿王释齐而先越；若不然，后将悔之无及。"而吴王不听，使子胥于齐。子胥临行，谓其子曰："吾数谏王，王不用，吾今见吴之亡矣。汝与吴俱亡，无益也。"乃属其子于齐鲍牧，而还报吴。

吴太宰嚭既与子胥有隙，因谗曰："子胥为人刚暴，少恩，猜贼，其怨望恐为深祸也。前日王欲伐齐，子胥以为不可，王卒伐之而有大功。子胥耻其计谋不用，乃反怨望。而今王又复伐齐，子胥专愎强谏，沮毁用事，徒幸吴之败以自胜其计谋耳。今王自行，悉国中武力以伐齐，而子胥谏不用，因辍谢，详病不行。王不可不备，此起祸不难。且嚭使人微伺之，其使于齐也，乃属其子于齐之鲍氏。夫为人臣，内不得意，外倚诸侯，自以为先王之谋臣，今不见用，常鞅鞅怨望。愿王早图之。"吴王曰："微子之言，吾亦疑之。"乃使使赐伍子胥属镂之剑，曰："子以此死。"伍子胥仰天叹曰："嗟乎！谗臣嚭为乱矣，王乃反诛我。我令若父霸。自若未立时，诸公子争立，我以死争之于先王，几不得立。若既得立，欲分吴国予我，我顾不敢望也。然今若听谀臣言以杀长者。"乃告其舍人曰："必树吾墓上以梓，令可以为器；而抉吾眼县吴东门之上，以观越寇之入灭吴也。"乃自刭死。吴王闻之大怒，乃取子胥尸盛以鸱夷革，浮之江中。吴人怜之，为立祠于江上，因命曰胥山。

吴王既诛伍子胥，遂伐齐。齐鲍氏杀其君悼公而立阳生。吴王欲讨其贼，不胜而去。其后二年，吴王召鲁卫之君会之橐皋。其明年，因北大会诸侯于黄池，以令周室。越王句践袭杀吴太子，破吴兵。吴王闻之，乃归，使使厚币与越平。后九年，越王句践遂灭吴，杀王夫差；而诛太宰嚭，以不忠于其君，而外受重赂，与己比周也。

伍子胥初所与俱亡故楚太子建之子胜者，在于吴。吴王夫差之时，楚惠王欲召胜归楚。叶公谏曰："胜好勇而阴求死士，殆有私乎！"惠王不听。遂召胜，使居楚之边邑鄢，号为白公。白公归楚三年而吴诛子胥。

白公胜既归楚，怨郑之杀其父，乃阴养死士求报郑。归楚五年，请伐郑，楚令尹子西许之。兵未发而晋伐郑，郑请救于楚。楚使子西往救，与盟而还。白公胜怒曰："非郑之仇，乃子西也。"胜自砺剑，人问曰："何以为？"胜曰："欲以杀子西。"子西闻之，笑曰："胜如卵耳，何能为也。"

其后四岁，白公胜与石乞袭杀楚令尹子西、司马子綦于朝。石乞曰："不杀王，不可。"乃劫王如高府。石乞从者屈固负楚惠王亡走昭夫人之宫。叶公闻白公为乱，率其国人攻白公。白公之徒败，亡走山中，自杀。而虏石乞，而问白公尸处，不言将亨。石乞曰："事成为卿，不成而亨，固其职也。"终不肯告其尸处。遂亨石乞，而求惠王复立之。

太史公曰：怨毒之于人甚矣哉！王者尚不能行之于臣下，况同列乎！向令伍子胥从奢俱死，何异蝼蚁。弃小义，雪大耻，名垂于后世，悲夫！方子胥窘于江上，道乞食，志岂尝须臾忘郢邪？故隐忍就功名，非烈丈夫孰能致此哉？白公如不自立为君者，其功谋亦不可胜道者哉！

译文：

伍子胥是楚国人，名叫员。他的父亲叫伍奢，他的哥哥叫伍尚。他们的祖上有个叫伍举的，是楚庄王的大臣，以敢于直言劝谏，声望显赫，所以他的后代在楚国也就很有名气。

楚平王的太子名叫建，平王派伍奢做他的太傅，费无忌做他的少傅。然而费无忌却不忠于太子建。平王让费无忌到秦国去为太子建娶亲，那位秦国的女子长得很漂亮，费无忌跑回来报告平王说："那位秦国的女子实在是绝顶的美貌，大王可以自己娶过来，另外再替太子娶个妻子。"平王便自己娶了那位秦国的女子，对她极为宠爱，后来生了一个儿子，名叫轸。平王又另外给太子娶了一个妻子。

费无忌既然用那位秦国的女子向平王献媚讨好，因此就离开了太子而去侍奉平王。他担心有朝一日平王死了而太子继位为王，会杀掉自己，所以就极力诋毁太子建。太子建的母亲是蔡国人，平王本来就不喜欢她。渐渐地平王越来越疏远太子建，将他派去驻守城父，守卫边疆。

不久，费无忌又一天到晚地在平王面前讲太子的坏话。他说："太子建因为那秦国女子的缘故，不能没有怨恨，希望大王多少要自己防备着一点。自从太子到了城父，统领着军队，对外又与诸侯各国结交往来，他是准备着将要回都城来作乱呢！"平王就召来太子太傅伍奢审问。伍奢知道是费无忌在平王面前说了太子的坏话，因此便说："大王为什么竟要相信那心黑口毒、拨弄是非的小臣，疏远了至亲的骨肉之情呢？"费无忌说："大王如果现在不制裁他们，他们的阴谋就要成功了。大王将很快被他们捉起来的。"于是，平王大为恼怒，把伍奢关进了监牢，又派城父司马奋扬去杀太子。奋扬在还没有到城父之前，就派人先去告诉太子，说："太子赶快走，不然将被杀。"太子建便逃到宋国去了。

费无忌对平王说："伍奢有两个儿子，都很有本事，如果不把他们杀掉，将是楚国的祸害。可以拿他们的父亲做人质，把他们召来，不然的话将是楚国的后患。"平王派人对伍奢说："你要是能把你的两个儿子叫来，就饶你一命；要是不能的话，就把你处死。"伍奢说："我的长子伍尚为人仁慈善良，叫了他，他一定会来的。我的次子伍员为人坚韧不拔，忍辱负重，能干大事，他知道来了会一道给抓起来，势必是不会来的。"楚王不听这些，派人去召伍尚、伍员，说："你们来了，我就饶你们的父亲活命；你们不来，我现在就杀了你们的父亲。"伍尚准备要去，伍员说："楚王之所以要召我们兄弟去，并不是真的让我们的父亲活命，只不过是怕我们逃脱了，以后留下祸患，因此用父亲做人质，把我们两个骗去。我们两个一到，就父子一块儿处死。这对于父亲又有什么益处呢？应召而去，只能使得我们无法报仇。不如去投奔别的国家，借他们的力量为父亲报仇雪恨。现在一起去死掉，就什么也干不成了。"伍尚说："我也知道，我们即使去了也终究不能保全父亲的性命。然而现在父亲为了保全性命而召我前去，我却不去；以后又不能报仇雪恨，结果被天下人耻笑，这将使我非常痛苦。"伍尚对伍员说："你就逃走吧！你能够报杀父之仇，我就去死了吧！"伍尚已被捕，使者又要捕捉伍子胥。伍子胥拉开了弓，搭上了箭对准使者，使者不敢上前，伍子胥便逃走了。他听说太子建在宋国，就到了宋国，和太子建在一起。伍奢听说子胥逃走了，就说道："楚国的君臣从此以后将要为战争而吃苦头了。"伍尚到了国都，平王便把伍奢和伍尚一齐给杀掉了。

　　伍子胥到宋国之后，正遇上宋国发生内乱，宋元公与执政大臣华氏等相互攻打。伍子胥就和太子建一道跑到郑国。郑国对他们很好。太子建又到晋国去，晋顷公说："太子既然与郑国相友善，郑国也很信任太子，如果太子能为我做内应，我从外面来进攻，那我们一定能够把郑国灭掉。灭掉郑国，就封给太子。"太子便回到了郑国，事情还没有准备就绪，适逢太子因为一件私事要杀掉他的一个随从。这个随从知道他们的密谋，就把这件事报告了郑国。郑定公和子产杀了太子建。太子建有个儿子名叫胜。事发后，伍子胥害怕了，便与胜一起逃往吴国。到了昭关，昭关的守吏想捉住他们。伍胥只好与胜独身步行，几乎不能逃脱。追捕他们的人紧跟在后，伍子胥逃到江边上，江上恰有一位渔翁划船而来，知道伍子胥情势紧急，就将子胥摆渡过江。伍子胥过江以后，解下佩剑说："这柄剑价值百金，就送给您老吧！"渔翁说："楚国的法令规定，捉到伍子胥的人赐给粟米五万石，封予执珪之爵，那又何止一把值百金的宝剑呢！"不肯接受伍子胥的剑。伍子胥还没有走到吴国都城就生起病来，只好半道上停下来，讨饭度日。到了吴国都城，正是吴王僚在掌权，公子光做将军。伍子胥便通过公子光的关系求见了吴王僚。

　　过了较长的时候，楚、吴边境发生了冲突。楚国边境地方的钟离与吴国边境地方的卑梁氏，都以养蚕为业，两个女子采桑时相互争抢打了起来，楚平王对此大为气愤，以至于闹到两国动用军队厮杀起来。吴派公子光进攻楚国,攻克了钟离、居巢两地,收兵回国。伍子胥对吴王僚说:"现在正可以一举攻破楚国,希望再派公子光率军伐楚。"公子光却对吴王僚说:"那伍子胥因为父兄都被楚王杀了,所以劝说大王攻打楚国,他只不过是想替自己报仇而已。进攻楚国并不能一举攻破。"伍子胥知道公子光在国内有自己的谋划,想杀掉吴王僚而自己立为王,在这种情形下不便向他讲对外采取行动的事,便推荐了一位名叫专诸的勇士给公子光,自己与太子建之子胜隐退到乡下种田去了。

过了五年,楚平王死了。当初,平王从太子建那里夺走的秦国女子生下的儿子叫轸,等到平王死了,轸便即位为王,这就是昭王。吴王僚趁着楚国有丧事,派遣两位公子率军去偷袭楚国。楚国派军队堵住了吴军的后路,使吴军无法退回。吴国国内空虚,公子光就让专诸突然袭击刺杀了吴王僚。公子光自立为王,这就是吴王阖庐。阖庐做了吴王,志满意得,就召回伍员任命他为"行人"之官,参与国家大政的谋划。

楚国杀掉了它的大臣郤宛和伯州犁。伯州犁的孙子伯嚭逃出了楚国,投奔了吴国。吴王也任命伯嚭做大夫。前吴王僚派遣两位公子率领军队进攻楚国,被切断了后路而不能撤回。后来,他们听说阖庐杀了吴王僚自立为王,就带着军队投降了楚国,楚国将他们封在舒。阖庐为王三年,出动军队与伍子胥、伯嚭进攻楚国,攻克了舒地,活捉了以前叛吴降楚的两个将军。本来准备乘胜进军郢都,将军孙武说:"人民已经很疲劳了,不能再继续作战了,暂且等一等吧!"于是吴军便返回国中。

阖庐四年,吴国又进攻楚国,占领了六与灊两地。五年,吴国进攻越国,又打败了越国。六年,楚昭王派公子囊瓦率军进攻吴国。吴国派伍员迎战,在豫章把楚军打得大败,攻占了楚国的居巢。

阖庐九年，吴王阖庐对伍子胥、孙武说："先前你们说过不能去攻打郢都，现在能行了吗？"两人答道："楚国的将军囊瓦很贪婪，（由于向唐侯和蔡侯勒索财物，）唐国和蔡国都很恨他。大王一定要大举进攻楚国，必须先取得唐国和蔡国的支持。"阖庐听了他们的话，动员了全部军队，联合了唐、蔡两国，进攻楚国。吴军与楚军在汉水两岸沿江对阵。吴王的弟弟夫概带兵要求参加战斗，吴王不同意，夫概便率领他手下的五千兵士向楚将子常发动进攻。子常战败而逃，跑到郑国去了。于是，吴国的大军乘胜前进，一连打了五仗，兵临郢都。己卯这一天，楚昭王逃离郢都。第二天庚辰，吴王进入郢都。

　　昭王逃离郢都后，来到云梦，不料受到强盗的袭击，昭王又逃到郧。郧公的弟弟怀说道："是楚平王杀了我们的父亲，我们把他的儿子杀了，这不也是理所当然的吗！"郧公担心他的弟弟杀昭王，就与昭王一道逃到随。吴国的军队包围了随，对随人说："周朝的子孙封国在汉水流域的，全都被楚国灭掉了。（楚国也是你们的敌人。）"随人准备杀掉昭王，王子綦把昭王藏匿起来，自己冒充昭王来承当灾难。但随人占卜的结果却说把昭王交给吴国不吉利，便借故推托，而没有把昭王交给吴国。

　　当初，伍员与申包胥是好朋友，伍员从楚国出逃的时候对申包胥说："我一定要颠覆楚国。"申包胥说："我必定能使楚国存在下去。"等到吴国大军入郢，伍子胥到处搜寻昭王，没有找到，他就掘开楚平王的墓，拖出尸骨，抽打了三百鞭，方才住手。申包胥这时也逃出郢都，躲在山中，派人对伍子胥说："你这样报仇，未免也太过分了吧！我听说，虽然人多势众，一时或许能胜过天理，但天理最终还是要获胜的。你从前是平王的臣子，曾经面朝北亲自侍奉过他，现在竟然鞭打死人，这岂不是不讲天理到极点了吗!"伍子胥对来人说:"替我向申包胥致歉吧,就说我因为年事已高,而报仇心切,就像眼看要日落西山,却仍路途遥遥,所以才做出这种倒行逆施的事情来。"于是,申包胥就跑到秦国去告急,请求秦国发兵救楚。秦国不肯出兵。申包胥站在秦国的宫廷中日夜不停地痛哭,哭了七天七夜,哭声始终没有中断。秦哀公很受感动,说:"楚王虽然无道,但是有这样的臣子,怎么能不保全楚国呢!"他就派遣了五百辆兵车援救楚国,抗击吴国。六月,在稷打败了吴军。这时,由于吴王阖庐到处搜寻楚昭王,在楚国停留已经很久,阖庐的弟弟夫概乘机偷偷回到吴国,自立为王。阖庐听到这个消息,便丢下楚国赶回国内,攻打他的弟弟夫概。夫概兵败逃走,就投奔了楚国。楚昭王看到吴国发生内乱,又重返郢都。他将夫概封在堂谿,夫概就叫作堂谿氏。楚国继续与吴国作战,打败了吴军,吴王便撤军回到国内。

两年以后,吴王阖庐派太子夫差率军进攻楚国,占领了番。楚国害怕吴军又要大举入侵,就迁离了郢都,迁都到鄀。这时期,吴国由于有伍子胥、孙武出谋划策,西面打败了强大的楚国,北面威震齐、晋等国,南面降伏了越人,最为强盛。

此后四年,孔子担任了鲁国的宰相。

五年以后,吴国进攻越国。越王句践迎战吴军,在姑苏打败了吴军,阖庐的脚趾负了伤,吴军只得退却。阖庐的创伤恶化,病情严重,临死之前对太子夫差说:"你会忘记是句践杀了你的父亲吗?"夫差回答说:"不敢忘记。"当晚,阖庐就去世了。夫差即位为王,便任用伯嚭为太宰,加紧操练兵士。两年后,吴国进攻越国,在夫湫打败越军。越王句践带领余部五千人退往会稽山屯驻,派大夫文种带着厚礼送给吴国的太宰伯嚭,请求讲和，愿意交出国家大权，和妻子一起给吴王去当奴仆。吴王准备答应越国的请求，伍子胥劝谏道："越王句践为人吃苦耐劳，现在大王不消灭他，以后一定要后悔的。"吴王不听伍子胥的话，而采纳了太宰嚭的意见，宽恕了越国，与它讲了和。

此后五年，吴王听说齐景公死了，大臣们争权夺位，新立的国君地位虚弱，便出动军队，北伐齐国。伍子胥劝谏说："句践现在吃饭只吃一个菜，生活朴素，关心百姓，吊唁死者，慰问病人，这正是想着将要用到老百姓的缘故呀！此人不死，必定成为吴国的隐患。现在对于吴国来说，越国的存在就好像人的腹心的疾病一样。而大王不先消灭越国，反倒去致力攻打齐国，不是全搞错啦！"吴王不听伍子胥的劝告，进攻齐国，在艾陵大败齐军，威名大震，使得邹、鲁等国的国君大为慑服，然后班师回国。从此以后吴王就更加不听伍子胥出谋划策了。

此后四年，吴王准备北伐齐国，越王句践采用了子贡的计谋，率领他的军队协助吴国作战，又给太宰嚭进献了贵重的宝物。太宰嚭既然屡次接受越国的贿赂，便越来越信任和喜欢越国，一天到晚在吴王面前替越国说好话。吴王十分信任伯嚭，采纳他的计谋。伍子胥劝谏道："越国是吴国的心腹之患，现在却偏偏相信他们的虚伪的谎言和骗人的行为，又贪图伐齐的功利。然而，吴国即使能够攻占齐国，也好像得到了一块石田，（既不能耕，又不能种，）毫无用处，毫无意义。况且《盘庚之诰》说过：'有叛逆不顺从的，就把他们全部彻底地消灭掉，让他们断子绝孙，决不许他们在这块土地上种下祸根。'这正是商朝能够兴盛起来的原因。希望大王能放下齐国而先攻打越国；如果不这样去做，以后将会悔恨的，那就来不及了。"但吴王仍然不听，派伍子胥出使齐国。伍子胥临行之前，对他的儿子说："我屡次劝谏我们的大王，但大王不肯听从我的意见，我们很快就要看到吴国的灭亡了。你和吴国一起灭亡，那是没有什么意义的。"于是，便把他的儿子托付给齐国的鲍牧，自己回到吴国交差。

吴太宰嚭早就与伍子胥有嫌隙，因而毁谤子胥说："伍子胥为人生硬凶暴，没有感情，好猜疑，爱嫉恨，他对大王的怨恨不满恐怕早晚要成为大祸害的。前次大王准备伐齐的时候，伍子胥就认为不能伐，但大王终于出兵向齐国发动了进攻，结果大获成功。伍子胥对自己的计谋未被采纳感到羞辱，反而因此怨恨大王。现在大王准备再次伐齐，伍子胥刚愎自用，强词夺理地进行拦阻，不惜诋毁和诽谤大王，一意孤行，他只不过是在幸灾乐祸地希望以吴国的失败来证实自己的计谋的高明。如今大王亲自率领大军，出动国内全部军队去伐齐，而伍子胥由于谏议未被采用，便不再来上朝，他假装生病而不跟大王一道北上，大王不可不防备呀！这个时候他要惹祸闹事可太容易了。况且我派人暗中注意着伍子胥，他出使齐国的时候，已经把他的儿子托付给了齐国的鲍氏了。伍子胥身为臣子，在国内不得意，便到国外去投靠诸侯，他自以为是先王的谋臣，如今不被重用，就常常心怀不满地怨恨大王。希望大王及早采取措施。"吴王说："你不说这些话，我也早就在怀疑他了。"于是，吴王派人给伍子胥送去一把"属镂"宝剑，说："你拿它去死！"伍子胥仰天长叹道："啊！奸臣伯嚭在作乱了，大王却反而要杀掉我。是我曾经使你的父亲成为称雄诸侯的霸主；当你还没有被立为太子的时候，各公子争抢着要当太子，又是我用生命在先王面前为你争取，差一点就不能把你立为太子。你做了国王之后，要把吴国分一部分给我，我倒也并不指望着那样。然而，你今天竟然听信奸臣的恶语中伤要杀害你的长辈。"伍子胥便告诉他的舍人说："我死了以后，一定要在我的墓上种上梓树，让它长成之后可以派用场，把我的眼睛摘下来悬挂在都城东门之上，我要亲眼看到越寇的入侵、吴国的灭亡。"说罢便自刭而死。吴王听说了伍子胥的话后，大为愤怒，将伍子胥的尸体装在用皮革做的袋子里，让它在长江中漂浮。吴国的百姓敬重伍子胥，为他在长江边上建立了祠堂，这个地方因此就叫作胥山。

吴王杀了伍子胥以后，便向齐国发动了进攻。齐国的鲍氏杀了他的国君悼公而立阳生做齐王。吴王打算以杀君之罪讨伐鲍氏，但没有打赢，只好撤军。此后二年，吴王召鲁国和卫国的国君到橐皋相会。第二年，又北上与各国诸侯聚会于黄池，想以盟主的身份在周室诸侯中发号令。这时，越王句践却乘机偷袭吴国，杀了吴国的太子，击败了吴军。吴王听到这个消息，便赶回国内，派遣使者送了厚礼，与越国讲了和。九年以后，越王句践终于灭掉了吴国，杀了吴王夫差，并处决了太宰嚭，认为太宰嚭不忠于他的国君，在外接受大量的贿赂，私自与越国交结，替越国办事。

当初与伍子胥一起逃亡的楚太子建的儿子胜，居住在吴国。吴王夫差的时候，楚惠王想把胜召回楚国。叶公劝谏道："胜为人勇武，暗中搜罗亡命之徒，他恐怕是有自己的打算呢！"惠王不听叶公的话，还是召回了胜，安置他住在楚国的边境城邑鄢，号称白公。白公回到楚国三年，吴王夫差杀了伍子胥。

白公胜既已回到楚国，怨恨郑国杀害了他的父亲，便暗地里收罗那些愿意为他舍身的勇士，准备伺机报复郑国。白公回到楚国五年后，请求讨伐郑国，楚国的执政大臣令尹子西同意了。军队还没有出动，晋国出兵攻打郑国，郑国请求楚国救援。楚国派了子西去救助，与郑国订立了盟约后回到国内。白公胜气愤地说:"我的仇人不是郑国,而是子西!"白公胜自己磨着宝剑,有人问道:"你磨剑干什么呀?"胜说:"准备用来杀子西。"子西听到这话,笑笑说:"胜就像那鸟卵一样,(全靠我的羽翼才得以生存,)哪里会那样干呢?"

此后四年,白公胜与石乞在朝廷发动突然袭击,杀了令尹子西和司马子綦。石乞说:"不杀掉国王不行。"于是将惠王劫持到高府中。石乞的随从屈固背着惠王逃到昭夫人的宫里躲了起来。叶公听到白公作乱的消息,率领他的部属来打白公。白公的人被打败,逃到山里,白公胜自杀身死。石乞被俘虏了,追问他白公的尸体藏在哪里,如果不讲出来就把他扔进汤镬处以烹刑。石乞说:"大功告成我作卿相,不能成功我进汤镬,本来就应当如此。"终于不肯讲出白公胜的尸体到底在哪里。结果就将石乞处以烹刑。叶公又找回了惠王,重新立为国王。

太史公说:仇恨对于人的影响实在是太大了。即使是做国王的人都不能让仇恨之心在臣子身上萌生,何况是地位相同的人之间呢!假如当初伍子胥跟着伍奢一道死了的话,那与蝼蚁之死又有什么区别呢?但他能够放弃小意气,洗雪大耻辱,使名声流传后世。可悲啊!当子胥在长江边困顿窘迫之时,在道路上乞讨糊口之时,心中难道会在一瞬之间忘掉对郢都、对楚王的仇恨吗?不会的。所以说克制忍耐成就功名,不是抱负远大的壮士又有谁能做得到呢?白公如果不是自己去当国君的话,那么他的功业也是很可称道的呢!

史记卷六十七

仲尼弟子列传第七

孔子曰"受业身通者七十有七人",皆异能之士也。德行:颜渊,闵子骞,冉伯牛,仲弓。政事:冉有,季路。言语:宰我,子贡。文学:子游,子夏。师也辟,参也鲁,柴也愚,由也喭,回也屡空。赐不受命而货殖焉,亿则屡中。

孔子之所严事:于周则老子;于卫,蘧伯玉;于齐,晏平仲;于楚,老莱子;于郑,子产;于鲁,孟公绰。数称臧文仲、柳下惠、铜鞮伯华、介山子然,孔子皆后之,不并世。

颜回者,鲁人也,字子渊。少孔子三十岁。

颜渊问仁,孔子曰:"克己复礼,天下归仁焉。"

孔子曰:"贤哉,回也!一箪食,一瓢饮,在陋巷,人不堪其忧,回也不改其乐。""回也如愚;退而省其私,亦足以发,回也不愚。""用之则行,舍之则藏,唯我与尔有是夫!"

回年二十九,发尽白。蚤死,孔子哭之恸,曰:"自吾有回,门人益亲。"鲁哀公问:"弟子孰为好学?"孔子对曰:"有颜回者好学,不迁怒,不贰过。不幸短命死矣,今也则亡。"

闵损，字子骞。少孔子十五岁。

孔子曰："孝哉，闵子骞！人不间于其父母昆弟之言。"不仕大夫，不食污君之禄。"如有复我者，必在汶上矣。"

冉耕，字伯牛。孔子以为有德行。

伯牛有恶疾，孔子往问之，自牖执其手，曰："命也夫！斯人也而有斯疾，命也夫！"

冉雍，字仲弓。

仲弓问政，孔子曰："出门如见大宾，使民如承大祭。在邦无怨，在家无怨。"

孔子以仲弓为有德行，曰："雍也可使南面。"

仲弓父，贱人。孔子曰："犁牛之子骍且角，虽欲勿用，山川其舍诸？"

冉求，字子有。少孔子二十九岁。为季氏宰。

季康子问孔子曰："冉求仁乎？"曰："千室之邑，百乘之家，求也可使治其赋。仁则吾不知也。"复问："子路仁乎？"孔子对曰："如求。"

求问曰："闻斯行诸？"子曰："行之。"子路问："闻斯行诸？"子曰："有父兄在，如之何其闻斯行之？"子华怪之："敢问问同而答异？"孔子曰："求也退，故进之；由也兼人，故退之。"

仲由，字子路，卞人也。少孔子九岁。

子路性鄙，好勇力，志伉直，冠雄鸡，佩豭豚，陵暴孔子。孔子设礼，稍诱子路，子路后儒服委质，因门人请为弟子。

子路问政。孔子曰:"先之,劳之。"请益。曰:"无倦。"

子路问:"君子尚通乎?"孔子曰:"义之为上。君子好勇而无义,则乱;小人好勇而无义,则盗。"

子路有闻,未之能行,唯恐有闻。

孔子曰:"片言可以折狱者,其由也与!""由也好勇过我,无所取材。""若由也,不得其死然。""衣敝缊袍与衣狐貉者立而不耻者,其由也与!""由也升堂矣,未入于室也。"

季康子问:"仲由仁乎?"孔子曰:"千乘之国可使治其赋。不知其仁。"

子路喜从游,遇长沮、桀溺、荷蓧丈人。

子路为季氏宰,季孙问曰:"子路可谓大臣与?"孔子曰:"可谓具臣矣。"

子路为蒲大夫,辞孔子。孔子曰:"蒲多壮士,又难治。然吾语汝:恭以敬,可以执勇;宽以正,可以比众;恭正以静,可以报上。"

初,卫灵公有宠姬曰南子。灵公太子蒉聩得过南子,惧诛出奔。及灵公卒而夫人欲立公子郢。郢不肯,曰:"亡人太子之子辄在。"于是卫立辄为君,是为出公。出公立十二年,其父蒉聩居外,不得入。子路为卫大夫孔悝之邑宰。蒉聩乃与孔悝作乱,谋入孔悝家,遂与其徒袭攻出公。出公奔鲁,而蒉聩入立,是为庄公。方孔悝作乱,子路在外,闻之而驰往。遇子羔出卫城门,谓子路曰:"出公去矣,而门已闭,子可还矣,毋空受其祸。"子路曰:"食其食者不避其难。"子羔卒去。有使者入城,城门开,子路随而入。造蒉聩,蒉聩与孔悝登台。子路曰:"君焉用孔悝?请得而杀之。"蒉聩弗听。于是子路欲燔台,蒉聩惧,乃下石乞、壶黡攻子路,击断子路之缨。子路曰:"君子死而冠不免。"遂结缨而死。

孔子闻卫乱，曰："嗟乎，由死矣！"已而果死。故孔子曰："自吾得由，恶言不闻于耳。"是时子贡为鲁使于齐。

宰予，字子我，利口辩辞。

既受业，问："三年之丧不已久乎？君子三年不为礼，礼必坏；三年不为乐，乐必崩。旧谷既没，新谷既升，钻燧改火，期可已矣。"子曰："于汝安乎？"曰："安。""汝安则为之。君子居丧，食旨不甘，闻乐不乐，故弗为也。"宰我出，子曰："予之不仁也！子生三年，然后免于父母之怀。夫三年之丧，天下之通义也。"

宰予昼寝，子曰："朽木不可雕也，粪土之墙不可圬也。"

宰我问五帝之德，子曰："予非其人也！"

宰我为临菑大夫，与田常作乱，以夷其族，孔子耻之。

端木赐，卫人，字子贡。少孔子三十一岁。

子贡利口巧辞，孔子常黜其辩。问曰："汝与回也孰愈？"对曰："赐也何敢望回！回也闻一以知十，赐也闻一以知二。"

子贡既已受业，问曰："赐何人也？"孔子曰："汝器也。"曰："何器也？"曰："瑚琏也。"

陈子禽问子贡曰："仲尼焉学？"子贡曰："文武之道未坠于地，在人。贤者识其大者，不贤者识其小者。莫不有文武之道。夫子焉不学？而亦何常师之有！"又问曰："孔子适是国必闻其政。求之与？抑与之与？"子贡曰："夫子温、良、恭、俭、让以得之。夫子之求之也，其诸异乎人之求之也。"

子贡问曰："富而无骄，贫而无谄，何如？"孔子曰："可也。不如贫而乐道，富而好礼。"

田常欲作乱于齐，惮高、国、鲍、晏，故移其兵，欲以伐鲁。孔子闻之，谓门弟子曰："夫鲁，坟墓所处，父母之国。国危如此，二三子何为莫出？"子路请出，孔子止之。子张、子石请行，孔子弗许。子贡请行，孔子许之。

遂行，至齐，说田常曰："君之伐鲁过矣。夫鲁，难伐之国，其城薄以卑，其地狭以泄，其君愚而不仁，大臣伪而无用，其士民又恶甲兵之事，此不可与战。君不如伐吴。夫吴，城高以厚，地广以深，甲坚以新，士选以饱，重器精兵尽在其中，又使明大夫守之，此易伐也。"田常忿然作色曰："子之所难，人之所易；子之所易，人之所难。而以教常，何也？"子贡曰："臣闻之，忧在内者攻强，忧在外者攻弱。今君忧在内。吾闻君三封而三不成者，大臣有不听者也。今君破鲁以广齐，战胜以骄主，破国以尊臣，而君之功不与焉，则交日疏于主。是君上骄主心，下恣群臣，求以成大事，难矣。夫上骄则恣，臣骄则争，是君上与主有郤，下与大臣交争也。如此，则君之立于齐危矣。故曰不如伐吴。伐吴不胜，民人外死，大臣内空，是君上无强臣之敌，下无民人之过，孤主制齐者唯君也。"田常曰："善。虽然，吾兵业已加鲁矣，去而之吴，大臣疑我，奈何？"子贡曰："君按兵无伐，臣请往使吴王，令之救鲁而伐齐，君因以兵迎之。"田常许之，使子贡南见吴王。

说曰："臣闻之，王者不绝世，霸者无强敌，千钧之重加铢两而移。今以万乘之齐而私千乘之鲁，与吴争强，窃为王危之。且夫救鲁，显名也；伐齐，大利也。以抚泗上诸侯，诛暴齐以服强晋，利莫大焉。名存亡鲁，实困强齐，智者不疑也。"吴王曰："善。虽然，吾尝与越战，栖之会稽。越王苦身养士，有报我心。子待我伐越而听子。"子贡曰："越之劲不过鲁，吴之强不过齐，王置齐而伐越，则齐已平鲁矣。且王方以存亡继绝为名,夫伐小越而畏强齐,非勇也。夫勇者不避难,仁者不穷约,智者不失时,王者不绝世,以立其义。今存越示诸侯以仁,救鲁伐齐,威加晋国,诸侯必相率而朝吴,霸业成矣。且王必恶越,臣请东见越王,令出兵以从,此实空越,名从诸侯以伐也。"吴王大说,乃使子贡之越。

越王除道郊迎,身御至舍而问曰:"此蛮夷之国,大夫何以俨然辱而临之?"子贡曰:"今者吾说吴王以救鲁伐齐,其志欲之而畏越,曰'待我伐越乃可'。如此,破越必矣。且夫无报人之志而令人疑之,拙也;有报人之志,使人知之,殆也;事未发而先闻,危也。三者,举事之大患。"句践顿首再拜曰:"孤尝不料力,乃与吴战,困于会稽,痛入于骨髓,日夜焦唇干舌,徒欲与吴王接踵而死,孤之愿也。"遂问子贡。子贡曰:"吴王为人猛暴,群臣不堪;国家敝以数战,士卒弗忍;百姓怨上,大臣内变;子胥以谏死,太宰嚭用事,顺君之过以安其私。是残国之治也。今王诚发士卒佐之以徼其志,重宝以说其心,卑辞以尊其礼,其伐齐必也。彼战不胜,王之福矣。战胜,必以兵临晋,臣请北见晋君,令共攻之,弱吴必矣。其锐兵尽于齐,重甲困于晋,而王制其敝,此灭吴必矣。"越王大说,许诺。送子贡金百镒,剑一,良矛二。子贡不受。

遂行,报吴王曰:"臣敬以大王之言告越王,越王大恐,曰:'孤不幸,少失先人,内不自量,抵罪于吴,军败身辱,栖于会稽,国为虚莽,赖大王之赐,使得奉俎豆而修祭祀,死不敢忘,何谋之敢虑!'"后五日,越使大夫种顿首言于吴王曰:"东海役臣孤句践使者臣种,敢修下吏问于左右。今窃闻大王将兴大义,诛强救弱,困暴齐而抚周室,请悉起境内士卒三千人,孤请自被坚执锐,以先受矢石。因越贱臣种奉先人藏器,甲二十领,鈇屈卢之矛,步光之剑,以贺军吏。"吴王大说,以告子贡曰："越王欲身从寡人伐齐，可乎？"子贡曰："不可。夫空人之国，悉人之众，又从其君，不义。君受其币，许其师，而辞其君。"吴王许诺，乃谢越王。于是吴王乃遂发九郡兵伐齐。

子贡因去之晋，谓晋君曰："臣闻之，虑不先定不可以应卒，兵不先辨不可以胜敌。今夫齐与吴将战，彼战而不胜，越乱之必矣；与齐战而胜，必以其兵临晋。"晋君大恐，曰："为之奈何？"子贡曰："修兵休卒以待之。"晋君许诺。

子贡去而之鲁。吴王果与齐人战于艾陵，大破齐师，获七将军之兵而不归，果以兵临晋，与晋人相遇黄池之上。吴、晋争强。晋人击之，大败吴师。越王闻之，涉江袭吴，去城七里而军。吴王闻之，去晋而归，与越战于五湖。三战不胜，城门不守，越遂围王宫，杀夫差而戮其相。破吴三年，东向而霸。

故子贡一出，存鲁，乱齐，破吴，强晋而霸越。子贡一使，使势相破，十年之中，五国各有变。

子贡好废举，与时转货赀。喜扬人之美，不能匿人之过。常相鲁、卫，家累千金，卒终于齐。

言偃，吴人，字子游。少孔子四十五岁。

子游既已受业，为武城宰。孔子过，闻弦歌之声。孔子莞尔而笑曰："割鸡焉用牛刀？"子游曰："昔者偃闻诸夫子曰：'君子学道则爱人，小人学道则易使。'"孔子曰："二三子，偃之言是也。前言戏之耳。"孔子以为子游习于文学。

卜商，字子夏。少孔子四十四岁。

子夏问："'巧笑倩兮，美目盼兮，素以为绚兮。'何谓也？"子曰："绘事后素。"曰："礼后乎？"孔子曰："商始可与言《诗》已矣。"

子贡问："师与商孰贤？"子曰："师也过，商也不及。""然则师愈与？"曰："过犹不及。"

子谓子夏曰："汝为君子儒，无为小人儒。"

孔子既没，子夏居西河教授，为魏文侯师。其子死，哭之失明。

颛孙师，陈人，字子张。少孔子四十八岁。

子张问干禄。孔子曰："多闻阙疑，慎言其余，则寡尤；多见阙殆，慎行其余，则寡悔。言寡尤，行寡悔，禄在其中矣。"

他日从在陈、蔡间，困，问行。孔子曰："言忠信，行笃敬，虽蛮貊之国，行也。言不忠信，行不笃敬，虽州里，行乎哉？立则见其参于前也，在舆则见其倚于衡，夫然后行。"子张书诸绅。

子张问："士何如斯可谓之达矣？"孔子曰："何哉，尔所谓达者？"子张对曰："在国必闻，在家必闻。"孔子曰："是闻也，非达也。夫达者，质直而好义，察言而观色，虑以下人，在国及家必达。夫闻也者，色取仁而行违，居之不疑，在国及家必闻。"

曾参，南武城人，字子舆。少孔子四十六岁。

孔子以为能通孝道，故授之业。作《孝经》。死于鲁。

澹台灭明，武城人，字子羽。少孔子三十九岁。

状貌甚恶。欲事孔子，孔子以为材薄。既已受业，退而修行，行不由径，非公事不见卿大夫。

南游至江，从弟子三百人，设取予去就，名施乎诸侯。孔子闻之，曰："吾以言取人，失之宰予；以貌取人，失之子羽。"

宓不齐，字子贱。少孔子三十岁。

孔子谓子贱："君子哉！鲁无君子，斯焉取斯？"

子贱为单父宰，反命于孔子，曰："此国有贤不齐者五人，教不齐所以治者。"孔子曰："惜哉！不齐所治者小，所治者大则庶几矣！"

原宪，字子思。

子思问耻。孔子曰："国有道，谷。国无道，谷，耻也。"

子思曰："克、伐、怨、欲不行焉，可以为仁乎？"孔子曰："可以为难矣，仁则吾弗知也。"

孔子卒，原宪遂亡在草泽中。子贡相卫，而结驷连骑，排藜藿入穷阎，过谢原宪。宪摄敝衣冠见子贡。子贡耻之，曰："夫子岂病乎？"原宪曰："吾闻之，无财者谓之贫，学道而不能行者谓之病。若宪，贫也，非病也。"子贡惭，不怿而去，终身耻其言之过也。

公冶长，齐人，字子长。

孔子曰："长可妻也。虽在累绁之中，非其罪也。"以其子妻之。

南宫括，字子容。

问孔子曰："羿善射，奡荡舟，俱不得其死然；禹、稷躬稼而有天下。"孔子弗答。容出，孔子曰："君子哉若人！上德哉若人！""国有道，不废；国无道，免于刑戮。"三复"白珪之玷"，以其兄之子妻之。

公皙哀,字季次。

孔子曰:"天下无行,多为家臣,仕于都;唯季次未尝仕。"

曾蒧,字皙。

侍孔子,孔子曰:"言尔志。"蒧曰:"春服既成,冠者五六人,童子六七人,浴乎沂,风乎舞雩,咏而归。"孔子喟尔叹曰:"吾与蒧也!"

颜无繇,字路。路者,颜回父。父子尝各异时事孔子。

颜回死,颜路贫,请孔子车以葬。孔子曰:"材不材,亦各言其子也。鲤也死,有棺而无椁,吾不徒行以为之椁,以吾从大夫之后,不可以徒行。"

商瞿,鲁人,字子木。少孔子二十九岁。

孔子传《易》于瞿,瞿传楚人馯臂子弘,弘传江东人矫子庸疵,疵传燕人周子家竖,竖传淳于人光子乘羽,羽传齐人田子庄何,何传东武人王子中同,同传菑川人杨何。何元朔中以治《易》为汉中大夫。

高柴,字子羔。少孔子三十岁。

子羔长不盈五尺,受业孔子,孔子以为愚。

子路使子羔为费郈宰。孔子曰:"贼夫人之子!"子路曰:"有民人焉,有社稷焉,何必读书然后为学?"孔子曰:"是故恶夫佞者。"

漆雕开,字子开。

孔子使开仕。对曰："吾斯之未能信。"孔子说。

公伯缭，字子周。

周愬子路于季孙。子服景伯以告孔子，曰："夫子固有惑志，缭也，吾力犹能肆诸市朝。"孔子曰："道之将行，命也；道之将废，命也。公伯缭其如命何！"

司马耕，字子牛。

牛多言而躁。问仁于孔子。孔子曰："仁者，其言也讱。"曰："其言也讱，斯可谓之仁乎？"子曰："为之难，言之得无讱乎？"

问君子。子曰："君子不忧不惧。"曰："不忧不惧，斯可谓之君子乎？"子曰："内省不疚，夫何忧何惧！"

樊须，字子迟。少孔子三十六岁。

樊迟请学稼，孔子曰："吾不如老农。"请学圃，曰："吾不如老圃。"樊迟出，孔子曰："小人哉，樊须也！上好礼，则民莫敢不敬；上好义，则民莫敢不服；上好信，则民莫敢不用情。夫如是，则四方之民襁负其子而至矣，焉用稼！"

樊迟问仁，子曰："爱人。"问智，曰："知人。"

有若，少孔子四十三岁。有若曰："礼之用，和为贵。先王之道，斯为美。小大由之，有所不行；知和而和，不以礼节之，亦不可行也。""信近于义，言可复也。恭近于礼，远耻辱也。因不失其亲，亦可宗也。"

孔子既没，弟子思慕。有若状似孔子，弟子相与共立为师，师之如夫子时也。他日，弟子进问曰："昔夫子当行，使弟子持雨具，已而果雨。弟子问曰：'夫子何以知之？'夫子曰：'《诗》不云乎：月离于毕，俾滂沱矣。昨暮月不宿毕乎？'他日，月宿毕，竟不雨。商瞿年长无子，其母为取室。孔子使之齐，瞿母请之。孔子曰：'无忧，瞿年四十后当有五丈夫子。'已而果然。敢问夫子何以知此？"有若默然无以应。弟子起曰："有子避之，此非子之座也！"

公西赤，字子华。少孔子四十二岁。

子华使于齐，冉有为其母请粟。孔子曰："与之釜。"请益。曰："与之庾。"冉子与之粟五秉。孔子曰："赤之适齐也，乘肥马，衣轻裘。吾闻君子周急不继富。"

巫马施，字子旗。少孔子三十岁。

陈司败问孔子曰："鲁昭公知礼乎？"孔子曰："知礼。"退而揖巫马旗曰："吾闻君子不党。君子亦党乎？鲁君娶吴女为夫人，命之为孟子。孟子姓姬，讳称同姓，故谓之孟子。鲁君而知礼，孰不知礼！"施以告孔子。孔子曰："丘也幸，苟有过，人必知之。臣不可言君亲之恶，为讳者，礼也。"

梁鱣，字叔鱼。少孔子二十九岁。

颜幸，字子柳。少孔子四十六岁。

冉孺，字子鲁。少孔子五十岁。

曹恤，字子循。少孔子五十岁。

伯虔，字子析。少孔子五十岁。

公孙龙，字子石。少孔子五十三岁。

自子石已右三十五人，显有年名及受业闻见于书传。其四十有二人，无年及不见书传者，纪于左：

冉季，字子产。

公祖句兹，字子之。

秦祖，字子南。

漆雕哆，字子敛。

颜高，字子骄。

漆雕徒父。

壤驷赤，字子徒。

商泽。

石作蜀，字子明。

任不齐，字选。

公良孺，字子正。

后处，字子里。

秦冉，字开。

公夏首，字乘。

奚容箴，字子皙。

公肩定，字子中。

颜祖，字襄。

鄡单，字子家。

句井疆。

罕父黑,字子索。

秦商,字子丕。

申党,字周。

颜之仆,字叔。

荣旂,字子祈。

县成,字子祺。

左人郢,字行。

燕伋,字思。

郑国,字子徒。

秦非,字子之。

施之常,字子恒。

颜哙,字子声。

步叔乘,字子车。

原亢籍。

乐欬,字子声。

廉絜,字庸。

叔仲会,字子期。

颜何,字冉。

狄黑,字皙。

邦巽,字子敛。

孔忠。

公西舆如,字子上。

公西葴,字子上。

太史公曰:学者多称七十子之徒,誉者或过其实,毁者或损其真，钧之未睹厥容貌。则论言弟子籍出孔氏古文，近是。余以弟子名姓文字悉取《论语》弟子问，并次为篇，疑者阙焉。

译文：

孔子说"接受学业兼通六艺的弟子有七十七人"，都是才能出众之士。其中德行突出的是：颜渊，闵子骞，冉伯牛，仲弓。擅长政事的是：冉有，季路。擅长言语的是：宰我，子贡。擅长文献的是：子游，子夏。颛孙师偏激，曾参迟钝，高柴愚笨，仲由粗鲁，颜回啊经常穷乏。而端沐赐不接教命而去经商谋利，预测市场行情总是屡猜屡中。

孔子一生中所尊奉的人：在周京洛邑是老子；在卫国是蘧伯玉；在齐国是晏平仲；在楚国是老莱子；在郑国是子产；在鲁国是孟公绰。多次称道臧文仲、柳下惠、铜鞮伯华、介山子然，孔子都后于他们，不在同一年代。

颜回是鲁国人，字子渊。比孔子小三十岁。

颜渊询问仁的含义。孔子说："克制自己的欲望言行，一切归依周礼，那么天下的人都会称许你是仁人。"

孔子说："贤人哪，颜回啊！一碗饭，一瓢汤，住在简陋的小巷里，别人受不了穷苦的忧愁，颜回却不改变自己的乐趣。""颜回听讲时如同蠢人；但退回去后再考察他的言行举止，也足以发明讲学的内容，颜回可不愚蠢。""任用的话就身体力行，舍弃不用的话就隐藏起来，只有我和你能这样啊！"

颜回二十九岁那年，头发全部变白。颜回过早死去，孔子哭得极为悲痛，说："自从我有了颜回，门人就更加亲密无间。"鲁哀公询问："弟子中谁最好学？"孔子回答说："有个叫颜回的最好学，他从不把怒气转移到别人身上，不犯同样的过失。可不幸短命死了，如今就没有像他这样的了。"

闵损，字子骞，比孔子小十五岁。

孔子说："孝顺啊，闵子骞！人们对他父母兄弟称赞他的言语没有非议。"他不到卿大夫那里做家臣，不吃昏君的俸粮。他拒绝季氏的委任，说："如果再来征召我的话，我就必定在汶水之北的齐国了。"

冉耕，字伯牛，孔子认为他有德行。

伯牛得了恶病，孔子前往探望他，从窗口握住他的手，说："命啊！这样的人而有这样的病，是命啊！"

冉雍，字仲弓。

仲弓询问为政。孔子说："出门办事如同去会见贵宾，役使百姓如同承当重大祭祀。在国中没有怨恨，在家中也没有怨恨。"

孔子认为仲弓有德行，说："冉雍这个人，可以让他独当一面，统领一方。"

仲弓的父亲，是个地位低下的人。孔子说："耕牛的儿子毛色纯赤而且双角齐整，即使想不用它作为祭祀的供品，但山川神灵难道会舍弃它吗？"

冉求，字子有。比孔子小二十九岁。曾任季孙氏的家宰。

季康子询问孔子道："冉求称得上仁吗？"孔子说："千户人家的都邑，百辆兵车的封地，冉求呀，可以让他去管理那里的赋税。至于称不称得上仁，我就不知道了。"季康子又问："子路称得上仁吗？"孔子回答说："如同冉求一样。"

冉求问道："事情一听到就行动吗？"孔子说："听到了就行动。"子路问道："事情一听到就行动吗？"孔子说："有父亲兄长健在，怎么能一听到就行动呢？"子华对此感到奇怪，说："我冒昧地提个问题，为什么问题相同而回答各异？"孔子说："冉求呀退缩拘谨，所以我鼓励他；仲由呢好胜争强，所以我抑制他。"

仲由，字子路，是卞邑人。比孔子小九岁。

子路生性质朴，喜好勇猛武力，心地刚强直率，头带雄鸡样式的帽子，身佩叫作豭豚的长剑，曾经冒犯欺凌过孔子。孔子设施礼教，逐渐诱导子路，子路后来改穿儒服，送上拜师的礼物，通过孔子的门人请求做弟子。

子路询问为政。孔子说："先给百姓做出样子，并慰劳关心百姓。"子路要求多说几句。孔子说："永远不要懈怠。"

子路问道："君子崇尚勇武吗？"孔子说："义是至高无上的。君子爱好勇武而没有义理，就会作乱造反；小人爱好勇武而没有义理，就会偷盗抢劫。"

子路听到一件事，还没能去做，就唯恐又听到别的事。

孔子说："根据片言只语就可以判决诉讼案件的，大概只有仲由吧！""仲由喜好勇武超过了我，但没地方取得制造渡海木筏的材料。""像仲由这样，将会不得好死。""穿着用乱麻作絮的旧袍同穿着狐貉皮大衣的人站在一起而不以为耻的，大概只有仲由吧！""仲由的学问吗，已到了登堂的地步，但还没达入室的境界。"

季康子问道："仲由称得上仁吗？"孔子说："有千辆兵车

的大国可以让他去管理赋税，但不知道他的仁德。"

子路喜好跟随孔子出游，途中遇到过长沮、桀溺、荷蓧丈人。

子路担任季氏的家宰，季孙询问孔子道："子路可以说是辅佐大臣吗？"孔子说："可以说是备位充数的臣子罢了。"

子路出任蒲邑大夫，向孔子辞行。孔子说："蒲邑有许多壮汉勇士，而且难于治理。但我告诉你几句话：谦恭敬谨，可以驾驭勇士；宽厚中正，可以安抚民众；恭敬中正而清静，就可以回报君上了。"

当初，卫灵公有宠爱的姬妾叫作南子。卫灵公的太子蒉聩得罪了南子，因为惧怕诛杀而出国逃奔宋国。等到卫灵公去世，夫人南子想立公子郢为国君。但公子郢不肯，说："流亡人太子的儿子辄在此。"于是卫人拥立辄为国君，这就是卫出公。卫出公在位十二年，他的父亲蒉聩居住外地，不能进入卫国都城。子路担任卫国大夫孔悝的采邑之宰。于是，蒉聩与孔悝发动叛乱，设法进入孔悝家中，接着和他的党徒袭击进攻卫出公。卫出公逃奔鲁国，从而蒉聩进入国都即位，这就是卫庄公。当孔悝发动叛乱时，子路正在国外，闻讯后飞驰前往卫国。子路遇到子羔出卫都城门，子羔对子路说："卫出公已经离去了，而城门也已关闭，你可以返回了，不要白白遭受那里的祸害。"子路说："我吃孔悝的饭就不能躲避孔悝的危难。"子羔结果离去。有使者进入卫都城中，城门打开，子路跟随而进入。子路赶到蒉聩处，蒉聩和孔悝登上孔宅内的高台。子路说："国君哪里用得着孔悝？请求让我得到孔悝而杀死他。"蒉聩不听从。于是子路准备焚烧高台，蒉聩恐惧，就命令石乞、壶黡下台攻打子路，打断了子路系帽的带子。子路说："君子死了但帽子不能脱掉。"于是结好帽带而被杀死。

孔子听说卫国内乱,说:"唉,仲由要死了。"不久果真接到子路的死讯。所以孔子说:"自从我得到仲由后,恶言恶语就不再进入耳朵。"这时子贡正为鲁国出使在齐国。

宰予,字子我,尖嘴利舌,能言善辩。接受孔子教授的学业后,问道:"为父母服三年之丧,这丧期不也太长了吧?君子三年不举行礼仪,礼仪必定败坏;三年不演奏音乐,音乐必定毁弃。陈粮既已吃尽,新谷就又登场,钻木取火,更换火种,(全都一年轮回一周,)丧期一年就可以了。"孔子说:"这样做对你来说心安吗?"宰予说:"心安。"孔子说:"你心安就那样做吧。君子居丧期间,吃美味不觉得甘甜,听音乐不觉得快乐,所以不这样做啊。"宰我出去。孔子说:"宰予不仁啊!孩子生下来三年,然后才脱离父母的怀抱。那三年之丧,是天下通行的礼仪啊!"

宰予白天睡觉。孔子说:"腐朽的木头无法再雕琢了,污秽的墙壁无法再粉刷了。"

宰我询问五帝的德行。孔子说:"宰予不是问这问题的人。"

宰我担任临菑大夫,与齐国大臣田常发动叛乱,因而诛灭他的家族,孔子为此感到耻辱。

端木赐,是卫国人,字子贡,比孔子小三十一岁。

子贡快嘴利口,巧于言辞,孔子经常被他辩得理屈词穷。孔子问道:"你和颜回比哪个强?"子贡回答说:"我怎么敢同颜回相比!颜回听到一件事可以推知十件,我听到一件事只能推知两件。"

子贡接受学业完毕后,问道:"我是什么样的人?"孔子说:"你好比是器皿。"子贡又问:"什么样的器皿呢?"孔子说:"宗庙祭祀时盛放黍稷的容器——瑚琏。"

陈子禽问子贡道:"仲尼的学问是从哪里学来的?"子贡说:"周文王、周武王的仁义之道并没有失落于地,而是保存在人间。贤能的人记住了其中的大道理,不贤能的人记住了其中的小道理。无处没有周文王、周武王的仁义之道。夫子哪里不能学习?而且何必要有固定的老师呢!"陈子禽又问:"孔子到达一个国家,必定知道那里的政事。这是向人索求来的呢?还是别人提供给他的呢?"子贡说:"夫子是用温和、善良、恭敬、俭朴、谦让得来的。夫子求索的方法不同于一般人求索的方法。"

子贡问道:"富有而不骄傲,贫穷而不谄媚,怎么样?"孔子说:"可以啊。但比不上贫穷而乐于求道,富有而谦逊好礼。"

田常打算在齐国发动叛乱,但又害怕大臣高氏、国氏、鲍氏、晏氏的势力,所以就调遣齐国的军队,准备攻伐鲁国。孔子闻讯,对门下弟子说:"鲁国,是祖宗坟墓的所在地,是父母生活的国度。国家的危难到了如此地步,诸位为什么没人挺身而出?"子路请求出去活动,孔子阻止了他。子张、子石请求出行,孔子不允许。子贡请求出行,孔子应许了他。

子贡于是出行,到达齐国,进言劝说田常道:"您攻伐鲁国的计划是失误了。那鲁国,是难以攻伐的国家,鲁都的城墙薄而矮,鲁都的护城河窄而浅,鲁国的君主愚蠢而不仁,大臣虚伪而无用,鲁国的士人百姓又厌恶武器军队之事,这样的国家不可与它交战。那吴国,城墙高而厚,护城河宽而深,武器装备坚固而崭新,士卒精良而充足,贵重的器物、精良的兵器全都在都城之中，又选派贤明的大夫守城，这样的国家容易攻伐呀。"田常愤怒变了脸色说："你所说的难，是一般人所说的易；你所说的易，是一般人所说的难。居然用这来教我，是什么道理呢？"子贡说："臣下听说过这样的话，忧患存在于内部的就进攻强大的国家，忧患存在于外部的就进攻弱小的国家。如今您的忧患就在内部。我听说您三次求封而三次不成，其原因是因为有的大臣不听从啊。如今您将攻破鲁国来扩张齐国的领土，征战取胜来使君主骄傲，打败敌国来尊崇大臣，但您的功劳却不在其中，那就会与君主的关系日益疏远。这样您上面让君主的心思骄傲自大，下面让群臣肆无忌惮，以此企求成全夺取国政的大事，就困难了。君上骄傲就会随心所欲，臣下骄傲就会争权夺利，这样您上面与君主有矛盾，下面与大臣互相争斗。像这样的话，您要在齐国站住脚就危险了。所以说攻伐鲁国不如攻伐吴国。攻伐吴国不能获胜，百姓在外战死，大臣在内空虚，这样您在上面没有强大的群臣相对抗，下面没有百姓的责难，孤立国君、控制齐国的只有您了。"田常说："好。尽管如此，但我们的军队已经开赴鲁国了，现在离开而前往吴国，大臣们会怀疑我，怎么办？"子贡说："您按兵不动不要发起进攻，臣下请求前往出使吴王，叫他救援鲁国而攻伐齐国，您就乘机领兵迎击吴军。"田常答应所请，派子贡南下面见吴王。

子贡劝说吴王夫差道："臣下听说这样的话：实行王道的人不绝灭别的国家，实行霸道的人没有强大的对手，互相抗衡的千钧重量双方，即使只在其中一方增加一铢一两就会出现重心的转移。如今拥有万辆兵车的齐国私下兼并千辆兵车的鲁国，来和吴国争强斗胜，臣下暗中替大王感到危难。况且那救援鲁国，有显赫的名声；攻伐齐国，有巨大的利益。以此安抚泗水之滨的十二诸侯国，诛伐残暴的齐国来制服强大的晋国，得到的利益没有比这更大的。名义上保存行将灭亡的鲁国，实际上使强大的齐国受困，聪明的人对此坚信不疑。"吴王夫差说："讲得好。尽管如此，但我已经与越王交战，使之栖息于会稽山上。越王句践自己吃苦来供养士人，对我存有进行报复的心思。你等我攻伐越国后再来听从你的安排。"子贡说："越国的力量超不过鲁国，吴国的强大超不过齐国，大王放下齐国而攻伐越国，那么齐国马上就可平定鲁国了。况且大王正在用救存危亡复兴灭国作为号召，但那攻伐弱小的越国而畏惧强大的齐国，不是勇者的行为。勇者不回避危难，仁者不废弃礼法，智者不丧失时机，王者不灭亡诸侯，以此来建立自己的道义。如今大王能保存越国来向诸侯显示仁义，救援鲁国进攻齐国，威力施加到晋国，各国诸侯必定相继前来吴国朝见，那么霸业就建成了。同时大王一定担心越国的话，臣下请求东进面见越王，叫他出兵相从，这实际上是空虚越国的力量，名义上则是使诸侯相从而讨伐齐国。"吴王夫差非常高兴，于是派遣子贡前往越国。

越王句践修缮打扫道路，到郊外迎接子贡，亲自为子贡驾车到馆舍而询问道："这里是不开化的蛮夷之邦，大夫为何恭敬庄重地屈尊光临此地？"子贡说："如今我劝说吴王救援鲁国攻伐齐国，他心里愿意而畏惧越国的复仇，说'等我攻伐越国以后就可以'。像这样的话，攻破越国是必定的了。况且没有报复他人之心却使人怀疑，是笨拙；存有报复他人之心而让人知道，是失败；事情没有发作而消息先传出去，是危险。这三种情况是举行事情的重大祸患。"句践伏地叩头连拜两次说:"我曾经自不量力,便与吴军作战,因而被困在会稽山,痛恨刻骨铭心,日夜唇焦舌干,只想和吴王相随死去,这就是我的愿望啊。"于是,句践询问子贡如何是好。子贡说:"吴王夫差为人凶猛残暴,朝中群臣不堪承受;国家困于频繁战争,军队士卒无法忍耐;百姓怨恨君上,大臣内部变心;伍子胥因为直言进谏而死,太宰嚭执掌政事,顺从国君的过错来保证自己的私利:这是行将灭亡国家的政治啊。如今大王果真能调发军队帮助吴国来迎合吴王的意旨,献纳重器珍宝来讨他的欢心,用谦卑的言辞来尊崇对他礼仪,吴王攻伐齐国就必定无疑了。他出战不胜,就是大王的福运了。出战取胜,他必定率领军队进攻晋国,臣下请求北上面见晋君,让他出兵共同攻打吴军,削弱吴国那就是必然的了。吴国的精锐士卒在齐国消耗殆尽,主力部队在晋国疲惫困乏,从而大王便掌握了吴国的致命弱点,这样灭亡吴国就必定无疑了。"越王句践听了大为高兴,答应按子贡的计策出兵。越王赠送子贡金子一百镒,剑一把,好矛两杆。子贡不接受,接着上路。

子贡回报吴王夫差说:"臣下恭敬地把大王的话告诉越王,越王大为恐惧,说:'我很不幸,从小失去父亲,内心不自量力,冒犯得罪了吴国,以致军队战败自己受辱,栖身在会稽山,国家变为一片废墟,依赖大王的恩赐,使我得以捧上俎豆礼器而举行宗庙社稷的祭祀,这一切我死都不敢忘记,还有什么别的谋略敢考虑!'"过了五天,越王句践派大夫文种向吴王夫差叩头上言道:"东海服役之臣孤家句践的使者臣下文种,冒昧修书给左右官吏谨向大王致以问候。近日私下听说大王将要振兴大义,诛伐强暴、拯救弱小,围困残暴的齐国而安抚周朝王室,请求全部出动境内的三千士卒,我请求亲自身披坚固的铠甲,手持锐利的武器,来冲锋陷阵,首先承受飞矢流石。通过越国卑贱的臣子文种奉献先人收藏的兵器,铠甲二十套,斧子,屈卢矛,步光剑,来向大王表示祝贺。"吴王夫差非常高兴,把文种的话告诉子贡,说:"越王句践准备自己随从我攻伐齐国,可以吗?"子贡说:"不可以。使他人的国家空虚,让他人的部众全部出动,又让他的国君随从,不合乎义。国君接受越国的礼物,应许越国的出兵,而谢绝越君出征。"吴王答应,于是谢绝越王句践亲自随从出征的要求。到这时吴王夫差就马上征发吴国九郡的兵马攻伐齐国。

子贡乘机离开吴国前往晋国,对晋君说:"臣下听说这样的话:谋划不事先确定就不能够应付突发事件,军队不事先准备就不能够战胜敌人。如今那齐国和吴国将要开战,吴国战而不胜的话,越国大乱吴国是一定的了;但吴王和齐国交战而获胜的话,必定会把吴国军队开向晋国。"晋君大为惊恐,说:"对这该怎么办?"子贡说:"修缮武器、休养士卒来等待吴国军队。"晋君答应。

子贡离开晋国前往鲁国。吴王夫差果真在艾陵与齐人交战,大败齐军,俘获七名将军所辖的部队而不返回,果真又率领军队开赴晋国,与晋人在黄池之上相遇。吴、晋双方争强斗胜。晋军攻击吴军,大败吴军。越王句践闻讯,领兵渡过松江而袭击吴国,在离吴国都城七里的地方安营扎寨。吴王夫差得知情报,离开晋国而返回,与越军在五湖地区交战。吴军三次交战都没有取胜,都城大门失守,于是越军包围王宫,杀死吴王夫差而将他的国相太宰嚭斩首示众。攻破吴国三年后,越王句践在江、淮之东称霸。

所以子贡一次出使,保存了鲁国,大乱了齐国,灭亡了吴国,加强了晋国而使越国称了霸。子贡一次出使,使得各国形势的旧格局相继打破,十年之中,鲁、齐、吴、晋、越五个国家各有重大变化。

子贡喜好经商做买卖,根据时机转手货物。喜欢褒扬别人的美德,但不能隐匿别人的过失。曾经出任鲁国、卫国之相,家产积累达到千金,最后死在齐国。

言偃是吴国人,字子游。比孔子小四十五岁。

子游完成学业以后,出任武城之宰。孔子经过武城,听到弹奏琴瑟演唱诗歌的声音。孔子微微一笑,说:"宰鸡哪里用得着杀牛刀?"子游说:"往日我从夫子那里听说:'君子学习道理就会爱护他人,小人学习道理就会容易使唤。'"孔子说:"诸位弟子,言偃的话是对的。先前我说的话只是开个玩笑罢了。"孔子认为子游熟悉文献典籍。

卜商,字子夏,比孔子小四十四岁。

子夏问道:"'美妙的笑容酒窝深深啊,美丽的眸子黑白分明啊,洁白的素绢上画得绚丽多彩啊。'这几句诗说的是什么意思?"孔子说:"绘画的事情原在素绢的编织之后。"子夏说:"礼仪的产生在(仁之)后吧?"孔子说:"卜商现在可同他谈论《诗》了。"

子贡问道:"颛孙师和卜商,谁贤能?"孔子说:"颛孙师做事过头,卜商做事达不到要求。""那么颛孙师强一些吗?"孔子说:"做事过头和达不到要求是一样的。"

孔子对子夏说:"你要做君子式的儒者,不要做小人式的儒者。"

孔子死后，子夏居住在西河教学授业，担任魏文侯的老师。他的儿子死去，哭得瞎了眼睛。

颛孙师是陈国人，字子张，比孔子小四十八岁。

子张询问如何谋求官职。孔子说："多听，对疑惑的地方存而不论，谨慎地谈论其余明白无误的地方，就可以减少过失；多看，对疑惑的地方存而不论，谨慎地实行其余明白无误的地方，就可以减少悔恨。言语少过失，行动少悔恨，那么官职俸禄便在其中了。"

有一次，子张随从孔子在陈国、蔡国之间，陷入困境，便询问如何行得通。孔子说："言语忠诚可信，行为厚道谨敬，即使在偏远的异国他乡，也能行得通。言语不忠诚有信，行为不厚道谨敬，即使在老家乡里，能行得通吗？站立时就仿佛看见'忠信笃敬'几个字并列竖在前面，在车厢里就仿佛看见'忠信笃敬'几个字并列挂在横木上，（时刻记着，）这样才能到处行得通。"子张把这些话写在束衣的大带子上。

子张问道："士人怎么做就可以称得上达了？"孔子说："你所说的达，指什么情况？"子张回答说："在诸侯国中必定闻名，在大夫家中必定闻名。"孔子说："这是闻，不是达啊。那达者，质朴正直而爱好道义，对人善于分析言语而观察表情，考虑问题注意谦虚让人，无论在诸侯国中，还是在大夫家里必定通达。至于那闻者，表面上装作仁义而行动上背道而驰，以仁自居而深信不疑，无论在诸侯国中，还是在大夫家里必定闻名。"

曾参是南武城人，字子舆。比孔子小四十六岁。

孔子认为他能通晓孝道,所以向他传授学业。曾参撰作《孝经》。曾参最后死在鲁国。

澹台灭明是武城人,字子羽。比孔子小三十九岁。

澹台灭明容貌非常丑恶。他想拜孔子为师,但孔子认为他天资低下。澹台灭明接受学业完毕后,退回家中而修习实践孔子教授的学业,做事从不走歪门邪道,不是公事就不拜见卿大夫。

澹台灭明南下出游到达长江,随从的弟子有三百人,对待人事的取舍进退公正无私,名声遍及诸侯各国。孔子听说这些情况后,说:"我凭言辞来判断人,错看了宰予;凭外貌来判断人,错看了子羽。"

宓不齐,字子贱。比孔子小三十岁。

孔子评论子贱说:"子贱是君子啊!鲁国没有君子的话,这个人是从哪里取得君子德行的呢?"

子贱出任单父邑宰,向孔子报告情况,说:"这个地方有比我贤能的五个人,教导我治理都邑的方法。"孔子说:"可惜啊!不齐所治理的地方太小,如果所治理的地方大,那就有希望了!"

原宪,字子思。

子思问什么叫作耻。孔子说:"国家政治有道,做官领取俸禄。国家政治无道,也做官领取俸禄,这就叫耻。"

子思说:"好胜争强、自我夸耀、怨天尤人、贪得无厌这四点都没有任何表现,可以称得上仁吗?"孔子说:"可以说是难能可贵了,至于仁,那我还不知道。"

孔子去世，原宪就流亡隐居在荒郊野地之中。子贡出任卫国之相，随从的车马前呼后拥，分开高过人头的野草，进入僻陋的里巷，探望问候原宪。原宪整理好所穿戴的破旧衣帽会见子贡。子贡为此感到羞耻，说："夫子难道也病了吗？"原宪说："我听说这样话：没有财产叫作贫，学习道义而不能实行才叫作病。像我这样，是贫，而不是病啊。"子贡觉得惭愧，不高兴地离去，一生都因为这次言语的过失而感羞耻。

公冶长，齐国人，字子长。

孔子说："公冶长，可以把女儿嫁给他。虽然他曾在监狱中关押过，但不是他的罪过啊。"就把自己的女儿嫁给公冶长。

南宫括，字子容。

南宫括问孔子道："羿善于射箭，奡能倾覆船只，都不得好死；大禹、后稷亲自种植庄稼，结果享有天下。应当如何理解？"孔子没有回答。子容出去，孔子说："君子啊，这个人！崇尚道德啊，这个人！"孔子称赞南宫括说："国家政治有道，能够不被废黜；国家政治无道，能够免于刑罚杀戮。"南宫括多次诵读"白圭之玷，尚可磨也；斯言之玷，不可为也"的诗句，孔子便把他兄长的女儿嫁给南宫括。

公晳哀，字季次。

孔子说："天下的士人没有德行，大多成为卿大夫的家臣，在都邑做官；只有季次不曾做官。"

曾蒇，字皙。

曾蒧侍奉孔子，孔子说："谈谈你的志向。"曾蒧说："春天的服装穿定了，我和成年人五六位，儿童六七个，在沂水边洗洗澡，在舞雩台吹吹风，最后唱着歌儿回家。"孔子叹了一口气说："我赞同曾蒧的志趣啊！"

颜无繇，字路。颜路是颜回的父亲。父子曾经各在不同的时候师事孔子。

颜回死去，颜路贫穷，请求孔子卖掉车子来帮助安葬颜回。孔子说："不管有才能还是没才能，说起来也各是自己的儿子啊。鲤儿死了，只有内棺而无外椁，我不能卖掉车子徒步行走来为他置办外椁，因为我曾忝列大夫之后，所以不可以卖掉车子而徒步行走。"

商瞿是鲁国人，字子木。比孔子小二十九岁。

孔子传授《周易》给商瞿，商瞿传授给楚国人馯臂子弘，馯臂子弘传授给江东人矫子庸疵，矫子庸疵传授给燕国人周子家竖，周子家竖传授给淳于人光子乘羽，光子乘羽传授给齐国人田子庄何，田子庄何传授给东武人王子中同，王子中同传授给菑川人杨何。杨何在汉武帝元朔年间凭研治《周易》担任汉朝的中大夫。

高柴，字子羔。比孔子小三十岁。

子羔身高不满五尺，师从孔子接受学业，孔子认为他愚笨。

子路让子羔出任费邱的邑宰。孔子说："这是坑害了人家的子弟！"子路说："那里有老百姓，有社稷的祭祀，何必要读书然后才算有学问呢？"孔子说："所以我讨厌能言善辩的人。"

漆雕开，字子开。

孔子让漆雕开做官。漆雕开回答说："我对这做官没有信心。"孔子高兴。

公伯缭，字子周。

子周对季孙毁谤子路。子服景伯将这情告诉孔子，说："季孙他老人家原来就对子路有疑心，对公伯缭，以我的力量还是能把他陈尸于大庭广众。"孔子说："仁义之道将要实行，那是命啊；仁义之道将要废弃，也是命啊。公伯缭能把命怎么样！"

司马耕，字子牛。

司马牛话多而且急躁。他问孔子什么叫仁。孔子说："仁人，他的说话很慎重。"司马牛说："说话慎重，这就可以称之为仁吗？"孔子说："实行仁很难，谈论仁能不慎重吗？"

司马牛问怎样才是君子。孔子说："君子不忧愁，不恐惧。"司马牛说："不忧愁不恐惧，这就可以称之为君子吗？"孔子说："问心无愧，有什么忧愁什么恐惧！"

樊须，字子迟。比孔子小三十六岁。

樊迟请求学习种庄稼，孔子说："我这方面不如老农民。"樊迟请求学习种蔬菜，孔子说："我这方面不如老菜农。"樊迟退下出去。孔子说："小人呀，樊迟！上面执政的人喜好礼仪，老百姓就没有人敢不恭敬；上面执政的人喜好义理，老百姓就没有人敢不服从；上面执政的人喜好信用，老百姓就没有人敢不用真心实意。像这样的话，四面八方的老百姓都会背着他们的子女而来投奔了，哪里用得着自己去种庄稼！"

樊迟询问什么是仁，孔子说："就是爱护人。"又问什么是智，孔子说："就是了解人。"

有若比孔子小四十三岁。有若说："礼的作用，以和谐适中最为可贵。在先王的治国之道里，这是其中最美好的。事无巨细都要依从礼，但也有行不通的地方；只知道和谐适中而去求和谐适中，不用礼来调节，也是不可行的。""信用符合道义，说的话就能履行。恭敬符合道义，便能远离耻辱。有依仗而不失去自己的亲族，也就值得尊崇了。"

孔子去世后，弟子们十分思念仰慕。有若的长相像孔子，弟子们一起共同立他为老师，如同孔子在世时那样对待他。有一天，弟子进来问道："昔日夫子要出门上路，让弟子带上雨具，后来果真下了雨。弟子问道：'您凭什么知道会下雨？'夫子说：'《诗》中不是这样说吗：月亮附着在毕宿，接着就要下滂沱大雨了。昨天晚上月亮不就在毕宿吗？'有一天，月亮在毕宿，结果却没有下雨。商瞿年纪很大仍没有孩子，他的母亲要为他另娶妻室。孔子派商瞿前往齐国，他的母亲请求暂不要派商瞿。孔子说：'不要担心，商瞿四十岁以后当会有五个儿子。'后来果真如此。冒昧相问，夫子凭什么知道这些？"有若沉默无语，没法回答。弟子起身说："有子避开此位，这不是你该坐的地方啊！"

公西赤，字子华。比孔子小四十二岁。

子华出使到齐国去，冉有为他的母亲请求给些小米。孔子说："给她一釜。"冉有请求增加。孔子说："给她一庾。"结果冉子给了五秉小米。孔子说："公西赤前往齐国，乘着肥马驾的车，穿着轻暖的皮衣。我听说君子救济急难穷困,而不接济富人。"

巫马施,字子旗。比孔子小三十岁。

陈司败问孔子道:"鲁昭公知礼吗?"孔子说:"知礼。"孔子退出去后,陈司败揖请巫马旗上前,说:"我听说君子不偏袒任何人。难道君子也偏袒人吗?鲁君娶了吴国女子作为夫人,称她为孟子。孟子本姓姬,为了回避称同姓,所以叫她孟子。如果说鲁君知礼的话,那还有谁不知礼!"巫马施把陈司败的话告诉孔子。孔子说:"我幸运啊,倘若有过错,人家必定知道。臣子不可谈论君主的丑事,为鲁君避讳,是礼啊。"

梁鳣,字叔鱼。比孔子小二十九岁。

颜幸,字子柳。比孔子小四十六岁。

冉孺,字子鲁。比孔子小五十岁。

曹恤,字子循。比孔子小五十岁。

伯虔,字子析。比孔子小五十岁。

公孙龙,字子石。比孔子小五十三岁。

从子石以上共三十五人,他们的年龄、姓名以及受业情况明确见于文献记载。其他四十二人,不知年岁以及不见于文献记载的,著录于下:

冉季，字子产。
公祖句兹，字子之。
秦祖，字子南。
漆雕哆，字子敛。
颜高，字子骄。
漆雕徒父。
壤驷赤，字子徒。
商泽。
石作蜀，字子明。
任不齐，字选。
公良孺，字子正。
后处，字子里。
秦冉，字开。
公夏首，字乘。
奚容箴，字子皙。
公肩定，字子中。
颜祖，字襄。
鄡单，字子家。
句井疆。
罕父黑，字子索。
秦商，字子丕。
申党，字周。
颜之仆，字叔。
荣旂，字子祈。
县成，字子祺。
左人郢，字行。

燕伋,字思。

郑国,字子徒。

秦非,字子之。

施之常,字子恒。

颜哙,字子声。

步叔乘,字子车。

原亢籍。

乐欬,字子声。

廉絜,字庸。

叔仲会,字子期。

颜何,字冉。

狄黑,字皙。

邦巽,字子敛。

孔忠。

公西舆如,字子上。

公西葳,字子上。

太史公说:学者中许多人说到孔子的七十位高足弟子,称誉者有的言过其实,毁谤者有的篡改真相,但全都没有见到过他们的容貌。而《论语》弟子名籍出自孔子宅第壁中古文,接近事实。我收集有关孔子弟子的姓名、文字全都取自《论语》中的弟子问对,合并编排,有疑惑不清的地方就空缺着。

史记卷六十八

商君列传第八

商君者，卫之诸庶孽公子也，名鞅，姓公孙氏，其祖本姬姓也。鞅少好刑名之学，事魏相公叔座为中庶子。公叔座知其贤，未及进。会座病，魏惠王亲往问病，曰："公叔病有如不可讳，将奈社稷何？"公叔曰："座之中庶子公孙鞅，年虽少，有奇才，愿王举国而听之。"王嘿然。王且去，座屏人言曰："王即不听用鞅，必杀之，无令出境。"王许诺而去。公叔座召鞅谢曰："今者王问可以为相者，我言若，王色不许我。我方先君后臣，因谓王即弗用鞅，当杀之。王许我。汝可疾去矣，且见禽。"鞅曰："彼王不能用君之言任臣，又安能用君之言杀臣乎？"卒不去。惠王既去，而谓左右曰："公叔病甚，悲乎！欲令寡人以国听公孙鞅也，岂不悖哉！"

公叔既死，公孙鞅闻秦孝公下令国中求贤者，将修缪公之业，东复侵地，乃遂西入秦，因孝公宠臣景监以求见孝公。孝公既见卫鞅，语事良久，孝公时时睡，弗听。罢而孝公怒景监曰："子之客妄人耳，安足用邪！"景监以让卫鞅。卫鞅曰："吾说公以帝道，其志不开悟矣。"后五日，复求见鞅。鞅复见孝公，益愈，然而未中旨。罢而孝公复让景监，景监亦让鞅。鞅曰：

"吾说公以王道而未入也。请复见鞅。"鞅复见孝公，孝公善之而未用也。罢而去。孝公谓景监曰："汝客善，可与语矣。"鞅曰："吾说公以霸道，其意欲用之矣。诚复见我，我知之矣。"卫鞅复见孝公。公与语，不自知膝之前于席也。语数日不厌。景监曰："子何以中吾君？吾君之驩甚也。鞅曰："吾说君以帝王之道比三代，而君曰：'久远，吾不能待。且贤君者，各及其身显名天下，安能邑邑待数十百年以成帝王乎？'故吾以彊国之术说君，君大说之耳。然亦难以比德于殷、周矣。"

孝公既用卫鞅，鞅欲变法，恐天下议己。卫鞅曰："疑行无名，疑事无功。且夫有高人之行者，固见非于世；有独知之虑者，必见敖于民。愚者闇于成事，知者见于未萌。民不可与虑始而可与乐成。论至德者不和于俗，成大功者不谋于众。是以圣人苟可以强国，不法其故；苟可以利民，不循其礼。"孝公曰："善。"甘龙曰："不然。圣人不易民而教，知者不变法而治。因民而教，不劳而成功；缘法而治者，吏习而民安之。"卫鞅曰："龙之所言，世俗之言也。常人安于故俗，学者溺于所闻。以此两者居官守法可也，非所与论于法之外也。三代不同礼而王，五伯不同法而霸。智者作法，愚者制焉；贤者更礼，不肖者拘焉。"杜挚曰："利不百，不变法；功不十，不易器。法古无过，循礼无邪。"卫鞅曰："治世不一道，便国不法古。故汤、武不循古而王，夏、殷不易礼而亡。反古者不可非，而循礼者不足多。"孝公曰："善。"以卫鞅为左庶长，卒定变法之令。

令民为什伍，而相牧司连坐。不告奸者腰斩，告奸者与斩敌首同赏，匿奸者与降敌同罚。民有二男以上不分异者，倍其赋。有军功者，各以率受上爵；为私斗者，各以轻重被刑大小。僇力本业，耕织致粟帛多者复其身。事末利及怠而贫者，举以为收孥。宗室非有军功论，不得为属籍。明尊卑爵秩等级，各以差次名田宅，臣妾衣服以家次。有功者显荣，无功者虽富无所芬华。

令既具，未布，恐民之不信，已乃立三丈之木于国都市南门，募民有能徙置北门者予十金。民怪之，莫敢徙。复曰"能徙者予五十金"。有一人徙之，辄予五十金，以明不欺。卒下令。

令行于民朞年，秦民之国都言初令之不便者以千数。于是太子犯法。卫鞅曰："法之不行，自上犯之。"将法太子。太子，君嗣也，不可施刑，刑其傅公子虔，黥其师公孙贾。明日，秦人皆趋令。行之十年，秦民大说，道不拾遗，山无盗贼，家给人足。民勇于公战，怯于私斗，乡邑大治。秦民初言令不便者有来言令便者，卫鞅曰"此皆乱化之民也"，尽迁之于边城。其后民莫敢议令。

于是以鞅为大良造。将兵围魏安邑，降之。居三年，作为筑冀阙宫庭于咸阳，秦自雍徙都之。而令民父子兄弟同室内息者为禁。而集小都乡邑聚为县，置令、丞，凡三十一县。为田开阡陌封疆，而赋税平。平斗桶权衡丈尺。行之四年，公子虔复犯约，劓之。居五年，秦人富彊，天子致胙于孝公，诸侯毕贺。

其明年，齐败魏兵于马陵，虏其太子申，杀将军庞涓。其明年，卫鞅说孝公曰："秦之与魏，譬若人之有腹心疾，非魏并秦，秦即并魏。何者？魏居领厄之西，都安邑，与秦界河而独擅山东之利。利则西侵秦，病则东收地。今以君之贤圣，国赖以盛。而魏往年大破于齐，诸侯畔之，可因此时伐魏。魏不支秦，必东徙。东徙，秦据河、山之固，东乡以制诸侯，此帝王之业也。"孝公以为然，使卫鞅将而伐魏。魏使公子卬将而击之。军既相距，卫鞅遗魏将公子卬书曰："吾始与公子驩，今俱为两国将，不忍相攻，可与公子面相见，盟，乐饮而罢兵，以安秦魏。"魏公子卬以为然。会盟已，饮，而卫鞅伏甲士而袭虏魏公子卬，因攻其军，尽破之以归秦。魏惠王兵数破于齐秦，国内空，日以削，恐，乃使使割河西之地献于秦以和。而魏遂去安邑，徙都大梁。梁惠王曰："寡人恨不用公叔座之言也。"卫鞅既破魏还，秦封之於、商十五邑，号为商君。

商君相秦十年，宗室贵戚多怨望者。赵良见商君。商君曰："鞅之得见也，从孟兰皋，今鞅请得交，可乎？"赵良曰："仆弗敢愿也。孔丘有言曰：'推贤而戴者进，聚不肖而王者退。'仆不肖，故不敢受命。仆闻之曰：'非其位而居之曰贪位，非其名而有之曰贪名。'仆听君之义，则恐仆贪位贪名也。故不敢闻命。"商君曰："子不说吾治秦与？"赵良曰："反听之谓聪，内视之谓明，自胜之谓强。虞舜有言曰：'自卑也尚矣。'君不若道虞舜之道，无为问仆矣。"商君曰："始秦戎翟之教，父子无别，同室而居。今我更制其教，而为其男女之别，大筑冀阙，营如鲁、卫矣。子观我治秦也，孰与五羖大夫贤？"赵良曰："千羊之皮，不如一狐之掖；千人之诺诺，不如一士之谔谔。武王谔谔以昌，殷纣墨墨以亡。君若不非武王乎，则仆请终日正言而无诛，可乎？"商君曰："语有之矣：'貌言华也，至言实也，苦言药也，甘言疾也。'夫子果肯终日正言，鞅之药也。鞅将事子，子又何辞焉！"赵良曰："夫五羖大夫，荆之鄙人也。闻秦缪公之贤而愿望见，行而无资，自粥于秦客，被褐食牛。期年，缪公知之，举之牛口之下，而加之百姓之上，秦国莫敢望焉。相秦六七年，而东伐郑，三置晋国之君，一救荆国之祸。发教封内，而巴人致贡；施德诸侯，而八戎来服。由余闻之，款关请见。五羖大夫之相秦也，劳不坐乘，暑不张盖，行于国中，不从车乘，不操干戈，功名藏于府库，德行施于后世。五羖大夫死，秦国男女流涕,童子不歌谣,舂者不相杵。此五羖大夫之德也。今君之见秦王也,因嬖人景监以为主,非所以为名也。相秦不以百姓为事,而大筑冀阙,非所以为功也。刑黥太子之师傅,残伤民以骏刑,是积怨畜祸也。教之化民也深于命,民之效上也捷于令。今君又左建外易,非所以为教也。君又南面而称寡人,日绳秦之贵公子。《诗》曰:'相鼠有体,人而无礼;人而无礼,何不遄死。'以《诗》观之,非所以为寿也。公子虔杜门不出已八年矣,君又杀祝懽而黥公孙贾。《诗》曰:'得人者兴,失人者崩。'此数事者,非所以得人也。君之出也,后车十数,从车载甲,多力而骈胁者为骖乘,持矛而操闟戟者旁车而趋。此一物不具,君固不出。《书》曰:'恃德者昌,恃力者亡。'君之危若朝露,尚将欲延年益寿乎?则何不归十五都,灌园于鄙,劝秦王显岩穴之士,养老存孤,敬父兄,序有功,尊有德,可以少安。君尚将贪商於之富,宠秦国之教,畜百姓之怨,秦王一旦捐宾客而不立朝,秦国之所以收君者,岂其微哉?亡可翘足而待。"商君弗从。

后五月而秦孝公卒,太子立。公子虔之徒告商君欲反,发吏捕商君。商君亡至关下,欲舍客舍。客人不知其是商君也,曰:"商君之法:舍人无验者坐之。"商君喟然叹曰:"嗟乎,为法之敝一至此哉!"去之魏。魏人怨其欺公子卬而破魏师,弗受。商君欲之他国。魏人曰:"商君,秦之贼。秦强而贼入魏,弗归,不可。"遂内秦。商君既复入秦,走商邑,与其徒属发邑兵北出击郑。秦发兵攻商君,杀之于郑黾池。秦惠王车裂商君以徇,曰:"莫如商鞅反者!"遂灭商君之家。

太史公曰:商君,其天资刻薄人也。迹其欲干孝公以帝王术,挟持浮说,非其质矣。且所因由嬖臣,及得用,刑公子虔,欺魏将卬,不师赵良之言,亦足发明商君之少恩矣。余尝读商君《开塞》、《耕战》书,与其人行事相类。卒受恶名于秦,有以也夫!

译文:

　　商君是卫国公室的庶出公子,名鞅,姓公孙,他的祖先原本姓姬。商鞅年少时喜好刑名之学,侍奉魏国相国公叔座当中庶子。公叔座知道他有才干,还没有来得及向魏王进荐。适遇公叔座病重,魏惠王亲自前往探望病情,说:"您的病倘若有三长两短,国家将怎么办?"公叔座说:"我的中庶子公孙鞅,年纪虽轻,却身怀奇才,希望大王把全部国政交付给他。"魏王沉默不语。魏王将要离去,公叔座屏退旁人而说道:"大王如果不起用公孙鞅,就一定要杀掉他,别让他出国境。"魏王一口应承而离去。公叔座召见商鞅告诉道:"今日大王询问可以担任相国的人选,我说了你,看大王的表情不赞成我的意见。我理应先国君后臣子,便对大王说如果不任用公孙鞅,就该杀掉他。大王应承了我。你可以赶紧离开了,(不然,)将要被逮捕。"商鞅说:"大王他既然不采纳您的话任用我,又怎么能采纳您的话杀我呢?"结果没有离去。魏惠王离开公叔座后,便对身边的人说:"公叔座病得很重,令人悲伤啊!他想让我把国政交付给公孙鞅,岂不荒唐呀!"

　　公叔座已死,公孙鞅听说秦孝公在国中下令寻求贤才,准备重建秦缪公的霸业,东方要收复被魏国侵占的土地,于是就西行进入秦国,通过秦孝公的宠臣景监来求见孝公。秦孝公立即会见卫鞅,交谈政事很长时间,孝公常常打瞌睡,没有听。谈完后孝公对景监发脾气说："你的那位来客只不过是个无知狂妄之徒罢了，哪配任用呢！"景监因此责备卫鞅。卫鞅说："我用五帝之道劝说孝公，他的心思不加理会呀。"五日之后，卫鞅又要求孝公接见自己。卫鞅又进见孝公，谈得比前次更多，然而没有中孝公的意。谈完后孝公又责备景监，景监也责备卫鞅。卫鞅说："我用三王之道劝说孝公，而他听不进。请求再一次召见我。"卫鞅再一次进见秦孝公，孝公觉得好而没有采用。谈完后卫鞅离开。孝公对景监说："你的那位来客好，可以同他交谈了。"卫鞅说："我用霸道劝说孝公，他的意思要采用了。如果再召见我，我知道该说什么了。"卫鞅果然又进见秦孝公。孝公与他交谈，不知不觉膝盖在坐席上直往前挪动。交谈了好几天还不满足。景监对卫鞅说："你用什么说中我国君的心意？我的国君高兴得很啊。"卫鞅说："我用帝王之道达到夏、商、周三代盛世来劝说国君，可国君说：'时间太长，我没法等待。况且贤能的君主，都在自身就扬名天下，哪里能默默无闻地等待几十年、几百年来成就帝王之业呢？'因此我就用强国之术向国君陈述，国君大为高兴。但这样就难以同殷、周的德治相比拟了。"

秦孝公立即任用卫鞅，卫鞅准备变法，但秦孝公担心天下非议自己。卫鞅说："行动迟疑不决就不会成名，做事犹豫不定就不会成功。那些有过人举动的人，本来就会被世俗所非难；有独到见识的谋划者，必定会被百姓所讥讽。愚蠢的人对已经完成的事情都感到困惑，智慧的人对没有发生的事情都能预见。百姓，不可以同他们谋划事业的创始，只可以同他们欢庆事业的成功。讲论最高道德的人不附和世俗，成就伟大功绩的人不征询民众。因此圣人如果可以强国，就不袭用成法；如果可以利民，就不遵循旧礼。"秦孝公说："好。"甘龙说："不对。圣人不改民俗而施教，智者不变法度而治国。依照民俗而施教，不费气力就会成功；根据成法而治国，官吏习惯而百姓平安。"卫鞅说："甘龙所说的话，是凡夫俗子的言论。常人苟安于旧习俗，学者局限于所见所闻。用这两种人当官守法是可以的，但不是与之探讨成法之外事情的人。三代不同礼教而成就王业，五伯不同法制而建立霸业。智慧的人制定法律，愚蠢的人受制于法律；贤能的人更改礼教，无能的人拘泥旧礼。"杜挚说："没有百倍的利益，不能改变法度；没有十倍的功效，不更换器具。效法古代没有过失，遵循旧礼没有邪恶。"卫鞅说："治理社会不止一条道路，有利国家不必效法古代。所以商汤、周武不循古道而缔造王业，夏桀、商纣不改礼制而亡国。违反古道的不可以否定，而因循旧礼的不值得赞美。"秦孝公说："好。"用卫鞅为左庶长，终于决定变法的命令。

下令百姓五家为伍，十家为什，相互监视，实行连坐。不告发奸恶者处以腰斩，告发奸恶者给予和斩获敌人首级相同的赏赐，藏匿奸恶者给予和投降敌人相同的惩罚。百姓家中有两个成年男子不分立门户者，加倍征收他们的口赋。有战功者，各按规定接受更高的爵位；进行私下斗殴者，各按情节轻重给予大小刑罚。努力从事农业生产，耕耘纺织送交粮食布帛多者，免除本人徭役。专事工商末利以及因懒惰而贫困者，全部将他们收捕，没入官府为奴。国君宗室中没有军功记录的，不得载入宗室名册。明确尊贵卑贱爵位俸禄等级。各按等级班次占有田地住宅，奴婢、衣着服饰也按各家的等级班次享用。有战功者显赫尊荣，没有战功者尽管富有也无处炫耀夸示。

法令已经完备，但没有公布，恐怕百姓不信任，于是在都城市场南门立起一根三丈长的木头，招募百姓有能搬到北门的给十镒黄金。百姓对此感到惊奇，没有人敢搬。就又宣布说"有能搬的人给五十镒黄金"。有一个人搬走木头，立即给他五十镒黄金，以表明没有欺诈。终于颁下法令。

法令在百姓中实行一年，秦国百姓到国都来说新法不适宜的人数以千计。在这时太子触犯法令。卫鞅说："法令不能实行，是由于上面的人触犯法令。"准备依法惩处太子。太子，是国君的继承人，不能施加刑罚，便对太子傅公子虔行刑，并对太子师公孙贾处以黥刑。第二天，秦国百姓都服从法令了。实行新法十年，秦国百姓皆大欢喜，路上不捡拾他人遗物，山中没有蟊贼强盗，家家富裕，人人满足。百姓勇敢为国作战，害怕私人斗殴，城乡大治。秦国百姓中当初说法令不适宜者有来说法令适宜的，卫鞅说"这些都是扰乱教化的人"，全部迁居到边境城堡。此后百姓中就没有人敢于议论法令了。

于是秦孝公任用卫鞅为大良造。卫鞅率领军队包围魏国安邑，迫使安邑投降。经过三年，在咸阳大兴土木建造冀阙、宫殿，秦国从雍迁都到咸阳。而后下令禁止百姓父子兄弟同居共室养育后代。合并小都、小乡、小邑、小聚为县，设置县令、县丞，共三十一个县。整治田地，开立阡陌封疆作为地界，从而使赋税征收整齐划一。统一斗桶、权衡、丈尺的标准。实行第二次新法四年，公子虔再次违反规约，处以劓刑。经过五年，秦人国富兵强，周天子赠送祭肉给秦孝公，诸侯都来祝贺。

第二年，齐军在马陵击败魏军，俘虏魏太子申，杀死将军庞涓。又过一年，卫鞅劝说秦孝公道："秦国与魏国，就譬如人有心腹之病，（不能两全，）不是魏国吞并秦国，就是秦国吞并魏国。什么原因呢？魏国居于崇山峻岭的西面，在安邑建都。与秦国以黄河为界而独占山东的地利。情况有利就向西侵伐秦国，情况不妙就向东扩展土地。如今靠国君的贤能圣明，国家赖以强盛。而魏国去年被齐军打得大败，诸侯纷纷背离，可以乘这时机攻伐魏国。魏国抵挡不住秦军，必定向东迁移。魏东迁之后，秦国占据黄河、华山的天险，向东可以控制诸侯，这是千秋帝王之业啊。"秦孝公认为是这样，派遣卫鞅领兵攻伐魏国。魏王派公子卬领兵迎击秦军。两军已经相遇，卫鞅送信给魏军将领公子卬说："我当初与公子相交甚好，如今同为两国之将，不忍心互相攻伐，是否可以同公子当面相见，缔结盟约，痛饮一番而后撤兵，以安定秦国和魏国。"魏公子卬认为好。两人会面订立盟约完毕，设宴对饮，可是卫鞅事先埋伏穿戴盔甲的武士而袭击俘虏了魏公子卬，乘势攻击他的军队，全部打垮魏军而返回秦国。魏惠王因军队屡次败于齐国、秦国，国内十分空虚，日益衰落，非常恐慌，于是派遣使者割让河西之地奉送给秦国以求和解。而后魏惠王就离开安邑，迁都到大梁。梁惠王说："我悔恨当初不听公叔座的话啊。"卫鞅击败魏军归来，秦孝公封给他於、商之间的十五个邑，从此号称商君。

商君为秦国相十年，公室贵族中有很多怨恨不满的人。赵良会见商君。商君说："我能见到您，是通过孟兰皋，现在我请求能同您结交，可以吗？"赵良说："我不敢奢望啊！孔丘有话这样说：'推举贤才而受到拥护的人进用，收罗不才而成就王业的人辞退。'我不才，故而不敢从命。我听说这样的话：'不该有的地位而占据它叫作贪位，不该有的名声而享有它叫作贪名。'我若听从您的意思，就怕我要成为贪图地位、贪图名声的人了。故而不敢从命。"商君说："您不高兴我治理秦国吧？"赵良说："能听取反面的话叫作聪，能自我反省叫作明，能约束自己叫作强。虞舜有话这样说：'自我谦卑就高尚了。'您不如实行虞舜之道，那就不必再来问我了。"商君说："当初秦国通行戎翟的习俗，父子之间没有区别，男女同室共居。如今我改造他们的旧俗陈规，而制定男女的区别，大建悬示政教法令的门阙，造得如同鲁国、卫国的一样。您看我治理秦国，跟五羖大夫相比谁高明？"赵良说："一千只羊的皮，不如一只狐狸的腋毛；一千人的随声附和，不如一个士的直言争辩。周武王倡导直言争辩而昌盛，殷纣王喜好无人进言而灭亡。您倘若不以周武王为非，那么我便请求始终直言而不受责难，可以吗？"商君说："常言有这样的话：'美言巧语好比花朵，直言不讳好比果实，苦口逆耳好比药石，甜言蜜语好比疾病。'您当真肯始终直言，便是我治病的良药。我将以您为师，您又何必推辞呢！"赵良说："那位五羖大夫，原是楚国郊野之人，听说秦缪公贤明而希望谒见，可上路没有盘缠，便将自己卖给秦国客商，身穿粗麻服装喂牛。一年之后，秦缪公得知他，将他从牛口之下提拔起来，让他凌驾于百姓之上，秦国没有人敢同他相比。任秦相六七年，东面讨伐郑国，三次置立晋国的君主，一次挽救楚国北侵的祸患。在境内发布政教，连巴人都来进纳贡品；对诸侯施予德泽，连八方戎翟都来臣服。由余风闻，也来叩关求见。五羖大夫当秦国的相，即使疲劳也不坐安车，即使酷暑也不打伞盖，在国中巡行，不要随从的车辆，也不携带武器，他的功绩名字载入史册保存在府库中，他的德泽品行流传到后代。五羖大夫去世，秦国男男女女痛哭流涕，小孩子不唱歌谣，舂谷人不哼小调。这就是五羖大夫的德行啊。如今您进见秦王，利用宠臣景监作为荐主，不是成名的正道。任秦相不拿百姓当事，而大建宫殿门阙，不是立功的举动。对太子的师、傅处以惩罚和黥刑，用严刑酷法残害平民百姓，这是在积聚怨恨酝酿祸患啊。政教感化百姓的力量超过了君命，百姓服从上司的动作比执行君令还要迅速。如今您又搞歪门邪道让国君大权旁落，这不是实施政教的办法。您同时又在封邑中坐北朝南自称寡人，却时时用法律约束秦国的贵胄子弟。《诗》说道：'看那老鼠都有肢体，做人却没有礼仪；做人没有礼仪，为什么不快死？'用《诗》中说的话来观察您的所作所为，实在不是谋求长寿善终的行为。公子虔闭门不出已经八年了，您又杀死祝懽而判处公孙贾黥刑。《诗》说道：'得人心者兴旺发达，失人心者土崩瓦解。'这几件事，是不得人心的啊。您一出行，后面随从的车乘几十辆，车上载满全副武装的卫士，力大而肌肉发达的作陪乘，手持矛戟的武士紧紧护卫着您的车乘而疾走。这中间有一样不齐，您就坚决不外出。《书》上说：'依仗德行的昌盛，依仗暴力的灭亡。'您的生命危险得像早晨的露水（太阳一出就会消失）。您还想延年益寿吗？那就为什么不归还封赐的十五个都邑，自己到郊外耕灌菜园，劝说秦王起用身居山林的贤士，奉养老人，抚恤孤儿，敬重父兄，叙用有功，尊崇有德，才可以稍微求得平安。您若还要贪恋商、於的财富，专擅秦国的政教，积聚百姓的怨怒，秦王一旦抛弃宾客而不再在朝，秦国用以收拾您的罪名，难道会轻吗？到那时死期就指日可待了。"商君没有听从。

五个月后秦孝公去世，太子即位。公子虔一帮人告发商君要谋反，国君就派出官吏逮捕商君。商君逃亡到边关之下，打算住客栈。客栈的人不知他是商君，说："商君的法令：留宿没有通行证件的人要判罪。"商君喟然叹息道："唉，制订法令的弊端竟然到了这种地步！"离开秦国前往魏国。魏人怨恨他欺骗公子卬而大败魏军，拒绝接纳。魏国有人说："商君，是秦国的盗贼。秦国强大而他的盗贼进入魏国，不遣返，是不可以的。"于是将商君送回秦国。商君再次进入秦国,便直奔封地商邑,与其党徒调动邑中军队往北攻击郑邑。秦王派兵攻打商君,在郑黾池杀死他。秦惠王车裂商君尸体而示众,说:"不许再有像商鞅这样的造反者!"于是又杀灭商君的家族。

太史公说:商君,是个天性刻薄的人。考查他起初用帝王之术来求取秦孝公的信任,只不过是一时操持浮夸不根之说,并非他的本性。况且通过宠臣走门路,到了取得任用,施刑宗室公子虔,欺诈魏将公子卬,不听从赵良的话,也都足以说明商君的寡恩缺德了。我曾经读过商君《开塞》、《耕战》等著作,同他本人的行为处事极相类似。他最终在秦国蒙受恶名,是有其缘由的啊!

史记卷六十九

苏秦列传第九

苏秦者,东周雒阳人也。东事师于齐,而习之于鬼谷先生。

出游数岁,大困而归。兄弟嫂妹妻妾窃皆笑之,曰:"周人之俗,治产业,力工商,逐什二以为务。今子释本而事口舌,困,不亦宜乎!"苏秦闻之而惭,自伤,乃闭室不出,出其书遍观之。曰:"夫士业已屈首受书,而不能以取尊荣,虽多亦奚以为!"于是得周书《阴符》,伏而读之。期年,以出揣摩,曰:"此可以说当世之君矣。"求说周显王。显王左右素习知苏秦,皆少之。弗信。

乃西至秦。秦孝公卒。说惠王曰:"秦四塞之国,被山带渭,东有关河,西有汉中,南有巴蜀,北有代马,此天府也。以秦士民之众,兵法之教,可以吞天下,称帝而治。"秦王曰:"毛羽未成,不可以高蜚;文理未明,不可以并兼。"方诛商鞅,疾辩士,弗用。

乃东之赵。赵肃侯令其弟成为相,号奉阳君。奉阳君弗说之。

去游燕,岁余而后得见。说燕文侯曰:"燕东有朝鲜、辽东,北有林胡、楼烦,西有云中、九原,南有滹沱、易水,地方二千余里,带甲数十万,车六百乘,骑六千匹,粟支数年。南有碣石、雁门之饶，北有枣栗之利，民虽不佃作而足于枣栗矣。此所谓天府者也。

"夫安乐无事，不见覆军杀将，无过燕者。大王知其所以然乎？夫燕之所以不犯寇被甲兵者，以赵之为蔽其南也。秦赵五战，秦再胜而赵三胜。秦赵相毙，而王以全燕制其后，此燕之所以不犯寇也。且夫秦之攻燕也，逾云中、九原，过代、上谷，弥地数千里，虽得燕城，秦计固不能守也。秦之不能害燕亦明矣。今赵之攻燕也，发号出令，不至十日而数十万之军军于东垣矣。渡嘑沱，涉易水，不至四五日而距国都矣。故曰秦之攻燕也，战于千里之外；赵之攻燕也，战于百里之内。夫不忧百里之患而重千里之外，计无过于此者。是故愿大王与赵从亲，天下为一，则燕国必无患矣。"

文侯曰："子言则可，然吾国小，西迫强赵，南近齐，齐、赵强国也。子必欲合从以安燕，寡人请以国从。"

于是资苏秦车马金帛以至赵。而奉阳君已死，即因说赵肃侯曰："天下卿相人臣及布衣之士，皆高贤君之行义，皆愿奉教陈忠于前之日久矣。虽然，奉阳君妒而君不任事，是以宾客游士莫敢自尽于前者。今奉阳君捐馆舍，君乃今复与士民相亲也，臣故敢进其愚虑。

"窃为君计者，莫若安民无事，且无庸有事于民也。安民之本，在于择交，择交而得则民安，择交而不得则民终身不安。请言外患：齐、秦为两敌而民不得安，倚秦攻齐而民不得安，倚齐攻秦而民不得安。故夫谋人之主，伐人之国，常苦出辞断绝人之交也。愿君慎勿出于口。请别白黑，所以异阴阳而已矣。君诚能听臣，燕必致旃裘狗马之地，齐必致鱼盐之海，楚必致橘柚之园，韩、魏、中山皆可使致汤沐之奉，而贵戚父兄皆可以受封侯。夫割地包利，五伯之所以覆军禽将而求也；封侯贵戚，汤、武之所以放弑而争也。今君高拱而两有之，此臣之所以为君愿也。

"今大王与秦，则秦必弱韩、魏；与齐，则齐必弱楚、魏。魏弱则割河外，韩弱则效宜阳，宜阳效则上郡绝，河外割则道不通，楚弱则无援。此三策者，不可不孰计也。

"夫秦下轵道，则南阳危；劫韩包周，则赵氏自操兵；据卫取卷，则齐必入朝秦。秦欲已得乎山东，则必举兵而向赵矣。秦甲渡河逾漳，据番吾，则兵必战于邯郸之下矣。此臣之所为君患也。

"当今之时，山东之建国莫强于赵。赵地方二千余里，带甲数十万，车千乘，骑万匹，粟支数年。西有常山，南有河漳，东有清河，北有燕国。燕固弱国，不足畏也。秦之所害于天下者莫如赵，然而秦不敢举兵伐赵者，何也？畏韩、魏之议其后也。然则韩、魏，赵之南蔽也。秦之攻韩、魏也，无有名山大川之限，稍蚕食之，傅国都而止。韩、魏不能支秦，必入臣于秦。秦无韩、魏之规，则祸必中于赵矣。此臣之所为君患也。

"臣闻尧无三夫之分，舜无咫尺之地，以有天下；禹无百人之聚，以王诸侯；汤武之士不过三千，车不过三百乘，卒不过三万，立为天子：诚得其道也。是故明主外料其敌之强弱，内度其士卒贤不肖，不待两军相当而胜败存亡之机固已形于胸中矣，岂揜于众人之言而以冥冥决事哉！

"臣窃以天下之地图案之，诸侯之地五倍于秦，料度诸侯之卒十倍于秦，六国为一，并力西乡而攻秦，秦必破矣。今西面而事之，见臣于秦。夫破人之与破于人也，臣人之与臣于人也，岂可同日而论哉！

"夫衡人者，皆欲割诸侯之地以予秦。秦成，则高台榭，美宫室，听竽瑟之音，前有楼阙轩辕，后有长姣美人，国被秦患而不与其忧。是故夫衡人日夜务以秦权恐愒诸侯以求割地，故愿大王孰计之也。

"臣闻明主绝疑去谗，屏流言之迹，塞朋党之门，故尊主广地强兵之计臣得陈忠于前矣。故窃为大王计，莫如一韩、魏、齐、楚、燕、赵以从亲，以畔秦。令天下之将相会于洹水之上，通质，刳白马而盟。要约曰：'秦攻楚，齐、魏各出锐师以佐之，韩绝其粮道，赵涉河漳，燕守常山之北。秦攻韩、魏，则楚绝其后，齐出锐师而佐之，赵涉河漳，燕守云中。秦攻齐，则楚绝其后，韩守城皋，魏塞其道，赵涉河漳、博关，燕出锐师以佐之。秦攻燕，则赵守常山，楚军武关，齐涉勃海，韩、魏皆出锐师以佐之。秦攻赵，则韩军宜阳，楚军武关，魏军河外，齐涉清河，燕出锐师以佐之。诸侯有不如约者，以五国之兵共伐之。'六国从亲以宾秦，则秦甲必不敢出于函谷以害山东矣。如此，则霸王之业成矣。"

赵王曰："寡人年少，立国日浅，未尝得闻社稷之长计也。今上客有意存天下，安诸侯，寡人敬以国从。"乃饰车百乘，黄金千溢，白璧百双，锦绣千纯，以约诸侯。

是时周天子致文、武之胙于秦惠王。惠王使犀首攻魏，禽将龙贾，取魏之雕阴，且欲东兵。苏秦恐秦兵之至赵也，乃激怒张仪，入之于秦。

于是说韩宣王曰："韩北有巩、成皋之固，西有宜阳、商阪之塞，东有宛、穰、洧水，南有陉山，地方九百余里，带甲数十万，天下之强弓劲弩皆从韩出。谿子、少府时力、距来者，皆射六百步之外。韩卒超足而射，百发不暇止，远者括蔽洞胸，近者镝弇心。韩卒之剑戟皆出于冥山、棠谿、墨阳、合赙、邓师、宛冯、龙渊、太阿，皆陆断牛马，水截鹄雁，当敌则斩，坚甲铁幕，革抉碱芮，无不毕具，以韩卒之勇，被坚甲，蹠劲弩，带利剑，一人当百，不足言也。夫以韩之劲与大王之贤，乃西面事秦，交臂而服，羞社稷而为天下笑，无大于此者矣。是故愿大王孰计之。

"大王事秦，秦必求宜阳、成皋。今兹效之，明年又复求割地。与则无地以给之，不与则弃前功而受后祸。且大王之地有尽而秦之求无已，以有尽之地而逆无已之求，此所谓市怨结祸者也，不战而地已削矣。臣闻鄙谚曰：'宁为鸡口，无为牛后。'今西面交臂而臣事秦，何异于牛后乎？夫以大王之贤，挟强韩之兵，而有牛后之名，臣窃为大王羞之。"

于是韩王勃然作色，攘臂瞋目，按剑仰天太息曰："寡人虽不肖，必不能事秦。今主君诏以赵王之教，敬奉社稷以从。"

又说魏襄王曰："大王之地，南有鸿沟、陈、汝南、许、鄢、昆阳、召陵、舞阳、新都、新郪，东有淮、颍、煮枣、无胥，西有长城之界，北有河外、卷、衍、酸枣，地方千里。地名虽小，然而田舍庐庑之数，曾无所刍牧。人民之众，车马之多，日夜行不绝，輷輷殷殷，若有三军之众。臣窃量大王之国不下楚。然衡人怵王交强虎狼之秦以侵天下，卒有秦患，不顾其祸。夫挟强秦之势以内劫其主，罪无过此者。魏，天下之强国也；王，天下之贤王也。今乃有意西面而事秦，称东藩，筑帝宫，受冠带，祠春秋，臣窃为大王耻之。

"臣闻越王句践战敝卒三千人，禽夫差于干遂；武王卒三千人，革车三百乘，制纣于牧野。岂其士卒众哉，诚能奋其威也。今窃闻大王之卒，武士二十万，苍头二十万，奋击二十万，厮徒十万，车六百乘，骑五千匹。此其过越王句践、武王远矣，今乃听于群臣之说而欲臣事秦。夫事秦必割地以效实，故兵未用而国已亏矣。凡群臣之言事秦者，皆奸人，非忠臣也。夫为人臣，割其主之地以求外交，偷取一时之功而不顾其后，破公家而成私门，外挟强秦之势以内劫其主，以求割地，愿大王孰察之。

"《周书》曰：'绵绵不绝，蔓蔓奈何？豪氂不伐，将用斧柯。'前虑不定，后有大患，将奈之何？大王诚能听臣，六国从亲，专心并力壹意，则必无彊秦之患。故敝邑赵王使臣效愚计，奉明约，在大王之诏诏之。"

魏王曰："寡人不肖，未尝得闻明教。今主君以赵王之诏诏之，敬以国从。"因东说齐宣王曰："齐南有泰山，东有琅邪，西有清河，北有勃海，此所谓四塞之国也。齐地方二千余里，带甲数十万，粟如丘山。三军之良，五家之兵，进如锋矢，战如雷霆，解如风雨。即有军役，未尝倍泰山，绝清河，涉勃海也。临菑之中七万户，臣窃度之，不下户三男子，三七二十一万，不待发于远县，而临菑之卒固已二十一万矣。临菑甚富而实，其民无不吹竽鼓瑟，弹琴击筑，斗鸡走狗，六博蹋鞠者。临菑之涂，车毂击，人肩摩，连衽成帷，举袂成幕，挥汗成雨，家殷人足，志高气扬。夫以大王之贤与齐之强，天下莫能当。今乃西面而事秦，臣窃为大王羞之。

"且夫韩、魏之所以重畏秦者，为与秦接境壤界也。兵出而相当，不出十日而战胜存亡之机决矣。韩、魏战而胜秦，则兵半折，四境不守；战而不胜，则国已危亡随其后。是故韩、魏之所以重与秦战，而轻为之臣。今秦之攻齐则不然。倍韩、魏之地，过卫阳晋之道，径乎亢父之险，车不得方轨，骑不得比行，百人守险，千人不敢过也。秦虽欲深入，则狼顾，恐韩、魏之议其后也。是故恫疑虚猲，骄矜而不敢进，则秦之不能害齐亦明矣。

"夫不深料秦之无奈齐何，而欲西面而事之，是群臣之计过也。今无臣事秦之名而有强国之实，臣是故愿大王少留意计之。"

齐王曰："寡人不敏，僻远守海，穷道东境之国也，未尝得闻余教。今足下以赵王诏诏之，敬以国从。"

乃西南说楚威王曰："楚，天下之强国也；王，天下之贤王也。西有黔中、巫郡，东有夏州、海阳，南有洞庭、苍梧，北有陉塞、郇阳，地方五千余里，带甲百万，车千乘，骑万匹，粟支十年。此霸王之资也。夫以楚之强与王之贤，天下莫能当也。今乃欲西面而事秦，则诸侯莫不西面而朝于章台之下矣。

"秦之所害莫如楚，楚强则秦弱，秦强则楚弱，其势不两立。故为大王计，莫如从亲以孤秦。大王不从亲，秦必起两军，一军出武关，一军下黔中，则鄢、郢动矣。

"臣闻治之其未乱也，为之其未有也。患至而后忧之，则无及已。故愿大王蚤孰计之。

"大王诚能听臣，臣请令山东之国奉四时之献，以承大王之明诏，委社稷，奉宗庙，练士厉兵，在大王之所用。大王诚能用臣之愚计，则韩、魏、齐、燕、赵、卫之妙音美人必充后宫，燕、代橐驼良马必实外厩。故从合则楚王，衡成则秦帝。今释霸王之业，而有事人之名，臣窃为大王不取也。

"夫秦，虎狼之国也，有吞天下之心。秦，天下之仇雠也。衡人皆欲割诸侯之地以事秦，此所谓养仇而奉雠者也。夫为人臣，割其主之地以外交强虎狼之秦，以侵天下，卒有秦患，不顾其祸。夫外挟强秦之威以内劫其主，以求割地，大逆不忠，无过此者。故从亲则诸侯割地以事楚，衡合则楚割地以事秦，此两策者相去远矣，二者大王何居焉？故敝邑赵王使臣效愚计，奉明约，在大王诏之。"

楚王曰："寡人之国西与秦接境，秦有举巴蜀并汉中之心。

秦，虎狼之国，不可亲也。而韩、魏迫于秦患，不可与深谋，与深谋恐反人以入于秦，故谋未发而国已危矣。寡人自料以楚当秦，不见胜也；内与群臣谋，不足恃也。寡人卧不安席，食不甘味，心摇摇然如县旌而无所终薄。今主君欲一天下，收诸侯，存危国，寡人谨奉社稷以从。"

于是六国从合而并力焉。苏秦为从约长，并相六国。

北报赵王，乃行过雒阳，车骑辎重，诸侯各发使送之甚众，疑于王者。周显王闻之恐惧，除道，使人郊劳。苏秦之昆弟妻嫂侧目不敢仰视，俯伏侍取食。苏秦笑谓其嫂曰："何前倨而后恭也？"嫂委虵蒲服，以面掩地而谢曰："见季子位高金多也。"苏秦喟然叹曰："此一人之身，富贵则亲戚畏惧之，贫贱则轻易之，况众人乎！且使我有雒阳负郭田二顷，吾岂能佩六国相印乎！"于是散千金以赐宗族朋友。初，苏秦之燕，贷人百钱为资，及得富贵，以百金偿之。遍报诸所尝见德者。其从者有一人独未得报，乃前自言。苏秦曰："我非忘子。子之与我至燕，再三欲去我易水之上，方是时，我困，故望子深，是以后子。子今亦得矣。"

苏秦既约六国从亲，归赵，赵肃侯封为武安君，乃投纵约书于秦。秦兵不敢窥函谷关十五年。

其后秦使犀首欺齐、魏，与共伐赵，欲败从约。齐、魏伐赵，赵王让苏秦。苏秦恐，请使燕，必报齐。苏秦去赵而从约皆解。

秦惠王以其女为燕太子妇。是岁，文侯卒，太子立，是为燕易王。易王初立，齐宣王因燕丧伐燕，取十城。易王谓苏秦曰："往日先生至燕，而先王资先生见赵，遂约六国从。今齐先伐赵，次至燕，以先生之故为天下笑，先生能为燕得侵地乎？"苏秦大惭曰："请为王取之。"

苏秦见齐王，再拜，俯而庆，仰而吊。齐王曰："是何庆吊相随之速也？"苏秦曰："臣闻饥人所以饥而不食乌喙者，为其愈充腹而与饿死同患也。今燕虽弱小，即秦王之少婿也。大王利其十城而长与强秦为仇。今使弱燕为雁行而强秦敝其后，以招天下之精兵，是食乌喙之类也。"齐王愀然变色曰："然则奈何？"苏秦曰："臣闻古之善制事者，转祸为福，因败为功。大王诚能听臣计，即归燕之十城。燕无故而得十城，必喜；秦王知以己之故而归燕之十城，亦必喜。此所谓弃仇雠而得石交者也。夫燕、秦俱事齐，则大王号令天下，莫敢不听。是王以虚辞附秦，以十城取天下。此霸王之业也。"王曰："善。"于是乃归燕之十城。

人有毁苏秦者曰："左右卖国反覆之臣也，将作乱。"苏秦恐得罪归，而燕王不复官也。苏秦见燕王曰："臣，东周之鄙人也，无有分寸之功，而王亲拜之于庙而礼之于廷。今臣为王却齐之兵而得十城，宜以益亲。今来而王不官臣者，人必有以不信伤臣于王者。臣之不信，王之福也。臣闻忠信者，所以自为也；进取者，所以为人也。且臣之说齐王，曾非欺之也。臣弃老母于东周，固去自为而行进取也。今有孝如曾参，廉如伯夷，信如尾生。得此三人者以事大王，何若？"王曰："足矣。"苏秦曰："孝如曾参，义不离其亲一宿于外，王又安能使之步行千里而事弱燕之危王哉？廉如伯夷，义不为孤竹君之嗣，不肯为武王臣，不受封侯而饿死首阳山下。有廉如此，王又安能使之步行千里而行进取于齐哉？信如尾生，与女子期于梁下，女子不来，水至不去，抱柱而死。有信如此，王又安能使之步行千里却齐之强兵哉？臣所谓以忠信得罪于上者也。"燕王曰："若不忠信耳，岂有以忠信而得罪者乎？"苏秦曰："不然。臣闻客有远为吏而其妻私于人者，其夫将来，其私者忧之，妻曰：'勿忧，吾已作药酒待之矣。'居三日，其夫果至，妻使妾举药酒进之。妾欲言酒之有药，则恐其逐主母也；欲勿言乎，则恐其杀主父也。于是乎详僵而弃酒。主父大怒，笞之五十。故妾一僵而覆酒，上存主父，下存主母，然而不免于笞，恶在乎忠信之无罪也夫？臣之过，不幸而类是乎！"燕王曰："先生复就故官。"益厚遇之。

易王母，文侯夫人也，与苏秦私通。燕王知之，而事之加厚。苏秦恐诛，乃说燕王曰："臣居燕不能使燕重，而在齐则燕必重。"燕王曰："唯先生之所为。"于是苏秦详为得罪于燕而亡走齐，齐宣王以为客卿。

齐宣王卒，湣王即位，说湣王厚葬以明孝，高宫室大苑囿以明得意，欲破敝齐而为燕。燕易王卒，燕哙立为王。其后齐大夫多与苏秦争宠者，而使人刺苏秦，不死，殊而走。齐王使人求贼，不得。苏秦且死，乃谓齐王曰："臣即死，车裂臣以徇于市，曰'苏秦为燕作乱于齐'，如此则臣之贼必得矣。"于是如其言，而杀苏秦者果自出，齐王因而诛之。燕闻之曰："甚矣，齐之为苏生报仇也！"

苏秦既死，其事大泄。齐后闻之，乃恨怒燕。燕甚恐。苏秦之弟曰代，代弟苏厉，见兄遂，亦皆学。及苏秦死，代乃求见燕王，欲袭故事。曰："臣，东周之鄙人也。窃闻大王义甚高，鄙人不敏，释鉏耨而干大王。至于邯郸，所见者绌于所闻于东周，臣窃负其志。及至燕廷，观王之群臣下吏，王，天下之明王也。"燕王曰："子所谓明王者何如也？"对曰："臣闻明王务闻其过，不欲闻其善，臣请谒王之过。夫齐、赵者，燕之仇雠也；楚、魏者，燕之援国也。今王奉仇雠以伐援国，非所以利燕也。王自虑之，此则计过，无以闻者，非忠臣也。"王曰："夫齐者固寡人之雠，所欲伐也，直患国敝力不足也。子能以燕伐齐，则寡人举国委子。"对曰："凡天下战国七，燕处弱焉。独战则不能，有所附则无不重。南附楚，楚重；西附秦，秦重；中附韩、魏，韩、魏重。且苟所附之国重，此必使王重矣。今夫齐，长主而自用也。南攻楚五年，畜聚竭；西困秦三年，士卒罢敝；北与燕人战，覆三军，得二将。然而以其余兵南面举五千乘之大宋，而包十二诸侯。此其君欲得，其民力竭，恶足取乎！且臣闻之，数战则民劳，久师则兵敝矣。"燕王曰："吾闻齐有清济、浊河可以为固，长城、巨防足以为塞，诚有之乎？"对曰："天时不与，虽有清济、浊河，恶足以为固！民力罢敝，虽有长城、巨防，恶足以为塞！且异日济西不师，所以备赵也；河北不师，所以备燕也。今济西河北尽已役矣，封内敝矣。夫骄君必好利，而亡国之臣必贪于财。王诚能无羞从子母弟以为质，宝珠玉帛以事左右，彼将有德燕而轻亡宋，则齐可亡已。"燕王曰："吾终以子受命于天矣。"燕乃使一子质于齐。而苏厉因燕质子而求见齐王。齐王怨苏秦，欲囚苏厉。燕质子为谢，已遂委质为齐臣。

燕相子之与苏代婚，而欲得燕权，乃使苏代侍质子于齐。齐使代报燕，燕王哙问曰："齐王其霸乎？"曰："不能。"曰："何也？"曰："不信其臣。"于是燕王专任子之，已而让位，燕大乱。齐伐燕，杀王哙、子之。燕立昭王，而苏代、苏厉遂不敢入燕，皆终归齐，齐善待之。

苏代过魏，魏为燕执代。齐使人谓魏王曰："齐请以宋地封泾阳君，秦必不受。秦非不利有齐而得宋地也，不信齐王与苏子也。今齐、魏不和如此其甚，则齐不欺秦。秦信齐，齐、秦合，泾阳君有宋地，非魏之利也。故王不如东苏子，秦必疑齐而不信苏子矣。齐、秦不合，天下无变，伐齐之形成矣。"于是出苏代。代之宋，宋善待之。

齐伐宋，宋急，苏代乃遗燕昭王书曰：

夫列在万乘而寄质于齐，名卑而权轻；奉万乘助齐伐宋，民劳而实费；夫破宋，残楚淮北，肥大齐，雠强而国害：此三者皆国之大败也。然且王行之者，将以取信于齐也。齐加不信于王，而忌燕愈甚，是王之计过矣。夫以宋加之淮北，强万乘之国也，而齐并之，是益一齐也。北夷方七百里，加之以鲁、卫，强万乘之国也，而齐并之，是益二齐也。夫一齐之强，燕犹狼顾而不能支，今以三齐临燕，其祸必大矣。

虽然，智者举事，因祸为福，转败为功。齐紫，败素也，而贾十倍；越王句践栖于会稽，复残强吴而霸天下：此皆因祸为福，转败为功者也。

今王若欲因祸为福，转败为功，则莫若挑霸齐而尊之，使使盟于周室，焚秦符，曰："其大上计，破秦；其次，必长宾之。"秦挟宾以待破，秦王必患之。秦五世伐诸侯，今为齐下，秦王之志苟得穷齐，不惮以国为功。然则王何不使辩士以此言说秦王曰："燕、赵破宋肥齐，尊之为之下者，燕、赵非利之也。燕、赵不利而势为之者，以不信秦王也。然则王何不使可信者接收燕、赵，令泾阳君、高陵君先于燕、赵？秦有变，因以为质，则燕、赵信秦。秦为西帝，燕为北帝，赵为中帝，立三帝以令于天下。韩、魏不听则秦伐之，齐不听则燕、赵伐之，天下孰敢不听？天下服听，因驱韩、魏以伐齐，曰'必反宋地，归楚淮北'。反宋地，归楚淮北，燕、赵之所利也；并立三帝，燕、赵之所愿也。夫实得所利，尊得所愿，燕、赵弃齐如脱躧矣。今不收燕、赵，齐霸必成。诸侯赞齐而王不从，是国伐也；诸侯赞齐而王从之，是名卑也。今收燕、赵，国安而名尊；不收燕、赵，国危而名卑。夫去尊安而取危卑，智者不为也。"秦王闻若说，必若刺心然。则王何不使辩士以此若言说秦？秦必取，齐必伐矣。

夫取秦，厚交也；伐齐，正利也。尊厚交，务正利，圣王之事也。

燕昭王善其书，曰："先人尝有德苏氏，子之之乱而苏氏去燕。燕欲报仇于齐，非苏氏莫可。"乃召苏代，复善待之，与谋伐齐。竟破齐，湣王出走。

久之，秦召燕王，燕王欲往，苏代约燕王曰："楚得枳而国亡，齐得宋而国亡，齐、楚不得以有枳、宋而事秦者，何也？则有功者，秦之深雠也。秦取天下，非行义也，暴也。秦之行暴，正告天下。

"告楚曰：'蜀地之甲，乘船浮于汶，乘夏水而下江，五日而至郢。汉中之甲，乘船出于巴，乘夏水而下汉，四日而至五渚。寡人积甲宛东下随，智者不及谋，勇士不及怒，寡人如射隼矣。王乃欲待天下之攻函谷，不亦远乎！'楚王为是故，十七年事秦。

"秦正告韩曰：'我起乎少曲，一日而断大行。我起乎宜阳而触平阳，二日而莫不尽繇。我离两周而触郑，五日而国举。'韩氏以为然，故事秦。

"秦正告魏曰：'我举安邑，塞女戟，韩氏太原卷。我下轵，道南阳，封冀，包两周。乘夏水，浮轻舟，强弩在前，铩戈在后，决荥口，魏无大梁；决白马之口，魏无外黄、济阳；决宿胥之口，魏无虚、顿丘。陆攻则击河内，水攻则灭大梁。'魏氏以为然，故事秦。

"秦欲攻安邑，恐齐救之，则以宋委于齐。曰：'宋王无道，为木人以象寡人，射其面。寡人地绝兵远，不能攻也。王苟能破宋有之，寡人如自得之。'已得安邑，塞女戟，因以破宋为齐罪。

"秦欲攻韩，恐天下救之，则以齐委于天下。曰：'齐王四与寡人约，四欺寡人，必率天下以攻寡人者三。有齐无秦，有秦无齐，必伐之，必亡之。'已得宜阳、少曲，致蔺、离石，因以破齐为天下罪。

"秦欲攻魏重楚，则以南阳委于楚。曰：'寡人固与韩且绝矣。残均陵，塞鄳阸，苟利于楚，寡人如自有之。'魏弃与国而合于秦，因以塞鄳阸为楚罪。

"兵困于林中，重燕、赵，以胶东委于燕，以济西委于赵。已得讲于魏，至公子延，因犀首属行而攻赵。

"兵伤于谯石，而遇败于阳马，而重魏，则以叶、蔡委于魏。已得讲于赵，则劫魏，魏不为割。困则使太后弟穰侯为和，嬴则兼欺舅与母。

"适燕者曰'以胶东'，适赵者曰'以济西'，适魏者曰'以叶、蔡'，适楚者曰'以塞鄳阸'，适齐者'以宋'。此必令言如循环，用兵如刺蜚，母不能制，舅不能约。

"龙贾之战，岸门之战，封陵之战，高商之战，赵庄之战，秦之所杀三晋之民数百万，今其生者皆死秦之孤也。西河之外，上雒之地，三川晋国之祸，三晋之半，秦祸如此其大也。而燕、赵之秦者，皆以争事秦说其主，此臣之所大患也。"

燕昭王不行。苏代复重于燕。

燕使约诸侯从亲如苏秦时，或从或不，而天下由此宗苏氏之从约。代、厉皆以寿死，名显诸侯。

太史公曰：苏秦兄弟三人，皆游说诸侯以显名，其术长于权变。而苏秦被反间以死，天下共笑之，讳学其术。然世言苏秦多异，异时事有类之者皆附之苏秦。夫苏秦起闾阎，连六国从亲，此其智有过人者。吾故列其行事，次其时序，毋令独蒙恶声焉。

译文：

苏秦，东周洛阳人。他往东去到齐国从师，曾在鬼谷先生那儿研习学问。他出外游历了好几年，非常狼狈地回到家里。他的哥哥、弟弟、嫂子、妹妹、妻子、侍妾都暗地里讥笑他，说："周人的风俗，向来是治理产业，努力从事工商，以博取十分之二的利润为目的。如今你去掉了根本去搬弄口舌，倒霉，活该！"苏秦听了这些话，心里感到惭愧而暗自伤心，就关门不出，把他的书都取出来，再次发愤阅读，说："一个读书人已经埋头读书了，却不能用自己的知识去取得高位和荣耀，书读得再多，又有什么用处呢？"于是，他从这些书中找出一本《周书阴符》，伏案攻读。读了一年，他从书中找出了许多揣摩国君心意的诀窍，说道："凭借这些知识，我可以去游说当代的国君了。"他打算去游说周显王，显王的近臣们平素就熟悉苏秦，都轻视他，不肯相信。

于是苏秦向西到了秦国，这时秦孝公已死，他便游说秦惠王道："秦是个四面都有险塞的国家，群山环抱，渭水萦绕，东面有函谷、蒲津等关与黄河，西面有汉中，南面有巴、蜀之地，北面有代地和马邑，这真是天然的府库啊！凭着秦国百姓的众多，军事上的严格训练，足可以吞并各国，建帝号统治天下。"秦惠王说:"鸟的羽毛还没有长成时,绝不可以高飞;我们国家的大政方针还不明确,这是谈不到兼并别国的。"这时秦国刚杀了商鞅,讨厌那些游说之士,不愿任用。

于是苏秦往东到了赵国。赵肃侯用他的弟弟为相,号为奉阳君。奉阳君讨厌苏秦。

苏秦离赵又游历到燕国,经过一年多才见到燕文侯。苏秦进言道:"燕国东有朝鲜和辽东,北有林胡和楼烦,西有云中和九原,南有滹沱河和易水,国土纵横两千多里,战士好几十万,战车六百辆,战马六千匹,储存的粮食足够几年之用。南面可从碣石山、雁门山输入丰富的物资,北边可以种植枣栗获得很大利益。即使人民不耕种田地,单是枣栗的收入也就够富了。这真是天然的府库啊!

"安居乐业,没有战争,见不到将士死亡的危险,这点没有谁能比得上燕国。大王您明白这是什么原因吗?燕国之所以不遭受侵犯,不受战争摧残,是因为赵国做了它南方的屏障。假使秦国和赵国打五次仗,秦国胜两次而赵国胜三次,秦、赵两国互相消耗,大王可以用完好的燕国从后面控制它们,这就是燕国之所以不受敌国侵害的原因。而且秦国如要攻打燕国,要越过云中、九原,经过代郡、上谷,穿行几千里,即使能攻下燕城,秦国也会考虑到没法守住。秦国不能加害燕国,这是明摆着的事情。现在赵国如果要进攻燕国,发布号令,不到十天就可以有几十万军队进驻到边境的东垣一带。接着,赵军再渡过滹沱和易水,不到四五天,便直抵燕国的都城了,所以说,秦国进攻燕国,是到千里之外去作战,赵国攻打燕国,是在百里之内作战。不担心近在百里之内的祸患,而却看重千里之外的敌人,没有比这更错误的政策了。因而我希望大王能和赵国联合,天下联为一气,那么燕国一定没有祸患了。"

燕文侯说:"你的话虽然很对,但我们的国家弱小,西边靠近强大的赵国,南边接近齐国,齐、赵都是强国。你一定打算要用合纵的策略使燕国获得安定,我愿把国家交给你安排。"

于是,燕文侯供给苏秦许多车马和金帛,让他到赵国去。这时,奉阳君已经死掉。苏秦因而游说赵肃侯道:"当今天下在位的卿相人臣和民间的有识之士都仰慕您的作风,早就愿意为您效忠。虽说这样,由于奉阳君嫉妒贤能,您不能直接管理国事,所以宾客和游说之士,没有谁敢于在您面前倾吐忠言。现在奉阳君已经死掉,您如今又可与人民亲近,我这才敢于向您提出我一些不成熟的看法。

"我私下为您考虑,最好是使人民的生活安定,不要破坏他们的安宁。安民的根本方针,在于选择邦交。选择邦交得当,人民就能安定;选择邦交不当,人民就终身不能安定。请允许我谈一谈赵国的外患问题。假如把齐、秦两国都作为敌人,人民的生活就无法安定。如果倚靠秦国去攻打齐国,人民也不能安定。又如倚靠齐国来进攻秦国,人民仍然不能安定。所以图谋别国的君主,进攻别的国家,这种劝人断绝邦交的话常令人难以启齿,希望您也不要轻易出口。请让我指出这策略的不同,不过就是区别合纵连横两种方法而已。您如能采纳我的建议,燕国一定会献上盛产毛毡、皮衣、狗马的土地,齐国一定会献上盛产鱼盐的海域,楚国一定会献上盛产橘柚的园林,韩、魏、中山也都会献上一部分土地作为赵国贵臣收取赋税的私邑,您尊贵的亲戚父兄也都可以得到封侯之赏。割取别国的土地而取得利益,这是五霸冒着损军折将的风险去追求的。使自己的贵戚能够封侯,更是成汤和周武王采用放逐和杀君的手段也要去争取的。现在您只须安然不动便可得到这两种好处,这就是我对您祝愿的原因。

"现在您如果与秦国联合,那么秦国一定会去削弱韩国和魏国;假如您和齐国结交,那么齐国一定会去削弱楚国和魏国。魏国削弱就会割让河外,韩国削弱就会献出宜阳,献出宜阳就会使上郡处于绝境,割让河外也会使通往上郡的道路不通,楚国削弱将使赵国失去外援。这三种策略,不能不详加考虑。

"秦军如果攻下轵道,那么韩国的南阳便危险了。秦国如劫持韩国、包围周都洛阳,那么赵国将发兵自卫。如果秦军据有卫地,夺取卷城,那么齐国一定会去朝拜秦国。秦国的欲望在山东地区已开始得到满足,就必然会举兵指向赵国。秦军渡黄河、越漳水、占据番吾,那么秦军将直捣邯郸,这是我最为您担心的事。

"当前,山东地区的国家没有比赵国更强的。赵国的领土纵横二千多里,战士几十万,战车千辆,战马万匹,粮食可以供应好几年。西有常山,南有漳河,东有清河,北有燕国。燕国本是个弱国,值不得害怕。秦在各国中最忌恨的就是赵国。但是秦国不敢举兵攻打赵国,为什么呢?就是怕韩、魏从背后打它的主意。那么,韩、魏可说是赵国南边的屏障。秦国如进攻韩、魏,没有高山和大河的阻隔,逐渐蚕食它们的土地,直到迫近它们的国都为止。韩、魏不能抵挡秦国,必然向秦国屈服称臣。秦国没有韩、魏的制约,那么战祸就会落到赵国头上,这是我为您担忧的又一桩大事。

"我听说尧没有几个部属,舜没有一点土地,但都拥有了天下;大禹不到一百个部众,却统治了天下诸侯;商汤、周武王的士兵不过三千,战车不过三百辆,军队不过三万人,却能立为天子,都是由于他们懂得治理天下之道。因此,贤明的君主对外能估计敌人的强弱,对内能衡量自己士兵素质的优劣,不必等到两军交锋，对胜负存亡的可能性早已了然于胸了，怎么会被一般人的言论所蒙蔽，糊里糊涂去决定大事呢！

"我私下查看地图加以衡量，山东各国的疆土合起来比秦国大五倍，兵力是秦国的十倍。六国联成一气，合力向西攻打秦国，秦国非被攻破不可。现在各国反而向西投靠秦国，做秦的臣属。打败别人和被别人打败，使别国臣服和向别国称臣，这两者难道可以同日而语吗？

"说到那些主张连横的人，都想把诸侯的土地割给秦国。秦国如获得成功，他们就会把自己的楼台亭榭筑得高高的，宫室修得很华美，欣赏竽瑟的演奏，前有楼阁宫阙张挂着乐器，后有苗条艳丽的美女。诸侯遭到秦的侵扰，他们不分担一点忧虑。所以那些主张连横的人，时刻都致力于用秦国的权威来恫吓诸侯，以求达到割地的目的。因此，我希望大王能仔细考虑。

"我听说贤明的君主善于决断疑难，排除谗言，屏绝飞短流长的途径，堵塞结党营私的门路。这样，我才能报着效忠之心，在您面前陈述如何使国君更尊贵，国土更扩大，兵力更强盛的计划。我私下为您考虑，最好是团结韩、魏、齐、楚、燕、赵等国合纵亲善，一道反抗秦国。使各国的将相在洹水上结盟，互相交换人质，宰杀白马，举行盟誓。相互约定说：'假如秦国攻打楚国，那么齐国、魏国就派出精锐部队帮助楚国；韩国断绝秦国运粮的道路，赵军渡过漳河，燕国则守卫常山以北一带。秦国如果进攻韩、魏二国，那么楚国就截断秦的后路，齐国派出精兵援助，赵军渡过漳河遥相呼应，燕国则固守云中郡一带。秦国要是进攻齐国，那么，楚国同样截断它的后路，韩国守住成皋，魏国堵住秦军通道，赵军越过漳河、博关进行支援，燕国也派精兵助战。假如秦进攻燕国，那么赵国就守住常山，楚国驻军武关，齐国渡过渤海，韩、魏都出精兵助战。秦国如果攻打赵国,那么韩国就驻军宜阳,楚国驻军武关,魏国屯军河外,齐国渡过清河,燕国也派精兵支援。诸侯中有不遵守盟约的,其余五国便联军讨伐。六国要真能合纵相亲,共同抗秦,那么秦军一定不敢出函谷关来危害山东一带的国家了。这样,您的霸王之业也就成功了。"

赵肃侯回答道:"我年纪轻,治理国家的时间很短,从未有人告诉过我治国的长远之计。如今您有意为各国谋生存,使诸侯得以安定,我诚恳地把国家付托给您。"于是装饰车子一百辆,加上黄金一千镒,白璧一百双,锦绣一千匹,用来邀约其他诸侯结盟。

正当此时,周天子把祭祀文王、武王的祭肉赐给秦惠王。秦惠王派犀首进攻魏国,生擒魏将龙贾,攻占了雕阴,并打算继续向东方用兵。苏秦担心秦国军队打到赵国破坏合纵,便用计激怒张仪,让他投奔秦国。

于是苏秦又游说韩宣王道:"韩国北面有巩县、成皋这样坚固的城池,西面有宜阳、商阪等要塞,东面有宛、穰二县和洧水,南面有陉山,土地纵横九百多里,军队几十万,天下的强弓劲弩都是韩国制造的。像谿子弩,还有少府所造的时力、距黍两种劲弩,都能射到六百步以外,韩国的士兵举足踏弩而射可以不停地射百来次,对远处的敌人可以射穿他的胸部,近的可以射透他的心窝。韩国的剑戟都出产于冥山、棠谿、墨阳、合赙、邓师、宛冯、龙渊、太阿等地,都能在陆地上砍断牛马,水里截杀鹄雁。攻击敌人时,能斩断坚固的铠甲、铁衣,皮制的臂衣和盾牌,像这些精良的兵器,韩国无不具备。凭着韩兵的勇敢,披上坚甲,踏着劲弩,佩着利剑,以一个人抵挡一百个人是不在话下的。以韩国兵力的强劲和大王的贤明,却向西投靠秦国,拱手称臣，使国家蒙受耻辱而受到天下的耻笑，没有更超过此事的。所以，我希望大王能详加考虑。

"大王如果向秦国屈服，秦国一定会向您索取宜阳和成皋。您现在把土地献给它，明年又会再要求您割地。给它吧，没有那么多地方给；不给吧，就会前功尽弃并带来后患。而且大王的土地有限，而秦国贪求却没有止境。以有限的土地去应付那无止境的贪求，这正是通常所说的买下仇恨，种下祸根，不需打仗而土地已落入别人之手了。我听说有这样的俗话：'宁可作鸡群的头领，不要作牛群里的跟从。'现在你如果向西拱手屈服于秦，这和作牛群里的跟随者有什么区别呢！以大王的贤明，拥有强大的韩国军队，却落得一个牛群跟随者的名称，我私下替大王感到羞愧。"

这时，韩王一下子变了脸色，挥动手臂，怒睁双眼，按住剑柄，抬头望天，长叹一口气说："我尽管没有出息，也决不会向秦国屈服，现在蒙您把赵王的高见转告我，我愿意举国相随。"

苏秦又去游说魏襄王道："大王的国土，南有鸿沟、陈、汝南、许、鄢、昆阳、召陵、舞阳、新都、新郪，东面有淮水、颍水、煮枣、无胥，西面有长城为界，北面有河外、卷、衍、酸枣，国土纵横千里。国家的声名虽小，但乡间的房屋都十分密集，连放牧牲畜的地方都没有。人烟稠密，车水马龙，川流不息，轰隆轰隆的车马声，听起来就好像大部队在行军。我个人认为大王的国家并不比楚国差。然而那些主张连横的人却想引诱你伙同虎狼一样的秦国去侵犯天下。一旦受到秦国的加害，他们是不管的。倚仗强秦的声威来胁迫自己的君主，罪过没有比这更严重的了。魏国是天下的强国，大王是天下的贤主。现在却甘心向西侍奉秦国，以秦国的东方属国自居，为秦国建造巡狩的行宫，接受它的礼仪制度，春秋贡奉，帮助秦国祭祀，我私下替您感到羞愧。

"我听说越王句践用三千疲敝的兵士与吴国作战，在干遂生擒了吴王夫差。武王以三千兵士，三百辆兵车，在牧野之战制服了纣王。难道是他们的兵力众多吗？实在是因为他们能发挥兵威啊！我个人听说大王的兵力有武士二十万，苍头军二十万，冲击部队二十万，杂役十万，还有战车六百辆，战马五千匹，这就远远超过了越王句践和武王。想不到现在您竟听信群臣的话，打算向秦国臣服。谈到向秦臣服，必然要割让土地和献上宝贵的器物，不经过战事而国家就已经蒙受损失了。凡是群臣中主张侍奉秦国的人，都是奸臣，不是忠臣。他们作为人臣，割让自己国家的土地来讨好外国，只图眼前效益而不顾后果，损公肥私，对外依靠强秦的势力来胁迫自己的国君，以求把土地割让给秦国。希望大王仔细考虑。

"《周书》上说：'铲除草木，在萌芽状态不加斩断，等到枝叶蔓延就不好办了。在细小的时候不斩断，等长大后就必须使用斧头砍了。'事前不考虑成熟，就会招致严重的后果，那时又怎么办呢？大王真能听从我的建议，使六国合纵相亲，齐心合力，就一定不会再遭受强秦的侵略了。因此，敝国的赵王派我来向您呈献这种不成熟的意见，接受您贤明的约定，究竟如何，全赖大王的指示。"

魏王说："我没有才能，以前没有机会听取您高明的指教。现在您用赵王的指示来启发我，我愿以魏国追随您。"苏秦乘便又向东去游说齐宣王道："齐国南面有泰山，东面有琅邪山，西面有清河，北面有渤海，这可以说是四方都有险塞的国家。齐国的领土纵横两千里，军队几十万，粮食堆积如山，三军的锐卒和驻守五大都市的精兵，进攻时像锋利的刀和箭一样迅急，战斗时有如雷霆万钧，撤退时像风雨一样迅捷。自有战事以来，从未征调过泰山以南的部队，也不需渡过清河、渤海去征调兵卒。临菑城内有七万户人家，我私下估计，每户不少于三个男子，三七二十一万，不必等待征调远县的军队，单是临菑的兵卒就有二十一万了。临菑非常富有和殷实，这里的人没有不会吹竽鼓瑟，弹琴击筑，斗鸡赛狗以及下棋和踢球的。临菑的街道非常热闹，车辆的轮轴互相撞击，人们拥挤得肩擦着肩，衣襟连接起来就可以成为围帐，举起衣袖就可以连成一块大幕布，举手挥汗，洒下去像雨点一样，家家殷实富足，志气昂扬。以大王的贤明和齐国的强大，天下没有谁能比得上。现在您却要向西去侍奉秦国，我私下为大王感到羞愧。

"而且韩、魏之所以十分害怕秦国，是因为他们和秦国的边界连接。双方派出力量相当的军队，用不了十天，而胜败存亡的趋势就决定了。如果韩、魏战胜了秦国，那自己的兵力要损失一半，也无法守住自己的边境；如果战事失利，国家的危亡就会随着而来。所以韩、魏不敢轻易与秦国开战，很愿向秦国称臣。至于秦国要进攻齐国，情形便不一样了。秦国的背后倚靠着韩、魏的土地，越过卫国阳晋的通道，经历亢父的险塞，车辆不能并驶，战马不能并行，只要用一百人守住险地，一千人也过不去。秦国即使想深入侵犯，总是有后顾之忧，怕韩、魏在后面打它的主意。所以它疑虑重重，只是虚声恫吓，骄妄矜夸而不敢再向前进。那么秦国不能加害齐国，不是明摆着的事实吗！

"不深切考虑秦国对齐国无可奈何的事实，却想向它屈服，这是臣僚们谋略上的失误。采纳我的意见，既没有向秦称臣的屈辱名声，又有使国家强大的实效，所以我希望大王稍微考虑一下。"

齐王说:"我很不聪明,守着东面海边上偏僻荒远的国家,从没有机会听取您的教诲,现在您用赵王的指示来开导我,我极愿以齐国追随您。"

接着,苏秦又前往西南去游说楚威王道:"楚国是天下的强国,大王您是天下贤明的君主。西面有黔中郡、巫郡,东面有夏州、海阳,南面有洞庭、苍梧,北面有陉塞、郇阳。国土有五千多里见方,武装部队上百万,战车千辆、战马万匹,粮食储备够十年之用,这是建立霸王之业的有利条件,以楚国的强大和您的贤明,天下没有谁比得上您。现在您却打算向西边的秦国称臣,那么诸侯就会都倒向西方而拜倒在秦国章台宫下了。

"秦国最害怕的莫过于楚国,楚强秦国就弱,秦强楚国就弱,秦、楚势不两立。所以我为大王考虑,不如与东方各国合纵相亲,使秦国孤立。大王如果不合纵,秦国必然会出动两支军队,一支军队从武关出击,一支军队指向黔中,那么楚国的鄢郢就动摇了。

"我听说处理问题最好赶在乱子发生之前,在灾难还没有来临时就及早采取行动。祸患临头才去寻找对策,就来不及了。所以希望大王及早考虑。

"大王如果采纳我的意见,我愿叫山东各国一年四季向您进贡,接受您的领导,把国家和宗庙都委托给您,做好战备,听从大王的指挥。大王真要能采纳我不成熟的意见,那么韩、魏、齐、燕、赵、卫等国的美好音乐和美女一定会充满您的后宫,燕、代等地的骆驼、良马就会填满您的马厩。所以说,合纵成功,楚国就能成就王业,连横成功,将使秦国称帝。如今您放弃霸王的事业,而有侍奉他人的屈辱名声,我私下真为您感到值不得啊!

"秦国是个像虎狼一样凶恶的国家,抱有并吞天下的野心。

秦国是天下的仇敌。主张连横的人都想割诸侯的土地去侍奉秦国，这真是奉养仇敌的人啊！作为臣子，割让自己国君的土地和虎狼一样的秦国拉关系，让它侵扰天下，自己的国家最终也会遭到秦国进犯，他是不管这种后果的。外边倚仗强秦的威势，对内去胁迫自己的国君，要求割让土地给秦国，大逆不忠的罪过，没有比这更大的了。如果合纵相亲，那么诸侯都会割让土地侍奉楚国；连横成功，那么楚国就要割让土地给秦国，这两种策略相差实在太远了，大王究竟站在哪一方面呢？所以敝国的赵王派我献上这不成熟的意见，接受您贤明的约定，全在大王的安排。"

楚王说："我的国家西面和秦国接壤，秦国有夺取巴蜀、吞并汉中的野心。秦是个像虎狼一样凶横的国家，不能和它亲近。韩、魏由于受到秦国威胁，不能和它们深深地计议，和它们谋划大事，恐怕它们反把消息泄露给秦国，计划还没有实行，国家已处在危难之中了。我自己估计，单靠楚国的力量去抵挡秦国，不一定能打赢；在国内和群臣商量，又不可靠。我睡不好觉，吃不好饭，心神不定，不得安宁。现在您打算团结天下，拉拢诸侯，保全处在危亡中的国家，我愿竭诚地以整个国家追随您。"

于是六国联合，力量集中，苏秦做了合纵盟约的领导人，兼任六国的相国。

苏秦北上向赵王报命，途经洛阳，随行的车马辎重以及各国护送的使者极多，就好像是国王出巡。周显王得悉这一消息非常害怕，赶忙派人替他清扫将要经行的道路，并派人到郊外慰劳。苏秦的兄弟妻嫂斜着眼不敢抬头正视，都俯伏在地上，侍候他进食。苏秦笑着向他的嫂嫂说："你怎么以前对我那样傲慢，现在却这么恭敬呢？"嫂嫂赶快弯曲着身子匍匐在地上，把脸贴着地面谢罪说："那是因为小叔你现在的官高而钱多啊！"苏秦深有感触地叹道:"同样是我这个人,富贵了亲人就害怕我;贫贱就受到轻视,亲人尚且是这样,何况是一般人呢!假如我在洛阳城边有二顷良田,我还能佩上六国相印吗?"于是他便把千金分赐给同族的人和朋友。当初,苏秦到燕国去,曾借别人一百钱作路费,到他富贵了,就用一百金偿还他,并普遍报答了所有曾有恩于他的人。随从中有一人独独没有得到报偿,于是上前主动申明。苏秦说:"我不是忘记了你。从前你和我一起到燕国去,走到易水,你再三要想抛弃我,那时我处境艰难,因而我深深地怨恨你,所以把你放在后边。现在你也算是得到报偿了。"

苏秦已经约定六国合纵相亲之后,回到赵国,赵肃侯封他为武安君。于是苏秦把合纵的盟约送到秦国,秦国有十五年不敢出函谷关。

后来秦国派犀首欺骗齐、魏两国,和他们一起攻打赵国,想破坏合纵盟约。齐、魏攻打赵国,赵王责备苏秦。苏秦害怕,请求出使燕国,说一定要报复齐国。苏秦离开赵国以后,合纵盟约随之瓦解。

秦惠王把自己的女儿嫁给燕太子为妻。这一年,燕文侯去世,太子即位,称为燕易王。易王刚继位,齐宣王乘着燕国有丧事,发兵进攻燕国,夺取了十城。燕易王对苏秦说:"以前先生您到燕国,先王资助您去见赵王,于是约定六国合纵。现在齐国先进攻赵国,其次就轮到燕国,因为您的原因让天下耻笑,您能为燕国取回被侵占的土地吗?"苏秦非常惭愧地说道:"请让我为您把失地收回吧!"

苏秦去谒见齐王,行了再拜礼,低下头来表示庆贺,随着又抬起头表示哀悼。齐王说:"为什么你的庆贺和哀悼相继来得这么快啊?"苏秦说:"我听说饥饿的人即使很饥饿也不肯吃毒药乌头，是因为这东西虽然能暂时填饱肚子，却和饿死并没有什么两样。燕国虽然弱小，但燕王却是秦王的小女婿。大王贪图燕国十城，却长期和强大的秦国为仇。现在使弱小的燕国做先锋，秦国在后面打掩护，进而招引天下的精兵来攻击你，这和用乌头充饥实际上是一回事。"齐王忧虑地变了脸色说："那么怎样办呢？"苏秦说："我听说古来善于处理事情的人，能变祸事为好事，变失败为成功。大王真能听取我的建议，就把十城归还燕国。燕国无缘无故地收回十城，必然高兴；秦王知道您是因为他的缘故而归还燕的十城，也一定高兴。这叫作去掉仇敌而得到磐石一样的交谊。燕、秦都接受齐国的领导，这样，大王只不过表面上做了个依附秦国的姿态，实际上却是用十城取得了天下。这真是霸王的伟业啊！"齐王说："很好。"于是把十城归还给燕国。

有人诽谤苏秦说："这是个左右摇摆，出卖国家，反复无常的奸臣，他将会作乱。"苏秦恐怕得罪，赶快回到燕国，燕王不让他任职。苏秦求见燕王说："我本是东周的一个平民，没有一点功劳，而您亲自在宗庙里接见我，在朝廷上以礼相待。现在我为您说退了齐国的军队而收复了十城，您对我应更加亲近。现在我回到燕国，而您却不让我担任官职，必然有人以说话不老实的罪名在您面前中伤我。我不守信誉，乃是您的福啊！我听说忠信只不过是为自己，进取才是为的别人。我去游说齐王，不是欺骗了他吗？我把年老的母亲丢在东周，这本来就是抛弃只顾自己的念头而去帮助别人实行进取。现在假如有人像曾参那样孝顺，像伯夷那样廉洁，像尾生那样守信，得到这样三个人来侍奉大王，您觉得怎样？"燕王说："足够了。"苏秦说："像曾参那样孝顺的人，按理不会离开他的父母在外住一夜，您又怎么能使他步行千里来替弱小的燕国处在危险境地中的君王效劳呢？像伯夷那样廉洁，他的行为准则是不作孤竹君的继承人，不肯作周武王的臣子，不肯接受封侯的赏赐，而饿死在首阳山下。像这样廉洁的人，您又怎么能使他步行千里，到齐国去干一番进取的事业呢？像尾生那样守信用的人，和女子在桥下约会，女子没有来，大水来了也不肯离开，抱着柱子让水淹死。像这种守信用的人，您又怎么能够使他步行千里，去退却齐国的强兵呢？我正是那种因为忠信而得罪君王的人。"燕王说："您本是个不忠诚的人，哪有因为忠诚而得罪的呢？"苏秦说："话不是这么说。我听说有个到远方做官的人，他的妻子和别人私通。她的丈夫将要回来了，她的姘夫很担心。这个妻子说：'您不要担心，我已经准备好药酒等他了。'过了三天，她的丈夫果然回家，妻子叫侍妾捧着药酒让丈夫喝。侍妾想说出酒里下了毒药，恐怕他会把女主人赶出去；想不说呢，又怕害死了男主人。于是假装跌倒而打翻了酒。男主人大怒，打了她五十鞭。所以，侍妾假装跌倒而泼了药酒，对上来说是保存了男主人，对下来说是保存了女主人，却不免遭到鞭打，怎么能说忠诚就不会得罪呢？我的罪过，不幸正和这个故事相同啊！"燕王说："您还是担任原来的职位吧。"从此更加优待他。

燕易王的母亲是燕文侯的夫人，她和苏秦私通。燕易王知道了，对苏秦更加优待。苏秦恐怕被杀，就对燕王说："我在燕国不能提高燕国的地位，我如在齐国，则定能使燕国受到重视。"燕王说："您怎么办都行。"于是苏秦假装得罪了燕国而逃奔到齐国，齐宣王让他作客卿。

齐宣王死去，湣王继位。苏秦劝说湣王隆重地安葬宣王，以表示自己的孝思，高筑宫室，扩大苑囿，以显示自己的得意，他想以此损耗齐国，为燕国提供可乘之机。燕易王死去，燕哙继立为王。后来，齐国有许多大夫和苏秦争宠，派人暗杀苏秦，苏秦受了重伤，挣扎着逃走。齐王派人去抓凶手，没有抓到。苏秦快要死了，便对齐王说："我如果死了，请您把我车裂了而在刑场上示众，并宣布说：'苏秦为了燕国在齐国作乱。'这样，那暗杀我的凶手就定能抓到了。"于是齐王照他的话办，暗杀苏秦的凶手果然自己露面，齐王就把他捉来处死。燕国听到这个消息说："齐国这样为苏先生报仇，真太好啦。"

苏秦死后，他为燕国削弱齐国的事情充分暴露。齐国知道了，对燕国非常不满。燕国极端恐惧。苏秦的弟弟苏代，苏代的弟弟苏厉，见到兄长这样得意，也都学习纵横之术。苏秦死后，苏代就去求见燕易王，想继承苏秦的旧业，说："我是东周一个普通的平民，听说大王的德行高尚，我不揣冒昧，放弃了耕种而来求见大王。我到了赵国的首都邯郸，所见到的和我在东周所听到的相差很远，我私下感到失望。后来到了燕国的宫廷，看到您的群臣和属吏，便知道大王您真是天下最贤明的君王啊！"燕王问道："你所说的贤明的君主是什么样子呢？"苏代回答道："我听说一个贤明君王总是愿意听取自己的过失，不愿只听别人称道自己的好处。我愿意指出你哪些地方错了。齐、赵是燕国的仇敌、楚、魏是燕国的后援国。现在您却要侍奉仇敌来攻打援国，这是对燕国不利的。请您自己考虑，这种做法显然是错的，但却没有人告诉您，这显然不是忠臣。"燕王说："齐国本来是我的敌人，我一直想要讨伐它，只是怕国家疲敝，力量不够。您要能以燕国攻打齐国，我愿把整个国家付托给您。"苏代回答说："天下有力作战的大国有七个，燕国是比较衰弱的。单独与别国作战，力量不足；倘若依附谁，谁就会提高地位。向南去依附楚，楚国的声望就会提高。向西去依附秦，秦国的威望便加重；中间去依附韩、魏，韩、魏的声威就加重。如果所依附的国家威望提高，这必然使您的威望也提高了。谈到齐国，他的国君年纪大而又一意孤行。南边攻楚五年，积蓄消耗殆尽，向西困扰秦国三年，兵士疲敝不堪，北边和燕国作战，打败燕的三军，俘虏了两员将领。并且用它残余的兵力，向南攻破拥有五千辆兵车的宋国，囊括了泗上十二诸侯。他的国君野心虽已得到相当满足，民力却已衰竭了。还能干什么呢！并且我听说：多次打仗，人民就劳累，军队长期在外，战士就很疲敝。"燕王说："齐国有清济、浊河，便于固守，有长城、巨防，可以作为要塞，真是这样吗？"苏代回答说："天时方面不能取得有利条件，虽然有清济、浊河，哪能固守呢！人民疲敝，虽然有长城、巨防，又怎能作为要塞呢！况且，齐国从前不从济水以西征兵，是为了防备赵国，不从河北征调军队，是为了防备燕国。现在济西、河北全都征兵了，全国都已经很疲敝了。骄横的君主必然贪利，亡国的臣子一定贪财。您如果不以把侄儿或弟弟送做人质感到羞愧，并以宝珠玉帛去拉拢齐王的亲信，齐国将会感激燕国而把灭亡宋国看得很容易，那么，齐国就可以被我们灭掉了。"燕王说："我决心依靠您而接受上天的安排。"燕国就派了一个公子到齐国去做人质。苏厉通过燕国质子的关系求见齐王。齐王怨恨苏秦，想把苏厉囚禁起来。燕国的质子替他谢罪，随后苏厉也就委身做了齐国的臣子。

燕国的相国子之和苏代结成婚姻关系，想要取得燕国的政权，就派苏代到齐国去侍奉质子。齐王派遣苏代回国复命，燕王哙问他道："齐王能称霸吗？"苏代回答说："不能。"燕王问："为什么？"回答说："因为他不信任自己的臣子。"于是燕王让子之控制燕国的全权，不久又让位给他，引起了燕国大乱。齐国进攻燕国，杀掉了燕王哙和子之。燕国拥立了昭王。苏代、苏厉不敢再进入燕国，都归附了齐国，齐很优待他们。

苏代经过魏国，魏国替燕国拘留了苏代。齐国派人对魏王说："齐国提出把宋国的土地封给秦王的弟弟泾阳君，秦一定不肯接受。秦国并非不希望拉拢齐国和取得宋地的地盘，只不过是不相信齐王和苏代罢了。现在齐、魏不和到了如此严重的程度，那么，齐国就不会欺骗秦国。秦国也会相信齐国。齐、秦联合起来，泾阳君取得宋国土地，这是不利于魏国的，所以您不如让苏代东归齐国，秦国定会怀疑齐国而不相信苏代了。齐、秦不能联合，天下局势不发生变动，讨伐齐国的局面就会逐渐形成了。"于是魏国释放了苏代。苏代到了宋国，宋国很好地接待他。

齐国进攻宋国，宋国危急，于是苏代写信给燕昭王说：

燕国作为一个万乘大国，却派出人质寄居在齐国，名声低下而权势卑微，以整个燕国力量帮助齐国攻打宋国，人民疲劳而财力损耗。攻破宋国，侵犯楚国的淮北，使齐国壮大，敌人强大而自己的国家受害。这三种情况都是对国家的大害啊！然而您还是愿意这样办，无非是为了取得齐国的信任罢了。但齐国却更加不相信您，对燕国更加怀恨，这表明您的策略错了。宋国再加上淮北的地盘，力量超过万乘的大国，齐国把它吞并之后，等于增加了一个齐国。北夷的土地纵横七百里，加上鲁、卫两国的地方，也胜过一个万乘的大国，齐国把它们吞并之后，等于增加了两个齐国。以一个齐国的力量，燕国还担惊受怕而不能应付，现在以三个齐国的力量压到燕国头上，那祸害就一定很大了。

虽是这么说，但聪明人办事，能够变祸为福，转败为胜。比如齐国的紫色绢帛，本是用破旧的白绢染成，它们价格反而提高了十倍。越王句践被困在会稽山，后来却击破强大的吴国而称霸天下。这都是变祸为福，转败为胜的事例啊！

现在您如果想要变祸为福，转败为胜，最好是推举齐国为霸主而尊重它，让各国派遣使臣在周室结盟，烧掉秦国的符节，宣告说：'最好的策略是攻破秦国，其次是永远排斥它。'秦受到排斥并时刻担心被别人攻破，秦王一定非常忧虑。秦国接连五代君主都是主动出击，现在反而屈居齐国之下，秦王的想法，只要能使齐国陷入困境，不难以全国力量相拚。既然是这样，您何不派遣一个说客用以下的话游说秦王道："燕、赵两国攻破宋国，使齐国更加强大，尊重它并屈从它，燕、赵并不想从中得利。燕、赵既得不到利益却又势必要这样做，就是因为不相信秦王的缘故。那么，您为什么不派遣一个可信的人去拉拢燕、赵，派泾阳君、高陵君先到燕、赵两国去？如怕秦国的外交路线有变，就以他们二人作为人质，那么燕、赵必然相信秦国。秦国作西帝，燕作北帝，赵作中帝，树立三帝，向天下发号施令。韩、魏不服从，秦国就讨伐它；齐国不服从，燕、赵就讨伐它，天下还有谁敢不服从？天下都服从了，于是驱使韩、魏去讨伐齐国，说：'一定要交出宋国的土地，归还楚国的淮北。'交出宋国的土地，归还楚国的淮北，这是有利于燕、赵的。树立三帝，是燕、赵非常愿意的。这样，实际方面能得到利益，提高名声方面如愿以偿。燕、赵将像丢掉草鞋一样把齐国抛弃了。现在如您不拉拢燕、赵，齐国的霸业一定会成功。诸侯都拥护齐国而您不服从，国家将遭到攻伐；诸侯拥护齐国，您也一样服从，您的名声就卑下了。现在要是拉拢燕、赵，会使国家安定而名望崇高；不拉拢燕、赵，会使国家危险而名声低下。抛弃名尊国安的做法而选取国危名卑的做法，聪明人是不会这样干的。"秦王听了这个说法，心头一定感到刺痛。那么，您为什么不派说客用这番话去游说秦国？秦国定会被争取过来，齐国也定会受到讨伐了。

争取秦国，这是重要的外交；讨伐齐国，是正当的利益。处理好重要的外交，谋求正当的利益，这是圣王的事业啊！

燕昭王认为苏代这封信写得好，说："先王曾对苏家有过恩德，后来由于子之的乱事，使得苏家弟兄离开了燕国。燕国要想向齐国报仇，非用苏家弟兄不可。"于是召回苏代，仍然很好地待他，和他商量讨伐齐国的大计，终于攻破齐国，使得齐湣王逃奔在外。

过了很久，秦国邀请燕王，燕王想前去，苏代劝阻燕王道："楚国因得到了枳而使国家灭亡，齐国因取得宋国而使国家灭亡，齐、楚不能占有枳、宋而终于向秦国屈服，原因何在呢？那因为只要取得成功的国家，秦国都看成它的大敌。秦国夺取天下，不是靠行义，而是靠使用暴力。秦国使用暴力，公开地向天下宣告。

"秦警告楚国说：'蜀地的军队，乘船浮行于岷水之上，随着夏季的水势直入长江，五天就能到达楚的郢都。汉中的军队，乘船从巴水出来，趁夏季水势直入汉水，四天就能到达五渚。我在宛县以东聚集军队，向随县进军，楚国的智士还来不及提出对策，勇士还来不及发挥威力，我已像用飞箭射杀鹰隼一样迅速取得胜利，你还想等天下的军队攻打函谷关，不是为时过晚了吗！'楚王因为这个缘故，向秦臣服了十七年。

"秦国警告韩国说：'我从少曲发兵，一天就可截断太行山的通道。我从宜阳发兵，攻击平阳，两天就会使韩国全境动摇。我穿越两周攻击新郑，五天就可攻占韩国。'韩国认为确是如此,所以向秦国臣服。

"秦国警告魏国说:'我攻下安邑,堵住女戟,韩国通往太行山的路就会被截断。我从轵出发,经过南阳、封、冀,包围东西两周。趁着夏季的水势,乘着轻便的战船,强弓劲弩在前,利戈在后,掘开荥口,魏国的大梁就不复存在;掘开白马渡口,魏国的外黄、济阳就不复存在。掘开宿胥渡口,魏国的虚、顿丘就不复存在。从陆上进攻,可以击破河内;水路进攻,可以毁灭大梁。'魏国认为确是如此,所以向秦国臣服。

"秦国想攻取安邑,害怕齐国援救,就把宋地丢给齐国,说:'宋王无道,做了一个像我的木偶,用箭射它的面孔。我的路途阻绝,军队遥远,没法去攻打他。您假如能攻破宋国并占有它,那就像我自己占有一样。'在秦国取得安邑,堵塞女戟之后,就反过来把攻破宋国作为齐国的罪过。

"秦国想攻打韩国,害怕天下援助,就把齐国丢给天下,说:'齐国曾四次和我订立盟约,却四次欺骗我,三次下决心要率领天下攻击我。有齐国就没有秦国,有秦国就没有齐国,一定要讨伐它,灭亡它。'等到秦国取得了韩国的宜阳、少曲,占领了蔺和离石就反过来把攻破齐国作为天下各国的罪名。

"秦国想进攻魏国,害怕楚国援助,就把南阳丢给楚国,说:'我本来就要与韩国绝交了。攻破均陵,堵塞鄳隘,只要有利于楚国,我就会像自己占有这些地方一样高兴。'等到魏国抛弃盟国转过去和秦国联合,于是把堵塞鄳隘作为楚国的罪过。

"秦国的军队在林中受困,怕燕、赵乘机攻击,就把胶东丢给燕国,把济水以西丢给赵国。等到与魏讲和,并以公子延作为人质之后,便用公孙衍连续攻打赵国。

"秦军在谯石受到挫折,又在阳马被打败,怕魏国乘机攻击,就把叶、蔡丢给魏国。一到和赵国讲和,就胁迫魏国,魏国不肯割地。处在困境时,就派太后的弟弟穰侯去讲和,顺利时,连舅舅与母亲都要欺侮。

"秦国要责备燕国,便把攻打胶东作为罪名;责备赵国,便以夺取济西作为罪名;责备魏国,就把占领叶、蔡作为罪名;责备楚国,就把堵塞鄳隘作为罪名。责备齐国,就以攻打宋国作为罪名。它谴责各国,总会找到循环不断的借口。它把交错用兵看得像刺绣一样容易,母亲管不了,舅舅也不能约束。

"和龙贾的战斗,岸门的战役,封陵的战役,高商的战役,和赵庄的战斗,秦国前后杀掉三晋的人民有好几百万,现在那些还活着的,都是被秦国杀死的人的遗孤。西河之外,上雒之地,三川一带受到秦国的攻击,去掉了晋国的一半,秦国带来的灾祸严重到了这种程度,而燕、赵亲秦的人都争相以侍奉秦国劝说他的国君,这正是我最担忧的事。"

燕昭王因此便不到秦国去了。苏代又受到燕国的重用。

燕国派苏代联络诸侯合纵抗秦,像苏秦在世时一样。有的参加,有的没有参与,天下从此推崇苏氏兄弟缔结的合纵盟约。苏代、苏厉都长寿而死,在诸侯间获得显赫的名声。

太史公说:苏秦兄弟三人,都通过游说诸侯获得显赫的名声,他们的本领是擅长权变。苏秦蒙受间谍的罪名而被处死,天下人都耻笑他,避免公开地学习他的策略。然而,世间对苏秦事迹的传说很分歧,后来的事有和他类似的,都附会到苏秦身上。苏秦起自民间,联合六国合纵相亲,他的智慧确有超过常人的地方。所以我列出他的事迹,按时间先后加以叙述,不让他独自蒙受不好的名声。

史记卷七十

张仪列传第十

张仪者,魏人也。始尝与苏秦俱事鬼谷先生,学术,苏秦自以不及张仪。

张仪已学而游说诸侯。尝从楚相饮,已而楚相亡璧,门下意张仪,曰:"仪贫无行,必此盗相君之璧。"共执张仪,掠笞数百,不服,醳之。其妻曰:"嘻!子毋读书游说,安得此辱乎?"张仪谓其妻曰:"视吾舌尚在不?"其妻笑曰:"舌在也。"仪曰:"足矣。"

苏秦已说赵王而得相约从亲,然恐秦之攻诸侯,败约后负,念莫可使用于秦者,乃使人微感张仪曰:"子始与苏秦善,今秦已当路,子何不往游,以求通子之愿?"张仪于是之赵,上谒求见苏秦。苏秦乃诫门下人不为通,又使不得去者数日。已而见之,坐之堂下,赐仆妾之食。因而数让之曰:"以子之材能,乃自令困辱至此。吾宁不能言而富贵子,子不足收也。"谢去之。张仪之来也,自以为故人,求益,反见辱,怒,念诸侯莫可事,独秦能苦赵,乃遂入秦。

苏秦已而告其舍人曰:"张仪,天下贤士,吾殆弗如也。今吾幸先用,而能用秦柄者,独张仪可耳。然贫,无因以进。吾恐其乐小利而不遂，故召辱之，以激其意。子为我阴奉之。"乃言赵王，发金币车马，使人微随张仪，与同宿舍，稍稍近就之，奉以车马金钱，所欲用，为取给，而弗告。张仪遂得以见秦惠王。惠王以为客卿，与谋伐诸侯。

苏秦之舍人乃辞去。张仪曰："赖子得显，方且报德，何故去也！"舍人曰："臣非知君，知君乃苏君。苏君忧秦伐赵败从约，以为非君莫能得秦柄，故感怒君，使臣阴奉给君资，尽苏君之计谋。令君已用，请归报。"张仪曰："嗟乎，此在吾术中而不悟，吾不及苏君明矣！吾又新用，安能谋赵乎？为吾谢苏君，苏君之时，仪何敢言。且苏君在，仪宁渠能乎！"张仪既相秦，为文檄告楚相曰："始吾从若饮，我不盗而璧，若笞我。若善守汝国，我顾且盗而城！"

苴蜀相攻击，各来告急于秦。秦惠王欲发兵以伐蜀，以为道险狭难至，而韩又来侵秦，秦惠王欲先伐韩，后伐蜀，恐不利，欲先伐蜀，恐韩袭秦之敝，犹豫未能决。司马错与张仪争论于惠王之前，司马错欲伐蜀，张仪曰："不如伐韩。"王曰："请闻其说。"

仪曰："亲魏善楚，下兵三川，塞什谷之口，当屯留之道，魏绝南阳，楚临南郑，秦攻新城、宜阳，以临二周之郊，诛周王之罪，侵楚、魏之地。周自知不能救，九鼎宝器必出。据九鼎，案图籍，挟天子以令于天下，天下莫敢不听，此王业也。今夫蜀，西僻之国而戎翟之伦也，敝兵劳众不足以成名，得其地不足以为利。臣闻争名者于朝，争利者于市。今三川、周室，天下之朝市也，而王不争焉，顾争于戎翟，去王业远矣。"

司马错曰："不然。臣闻之，欲富国者务广其地，欲强兵者务富其民，欲王者务博其德，三资者备而王随之矣。今王地小民贫，故臣愿先从事于易。夫蜀，西僻之国也，而戎翟之长也，有桀纣之乱。以秦攻之，譬如使豺狼逐群羊。得其地足以广国，取其财足以富民缮兵，不伤众而彼已服焉。拔一国而天下不以为暴，利尽西海而天下不以为贪，是我一举而名实附也，而又有禁暴止乱之名。今攻韩，劫天子，恶名也，而未必利也，又有不义之名，而攻天下所不欲，危矣。臣请谒其故：周，天下之宗室也；齐，韩之与国也。周自知失九鼎，韩自知亡三川，将二国并力合谋，以因乎齐、赵而求解乎楚、魏，以鼎与楚，以地与魏，王弗能止也。此臣之所谓危也。不如伐蜀完。"

惠王曰："善，寡人请听子。"卒起兵伐蜀，十月，取之，遂定蜀，贬蜀王更号为侯，而使陈庄相蜀。蜀既属秦，秦以益强，富厚，轻诸侯。

秦惠王十年，使公子华与张仪围蒲阳，降之。仪因言秦复与魏，而使公子繇质于魏。仪因说魏王曰："秦王之遇魏甚厚，魏不可以无礼。"魏因入上郡、少梁，谢秦惠王。惠王乃以张仪为相，更名少梁曰夏阳。

仪相秦四岁，立惠王为王。居一岁，为秦将，取陕。筑上郡塞。

其后二年，使与齐、楚之相会啮桑。东还而免相，相魏以为秦，欲令魏先事秦而诸侯效之。魏王不肯听仪。秦王怒，伐取魏之曲沃、平周，复阴厚张仪益甚。张仪惭，无以归报。留魏四岁而魏襄王卒，哀王立。张仪复说哀王，哀王不听。于是张仪阴令秦伐魏。魏与秦战，败。

明年，齐又来败魏于观津。秦复欲攻魏，先败韩申差军，斩首八万，诸侯震恐。而张仪复说魏王曰："魏地方不至千里，卒不过三十万。地四平，诸侯四通辐凑，无名山大川之限。从郑至梁二百余里，车驰人走，不待力而至。梁南与楚境，西与韩境，北与赵境，东与齐境，卒戍四方，守亭鄣者不下十万。梁之地势，固战场也。梁南与楚而不与齐，则齐攻其东；东与齐而不与赵，则赵攻其北；不合于韩，则韩攻其西；不亲于楚，则楚攻其南：此所谓四分五裂之道也。

"且夫诸侯之为从者，将以安社稷尊主强兵显名也。今从者一天下，约为昆弟，刑白马以盟洹水之上，以相坚也。而亲昆弟同父母，尚有争钱财，而欲恃诈伪反覆苏秦之余谋，其不可成亦明矣。

"大王不事秦，秦下兵攻河外，据卷、衍、燕、酸枣，劫卫取阳晋，则赵不南，赵不南而梁不北，梁不北则从道绝，从道绝则大王之国欲毋危不可得也。秦折韩而攻梁，韩怯于秦，秦、韩为一，梁之亡可立而须也。此臣之所为大王患也。

"为大王计，莫如事秦。事秦则楚、韩必不敢动；无楚、韩之患，则大王高枕而卧，国必无忧矣。

"且夫秦之所欲弱者莫如楚，而能弱楚者莫如梁。楚虽有富大之名而实空虚；其卒虽多，然而轻走易北，不能坚战。悉梁之兵南面而伐楚，胜之必矣。割楚而益梁，亏楚而适秦，嫁祸安国，此善事也。大王不听臣，秦下甲士而东伐，虽欲事秦，不可得矣。

"且夫从人多奋辞而少可信，说一诸侯而成封侯，是故天下之游谈士莫不日夜扼腕瞋目切齿以言从之便，以说人主。人主贤其辩而牵其说，岂得无眩哉？

"臣闻之，积羽沉舟，群轻折轴，众口铄金，积毁销骨，故愿大王审定计议，且赐骸骨辟魏。"

哀王于是乃倍从约而因仪请成于秦。张仪归，复相秦。三岁而魏复背秦为从。秦攻魏，取曲沃。明年，魏复事秦。

秦欲伐齐，齐、楚从亲，于是张仪往相楚。楚怀王闻张仪来，虚上舍而自馆之。曰："此僻陋之国，子何以教之？"仪说楚王曰："大王诚能听臣，闭关绝约于齐，臣请献商於之地六百里，使秦女得为大王箕帚之妾，秦楚娶妇嫁女，长为兄弟之国。此北弱齐而西益秦也，计无便此者。"楚王大说而许之。群臣皆贺，陈轸独吊之。楚王怒曰："寡人不兴师发兵得六百里地，群臣皆贺，子独吊，何也？"陈轸对曰："不然，以臣观之，商於之地不可得而齐秦合，齐秦合则患必至矣。"楚王曰："有说乎？"陈轸对曰："夫秦之所以重楚者，以其有齐也。今闭关绝约于齐，则楚孤。秦奚贪夫孤国，而与之商於之地六百里？张仪至秦，必负王，是北绝齐交，西生患于秦也，而两国之兵必俱至。善为王计者，不若阴合而阳绝于齐，使人随张仪。苟与吾地，绝齐未晚也；不与吾地，阴合谋计也。"楚王曰："愿陈子闭口毋复言，以待寡人得地。"乃以相印授张仪，厚赂之。于是遂闭关绝约于齐，使一将军随张仪。

张仪至秦，详失绥堕车，不朝三月。楚王闻之，曰："仪以寡人绝齐未甚邪？"乃使勇士至宋，借宋之符，北骂齐王。齐王大怒，折节而下秦。秦齐之交合，张仪乃朝，谓楚使者曰："臣有奉邑六里，愿以献大王左右。"楚使者曰："臣受令于王，以商於之地六百里，不闻六里。"还报楚王，楚王大怒，发兵而攻秦。陈轸曰："轸可发口言乎？攻之不如割地反以赂秦，与之并兵而攻齐，是我出地于秦，取偿于齐也，王国尚可存。"楚王不听，卒发兵而使将军屈匄击秦。秦齐共攻楚，斩首八万，杀屈匄，遂取丹阳、汉中之地。楚又复益发兵而袭秦，至蓝田，大战，楚大败，于是楚割两城以与秦平。

秦要楚欲得黔中地，欲以武关外易之。楚王曰："不愿易地，愿得张仪而献黔中地。"秦王欲遣之，口弗忍言。张仪乃请行。惠王曰："彼楚王怒子之负以商於之地，是且甘心于子。"张仪曰："秦强楚弱，臣善靳尚，尚得事楚夫人郑袖，袖所言皆从。且臣奉王之节使楚，楚何敢加诛。假令诛臣而为秦得黔中之地，臣之上愿。"遂使楚。楚怀王至则囚张仪，将杀之。靳尚谓郑袖曰："子亦知子之贱于王乎？"郑袖曰："何也？"靳尚曰："秦王甚爱张仪而不欲出之，今将以上庸之地六县赂楚，以美人聘楚，以宫中善歌讴者为媵。楚王重地尊秦，秦女必贵而夫人斥矣。不若为言而出之。"于是郑袖日夜言怀王曰："人臣各为其主用。今地未入秦，秦使张仪来，至重王。王未有礼而杀张仪，秦必大怒攻楚。妾请子母俱迁江南，毋为秦所鱼肉也。"怀王后悔，赦张仪，厚礼之如故。

张仪既出，未去，闻苏秦死，乃说楚王曰："秦地半天下，兵敌四国，被险带河，四塞以为固。虎贲之士百余万，车千乘，骑万匹，积粟如丘山。法令既明，士卒安难乐死，主明以严，将智以武，虽无出甲，席卷常山之险，必折天下之脊，天下有后服者先亡。且夫为从者，无以异于驱群羊而攻猛虎，虎之与羊不格明矣。今王不与猛虎而与群羊，臣窃以为大王之计过也。

"凡天下强国，非秦而楚，非楚而秦，两国交争，其势不两立。大王不与秦，秦下甲据宜阳，韩之上地不通。下河东，取成皋，韩必入臣，梁则从风而动。秦攻楚之西，韩、梁攻其北，社稷安得毋危？

"且夫从者聚群弱而攻至强，不料敌而轻战，国贫而数举兵，危亡之术也。臣闻之，兵不如者勿与挑战，粟不如者勿与持久。夫从人饰辩虚辞，高主之节，言其利不言其害，卒有秦祸，无及为已。是故愿大王之孰计之。

"秦西有巴蜀，大船积粟，起于汶山，浮江已下，至楚三千余里。舫船载卒，一舫载五十人与三月之食，下水而浮，一日行三百余里，里数虽多，然而不费牛马之力，不至十日而距扞关。扞关惊，则从境以东尽城守矣，黔中、巫郡非王之有。秦举甲出武关，南面而伐，则北地绝。秦兵之攻楚也，危难在三月之内，而楚待诸侯之救，在半岁之外，此其势不相及也。夫恃弱国之救，忘强秦之祸，此臣所以为大王患也。

"大王尝与吴人战，五战而三胜，阵卒尽矣；偏守新城，存民苦矣。臣闻功大者易危，而民敝者怨上。夫守易危之功而逆强秦之心，臣窃为大王危之。

"且夫秦之所以不出兵函谷十五年以攻齐、赵者，阴谋有合天下之心。楚尝与秦构难，战于汉中，楚人不胜，列侯执珪死者七十余人，遂亡汉中。楚王大怒，兴兵袭秦，战于蓝田。此所谓两虎相搏者也。夫秦楚相敝而韩魏以全制其后，计无危于此者矣。愿大王孰计之。

"秦下甲攻卫阳晋，必大关天下之匈。大王悉起兵以攻宋，不至数月而宋可举，举宋而东指，则泗上十二诸侯尽王之有也。

"凡天下而以信约从亲相坚者苏秦，封武安君，相燕，即阴与燕王谋伐破齐而分其地；乃详有罪出走入齐，齐王因受而相之；居二年而觉，齐王大怒，东裂苏秦于市。夫以一诈伪之苏秦，而欲经营天下，混一诸侯，其不可成亦明矣。

"今秦与楚接境壤界，固形亲之国也。大王诚能听臣，臣请使秦太子入质于楚，楚太子入质于秦，请以秦女为大王箕帚之妾，效万室之都以为汤沐之邑，长为昆弟之国，终身无相攻伐。臣以为计无便于此者。"

于是楚王已得张仪而重出黔中地与秦，欲许之。屈原曰：

"前大王见欺于张仪,张仪至,臣以为大王烹之;今纵弗忍杀之,又听其邪说,不可。"怀王曰:"许仪而得黔中,美利也。后而倍之,不可。"故卒许张仪,与秦亲。

张仪去楚,因遂之韩,说韩王曰:"韩地险恶山居,五谷所生,非菽而麦,民之食大抵菽饭藿羹。一岁不收,民不餍糟糠。地不过九百里,无二岁之食。料大王之卒,悉之不过三十万,而厮徒负养在其中矣。除守徼亭鄣塞,见卒不过二十万而已矣。秦带甲百余万,车千乘,骑万匹,虎贲之士跿跔科头贯颐奋戟者,至不可胜计。秦马之良,戎兵之众,探前趹后蹄间三寻腾者,不可胜数。山东之士被甲蒙胄以会战,秦人捐甲徒裼以趋敌,左挈人头,右挟生虏。夫秦卒与山东之卒,犹孟贲之与怯夫;以重力相压,犹乌获之与婴儿。夫战孟贲、乌获之士以攻不服之弱国,无异垂千钧之重于鸟卵之上,必无幸矣。

"夫群臣诸侯不料地之寡,而听从人之甘言好辞,比周以相饰也,皆奋曰'听吾计可以强霸天下'。夫不顾社稷之长利而听须臾之说,诖误人主,无过此者。

"大王不事秦,秦下甲据宜阳,断韩之上地,东取成皋、荥阳,则鸿台之宫、桑林之苑非王之有也。夫塞成皋,绝上地,则王之国分矣。先事秦则安,不事秦则危。夫造祸而求其福报,计浅而怨深,逆秦而顺楚,虽欲毋亡,不可得也。

"故为大王计,莫如为秦。秦之所欲莫如弱楚,而能弱楚者莫如韩。非以韩能强于楚也。其地势然也。今王西面而事秦以攻楚,秦王必喜。夫攻楚以利其地,转祸而说秦,计无便于此者。"

韩王听仪计。张仪归报,秦惠王封仪五邑,号曰武信君。使张仪东说齐湣王曰:"天下强国无过齐者,大臣父兄殷众富乐。然而为大王计者,皆为一时之说,不顾百世之利。从人说大王者,必曰'齐西有强赵,南有韩与梁。齐,负海之国也,地广民众,兵强士勇,虽有百秦,将无奈齐何'。大王贤其说而不计其实。夫从人朋党比周,莫不以从为可。臣闻之,齐与鲁三战而鲁三胜,国以危亡随其后,虽有战胜之名,而有亡国之实。是何也?齐大而鲁小也。今秦之与齐也,犹齐之与鲁也。秦赵战于河漳之上,再战而赵再胜秦;战于番吾之下,再战又胜秦。四战之后,赵之亡卒数十万,邯郸仅存,虽有战胜之名而国已破矣。是何也?秦强而赵弱。

"今秦楚嫁女娶妇,为昆弟之国。韩献宜阳;梁效河外;赵入朝渑池,割河间以事秦。大王不事秦,秦驱韩梁攻齐之南地,悉赵兵渡清河,指博关,临菑、即墨非王之有也。国一日见攻,虽欲事秦,不可得也。是故愿大王孰计之也。"

齐王曰:"齐僻陋,隐居东海之上,未尝闻社稷之长利也。"乃许张仪。

张仪去,西说赵王曰:"敝邑秦王使使臣效愚计于大王。大王收率天下以宾秦,秦兵不敢出函谷关十五年。大王之威行于山东,敝邑恐惧慑伏,缮甲厉兵,饰车骑,习驰射,力田积粟,守四封之内,愁居慑处,不敢动摇,唯大王有意督过之也。

"今以大王之力,举巴蜀,并汉中,包两周,迁九鼎,守白马之津。秦虽僻远,然而心忿含怒之日久矣。今秦有敝甲凋兵,军于渑池,愿渡河逾漳,据番吾,会邯郸之下,愿以甲子合战,以正殷纣之事,敬使使臣先闻左右。

"凡大王之所信为从者恃苏秦。苏秦荧惑诸侯,以是为非,以非为是,欲反齐国,而自令车裂于市。夫天下之不可一亦明矣。今楚与秦为昆弟之国,而韩梁称为东藩之臣,齐献鱼盐之地,此断赵之右臂也。夫断右臂而与人斗,失其党而孤居,求欲毋危，岂可得乎！

"今秦发三将军：其一军塞午道，告齐使兴师渡清河，军于邯郸之东；一军军成皋，驱韩梁军于河外；一军军于渑池。约四国为一以攻赵，赵破，必四分其地。是故不敢匿意隐情，先以闻于左右。臣窃为大王计，莫如与秦王遇于渑池，面相见而口相结，请案兵无攻。愿大王之定计。"

赵王曰："先王之时，奉阳君专权擅势，蔽欺先王，独擅绾事，寡人居属师傅，不与国谋计。先王弃群臣，寡人年幼，奉祀之日新，心固窃疑焉，以为一从不事秦，非国之长利也。乃且愿变心易虑，割地谢前过以事秦。方将约车趋行，适闻使者之明诏。"赵王许张仪，张仪乃去。

北之燕，说燕昭王曰："大王之所亲莫如赵。昔赵襄子尝以其姊为代王妻，欲并代，约与代王遇于句注之塞。乃令工人作为金斗，长其尾，令可以击人。与代王饮，阴告厨人曰：'即酒酣乐，进热啜，反斗以击之。'于是酒酣乐，进热啜，厨人进斟，因反斗以击代王，杀之，王脑涂地。其姊闻之，因摩笄以自刺，故至今有摩笄之山。代王之亡，天下莫不闻。

"夫赵王之很戾无亲，大王之所明见，且以赵王为可亲乎？赵兴兵攻燕，再围燕都而劫大王，大王割十城以谢。今赵王已入朝渑池，效河间以事秦。今大王不事秦，秦下甲云中、九原，驱赵而攻燕，则易水、长城非大王之有也。

"且今时赵之于秦犹郡县也，不敢妄举师以攻伐。今王事秦，秦王必喜，赵不敢妄动，是西有强秦之援，而南无齐赵之患，是故愿大王孰计之。"

燕王曰："寡人蛮夷僻处，虽大男子裁如婴儿，言不足以采正计。今上客幸教之，请西面而事秦，献恒山之尾五城。"燕王听仪。仪归报，未至咸阳而秦惠王卒，武王立。武王自为太子时不说张仪，及即位，群臣多谗张仪曰："无信，左右卖国以取容。秦必复用之，恐为天下笑。"诸侯闻张仪有郤武王，皆畔衡，复合从。

秦武王元年，群臣日夜恶张仪未已，而齐让又至。张仪惧诛，乃因谓秦武王曰："仪有愚计，愿效之。"王曰："奈何？"对曰："为秦社稷计者，东方有大变，然后王可以多割得地也。今闻齐王甚憎仪，仪之所在，必兴师伐之。故仪愿乞其不肖之身之梁，齐必兴师而伐梁。梁齐之兵连于城下而不能相去，王以其间伐韩，入三川，出兵函谷而毋伐，以临周，祭器必出。挟天子，按图籍，此王业也。"秦王以为然，乃具革车三十乘，入仪之梁。齐果兴师伐之。梁哀王恐。张仪曰："王勿患也，请令罢齐兵。"乃使其舍人冯喜之楚，借使之齐，谓齐王曰："王甚憎张仪；虽然，亦厚矣王之托仪于秦也！"齐王曰："寡人憎仪，仪之所在，必兴师伐之，何以托仪？"对曰："是乃王之托仪也。夫仪之出也，固与秦王约曰：'为王计者，东方有大变，然后王可以多割得地。今齐王甚憎仪，仪之所在，必兴师伐之。故仪愿乞其不肖之身之梁，齐必兴师伐之。齐梁之兵连于城下而不能相去，王以其间伐韩，入三川，出兵函谷而无伐，以临周，祭器必出。挟天子，案图籍，此王业也。'秦王以为然，故具革车三十乘而入之梁也。今仪入梁，王果伐之，是王内罢国而外伐与国，广邻敌以内自临，而信仪于秦王也。此臣之所谓'托仪'也。"齐王曰："善。"乃使解兵。

张仪相魏一岁，卒于魏也。

陈轸者，游说之士。与张仪俱事秦惠王，皆贵重，争宠。

张仪恶陈轸于秦王曰："轸重币轻使秦楚之间，将为国交也。今楚不加善于秦而善轸者，轸自为厚而为王薄也。且轸欲去秦而之楚，王胡不听乎？"王谓陈轸曰："吾闻子欲去秦之楚，有之乎？"轸曰："然。"王曰："仪之言果信矣。"轸曰："非独仪知之也，行道之士尽知之矣。昔子胥忠于其君而天下争以为臣，曾参孝于其亲而天下愿以为子。故卖仆妾不出闾巷而售者，良仆妾也；出妇嫁于乡曲者，良妇也。今轸不忠其君，楚亦何以轸为忠乎？忠且见弃，轸不之楚何归乎？"王以其言为然，遂善待之。

居秦期年，秦惠王终相张仪，而陈轸奔楚。楚未之重也，而使陈轸使于秦。过梁，欲见犀首。犀首谢弗见。轸曰："吾为事来，公不见轸，轸将行，不得待异日。"犀首见之。陈轸曰："公何好饮也？"犀首曰："无事也。"曰："吾请令公厌事可乎？"曰："奈何？"曰："田需约诸侯从亲，楚王疑之，未信也。公谓于王曰：'臣与燕、赵之王有故，数使人来，曰"无事何不相见"，愿谒行于王。'王虽许公，公请毋多车，以车三十乘，可陈之于庭，明言之燕、赵。"燕、赵客闻之，驰车告其王，使人迎犀首。楚王闻之大怒，曰："田需与寡人约，而犀首之燕、赵，是欺我也。"怒而不听其事。齐闻犀首之北，使人以事委焉。犀首遂行，三国相事皆断于犀首。轸遂至秦。

韩魏相攻，期年不解。秦惠王欲救之，问于左右。左右或曰救之便，或曰勿救便，惠王未能为之决。陈轸适至秦，惠王曰："子去寡人之楚，亦思寡人不？"陈轸对曰："王闻夫越人庄舄乎？"王曰："不闻。"曰："越人庄舄仕楚执珪，有顷而病。楚王曰：'舄故越之鄙细人也，今仕楚执珪，贵富矣，亦思越不？'中谢对曰：'凡人之思故，在其病也。彼思越则越声，不思越则楚声。'使人往听之，犹尚越声也。今臣虽弃逐之楚，岂能无秦声哉！"惠王曰："善。今韩魏相攻，期年不解，或谓寡人救之便，或曰勿救便，寡人不能决，愿子为子主计之余，为寡人计之。"陈轸对曰："亦尝有以夫卞庄子刺虎闻于王者乎？庄子欲刺虎，馆竖子止之，曰：'两虎方且食牛，食甘必争，争则必斗，斗则大者伤，小者死，从伤而刺之，一举必有双虎之名。'卞庄子以为然，立须之。有顷，两虎果斗，大者伤，小者死。庄子从伤者而刺之，一举果有双虎之功。今韩魏相攻，期年不解，是必大国伤，小国亡，从伤而伐之，一举必有两实。此犹庄子刺虎之类也。臣主与王何异也。"惠王曰："善。"卒弗救。大国果伤，小国亡，秦兴兵而伐，大剋之。此陈轸之计也。

犀首者，魏之阴晋人也，名衍，姓公孙氏。与张仪不善。

张仪为秦之魏，魏王相张仪。犀首弗利，故令人谓韩公叔曰："张仪已合秦魏矣，其言曰'魏攻南阳，秦攻三川'。魏王所以贵张子者，欲得韩地也。且韩之南阳已举矣，子何不少委焉以为衍功，则秦魏之交可错矣。然则魏必图秦而弃仪，收韩而相衍。"公叔以为便，因委之犀首以为功。果相魏。张仪去。

义渠君朝于魏。犀首闻张仪复相秦，害之。犀首乃谓义渠君曰："道远不得复过，请谒事情。"曰："中国无事，秦得烧掇焚杅君之国；有事，秦将轻使重币事君之国。"其后五国伐秦。会陈轸谓秦王曰："义渠君者，蛮夷之贤君也，不如赂之以抚其志。"秦王曰："善。"乃以文绣千纯，妇女百人遗义渠君。义渠君致群臣而谋曰："此公孙衍所谓邪？"乃起兵袭秦，大败秦人李伯之下。

张仪已卒之后，犀首入相秦。尝佩五国之相印，为约长。

太史公曰：三晋多权变之士，夫言从衡强秦者大抵皆三晋之人也。夫张仪之行事甚于苏秦，然世恶苏秦者，以其先死，而仪振暴其短以扶其说，成其衡道。要之，此两人真倾危之士哉！

译文：

张仪是魏国人，最初曾与苏秦一道跟从鬼谷先生学游说之术，苏秦自认为所学比不上张仪。

张仪在学业完成以后，便去游说诸侯。一次，他在楚相那里赴宴饮酒，席散后，楚相发现自己身上佩带的玉璧不见了，相府的幕客们都认为是张仪所为，说："张仪这人，既贫穷又没有品德，偷相国玉璧的，一定是他！"于是众人捉住张仪，打了他几百竹板。张仪还是不承认，大家只好把他释放还家，妻子叹气说："唉，你如果不去读书游说，又怎会遭到这般侮辱呢？"张仪对妻子说："你看看我的舌头还在吗？"妻子禁不住笑着回答："舌头当然还在啰。"张仪说："这就够了。"

当时，苏秦已经说服赵王答应加入合纵盟约，与同盟各国结好相亲，但他又担心各国诸侯在秦的进攻下背弃盟约，从而招致盟约的破坏。他考虑再三，找不到一个能派往秦国为他工作的合适人选，于是他派人去悄悄劝说张仪："你以前就与苏秦相好，现在他已经当权，你何不到他那里去，以谋求展现你的志愿？"于是，张仪前往赵国，递上名帖请求拜见苏秦。苏秦却先已告诫手下人不替张仪禀报，又设法稳住他好几天，然后才接见他，叫他坐在堂下，赏给他的是仆人、侍女所吃的饭食，并一再奚落张仪说："像你那么有才能的人，竟自己弄得穷愁潦倒到这种地步。我哪是不能够荐举你而使你富贵呢，只是因为你不值得收留啊！"苏秦就此推辞了张仪。张仪这次来见苏秦，本以为是旧交，可以得到好处，谁知反而受到侮辱，气愤之下，想到各国诸侯都没有可以侍奉的，唯有秦国才能威胁赵国，于是便到了秦国。

苏秦在张仪离去后，告诉自己的门客说："张仪是天下贤士，我恐怕是比不上他的。现在我侥幸而先受到重用，但要说能够掌握秦国大权的人，那只有张仪才行了。而他目下贫穷，没有进用的机会。我怕他满足于小利而不再求进取，所以叫他来当面侮辱他，以此来激发他的意志。请你为我暗中帮助他吧。"苏秦将自己的打算禀告赵王以后，拨出钱财车马，派人一路上暗暗跟随张仪，与张仪宿于同一个旅舍，逐渐接近了他，供给他车马钱财，凡张仪有所需用，都取出来供给他，但并不告诉他实情。张仪因此而得以见到秦惠王。秦惠王用张仪为客卿，与他共商攻打各国诸侯的大计。

苏秦的门客至此便向张仪告辞，张仪说："我靠你的帮助才得此显赫，正准备报答你的恩德，为什么你却要离开我呢？"门客回答说："我并不了解你，了解你的正是苏先生啊！苏先生担心秦国攻打赵国而破坏他的合纵盟约，认为非你不能掌握秦国大权，所以故意激怒你，然后派我暗中供给你的用费，这都是苏先生的安排。现在你已经得到重用，请让我回赵国回复苏先生。"张仪说："唉！这些计谋都是我研习过的，而我竟未能发现，我比不上苏先生是明白无疑的了！再加我新被任用，怎么可能打赵国的主意呢？请你为我答谢苏先生，只要在苏先生当权之时，我怎敢打赵国的主意呢？况且苏先生当政，我张仪哪有这个能力呢！"张仪在做了秦的相国后，写文书警告楚相说："过去我跟随你饮酒，并未盗你的玉璧，可你却责打了我。你好好守住你的国家吧，我回头将要盗取你的城池！"

苴国和蜀国相互攻打，两国都向秦国告急救援。秦惠王打算派兵攻蜀，又考虑到蜀道险要、狭窄，难以通行，韩国会借机入侵；想先打韩，后攻蜀吧，又担心不能取胜；想先打蜀吧，又担心韩国乘机偷袭。惠王犹豫不决，拿不定主意。司马错与张仪在秦惠王面前展开了争论，司马错主张攻蜀，张仪说不如攻韩。秦惠王说："请让我听一听你们各自的理由。"

张仪说："亲近魏国，结好楚国，派兵前往三川，阻断什谷的入口，扼守屯留的路径，让魏兵卡断去韩国南阳的道路，让楚兵直逼南郑，我们则攻打新城、宜阳，从而兵临二周的郊外，声讨周君的罪过，侵占楚、魏的地盘。周君自知局势无法挽救，必然会献出九鼎宝器。据有了九鼎宝器，掌握着天下的地图和户籍，劫持着天子向天下发号施令，天下诸侯谁敢不听？这正是称王天下的事业啊！而目下的蜀国，不过是西部偏远的国家，戎狄的同类，损军劳民，达不到名显天下的目的；取得了他们的地盘，收不到什么实际利益。我听说过这样一句话：争名的要到朝廷，争利的应去市集。现今的三川、周室就正是天下的朝廷和市集啊，大王您不去争夺，反倒去争夺戎狄那样的落后地区，这距离称王的事业太遥远了！"

司马错说："不是这样。我听说过：想要使国家富强的人，必须扩充他的国土，想要军队强大的人，必须使百姓富裕；想要称王，必须推行他的德政。这三个条件具备，王业也就随着来了。目前大王您的国土狭小，百姓贫穷，所以我希望先从容易的地方做起。蜀，是西方偏远的国家，也是戎狄的领袖，国君昏暗，局势混乱。以秦国的军队去攻蜀，就好比用豺狼去驱赶着群羊一样。夺得蜀的土地，可以扩展疆土，取得蜀的财富，可使百姓富裕和军备充足，不用损伤多少人而蜀国就已经臣服了。我们灭掉了一个蜀国，但天下的人并不认为我们暴虐；占有西方的资源,天下的人并不认为我们贪婪。这样不仅一举名利双收,而且还可获得禁暴止乱的美名。现在若是攻打韩国,劫持周天子,名誉不好,而且不一定能得到实利,还会落个不义的名声,攻打天下人都不愿意攻打的国家,这是危险的。请大王允许我陈述原因:周是天下的宗室,齐是韩的盟国。周王室料到将要失去九鼎,韩国料到将要失去三川,两国势必要协力齐心,依赖齐、赵两国,并求得楚、魏的谅解,周把鼎给予楚国,韩将土地割与魏国,对此大王您是不可能禁止的。这就是我所说的危险所在啊。还不如攻打蜀国更为稳妥。"

秦惠王对司马错说:"好,我就听你的意见吧。"终于起兵攻蜀。这年十月,拿下蜀国。平定蜀国后,把蜀王的王位谪贬,改称为"侯",并派陈庄担任蜀的相国。蜀归秦以后,秦因此更加强大富裕,对各国诸侯也看不起了。

秦惠王十年,惠王派公子华与张仪率兵围困魏国的蒲阳,守军投降。张仪提出秦把蒲阳交还魏国,并派公子繇到魏国做人质。张仪劝告魏王说:"秦王对待魏国非常仁厚,魏国总不能够没有表示。"于是,魏国把上郡、少梁给了秦国作为对惠王的答谢。惠王便任张仪为相国,并将少梁改为夏阳。

张仪做秦的相国四年后,拥戴惠王称王。又过了一年,张仪为将,领兵攻取了陕县,同时在上郡筑塞。

这之后两年,张仪被派到啮桑与齐、楚的相国盟会。从东边回国后,张仪被免掉秦相职位,为了秦国的利益去魏国当了相国,想让魏国先归附秦国,然后让其他各国仿效魏国的做法;但魏王不听张仪的意见。秦王愤怒之下,派兵攻取了魏国的曲沃、平周两城;同时暗中给张仪比过去更为丰厚的待遇。张仪感到惭愧,觉得没有什么作为回报。张仪在魏居留了四年后,魏襄王去世,魏哀王即位。张仪又劝哀王归秦,哀王还是不听。于是张仪暗中指使秦国攻魏。魏起兵与秦作战,被秦打败。

第二年,齐兵又至,在观津战败了魏兵。秦军又准备攻打魏国,首先战败了韩申差率领的军队,斩首八万,使各国诸侯为之震惊害怕。于是,张仪又游说魏王道:"魏国的土地纵横不满一千里,士兵不到三十万。地势四面平坦,与各国四通八达,没有高山大河的阻隔。从新郑到大梁不过二百多里路,不论战车或者步兵,都不用花多大力气就能到达。魏国南与楚国交界,西与韩国接连,北与赵国靠近,东与齐国连界,军队戍守四方,守卫边境的兵士当在十万以上。魏国的地势,自来就是战场。如果南边与楚交好而不东与齐国交好,那齐国就会从东面进攻;和东方齐国友好而不和赵国亲善,那赵兵就会从北面进攻;与韩国不和,那韩兵就会攻魏的西面;与楚国不亲,那楚兵就会侵犯魏的南面。这正是人们所说的四分五裂的道路啊。

"再说各国诸侯之所以合纵结盟,是想求得国家安全、巩固君王地位、增强军队力量、发扬本国声威。现在各合纵国把天下当作一家,他们彼此结为兄弟,在洹水之滨杀白马立誓为盟,以坚定彼此的意志。然而同是父母所生的亲兄弟之间,尚且发生争夺钱财的事,那么合纵各国要想凭借虚伪的盟约来维持苏秦残损的谋划,它的不可能成功是明确无疑的了。

"大王您要是不依附秦,秦就会出兵攻打河外、占据卷、衍、燕、酸枣等地,胁迫卫国,夺取卫国的阳晋,于是赵国不能南下援魏;赵国不能南下,那魏也就不能向北和赵呼应;魏不能连赵,那么合纵各国的交通就会断绝;合纵各国的交通一断绝,那么大王您的国家要想没有危险是不可能的了。秦国挟持韩国转而攻梁,韩国因为害怕秦国,与秦联为一体,于是梁的灭亡就近在眼前了。这就是我为大王担心的事情啊。

"现在为大王着想,还是不如依附秦国。依附了秦国就必定会使楚国、韩国不敢妄动;没有了韩、楚侵扰的祸患,大王就可以高枕而卧,国家肯定没有什么可以忧虑的事情了。

"秦最想削弱的国家是楚国,而最能削弱楚国的是魏国。楚国虽然有民富国大的名声,但实际上却很空虚;它的军队人数虽然多,但临阵会轻易败逃,不能打硬仗。我们调集魏国的全部军队南下攻打楚国,获胜是可以肯定的。割裂楚国,有利于魏国;亏损楚国,使秦国高兴,转嫁了灾祸,安定了国家,确是一件好事啊。大王如不听取我的意见,秦出兵东向攻魏,那时魏要想投秦,也就不可能了。

"再说那些主张合纵的策士吧,他们大多话讲得激昂,而很少有靠得住的,只要说动了一国国君,就能够被赐封为侯,所以天下从事游说的人无不随时随地都在慷慨陈词,宣扬合纵的好处,以图打动一国的君主。君主觉得他们说得很好而受到影响,又怎么可能不被迷惑呢!

"我听说过这样的话:羽毛堆积多了能把船压沉,轻东西聚载多了能把车轴压断,众人的嘴巴可以使铁熔化,众多的坏话能把骨销毁。故此我请求大王慎重地决定国家大计,并请您让我辞职离开魏国。"

魏哀王于是背弃合纵盟约,通过张仪,请求与秦结好。张仪回秦后,仍然做了秦国的相国。三年后,魏又背叛秦国而重新加入合纵。秦因此出兵攻魏,夺取了魏的曲沃城。次年,魏重又归附秦国。

秦国准备攻打齐国,而齐与楚都参加合纵,两国关系密切,于是秦王派遣张仪前往楚国担任相职。楚怀王听说张仪来楚,安排他住在上等馆舍,并亲自接待张仪。怀王问张仪说:"您到我们这偏远鄙陋的楚国来,不知有什么见教?"张仪对怀王说:"大王如果真的能够听取我的意见,关闭边关与齐断绝来往,我愿献上商於地区六百里的地方与楚,使秦王的女儿成为大王的妻子,秦、楚两国娶妇嫁女,永远成为亲如兄弟的国家。这将北面削弱齐国,西面有利于秦国,找不到比它更好的策略了。"怀王非常高兴地采纳了张仪的意见。群臣都为此向怀王贺喜,唯有陈轸向怀王表示哀悼。怀王发怒道:"我不用派兵便得到六百里土地,大臣们都来庆贺,唯有你表示哀悼,这是什么缘故?"陈轸答道:"事情没有这么简单。依我的看法,商於之地大王既不可能得到,齐、秦两国还会由此联合,齐、秦一联合,那楚国的灾难就肯定会降临了。"怀王问道:"有什么根据吗?"陈轸回答说:"秦国之所以看重楚国,是因为楚国背后有齐国。现在楚国关闭边界与齐国绝交,那么楚国就会孤立无援。秦国怎会重视一个孤立的国家,而奉送它六百里商於之地呢?张仪回到秦国后,必定会背叛大王。这样,楚国北与齐绝交,西面从秦国引来灾患,那它们两国之兵必定都会犯境了。妥当地为大王考虑,不如暗中与齐修好,表面上与齐绝交,派人随同张仪到秦。如果秦给了我们土地,再与齐绝交也不晚;不给我们土地,我们与齐暗中联合再作主张。"怀王说:"希望你闭上嘴巴不要再说了,等着看我得到秦的土地吧。"于是怀王将楚国的相印授予张仪,还送了许多礼物,一面关闭边界,与齐断交,并派一员将军随同张仪前往。

张仪到达秦国后,假装上车时没有拉稳绳子而从车上坠地,为此,养伤而三个月没有上朝。楚怀王听说此事后,说:"张仪是因为我与齐国绝交,做得还不够坚决吧?"便派勇士前往宋国,借宋国的符节进入齐境,大骂齐王。齐王大怒,折断符节而投靠秦国。秦与齐恢复邦交后,张仪才上朝,对楚国的使臣说:"我有六里封地,愿意献给你们大王。"使臣说道:"我受楚王之命,来接受商於之地六百里,没有听说是六里。"使臣回国报告楚怀王,怀王大怒,发兵攻秦。陈轸说:"我可以开口讲话了吗?攻打秦国,不如反过来割地贿赂秦国,再与秦国联合攻齐,这样我们向秦国割出的土地,可从齐国取得补偿,大王的国土还可以保存。"怀王不听,终于发兵派将军屈匄率领攻打秦国。秦国与齐国共同攻打楚国,杀掉楚兵八万,杀了屈匄,接着攻取了楚国的丹阳、汉中等地。楚国重又增兵袭击秦国,在蓝田与秦军大战,楚军大败,于是楚国割让两城和秦国议和,才使战事平息。

秦国和楚国进行联系,想用武关以外的土地换取楚国的黔中。楚王说:"我不希望换地,希望在得到张仪之后,奉献黔中地与秦王。"秦王想派张仪赴楚,但不忍说出口来。张仪自己请求到楚国去。秦惠王说:"楚王恨你背弃了给商於之地的诺言,会对你甘心吗?"张仪说:"秦强楚弱,我与楚国的靳尚相好,靳尚受楚王的夫人郑袖信任。郑袖说的话楚王都要听从。况且我是拿着大王您的符节出使,楚国怎敢杀害我呢?即便杀了我,而为秦得到黔中之地,也正是我最好的愿望啊。"于是,张仪出使楚国。楚怀王待张仪一到,就把他囚禁起来准备杀掉。靳尚对郑袖说:"你知道你也会被楚王抛弃吗?"郑袖问道:"为什么呢?"靳尚说:"秦王很喜爱张仪,一定要救他出来。打算用上庸所属的六县送给楚国,把美女嫁到楚国,用秦宫中善于唱歌的女子作为陪嫁。楚王看重土地,尊敬秦国,秦国的美女肯定会得宠,而夫人您就会受到冷落了。还不如说情释放张仪。"于是,郑袖日夜向怀王进言说:"做臣子的各自为他的君主效劳。现在我们的土地还没有交给秦国,秦国就派遣张仪前来,这可是非常尊重大王。大王不以礼相待,反而要杀掉张仪,秦必然会在大怒之下进攻楚国。请让妾母子二人都迁居到江南去,以免被秦兵所残害。"怀王后悔了,赦免了张仪,仍像过去那样隆重地接待他。

张仪获释后,还没有离开楚国,听说苏秦已死,便向楚王进说说道:"秦国的土地占天下一半,兵力足以抵挡周围的国家,据有险要,有黄河围绕,四面都有要塞作为坚固的设防据点。拥有雄兵一百多万,战车千辆,战马万匹,储粮堆积如山。法令严明,士卒又甘愿临难赴死,国君明智威严,将帅有谋有勇,不出兵则已,一出兵就会占据险峻的常山,折断天下的脊梁。天下凡是归顺在后的国家必然先遭灭亡。再说主张合纵的人,与驱赶群羊进攻猛虎没有什么不同,虎与羊之间力量悬殊是再明白不过的了。现在大王不结交猛虎却结交群羊,臣私下认为大王的考虑错了。

"总计天下的强国,不是秦就是楚,不是楚就是秦,两国你争我夺,这种形势不可能使两国并立。大王不结交秦,秦发兵占据宜阳,韩国上郡的地方就不能通行。秦再攻下河东,夺取成皋,韩国必定投降称臣,魏国也就会趁此时机行动。秦攻楚国的西面,韩、魏攻楚国的北面,国家哪能不危险呢?

"再说合纵盟约是聚集一群弱国攻打最强的国家,不估量对方便轻率作战,国家贫穷却要频繁发起战事,这是危亡的道路啊!我听说过,兵力不如对方强,就不要向对方挑起战端;粮食不比对方多,就不要同对方长期打仗。那些谈合纵的人讲的都是好听的和不切实际的言辞,拔高主上不事秦的行为,只说合纵的好处不说它的坏处,突然招来秦兵的战祸,那时挽救就来不及了!所以请大王对这事多多地考虑吧。

"秦国西面拥有巴蜀之地，用大船装载粮食，从汶山出发，顺长江而下，到楚国三千余里。用大船运载兵士，每条大船能载五十人和三个月的粮食，船顺着江水飘浮而下，一天可行三百余里，虽然走了这么多里的行程，但并不费牛马牵引的劳力，不到十天便可抵达楚国的扞关。扞关震动，竟陵以东的城邑就都要赶忙加强战备，黔中、巫郡就不再是大王所有了。秦再挥师从武关出发，从南面进攻，那么楚国的北境就被断绝。秦兵进攻楚国，不出三个月，楚国就会面临危难，然而楚国等待各国诸侯发兵来救，却要在半年之后，这势必赶不上。依靠弱国的救援，忘记强秦的祸患，这就是臣下替大王担心的啊！

"大王曾经与吴国人作战，战五次胜了三次，临阵的士兵死得差不多了；为了守卫新攻占的城邑，活下来的百姓也吃够苦了。我听说功业大容易招致危险，百姓穷困会产生怨恨国君的情绪。为了维持容易招致危险的功业而去违背强秦的意愿，我私下替大王感到危险。

"秦国所以十五年不从函谷关出兵攻打齐、赵，是因为它暗中订下了吞并天下的计划。楚国曾经与秦国发生冲突，双方在汉中交战，楚国人没有打胜，有侯爵和执珪之爵的战死了七十多人，楚国的汉中之地便由此失去。大王大怒之下，发兵袭击秦国，两军在蓝田交战。这就是常言说的两虎相争啊。秦、楚两国相互削弱而使韩、魏两国以其完整无损的兵力来对付它们的后方，没有比这更加危险的做法了。请大王对此仔细考虑吧。

"秦发兵攻取卫的阳晋以后，必定会使天下的交通要道断绝。大王调集全部兵力进攻宋国，不到数月就可攻下，攻占宋国再挥师东向，那么泗水之侧的十二个诸侯国就会全部属于大王所有了啊。

"约集东方六国合纵相互坚守盟约的人是苏秦,他被封为武安君,担任燕国的相国以后,就暗中与燕王策划攻破齐国后瓜分齐国的土地;苏秦便装作有罪逃离燕国到达齐国,齐王收留他,让他做了相国;经过两年后事情被发觉,齐王大怒,把苏秦车裂于刑场。像这样用一个狡诈虚伪的苏秦,却要想控制天下,把各国诸侯连成一气,这不可能成功是很明白的。

"现在秦国与楚国国土相接,形势上,本来就是亲密的国家。大王真能听我的话,我可以请秦王派太子到楚国来做人质,大王也派太子到秦国去做人质。我并请把秦王的女儿作为大王您的妻子,再奉上拥有万户人家的大城,收取赋税作为大王的沐浴费用,秦与楚长期成为兄弟国家,永世不互相攻打。我认为没有比这更好的策略了。"

楚怀王在得到张仪以后,又难于割弃黔中给秦国,想要同意张仪的意见。屈原对楚王说:"前次大王受了张仪的欺骗,这次张仪来楚,臣认为大王会烹杀他;现在放了他,不忍心杀他,却还要听信他的胡言乱语,不能这样做啊!"楚怀王说:"答应了张仪可以保得黔中,这是很有利的事啊。已经答应了,过后又背弃他,不好。"怀王终究应允张仪,与秦结好。

张仪离开楚国,便前往韩国,对韩王说:"韩国地势险恶,生活在山陵之中,生长的五谷,不是豆类就是麦子,老百姓大都吃的是豆子,喝的是豆叶汤。一年没有收成,人们连糟糠都吃不饱。韩国纵横不到九百里,没有储存两年的粮食。估计大王手下的军队,全部不足三十万,而且其中还要包括杂役人员都在内呢。除去守卫边界亭堡的兵士外,现成的可供调动的最多不过二十万罢了。秦国的军队有一百多万,战车千辆,战马万匹,勇猛的兵士不戴头盔踊跃奔杀,弯弓射敌,持戟冲锋的,多得数不清。秦军战马的精良，士兵的众多，马的前蹄飞腾，后蹄猛蹬，速度快到前后蹄之间一跃可以跨过三寻的，同样不可胜数。山东六国的军队盔甲齐整地与秦军会战，秦军脱掉盔甲袒臂赤足来迎敌，个个左手提人头，右手挟俘虏。秦兵与山东六国的兵相比，好比勇士孟贲与懦夫；以重兵相接触，好比力士乌获和婴孩。用孟贲、乌获那样的军队作战，攻打不肯降服的弱国，与把千钧重力直接压在鸟卵上面没有什么不同，肯定没有能够幸免的了。

"各国的君臣们不考虑自己国土的狭小，却去听信宣传合纵的人的甜言蜜语，他们结成朋党，互相吹嘘，个个慷慨激昂地说：'听了我的主意便可以在天下称强称霸。'像这样不顾及国家的长远利益而听信一时的谬论，贻误国君，没有比这更严重的了。

"大王不归附秦国，秦就会发兵占据宜阳，截断韩国的上党地区，再东取成皋、荥阳，那么鸿台之宫、桑林之苑就不再属于大王所有了。要是阻塞了成皋，截绝了上党地区，那大王的国土就要被分割了。早归附秦国就安全，不归附秦国就危险。如果制造的是祸端却要想得到福报，计虑粗浅，结怨很深，违背秦国而顺从楚国，要想国家不亡，那是不可能的啊。

"所以为大王着想，还不如替秦国效劳。秦最大的希望是削弱楚国，而最能削弱楚国的就是韩国。不是因为韩国比楚国强大，而是由韩的地势所决定的。现在大王向西臣事秦国，进攻楚国，秦王必然高兴。攻打楚国有利于韩国扩大领土，转移了祸患，取悦了秦国，没有比这更好的主意了。"

韩王听从了张仪的主意。张仪回秦作了汇报，秦惠王赐给张仪五座城邑，并封他为武信君。惠王又派遣张仪向东出使，对齐湣王说："天下的强国没有能比得上齐国的，齐国的大臣百姓尽都富裕安乐。但是为大王出谋划策的人，全都是行的一时之计，不顾及百世的利益。主张合纵的人向大王作宣传的，必定会说'齐国西面有强盛的赵国，南面有韩国与魏国。齐国是个滨海的国家，地广人多，军强兵勇，即使有一百个秦国，也将拿齐国无可奈何'。大王认为这种说法正确，但没有考虑它不合于实际。主张合纵的人拉帮结派，没有人不吹嘘合纵的好处。我听说，齐国与鲁国三次交战，鲁国三次获胜，但随着这胜利后面而来的是国家的危亡，虽然有战胜的名声，但带来的是亡国的现实。这是什么原因呢？齐国强大而鲁国弱小啊。现在的秦国对于齐国，就好比齐国对于鲁国。秦、赵两国在漳水之滨交战，赵军两战两胜；在番吾城下交战，赵军又两次胜过秦军。这四战之后，赵国阵亡的兵士有好几十万，只剩下首都邯郸还得偿存，虽然赵国有战胜的名声，然而国家已残破了。这是什么原因呢？秦国强而赵国弱啊。

"现在秦、楚两国之间嫁女娶妇，成了兄弟国家。韩国献出宜阳，魏国献出河外，赵王到渑池朝见秦王，割让河间来臣事秦国。大王如不归附秦国，秦驱使韩、魏两国进攻齐国南部地带，全部赵国军队渡过清河直奔博关，临菑、即墨两城就不会属于大王所有了。齐国一旦被攻，那时即使想要附秦，已经不可能的了。因此望大王好好考虑这件事吧。"

齐王说："齐国地方偏僻，处在与世隔绝的东海边上，从来没有听到过对国家的长远打算啊。"于是答应了张仪的建议。

张仪离齐，西入赵国见赵王说："我们敝国的国君派我为使臣，向大王进献一条策略。大王为首收罗、率领天下诸侯来对付秦国，使秦兵不敢出函谷关达十五年之久。大王的声威遍播于山东，我们秦国恐惧屈服，整治武器和兵车战马，练习骑射，勤力耕作，积蓄粮食，闭守国内不出，战战兢兢，不敢有轻举妄动，只因为大王您有意和我们过不去。

"现在依靠大王的督促,秦国已攻占巴蜀,吞并汉中,囊括两周,迁移九鼎,据守白马津渡。秦国虽然偏僻边远,然而内心愤怒已有很长时间了。目下秦有一支破破烂烂的军队驻守在渑池,准备渡过漳水,进占番吾,与赵军在邯郸城下相会,希望在甲子那天会战,以此来重演周武王伐纣的旧事,特别派我作为使臣预先来恭敬地告知大王。

"总的说来,大王之所以相信缔结合纵盟约的原因是因为仗恃有苏秦。苏秦用漂亮话迷惑诸侯,颠倒是非,企图倾覆齐国,结果使自己在刑场上被车裂。这样,天下的不可能联合为一也就很明显了。如今楚国与秦国结成了兄弟国家,韩国与魏国自称为秦国东边的藩属,齐国向秦献出盛产鱼盐的领土,这就断了赵国的右臂。一个断掉了右臂的人与别人相争,失去了朋友的人孤居独处,想要没有危险,怎么可能呢?

"现在秦王派出三个将军:其中一支军队截断午道,通知齐国派兵渡过清河,驻扎在邯郸的东面;一支军队驻扎在成皋,驱使韩国和魏国的军队驻扎在河外;一支军队驻扎在渑池。这四国结为一体来进攻赵国,赵国被攻破后,它的国土必定会被四国分占。因此我不敢隐瞒这种意图,先给大王通个口信。我替大王着想,你不如与秦王在渑池相会,面对面亲口约定,请他按兵不要进攻。希望大王拿定主意。"

赵王说:"先王在时,奉阳君专权擅势,蒙蔽欺骗先王,独断一切政务,我的生活归师傅安排,没有参与国家的大计。先王去世时,我年龄幼小,做主治国的时间才刚刚开始,内心本来就暗自怀疑,认为一意投入合纵盟约而不依附秦国,不是赵国的长远利益。所以我准备改变主意,割让国土弥补以前的过错,归附秦国。正待安排车马启程时，恰好听到了您的英明指示。"赵王答应了张仪以后，张仪便离开了赵国。

张仪北行到燕国，对燕昭王说："大王所亲近的没过于赵国吧。过去赵襄子曾经让他姐姐嫁给代王作妻。后来他想要并吞代国，邀约代王在句注山的要塞相会。他先令工人制作了金斗，把金斗的尾部做得很长，使它可以用来袭击别人。赵襄子在与代王饮酒时，悄悄吩咐厨子说：'趁着酒饮得酣畅高兴的时候，你送去热汤，然后掉转金斗袭击代王。'于是在酒饮到酣畅高兴之时，上热汤了，厨子送上汤勺，随即将金斗倒转过来打死了代王，代王的脑浆流了一地。赵襄子的姐姐听到这个消息，便磨快头上的金簪自刺而死，所以到现在就有了摩笄山这个名称。代王的死因，天下人没有谁不听说的。

"赵王如此狠毒，连亲戚都不放过，大王您看得很清楚，又怎能把赵王当作是可以亲近的人呢？赵国起兵进攻燕国，两次围困了燕的都城要挟大王，迫使大王割让了十座城来谢罪。现在赵王已经到渑池朝见秦王，献上河间一带来侍奉秦国。现在大王如不归附秦国，秦就会发兵到云中、九原，驱使赵国进攻燕国，这样一来，易水、长城就不再属于大王所有了。

"再说现在的赵国对于秦国而言，好比秦的一个郡县而已，不敢妄自兴兵打仗。目前大王如依附秦国，秦王必定高兴，赵又不敢轻举妄动，这样燕国西面有强大的秦国为援，同时南面没有齐国、赵国的侵犯，所以希望大王慎重地考虑这件事情吧。"

燕王说："我像蛮夷一样处在偏僻的地区，虽然是个大男子，实在好像一个婴儿，说的话值不得作为正确的意见看待。今天幸承贵宾指教，我愿意西向依附秦国，并献上恒山末端的五座城池。"燕王听从了张仪的意见。张仪返回秦国报告，还没有走到咸阳，秦惠王便已去世。秦武王即位。武王还在当太子的时候就不喜欢张仪，即位以后，群臣中许多人说张仪的坏话："他没有信用，行为反复，出卖国家利益来取得君主的欢心。我们秦国如果再要重用他，恐怕会遭天下人的耻笑。"各国诸侯听说张仪与秦武王有隔阂，都背叛了连横，又恢复了合纵。

秦武王元年，大臣们日日夜夜诽谤张仪的事还没有平息，齐国又派使臣责备秦国任用张仪。张仪害怕被杀，便趁机对秦武王说："我有一条计策，愿意献给大王。"武王问道："什么样的计划？"张仪回答说："为秦的利益着想，要东方有了大变，然后大王才可以多割得地方。现在听说齐王非常恨我，我所在的地方，齐王必定会发兵攻打它。因此我希望让我这不才的人前往梁国，齐就一定会兴师伐梁。梁和齐的军队纠缠在大梁城下不能脱身，大王便利用这个时候攻打韩国，进入三川，出兵函谷关但并不进攻，用来威胁周室，这样周室的祭器必定会向大王献出。挟持周天子，掌握天下的地图和户籍，这是称王的大业啊。"秦武王认为张仪说得对，就准备了三十乘兵车，载上张仪前往梁国。齐国果然兴师攻打梁国。梁哀王害怕了，张仪说："大王不要忧虑，请让我退掉齐兵。"张仪派门客冯喜前往楚国，借用楚国的使者前往齐国，对齐王说："大王很恨张仪，虽然如此，大王却使秦国更加信赖张仪。"齐王说："我非常痛恨张仪，只要张仪走到哪里，我就要兴兵讨伐到哪里，怎么说使他更受信任呢？"使者回答说："这正是使张仪更受信任的做法啊。张仪离开秦国时，本来就与秦王谈好，说：'为秦王着想，要东方有了大变，然后才可以割得更多的地方。现在齐王非常恨我，凡我所在之处，齐王必定兴兵讨伐。因此我希望让我这不才的人前往梁国，齐王必定会兴兵伐梁。齐、梁两军纠缠在城下不能脱身，大王利用这个机会攻打韩国，进军三川，出兵函谷关却并不进攻，以此来威胁周室，周室必定会献出祭器。挟持周天子，掌握天下的地图和户籍，这是称王的大业啊。'秦王认为说得对，所以准备了三十乘兵车载他入梁。现在张仪到了梁国，大王果然出兵攻梁，对内消耗国力，对外攻打盟邦，多树敌人，面临危难，这不是使张仪更加受到秦王信任吗！"齐王说："你说得对。"就下令撤军。

张仪在魏做了一年相国，死于魏国。

陈轸是个游说之士。他与张仪同为秦惠王做事，都受到重用，二人常常争宠。张仪向秦惠王讲陈轸的坏话说："陈轸携带大量钱财随时出使于秦、楚两国之间，本应搞好两国的邦交。现在楚国并没有对秦国更亲善，却对陈轸很好，这是因为陈轸替自己打算多而替大王想得少的缘故啊。而且陈轸想要离开秦国投奔楚国，大王为何不让他离开呢？"惠王问陈轸道："我听说你想要离秦投楚，有这回事吗？"陈轸答道："有。"惠王说："张仪的话果然被证实了。"陈轸说："这件事不单是张仪知道，连路上的行人也尽都知道。过去伍子胥对他的国君忠心，因而各国诸侯争相拉他到本国为臣；曾参对他的双亲孝敬，因而各家父母都希望让他作为自己的儿子。所以被卖的仆妾不用走出家门街巷便被买去的，就是好仆妾；被丈夫抛弃的妇女能再嫁在本乡本里的，那是好妇人。现在如果我对我的国君不忠心，楚王又怎么会拿我做忠臣看待呢？忠心尚且被抛弃，我不往楚国又投奔何处呢？"秦惠王感到陈轸的话说得对，于是便很好地对待他。

陈轸在秦国住了一年，秦惠王终究任用张仪为相国，于是陈轸投奔楚国。楚国并没有重用他，却派他出使秦国。陈轸路过魏国时，想要看望犀首。犀首推辞不见。陈轸说："我是为要事而来,你不见我,我就要离开这里了,不能等到其他日子。"犀首便会见了陈轸。陈轸问:"你怎么喜欢饮起酒来了呢?"犀首答说:"没有事啊。"陈轸说:"请让我使你的事情多起来,行吗?"犀平问道:"怎么办呢?"陈轸说:"魏相田需邀约各国诸侯合纵联盟结好,楚王持怀疑态度而不相信他。你去对魏王说:'我与燕、赵两国的国君有旧交,他们多次派人来对我说"你闲着没事怎么不来见见面",我希望到他们那里去拜见一下。'魏王即使同意你,你也不必多要车辆,只需把三十辆车子摆在庭院内,公开说要到燕、赵两国去。"燕、赵两国的在魏国作客的人听到这个消息,忙飞车禀告各自的国君,两国都派人到魏迎接犀首。楚王闻知此事大怒,说:"魏相田需来与我结约,而他们的犀首却前往燕、赵两国,这分明是欺骗我啊!"楚王愤怒之下,不理会田需的建议,齐王听说犀首去北方,也派人把国事托付给他。于是,犀首启程,燕、赵、齐三国的相国事务都归犀首决定。于是,陈轸到了秦国。

韩魏两国互相攻打,一年不解。秦惠王想援助一方,征求大臣们的意见。大臣们有的说援助好,有的说不援助好,秦惠王不能做出决定。恰逢陈轸到达秦国,秦惠王便问他说:"你离开我去了楚国,还想不想念我呢?"陈轸答道:"大王听说过越国的庄舄吗?"惠王说:"没有听说过。"陈轸说:"越国人庄舄在楚国担任了执珪,不久得了病。楚王问:"庄舄在越国是个地位低贱的人,如今在楚国做官,已经富贵了,还思不思念越国呢?"一位侍御答道:'大凡一个人怀念过去,是在他得病的时候。庄舄如果思念越国,呻吟就会是越国的口音;不思念越国,就会是楚国的口音。'楚王派人到庄舄那里偷听,他的呻吟声仍然还是越国的口音啊。现在我虽然被抛弃而去到楚国,怎么可能不发出秦国的口音呢!"秦惠王说:"你说得好。现在韩魏两国互相进攻,一年了还没有解决,有的说我解救为好,有的说不解救为好,我做不出决定,希望你能在替你的楚国君主考虑的余暇,也为我考虑这件事情。"陈轸对答说:'有人把那卞庄子刺虎的事讲给大王听过吗?庄子准备刺杀老虎,旅舍里的小伙子劝阻他说:'两只老虎正要吃牛,吃到味道好的地方必然会争夺,一争夺就必然会格斗,格斗就会使大虎受伤,小虎死亡,这时再刺杀受伤的老虎,一举就能获得杀死两只老虎的名声。'卞庄子认为说得对,站着等待时机。过了一会,两只老虎果然争斗起来,大的伤了,小的死了。庄子向受伤的老虎刺去,这一举果然有了杀死双虎的功劳。如今韩魏两国相攻,一年得不到解决,这就必然会使大国受损,小国残破,对受损的国家兴兵攻打,这一举必定会有击破两国的实效。这就和庄子刺虎是一类的事情啊。我为楚王和为大王您出主意有什么两样呢?"秦惠王说:"你说得好。"终究没有去解救两国。结果大国果然受了损伤,小国面临灭亡,秦王兴兵讨伐,取得大胜。这正是陈轸的计谋啊。

犀首是魏国阴晋人,名衍,姓公孙氏。他与张仪关系不好。

张仪为了秦国的事前往魏国,魏王拜张仪为相国。犀首认为对己不利,因此派人对韩国的公叔说:"张仪已经使秦、魏两国联合了,他提出'魏攻取韩国的南阳,秦攻取韩国的三川'。魏王之所以看重张仪,是想要得到韩国的土地。而且韩国的南阳已要被攻下了,你何不把南阳交给公孙衍作为他的功劳,那么秦、魏两国的交往就会停止了。这样一来,魏国必定会打秦国的主意从而抛弃张仪,拉拢韩国并拜公孙衍为相。"公叔认为这样很好,便把南阳交给犀首作为他的功劳。犀首果真做了魏国的相国，张仪只好离开魏国。

义渠君到魏国朝拜。犀首听说张仪重新当了秦相，心里忌恨。于是，犀首对义渠君说："路途遥远，你不可能再来这里相见了，请让我把秦国的情况告诉您。"犀首接着说："中原各国如果没有事变，秦国将会烧杀侵略您的国家；如果有事变，秦国将会频繁地派出使臣用厚礼侍奉您的国家。"这以后，楚、魏、齐、韩、赵五国共同进攻秦国。正好陈轸对秦王说："义渠君是蛮夷中贤能的国君，不如送他厚礼以求稳住他的心。"秦王说："好。"于是用了一千匹锦绣，一百名美女送给义渠君。义渠君召集群臣商量说："这就是公孙衍给我说过的那回事吧？"于是发兵偷袭秦国，在李伯这个地方大败秦兵。

张仪已死之后，犀首入秦做了丞相。他曾经佩带五国的相印，当了五国盟约的约长。

太史公说：三晋这块地方有许多善于权变的人，倡导合纵连横，使秦国强大的，大多数都是三晋的人。张仪的行为比苏秦更坏，但世人讨厌苏秦的原因，是因为他先死，而且张仪夸张地揭露他的短处，以此来显示自己说法的正确，完成连横的策略。总之，他们两个真正称得上是倾邦覆国的人物啊！

史记卷七十一

樗里子甘茂列传第十一

樗里子者，名疾，秦惠王之弟也，与惠王异母。母，韩女也。樗里子滑稽多智，秦人号曰"智囊"。

秦惠王八年，爵樗里子右更，使将而伐曲沃，尽出其人，取其城，地入秦。秦惠王二十五年，使樗里子为将伐赵，虏赵将军庄豹，拔蔺。明年，助魏章攻楚，败楚将屈丐，取汉中地。秦封樗里子，号为严君。

秦惠王卒，太子武王立，逐张仪、魏章，而以樗里子、甘茂为左右丞相。秦使甘茂攻韩，拔宜阳。使樗里子以车百乘入周。周以卒迎之，意甚敬。楚王怒，让周，以其重秦客。游腾为周说楚王曰："知伯之伐仇犹，遗之广车，因随之以兵，仇犹遂亡。何则？无备故也。齐桓公伐蔡，号曰诛楚，其实袭蔡。今秦，虎狼之国，使樗里子以车百乘入周，周以仇犹、蔡观焉，故使长戟居前，强弩在后，名曰卫疾，而实囚之。且夫周岂能无忧其社稷哉？恐一旦亡国以忧大王。"楚王乃悦。

秦武王卒，昭王立，樗里子又益尊重。

昭王元年，樗里子将伐蒲。蒲守恐，请胡衍。胡衍为蒲谓樗里子曰："公之攻蒲，为秦乎？为魏乎？为魏则善矣，为秦则不为赖矣。夫卫之所以为卫者，以蒲也。今伐蒲入于魏，卫必折而从之。魏亡西河之外而无以取者，兵弱也。今并卫于魏，魏必强。魏强之日，西河之外必危矣。且秦王将观公之事，害秦而利魏，王必罪公。"樗里子曰："奈何？"胡衍曰："公释蒲勿攻，臣试为公入言之，以德卫君。"樗里子曰："善。"胡衍入蒲，谓其守曰："樗里子知蒲之病矣，其言曰必拔蒲。衍能令释蒲勿攻。"蒲守恐，因再拜曰："愿以请。"因效金三百斤，曰："秦兵苟退，请必言子于卫君，使子为南面。"故胡衍受金于蒲以自贵于卫。于是遂解蒲而去。还击皮氏，皮氏未降，又去。

昭王七年，樗里子卒，葬于渭南章台之东。曰："后百岁，是当有天子之宫夹我墓。"樗里子疾室在于昭王庙西渭南阴乡樗里，故俗谓之樗里子。至汉兴，长乐宫在其东，未央宫在其西，武库正直其墓。秦人谚曰："力则任鄙，智则樗里。"

甘茂者，下蔡人也。事下蔡史举先生，学百家之术。因张仪、樗里子而求见秦惠王。王见而说之，使将，而佐魏章略定汉中地。

惠王卒，武王立。张仪、魏章去，东之魏。蜀侯煇、相壮反，秦使甘茂定蜀。还，而以甘茂为左丞相，以樗里子为右丞相。

秦武王三年，谓甘茂曰："寡人欲容车通三川，以窥周室，而寡人死不朽矣。"甘茂曰："请之魏，约以伐韩，而令向寿辅行。"甘茂至，谓向寿曰："子归，言之于王曰：'魏听臣矣，然愿王勿伐。'事成，尽以为子功。"向寿归，以告王，王迎甘茂于息壤。甘茂至，王问其故。对曰："宜阳，大县也，上党、南阳积之久矣。名曰县，其实郡也。今王倍数险，行千里攻之，难。昔曾参之处费，鲁人有与曾参同姓名者杀人，人告其母曰

'曾参杀人'，其母织自若也。顷之，一人又告之曰'曾参杀人'，其母尚织自若也。顷又一人告之曰'曾参杀人'，其母投杼下机，逾墙而走。夫以曾参之贤与其母信之也，三人疑之，其母惧焉。今臣之贤不若曾参，王之信臣又不如曾参之母信曾参也，疑臣者非特三人，臣恐大王之投杼也。始张仪西并巴蜀之地，北开西河之外，南取上庸，天下不以多张子而以贤先王。魏文侯令乐羊将而攻中山，三年而拔之。乐羊返而论功，文侯示之谤书一箧。乐羊再拜稽首曰：'此非臣之功也，主君之力也。'今臣，羁旅之臣也。樗里子、公孙奭二人者挟韩而议之，王必听之，是王欺魏王而臣受公仲侈之怨也。"王曰："寡人不听也，请与子盟。"卒使丞相甘茂将兵伐宜阳。五月而不拔，樗里子、公孙奭果争之。武王召甘茂，欲罢兵。甘茂曰："息壤在彼。"王曰："有之。"因大悉起兵，使甘茂击之。斩首六万，遂拔宜阳。韩襄王使公仲侈入谢，与秦平。

武王竟至周，而卒于周。其弟立，为昭王。王母宣太后，楚女也。楚怀王怨前秦败楚于丹阳而韩不救，乃以兵围韩雍氏。韩使公仲侈告急于秦。秦昭王新立，太后楚人，不肯救。公仲因甘茂，茂为韩言于秦昭王曰："公仲方有得秦救，故敢扞楚也。今雍氏围，秦师不下殽，公仲且仰首而不朝，公叔且以国南合于楚。楚、韩为一，魏氏不敢不听，然则伐秦之形成矣。不识坐而待伐孰与伐人之利？"秦王曰："善。"乃下师于殽以救韩。楚兵去。

秦使向寿平宜阳，而使樗里子、甘茂伐魏皮氏。向寿者，宣太后外族也，而与昭王少相长，故任用。向寿如楚，楚闻秦之贵向寿，而厚事向寿。向寿为秦守宜阳，将以伐韩。韩公仲使苏代谓向寿曰："禽困覆车。公破韩，辱公仲，公仲收国复事秦，自以为必可以封。今公与楚解口地，封小令尹以杜阳。秦楚合，复攻韩，韩必亡。韩亡，公仲且躬率其私徒以阏于秦，愿公孰虑之也。"向寿曰："吾合秦楚非以当韩也，子为寿谒之公仲，曰秦韩之交可合也。"苏代对曰："愿有谒于公。人曰贵其所以贵者贵。王之爱习公也，不如公孙奭；其智能公也，不如甘茂。今二人者皆不得亲于秦事，而公独与王主断于国者何？彼有以失之也。公孙奭党于韩，而甘茂党于魏，故王不信也。今秦楚争强而公党于楚，是与公孙奭、甘茂同道也，公何以异之？人皆言楚之善变也，而公必亡之，是自为责也。公不如与王谋其变也，善韩以备楚，如此则无患矣。韩氏必先以国从公孙奭而后委国于甘茂。韩，公之仇也。今公言善韩以备楚，是外举不僻仇也。"向寿曰："然，吾甚欲韩合。"对曰："甘茂许公仲以武遂，反宜阳之民，今公徒收之，甚难。"向寿曰："然则奈何？武遂终不可得也？"对曰："公奚不以秦为韩求颍川于楚？此韩之寄地也。公求而得之，是令行于楚而以其地德韩也。公求而不得，是韩楚之怨不解而交走秦也。秦楚争强，而公徐过楚以收韩，此利于秦。"向寿曰："奈何？"对曰："此善事也。甘茂欲以魏取齐，公孙奭欲以韩取齐。今公取宜阳以为功，收楚韩以安之，而诛齐魏之罪，是以公孙奭、甘茂无事也。"

甘茂竟言秦昭王，以武遂复归之韩。向寿、公孙奭争之，不能得。向寿、公孙奭由此怨，谗甘茂。茂惧，辍伐魏蒲阪，亡去。樗里子与魏讲，罢兵。

甘茂之亡秦奔齐，逢苏代。代为齐使于秦。甘茂曰："臣得罪于秦，惧而遁逃，无所容迹。臣闻贫人女与富人女会绩，贫人女曰：'我无以买烛，而子之烛光幸有余，子可分我余光，无损子明而得一斯便焉。'今臣困而君方使秦而当路矣。茂之妻子在焉，愿君以余光振之。"苏代许诺。遂致使于秦。已，因说秦王曰:"甘茂,非常士也。其居于秦,累世重矣。自殽塞及至鬼谷,其地形险易皆明知之。彼以齐约韩魏反以图秦,非秦之利也。"秦王曰:"然则奈何?"苏代曰:"王不若重其贽,厚其禄以迎之,使彼来则置之鬼谷,终身勿出。"秦王曰:"善。"即赐之上卿,以相印迎之于齐。甘茂不往。苏代谓齐湣王曰:"夫甘茂,贤人也。今秦赐之上卿,以相印迎之。甘茂德王之赐,好为王臣,故辞而不往。今王何以礼之?"齐王曰:"善。"即位之上卿而处之,秦因复甘茂之家以市于齐。

齐使甘茂于楚,楚怀王新与秦合婚而欢。而秦闻甘茂在楚,使人谓楚王曰:"愿送甘茂于秦。"楚王问于范蜎曰:"寡人欲置相于秦,孰可?"对曰:"臣不足以识之。"楚王曰:"寡人欲相甘茂,可乎?"对曰:"不可。夫史举,下蔡之监门也,大不为事君,小不为家室,以苟贱不廉闻于世,甘茂事之顺焉。故惠王之明,武王之察,张仪之辩,而甘茂事之,取十官而无罪。茂诚贤者也,然不可相于秦。夫秦之有贤相,非楚国之利也。且王前尝用召滑於越,而内行章义之难,越国乱,故楚南塞厉门而郡江东。计王之功所以能如此者,越国乱而楚治也。今王知用诸越而忘用诸秦,臣以王为巨过矣。然则王若欲置相于秦,则莫若向寿者可。夫向寿之于秦王,亲也,少与之同衣,长与之同车,以听事。王必相向寿于秦,则楚国之利也。"于是使使请秦相向寿于秦。秦卒相向寿。而甘茂竟不得复入秦,卒于魏。

甘茂有孙曰甘罗。

甘罗者,甘茂孙也。茂既死后,甘罗年十二,事秦相文信侯吕不韦。

秦始皇帝使刚成君蔡泽于燕,三年而燕王喜使太子丹入质于秦。秦使张唐往相燕,欲与燕共伐赵以广河间之地。张唐谓文信侯曰:"臣尝为秦昭王伐赵,赵怨臣,曰:'得唐者与百里之地。'今之燕必经赵,臣不可以行。"文信侯不快,未有以强也。甘罗曰:"君侯何不快之甚也?"文信侯曰:"吾令刚成君蔡泽事燕三年,燕太子丹已入质矣,吾自请张卿相燕而不肯行。"甘罗曰:"臣请行之。"文信侯叱曰:"去!我身自请之而不肯,女焉能行之?"甘罗曰:"大项橐生七岁为孔子师。今臣生十二岁于兹矣,君其试臣,何遽叱乎?"于是甘罗见张卿曰:"卿之功孰与武安君?"卿曰:"武安君南挫强楚,北威燕、赵,战胜攻取,破城堕邑,不知其数,臣之功不如也。"甘罗曰:"应侯之用于秦也,孰与文信侯专?"张卿曰:"应侯不如文信侯专。"甘罗曰:"卿明知其不如文信侯专与?"曰:"知之。"甘罗曰:"应侯欲攻赵,武安君难之,去咸阳七里而立死于杜邮。今文信侯自请卿相燕而不肯行,臣不知卿所死处矣。"张唐曰:"请因孺子行。"令装治行。

行有日,甘罗谓文信侯曰:"借臣车五乘,请为张唐先报赵。"文信侯乃入言之于始皇曰:"昔甘茂之孙甘罗,年少耳,然名家之子孙,诸侯皆闻之。今者张唐欲称疾不肯行,甘罗说而行之。今愿先报赵,请许遣之。"始皇召见,使甘罗于赵。赵襄王郊迎甘罗。甘罗说赵王曰:"王闻燕太子丹入质秦欤?"曰:"闻之。"曰:"闻张唐相燕欤?"曰:"闻之。""燕太子丹入秦者,燕不欺秦也。张唐相燕者,秦不欺燕也。燕、秦不相欺者,伐赵,危矣。燕、秦不相欺无异故,欲攻赵而广河间。王不如赍臣五城以广河间,请归燕太子,与强赵攻弱燕。"赵王立自割五城以广河间。秦归燕太子。赵攻燕,得上谷三十城,令秦有十一。

甘罗还报秦,乃封甘罗以为上卿,复以始甘茂田宅赐之。

太史公曰：樗里子以骨肉重，固其理，而秦人称其智，故颇采焉。甘茂起下蔡闾阎，显名诸侯，重强齐楚。甘罗年少，然出一奇计，声称后世。虽非笃行之君子，然亦战国之策士也。方秦之强时，天下尤趋谋诈哉？

译文：

樗里子这个人名叫疾，是秦惠文王的弟弟，和秦惠文王不是一个母亲。他的母亲是韩国女子。樗里子能言善辩，富于才智，秦国人把他称作"智囊"。

秦惠文王八年，授予樗里子右更的爵位，让他领兵去攻打曲沃，把那里的人全驱赶走，夺取了城池，将土地归入秦国。秦惠文王二十五年，让樗里子任将军攻打赵国，俘虏了赵国将军庄豹，攻克了蔺城。第二年，他协助魏章攻打楚国，打败了楚将屈丐，夺取了汉中的土地。秦国封赏樗里子，封号叫作严君。

秦惠文王去世，太子秦武王即位，驱逐了张仪和魏章，而让樗里子、甘茂任左、右丞相。秦国派甘茂去攻打韩国，攻克了宜阳。派樗里子以一百辆战车进入周王国内。周王用步兵去迎接樗里子，表现得非常尊敬他。楚王愤怒了，责怪周国，由于他们看重秦国的宾客。游腾为周王去向楚王游说，说："智伯攻打仇犹时，派大车到仇犹去，接着派兵跟在后面，仇犹就被灭亡了。为什么呢？是仇犹没有防备的原因。齐桓公攻打蔡国，号称是去诛伐楚国，但实际上是偷袭蔡国。现在秦国是一个虎狼一样的国家，派樗里子用上百辆兵车到周国来。周王看到仇犹和蔡的借鉴，所以让持长戟的士兵在前面，持强弩的士兵在后面，名义上是保卫樗里子，实际上是在囚禁他。而且周王难道能不为他的国家担忧吗？他害怕一旦亡了国会使大王您感到忧虑。"楚王这才高兴了。

秦武王去世,昭王即位,樗里子又更加受尊重。

昭王元年,樗里子准备要攻打蒲城。蒲守害怕了,向胡衍请求帮助。胡衍为蒲城去对樗里子说:"您攻打蒲城这件事,是为了秦国呢?还是为了魏国呢?为魏国就好了。为秦国就不能算有利可图。卫国之所以能成为卫国,就是靠了蒲城。现在攻打蒲城把它归入魏国,卫国一定会屈服而顺从魏国。魏国丧失了西河以外的土地而无法夺回的原因是军队弱小。现在把卫国并入魏国,魏国一定会强盛起来。魏国强盛的时候,西河以外的土地一定要危险了。而且秦王将要观察您的行事,危害秦国而利于魏国,秦王一定会降罪于您。"樗里子说:"那怎么办呢?"胡衍说:"您先放下蒲城不去进攻,我试着给您进蒲城劝说他们,以此向卫君施恩德。"樗里子说:"好。"胡衍进了蒲城,对蒲守说:"樗里子已经知道蒲城的弱点了,他说一定要攻下蒲城。我能叫他放过蒲城不进攻。"蒲守害怕了,就接连向胡衍行礼,说:"希望您予以帮助求情。"接着奉上黄金三百斤,说:"秦军如果退走了,我一定会向卫君报告您的功劳,让您任高官。"所以胡衍从蒲城接受了黄金,由此在卫国享有尊贵的地位。这时樗里子便解除蒲城包围退走,回去攻打皮氏,皮氏没有投降,樗里子又退去了。

秦昭王七年,樗里子去世,埋葬在渭南章台的东面。他说:"过后一百年,这里应该有天子的宫殿夹着我的墓。"樗里子的住宅在昭王庙西边的渭南阴乡樗里,所以俗称他作"樗里子"。到了汉朝兴起,长乐宫在他墓地东面,未央宫在他墓地西面,武库正对着他的坟墓。秦国人的民谚说:"讲力气就数任鄙,论智慧就数樗里。"

甘茂这个人是下蔡人。服侍下蔡的史举先生，学习百家的学说。他通过张仪、樗里子来求见秦惠王。秦惠王见到他后很高兴，让他领兵，辅佐魏章攻占并平定了汉中地区。

秦惠王去世，武王即位。张仪、魏章离开秦国，东去魏国。蜀侯嬴煇和蜀相陈壮造反，秦王派甘茂去平定蜀地。回来后，就用甘茂做左丞相，用樗里子做右丞相。

秦武王三年，武王对甘茂说："我想让有篷帷的车子能通行到三川地区，以此窥探周王国，我就是死了也永垂不朽。"甘茂说："请让我去魏国，约它来攻打韩国，而让向寿辅助我前往。"甘茂到了韩国，对向寿说："你回去，对大王讲：'魏国听从我的意见了，然而希望大王不要攻打韩国。'事情成功后，全部都作为你的功劳。"向寿回去，把这些话告诉了秦王，秦王在息壤迎接甘茂。甘茂到来后，秦王问他这样做的原因。甘茂回答说："宜阳是个大县，上党和南阳的积蓄存在那里很久了。名义上叫县，实际上是郡了。现在大王要背离多处险要，行走上千里去攻打它，很难。过去曾参住在费邑时，鲁国人中有一个与曾参姓名相同的杀了人，有人来告诉他母亲说'曾参杀人了'，曾参的母亲仍泰然自若地织布。过了一会儿，一个人又来告诉她说'曾参杀人了'，曾参的母亲仍镇定自若地织布。不久又一个人来告诉她'曾参杀人了'，曾参母亲扔下梭子，跳下织布机，越墙逃走了。以曾参的贤德和他母亲相信他的程度，有三个人怀疑他，他的母亲就害怕了。现在我的贤德不如曾参，大王相信我的程度又不如曾参的母亲相信曾参，怀疑我的人不止三个，我怕大王扔下梭子呀。起先张仪向西并吞了巴蜀之地，向北开拓了西河以外的地区，向南攻取了上庸，天下的人并不因此赞誉张仪而由此认为先王贤明。魏文侯命令乐羊领兵攻打中山国,三年后攻克了它。乐羊回来后评定他的战功,魏文侯给他看一箱子诽谤他的信件文书。乐羊再三行礼,叩着头说:'这次战胜不是我的功劳,是君主您的力量。'现在我是一个旅居秦国的外乡人。樗里子、公孙奭两个人依凭韩国来议论这件事,大王一定会听从他们,这就让大王欺骗了魏王而使我招致公仲侈的怨恨。"武王说:"我不会听的,请让我和你盟誓。"终于派丞相甘茂领兵去攻打宜阳,五个月也没有攻下来。樗里子、公孙奭果然来争议,反对这件事。武王召来甘茂,要停止作战。甘茂说:"息壤在那儿哪。"武王说:"有这么回事。"就大量地发动军队,派甘茂去攻击韩国。砍下了六万个敌人的头,便攻占了宜阳。韩襄王派遣公仲侈到秦国来谢罪,与秦国停战讲和。

武王终于到了周国,而死在周国。他的弟弟即位,是昭王。昭王母亲宣太后是楚国的女子。楚怀王怨恨以前秦国在丹阳打败楚国而韩国不去救援,就用兵围攻韩国的雍氏城。韩国派公仲侈到秦国去告急。秦昭王刚继位,太后是楚国人,不肯去救援。公仲侈托请甘茂,甘茂为韩国向秦昭王进言说:"公仲侈是估计会有秦国救援,才敢抵御楚国。现在雍氏被围攻,秦军不越过崤山帮助,公仲侈将要仰起头来不朝见,公叔伯婴将把韩国合并入南方的楚国。楚国、韩国合成一体,魏国不敢不听从它们,那么攻打秦国的形势就会形成了。不知道坐着等人家来攻打与攻打别人哪一个更有利?"秦王说:"好!"就从崤山出兵救援韩国。楚兵退走了。

秦国派向寿平定宜阳,而派樗里子、甘茂攻打魏国皮氏。向寿是宣太后娘家的亲属,与昭王从小互相敬爱,因此得到任用。向寿到楚国,楚国听说秦国把向寿看得很尊贵,就对待向寿非常优厚。向寿为秦国守卫宜阳，准备要攻打韩国。韩国的公仲侈让苏代去对向寿说："禽鸟被逼急了，还能掀翻人的车子。您打败了韩国，侮辱了公仲侈。公仲侈收拾起国家再次服侍秦国，自己以为一定能受到封赏。现在您给楚国解口这块地方，用杜阳这块地封了小令尹。秦国楚国合在一起再去攻韩国，韩国一定会灭亡。韩国灭亡，公仲侈将亲自率领他的私人部属来对抗秦国。我希望您对此深思熟虑。"向寿说："我把秦、楚合起来不是用来与韩国对抗的，您为我拜见公仲侈说明一下。说秦国与韩国交往，可以联合起来。"苏代回答说："我希望向您说明一下。人家说尊重自己被别人看重的地方，才会得到尊重。秦王宠爱亲近您的程度不如对公孙奭深；他评价您的智慧才能不如对甘茂的评价高。现在这两个人全不能亲自参与秦国的国事，而只有您和秦王决断国事，是什么原因呢？他们有失策的地方。公孙奭与韩国结党，而甘茂与魏国结党，所以国王不相信他们。现在秦国与楚国争强，而您与楚国结党，这就与公孙奭、甘茂走到一条道上去了，您根据什么说自己与他们不同呢？人们全都说楚国善于变化，而您一定会败亡在它手中，这是自己招致罪责。您不如和秦王谋划应付楚国的变化，与韩国交好来防备楚国。这样就没有祸患了。韩国一定先把国家依附公孙奭然后托付给甘茂。韩国是您的仇人。现在您提出与韩国交好来防备楚国，是推举外部的贤人时不回避仇人。"向寿说："是这样，我很想要和韩国合作。"苏代回答说："甘茂答应公仲侈归还武遂，让宜阳的人民返回来，现在您空口白话地拉拢韩国，很难办。"向寿说："这样的话该怎么办呢？武遂终究是不能得到的。"苏代回答说："您为什么不依靠秦国的力量替韩国向楚国要回颍川？这是韩国的土地，暂时归了楚国。您要了而且得回来，是您的命令可以在楚国实行而用楚国的土地向韩国施恩德。您要了但没得回来，这会使韩国与楚国的积怨不能解开而这两国会争着来秦国交好。秦、楚争强，而您慢慢地责备楚国来收拢韩国，这样对秦国有利。"向寿说："那该怎么办？"苏代回答说："这是好事。甘茂要用魏国的力量去攻取齐国，公孙奭要用韩国的力量去攻取齐国。现在您攻取宜阳，作为自己的功劳，收服了楚国、韩国，安抚了它们，再诛讨齐国、魏国的罪行，这样公孙奭、甘茂就无事可做了。"

甘茂到底说通了秦昭王，把武遂又还给了韩国。向寿和公孙奭争谏这件事，也不能成功。向寿、公孙奭因此怨恨甘茂，说他的坏话。甘茂害怕了，停止攻打魏国的蒲阪，逃走了。樗里子与魏国定了和约，停止战争。

甘茂从秦国逃亡奔向齐国，遇到了苏代。苏代为齐国出使秦国。甘茂说："我得罪了秦王，惧怕不已才逃了出来，无处容身。我听说一个穷人家的女子与富人家的女子一起绩麻，穷人家女子说：'我没有钱买蜡烛，而幸亏您的烛光照有多余的地方，您可以分给我多余的光亮，不会减少您的光亮而让我同时得到这种方便。'现在我陷入困境而您正出使秦国，并且掌握权力。我的妻子儿女在秦国，希望您用多余的光亮拯救他们。"苏代答应了，就到秦国转达使命。完成使命后，趁便劝说秦王道："甘茂是个不平常的人。他住在秦国，连续几代被重用。从崤山直到鬼谷，那些地形的险要平易情况他全了解得很清楚。他依靠齐国联合韩国、魏国，反过来图谋秦国，这不是秦国的好事。"秦王说："这样的话该怎么办呢？"苏代说："大王不如用重礼送给他，给他优厚的俸禄去迎接他，让他来了后就把他放在鬼谷中，到死也不让他出来。"秦王说:"好。"就赐给甘茂上卿的官位,拿着相印去齐国迎接他。甘茂不去秦国。苏代对齐湣王说:"甘茂那个人是贤人啊。现在秦国赐给他上卿的官位,用相印来迎接他。甘茂感念大王的恩赐,愿意做大王的臣子,所以推辞不去。现在大王用什么礼节优待他呢?"齐湣王说:"好。"就给甘茂上卿的地位来安置他。秦国接着也免除了甘茂家人的赋役,用来收买在齐国的甘茂。

齐国派甘茂出使楚国。楚怀王刚与秦国结为姻亲,十分高兴。而秦国听说甘茂在楚国,派人对楚王说:"希望把甘茂送到秦国来。"楚王问范蜎说:"我想在秦国设置一个丞相,谁能担任呢?"范蜎回答说:"臣子还没有能力识别那种人。"楚王说:"我想要让甘茂作丞相,可以吗?"回答说:"不可以。史举那个人是个下蔡的守门小官,大的方面不为君王服务,小的方面不为自己家庭出力,以苟且卑贱和不清廉闻名于世,甘茂服侍他却很顺从。所以以秦惠王的精明、武王的洞察能力、张仪的论辩才能,而甘茂却能服侍他们,取得了十个官职却没有犯罪。甘茂确实是个贤人,但是不能让他在秦国任丞相。秦国有贤能的丞相,不是对楚国有利的事。而且大王以前曾经任用召滑到越国去,他在越国指使章义叛乱,越国动乱,所以楚国能在厉门建立南方的关塞,在江东设置郡。揣测大王的功绩能达到这一步的原因,是由于越国动乱而楚国安定。现在大王的智谋用在越国,而忘了用到秦国去,臣子认为这是大王的重大过失。那么如果大王想要在秦国设置一个丞相,就没有比向寿更合适的了。向寿对秦王来说是亲戚,从小与秦王同穿一件衣服,长大后与秦王同乘一辆车子,秦王让他过问政事。大王一定要让向寿在秦国做丞相,就是楚国的利益了。"于是楚王派使者请求秦王让向寿在秦国作丞相。秦国最后让向寿任丞相。而甘茂到底没有能再回秦国，死在魏国。

甘茂有个孙子叫甘罗。

甘罗是甘茂的孙子。甘茂死了以后，甘罗十二岁，服侍于秦国丞相文信侯吕不韦。

秦始皇帝派刚成君蔡泽到燕国去，三年后燕王喜就派太子丹到秦国来做人质。秦国派张唐去燕国任丞相，想要和燕国共同攻打赵国来拓广在河间的土地。张唐对文信侯说："我曾经为秦昭王攻打赵国，赵王怨恨我，说：'抓到张唐的人给他一百里土地。'现在到燕国去一定要经过赵国，我不能前往。"文信侯很不高兴，但也没办法强迫他去。甘罗问："侯爷为什么不高兴得这么厉害？"文信侯说："我命令刚成君蔡泽服侍燕国三年，燕太子丹已经来做人质了，我亲自请张唐去做燕国的丞相而他不肯去。"甘罗说："请让我去使他出行。"文信侯呵斥他说："去！我亲自去请他还不肯去，你怎么能让他出行呢？"甘罗说："大项橐生下来才七岁就做了孔子的老师。现在我已经十二岁了，您让我试一试，何必这么急着叱责我呢？"于是甘罗去见张唐，说："您的功劳与武安君比谁大？"张唐说："武安君在南方挫败了强大的楚国，在北方威胁燕国、赵国，打胜仗，攻占土地，攻克城池，毁坏城市，不计其数。我的功劳不如武安君。"甘罗说："应侯在秦国掌权的时候，与文信侯比起来谁更专权？"张唐说："应侯不如文信侯专权。"甘罗说："您清楚地知道应侯不如文信侯专权吗？"张唐说："知道。"甘罗说："应侯想要攻打赵国，武安君认为难以做到，才离开咸阳七里地就在杜邮被立刻赐死。现在文信君亲自请您去燕国做丞相而您不肯去，我不知道您会死在哪里了。"张唐说："请让我按这小孩子的话出行吧。"命令准备行装上路。

张唐启程的日子快到了,甘罗对文信侯说:"借给我五辆车子,请让我先为张唐向赵国通报。"文信侯就进宫对秦始皇说:"旧人甘茂的孙子甘罗,虽然年纪小,但是是名家的子孙,诸侯们都听说过他。这次张唐想要托病不肯出行,甘罗劝说他出行了。现在甘罗愿意先去向赵国通报,请您允许派他去。"秦始皇召见了甘罗,派他去赵国。赵襄王到郊外来迎接甘罗。甘罗劝赵襄王说:"您听说燕太子丹到秦国去做人质了吗?"赵襄王说:"听说了。"甘罗说:"听说张唐去燕国做丞相吗?"赵襄王说:"听说了。"甘罗说:"燕太子丹到秦国来,表明燕国不会欺骗秦国。张唐去做燕国的丞相,表明秦国不会欺骗燕国。燕国、秦国不互相欺骗,攻打赵国,您就危险了。燕国、秦国不互相欺骗没有别的缘故,想要攻打赵国来拓广在河间的土地。大王不如给我五个城用来拓宽秦国在河间的领土。请让我国送回燕太子,与强大的赵国共同攻打弱小的燕国。"赵王马上亲自割让了五个城,扩大秦国在河间的领土。秦国把燕太子送回去。赵国攻打燕国,得到上谷一带的三十个城,让秦国得到了其中十一个。

甘罗回秦国报告,就封甘罗为上卿,又把以前甘茂的田地房宅赐给了他。

太史公说:樗里子因为是秦王的至亲而被重用,这本是合乎常理的,而秦国人称赞他的才智,所以我采录了很多他的事迹。甘茂从下蔡的平民中起家,名声显耀于诸侯之间,受到强大的齐国与楚国的尊重。甘罗年纪小,但是献出一条奇计,名声被后世称颂。他们虽然不是行为笃厚的君子,然而也是战国时的谋士。当秦国强大的时候,天下特别趋向于运用计谋诡诈啊!

史记卷七十二

穰侯列传第十二

穰侯魏冉者，秦昭王母宣太后弟也。其先楚人，姓芈氏。

秦武王卒，无子，立其弟为昭王。昭王母故号为芈八子，及昭王即位，芈八子号为宣太后。宣太后非武王母，武王母号曰惠文后，先武王死。宣太后二弟：其异父长弟曰穰侯，姓魏氏，名冉；同父弟曰芈戎，为华阳君。而昭王同母弟曰高陵君、泾阳君。而魏冉最贤，自惠王、武王时任职用事。武王卒，诸弟争立，唯魏冉力为能立昭王。昭王即位，以冉为将军，卫咸阳，诛季君之乱，而逐武王后出之魏，昭王诸兄弟不善者皆灭之，威振秦国。昭王少，宣太后自治，任魏冉为政。

昭王七年，樗里子死，而使泾阳君质于齐。赵人楼缓来相秦，赵不利，乃使仇液之秦，请以魏冉为秦相。仇液将行，其客宋公谓液曰："秦不听公，楼缓必怨公。公不若谓楼缓曰：'请为公毋急秦。'秦王见赵请相魏冉之不急，且不听公。公言而事不成，以德楼子；事成，魏冉故德公矣。"于是仇液从之，而秦果免楼缓而魏冉相秦。

欲诛吕礼，礼出奔齐。昭王十四年，魏冉举白起，使代向寿将而攻韩、魏，败之伊阙，斩首二十四万，虏魏将公孙喜。明年,又取楚之宛、叶。魏冉谢病免相,以客卿寿烛为相。其明年,烛免,复相冉,乃封魏冉于穰,复益封陶,号曰穰侯。

穰侯封四岁,为秦将攻魏,魏献河东方四百里;拔魏之河内,取城大小六十余。昭王十九年,秦称西帝,齐称东帝。月余,吕礼来,而齐、秦各复归帝为王。魏冉复相秦,六岁而免。免二岁,复相秦。四岁,而使白起拔楚之郢,秦置南郡,乃封白起为武安君。白起者,穰侯之所任举也,相善。于是,穰侯之富,富于王室。

昭王三十二年,穰侯为相国,将兵攻魏,走芒卯,入北宅,遂围大梁。梁大夫须贾说穰侯曰:"臣闻魏之长吏谓魏王曰:'昔梁惠王伐赵,战胜三梁,拔邯郸;赵氏不割,而邯郸复归。齐人攻卫,拔故国,杀子良;卫人不割,而故地复反。卫、赵之所以国全、兵劲而地不并于诸侯者,以其能忍难而重出地也。宋、中山数伐割地,而国随以亡。臣以为卫、赵可法,而宋、中山可为戒也。秦,贪戾之国也,而毋亲。蚕食魏氏,又尽晋国,战胜暴子,割八县,地未毕入,兵复出矣。夫秦何厌之有哉!今又走芒卯,入北宅,此非敢攻梁也,且劫王以求多割地,王必勿听也。今王背楚、赵而讲秦,楚、赵怒而去王,与王争事秦,秦必受之。秦挟楚、赵之兵以复攻梁,则国求无亡,不可得也。愿王之必无讲也。王若欲讲,少割而有质,不然,必见欺。'此臣之所闻于魏也,愿君之以是虑事也。《周书》曰:'惟命不于常。'此言幸之不可数也。夫战胜暴子,割八县,此非兵力之精也,又非计之工也,天幸为多矣。今又走芒卯,入北宅,以攻大梁,是以天幸自为常也,智者不然。臣闻魏氏悉其百县胜甲,以上戍大梁,臣以为不下三十万。以三十万之众,守梁七仞之城,臣以为汤、武复生,不易攻也。夫轻背楚、赵之兵,陵七仞之城，战三十万之众，而志必举之，臣以为自天地始分以至于今，未尝有者也。攻而不拔，秦兵必罢，陶邑必亡，则前功必弃矣！今魏氏方疑，可以少割收也。愿君逮楚、赵之兵未至于梁，亟以少割收魏。魏方疑而得以少割为利，必欲之，则君得所欲矣。楚、赵怒于魏之先己也，必争事秦，从以此散，而君后择焉。且君之得地，岂必以兵哉？割晋国，秦兵不攻，而魏必效绛、安邑。又为陶开两道，几尽故宋，卫必效单父。秦兵可全，而君制之，何索而不得，何为而不成！愿君熟虑之而无行危。"穰侯曰："善。"乃罢梁围。

明年，魏背秦，与齐从亲。秦使穰侯伐魏，斩首四万，走魏将暴鸢，得魏三县。穰侯益封。

明年，穰侯与白起、客卿胡阳复攻赵、韩、魏，破芒卯于华阳下，斩首十万，取魏之卷、蔡阳、长社，赵氏观津。且与赵观津，益赵以兵，伐齐。齐襄王惧，使苏代为齐阴遗穰侯书曰："臣闻往来者言曰'秦将益赵甲四万以伐齐'。臣窃必之敝邑之王曰：'秦王明而熟于计，穰侯智而习于事，必不益赵甲四万以伐齐'。是何也？夫三晋之相与也，秦之深雠也。百相背也，百相欺也，不为不信，不为无行。今破齐以肥赵，赵，秦之深雠，不利于秦。此一也。秦之谋者必曰：'破齐，弊晋、楚，而后制晋、楚之胜。'夫齐，罢国也，以天下攻齐，如以千钧之弩决溃痈也，必死，安能弊晋、楚？此二也。秦少出兵，则晋、楚不信也；多出兵，则晋、楚为制于秦。齐恐，不走秦，必走晋、楚。此三也。秦割齐以啖晋、楚，晋、楚案之以兵，秦反受敌。此四也。是晋、楚以秦谋齐，以齐谋秦也，何晋、楚之智而秦、齐之愚？此五也。故得安邑以善事之，亦必无患矣。秦有安邑，韩氏必无上党矣。取天下之肠胃，与出兵而惧其不反也，孰利？臣故曰秦王明而熟于计,穰侯智而习于事,必不益赵甲四万以伐齐矣。"于是穰侯不行,引兵而归。

昭王三十六年,相国穰侯言客卿灶,欲伐齐取刚、寿,以广其陶邑。于是魏人范雎自谓张禄先生,讥穰侯之伐齐,乃越三晋以攻齐也,以此时奸说秦昭王。昭王于是用范雎。范雎言宣太后专制,穰侯擅权于诸侯,泾阳君、高陵君之属太侈,富于王室。于是秦昭王悟,乃免相国,令泾阳之属皆出关,就封邑。穰侯出关,辎车千乘有余。

穰侯卒于陶,而因葬焉,秦复收陶为郡。

太史公曰:穰侯,昭王亲舅也;而秦所以东益地,弱诸侯,尝称帝于天下,天下皆西乡稽首者,穰侯之功也。及其贵极富溢,一夫开说,身折势夺而以忧死,况于羁旅之臣乎?

译文:

穰侯魏冉,是秦昭王母亲宣太后的弟弟。宣太后的祖先是楚国人,姓芈氏。

秦武王去世,没有儿子,魏冉拥立他的弟弟为昭王。昭王母亲原来的名号为芈八子,到昭王即位后,改封芈八子的名号为宣太后。宣太后不是秦武王的母亲,武王母亲的封号为惠文后,先于武王而死。宣太后有两个弟弟:她的同母异父的大弟弟为穰侯,姓魏氏,名叫冉;同父异母的弟弟叫芈戎,封号为华阳君;而昭王的同胞弟弟为高陵君、泾阳君。其中以魏冉最贤能,从秦惠王、秦武王时起就担任官职、管理国事。武王去世时,弟弟们争继王位,只有魏冉的力量能够拥立昭王。昭王即位后,任用魏冉为将军,守卫都城咸阳,讨平季君的叛乱,驱逐其同党秦武王的王后到魏国，昭王诸兄弟中凡属行为不良者，皆统统消灭之，因而威势震动秦国。当时秦昭王年少，宣太后亲自治理国家，而任命魏冉处理具体政务。

秦昭王即位后的第七年，丞相樗里子死，（昭王听说齐国的孟尝君贤能，）就使泾阳君到齐国去做人质（，以求孟尝君入秦相见）。赵国人楼缓来到秦国作丞相，赵国以为对自己不利，就派其大臣仇液来秦国，请求（免去楼缓而）以魏冉为秦国丞相。仇液从赵国将要出发时，他的门客宋公对仇液说道："秦国如果不听从您的意见，楼缓必定会怨恨您。您不如先对楼缓讲明：'请放心，为了您我不会使秦国急于任用魏冉。'秦王见赵国请求用魏冉任丞相的意见并不急迫，或不会听从您的话。您讲了赵国的请求而事情没有办成，可以施恩德于楼先生；事情成功了，魏冉因此会感谢您。"于是仇液就听从了宋公的建议，而秦国果然免去了楼缓而让魏冉担任了秦国的丞相。

魏冉想杀吕礼，吕礼逃亡到了齐国。秦昭王十四年，魏冉举荐白起，使他代替向寿领兵攻打韩国、魏国，在伊阙山打败了他们，斩首二十四万，并俘虏了魏国的将军公孙喜。第二年，又攻取了楚国的宛邑、叶邑。魏冉托病请求免去了丞相的职务，秦国任客卿寿烛为丞相。此后的第二年，又免去了寿烛，再次以魏冉为丞相，于是就封魏冉于穰邑，又加封陶邑，号为穰侯。

穰侯受封的第四年，又改任秦国将军，领兵攻打魏国，迫使魏国献出了河东地区纵横四百里的土地；又攻下了魏国的河内地区，夺取大小城邑六十有余。秦昭王十九年，秦王称"西帝"，齐王称"东帝"。一个多月后，吕礼又来到秦国，而齐王、秦王又各自都取消帝号而仍称王。魏冉再次被任命为秦国丞相。六年后又被免职，免职后的第二年，再次被任命为秦国丞相。就在这次担任丞相的第四年，他使白起领兵攻占了楚国的郢都，秦国便在那里设置了南郡，于是封白起为武安君。秦将白起，本是穰侯所举荐委任的，因而二人相互友善。这时，穰侯富有的程度，超过了王室。

秦昭王三十二年，穰侯被尊为相国，领兵攻魏，击溃芒卯，占领北宅，于是进军包围了魏国的都城大梁。这时梁国大夫须贾劝说穰侯道："我听到魏国的高级官员们对魏王说：'以前梁惠王讨伐赵国时，曾战胜赵军于三梁，并攻下了赵国的都城邯郸；但是赵国（坚持抗战，）不肯割地以求和，因而邯郸又被赵国收复。齐国人进攻卫国时，也曾攻下了卫国的故都楚丘，并杀死了卫将子良；可是卫国也是（坚持抵抗，）不肯割让土地以求和，因而故都也被收回。卫国、赵国之所以能使国家保全、军队强劲而土地不被诸侯所兼并，就是因为它们能够忍辱负重而又不肯割让土地的缘故。宋国、中山国多次被伐而割让土地，国家随之也就灭亡。我们认为卫、赵两国可以效法，而宋和中山应该引以为戒。秦国是一个贪婪而又暴虐无情的国家，不可以亲近。它像蚕吃桑叶那样一块块地吞食魏国的领土，现又大范围地全部吞并了魏国所属晋地，战胜了前来增援我国的韩将暴鸢，并又割让给它八个县，这些土地它还没有完全接收，发动新的进攻的军队就又出动了。秦国有什么满足！现在它又击溃了芒卯，占领了北宅，并非真敢进攻大梁，而是将以此来劫迫大王，借以达其多割地的目的。大王千万不要听从它的要求。现在如果大王背弃与楚、赵的合纵盟约而单独同秦国讲和，楚、赵必然恼怒而抛弃大王，同大王争着去侍奉秦国，秦国必然会接受它们。秦国带领着楚、赵的军队再来进攻梁国，那时梁国想不灭亡，就不可能了。希望大王一定不要讲和。大王如想讲和，也要少割地且有秦国的人质,不然的话,必定被欺骗。'这就是我在魏国听到的情况,希望您根据这些情况来考虑战事的去从。《周书》上说:'天命不是固定不变的。'这说的就是侥幸的机会不可能多次遇到。战胜暴鸢,割去八县,这并不是兵力的精锐,计谋的巧妙,偶然的机遇占了很大的成分。现在又击溃了芒卯,占领了北宅,而且进攻大梁,这分明是把偶然的机遇自认为规律,聪明的人是不这样看待的。我听说魏国全部调动它上百个县的精兵,来进守国都大梁,我认为不会少于三十万。用三十万人的众多兵力,守卫梁国国都五六丈的高城,我认为即使商汤王、周武王再生,也是不容易攻下的。轻视背后楚国、赵国的援兵,攀登五六丈的高城,迎战三十万之多的守军,而且还立志要一定将它攻下,我以为这是自从天地开辟以至于今,未曾有过的事。攻而不下,秦军必然疲弊败退,距大梁很近的陶邑也一定会丢失,那么前功就必定尽弃了。现在魏国正在犹豫,可以用少割土地的甜头来收服它。希望您趁楚、赵二国的援兵尚未到达大梁的时机,赶快用少割土地的办法收服魏国。魏国正在犹豫之中,能把少割让土地视为有利条件,一定会愿意的,那么您的愿望就实现了。楚国、赵国对魏国抢先单独同秦国讲和的做法感到恼火,必然争着侍奉秦国,合纵联盟因此而瓦解,而您随后就可以选择您所要打击的对象。况且您想得到土地,难道一定要用兵吗?譬如过去秦国割去了魏国所属大部分晋地后,秦兵不用进攻,而魏国就必然地献出了绛邑和安邑两座孤城。这样一来又为陶邑开辟了河东、河西两条通道,又几乎全部占有了原来宋国的土地,所以卫国也必然地献出了受威胁的孤城单父。(这种威慑的策略)可以使秦军完整无损,而您节制统帅着它,何求而不得,何为而不成!希望您仔细地考虑进攻大梁之事而不要采取冒险的行动。"穰侯说:"好。"于是就解除了对大梁的包围。

第二年,魏国背弃了秦国,而与齐国合纵相亲。秦国使穰侯讨伐魏国,斩首四万,击溃了魏将暴鸢,夺得了魏国三个县。穰侯因而增加了封地。

此后的第二年,穰侯与白起、客卿胡阳再次进攻赵国、韩国和魏国,在韩国的华阳城下打败了魏将芒卯,斩首十万,夺取了魏国的卷邑、蔡阳、长社和赵国的观津。而且随即又把观津交还给了赵国,并增援赵国兵力,让它(联合各国的军队)去讨伐(曾经与魏国合纵相亲的)齐国。齐襄王很害怕,就使苏代替齐国秘密地送给穰侯一封信说:"我听到道路上南来北往的人说'秦国将要增援赵国兵力四万来讨伐齐国'。我给我们敝国的国王猜度判断说:'秦王英明而长于谋划,穰侯多智而善于处事,一定不会增援赵国兵力四万来讨伐齐国。'这是为什么呢?因为三晋(赵、韩、魏)的团结,就是秦国的深仇大敌。对于它们就是百次背弃,百般欺骗,都不算是不讲信用,都不算是不讲道义。现在却用击破齐国的办法来壮大赵国,赵国是秦国的深仇大敌,这不利于秦国。这是一。秦国的谋士们一定会说:'击破齐国,疲弊晋、楚,然后制取晋、楚的胜利。'而齐国已经是一个疲困不堪的国家,用天下各国的兵力攻打齐国,就像是用有千钧之力的强弩去穿破一个即将溃烂的疮包一样,它必亡无疑,又怎能疲弊晋、楚?这是二。秦国少出兵,那么就取不得晋、楚的信任(以为是叫自己去为秦国卖命);多出兵,那么晋、楚又会认为自己是被秦国所挟制。齐国害怕,不会投奔秦国,必将投靠晋、楚。这是三。秦国割让齐国来饱食壮大晋、楚,晋、楚掉转矛头以兵相加,秦国反而受敌。这是四。这实际上是晋、楚在利用秦国来算计齐国,又利用齐国来算计秦国,为什么晋、楚如此的聪明而秦、齐如此的愚蠢？这是五。所以得到安邑而很好地治理它，也就没有祸患了。秦国有了安邑，韩国就必然要失去上党。取上党这个天下腹心要害之地，同出兵伐齐而又担心它不能返回，哪一个有利？我因此说秦王英明而长于谋划，穰侯多智而善于处事，一定不会增援赵国兵力四万来讨伐齐国的。"于是穰侯中止了伐齐之事，领兵而回。

秦昭王三十六年，相国穰侯建议任用客卿灶为秦将，想叫他讨伐齐国夺取刚、寿二邑，以扩大自己的陶邑。于是魏国人范睢自称为张禄先生，抨击穰侯讨伐齐国，是越过三晋而进攻齐国，（犯了战略上的错误），趁这个机会请求进说秦昭王。于是，昭王任用范睢为客卿。范睢又说宣太后专制于朝政，穰侯擅权于外交，泾阳君、高陵君之辈奢侈过度，比王室还富足。于是昭王省悟，就免去了穰侯相国的职务，命令泾阳君之辈都迁出关外，回到各自的封地去。穰侯迁出关外的时候，运载货物的车子就有一千多辆。

穰侯后来死在陶邑，因而就埋葬在那里。秦国又收回陶邑而改设为郡（的一部分）。

太史公评论说：穰侯是秦昭王的亲舅父，而且秦国之所以能够向东扩大土地，削弱诸侯，并曾称帝天下，使天下之君都西向叩头朝拜，又是穰侯的功劳。到他尊贵达到极点、富足超过限度的时候，一个普通人向秦昭王一开陈其利害，即刻就身遭屈辱、权势削夺，以至于忧愤而死，何况是那些寄居别国、无亲无故的外来之臣呢！

史记卷七十三

白起王翦列传第十三

白起者，郿人也。善用兵，事秦昭王。昭王十三年，而白起为左庶长，将而击韩之新城。是岁，穰侯相秦，举任鄙以为汉中守。其明年，白起为左更，攻韩、魏于伊阙，斩首二十四万，又虏其将公孙喜，拔五城。起迁为国尉。涉河取韩安邑以东，到乾河。明年，白起为大良造，攻魏，拔之，取城大小六十一。明年，起与客卿错攻垣城，拔之。后五年，白起攻赵，拔光狼城。后七年，白起攻楚，拔鄢、邓五城。其明年，攻楚，拔郢，烧夷陵，遂东至竟陵。楚王亡去郢，东走徙陈。秦以郢为南郡。白起迁为武安君。武安君因取楚，定巫、黔中郡。昭王三十四年，白起攻魏，拔华阳，走芒卯，而虏三晋将，斩首十三万。与赵将贾偃战，沉其卒二万人于河中。昭王四十三年，白起攻韩陉城，拔五城，斩首五万。四十四年，白起攻南阳太行道，绝之。

四十五年，伐韩之野王。野王降秦，上党道绝。其守冯亭与民谋曰："郑道已绝，韩必不可得为民。秦兵日进，韩不能应，不如以上党归赵。赵若受我，秦怒，必攻赵。赵被兵，必亲韩。韩、赵为一，则可以当秦。"因使人报赵。赵孝成王与平阳君、平原君计之。平阳君曰："不如勿受。受之，祸大于所得。"平原君曰：

"无故得一郡,受之便。"赵受之,因封冯亭为华阳君。

四十六年,秦攻韩缑氏、蔺,拔之。

四十七年,秦使左庶长王龁攻韩,取上党。上党民走赵。赵军长平,以按据上党民。四月,龁因攻赵。赵使廉颇将。赵军士卒犯秦斥兵,秦斥兵斩赵裨将茄。六月,陷赵军,取二鄣四尉。七月,赵军筑垒壁而守之。秦又攻其垒,取二尉,败其阵,夺西垒壁。廉颇坚壁以待秦。秦数挑战,赵兵不出。赵王数以为让。而秦相应侯又使人行千金于赵为反间,曰:"秦之所恶,独畏马服子赵括将耳,廉颇易与,且降矣。"赵王既怒廉颇军多失亡,军数败,又反坚壁不敢战,而又闻秦反间之言,因使赵括代廉颇将以击秦。秦闻马服子将,乃阴使武安君白起为上将军,而王龁为尉裨将,令军中有敢泄武安君将者斩。赵括至,则出兵击秦军。秦军详败而走,张二奇兵以劫之。赵军逐胜,追造秦壁。壁坚拒不得入,而秦奇兵二万五千人绝赵军后,又一军五千骑绝赵壁间,赵军分而为二,粮道绝。而秦出轻兵击之。赵战不利,因筑壁坚守,以待救至。秦王闻赵食道绝,王自之河内,赐民爵各一级,发年十五以上悉诣长平,遮绝赵救及粮食。

至九月,赵卒不得食四十六日,皆内阴相杀食。来攻秦垒,欲出。为四队,四五复之,不能出。其将军赵括出锐卒自搏战,秦军射杀赵括。括军败,卒四十万人降武安君。武安君计曰:"前秦已拔上党,上党民不乐为秦而归赵。赵卒反覆,非尽杀之,恐为乱。"乃挟诈而尽坑杀之,遗其小者二百四十人归赵。前后斩首虏四十五万人。赵人大震。

四十八年十月,秦复定上党郡。秦分军为二:王龁攻皮牢,拔之;司马梗定太原。韩、赵恐,使苏代厚币说秦相应侯曰:"武安君禽马服子乎?"曰:"然。"又曰:"即围邯郸乎?"

曰："然。""赵亡则秦王王矣，武安君为三公。武安君所为秦战胜攻取者七十余城，南定鄢、郢、汉中，北禽赵括之军，虽周、召、吕望之功不益于此矣。今赵亡，秦王王，则武安君必为三公，君能为之下乎？虽无欲为之下，固不得已矣。秦尝攻韩，围刑丘，困上党，上党之民皆反为赵，天下不乐为秦民之日久矣。今亡赵，北地入燕，东地入齐，南地入韩、魏，则君之所得民亡几何人。故不如因而割之，无以为武安君功也。"于是应侯言于秦王曰："秦兵劳，请许韩、赵之割地以和，且休士卒。"王听之，割韩垣雍、赵六城以和。正月，皆罢兵。武安君闻之，由是与应侯有隙。

其九月，秦复发兵，使五大夫王陵攻赵邯郸。是时武安君病，不任行。四十九年正月，陵攻邯郸，少利，秦益发兵佐陵，陵兵亡五校。武安君病愈，秦王欲使武安君代陵将。武安君言曰："邯郸实未易攻也。且诸侯救日至，彼诸侯怨秦之日久矣。今秦虽破长平军，而秦卒死者过半，国内空。远绝河山而争人国都，赵应其内，诸侯攻其外，破秦军必矣。不可。"秦王自命，不行，乃使应侯请之，武安君终辞不肯行，遂称病。

秦王使王龁代陵将，八九月围邯郸，不能拔。楚使春申君及魏公子将兵数十万攻秦军，秦军多失亡。武安君言曰："秦不听臣计，今如何矣！"秦王闻之，怒，强起武安君，武安君遂称病笃。应侯请之，不起。于是免武安君为士伍，迁之阴密。武安君病，未能行。居三月，诸侯攻秦军急，秦军数却，使者日至。秦王乃使人遣白起，不得留咸阳中。武安君既行，出咸阳西门十里，至杜邮。秦昭王与应侯群臣议曰："白起之迁，其意尚怏怏不服，有余言。"秦王乃使使者赐之剑，自裁。武安君引剑将自刭，曰："我何罪于天而至此哉？"良久曰："我固当死。长平之战，赵卒降者数十万人，我诈而尽坑之，是足以死。"遂自杀。武安君之死也，以秦昭王五十年十一月。死而非其罪，秦人怜之，乡邑皆祭祀焉。

王翦者，频阳东乡人也。少而好兵，事秦始皇。始皇十一年，翦将攻赵阏与，破之，拔九城。十八年，翦将攻赵。岁余，遂拔赵，赵王降。尽定赵地为郡。明年，燕使荆轲为贼于秦，秦王使王翦攻燕，燕王喜走辽东，翦遂定燕蓟而还。秦使翦子王贲击荆，荆兵败。还击魏，魏王降，遂定魏地。

秦始皇既灭三晋，走燕王，而数破荆师。秦将李信者，年少壮勇，尝以兵数千逐燕太子丹至于衍水中，卒破得丹，始皇以为贤勇。于是始皇问李信："吾欲攻取荆，于将军度用几何人而足？"李信曰："不过用二十万人。"始皇问王翦，王翦曰："非六十万人不可。"始皇曰："王将军老矣，何怯也！李将军果势壮勇，其言是也。"遂使李信及蒙恬将二十万南伐荆。王翦言不用，因谢病，归老于频阳。李信攻平与，蒙恬攻寝，大破荆军。信又攻鄢、郢，破之，于是引兵而西，与蒙恬会城父。荆人因随之，三日三夜不顿舍，大破李信军，入两壁，杀七都尉，秦军走。

始皇闻之，大怒，自驰如频阳，见谢王翦曰："寡人以不用将军计，李信果辱秦军。今闻荆兵日进而西，将军虽病，独忍弃寡人乎！"王翦谢曰："老臣罢病悖乱，唯大王更择贤将。"始皇谢曰："已矣，将军勿复言！"王翦曰："大王必不得已用臣，非六十万人不可。"始皇曰："为听将军计耳。"于是王翦将兵六十万人，始皇自送至灞上。王翦行，请美田宅园池甚众。始皇曰："将军行矣，何忧贫乎？"王翦曰："为大王将，有功终不得封侯，故及大王之向臣，臣亦及时以请园池为子孙业耳。"始皇大笑。王翦既至关，使使还请善田者五辈。或曰："将军之乞贷，亦已甚矣。"王翦曰："不然。夫秦王怚而不信人。今空秦国甲士而专委于我，我不多请田宅为子孙业以自坚，顾令秦王坐而疑我邪？"

王翦果代李信击荆。荆闻王翦益军而来，乃悉国中兵以拒秦。王翦至，坚壁而守之，不肯战。荆兵数出挑战，终不出。王翦日休士洗沐，而善饮食抚循之，亲与士卒同食。久之，王翦使人问："军中戏乎？"对曰："方投石超距。"于是王翦曰："士卒可用矣。"荆数挑战而秦不出，乃引而来。翦因举兵追之，令壮士击，大破荆军。至蕲南，杀其将军项燕，荆兵遂败走。秦因乘胜略定荆地城邑。岁余，虏荆王负刍，竟平荆地为郡县。因南征百越之君。而王翦子王贲，与李信破定燕、齐地。

秦始皇二十六年，尽并天下，王氏、蒙氏功为多，名施于后世。

秦二世之时，王翦及其子贲皆已死，而又灭蒙氏。陈胜之反秦，秦使王翦之孙王离击赵，围赵王及张耳巨鹿城。或曰："王离，秦之名将也。今将强秦之兵，攻新造之赵，举之必矣。"客曰："不然。夫为将三世者必败。必败者何也？必其所杀伐多矣，其后受其不祥。今王离已三世将矣。"居无何，项羽救赵，击秦军，果虏王离，王离军遂降诸侯。

太史公曰：鄙语云："尺有所短，寸有所长。"白起料敌合变，出奇无穷，声震天下，然不能救患于应侯。王翦为秦将，夷六国，当是时，翦为宿将，始皇师之，然不能辅秦建德，固其根本，偷合取容，以至殁身。及孙王离为项羽所虏，不亦宜乎！彼各有所短也。

译文：

白起，秦昭王的臣子，郿邑人，善于用兵。昭王十三年，白起被任命为左庶长，率军进攻韩国新城。这年穰侯为秦相，提拔任鄙为汉中郡守。明年，白起升任右更，率军进攻韩、魏军于伊阙，斩获二十四万，俘魏将公孙喜，攻陷五座城池，白起升为国尉。他率军渡过黄河，攻取韩国安邑以东，到达乾河一带。第二年，白起任大良造，进兵攻魏，打败魏军，夺取大小城邑六十一座。明年，白起与客卿错攻陷垣城。五年之后，白起攻赵，攻克光狼城。七年后，白起攻楚，克鄢、邓五城。又二年，攻陷楚国郢都，烧毁夷陵，东进军竟陵。楚王逃离郢都，东迁国于陈邑。秦改郢城为南郡郡治，封白起为武安君。白起乘胜攻楚，平定巫郡、黔中。昭王三十四年，白起攻魏，陷华阳，魏将芒卯败逃，俘魏将三员，斩获十三万。白起与赵将贾偃战，溺毙赵兵两万于黄河。昭王四十三年，白起进攻韩国陉城，攻克五座城池，斩获五万。四十四年，白起进攻南阳太行道，切断韩对外联系的通道。

秦昭王四十五年，白起进攻韩国野王。野王降秦，上党对外联系的通道断绝。上党郡守冯亭跟百姓商量道："通往郑都的道路已断绝，韩国一定不再把我们看作臣民。秦军日益进逼，韩国招架不住，不如把上党归附赵国。赵国如果接受我们，秦一恼火，必定进攻赵国。赵国遭受战祸，必定和韩国修好。韩、赵两国联成一体，就可以抵挡秦国。"冯亭派人向赵国通报。赵孝成王请来平阳君、平原君共商此事。平阳君说："还是不接受的好。如果接受，招来的祸患将大于所得。"平原君说："平白无故得到一个郡，有什么不好，还是接受吧！"赵国接受上党的归附，封冯亭为华阳君。

秦昭王四十六年，秦攻陷韩国的缑氏和蔺邑。

秦昭王四十七年，秦派左庶长王龁进攻韩国，攻占上党郡。上党的百姓逃往赵国。赵军进驻长平，以镇抚上党的百姓。四月，王龁据此为由以攻赵。赵国派廉颇为将。赵军与秦侦察兵遭遇，秦侦察兵斩杀赵副将茄。六月，秦进攻赵军阵地，攻占两个要塞，斩杀都尉四人。七月，赵军修建防御工事固守，秦再次进攻赵军营垒，俘获都尉二人，打败赵军，攻占赵军西营盘。廉颇加固营垒的防御工程以抵御秦军的进攻，秦兵多次挑战，赵兵固守不出。赵王不止一次责备廉颇不肯应战。秦相应侯派人携带千金到赵国施行反间计。扬言说："秦国谁也不怕，就怕马服君的儿子赵括带兵，廉颇好对付，快战败投降啦！"赵王早就为廉颇几次战败，部队伤亡很重而生气，加上他又坚守营垒不肯应战，这回又听到秦国反间散布的流言蜚语，于是派赵括代替廉颇为将以攻秦。秦国探听到马服君儿子果真代替廉颇为将的消息，暗地里委派武安君白起为上将军，王龁为副将，下令全军：有敢泄露武安君为将的这一军中机密者斩。赵括来到军中，立即下令出击，秦军伪装战败逃跑，另派两部奇兵准备偷袭赵营。赵军乘胜追逐，直抵秦营。秦军防守坚固，难以攻破；而秦派出的奇兵二万五千人已经切断赵军的退路。另一路五千人的轻骑兵部队，又把赵军固守的阵地包围起来。赵军被切断为二，粮道断绝。秦轻骑部队袭击赵军。战局对赵军不利，只好构筑工事，固守待援。得知赵向前线运送给养的通道已被堵死，秦王立即来到河内，赏赐百姓各晋爵一级。征发年满十五岁的适龄壮丁全部开赴长平。赵军的粮草供应和救兵的来源全被切断。

到九月，赵兵断粮已四十六天，暗中互相残杀充饥。赵军袭击秦营，意欲突围。赵军分成四队，轮番冲锋者四五次，未能冲杀出去。赵军统帅赵括亲率精锐部队与秦军搏战，秦军射杀赵括，赵括军战败，所部四十万人全部投降武安君。武安君想："秦军本已攻克上党，上党老百姓不乐意归顺秦国，反而投奔赵国。赵兵反复无常，不全部杀掉，必遗后患。"于是使用欺骗手段，将赵降卒全部活埋。剩下不够岁数的儿童兵二百四十人，遣返归赵。赵兵前后阵亡和被坑杀的计四十五万人。赵国上下闻讯十分震骇。

四十八年十月，秦再次平定了上党郡。秦兵分二路：一路王龁进攻皮牢，打下了皮牢。一路司马梗平定了太原。韩、赵恐惧，派遣苏代带着厚礼游说秦相应侯说："武安君已擒杀马服君儿子了吗？"答："是的。"问："说话就要围攻邯郸了吗？"答："是的。"苏代说："赵国亡，秦王称王于天下，武安君位列三公。武安君为秦攻城略地，下七十余城，南平定鄢、郢、汉中，北消灭赵括之军，周公、召公、吕望的功勋，也不过如此。赵国亡，秦王称王于天下，武安君肯定位列三公，阁下能听他的指挥吗？到那时哟！不想听他的指挥，已经由不得你自己了！秦过去进攻韩国，包围邢丘，围困上党，上党老百姓纷纷归附赵国，天下之民不愿意当秦国的百姓为时已久。如果灭赵，它北方的疆土将落入燕国，东方的疆土将落入齐国，南方的疆土将落入韩、魏，那么，归顺秦国的子民，就为数无多了。不如趁此机会，割占其土地，不要再给武安君以加功晋爵的机会了！"于是，应侯向秦王进言曰："秦兵苦战疲劳，请允许韩、赵割地求和，士卒也可得以休整训练。"秦王采纳应侯的意见，割取韩垣雍、赵六城言和。正月，双方停战。武安君了解到秦与韩赵言和的经过，从此与应侯不和。

这年九月，秦又发兵，派五大夫王陵进攻赵都邯郸。这时，武安君有病，行动不便。秦昭王四十九年正月，王陵进攻邯郸，战果不显著，秦派增援部队以加强王陵的攻势。王陵部队在战争中被消灭五个营。武安君病好了，秦王想派武安君代替王陵统兵。武安君说："邯郸实在不容易攻取。各国救兵正纷纷来到。诸侯们怨恨秦国由来已久。眼下秦虽然消灭了长平军，可是秦兵也死伤过半，国力空虚。长途跋涉而去夺取别人的国都，赵国固守接应，各路诸侯从外部进攻。秦军必败无疑。我不能代替王陵为将。"秦王亲自下命令，武安君也不肯奉命启程。又派应侯前往敦促，武安君依然辞谢，不肯启程，就托言生病。

秦王派王龁取代王陵为将，邯郸被围已有八九个月，未能攻下。楚派春申君及魏公子信陵君共数十万人进攻秦军，秦军多有伤亡。武安君扬言说："秦王不听我话，现在怎么样！"秦王闻言大怒，强令武安君执行王命。武安君声称病情恶化。应侯去请他，也不肯应命。于是秦王免去武安君的官爵，贬与士卒同伍，流放到阴密。武安君病了，未能上路。过了三个月，诸侯军加紧进攻秦军，秦军节节败退，每天都有前方告急的使者来到。秦王派人驱逐白起，不得再在咸阳逗留。武安君离开咸阳，出咸阳西门十里，来至杜邮。秦昭王与应侯及群臣商量道："流放白起，他的内心还很不服气，说了许多不该说的话。"秦王派人赐白起以剑，让他自杀。武安君拿起剑行将自刎时说："我什么时候得罪老天的呀？闹到这步田地！"举剑良久，才说："我本就该死。长平那一仗，赵卒投降的有几十万人，被我使用诈术，全都活埋。凭这一条就应该死。"于是自杀。武安君死于秦昭王五十年十一月。白起死得冤枉，秦国百姓哀怜他，乡邑都为他设祭。

王翦，频阳东乡人，年轻时喜爱兵法，后为秦始皇臣。始皇十一年，王翦带兵进攻赵国阏与，打败赵军，攻陷九个城邑。

十八年，王翦又率军攻赵，一年有余，攻陷赵国，赵王投降，全部平定了赵地，改设为郡。第二年，燕派荆轲到秦行刺秦王，秦王派王翦攻燕，燕王喜逃到辽东，王翦平定燕蓟地区后班师。秦派王翦的儿子王贲进攻楚国，打败楚兵。挥师击魏，魏王投降，平定了魏地。

秦始皇灭掉韩、赵、魏三国之后，赶跑了燕王，又多次打败楚国的军队。秦国将军李信，年轻勇敢，曾率兵数千追击燕太子丹直到衍水地区，最后击破燕师，俘获太子丹，秦始皇欣赏李信的智勇。于是始皇问李信："我想攻取楚国，在将军看来须用多少兵马才够？"李信说："不超过二十万人。"始皇问王翦。王翦说："至少六十万人。"始皇说："王将军老啦！胆儿小啦！李将军果断壮勇，他的话是对的。"于是派遣李信和蒙恬率兵二十万南伐楚国。王翦的意见没有被采纳，便托病辞职，告老回到频阳。李信攻平与，蒙恬攻寝，大败楚军。李信又进攻鄢郢，打败楚军，随即挥师西进，和蒙恬会师于城父。楚军就势尾追其后，咬住不放，三天三夜没有宿营，大败李信军，攻占两座城堡，杀死都尉七人，秦军战败逃跑。

始皇听到前方战败的消息，大大生气，自驾轻车奔赴频阳，见到王翦道歉说："寡人没有采纳将军的意见，李信果然战败，使秦军蒙羞受辱。现在楚军一天天向西挺进，将军虽然有病，难道忍心扔下寡人不管吗？"王翦推辞说："老臣体弱多病，脑子糊涂，请大王另选良将。"始皇又深情地说："好啦！好啦！将军不必多说啦！"王翦说："大王一定不得已而用我，非六十万人不可。"始皇说："没有别的，听你的。"于是王翦率领六十万人马出征，始皇亲自来到灞上送行。王翦临行，请求始皇赐给大批良田美池和园林广厦。始皇说："将军放心走吧！没有必要为日后的贫困而担心呀！"王翦说："为大王带兵打仗，有功也得不到封侯。趁现时大王信用我，我便及时多请赐园池，为子孙打算罢了。"秦始皇哈哈大笑。王翦来到边关，接连五次派人回到咸阳请求赏赐良田。有人议论说："王将军乞求颁赏，实在有点过分！"王翦说："不然。秦王为人，骄横多疑，现在调集全国兵力交给我一人指挥，我如不多请颁赐田池美宅为子孙创业以祛其疑，难道反而让秦王平白无故地猜忌我吗？"

王翦挥师东进，取代李信攻打楚国。楚国听说王翦率增援部队来攻，于是动员全国兵力抗击秦军。王翦到达前线，构筑防御工事坚守阵地，不肯出战。楚军多次挑战，秦军始终不肯出壁应战。王翦每天让战士休息、洗澡，改善伙食安抚他们，与战士同吃住。过些时候，王翦派人了解部队情况，问道："军中玩什么游戏？"回报说："战士们奔、跑、跳、跃，玩得可欢哩！"这时王翦说："好啦！士兵们可以用来打仗啦！"楚军几次挑战而秦兵不出壁应战，便向东方转移，王翦趁势挥军进逼，挑选精壮突击队进击，大破楚军，直追到蕲县以南，杀楚将项燕，楚军战败溃逃。秦军乘胜追击，平定了楚国的一些城邑。一年以后，俘虏楚王负刍，全部削平楚地，设置郡县。接着南征百越地区君长，与此同时，王翦儿子王贲也和李信一道，攻取并平定燕、齐地方。

秦始皇二十六年，秦兼并天下，王、蒙二家族建功最多，声名流传后世。

秦二世之时，王翦及其子王贲早已死去，又诛灭了蒙氏。陈胜起义抗秦的时候，秦派遣王翦孙王离攻赵，把赵王和张耳围困在巨鹿城。有人说："王离乃秦国名将。他率领强秦的部队，进攻新成立的赵国，打败赵国不成问题。"另一人说："不然，须知为将的到了第三代必然衰败。为什么呢？因为先代杀伐太多，后代自然要食其不祥之果。现在王离已经三世为将了呀！"过了不久，项羽救赵，进击秦军，果然俘虏了王离。王离所部终于投降。

太史公说：俗话说："尺有所短，寸有所长。"白起料敌如神，随机应变，奇计层出不穷，声威震动天下。但对付不了应侯的阴谋陷害。王翦身为秦将，削平六国，在那时，王翦是一位老谋深算的将领，始皇尊之为师，却未能以仁义道德辅助秦王，巩固立国的根基。他只是投机苟且，迎合求安，直到死去。王翦孙子王离为项羽所俘，不也是应该的吗？白起、王翦，各有各的短处。

史记卷七十四

孟子荀卿列传第十四

太史公曰:余读《孟子》书,至梁惠王问"何以利吾国",未尝不废书而叹也。曰:嗟乎,利诚乱之始也!夫子罕言利者,常防其原也。故曰"放于利而行,多怨"。自天子至于庶人,好利之弊何以异哉!

孟轲,驺人也。受业子思之门人。道既通,游事齐宣王,宣王不能用。适梁,梁惠王不果所言,则见以为迂远而阔于事情。当是之时,秦用商君,富国强兵;楚、魏用吴起,战胜弱敌;齐威王、宣王用孙子、田忌之徒,而诸侯东面朝齐。天下方务于合从连衡,以攻伐为贤,而孟轲乃述唐、虞、三代之德,是以所如者不合。退而与万章之徒序《诗》、《书》,述仲尼之意,作《孟子》七篇。其后有驺子之属。

齐有三驺子。其前驺忌,以鼓琴干威王,因及国政,封为成侯而受相印,先孟子。

其次驺衍,后孟子。驺衍睹有国者益淫侈,不能尚德,若大雅整之于身,施及黎庶矣。乃深观阴阳消息而作怪迂之变,《终始》、《大圣》之篇十余万言。其语闳大不经,必先验小物,推而大之,至于无垠。先序今以上至黄帝,学者所共术,大并世盛衰，因载其禨祥度制，推而远之，至天地未生，窈冥不可考而原也。先列中国名山大川，通谷禽兽，水土所殖，物类所珍，因而推之，及海外人之所不能睹。称引天地剖判以来，五德转移，治各有宜，而符应若兹。以为儒者所谓中国者，于天下乃八十一分居其一分耳。中国名曰赤县神州。赤县神州内自有九州，禹之序九州是也，不得为州数。中国外如赤县神州者九，乃所谓九州也。于是有裨海环之，人民禽兽莫能相通者，如一区中者，乃为一州。如此者九，乃有大瀛海环其外，天地之际焉。其术皆此类也。然要其归，必止乎仁义节俭，君臣上下六亲之施，始也滥耳。王公大人初见其术，惧然顾化，其后不能行之。

是以驺子重于齐。适梁，惠王郊迎，执宾主之礼。适赵，平原君侧行撇席。如燕，昭王拥彗先驱，请列弟子之座而受业，筑碣石宫，身亲往师之。作《主运》。其游诸侯见尊礼如此，岂与仲尼菜色陈蔡，孟轲困于齐梁同乎哉！故武王以仁义伐纣而王，伯夷饿不食周粟；卫灵公问陈，而孔子不答；梁惠王谋欲攻赵，孟轲称大王去邠。此岂有意阿世俗苟合而已哉！持方枘欲内圜凿，其能入乎？或曰，伊尹负鼎而勉汤以王，百里奚饭牛车下而缪公用霸，作先合，然后引之大道。驺衍其言虽不轨，傥亦有牛鼎之意乎？

自驺衍与齐之稷下先生，如淳于髡、慎到、环渊、接子、田骈、驺奭之徒，各著书言治乱之事，以干世主，岂可胜道哉！

淳于髡，齐人也。博闻强记，学无所主。其谏说，慕晏婴之为人也，然而承意观色为务。客有见髡于梁惠王，惠王屏左右，独坐而再见之，终无言也。惠王怪之，以让客曰："子之称淳于先生，管、晏不及，及见寡人，寡人未有得也。岂寡人不足为言邪？何故哉？"客以谓髡。髡曰："固也。吾前见王，王志在驱逐，后复见王，王志在音声，吾是以默然。"客具以报王，王大骇，曰："嗟乎，淳于先生诚圣人也！前淳于先生之来，人有献善马者，寡人未及视，会先生至。后先生之来，人有献讴者，未及试，亦会先生来。寡人虽屏人，然私心在彼，有之。"后淳于髡见，壹语连三日三夜无倦。惠王欲以卿相位待之，髡因谢去。于是送以安车驾驷，束帛加璧，黄金百镒。终身不仕。

慎到，赵人。田骈、接子，齐人。环渊，楚人。皆学黄老道德之术，因发明序其指意。故慎到著十二论，环渊著上下篇，而田骈、接子皆有所论焉。

驺奭者，齐诸驺子，亦颇采驺衍之术以纪文。

于是齐王嘉之，自如淳于髡以下，皆命曰列大夫，为开第康庄之衢，高门大屋，尊宠之。览天下诸侯宾客，言齐能致天下贤士也。

荀卿，赵人。年五十始来游学于齐。驺衍之术迂大而闳辩；奭也文具难施；淳于髡久与处，时有得善言。故齐人颂曰："谈天衍，雕龙奭，炙毂过髡。"田骈之属皆已死。齐襄王时，而荀卿最为老师。齐尚修列大夫之缺，而荀卿三为祭酒焉。齐人或谗荀卿，荀卿乃适楚，而春申君以为兰陵令。春申君死而荀卿废，因家兰陵。李斯尝为弟子，已而相秦。荀卿嫉浊世之政，亡国乱君相属，不遂大道而营于巫祝，信禨祥，鄙儒小拘，如庄周等又猾稽乱俗，于是推儒、墨、道德之行事兴坏，序列著数万言而卒。因葬兰陵。

而赵亦有公孙龙为坚白同异之辩，剧子之言；魏有李悝，尽地力之教；楚有尸子、长卢；阿之吁子焉。自如孟子至于吁子，世多有其书，故不论其传云。

盖墨翟，宋之大夫，善守御，为节用。或曰并孔子时，或曰在其后。

译文：

太史公说：我读《孟子》一书，读至梁惠王问道"怎样有利于我的国家"时，不免掩卷感叹。心想：可叹啊，功利确实是一切祸乱的根源。孔夫子之所以极少说到功利，是为了时刻对祸乱的根源加以防范。因此，他老先生说："一味根据自己的利益行事，会招致多方面的怨恨。"从天子到普通百姓，追求功利所带来的恶果，有什么不同呢！

孟轲，邹国人，跟孔伋的学生求学。在通晓了儒家学说以后，去游说服侍齐宣王，宣王没有任用他。他前往魏国，魏惠王不信他那一套，认为他的话迂曲玄远，空疏而不切实际。在当时，秦国任用商鞅，国富兵强；楚国、魏国任用吴起，战胜敌军，削弱了敌国；齐威王、齐宣王任用孙膑、田忌等人，致使各诸侯国都东来朝见齐王。天下各国正致力于合纵连横，以争战为贤能，但孟轲却称述唐尧、虞舜和夏商周三代的德政，因此他所到之国，都合不来。于是退身，与万章等人编订《诗经》和《书经》，阐述孔子的学说，撰述《孟子》七篇。他以后又有邹先生等学者。

齐国有三位邹先生。在先的是邹忌，他借弹琴之机游说齐威王，因而得以参与国政，被封为成侯，执掌丞相大印。他生活的年代先于孟子。

其次是邹衍，后于孟子。邹衍看到各国君主更加骄奢淫侈，不崇尚德政。他认为，如果能用崇高的德行修行自身，就能推行到老百姓中间去。于是他深入观察天地万物的阴阳变化，探究各种怪诞迂曲的变幻，作《终始》、《大圣》等篇，约十余万字。他的话海阔天空，不合常理。他坚持先从细微的事物验证起，然后推而广之，以至于无边无际。他首先从现在叙述起，直至远古的黄帝，是学者共同称述的，大体随世事而盛衰，因而记载下那些祈神求福、就吉避凶的各种制度，并推而远之，直至天地尚未形成之时，缥缈玄远而不可考究其始。他首先列述中国的名山大川，深山大谷中的禽兽，水陆繁殖的生物，各种物类中的珍品，以此类推，论及海外异域人们所看不到的东西。据称天地分剖以来，五种德行相生相克，循环往复，每个时代都应采取与五德相应的政治制度，天命和人事互相感应就是这样。他以为儒者所说的中国，仅占天下的八十一分之一罢了。中国称为赤县神州。赤县神州内又有九州，就是大禹所分定的九州，但这种州不能列入大州之数。中国以外像赤县神州的州有九个，这才是所谓九州。在这块土地上，有小海四周环绕，人们和禽兽与外界不相通，像在一区之内，这就是一州。像这样的州有九个，九州之外有大海环绕，就是天地的边际。他的学说就是这样。但总括他的学说宗旨，一定归结到仁义节俭上来。这种学说用在君臣、上下、六亲关系上，就显得空泛了。那些王公大人最初接触他的学说，感到惊奇，并想身体力行，但过后却不能实行。

　　因此邹衍在齐国受到重视。前往魏国，魏惠王亲自到郊外迎接，并用贵宾之礼来接待他。前往赵国，平原君侧身而行，并为他擦拭座席。来到燕国，燕昭王手持扫帚在前为他清路，并请求坐在学生中间，向他求教，为他修筑碣石宫，亲自前往请教。这时他撰写了《主运》篇。他游说诸国，是如此被尊敬，难道能和孔子在陈国、蔡国忍饥挨饿，孟子在齐国、梁国受困厄同日而语吗！所以周武王以推行仁义讨伐商纣而成就王业，伯夷饿死不吃周朝的粮食；卫灵公向孔子请教军事，孔子避而不答；魏惠王谋图进攻赵国，孟子以周太王避敌离邠来作答。这些难道有奉迎世俗、苟且求合之意吗！拿方榫对着圆孔，能放进去吗？有人说，伊尹凭他的烹饪术接近商汤，鼓励他成就王业；百里奚在秦国车下喂牛，秦穆公任用他成就了霸业，先事迎合，然后引导对方实行王道。邹衍的言论虽然越出常轨，或许也有百里奚饭牛、伊尹烹饪的用意吧！

从邹衍以至齐国稷下学宫的诸位学者，像淳于髡、慎到、环渊、接子、田骈、邹奭等人，各自著书立说，探求治乱的原因，以此游说当世的国君，这些怎能记述得尽！

淳于髡，是齐国人，他见闻广博，记忆力强，学术上不专主一家。他对君主的讽谏劝说，很仰慕晏婴的为人行事，但他把注意力集中在对君主的察颜观色、揣度对方的想法上。有个客人把淳于髡引见给魏惠王，惠王斥退左右侍奉的人，独自一人两次召见他，但他始终没说一句话。惠王感到奇怪，以此责备引见的客人，说道："您称许淳于髡先生，说是管仲、晏婴都比不上他，可是见到我，我什么也没有得到。难道说我不配和他谈话吗？是什么原因？"客人转告淳于髡。淳于髡说道："本来就应如此。我前次见到君王，王的心思在车马游猎上；后来再见君王，王的心里在声色女伎上，我因此默然以对。"客人把淳于髡的话原原本本告诉惠王，惠王听了大为惊骇，说道："哎呀，淳于先生真是圣人哪！前次淳于先生来见我，有人给我进献了一匹好马，我还没来得及过目，恰逢先生来到。后一次先生来见我，有人给我进献歌舞伎，没来得及面试，恰逢淳于先生来到。我虽然斥退左右服侍的人，但内心在想马和歌舞伎，确实是这么回事。"后来淳于髡晋见，一谈起来连着三天三夜毫无倦意。魏惠王想任用他为卿相，淳于髡谢绝而离开魏国。于是魏惠王赠送给他四马驾的轿车，成捆的丝织品，厚重的玉璧，黄金一百镒。淳于髡终身没出来做官。

慎到是赵国人。田骈、接子是齐国人。环渊是楚国人。他们都研究黄老道家学说，从而发挥阐述道家学说的旨意。因此慎到撰著十二论，环渊撰著上下篇，田骈、接子也都有所著述。

邹奭其人，是齐国众邹先生中之一，他也采纳吸收邹衍的学说撰述文章。

于是齐王嘉许诸位学者，从淳于髡以下诸人，都任命为列大夫，为他们在四通八达的街市旁修建宅第，高门大屋，以此来尊宠他们，也以此向各国的宾客显示，表示齐国能招致天下的贤能之士。

荀卿是赵国人。五十岁时来齐国讲学。邹衍的学说迂曲浮夸，而富于雄辩精神；邹奭的著述徒具空文，难以实施；淳于髡呢，如果和他相处久了，往往能听到一些有益的言论。因此齐国人颂扬说："谈天说地数邹衍，锦绣文章数邹奭，智慧过人数淳于髡。"当时田骈等人都已去世。齐襄王时，荀卿是当时资格最老的师长。齐国正在补充列大夫的缺额，荀卿曾三次任学术领袖。齐国人有的诋毁荀卿，于是荀卿前往楚国，春申君任他为兰陵县令。春申君死后，荀卿被废黜，就在兰陵安家。李斯曾是荀卿的学生，后来在秦国当了丞相。荀卿嫉恨昏乱世道的政治，国家被灭亡，君主遭乱离，接连不断，不遵循王政大道，而被神鬼所迷惑，迷信吉凶之兆。鄙陋的儒生拘泥于细枝末节，如庄周等人以其能言善辩淆乱世俗，于是他考察儒家、墨家、道家的所作所为及成败得失，加以整理论述，著作数万言而去世。因而葬在兰陵。

赵国又有公孙龙，挑起"离坚白"、"合同异"的争论，还有剧子的有关言论。魏国有李悝，倡导充分发挥土地的潜力。楚国有尸子、长卢，齐国的阿邑又有吁婴。自从孟子以至于吁婴，世间广泛流传他们的著作，所以这里不论及他们的学说内容。

墨翟是宋国的大夫，精通防守御敌的战术，提倡节约用度。有人说他和孔子同时，有人说他在孔子之后。

史记卷七十五

孟尝君列传第十五

孟尝君名文，姓田氏。文之父曰靖郭君田婴。田婴者，齐威王少子而齐宣王庶弟也。田婴自威王时任职用事，与成侯邹忌及田忌将而救韩伐魏。成侯与田忌争宠，成侯卖田忌。田忌惧，袭齐之边邑，不胜，亡走。会威王卒，宣王立，知成侯卖田忌，乃复召田忌以为将。宣王二年，田忌与孙膑、田婴俱伐魏，败之马陵，虏魏太子申而杀魏将庞涓。宣王七年，田婴使于韩、魏，韩、魏服于齐。婴与韩昭侯、魏惠王会齐宣王东阿南，盟而去。明年，复与梁惠王会甄。是岁，梁惠王卒。宣王九年，田婴相齐。齐宣王与魏襄王会徐州而相王也。楚威王闻之，怒田婴。明年，楚伐败齐师于徐州，而使人逐田婴。田婴使张丑说楚威王，威王乃止。田婴相齐十一年，宣王卒，湣王即位。即位三年，而封田婴于薛。

初，田婴有子四十余人，其贱妾有子名文，文以五月五日生。婴告其母曰："勿举也。"其母窃举生之。及长，其母因兄弟而见其子文于田婴。田婴怒其母曰："吾令若去此子，而敢生之，何也？"文顿首，因曰："君所以不举五月子者，何故？"婴曰："五月子者，长与户齐，将不利其父母。"文曰："人生受命于天乎？将受命于户邪？"婴默然。文曰："必受命于天，君何忧焉。必受命于户，则可高其户耳，谁能至者！"婴曰："子休矣。"

久之，文承间问其父婴曰："子之子为何？"曰："为孙。""孙之孙为何？"曰："为玄孙。""玄孙之孙为何？"曰："不能知也。"文曰："君用事相齐，至今三王矣，齐不加广而君私家富累万金，门下不见一贤者。文闻将门必有将，相门必有相。今君后宫蹈绮縠而士不得裋褐，仆妾余粱肉而士不厌糟糠。今君又尚厚积余藏，欲以遗所不知何人，而忘公家之事日损，文窃怪之。"于是婴乃礼文，使主家待宾客。宾客日进，名声闻于诸侯。诸侯皆使人请薛公田婴以文为太子，婴许之。婴卒，谥为靖郭君。而文果代立于薛，是为孟尝君。

孟尝君在薛，招致诸侯宾客及亡人有罪者，皆归孟尝君。孟尝君舍业厚遇之，以故倾天下之士。食客数千人，无贵贱一与文等。孟尝君待客坐语，而屏风后常有侍史，主记君所与客语，问亲戚居处。客去，孟尝君已使使存问，献遗其亲戚。孟尝君曾待客夜食，有一人蔽火光。客怒，以饭不等，辍食辞去。孟尝君起，自持其饭比之。客惭，自刭。士以此多归孟尝君。孟尝君客无所择，皆善遇之。人人各自以为孟尝君亲己。

秦昭王闻其贤，乃先使泾阳君为质于齐，以求见孟尝君。孟尝君将入秦，宾客莫欲其行，谏，不听。苏代谓曰："今旦代从外来，见木禺人与土禺人相与语。木禺人曰：'天雨，子将败矣。'土禺人曰：'我生于土，败则归土。今天雨，流子而行，未知所止息也。'今秦，虎狼之国也，而君欲往，如有不得还，君得无为土禺人所笑乎？"孟尝君乃止。

齐湣王二十五年，复卒使孟尝君入秦，昭王即以孟尝君为秦相。人或说秦昭王曰："孟尝君贤，而又齐族也，今相秦，必先齐而后秦，秦其危矣。"于是秦昭王乃止。囚孟尝君，谋欲杀之。孟尝君使人抵昭王幸姬求解。幸姬曰："妾愿得君狐白裘。"此时孟尝君有一狐白裘，直千金，天下无双，入秦献之昭王，更无他裘。孟尝君患之，遍问客，莫能对。最下坐有能为狗盗者，曰："臣能得狐白裘。"乃夜为狗，以入秦宫臧中，取所献狐白裘至，以献秦王幸姬。幸姬为言昭王，昭王释孟尝君。孟尝君得出，即驰去，更封传，变名姓以出关。夜半至函谷关。秦昭王后悔出孟尝君，求之已去，即使人驰传逐之。孟尝君至关，关法鸡鸣而出客，孟尝君恐追至，客之居下坐者有能为鸡鸣，而鸡齐鸣，遂发传出。出如食顷，秦追果至关，已后孟尝君出，乃还。始孟尝君列此二人于宾客，宾客尽羞之，及孟尝君有秦难，卒此二人拔之。自是之后，客皆服。

孟尝君过赵，赵平原君客之。赵人闻孟尝君贤，出观之，皆笑曰："始以薛公为魁然也，今视之，乃眇小丈夫耳。"孟尝君闻之，怒。客与俱者下，斫击杀数百人，遂灭一县以去。

齐湣王不自得，以其遣孟尝君。孟尝君至，则以为齐相，任政。

孟尝君怨秦，将以齐为韩、魏攻楚，因与韩、魏攻秦，而借兵食于西周。苏代为西周谓曰："君以齐为韩、魏攻楚九年，取宛、叶以北以强韩、魏，今复攻秦以益之。韩、魏南无楚忧，西无秦患，则齐危矣。韩、魏必轻齐畏秦，臣为君危之。君不如令敝邑深合于秦，而君无攻，又无借兵食。君临函谷而无攻，令敝邑以君之情谓秦昭王曰'薛公必不破秦以强韩、魏。其攻秦也，欲王之令楚王割东国以与齐，而秦出楚怀王以为和'。君令敝邑以此惠秦，秦得无破而以东国自免也，秦必欲之。楚王得出，必德齐。齐得东国益强，而薛世世无患矣。秦不大弱，而处三晋之西，三晋必重齐。"薛公曰："善。"因令韩、魏贺秦，使三国无攻，而不借兵食于西周矣。是时，楚怀王入秦，秦留之，故欲必出之。秦不果出楚怀王。

孟尝君相齐，其舍人魏子为孟尝君收邑入，三反而不致一入。孟尝君问之，对曰："有贤者，窃假与之，以故不致入。"孟尝君怒而退魏子。居数年，人或毁孟尝君于齐湣王曰："孟尝君将为乱。"及田甲劫湣王，湣王意疑孟尝君，孟尝君乃奔。魏子所与粟贤者闻之，乃上书言孟尝君不作乱，请以身为盟，遂自刭宫门以明孟尝君。湣王乃惊，而踪迹验问，孟尝君果无反谋，乃复召孟尝君。孟尝君因谢病，归老于薛。湣王许之。

其后，秦亡将吕礼相齐，欲困苏代。代乃谓孟尝君曰："周最于齐，至厚也，而齐王逐之，而听亲弗相吕礼者，欲取秦也。齐、秦合，则亲弗与吕礼重矣。有用，齐、秦必轻君。君不如急北兵，趋赵以和秦、魏，收周最以厚行，且反齐王之信，又禁天下之变。齐无秦，则天下集齐，亲弗必走，则齐王孰与为其国也！"于是孟尝君从其计，而吕礼嫉害于孟尝君。

孟尝君惧，乃遗秦相穰侯魏冉书曰："吾闻秦欲以吕礼收齐，齐，天下之强国也，子必轻矣。齐秦相取以临三晋，吕礼必并相矣，是子通齐以重吕礼也。若齐免于天下之兵，其雠子必深矣。子不如劝秦王伐齐。齐破，吾请以所得封子。齐破，秦畏晋之彊，秦必重子以取晋。晋国敝于齐而畏秦，晋必重子以取秦。是子破齐以为功，挟晋以为重；是子破齐定封，秦、晋交重子。若齐不破，吕礼复用，子必大穷。"于是穰侯言于秦昭王伐齐，而吕礼亡。

后齐湣王灭宋，益骄，欲去孟尝君。孟尝君恐，乃如魏。魏昭王以为相，西合于秦、赵，与燕共伐破齐。齐湣王亡在莒，遂死焉。齐襄王立，而孟尝君中立于诸侯，无所属。齐襄王新立，畏孟尝君，与连和，复亲薛公。文卒，谥为孟尝君。诸子争立，而齐魏共灭薛。孟尝绝嗣无后也。

初，冯驩闻孟尝君好客，蹑蹻而见之。孟尝君曰："先生远辱，何以教文也？"冯驩曰："闻君好士，以贫身归于君。"孟尝君置传舍十日，孟尝君问传舍长曰："客何所为？"答曰："冯先生甚贫，犹有一剑耳，又蒯缑。弹其剑而歌曰'长铗归来乎，食无鱼'。"孟尝君迁之幸舍，食有鱼矣。五日，又问传舍长。答曰："客复弹剑而歌曰'长铗归来乎，出无舆'。"孟尝君迁之代舍，出入乘舆车矣。五日，孟尝君复问传舍长。舍长答曰："先生又尝弹剑而歌曰'长铗归来乎，无以为家'。"孟尝君不悦。

居期年，冯驩无所言。孟尝君时相齐，封万户于薛。其食客三千人，邑入不足以奉客，使人出钱于薛。岁余不入，贷钱者多不能与其息，客奉将不给。孟尝君忧之，问左右："何人可使收债于薛者？"传舍长曰："代舍客冯公形容状貌甚辩，长者，无他伎能，宜可令收债。"孟尝君乃进冯驩而请之曰："宾客不知文不肖，幸临文者三千余人，邑入不足以奉宾客，故出息钱于薛。薛岁不入，民颇不与其息。今客食恐不给，愿先生责之。"冯驩曰："诺。"辞行，至薛，召取孟尝君钱者皆会，得息钱十万。乃多酿酒，买肥牛，召诸取钱者，能与息者皆来，不能与息者亦来，皆持取钱之券书合之。齐为会，日杀牛置酒。酒酣，乃持券如前合之，能与息者，与为期；贫不能与息者，取其券而烧之。曰："孟尝君所以贷钱者，为民之无者以为本业也；所以求息者，为无以奉客也。今富给者以要期，贫穷者燔券书以捐之。诸君强饮食。有君如此，岂可负哉！"坐者皆起，再拜。

孟尝君闻冯驩烧券书，怒而使使召驩。驩至，孟尝君曰：

"文食客三千人，故贷钱于薛。文奉邑少，而民尚多不以时与其息，客食恐不足，故请先生收责之。闻先生得钱，即以多具牛酒而烧券书，何？"冯驩曰："然。不多具牛酒即不能毕会，无以知其有余不足。有余者，为要期。不足者，虽守而责之十年，息愈多，急，即以逃亡自捐之。若急，终无以偿，上则为君好利不爱士民，下则有离上抵负之名，非所以厉士民彰君声也。焚无用虚债之券，捐不可得之虚计，令薛民亲君而彰君之善声也，君有何疑焉！"孟尝君乃拊手而谢之。

齐王惑于秦、楚之毁，以为孟尝君名高其主而擅齐国之权，遂废孟尝君。诸客见孟尝君废，皆去。冯驩曰："借臣车一乘，可以入秦者，必令君重于国而奉邑益广，可乎？"孟尝君乃约车币而遣之。冯驩乃西说秦王曰："天下之游士冯轼结靷西入秦者，无不欲强秦而弱齐；冯轼结靷东入齐者，无不欲彊齐而弱秦。此雄雌之国也，势不两立为雄，雄者得天下矣。"秦王跽而问之曰："何以使秦无为雌而可？"冯驩曰："王亦知齐之废孟尝君乎？"秦王曰："闻之。"冯驩曰："使齐重于天下者，孟尝君也。今齐王以毁废之，其心怨，必背齐；背齐入秦，则齐国之情，人事之诚，尽委之秦，齐地可得也，岂直为雄也！君急使使载币阴迎孟尝君，不可失时也。如有齐觉悟，复用孟尝君，则雌雄之所在未可知也。"秦王大悦，乃遣车十乘黄金百镒以迎孟尝君。冯驩辞以先行，至齐，说齐王曰："天下之游士冯轼结靷东入齐者，无不欲强齐而弱秦者；冯轼结靷西入秦者，无不欲强秦而弱齐者。夫秦齐雄雌之国，秦强则齐弱矣，此势不两雄。今臣窃闻秦遣使车十乘载黄金百镒以迎孟尝君。孟尝君不西则已，西入相秦则天下归之，秦为雄而齐为雌，雌则临淄、即墨危矣。王何不先秦使之未到，复孟尝君，而益与之邑以谢之？孟尝君必喜而受之。秦虽强国，岂可以请人相而迎之哉！折秦之谋，而绝其霸强之略。"齐王曰："善。"乃使人至境候秦使。秦使车适入齐境，使还驰告之，王召孟尝君而复其相位，而与其故邑之地，又益以千户。秦之使者闻孟尝君复相齐，还车而去矣。

自齐王毁废孟尝君，诸客皆去。后召而复之，冯驩迎之。未到，孟尝君太息叹曰："文常好客，遇客无所敢失，食客三千有余人，先生所知也。客见文一日废，皆背文而去，莫顾文者。今赖先生得复其位，客亦有何面目复见文乎？如复见文者，必唾其面而大辱之。"冯驩结辔下拜。孟尝君下车接之，曰："先生为客谢乎？"冯驩曰："非为客谢也，为君之言失。夫物有必至，事有固然，君知之乎？"孟尝君曰："愚不知所谓也。"曰："生者必有死，物之必至也；富贵多士，贫贱寡友，事之固然也。君独不见夫趣市朝者乎？明旦，侧肩争门而入；日暮之后，过市朝者掉臂而不顾。非好朝而恶暮，所期物忘其中。今君失位，宾客皆去，不足以怨士而徒绝宾客之路。愿君遇客如故。"孟尝君再拜曰："敬从命矣。闻先生之言，敢不奉教焉。"

太史公曰：吾尝过薛，其俗闾里率多暴桀子弟，与邹、鲁殊。问其故，曰："孟尝君招致天下任侠，奸人入薛中盖六万余家矣。"世之传孟尝君好客自喜，名不虚矣。

译文：

孟尝君名文，姓田。他的父亲为靖郭君田婴。田婴是齐威王的小儿子，齐宣王的庶弟。田婴从威王时就已任职当权，曾和成侯邹忌及田忌领兵救韩伐魏。成侯和田忌争着想得到威王的宠信，成侯诬陷田忌。田忌害怕了，袭击齐的边境城邑，打不赢，逃亡在外。恰逢威王去世，宣王即位，了解到成侯诬陷田忌，便又召回田忌为将。宣王二年，田忌和孙膑、田婴一起伐魏，在马陵大败魏军，俘虏魏太子申，杀了魏将庞涓。宣王七年，田婴出使韩、魏，韩、魏都顺服于齐国。田婴与韩昭侯、魏惠王和齐宣王在东阿南面相会，结盟之后离去。第二年，又与梁惠王在甄相会。就在这一年，梁惠王去世了。宣王九年，田婴任齐相。齐宣王与魏襄王相会于徐州，相互推尊为王。楚威王听到这消息，对田婴很生气。第二年，楚在徐州击败齐军，派人让齐国驱逐田婴。田婴派张丑去游说楚威王，威王这才罢休。田婴任齐相十一年，宣王去世，湣王即位。即位的第三年，封田婴于薛。

当初，田婴有儿子四十余人，他的贱妾有个儿子名文，田文是在五月五日出生的。田婴对田文的母亲说："不要养大这孩子。"田文的母亲却偷偷把田文抚养大了。孩子长大后，他母亲乘他的兄弟晋见田婴的机会，让她的儿子田文出现在田婴面前。田婴对田文的母亲很生气，说道："我让你抛弃这孩子，而你竟敢抚养他，这是为什么？"田文向父亲叩头，乘机问道："您不养育五月里生的孩子，是什么原因呢？"田婴说："五月里生的孩子，长到和门户一样高的时候，将对他的父母不利。"田文说："人的命运是受之于天呢？还是受之于门户呢？"田婴默然无言。田文接着说道："如果受命于天，那您忧虑什么！如果受命于门户，那您可以把门户增高，谁能长到那么高！"田婴说："你不要再说下去了。"

隔了好久之后，田文利用某个机会问他父亲田婴道："儿子的儿子是什么？"回答说："是孙子。""孙子的孙子是什么？""是玄孙。""玄孙的孙子是什么？"田婴回答说："那就不能知道了。"田文说："您当政为齐相，至今经历了三位君王,齐国的土地未见扩大而您私家的财富积累已达万金,门下却看不到一位贤能的人。我听说,将门必有将,相门必有相。现在您后宫姬妾脚下踩着绮縠,可是士人却穿不上一件粗布衣服;您家的仆妾有吃不完的美味佳肴,可是士人连糟糠都吃不饱。现在您还在热衷于增加积蓄,扩充贮藏,想要传给您所不知道是谁的人,却忘记了公家的事业在一天天地受到损害,我私下对此实在觉得不可理解。"于是田婴对田文大加礼遇,让他主持家事,接待宾客。从此宾客一天天地多起来,田文的名声传扬到了诸侯中间。诸侯都派人来请薛公田婴立田文为太子,田婴答应了。田婴去世,谥为靖郭君,而田文果真在薛代立,他就是孟尝君。

孟尝君在薛,招揽诸侯的宾客和犯罪逃亡在外的人,这些人都归附到孟尝君门下。孟尝君给他们置家立业,优待他们,因此天下之士差不多统统被他罗致去了。他的食客有几千人,不分贵贱,待遇一律和他相等。孟尝君接待宾客,坐着谈话时,屏风后面常常有侍史,负责记录孟尝君和客人的谈话以及他所问的客人的亲属及其住处。客人一走,孟尝君便已派使者到他家慰问,还给他亲属送去财物。孟尝君曾经有一次在晚上招待客人吃饭,有人把火光遮住了,客人以为自己的饭食和孟尝君的不一样,大为生气,放下不吃,告辞要走。孟尝君站起身,亲自端着自己的饭食去和客人的相比,结果并无两样。客人十分惭愧,自刭而死。正因为这样待客,士人才大量归附于孟尝君门下。孟尝君对宾客无所选择,全都很好地招待,宾客也人人自以为孟尝君对他特别亲。

秦昭王听说孟尝君贤能,便先派泾阳君到齐国做人质,以便能请孟尝君到秦国相见。孟尝君准备入秦,门下宾客没有一个愿他成行,纷纷劝阻,孟尝君不听。苏代对孟尝君说:"今天早晨我从外面来,看见木偶人和土偶人相互在谈话。木偶人说:'天下雨,你就全毁了。'土偶人说:'我从泥里生,毁了就回到泥里去。如果天下雨,冲着你四处飘流,还不知道流到哪里为止呢?'当今秦国,是个像虎狼般凶恶的国家,而您却想到那里去,万一不能回来,您岂不是要被土偶人所讥笑吗?"孟尝君这才打消了入秦的念头。

齐湣王二十五年,最终还是派孟尝君到了秦国,秦昭王立即拜孟尝君为秦相。有人劝说秦昭王道:"孟尝君贤能,又是齐国王族,现在作秦相,必然先考虑齐国的利益而后才想到秦国,秦国恐怕要遭到危险了。"于是秦昭王便免除了孟尝君的相位。他把孟尝君囚禁起来,想要杀害他。孟尝君派人去进见昭王的宠姬求救,宠姬说:"我想得到孟尝君的狐白裘。"其时孟尝君确有一件狐白裘,价值千金,天下无双,只是入秦时已经献给昭王,再没有第二件了。孟尝君十分为难,遍问宾客,无人能有对策。客座最下边有一位能像狗那样进行偷盗的宾客,他说:"我能得到那件狐白裘。"于是在夜晚像狗那样潜入秦宫仓库里,把那件献给昭王的狐白裘取了回来,孟尝君拿去献给秦王宠姬。宠姬在昭王面前为孟尝君说情,昭王便释放了他。孟尝君获释后,立即快马离去,更换封传,改变姓名,以便出关。夜半时分,终于抵达函谷关。秦昭王后悔释放了孟尝君,派人找他,可他已经离开,便立即派人驰传去追。孟尝君到了函谷关,不料关法规定,要鸡鸣之后才放人出关。孟尝君十分担心追兵赶到,这时居于下座的宾客中有一位会学鸡叫,他一学叫,所有的鸡都叫了起来,孟尝君一行人便出示封传顺利出关。出关不到一顿饭工夫,秦国追兵果然赶到关前,但已落在孟尝君出关之后,只好返回。早先孟尝君把会狗盗、鸡鸣的这两个人列为宾客,其他宾客都觉得很不光彩。等到孟尝君经历入秦的患难，最后竟还是靠这两个人才脱离险境，从此之后，宾客们也都服气了。

孟尝君经过赵国，赵平原君以客礼相待。赵国人听说孟尝君贤能，都出来观看，不禁笑道："原先以为薛公身材魁伟，今天看到了，却不过是个矮小的汉子罢了。"孟尝君听到后，非常愤怒。和他一起到赵国的宾客便出来砍杀了数百人，灭掉了一县才离去。

齐湣王因为派遣孟尝君入秦而内疚不安。等孟尝君一回来，就任命他为齐相，让他处理国政。

孟尝君怨恨秦国，因为齐国曾经帮助韩、魏攻伐过楚国，便准备要求韩、魏一起来攻秦，并向西周商借武器、食粮。苏代为西周向孟尝君进言道："您以齐国之力帮助韩、魏攻楚九年，夺取了宛、叶以北的土地从而增强了韩、魏的力量，现在还要通过攻秦去进一步加强他们。韩、魏南面不忧虑楚国，西面不担心秦国，那么齐国就危险了。韩、魏必然会轻视齐国而畏惧秦国，我为您感到危险。您不如让敝邑和秦国深深结交，您不要去攻秦，也不要来借武器、食粮。您兵临函谷关而不发起攻击，让敝邑把您的意图告诉秦昭王说：'薛公一定不会击破秦国去增强韩、魏力量的。他来进攻秦国，无非希望您能让楚王把东部领土割给齐国，而您则释放楚怀王，与楚国重归于好。'您让敝邑以此给秦国一点好处，秦能不被击破而通过牺牲楚国的东部领土来自免于难，秦国一定愿意。楚王能获释放，一定对齐感恩戴德。齐得到了楚国东部领土，必将更加强大，薛也就世世无所忧虑了。由于秦国没有受到大的削弱，又处在三晋之西，三晋就必然会借重齐国。"薛公说："好。"于是让韩、魏贺秦，使三国不发动攻击，也不向西周商借武器、食粮了。当时楚怀王入秦，秦国把他扣留了下来，所以总想一定要让怀王离开秦国。但秦国最终还是没有释放楚怀王。

孟尝君任齐相时，他的舍人魏子为他收取封邑的租税，往返三次而没有交来一笔收入。孟尝君问他，他回答说："碰到一位贤者，我把收到的粟米私自做主借给了他，所以没能把收入交给您。"孟尝君很生气，辞退了魏子。几年之后，有人在齐湣王面前诽谤孟尝君说："孟尝君将要作乱。"等到田甲威逼齐湣王，湣王怀疑是出于孟尝君的指使，孟尝君只得出走。这时魏子曾借粟给他的那位贤者听到这消息，便上书说明孟尝君不会作乱，请以自己的生命立誓，于是在宫门之前自刎而死，以证明孟尝君的无辜。湣王大吃一惊，再根据线索查验了解，孟尝君果真没有反叛的阴谋，于是重新召回孟尝君。孟尝君就此机会托病请求解职回薛养老，湣王答应了。

其后，从秦国逃亡出来的将军吕礼做了齐相，想使苏代陷入困境。苏代便对孟尝君说："周最对于齐国，感情很深，但齐王赶走了他，反而听信亲弗的话，以吕礼为相，目的是想结好于秦国。齐、秦联合，亲弗和吕礼的地位就重要了。他们一得势，齐、秦必然轻视您。您不如急速调兵北上，促使赵国去跟秦、魏和好，同时您收留周最以提高您的声誉，并可使齐王失信于秦，又能制止天下形势发生不利于您的变化。齐国离开了秦国，东方各国就会靠拢齐国，亲弗必然在齐国难以立足而出走，那么齐王靠谁来治理他的国家呢！"孟尝君听从了他的计谋，而吕礼从此对孟尝君十分憎恨。

孟尝君感到恐惧，便写信给秦相穰侯魏冉道："我听说秦国打算通过吕礼来结交齐国，齐是天下的强国，（如果吕礼成功，）您必然会无足轻重了。齐、秦联合起来对付三晋，吕礼必然兼任齐、秦二国之相，这样您和齐国结交的结果却是使吕礼取得了重要地位。如果齐国免受诸侯军队的攻击，它对您的仇恨必定更深了。您不如劝秦王伐齐。要是击破齐国，我可以请求秦把所得的土地封赏给您。齐国一破，秦国畏惧晋国的强大，必然借重您去结好晋国。晋国对付齐国已经筋疲力尽，又畏惧秦国，也必然借重您来结好于秦。这样您击破齐国立下功劳，又挟晋国来增强自己的地位；这样您破齐而定下了自己的封邑，秦、晋又都倚重您。相反，如果齐国不破，吕礼还在当权，您的处境必然会困窘到极点。"于是穰侯劝说秦昭王伐齐，吕礼也就从齐国逃走了。

后来齐湣王灭了宋国，更加骄傲，想除去孟尝君。孟尝君害怕起来，便到了魏国。魏昭王命他为相，西面联合秦、赵，和燕国一起击破齐国。齐湣王逃亡到莒，死在那里。齐襄王即位，这时孟尝君在诸侯中间保持中立，不依附于谁。齐襄王新即位，畏惧孟尝君，跟他连和，重新亲近这位薛公。田文死后，谥为孟尝君。他的几个儿子你争我夺，都想立为薛公，齐、魏联合起来把薛灭了。孟尝君绝了继承者，没有后代。

当初，冯驩听说孟尝君好客，穿着草鞋，长途跋涉来见他。孟尝君说："先生远道光临，可有什么开导我的吗？"冯驩说："听说您好士，我因家贫，特来投奔。"孟尝君把他安置在传舍，十天后，孟尝君问传舍长道："这位客人干些什么？"回答说："冯先生穷得很，随身只还剩一柄剑而已，可又是用草绳缠的剑把。他弹剑唱道：'长剑啊，归去吧，我在这里吃饭没有鱼。'"孟尝君让他迁入幸舍，吃饭有鱼了。五天后，又问传舍长。传舍长回答说："这位客人又弹剑唱道：'长剑啊，归去吧，我在这里出门没有车。'"孟尝君再把他迁到代舍，进出乘上车了。五天后，孟尝君又问传舍长。传舍长回答道："冯先生又曾弹剑唱道：'长剑啊，归去吧，我在这里没有钱养家。'"孟尝君听了很不高兴。

住了一年，冯谖没有再说什么。孟尝君当时为齐相，封于薛，有万户人家。孟尝君有食客三千人，封邑的收入不足以招待这些客人，便派人到薛放债。一年多没有收入，借钱的人多数连利息也付不出，对客人的招待将难以为继。孟尝君很为忧虑，问身边的人："哪一位客人可以派到薛去收债？"传舍长说："代舍客人冯公，看他的相貌举止，似乎能言善辩，是个厚道人，没有别的本领，派他去收债倒是合适的。"孟尝君便请来冯谖，对他说道："宾客不知我不贤，光临我这里的有三千多人，我封邑的收入不足以招待宾客，所以在薛放了些债。一年来薛地的债款一无所入，百姓很多连利息都不付。如今宾客的饭食恐怕要难以供应，所以想请先生去收回这些欠款。"冯谖答应道："是。"告辞出发，来到薛邑，召集借了孟尝君债的人都来相会，收得债款十万。于是多多地备了美酒，买了肥牛，召集借过债的人，能付利息的都来，不能付利息的也来，都拿借据来对证核实。大家一起相会，天天杀牛备酒。酒喝到兴头上，冯谖拿出借据像上次那样对证核实，对能付利息的，和他约定付息的日期；穷得连利息都付不出的，拿过借据来当场烧毁。冯谖说："孟尝君所以借钱给你们，是因为无钱的百姓可以借此来从事生产；所以要收取利息，是因为他没钱来招待宾客。现在对家境富裕些的，约期付息还债；对无力付息的穷人，烧掉借据，取消债务。诸位多喝多吃一些。有这样一位主人，怎么能辜负他的美意呢！"在座的人全都站了起来，再拜致谢。

孟尝君听说冯谖烧掉借据，十分生气，派使者召回冯谖。冯驩来到后,孟尝君说道:"我有食客三千人,所以在薛放债。我封邑收入少,而百姓还多不按时付息,我生怕宾客的供应不足,所以请先生去收债。听说先生收到钱后,就拿去多多地备下肥牛美酒,还烧掉了借据,这是为什么?"冯驩说:"正是如此。不多备牛、酒,就不能使债户都来,也就无法了解他们中谁有钱谁缺钱。有钱的,我替您约定了付息还债的日期。缺钱的,即使我守在那里讨债十年,也只能使他欠的利息越积越多,他穷急了,就只能用逃亡的办法来自己废弃债务了。如果人们穷急了,最终还是无力偿还,那时从在上位的人来看,则以为您好利而不爱士民,从在下面的百姓来说,则背了个叛离主人、抵赖债务的恶名,这可不是勉励士民、宣扬您名声的好办法啊。现在烧掉无用的虚有其名的债据,取消不可能收回的虚有其名的账目,使薛地的百姓亲近您,宣扬您的美名,您有什么可疑惑不解的呢!"于是,孟尝君拍手称好,向冯驩道谢。

齐王被秦、楚对孟尝君的诽谤所迷惑,认为孟尝君的名声比自己还高,还独揽齐国大权,便废掉了孟尝君的相位和封邑。许多宾客见到孟尝君被废,都离他而去。冯驩说:"借给我一辆车,使我得以入秦,我一定让您在齐国受到尊重,而且封邑扩大,可以吗?"于是,孟尝君备好车辆、礼物,派他入秦。冯驩西至秦国,向秦王游说道:"天下的游说之士乘车奔走西来秦国的,无不想使秦国强大而使齐国削弱;乘车奔走东到齐国的,又无不想使齐国强大而使秦国削弱。秦、齐是雄雌对立的国家,势不两立,谁称雄谁就能得天下。"秦王听后,难以安坐,不禁挺身直腰问道:"怎么做才能使秦国不处在下风呢?"冯驩说:"大王也知道齐国废掉孟尝君的事吗?"秦王道:"听说过的。"冯驩说:"使齐国被天下看重的,正是孟尝君。现在齐王因听信诽谤而废了他，他心里怨恨，必然背离齐国；如果背齐而入秦，那么就会把齐国的内情，人事的真实状况等，统统告诉秦国，齐国的土地尚且可以得到，岂只称雄而已！您赶快派使者带了礼物悄悄地去迎接孟尝君，不可失去时机。如果齐国觉悟了，重新起用孟尝君，那么谁强谁弱就难以逆料了。"秦王大喜，派出车十辆，带了黄金百镒去迎接孟尝君。冯驩辞别秦王，赶在秦国使者之前动身，来到齐国，向齐王游说道："天下的游说之士乘车奔走东来齐国的，无不想使齐国强大而使秦国削弱；乘车奔走西到秦国的，又无不想使秦国强大而使齐国削弱。秦、齐是雄雌对立的国家，秦强则齐弱，其形势不可能两国都来称雄。现在我私下听说秦国派遣使者，以车十辆装载黄金百镒来迎接孟尝君。孟尝君如不西行，倒也罢了；如果西行入秦为相，天下便会归附秦国，秦国称雄则齐国处于下风，齐国一处下风，临淄、即墨便危险了。大王何不在秦使没到之前就恢复孟尝君的相位，再加给他封邑以表示歉意呢？孟尝君一定会高兴地接受下来。尽管秦是强国，怎么可以聘请人家的相国而派车来迎接呢！这样便挫败了秦国的计划，破坏了它称霸争强的谋略。"齐王说："好。"于是派人到边境等候秦使。秦使的车辆刚进齐境，齐使便赶回去报告，齐王立刻召来孟尝君恢复其相位，发还他原来的封邑土地，还加封一千户。秦国的使者听到孟尝君重又做了齐相，便掉转车头离开了齐国。

　　自从齐王听信诽谤而废掉孟尝君后，宾客们便都离开了他。后来齐王召回孟尝君，恢复他的相位和封邑，冯驩去迎接他。还没到朝廷时，孟尝君长叹一声道："我一向好客，待客总不敢有半点差失，所以食客有三千余人，这是先生所知道的。可是宾客们见我一朝废位，都离我而去，没有人再看我一眼。现在靠托先生得以恢复相位，宾客们还有什么脸面再来见我呢？如果再来见我，我一定要唾他的脸，大大地羞辱他一番。"冯骓听后，结好缰绳，离车下拜，孟尝君连忙下车接住他，说："先生是为宾客道歉吗？"冯骓答道："我并非为宾客道歉，而是因为您刚才失言了。物有必然会这样的规律，事有原本如此的道理，您知道吗？"孟尝君说："我很愚钝，不知道你说的意思。"冯骓说："活着的必然有死，这是物的必然会这样的规律。富贵了，宾客多贫贱了，朋友少，这是事情原本如此的道理。您难道没有见过那些到市集上去的人吗？天一亮，大家侧肩争门地挤进去；黄昏之后，经过市集的人却甩着胳膊走过，连看都不看一下。他们并不是喜好早晨而厌恶黄昏，而是因为黄昏的市集上已经没有他们所期望的货物和利益了。现在您失了相位，宾客都离开了，这种情况您不必去怨恨他们，否则只会白白地阻塞他们前来投奔您的道路。我愿您像从前一样地接待他们。"孟尝君再拜说道："一定遵从您的嘱咐。听了先生的话，怎么能不领教呢？"

太史公说：我曾经路过薛邑，那里的风俗是在乡里中一般总有好多凶横粗暴的年轻人，和邹、鲁两地的情况不同。打听其原因，据说："当年孟尝君招来天下仗义行侠之士，那些不安本分、喜好惹是生非的人搬来薛邑的差不多有六万多家了。"世上传说孟尝君好客自喜，可以说是名不虚传的了。

史记卷七十六

平原君虞卿列传第十六

平原君赵胜者,赵之诸公子也。诸子中胜最贤,喜宾客,宾客盖至者数千人。平原君相赵惠文王及孝成王,三去相,三复位,封于东武城。

平原君家楼临民家。民家有躄者,盘散行汲。平原君美人居楼上,临见,大笑之。明日,躄者至平原君门,请曰:"臣闻君之喜士,士不远千里而至者,以君能贵士而贱妾也。臣不幸有罢癃之病,而君之后宫临而笑臣,臣愿得笑臣者头。"平原君笑应曰:"诺。"躄者去,平原君笑曰:"观此竖子,乃欲以一笑之故杀吾美人,不亦甚乎!"终不杀。居岁余,宾客门下舍人稍稍引去者过半。平原君怪之,曰:"胜所以待诸君者未尝敢失礼,而去者何多也?"门下一人前对曰:"以君之不杀笑躄者,以君为爱色而贱士,士即去耳。"于是平原君乃斩笑躄者美人头,自造门进躄者,因谢焉。其后门下乃复稍稍来。是时齐有孟尝,魏有信陵,楚有春申,故争相倾以待士。

秦之围邯郸,赵使平原君求救,合从于楚,约与食客门下有勇力文武备具者二十人偕。平原君曰:"使文能取胜,则善矣。文不能取胜,则歃血于华屋之下,必得定从而还。士不外索,取于食客门下足矣。"得十九人，余无可取者，无以满二十人。门下有毛遂者，前，自赞于平原君曰："遂闻君将合从于楚，约与食客门下二十人偕，不外索。今少一人，愿君即以遂备员而行矣。"平原君曰："先生处胜之门下几年于此矣？"毛遂曰："三年于此矣。"平原君曰："夫贤士之处世也，譬若锥之处囊中，其末立见。今先生处胜之门下三年于此矣，左右未有所称诵，胜未有所闻，是先生无所有也。先生不能，先生留。"毛遂曰："臣乃今日请处囊中耳。使遂蚤得处囊中，乃颖脱而出，非特其末见而已。"平原君竟与毛遂偕。十九人相与目笑之而未废也。

毛遂比至楚，与十九人论议，十九人皆服。平原君与楚合从，言其利害，日出而言之，日中不决。十九人谓毛遂曰："先生上。"毛遂按剑历阶而上，谓平原君曰："从之利害，两言而决耳。今日出而言从，日中不决，何也？"楚王谓平原君曰："客何为者也？"平原君曰："是胜之舍人也。"楚王叱曰："胡不下！吾乃与而君言，汝何为者也！"毛遂按剑而前曰："王之所以叱遂者，以楚国之众也。今十步之内，王不得恃楚国之众也，王之命县于遂手。吾君在前，叱者何也？且遂闻汤以七十里之地王天下，文王以百里之壤而臣诸侯，岂其士卒众多哉，诚能据其势而奋其威。今楚地方五千里，持戟百万，此霸王之资也。以楚之强，天下弗能当。白起，小竖子耳，率数万之众，兴师以与楚战，一战而举鄢郢，再战而烧夷陵，三战而辱王之先人。此百世之怨而赵之所羞，而王弗知恶焉。合从者为楚，非为赵也。吾君在前，叱者何也？"楚王曰："唯唯，诚若先生之言，谨奉社稷而以从。"毛遂曰："从定乎？"楚王曰："定矣。"毛遂谓楚王之左右曰："取鸡狗马之血来。"毛遂奉铜盘而跪进之楚王曰:"王当歃血而定从,次者吾君,次者遂。"遂定从于殿上。毛遂左手持盘血而右手招十九人曰:"公相与歃此血于堂下。公等录录,所谓因人成事者也。"

平原君已定从而归,归至于赵,曰:"胜不敢复相士。胜相士多者千人,寡者百数,自以为不失天下之士,今乃于毛先生而失之也。毛先生一至楚,而使赵重于九鼎大吕。毛先生以三寸之舌,强于百万之师。胜不敢复相士。"遂以为上客。

平原君既返赵,楚使春申君将兵赴救赵,魏信陵君亦矫夺晋鄙军往救赵,皆未至。秦急围邯郸,邯郸急,且降,平原君甚患之。邯郸传舍吏子李同说平原君曰:"君不忧赵亡邪?"平原君曰:"赵亡则胜为虏,何为不忧乎?"李同曰:"邯郸之民,炊骨易子而食,可谓急矣,而君之后宫以百数,婢妾被绮縠,余粱肉,而民褐衣不完,糟糠不厌。民困兵尽,或剡木为矛矢,而君器物钟磬自若。使秦破赵,君安得有此?使赵得全,君何患无有?今君诚能令夫人以下编于士卒之间,分功而作,家之所有尽散以飨士,士方其危苦之时,易德耳。"于是平原君从之,得敢死之士三千人。李同遂与三千人赴秦军,秦军为之却三十里。亦会楚、魏救至,秦兵遂罢,邯郸复存。李同战死,封其父为李侯。

虞卿欲以信陵君之存邯郸为平原君请封。公孙龙闻之,夜驾见平原君曰:"龙闻虞卿欲以信陵君之存邯郸为君请封,有之乎?"平原君曰:"然。"龙曰:"此甚不可。且王举君而相赵者,非以君之智能为赵国无有也。割东武城而封君者,非以君为有功也,而以国人无勋,乃以君为亲戚故也。君受相印不辞无能,割地不言无功者,亦自以为亲戚故也。今信陵君存邯郸而请封,是亲戚受城而国人计功也。此甚不可。且虞卿操其两权,事成，操右券以责；事不成，以虚名德君。君必勿听也。"平原君遂不听虞卿。

平原君以赵孝成王十五年卒。子孙代，后竟与赵俱亡。

平原君厚待公孙龙。公孙龙善为坚白之辩，及邹衍过赵言至道，乃绌公孙龙。

虞卿者，游说之士也。蹑蹻檐簦说赵孝成王。一见，赐黄金百镒，白璧一双；再见，为赵上卿，故号为虞卿。

秦赵战于长平，赵不胜，亡一都尉。赵王召楼昌与虞卿曰："军战不胜，尉复死，寡人使束甲而趋之，何如？"楼昌曰："无益也，不如发重使为媾。"虞卿曰："昌言媾者，以为不媾军必破也。而制媾者在秦。且王之论秦也，欲破赵之军乎，不邪？"王曰："秦不遗余力矣，必且欲破赵军。"虞卿曰："王听臣，发使出重宝以附楚、魏，楚、魏欲得王之重宝，必内吾使。赵使入楚、魏，秦必疑天下之合从，且必恐。如此，则媾乃可为也。"赵王不听，与平阳君为媾，发郑朱入秦。秦内之。赵王召虞卿曰："寡人使平阳君为媾于秦，秦已内郑朱矣，卿以为奚如？"虞卿对曰："王不得媾，军必破矣。天下贺战胜者皆在秦矣。郑朱，贵人也，入秦，秦王与应侯必显重以示天下。楚、魏以赵为媾，必不救王。秦知天下不救王，则媾不可得成也。"应侯果显郑朱以示天下贺战胜者，终不肯媾。长平大败，遂围邯郸，为天下笑。

秦既解邯郸围，而赵王入朝，使赵郝约事于秦，割六县而媾。虞卿谓赵王曰："秦之攻王也，倦而归乎？王以其力尚能进，爱王而弗攻乎？"王曰："秦之攻我也，不遗余力矣，必以倦而归也。"虞卿曰："秦以其力攻其所不能取，倦而归，王又以其力之所不能取以送之，是助秦自攻也。来年秦复攻王，王无救矣。"王以虞卿之言告赵郝。赵郝曰："虞卿诚能尽秦力之所至乎？诚知秦力之所不能进，此弹丸之地弗予，令秦来年复攻王，王得无割其内而媾乎？"王曰："请听子割矣，子能必使来年秦之不复攻我乎？"赵郝对曰："此非臣之所敢任也。他日三晋之交于秦，相善也。今秦善韩、魏而攻王，王之所以事秦必不如韩、魏也。今臣为足下解负亲之攻，开关通币，齐交韩、魏，至来年而王独取攻于秦，此王之所以事秦必在韩、魏之后也。此非臣之所敢任也。"

王以告虞卿。虞卿对曰："郝言'不媾，来年秦复攻王，王得无割其内而媾乎'。今媾，郝又以不能必秦之不复攻也。今虽割六城，何益！来年复攻，又割其力之所不能取而媾，此自尽之术也，不如无媾。秦虽善攻，不能取六县；赵虽不能守，终不失六城。秦倦而归，兵必罢。我以六城收天下以攻罢秦，是我失之于天下而取偿于秦。吾国尚利，孰与坐而割地，自弱以强秦哉？今郝曰'秦善韩、魏而攻赵者，必王之事秦不如韩、魏也'，是使王岁以六城事秦也，即坐而城尽。来年秦复求割地，王将与之乎？弗与，是弃前功而挑秦祸也；与之，则无地而给之。语曰：'强者善攻，弱者不能守。'今坐而听秦，秦兵不弊而多得地，是强秦而弱赵也。以益强之秦而割愈弱之赵，其计故不止矣。且王之地有尽而秦之求无已，以有尽之地而给无已之求，其势必无赵矣。"

赵王计未定，楼缓从秦来，赵王与楼缓计之，曰："予秦地如毋予，孰吉？"缓辞让曰："此非臣之所能知也。"王曰："虽然，试言公之私。"楼缓对曰："王亦闻夫公甫文伯母乎？公甫文伯仕于鲁，病死，女子为自杀于房中者二人。其母闻之，弗哭也。其相室曰：'焉有子死而弗哭者乎？'其母曰：'孔子，贤人也，逐于鲁，而是人不随也。今死而妇人为之自杀者二人，若是者必其于长者薄而于妇人厚也。'故从母言之，是为贤母；从妻言之，是必不免为妒妻。故其言一也，言者异则人心变矣。今臣新从秦来而言勿予，则非计也；言予之，恐王以臣为为秦也：故不敢对。使臣得为大王计，不如予之。"王曰："诺。"

虞卿闻之，入见王曰："此饰说也，王眘勿予！"楼缓闻之，往见王。王又以虞卿之言告楼缓。楼缓对曰："不然。虞卿得其一，不得其二。夫秦赵构难而天下皆说，何也？曰'吾且因强而乘弱矣'。今赵兵困于秦，天下之贺战胜者则必尽在于秦矣。故不如亟割地为和，以疑天下而慰秦之心。不然，天下将因秦之怒，乘赵之獘，瓜分之。赵且亡，何秦之图乎？故曰虞卿得其一，不得其二。愿王以此决之，勿复计也。"

虞卿闻之，往见王曰："危哉楼子之所以为秦者，是愈疑天下，而何慰秦之心哉？独不言其示天下弱乎？且臣言勿予者，非固勿予而已也。秦索六城于王，而王以六城赂齐。齐，秦之深仇也，得王之六城，并力西击秦，齐之听王，不待辞之毕也。则是王失之于齐而取偿于秦也。而齐、赵之深仇可以报矣，而示天下有能为也。王以此发声，兵未窥于境，臣见秦之重赂至赵而反媾于王也。从秦为媾，韩、魏闻之，必尽重王；重王，必出重宝以先于王。则是王一举而结三国之亲，而与秦易道也。"赵王曰："善。"则使虞卿东见齐王，与之谋秦。虞卿未返，秦使者已在赵矣。楼缓闻之，亡去。赵于是封虞卿以一城。

居顷之，而魏请为从。赵孝成王召虞卿谋。过平原君，平原君曰："愿卿之论从也。"虞卿入见王。王曰："魏请为从。"

对曰:"魏过。"王曰:"寡人固未之许。"对曰:"王过。"王曰:"魏请从,卿曰魏过,寡人未之许,又曰寡人过,然则从终不可乎?"对曰:"臣闻小国之与大国从事也,有利则大国受其福,有败则小国受其祸。今魏以小国请其祸,而王以大国辞其福,臣故曰王过,魏亦过。窃以为从便。"王曰:"善。"乃合魏为从。

虞卿既以魏齐之故,不重万户侯卿相之印,与魏齐间行,卒去赵,困于梁。魏齐已死,不得意,乃著书,上采《春秋》,下观近世,曰《节义》、《称号》、《揣摩》、《政谋》,凡八篇。以刺讥国家得失,世传之曰《虞氏春秋》。

太史公曰:平原君,翩翩浊世之佳公子也,然未睹大体。鄙语曰"利令智昏",平原君贪冯亭邪说,使赵陷长平兵四十余万众,邯郸几亡。虞卿料事揣情,为赵画策,何其工也!及不忍魏齐,卒困于大梁,庸夫且知其不可,况贤人乎?然虞卿非穷愁,亦不能著书以自见于后世云。

译文:

平原君赵胜,是赵国的公子。众公子中赵胜最贤能,他喜好宾客,宾客投奔到他那里的差不多有几千人。平原君担任赵惠文王和孝成王的国相,曾三次离开相位,又三次复职,封在东武城。

平原君家楼房俯视着民家。民家有位跛子,一瘸一拐地去打水。平原君的一位美人住在楼上,见到下面这一情景,不禁大笑。第二天,跛子到平原君家,请求道:"我听说您好客喜士,士人所以不远千里来投奔您,是因为您能尊重士人而轻贱姬妾。我不幸有残疾,而您的后宫姬妾却在楼上见了笑我,我希望得到笑我的人的脑袋。"平原君笑着答应道："好的。"跛子离去后，平原君笑道："瞧这小子，竟想因为一笑之故杀我美人，不也太过分了吗！"他始终没有杀那美人。过了一年多，宾客、门下舍人渐渐离开平原君的有一半还多。平原君感到奇怪，说道："我赵胜在接待诸君方面未尝敢失礼，而离开的人为什么那么多呢？"门下一位士人上前回答说："因为您没有杀那笑跛子的美人，大家认为您喜爱美色而轻贱士人，士人就离您而去了。"于是平原君便斩了笑跛子的美人的头，亲自登门献给跛子，同时向他谢罪。从此以后，门下宾客才又渐渐回来。这时候齐国有孟尝君，魏国有信陵君，楚国有春申君，所以各方相互争着延揽士人。

秦军围困邯郸时，赵国派平原君出去求救，和楚国合纵抗秦，商定平原君带他的食客门下之士中有勇力、文武兼备的二十人同行。平原君说："如果用文的方式能够完成使命，那就好了。否则的话，便将在华美的堂宇之下和楚王歃血为盟，一定要定下合纵盟约才回赵国来。带去的士人不向外物色，在食客门下之士中挑选便足够了。"平原君选得十九人，其余的都无可取，无法选足二十人之数。这时门下有位叫毛遂的，走上前来，向平原君自我推荐道："我听说您将和楚国合纵，商定带食客门下之士二十人同行，不向外物色人员。如今还少一人，希望您就用我毛遂凑足名额出发吧。"平原君说："先生在我门下迄今几年了？"毛遂说："迄今三年了。"平原君说："一个贤士生活在世上，就像一把锥子装在袋子里，锥尖立刻会显露出来。现在先生在我门下迄今已经三年了，我身边的人没有称颂过你什么，我也没有听到过你什么，这可见先生没有什么值得称颂的才能。先生不能胜任，先生留下。"毛遂说："我今天才请求装在袋子里罢了。如果我毛遂早一点能装在袋子里，便会连整个锥锋都脱露出来，不只是露出个锥尖而已。"

平原君最终还是带着毛遂同行了。其他十九个人相互用目光示意，讥笑毛遂，只是没有说出口来。

等到毛遂到达楚国，一路上与十九人交谈议论，十九人都佩服起他来了。平原君和楚王商议合纵，陈说利害，从日出时谈起，到日中还决定不了。十九人对毛遂说："先生上去。"毛遂手按剑把一步不停地登上层层台阶，对平原君说："合纵的利害，不过两句话便可决定。今天从日出谈起，到日中还决定不了，这是为什么？"楚王问平原君道："这位客人是做什么的？"平原君说："他是我的门下舍人。"楚王呵斥毛遂道："为什么还不退下！我是在和你主人谈话，你是干什么的！"毛遂手按剑把逼上前去说道："大王您所以敢呵斥我毛遂，无非倚仗楚国人多。现在你我相距不过十步，王无法倚仗楚国人多了，王的性命就操在我毛遂手里。我的主人就在面前，你呵斥我做什么？再者我听说商汤以七十里之地最终统治天下，周文王以百里之地而使诸侯称臣，难道他们士卒众多吗，实在是因为他们能利用形势，从而奋扬了自己的威权。现在楚地广袤五千里，持戟战士百万，这是称霸争王的好资本。以楚国的强大，天下无法抵挡。白起，不过是个鄙贱的家伙罢了，领了几万人，兴兵来和楚国交战，一战而攻下鄢、郢，再战而烧了夷陵，三战而羞辱大王的祖先。这是百世不解的怨仇，连我们赵国也感到羞耻，而大王却不知羞恶。合纵是为了楚国，不是为赵国。我的主人就在面前，你呵斥我做什么？"楚王连声说："对，对，确实像先生所说的，我谨倾全国之力来和赵合纵抗秦。"毛遂问道："合纵之盟定下来了吗？"楚王说："定下来了。"毛遂对楚王身边的人说："拿鸡、狗、马的血来。"毛遂手捧铜盘，跪着进献给楚王，说道："大王应当歃血以确定合纵之盟,接下来是我的主人,再下来是我毛遂。"于是就在殿上定下合纵之盟。毛遂左手拿着铜盘里的血,右手招呼十九人说:"你们一起在堂下歃这盘里的血。你们庸庸碌碌,都是所谓靠着别人才办成事情的人啊。"

平原君定下合纵之盟后回去,回到赵国,说道:"我赵胜不敢再观察评价士人了。我观察评价过的士人,多说已有千人,少说也数以百计,自以为不会漏过一个天下难得的人才,可现在竟在毛先生身上看漏了。毛先生一到楚国,便使赵国的地位重于九鼎、大吕。毛先生以三寸之舌胜过百万大军。我赵胜不敢再来观察评价士人了。"便把毛遂列为上客。

平原君回到赵国后,楚国派春申君领兵赴赵救援,魏国信陵君也假传魏王之命夺了晋鄙的军权前往救赵,但都还没有赶到。秦军加紧围困邯郸,邯郸危急,即将投降,平原君忧急万分。邯郸传舍吏的儿子李同向平原君进言道:"您不忧虑赵国灭亡吗?"平原君说:"赵国灭亡,我赵胜就要当俘虏,怎么能不忧虑呢?"李同说:"邯郸的老百姓饿得用人骨当柴烧,交换儿子杀来食用,可以说是危急极了,但您的后宫人员数以百计,宫女穿着绮縠,梁肉多得吃不完,然而老百姓连粗布短衣都不完好,连糟糠都吃不饱。百姓困苦,兵器耗尽,有的已在削尖木头做矛矢了,可是您所享用的器物钟磬却依然如常。一旦秦国攻破赵国,您怎么能保有这些?如果赵国得以保全,您又何必担心没有这些?现在您如果能把夫人以下的后宫人员编到士卒中间,分配事情给她们做,把家中所有的财物尽数散给士卒,犒赏他们,士卒正当危急困苦之际,是很容易感受您的恩德的。"于是平原君听从了他的话,结果得到敢死士卒三千人。李同便和这三千人向秦军开去,秦军为此后退了三十里。又恰逢楚、魏的救兵赶到,秦军便停止进攻，邯郸重又保存了下来。李同战死了，赵国封他的父亲为李侯。

虞卿想借信陵君保住邯郸这件事为平原君请求加封爵邑。公孙龙听到这消息，当夜驾车去见平原君，说道："我听说虞卿想借信陵君保住邯郸来为您请求加封爵邑，有这样的事吗？"平原君说："是这样的。"公孙龙说："这样做万万不可。再说赵王推举您做赵国的相，并不是认为您的才智能力是赵国独一无二的。赵王割东武城封您，也并不是认为您有功而认为国内一般人无功，而是出于您是他的亲戚的缘故。您接受了相印，并不因自己无能而推辞；您接受了封地，并不说自己无功；这也是您自以为是王的亲戚的缘故。现在借信陵君保住邯郸这件事而请求加封爵邑，这是以亲戚的身份接受封邑而又要像国内一般人那样计功请赏。这样做万万不可。再说虞卿脚踏两只船，事情办成了，他会像债主拿着契约讨债那样来向您索取报答；事情办不成，也可以用曾经为您请封的虚名使您感激。您一定不要听他的。"平原君便没有听从虞卿的主意。

平原君在赵孝成王十五年去世。其封爵子孙相传，后来最终随着赵国一起被秦所灭。

平原君厚待公孙龙。公孙龙善于辩论坚白问题，等邹衍来到赵国谈论至道时，平原君才疏远了公孙龙。

虞卿，是位游说之士。他脚穿草鞋，肩背长柄笠，远道来游说赵孝成王。一见之下，赵王赐他黄金百镒，白璧一双；第二次接见后，即任为赵国上卿，所以称为虞卿。

秦赵在长平交战，赵国不胜，死了一名都尉。赵王召楼昌和虞卿商议道："军队交战不胜，都尉又死了，寡人想让军队卷甲轻装,赴敌决战,你们看如何?"楼昌说:"没有什么益处,还不如派遣重要使臣去议和为好。"虞卿说:"楼昌提出议和,是因他认为不议和,赵军一定会被击破。但议和的主动权操在秦国手里。再说君王分析秦国的情况,它是想击破赵军,还是不想如此呢?"赵王说:"秦国已经不遗余力了,肯定想要击破赵军。"虞卿说:"请君王依从我的建议,派遣使臣拿出一批珍宝去联合楚、魏,楚、魏想得到王的珍宝,必定接纳我国使臣。赵国使臣进入楚、魏,秦国必然怀疑各国在进行联合以与它对抗,心里定会恐慌。在这种情况下,议和才可进行。"赵王不听,和平阳君决定议和,派郑朱先行入秦。秦国接纳了他。赵王召来虞卿,说道:"寡人派平阳君跟秦国议和,秦已接纳郑朱了,您以为怎样?"虞卿回答说:"王去议和不可能成功,但赵军是必破无疑的了。各国祝贺战争胜利的人都已到秦国了。郑朱,是位显贵人物。他进入秦国,秦王和应侯必然会宣扬他、看重他,以向各国显示。楚、魏认为赵国在议和,必定不来救王。秦国知道各国不来救王,议和就不可能成功。"应侯果然宣扬郑朱以向各国来秦祝贺战争胜利的人显示,最终还是不肯议和。赵军在长平大败之后,秦军便围住了邯郸,(赵王的这一失策)被天下人所讥笑。

秦军解了邯郸之围后,赵王准备入秦朝见,派赵郝前去相约侍秦之事,愿意割献六县议和。虞卿对赵王说:"秦军攻王,是因为疲倦了才退回去的呢,还是君王认为它的力量尚能继续进攻,因为爱护您才不再进攻的呢?"赵王说:"秦军攻我,已经不遗余力了,肯定是因为疲倦了才退回去的。"虞卿说:"秦军用其全力攻打它所不能取得的东西,打得疲倦了才退回去,君王您却又把它力所不能取得的东西送给它,这是在帮助秦军进攻自己啊。来年秦军再来攻王,王就没有救了。"赵王把虞卿这番话告诉赵郝。赵郝说:"虞卿果真能摸透秦军的力量能达到哪里吗?他果真知道秦军的力量不能进到哪里,(照他说的去做,自然未尝不可,否则的话)连这弹丸之地都不给,如果秦军来年再来攻王,王岂不是要割献比六县更加靠里的内地城邑去议和了吗?"赵王说:"那就请依你的建议割献六县,你能有把握使秦军来年不再攻我吗?"赵郝回答说:"这不是我所敢担保的。当年三晋和秦结交,彼此相好。现在秦和韩、魏相善而攻王,王侍奉秦国一定不如韩、魏好。现在我为足下解除了因为您背弃亲善而招致的进攻,开放边关,使者来往,互赠礼物,使您和秦国的关系,与韩、魏一样,到了来年如果王独独招来秦国的进攻,这一定是王侍奉秦国落在了韩、魏的后面。这不是我所敢担保的。"

赵王把赵郝这番话告诉虞卿。虞卿回答说:"赵郝说'不议和,来年秦军再来攻王,王岂不是要割献比六县更加靠里的内地城邑去议和了吗'。现在去议和了,赵郝又认为不能肯定秦军今后不再进攻。这样,现在即使割了六城,又有什么益处呢!来年再来进攻,又要割秦国力量所不能取得的地方去议和,这是自我毁灭的道路啊,不如不要议和。秦国即使善攻,也不能夺取六县;赵国即使不能防守,最终也不致失去六城。秦军疲倦而回,兵卒一定困惫。如果我用六城笼络天下各国,去攻击困惫的秦军,这样我在天下各国那里失去的土地,可以从秦国获得补偿,我国还算有利可图,这与无所作为地割献土地,削弱自己去增强秦国相比,哪个好呢?现在赵郝说'秦和韩、魏相善而攻赵,一定是王侍奉秦国不如韩、魏好',这是要王年年用六城去侍奉秦国,很快白白地把城邑割献完了。来年秦再要求王割地,王准备给它吗？不给吧，前功尽弃，将挑起秦国为祸；给吧，已经没有土地可给了。常言道：'强的人善于进攻，弱的人不能防守。'现在无所作为地听命于秦，秦兵不受损失而多得土地，这是增强秦国而削弱赵国的做法。以越来越强大的秦国来割占越来越弱小的赵国，秦国对赵国的算计自然不会终止的了。再说王的土地有限而秦的要求没完没了，用有限的土地去满足没完没了的要求，其势必然不再有赵国存在了。"

赵王决策未定，楼缓从秦国回来，赵王和楼缓商议，说道："割给秦国土地和不割给土地，哪个有利？"楼缓推辞说："这不是我所能知道的。"赵王说："虽然如此，不妨试着说说你个人的想法。"楼缓回答说："君王也听说过那位公甫文伯的母亲吗？公甫文伯在鲁国做官，生病死了，为他的死而在房里自杀的女子有二人。他母亲听说此事，并不哭泣。他的相室说：'哪有儿子死了而母亲不哭的呢？'他母亲说：'孔子，是位贤人，被逼离开鲁国，这个人却不跟着走。现在他死了，妇人为此自杀的却有二人。这种情况表明一定是他对于长者感情不深而对于妇人感情深厚。'所以从母亲的角度来说，她是位贤良的母亲；如果从妻子的角度来说，她肯定不免是个妒忌的妻子。所以同样一句话，说的人不同，那它表明的心迹也就变了。现在我新从秦国回来而说不给，那不是个办法；说给它吧，又怕王以为我是为了秦国的利益：所以我不敢回答。如果我能为大王出主意，我认为不如割给它好。"赵王说："是的。"

虞卿听到这消息，进宫谒见赵王说："这是一种表面上动听的话语，大王千万不要割城给秦！"楼缓听说后，去见赵王。赵王又把虞卿的话告诉楼缓。楼缓回答说："不是这样的。虞卿只知其一，不知其二。现在秦赵结怨相斗，天下各国都很高兴，这是为什么？他们在心里说'我可趁机依靠强的一方来欺侮弱的一方了'。现在赵国军队受困于秦，各国祝贺战争胜利的人肯定都到秦国了。所以不如快快地议和，以使天下各国疑惑踌躇起来，而使秦王内心得到安慰。不然的话，天下各国将要利用秦国的强大，欺侮赵国的疲弱，瓜分赵国。赵国就要灭亡了，还谈什么对付秦国呢？所以我说虞卿只知其一，不知其二。愿大王即此决策，不要再作其他考虑了。"

虞卿听到这消息，又去见赵王，说道："楼子这种为秦国打算的言论危险得很哪！这样做会使天下各国更加疑惑，而秦王内心又怎么会得到安慰呢？他为什么独独不说这样做是在向天下各国暴露赵国的软弱呢？再者我说不给，并不是一定不要给出去。秦向大王索要六城，而大王可以把六城送给齐国。齐国，是与秦国结下深仇的国家，它得到大王的六城后，要求它和赵国合力向西击秦，也许不等您把话说完，齐王就会同意的。这样大王在齐国失去的东西可以从秦国那里取得补偿，而齐赵两国的深仇也可就此报了，并向天下各国显示赵国是有能力敢作为的。大王将此事稍加声张，齐赵的兵马还没到达边境开始行动，我就能见到秦国的贵重财物已经送到赵国，反而来向大王求和了。大王同意与秦议和，韩、魏两国听到后，必然都看重大王；他们看重大王，必然会拿出贵重的宝物来先向您致意。这样大王一举而可以和三个国家结好，议和中秦赵两国的地位便完全颠倒过来了。"赵王说："好。"便派虞卿到东方去见齐王，和他商议对付秦国。虞卿还没回来，秦国的使者已经到赵国了。楼缓听到这消息，便逃走了。于是，赵国封给虞卿一个城邑。

过了不久，魏国请求和赵国合纵。赵孝成王召虞卿来商议。虞卿拜访平原君，平原君说："希望您赞成合纵。"虞卿进宫见王，赵王说："魏国请求合纵。"虞卿回答说："魏国错了。"赵王说："寡人原本没有答应。"虞卿回答说："大王错了。"赵王说："魏国请求合纵，您说魏国错了，寡人没有答应，您又说寡人错了，这样说来，合纵到底是不可行的吗？"虞卿回答说："我听说小国和大国联合，有利则大国得其福，不利则小国受其祸。现在魏国以小国的地位请受其祸，而大王以大国的身份推辞其福，所以，我说大王错了，魏国也错了。我个人认为合纵是有利的。"赵王说："好。"于是和魏国合纵。

虞卿既然因为魏齐的缘故，毫不看重万户侯卿相的官位，和魏齐从小路悄悄出逃，最后离开了赵国，来到大梁，处境艰难。魏齐死了以后，虞卿更不得意，便著书立说，上采《春秋》的资料，下观近世的史实，分为《节义》、《称号》、《揣摩》、《政谋》等，共八篇，用来讥刺国家的得失，以《虞氏春秋》的名称流传世间。

太史公说：平原君，风度翩翩，是一位混乱时世中的佳公子，然而没能顾及大体。俗语说"利令智昏"，平原君偏听冯亭的邪说，使赵兵陷在长平的达四十余万，邯郸几乎失守。虞卿预测事情，揣摩情理，为赵出谋划策，何其精密周到！到后来因不忍舍弃魏齐，最终受困于大梁。这样做，即使一个不高明的人尚且知道是行不通的，何况是位贤能的人呢？然而虞卿要不是穷愁不得意，也不会著书把自己的想法留传给后世。

史记卷七十七

魏公子列传第十七

魏公子无忌者，魏昭王少子而魏安釐王异母弟也。昭王薨，安釐王即位，封公子为信陵君。是时范睢亡魏相秦，以怨魏齐故，秦兵围大梁，破魏华阳下军，走芒卯。魏王及公子患之。

公子为人仁而下士，士无贤不肖皆谦而礼交之，不敢以其富贵骄士。士以此方数千里争往归之，致食客三千人。当是时，诸侯以公子贤，多客，不敢加兵谋魏十余年。

公子与魏王博，而北境传举烽，言"赵寇至，且入界"。魏王释博，欲召大臣谋。公子止王曰："赵王田猎耳，非为寇也。"复博如故。王恐，心不在博。居顷，复从北方来传言曰："赵王猎耳，非为寇也。"魏王大惊，曰："公子何以知之？"公子曰："臣之客有能深得赵王阴事者，赵王所为，客辄以报臣，臣以此知之。"是后魏王畏公子之贤能，不敢任公子以为国政。

魏有隐士曰侯嬴，年七十，家贫，为大梁夷门监者。公子闻之，往请，欲厚遗之。不肯受，曰："臣修身絜行数十年，终不以监门困故而受公子财。"公子于是乃置酒大会宾客。坐定，公子从车骑，虚左，自迎夷门侯生。侯生摄敝衣冠，直上载公子上坐，不让，欲以观公子。公子执辔愈恭。侯生又谓公子曰："臣有客在市屠中，愿枉车骑过之。"公子引车入市，侯生下见其客朱亥，俾倪，故久立与其客语，微察公子。公子颜色愈和。当是时，魏将相宗室宾客满堂，待公子举酒。市人皆观公子执辔。从骑皆窃骂侯生。侯生视公子色终不变，乃谢客就车。至家，公子引侯生坐上坐，遍赞宾客，宾客皆惊。酒酣，公子起，为寿侯生前。侯生因谓公子曰："今日嬴之为公子亦足矣。嬴乃夷门抱关者也，而公子亲枉车骑自迎嬴，于众人广坐之中不宜有所过，今公子故过之。然嬴欲就公子之名，故久立公子车骑市中，过客以观公子，公子愈恭。市人皆以嬴为小人，而以公子为长者能下士也。"于是罢酒，侯生遂为上客。

侯生谓公子曰："臣所过屠者朱亥，此子贤者，世莫能知，故隐屠间耳。"公子往数请之，朱亥故不复谢，公子怪之。

魏安釐王二十年，秦昭王已破赵长平军，又进兵围邯郸。公子姊为赵惠文王弟平原君夫人，数遗魏王及公子书，请救于魏。魏王使将军晋鄙将十万众救赵。秦王使使者告魏王曰："吾攻赵旦暮且下，而诸侯敢救者，已拔赵，必移兵先击之。"魏王恐，使人止晋鄙，留军壁邺，名为救赵，实持两端以观望。平原君使者冠盖相属于魏，让魏公子曰："胜所以自附为婚姻者，以公子之高义，为能急人之困。今邯郸旦暮降秦而魏救不至，安在公子能急人之困也！且公子纵轻胜，弃之降秦，独不怜公子姊邪？"公子患之，数请魏王，及宾客辩士说王万端。魏王畏秦，终不听公子。公子自度终不能得之于王，计不独生而令赵亡，乃请宾客，约车骑百余乘，欲以客往赴秦军，与赵俱死。

行过夷门，见侯生，具告所以欲死秦军状。辞决而行，侯生曰："公子勉之矣，老臣不能从。"公子行数里，心不快，曰：

"吾所以待侯生者备矣，天下莫不闻，今吾且死而侯生曾无一言半辞送我，我岂有所失哉？"复引车还，问侯生。侯生笑曰："臣固知公子之还也。"曰："公子喜士，名闻天下。今有难，无他端而欲赴秦军，譬若以肉投馁虎，何功之有哉？尚安事客？然公子遇臣厚，公子往而臣不送，以是知公子恨之复返也。"公子再拜，因问。侯生乃屏人间语，曰："嬴闻晋鄙之兵符常在王卧内，而如姬最幸，出入王卧内，力能窃之。嬴闻如姬父为人所杀，如姬资之三年，自王以下欲求报其父仇，莫能得。如姬为公子泣，公子使客斩其仇头，敬进如姬。如姬之欲为公子死，无所辞，顾未有路耳。公子诚一开口请如姬，如姬必许诺，则得虎符夺晋鄙军，北救赵而西却秦，此五霸之伐也。"公子从其计，请如姬。如姬果盗晋鄙兵符与公子。

公子行，侯生曰："将在外，主令有所不受，以便国家。公子即合符，而晋鄙不授公子兵而复请之，事必危矣。臣客屠者朱亥可与俱，此人力士。晋鄙听，大善；不听，可使击之。"于是公子泣。侯生曰："公子畏死邪？何泣也？"公子曰："晋鄙嚄唶宿将，往恐不听，必当杀之，是以泣耳，岂畏死哉？"于是公子请朱亥。朱亥笑曰："臣乃市井鼓刀屠者，而公子亲数存之，所以不报谢者，以为小礼无所用。今公子有急，此乃臣效命之秋也。"遂与公子俱。公子过谢侯生。侯生曰："臣宜从，老不能。请数公子行日，以至晋鄙军之日，北乡自刭，以送公子。"公子遂行。

至邺，矫魏王令代晋鄙。晋鄙合符，疑之，举手视公子曰："今吾拥十万之众，屯于境上，国之重任，今单车来代之，何如哉？"欲无听。朱亥袖四十斤铁椎，椎杀晋鄙，公子遂将晋鄙军，勒兵，下令军中曰："父子俱在军中，父归；兄弟俱在军中，兄归；独子无兄弟，归养。"得选兵八万人，进兵击秦军。秦军解去，遂救邯郸，存赵。赵王及平原君自迎公子于界，平原君负韊矢为公子先引。赵王再拜曰："自古贤人未有及公子者也。"当此之时，平原君不敢自比于人。公子与侯生决，至军，侯生果北乡自刭。

魏王怒公子之盗其兵符，矫杀晋鄙，公子亦自知也。已却秦存赵，使将将其军归魏，而公子独与客留赵。赵孝成王德公子之矫夺晋鄙兵而存赵，乃与平原君计，以五城封公子。公子闻之，意骄矜而有自功之色。客有说公子曰："物有不可忘，或有不可不忘。夫人有德于公子，公子不可忘也；公子有德于人，愿公子忘之也。且矫魏王令，夺晋鄙兵以救赵，于赵则有功矣，于魏则未为忠臣也。公子乃自骄而功之，窃为公子不取也。"于是公子立自责，似若无所容者。赵王埽除自迎，执主人之礼，引公子就西阶。公子侧行辞让，从东阶上。自言罪过，以负于魏，无功于赵。赵王侍酒至暮，口不忍献五城，以公子退让也。公子竟留赵。赵王以鄗为公子汤沐邑，魏亦复以信陵奉公子。公子留赵。

公子闻赵有处士毛公藏于博徒，薛公藏于卖浆家，公子欲见两人，两人自匿不肯见公子。公子闻所在，乃间步往从此两人游，甚欢。平原君闻之，谓其夫人曰："始吾闻夫人弟公子天下无双，今吾闻之，乃妄从博徒卖浆者游，公子妄人耳。"夫人以告公子。公子乃谢夫人去，曰："始吾闻平原君贤，故负魏王而救赵，以称平原君。平原君之游，徒豪举耳，不求士也。无忌自在大梁时，常闻此两人贤，至赵，恐不得见。以无忌从之游，尚恐其不我欲也，今平原君乃以为羞，其不足从游。"乃装为去。夫人具以语平原君。平原君乃免冠谢，固留公子。平原君门下闻之，半去平原君归公子，天下士复往归公子，公子倾平原君客。

公子留赵十年不归。秦闻公子在赵，日夜出兵东伐魏。魏王患之，使使往请公子。公子恐其怒之，乃诫门下："有敢为魏王使通者，死。"宾客皆背魏之赵，莫敢劝公子归。毛公、薛公两人往见公子曰："公子所以重于赵，名闻诸侯者，徒以有魏也。今秦攻魏，魏急而公子不恤，使秦破大梁而夷先王之宗庙，公子当何面目立天下乎？"语未及卒，公子立变色，告车趣驾归救魏。

魏王见公子，相与泣，而以上将军印授公子，公子遂将。魏安釐王三十年，公子使使遍告诸侯。诸侯闻公子将，各遣将将兵救魏。公子率五国之兵破秦军于河外，走蒙骜。遂乘胜逐秦军至函谷关，抑秦兵，秦兵不敢出。当是时，公子威振天下，诸侯之客进兵法，公子皆名之，故世俗称《魏公子兵法》。

秦王患之，乃行金万斤于魏，求晋鄙客，令毁公子于魏王曰："公子亡在外十年矣，今为魏将，诸侯将皆属，诸侯徒闻魏公子，不闻魏王。公子亦欲因此时定南面而王，诸侯畏公子之威，方欲共立之。"秦数使反间，伪贺公子得立为魏王未也。魏王日闻其毁，不能不信，后果使人代公子将。公子自知再以毁废，乃谢病不朝，与宾客为长夜饮，饮醇酒，多近妇女。日夜为乐饮者四岁，竟病酒而卒。其岁，魏安釐王亦薨。

秦闻公子死，使蒙骜攻魏，拔二十城，初置东郡。其后秦稍蚕食魏，十八岁而虏魏王，屠大梁。

高祖始微少时，数闻公子贤。及即天子位，每过大梁，常祠公子。高祖十二年，从击黥布还，为公子置守冢五家，世世岁以四时奉祠公子。

太史公曰：吾过大梁之墟，求问其所谓夷门。夷门者，城之东门也。天下诸公子亦有喜士者矣，然信陵君之接岩穴隐者，不耻下交,有以也。名冠诸侯,不虚耳。高祖每过之而令民奉祠不绝也。

译文:

魏公子无忌,是魏昭王的小儿子,魏安釐王同父异母的弟弟。昭王死后,安釐王即位,封公子为信陵君。此时,范雎从魏国逃亡到秦国,并做了秦相,因为怨恨魏齐的缘故,所以发动秦国的军队来围攻大梁,击败了驻守在华阳的魏国军队,赶跑了魏国将领芒卯。魏王和公子都为这件事情担忧。

公子为人,心地慈仁,能和比自己地位低的人交往,不论才能高低,他都能够谦虚地以礼相待,决不因为自己富贵而对人傲慢。因此,周围数千里内的士人都争先恐后地归附于他,招致的门客多达三千人。在这个时候,因为公子的贤明、门客多,各诸侯国十多年来不敢用兵谋攻魏国。

(一天,)公子和魏王正在下棋,北方国境传来了告急的警报,说:"赵国出兵来犯,即将进入国境。"魏王放下了棋子,打算召集大臣们来商议对策。公子劝阻魏王说:"这是赵王在打猎,不是来侵犯我国。"(于是二人)又照旧下起棋来。魏王心里有些害怕,心思不在下棋上。过了一会儿,又从北方传来报告说:"是赵王在打猎,不是来侵犯我国。"魏王听了大吃一惊,说:"公子是怎么知道的?"公子说:"我的门客中有能探得赵王秘密事情的人,赵王的所作所为,门客都要来报告我,因此我知道他的行动。"从此以后,魏王害怕公子的贤能,不敢把国家大事委任给他。

魏国有个隐士叫侯嬴,七十岁了,家境贫寒,是大梁城夷门的守门小吏。公子听说此人以后,便前往拜访,并准备了厚礼相送给他。侯嬴不肯接受,说:"我几十年来修身絜行,决不会因为看守城门而家庭贫困的缘故就接受公子的厚礼。"于是公子置办了酒宴，大会宾客。等到大家坐定以后，公子带着随从车马，空出车上左边的座位，亲自去迎接守夷门的侯生。侯生整理了一下他的破衣旧帽，径行上车，坐在了公子空出的左边尊位，毫不谦让，想借此来观察一下公子的诚意。公子拉着驾车的缰绳，态度十分恭敬。侯嬴又告诉公子说："我有个朋友在市场屠宰坊，希望能委屈一下您的车马随从，路过那里拜访他一下。"公子听了便引车入市，侯生下车去见了他的朋友朱亥，（侯生在那里）斜着眼睛窥察（公子），并故意拖长时间站在那里和朱亥谈话，暗中观察公子的反应。公子的脸色更加和悦。就在这个时候，（前来参加公子宴会的）魏国的将相、宗室诸宾客已坐满了宴厅，只等公子回来举杯开宴。市场上的人们（感到好奇）都来看公子（为侯生）驾车，（公子的）随从们也都在暗骂侯生。侯生见公子的脸始终没变，才向朋友告辞登车。到了公子家中，公子领侯生坐到上席，一一向宾客介绍了侯生，客人们听了都感到惊讶。酒饮得正畅快时，公子站起来到侯生席前敬酒。侯生便向公子说："今天我侯嬴难为您了，我侯嬴只是个夷门的守门人，而公子却亲自驾车迎我侯嬴，在大庭广众之中公子本不应对我有过分的表示，而今天公子对我却过分客气。但我侯嬴为了成就您的爱士之名，所以故意让公子的车马在市中停了好久，又去拜访了朋友，以此来观察公子的态度，而公子却更显得恭敬。市中的人都以我侯嬴为小人，而以公子为能礼贤下士的长者。"酒席散了，侯生从此便成了公子的座上宾。

侯生对公子说："我所拜访的屠夫朱亥，这是个有贤才的人，大家不了解他，所以他隐身于屠户之中。"公子（听了之后曾）多次亲自去拜访他，朱亥却不去回拜，公子感到很奇怪。

魏安釐王二十年，秦昭王打败了赵国驻守在长平的军队，又继续进兵包围了邯郸。公子无忌的姊姊是赵惠文王弟弟平原君（赵胜）的夫人，曾多次派人给魏安釐王和公子送信，向魏王请求救兵。魏王派将军晋鄙率领十万士兵前往救赵。秦昭王（知道后）就派使臣告魏王说："我攻打赵国早晚将要攻下，如果在诸侯国中有敢来援救赵国的，在占领赵国以后一定先移兵打击它。"魏王听了心中害怕，（于是）派人通知晋鄙停止进军，把军队驻扎在邺地。名义上是出兵救赵，实际上却采取了两面手法以观望形势的变化。平原君的使者络绎不绝地来到魏国，责难魏公子说："我赵胜所以自愿和魏国结为婚姻，是因为公子有崇高的道义，能够急别人所急，想别人所想。现在邯郸很快就要被秦军攻破，而魏国的援军一直不来，公子解急救患的崇高道义在哪里呢？即使公子轻看我赵胜，抛弃了赵国，使赵国降服于秦国，难道你就不怜念你的姊姊吗？"公子面对此事深感忧愁，曾数次亲自请求魏王出兵救赵，而且请宾客辩士用种种办法去劝说魏王，终因魏王畏惧秦国而没有听从公子的主张。公子猜想（自己的主张）终究不会得到魏王的允许，决计不愿一人苟活而让赵国灭亡，于是请他的宾客们凑集了一百多辆车马，打算率领宾客们去与秦军决一死战，和赵国共存亡。

路过夷门时，见到了侯生，公子将他所以要和秦军决一死战的情况原原本本地告诉了侯生。说完了就辞别继续前进，侯生说："公子努力干吧，老臣不能相从了。"公子走了几里路之后，心中感到不甚愉快，说："我对待侯生是十分周到的，天下的人没有不听说的，现在我将要去死了，而侯生却无一言半语来送我，难道我还有什么过失的地方吗？"于是又带着车马返回去问侯生。侯生笑着说："我早就知道公子会回来的。"接着又说:"公子仁厚待士的品德天下闻名。今天你有了困难,没有别的好办法才准备去与秦军决一死战,这就好像拿肉投给饿虎一般,这会有什么好处呢?像这样厚养宾客还有什么用呢?公子待我很厚,你去决一死战而臣下竟不去送行,因此我知道公子会恨我而且一定会回来的。"公子向侯生再拜,并向他请教,于是侯生支开旁边的人,悄悄地和公子说:"我听说晋鄙的兵符常放在魏王的卧室内,而侍妾如姬最得魏王宠爱,经常出入于魏王的卧室,她能够偷到兵符。我还听说如姬的父亲被人杀害,如姬怀恨三年,除国王以外,她想寻求一个能为她报杀父之仇的人,但未能找到。如姬曾对公子哭诉此事,公子若能派人去斩下她仇人的头献给如姬,如姬一定愿为公子效死,决不推辞,只是没有机会罢了。公子如果真的开口请如姬帮忙,如姬一定会许诺此事,那么就能得到虎符夺取晋鄙的军队,这样北面就可以救了赵国而且西面又可以打退秦兵,此举如同春秋五霸一般的功业。"公子听从了侯生的计谋,去请如姬帮忙。如姬果然偷到了晋鄙的兵符,并送交给公子。

公子将要出发了,侯生说:"将军在外作战,为了国家的利益,君主的命令有时可以不接受。公子即使合了兵符,如果晋鄙不交给公子兵权,而要重新请示魏王,那么事情就会危险。我的朋友屠户朱亥可以和你一起去,此人力量过人。晋鄙听从了你,当然最好,若不听从你,就可以让朱亥打死他。"公子听了流下泪来。侯生说:"难道公子是怕死吗?为什么哭呢?"公子说:"晋鄙是叱咤风云的老将,我去了恐怕他不会听从我意,必定会杀死他,因此流下了眼泪,我哪里是怕死呢?"于是公子去请朱亥同行。朱亥笑着说:"我是市井间操刀宰杀的屠夫,而公子曾多次亲自来看我,我之所以没有回拜的缘故,是认为这些小礼节没什么用处，现在公子有了急事，这正是我报答恩惠为你效命的时候到了。"于是和公子一同前往。公子又去辞谢侯生，侯生说："我本来应随从你一同前往，因为年岁老了不能陪同，我愿计算公子的行程和日期，在你到达晋鄙军中的那天，我定面向北方自刎，以此来送行公子。"于是，公子出发了。

到了邺城，公子假传魏王的命令来代替晋鄙的军职。晋鄙合过兵符，却（对此事）表示怀疑，抬起头来望着公子说："现在我拥有十万大军驻守在边境上，担负着保卫国家的重大任务，现在你单身匹马来接替我的重任，这是怎么一回事呢？"想不听从公子。朱亥用藏在袖中的四十斤重的铁锤击杀了晋鄙，于是公子统率了晋鄙的军队，并进行了整顿，下令军中说："父子都在军中服役的父亲回去，兄弟皆在军中服役的哥哥回去，没有兄弟的独生子回去奉养父母。"经过挑选留下精兵八万，进兵攻击秦军。秦军被击退以后，于是又去援救邯郸，这样才保全了赵国。赵王和平原君亲自去郊界处迎接公子无忌，平原君背着箭袋在前面为公子引路。赵王向公子行了再拜礼后说："自古以来的贤者没有一个能比得上公子。"这时，平原君也自惭不敢跟公子相比了。公子和侯生诀别以后，在公子到达晋鄙军中的时候，侯生果然向着北方自刎而死。

魏王对公子偷走他的兵符很生气，假传命令杀死晋鄙，（这些负国的罪过）公子自己心里也很清楚。在打退秦兵保全了赵国以后，公子便派了一名将军率领着队伍回到了魏国，而公子本人和他的宾客们却留在了赵国。赵孝成王很感激公子假传命令夺取了晋鄙的军队从而保全了赵国，于是和平原君商量，打算把五个城邑封给公子。公子听说此事以后，心里有了骄傲的念头，脸上也显露出自以为有功的神色。门客中有人劝公子说："事情有不可忘记的,也有不可不忘记的。别人有恩于公子,公子是不能忘记的;公子有恩于别人,希望公子能忘掉它。况且假传魏王的命令,夺取晋鄙的军队来保全赵国,这对赵国来讲是有功的,而对于魏国来讲却不能说是忠臣。公子以此事为骄傲、有功,我认为这一点公子是不可取的。"于是公子立刻自己责备自己,好像无地自容似的。赵王打扫庭前台阶亲自迎接公子,依照主人迎接贵宾的礼节,引导公子从西阶而上,公子却侧身谦让,从东阶而上。公子自称有罪过,即有负于魏国,对赵国来讲也没有什么功劳。赵王陪公子饮酒一直到了天黑,嘴里不好意思说出封赠公子五城的事,因为公子一直很谦让。公子终于留在了赵国,赵王把鄗地作为公子的汤沐邑,魏国也仍把信陵封给了公子。公子留在了赵国。

公子听说赵国有个名叫毛公的处士隐藏在赌徒当中,有个叫薛公的隐藏在卖酒的人家,公子想见这两个人,而这两个人却躲藏起来不肯见公子。后来公子打听到了他俩躲藏的地方,就悄悄地前往和这两个人交往,相处的很融洽。平原君听到这件事后便对他的夫人说:"当初我听说夫人的弟弟公子是天下没有人能和他相提并论的人才,现在我听说他竟和赌徒、卖酒的人胡乱交往,公子不过是个荒唐的人罢了。"平原君的夫人把这些话告诉了公子。公子便辞别了平原君的夫人准备离开赵国,说:"当初我听说平原君很贤明,所以背负了魏王来援救赵国,以满足平原君的心愿。看来平原君的交往朋友只是一时的举动为装门面罢了,不是在真诚地寻求人才。我无忌还在大梁的时候就经常听说这两个人贤能,来到了赵国唯恐见不到他们。以我无忌这样的人和他们交往尚且担心他们不愿理我,现在平原君认为和他们交往是羞耻,可见像平原君这样的人是不值得交往啊。"于是整理行装准备离开赵国。夫人又把（公子的这番）话全部告诉了平原君。于是，平原君摘去帽子前往谢罪，并坚决地挽留公子。平原君门下的宾客听了这事以后，有一半离开了平原君而归附于公子，天下的贤士们也都纷纷来到公子的门下，公子门下的宾客大大超过了平原君。

公子留在赵国住了十年，一直没回魏国。秦国听说公子在赵国，日夜向东出兵攻打魏国。魏王为此事十分担心，于是派使者去请公子回国，公子害怕魏王对他还怀恨在心，于是告诫门下诸客说："有敢为魏王使者通报的处死刑。"宾客们都是（跟随公子）背弃魏国来到赵国的，所以没有人敢去劝公子回国的。毛公、薛公二人前往见公子说："公子所以受到赵国的尊重、闻名于各诸侯国的原因，只是因为有魏国的存在。现在秦国攻打魏国，魏国危急而公子却无动于衷，假使秦国攻破了大梁，把先王的宗庙毁为平地，公子将以什么样的面目立足于天下呢？"话还没有讲完，公子的脸上立刻变了颜色，（于是马上）告诉管车的人套起车马回国救魏。

魏王见到公子以后，两人相对哭泣，魏王把上将军的印信交给公子，公子做了魏国军队的最高将领，统率了魏国的军队。魏安釐王三十年，公子派遣使者（把自己做了魏军将领的消息）告知各诸侯国。各诸侯听说公子亲自统率魏军，便纷纷派了将军领兵前来救魏。于是，公子率领五国兵马在河外击败了秦军，打跑了秦将蒙骜。接着乘胜追击秦军到函谷关，压住了秦军，迫使秦军不敢出函谷关。在这个时候，公子威震天下，各诸侯国的宾客都来呈献兵法著作，公子都给这些著作编了名目，所以世上一般都称之为《魏公子兵法》。

秦王对公子的威武感到忧患，于是不惜万金在魏国寻求晋鄙的门客，使他们在魏王面前诋毁公子说："公子逃亡在国外十年之久，现在做了魏国的将军，各诸侯国都将隶属于公子的麾下，各诸侯也将只知道有魏公子而不知道有魏王，公子也想趁机南面而王，各诸侯也因公子威震天下而感到害怕，正打算共同拥立他为魏国国王。"秦国多次利用反间计策派人前往假贺公子，刺探是否立为魏王。魏王天天听到有人诋毁公子，不能不信，后来果然派人代替了公子将军职务。公子自己也知道是因为多次被人诋毁而被废置不用，于是假托有病不去朝见魏王，与宾客们酣饮达旦，常饮浓郁的美酒，经常亲近妇女。这样日日夜夜饮酒寻乐生活了四年，终因饮酒过度而患病致死。就在这一年里，魏安釐王也死了。

秦国听说公子死了，便派蒙骜率兵攻魏，攻取了二十个城邑，开始（在这里）设立为（秦国的）东郡。从此以后秦国逐渐蚕食魏国的土地，经过十八年，秦国俘虏了魏王，攻破了魏国的都城大梁。

汉高祖刘邦还处于贫寒微贱的时候，经常听人说公子很贤能。到做了皇帝以后，每次经过大梁时总要去祭祀公子。高祖十二年，在击破黥布之后回京路过大梁时，安置了五户人家专为公子守冢，希望后世每年四季按时祭祀公子。

太史公说：我经过大梁的旧址时，曾向人打听过所谓的夷门，夷门就是城的东门。天下诸公子也有好客喜士的，然而能像信陵君那样结交各个角落的隐士，礼贤下士，不以为耻，是很有道理的。公子的名声远在各诸侯之上，并非虚传。汉高祖每次经过这里时总要让百姓们不断地去祭祀他。

史记卷七十八

春申君列传第十八

春申君者，楚人也，名歇，姓黄氏。游学博闻，事楚顷襄王。顷襄王以歇为辩，使于秦。秦昭王使白起攻韩、魏，败之于华阳，禽魏将芒卯，韩、魏服而事秦。秦昭王方令白起与韩、魏共伐楚，未行，而楚使黄歇适至于秦，闻秦之计。当是之时，秦已前使白起攻楚，取巫、黔中之郡，拔鄢、郢，东至竟陵。楚顷襄王东徙治于陈县。黄歇见楚怀王之为秦所诱而入朝，遂见欺，留死于秦。顷襄王，其子也，秦轻之，恐壹举兵而灭楚。歇乃上书说秦昭王曰：

天下莫强于秦、楚。今闻大王欲伐楚，此犹两虎相与斗。两虎相与斗而驽犬受其弊，不如善楚。臣请言其说：臣闻物至则反，冬夏是也；致至则危，累棋是也。今大国之地，遍天下有其二垂，此从生民已来，万乘之地未尝有也。先帝文王、庄王之身，三世不妄接地于齐，以绝从亲之要。今王使盛桥守事于韩，盛桥以其地入秦，是王不用甲，不信威，而得百里之地。王可谓能矣。王又举甲而攻魏，杜大梁之门，举河内，拔燕、酸枣、虚、桃，入邢，魏之兵云翔而不敢捄。王之功亦多矣。王休甲息众，二年而后复之；又并蒲、衍、首、垣，以临仁、平丘，黄、济阳婴城而魏氏服；王又割濮、磿之北，注齐、秦之要，绝楚、赵之脊，天下五合六聚而不敢救。王之威亦单矣。

王若能持功守威，绌攻取之心而肥仁义之地，使无后患，三王不足四，五伯不足六也。王若负人徒之众，仗兵革之强，乘毁魏之威，而欲以力臣天下之主，臣恐其有后患也。《诗》曰："靡不有初，鲜克有终。"《易》曰："狐涉水，濡其尾。"此言始之易，终之难也。何以知其然也？昔智氏见伐赵之利而不知榆次之祸，吴见伐齐之便而不知乾隧之败。此二国者，非无大功也，没利于前而易患于后也。吴之信越也，从而伐齐，既胜齐人于艾陵，还为越王禽三渚之浦。智氏之信韩、魏也，从而伐赵，攻晋阳城，胜有日矣，韩、魏叛之，杀智伯瑶于凿台之下。今王妒楚之不毁也，而忘毁楚之强韩、魏也，臣为王虑而不取也。

《诗》曰："大武远宅而不涉。"从此观之，楚国，援也；邻国，敌也。《诗》云："趯趯毚兔，遇犬获之。他人有心，余忖度之。"今王中道而信韩、魏之善王也，此正吴之信越也。臣闻之，敌不可假，时不可失。臣恐韩、魏卑辞除患而实欲欺大国也。何则？王无重世之德于韩、魏，而有累世之怨焉。夫韩、魏父子兄弟接踵而死于秦者将十世矣。本国残，社稷坏，宗庙毁。刳腹绝肠，折颈摺颐，首身分离，暴骸骨于草泽，头颅僵仆，相望于境，父子老弱系脰束手为群虏者相及于路。鬼神孤伤，无所血食。人民不聊生，族类离散，流亡为仆妾者，盈满海内矣。故韩、魏之不亡，秦社稷之忧也，今王资之与攻楚，不亦过乎？

且王攻楚将恶出兵？王将借路于仇雠之韩、魏乎？兵出之日而王忧其不返也，是王以兵资于仇雠之韩、魏也。王若不借路于仇雠之韩、魏，必攻随水右壤。随水右壤，此皆广川大水，山林溪谷，不食之地也。王虽有之，不为得地。是王有毁楚之名而无得地之实也。

且王攻楚之日，四国必悉起兵以应王。秦、楚之兵构而不离，魏氏将出而攻留、方与、铚、湖陵、砀、萧、相，故宋必尽。齐人南面攻楚，泗上必举。此皆平原四达，膏腴之地，而使独攻。王破楚以肥韩、魏于中国而劲齐。韩、魏之强，足以校于秦。齐南以泗水为境，东负海，北倚河，而无后患，天下之国莫强于齐、魏，齐、魏得地葆利而详事下吏，一年之后，为帝未能，其于禁王之为帝有余矣。

夫以王壤土之博，人徒之众，兵革之强，壹举事而树怨于楚，迟令韩、魏归帝重于齐，是王失计也。臣为王虑，莫若善楚。秦、楚合而为一以临韩，韩必敛手。王施以东山之险，带以曲河之利，韩必为关内之侯。若是而王以十万戍郑，梁氏寒心，许、鄢陵婴城，而上蔡、召陵不往来也，如此而魏亦关内侯矣。王壹善楚，而关内两万乘之主注地于齐，齐右壤可拱手而取也。王之地一经两海，要约天下，是燕、赵无齐、楚，齐、楚无燕、赵也。然后危动燕、赵，直摇齐、楚，此四国者不待痛而服矣。

昭王曰："善。"于是乃止白起而谢韩、魏。发使赂楚，约为与国。

黄歇受约归楚，楚使歇与太子完入质于秦，秦留之数年。楚顷襄王病，太子不得归。而楚太子与秦相应侯善，于是黄歇乃说应侯曰："相国诚善楚太子乎？"应侯曰："然。"歇曰："今楚王恐不起疾，秦不如归其太子。太子得立，其事秦必重而德相国无穷，是亲与国而得储万乘也。若不归，则咸阳一布衣耳；楚更立太子，必不事秦。夫失与国而绝万乘之和，非计也。愿相国孰虑之。"应侯以闻秦王。秦王曰："令楚太子之傅先往问楚王之疾，返而后图之。"黄歇为楚太子计曰："秦之留太子也，欲以求利也。今太子力未能有以利秦也，歇忧之甚。而阳文君子二人在中，王若卒大命，太子不在，阳文君子必立为后，太子不得奉宗庙矣。不如亡秦，与使者俱出；臣请止，以死当之。"楚太子因变衣服为楚使者御以出关，而黄歇守舍，常为谢病。度太子已远，秦不能追，歇乃自言秦昭王曰："楚太子已归，出远矣。歇当死，愿赐死。"昭王大怒，欲听其自杀也。应侯曰："歇为人臣，出身以徇其主，太子立，必用歇，故不如无罪而归之，以亲楚。"秦因遣黄歇。

歇至楚三月，楚顷襄王卒，太子完立，是为考烈王。考烈王元年，以黄歇为相，封为春申君，赐淮北地十二县。后十五岁，黄歇言之楚王曰："淮北地边齐，其事急，请以为郡便。"因并献淮北十二县，请封于江东。考烈王许之。春申君因城故吴墟，以自为都邑。

春申君既相楚，是时齐有孟尝君，赵有平原君，魏有信陵君，方争下士，招致宾客，以相倾夺，辅国持权。

春申君为楚相四年，秦破赵之长平军四十余万。五年，围邯郸。邯郸告急于楚，楚使春申君将兵往救之，秦兵亦去，春申君归。春申君相楚八年，为楚北伐灭鲁，以荀卿为兰陵令。当是时，楚复强。

赵平原君使人于春申君，春申君舍之于上舍。赵使欲夸楚，为玳瑁簪，刀剑室以珠玉饰之，请命春申君客。春申君客三千余人，其上客皆蹑珠履以见赵使，赵使大惭。

春申君相十四年，秦庄襄王立，以吕不韦为相，封为文信侯。取东周。

春申君相二十二年，诸侯患秦攻伐无已时，乃相与合从，西伐秦，而楚王为从长，春申君用事。至函谷关，秦出兵攻，诸侯兵皆败走。楚考烈王以咎春申君，春申君以此益疏。

客有观津人朱英，谓春申君曰："人皆以楚为强而君用之弱，其于英不然。先君时善秦二十年而不攻楚，何也？秦逾黾隘之塞而攻楚，不便；假道于两周，背韩、魏而攻楚，不可。今则不然，魏旦暮亡，不能爱许、鄢陵，其许魏割以与秦。秦兵去陈百六十里，臣之所观者，见秦、楚之日斗也。"楚于是去陈徙寿春；而秦徙卫野王，作置东郡。春申君由此就封于吴，行相事。

楚考烈王无子，春申君患之，求妇人宜子者进之，甚众，卒无子。赵人李园持其女弟，欲进之楚王，闻其不宜子，恐久毋宠。李园求事春申君为舍人，已而谒归，故失期。还谒，春申君问之状，对曰："齐王使使求臣之女弟，与其使者饮，故失期。"春申君曰："娉入乎？"对曰："未也。"春申君曰："可得见乎？"曰："可。"于是李园乃进其女弟，即幸于春申君。知其有身，李园乃与其女弟谋。园女弟承间以说春申君曰："楚王之贵幸君，虽兄弟不如也。今君相楚二十余年，而王无子，即百岁后将更立兄弟，则楚更立君后，亦各贵其故所亲，君又安得长有宠乎？非徒然也，君贵用事久，多失礼于王兄弟，兄弟诚立，祸且及身，何以保相印江东之封乎？今妾自知有身矣，而人莫知。妾幸君未久，诚以君之重而进妾于楚王，王必幸妾；妾赖天有子男，则是君之子为王也，楚国尽可得，孰与身临不测之罪乎？"春申君大然之，乃出李园女弟，谨舍而言之楚王。楚王召入幸之，遂生子男，立为太子，以李园女弟为王后。楚王贵李园，园用事。

李园既入其女弟，立为王后，子为太子，恐春申君语泄而益骄，阴养死士，欲杀春申君以灭口，而国人颇有知之者。

春申君相二十五年，楚考烈王病。朱英谓春申君曰："世有毋望之福，又有毋望之祸。今君处毋望之世，事毋望之主，安可以无毋望之人乎？"春申君曰："何谓毋望之福？"曰："君相楚二十余年矣，虽名相国，实楚王也。今楚王病，旦暮且卒，而君相少主，因而代立当国，如伊尹、周公，王长而反政，不即遂南面称孤而有楚国？此所谓毋望之福也。"春申君曰："何谓毋望之祸？"曰："李园不治国而君之仇也，不为兵而养死士之日久矣，楚王卒，李园必先入据权而杀君以灭口。此所谓毋望之祸也。"春申君曰："何谓毋望之人？"对曰："君置臣郎中，楚王卒，李园必先入，臣为君杀李园。此所谓毋望之人也。"春申君曰："足下置之。李园，弱人也，仆又善之，且又何至此！"朱英知言不用，恐祸及身，乃亡去。

后十七日，楚考烈王卒。李园果先入，伏死士于棘门之内。春申君入棘门，园死士侠刺春申君，斩其头，投之棘门外。于是遂使吏尽灭春申君之家。而李园女弟初幸春申君有身而入之王所生子者遂立，是为楚幽王。

是岁也，秦始皇帝立九年矣。嫪毐亦为乱于秦，觉，夷其三族，而吕不韦废。

太史公曰：吾适楚，观春申君故城，宫室盛矣哉！初，春申君之说秦昭王，及出身遣楚太子归，何其智之明也！后制于李园，旄矣。语曰："当断不断，反受其乱。"春申君失朱英之谓邪？

译文：

春申君是楚国人，名叫歇，姓黄。他曾周游各地拜师求学，见多识广，知识渊博，侍奉于楚顷襄王。顷襄王认为黄歇善于辩论有口才，就派遣他出使秦国。此前，秦昭王派白起攻打韩、魏两国联军，在华阳将他们打败，活捉了魏国将领芒卯，韩国、魏国只得侍奉臣服于秦。秦昭王刚刚命令白起同韩国、魏国一起出兵进攻楚国，军队尚未开拔，正在这时楚国使臣黄歇恰好来到秦国，听到了秦国的这个计谋。当时的形势是，秦国在此之前就已经派白起进攻过楚国，夺取了巫郡、黔中郡，攻占了别都鄢城和都城郢，向东一直打到竟陵。楚顷襄王只好把都城向东迁到陈县。黄歇曾见到楚怀王被秦国引诱到那里去访问。结果被欺骗受辱，为秦国扣留并死在那里。现在的楚顷襄王是楚怀王的儿子，秦国根本不把他放在眼里，恐怕秦国这次一旦出兵，就会去灭掉楚国。于是，黄歇就上书劝说秦昭王道：

天底下没有谁比秦国、楚国更强大了。现在听说大王想要进攻楚国，这就如同两只猛虎互相争斗。两虎相斗，即使是劣狗也能从中趁机得到好处，如此，您不如和楚国亲善。请允许我陈述我的意见：我听说物极必反，冬季与夏季的更迭变化就是这样，事物发展到极点就危险，高叠起来的棋子就是这样。如今大王您贵国的领土，占有天下西、北两大边，这是有人类以来，即使是天子的领地，也不曾有过的事啊！先帝文王、庄（武）王及大王您，三代都没有忘记使秦国的土地与齐国接壤，借以切断东方各国合纵的纽带。现在大王您派盛桥到韩国驻守任职，盛桥就将他管辖的地盘归入秦国。这样做大王您不动用武力，不伸张威势，而一下就得到了百里之地。您这可称得上是有才能啦。您又发兵攻打魏国，围堵了魏国都城大梁的出入通道，拿下了河内，攻克了燕、酸枣、虚、桃等地，进入了邢地，魏国的军队如风吹白云，四处逃散而不敢彼此相救。大王您的功劳也够多的了。随后，大王您停止了用兵，使广大民众休养生息，两年之后再次举兵，又夺取了蒲、衍、首、垣等地，进而兵临仁地、平丘，包围黄、济阳，这两地只能退缩自守，结果魏国臣服事秦；大王又割取了濮、厯以北的地区，打通了秦国和齐国的通道，截断了楚国和赵国联系的要道。天下诸侯经过五次联合而相聚的合纵六国，却不敢互相救援。大王的威风可以说是发挥得淋漓尽致了。

大王如果能保持住已有的功绩和威望，减少攻取征伐的念头而让自己的心境充满仁义，使以后再没有祸患，那么您真可以和三王媲美，与五霸并举了。大王如果凭借人口众多，倚仗军队强大，并借趁攻灭魏国的威势，而想以武力使天下的诸侯都臣服于自己，我恐怕这对您以后会有祸患啊！《诗经》说："凡事无不有好的开头，但很少有好的结局。"《易经》上说："狐狸渡水的时候，最终会浸湿尾巴。"这些话都是说开头容易，结尾难。怎么知道将是这样呢？从前智伯只看到了进攻赵国的好处，却没料到自己反在榆次遭到赵国与韩、魏两国的合谋暗算而丧身的灾祸，吴王夫差只看到进攻齐国的好处，却没想到因此放松了对越国的警惕而最后在干隧被越王句践战败。这两个国家，不是没有建树过巨大的功绩，只是都贪图了眼前的利益而换来了后来的祸患。吴王夫差相信了越国的恭维，所以才去攻打齐国，在艾陵战胜了齐军以后，在返回时被越王句践在三江水边活捉。智伯相信了韩氏和魏氏，所以才去进攻赵氏，围攻赵国重镇晋阳城，眼看胜利在望了，不料韩氏、魏氏背叛了他，将智伯瑶杀死在凿台之下。如今大王您忌恨楚国的存在，而忘记了一旦毁灭了楚国就会使韩国和魏国更加强大。我替大王考虑，还是不要这样做。

《诗经》说："大规模的军队是不应该远离自家的住地去征战

的。"从这个观点看,楚国应该是朋友,邻国才是敌人。《诗经》又说:"狡兔又蹦又跳,遇到猎犬还是跑不掉;别人有心思,我则要认真揣摩。"现在大王您中途相信韩、魏两国与您亲善,这正如当初吴国相信越国一样啊!我听说,对敌人不能宽容,时机不能错过。我担心韩国、魏国现在装着谦卑恭敬的样子,劝说您去消除所谓的祸患,实际是想欺骗贵国。怎么见得呢?大王对韩、魏没有多大的恩德,却有几代的怨仇啊!韩、魏两国国君的父子兄弟接连死于秦国的刀下,已经快有十代了。他们的领土残缺,政权受到破坏,宗庙被焚毁。两国的黎民百姓被剖腹挖肠,折断颈项,毁损面颊,身首分离,尸首暴露在荒野水泽之中,头颅僵挺,横尸遍野,境内到处可见。父亲、儿子、老人和病弱者,被绳索系住脖子捆住手而成为一群一群俘虏的,在路上接连不断。鬼神也孤苦悲伤,因为没有人再去祭祀它们。百姓们无法生活,家族亲人分离走散,流亡而沦为奴仆婢妾的,四海之内各地各处都有人在。所以韩、魏两国不灭亡,这将是秦国最大的忧患。如今大王您却想借用他们来一起攻打楚国,岂非也错了吗?

再说大王进攻楚国又将怎么出兵呢?您想向仇敌韩国、魏国借路吗?如果您这样做,那么从出兵之日起,您就要担心这支部队还能不能回来的问题。这是您把自己的军队去借给仇敌韩国、魏国啊!大王如果不向仇敌韩国、魏国借路,那就必定要去攻打随水右边的地区。而随水右边的那块地方,都是大川大水,高山密林,深溪幽谷,是不能生长庄稼的旷野啊。大王即使占有了它,也不能算是有所得。而这样做后,大王您只能落得个破坏楚国的坏名声,而没有真正得到土地的实惠啊!

再说大王进攻楚国的时候,齐国、韩国、魏国、赵国一定也都会起兵响应大王。秦、楚两国的军队交锋后,形成拉锯战,互相牵制住，那么魏国必将出兵攻打留、方与、铚、湖陵、砀、萧、相等城邑和地方，原来宋国的地盘一定会全部被魏拿去。齐国军队向南进攻楚国，那么泗水流域也必定会给齐国占领。这些都是平坦开阔、四通八达的平原，肥沃富饶、物产丰茂的地方，是您让他们各自单独地占领了。因此，大王击败楚国，就将使韩、魏两国在中原地区壮大起来，使齐国更加强劲。韩国、魏国的强大，就足以与您秦国抗衡较量了。齐国在南以泗水为界，东边背靠大海，北则俯恃黄河，因此它没有后方受敌的危险，天下的国家没有能比齐国、魏国更强大的了。齐、魏两国一旦在战争中得到了土地，就一定会保住这些既得利益，同时又假装成侍奉秦国的下级官吏的样子，谨小慎微。这样，一年之后，他们虽不一定能使自己称帝于天下，但阻止大王您称帝却已经绰绰有余了。

凭着大王广博的土地，众多的人口，强大的武装，一旦发兵攻楚而招来楚国的仇恨，这就会使韩、魏两国将帝王的重号归送给齐国，这是大王的失策啊！我为大王考虑，您不如与楚国亲善友好。如果秦、楚两国联合起来结成一体，对付韩国，韩国一定缩手而不敢妄动。大王设置东山的险阻关隘，利用黄河曲折环绕的有利地形，这样韩国就必定成为您的臣属。如果造成了这样的形势，那么大王再派十万军队去镇守郑地，魏国就会恐惧，许地、鄢陵将闭门固守，而上蔡、召陵则不敢互相往来，这样一来，魏国也就会成为您的臣属了。大王一经与楚国亲善友好，那么关内的两个大国——韩与魏就会去向齐国索取土地，齐国右边的大片土地便可轻而易举地得到了。大王的土地横贯东西两海，约束天下诸侯，这样就能使燕国、赵国不能依靠齐国、楚国，齐国、楚国也不能借助燕国、赵国为依傍。然后您以生死存亡去震慑燕国、赵国，就会直接动摇齐国和楚国，如此，这四个国家不须痛击便可制服了。

秦昭王说:"好!"于是就中止了派白起出兵的计划,同时辞谢了韩、魏两国,并且派出使者给楚国送去了厚礼,与楚国订立条约,结成了盟国。

黄歇接受盟约后返回楚国,楚王派黄歇和太子完到秦国做人质,秦国把他们扣留了好几年。楚顷襄王病了,太子完还是不能回去。但楚太子与秦国相国应侯很要好,在这样的情况下,黄歇就劝说应侯道:"相国真是与楚太子很要好吗?"应侯说:"是啊!"黄歇说:"如今楚王恐怕是一病不起了,秦国不如让楚太子回去。太子如果能立为王,那他侍奉秦国一定会非常恭谨厚重,并对您相国的恩德感激不尽。这样做,既亲近了盟国,又能够扶植一位大国的国君。如果不让他回去,那他只是秦国咸阳城里的一个普通平民而已;楚国将改立太子,新太子肯定不会侍奉秦国。失去盟国,又断绝秦国与一大国国君之间的友谊,这不是上策。希望相国仔细考虑这件事。"应侯将黄歇说的意思报告了秦王。秦王说:"让楚太子的辅佐官先回去探问一下楚王的病情,等他回来后再作计议。"黄歇替楚国太子谋划说:"秦国扣留太子您,是想借此求取好处。但现在您拥有的力量还没有达到使秦国能得到这些好处的程度,因此我忧虑得很。而阳文君的两个儿子现在国内,大王如果不幸寿终,太子您又不在国内,那阳文君的儿子一定会被确立为继承人,您就不能继承王统了。不如逃离秦国,跟使臣一起出去;我请求留下来,以死来担当责任。"于是,楚太子更换了衣服,扮成楚国使臣的车夫混出了关。黄歇留守在客馆,总是假托太子有病而谢绝来访的宾客。估计太子已经走远,秦国追不上了,于是黄歇自己去向秦昭王报告说："楚太子已经回去,走得很远了。我罪当该死,请求您赐我一死。"秦昭王大怒,想要让他自杀。应侯说:"黄歇作为臣子,愿意献出生命来效忠他的主人。太子如果立为楚王,一定会重用黄歇,所以不如免其罪让他回国,以表示我们对楚国的亲善。"秦王听从了应侯的意见,把黄歇送回了楚国。

黄歇回到楚国后三个月,楚顷襄王去世,太子完继承王位,这就是楚考烈王。考烈王元年,任命黄歇为宰相,封为春申君,赐给他淮北地区十二个县。过了十五年,黄歇对楚王说:"淮北地区和齐国为邻,那里情势很吃紧,请把那里划为郡进行治理、防务,更为合适。"于是就将淮北的十二个县一并献出,请求封到江东去。考烈王同意了他的要求。于是,春申君在吴国故都修建城堡,作为自己的都邑。

春申君当上楚国宰相不久,这时候齐国有孟尝君,赵国有平原君,魏国有信陵君,大家都正争着礼贤下士,招徕宾客,以此来互相竞争,辅助君王掌握国政。

春申君担任楚国宰相的第四年,秦国击败了赵国驻守长平的四十多万军队。第五年,秦国包围了赵国的都城邯郸。邯郸向楚国告急求援,楚国派春申君率兵前去救援,秦国军队这时也撤退了,春申君返回。春申君担任楚国宰相的第八年,替楚国向北征伐,灭了鲁国,任用荀卿当兰陵县令。这时候,楚国又兴盛强大起来了。

赵国的平原君派使臣到春申君这里来,春申君把他们安排在上等宾馆住宿。赵国使臣想向楚国炫耀他们的富有,就在头上插着玳瑁簪子,佩带着用珍珠宝玉装饰鞘套的刀剑,请求会见春申君的门客。春申君有门客三千多人,其中的上等宾客都穿着缀有珍珠的鞋子来会见赵国使臣,赵国使臣见了十分羞惭。

春申君担任宰相的第十四年,秦国庄襄王继位,任命吕不韦为宰相,封为文信侯。秦国攻占了东周。

春申君担任宰相的第二十二年,各国诸侯担心秦国的进攻没完没了,就互相结盟联合起来,向西讨伐秦国,而楚国国君担任合纵六国的盟约之长,由春申君当权主事。六国联军到函谷关,秦国出兵反击,各诸侯国的军队都被击败而逃跑。楚考烈王将作战失利归罪于春申君,春申君因此渐渐被疏远了。

春申君门客中有位观津人叫朱英的对春申君说:"人们都认为楚国本来很强大,而您却把它弄弱了,我不这样认为。先王时我们与秦国亲善二十年而秦国不攻打我们,什么道理呢?因为秦国要越过黾隘这个要塞才能进攻楚国,这很不方便;如果向东、西两周借道,背对着韩国、魏国来进攻楚国,也不行。现在就不是这样了,魏国的灭亡是旦夕间的事,它不能再吝惜许和鄢陵了,也许魏国会割让这两地给秦国。这样秦国距离楚都陈只有一百六十里,我将看到的是,秦、楚两国间越来越频繁的争斗了。"于是,楚国就离开陈迁都到寿春,而秦国则把附庸国卫国的国君卫元君迁到野王,设置了东郡。春申君从此到了封地吴,同时兼行宰相职务。

楚考烈王没有儿子,春申君为这事很担心,就寻找宜于生育的妇女进献给楚王,进献了很多,但始终还是没有儿子。赵国人李园带了自己的妹妹来,想把她进献给楚王,听说他不能生育,就担心时间长了妹妹会失去宠幸。李园便请求侍奉春申君当他的家臣。不久他请假回去,故意不按期回归。回来后他去拜见春申君,春申君问他迟归的原因,李园回答说:"齐王派使者来求聘我妹妹,我陪使者喝酒,所以延误了时间。"春申君说:"订婚礼物送来了吗?"李园回答说:"没有。"春申君说:"可以让我见见你妹妹吗?"回答说:"可以。"于是李园就献上了他的妹妹,并立即受幸于春申君。李园知道妹妹怀孕后，就跟她商量进一步的打算。李园的妹妹找了个机会劝说春申君道："楚王这样的尊重您，宠信您，即使是兄弟也比不上啊！如今您当楚国的宰相已经二十多年了，可是楚王没有儿子，这样，楚王寿终后就将由他的兄弟来继承，那么楚国改立国君后，也将重用他们各自原来的亲信，您又怎么能长久地得到宠信呢？还不仅仅如此呢，您身居高位当权执政多年，对国王的兄弟们有很多失礼的地方。楚王的兄弟如果登位，灾祸必将落在您的身上，您还怎么能保住宰相大印和江东封地呢？现在我知道自己已经怀孕了，可别人不知道。我被您宠幸的时间不长，如果凭您的尊贵身份把我进献给楚王，楚王一定会宠幸我；我仰赖上天生个儿子，那么这就是您的儿子当国王了，楚国就全为您所有了。这与您身临意想不到的灾祸相比，哪样好呢？"春申君觉得太有道理了，就把李园的妹妹送出去，安排在一个馆舍里谨慎地照护好，然后告诉楚王要进献李园的妹妹。楚王将李园的妹妹召进宫来，与她同房，于是生了个儿子，立为太子，封李园的妹妹为王后。楚王重用李园，李园当权了。

李园把他的妹妹送进宫里被封为王后，儿子被立为太子以后，便担心春申君会说漏秘密而更加骄横，于是就暗中豢养敢死的武士，打算杀死春申君来灭口，而京城里有不少人也都知道这件事。

春申君担任宰相的第二十五年，楚考烈王病了。朱英对春申君说："世上有不期而至的福，又有不期而至的祸。如今您处在不期而至的世上，侍奉着不期而至的君主，那您怎么可以没有不期而至的帮手呢？"春申君问道："什么叫不期而至的福？"朱英回答说："您任楚国宰相二十多年了，虽然名义上是宰相，但实际是楚王啊！现在楚王病了，去世是早晚的事，您要辅佐年幼的国君，因而就要代他主持国政，如同伊尹、周公一样，等君王长大后再把大权交还给他,这不是马上满足了您南面称王而据有楚国的心愿吗?这就是我所说的不期而至的福啊!"春申君又问道:"什么叫不期而至的祸?"朱英回答说:"李园不理国事却是您的仇人,他不管兵事却豢养刺客已经有很长日子了。楚王一去世,李园一定抢先入宫夺取权力并且杀掉您来灭口。这就是所说的不期而至的灾祸啊!"春申君再问道:"那什么是不期而至的帮手呢?"朱英回答说:"您安排我做郎中,楚王去世,李园必定会抢先入宫,我来替您杀掉李园。这就是我所说的不期而至的帮手。"春申君说:"您抛开这个打算吧!李园是个软弱无能的人,我又和他很友好;况且又怎么能到这种地步呢?"朱英知道自己的进言不会被采用,恐怕灾祸殃及自身,就逃走了。

十七天后,楚考烈王去世。李园果然抢先进入宫廷,将刺客暗藏在宫门里面。春申君一进宫门,李园豢养的这些刺客就从两边冲出夹住春申君将他刺死,砍下头,扔到宫门之外。做完这些之后,李园又派出官吏将春申君一家满门抄斩。而李园的妹妹当初与春申君同房怀了孕献给楚王后所生的儿子便立为楚王,这就是楚幽王。

这一年,秦始皇登位已经九年了。嫪毐在秦国也与太后私乱,被发觉,夷灭三族,而吕不韦因受牵连也被废黜。

太史公说:我到楚地,观览了春申君的旧城,宫室非常宏伟啊!当初,春申君的劝说秦昭王,直到豁出自己的生命送楚太子回国,他的聪慧是何等的出众高明啊!但后来他被李园控制,真是昏聩糊涂啊!俗话说:"应当决断而不决断,反过来就要遭受祸害。"春申君不听朱英的劝告,其结果不就是如这句话所说的那样吗?

史记卷七十九

范雎蔡泽列传第十九

范雎者，魏人也，字叔。游说诸侯，欲事魏王，家贫无以自资，乃先事魏中大夫须贾。

须贾为魏昭王使于齐，范雎从。留数月，未得报。齐襄王闻雎辩口，乃使人赐雎金十斤及牛酒，雎辞谢不敢受。须贾知之，大怒，以为雎持魏国阴事告齐，故得此馈，令雎受其牛酒，还其金。既归，心怒雎，以告魏相。魏相，魏之诸公子，曰魏齐。魏齐大怒，使舍人笞击雎，折胁摺齿。雎详死，即卷以箦，置厕中。宾客饮者醉，更溺雎，故僇辱以惩后，令无妄言者。雎从箦中谓守者曰："公能出我，我必厚谢公。"守者乃请出弃箦中死人。魏齐醉，曰："可矣。"范雎得出。后魏齐悔，复召求之。魏人郑安平闻之，乃遂操范雎亡，伏匿，更名姓曰张禄。

当此时，秦昭王使谒者王稽于魏。郑安平诈为卒，侍王稽。王稽问："魏有贤人可与俱西游者乎？"郑安平曰："臣里中有张禄先生，欲见君，言天下事。其人有仇，不敢昼见。"王稽曰："夜与俱来。"郑安平夜与张禄见王稽。语未究，王稽知范雎贤，谓曰："先生待我于三亭之南。"与私约而去。

王稽辞魏去，过载范雎入秦。至湖，望见车骑从西来。范睢曰:"彼来者为谁?"王稽曰:"秦相穰侯东行县邑。"范睢曰:"吾闻穰侯专秦权,恶内诸侯客,此恐辱我,我宁且匿车中。"有顷,穰侯果至,劳王稽,因立车而语曰:"关东有何变?"曰:"无有。"又谓王稽曰:"谒君得无与诸侯客子俱来乎?无益,徒乱人国耳。"王稽曰:"不敢。"即别去。范睢曰:"吾闻穰侯智士也,其见事迟,乡者疑车中有人,忘索之。"于是范睢下车走,曰:"此必悔之。"行十余里,果使骑还索车中,无客,乃已。王稽遂与范睢入咸阳。

已报使,因言曰:"魏有张禄先生,天下辩士也。曰'秦王之国危于累卵,得臣则安。然不可以书传也'。臣故载来。"秦王弗信,使舍食草具。待命岁余。

当是时,昭王已立三十六年。南拔楚之鄢郢,楚怀王幽死于秦。秦东破齐。湣王尝称帝,后去之。数困三晋。厌天下辩士,无所信。

穰侯、华阳君,昭王母宣太后之弟也;而泾阳君、高陵君皆昭王同母弟也。穰侯相,三人者更将,有封邑,以太后故,私家富重于王室。及穰侯为秦将,且欲越韩、魏而伐齐纲、寿,欲以广其陶封。范睢乃上书曰:

臣闻明主立政,有功者不得不赏,有能者不得不官,劳大者其禄厚,功多者其爵尊,能治众者其官大。故无能者不敢当职焉,有能者亦不得蔽隐。使以臣之言为可,愿行而益利其道;以臣之言为不可,久留臣无为也。语曰:"庸主赏所爱而罚所恶;明主则不然,赏必加于有功,而刑必断于有罪。"今臣之胸不足以当椹质,而要不足以待斧钺,岂敢以疑事尝试于王哉!虽以臣为贱人而轻辱,独不重任臣者之无反复于王邪?

且臣闻周有砥砺，宋有结绿，梁有县藜，楚有和朴，此四宝者，土之所生，良工之所失也，而为天下名器。然则圣王之所弃者，独不足以厚国家乎？

臣闻善厚家者取之于国，善厚国者取之于诸侯。天下有明主则诸侯不得擅厚者，何也？为其割荣也。良医知病人之死生，而圣主明于成败之事，利则行之，害则舍之，疑则少尝之，虽舜禹复生，弗能改已。语之至者，臣不敢载之于书，其浅者又不足听也。意者臣愚而不概于王心邪？亡其言臣者贱而不可用乎？自非然者，臣愿得少赐游观之间，望见颜色。一语无效，请伏斧质。

于是秦昭王大说，乃谢王稽，使以传车召范雎。

于是范雎乃得见于离宫，详为不知永巷而入其中。王来而宦者怒，逐之，曰："王至！"范雎缪为曰："秦安得王？秦独有太后、穰侯耳。"欲以感怒昭王。昭王至，闻其与宦者争言，遂延迎，谢曰："寡人宜以身受命久矣，会义渠之事急，寡人旦暮自请太后；今义渠之事已，寡人乃得受命。窃闵然不敏，敬执宾主之礼。"范雎辞让。是日观范雎之见者，群臣莫不洒然变色易容者。

秦王屏左右，宫中虚无人。秦王跽而请曰："先生何以幸教寡人？"范雎曰："唯唯。"有间，秦王复跽而请曰："先生何以幸教寡人？"范雎曰："唯唯。"若是者三。秦王跽曰："先生卒不幸教寡人邪？"范雎曰："非敢然也。臣闻昔者吕尚之遇文王也，身为渔父而钓于渭滨耳。若是者，交疏也。已说而立为太师，载与俱归者，其言深也。故文王遂收功于吕尚而卒王天下。乡使文王疏吕尚而不与深言，是周无天子之德，而文武无与成其王业也。今臣羁旅之臣也，交疏于王，而所愿陈者皆匡君之事，处人骨肉之间，愿效愚忠而未知王之心也。此所以王三问而不敢对者也。臣非有畏而不敢言也。臣知今日言之于前而明日伏诛于后，然臣不敢避也。大王信行臣之言，死不足以为臣患，亡不足以为臣忧，漆身为厉被发为狂不足以为臣耻。且以五帝之圣焉而死，三王之仁焉而死，五伯之贤焉而死，乌获、任鄙之力焉而死，成荆、孟贲、王庆忌、夏育之勇焉而死。死者，人之所必不免也。处必然之势，可以少有补于秦，此臣之所大愿也，臣又何患哉！伍子胥橐载而出昭关，夜行昼伏，至于陵水，无以糊其口，膝行蒲伏，稽首肉袒，鼓腹吹篪，乞食于吴市，卒兴吴国，阖闾为伯。使臣得尽谋如伍子胥，加之以幽囚，终身不复见，是臣之说行也，臣又何忧？箕子、接舆漆身为厉，被发为狂，无益于主。假使臣得同行于箕子，可以有补于所贤之主，是臣之大荣也，臣有何耻？臣之所恐者，独恐臣死之后，天下见臣之尽忠而身死，因以是杜口裹足，莫肯乡秦耳。足下上畏太后之严，下惑于奸臣之态，居深宫之中，不离阿保之手，终身迷惑，无与昭奸。大者宗庙灭覆，小者身以孤危，此臣之所恐耳。若夫穷辱之事，死亡之患，臣不敢畏也。臣死而秦治，是臣死贤于生。"秦王跽曰："先生是何言也！夫秦国辟远，寡人愚不肖，先生乃幸辱至于此，是天以寡人恩先生而存先王之宗庙也。寡人得受命于先生，是天所以幸先王，而不弃其孤也。先生奈何而言若是！事无小大，上及太后，下至大臣，愿先生悉以教寡人，无疑寡人也。"范雎拜，秦王亦拜。

范雎曰："大王之国，四塞以为固，北有甘泉、谷口，南带泾、渭，右陇、蜀，左关、阪，奋击百万，战车千乘，利则出攻，不利则入守，此王者之地也。民怯于私斗而勇于公战，此王者之民也。王并此二者而有之。夫以秦卒之勇，车骑之众，以治诸侯，譬若施韩卢而搏蹇兔也，霸王之业可致也，而群臣莫当其位。至今闭关十五年，不敢窥兵于山东者，是穰侯为秦谋不忠，而大王之计有所失也。"秦王跽曰："寡人愿闻失计。"

然左右多窃听者，范雎恐，未敢言内，先言外事，以观秦王之俯仰。因进曰："夫穰侯越韩、魏而攻齐纲、寿，非计也。少出师则不足以伤齐，多出师则害于秦。臣意王之计，欲少出师而悉韩、魏之兵也，则不义矣。今见与国之不亲也，越人之国而攻，可乎？其于计疏矣。且昔齐湣王南攻楚，破军杀将，再辟地千里，而齐尺寸之地无得焉者，岂不欲得地哉，形势不能有也。诸侯见齐之罢弊，君臣之不和也，兴兵而伐齐，大破之。士辱兵顿，皆咎其王，曰：'谁为此计者乎？'王曰：'文子为之。'大臣作乱，文子出走。故齐所以大破者，以其伐楚而肥韩、魏也。此所谓借贼兵而赍盗粮者也。王不如远交而近攻，得寸则王之寸也，得尺亦王之尺也。今释此而远攻，不亦缪乎！且昔者中山之国地方五百里，赵独吞之，功成名立而利附焉，天下莫之能害也。今夫韩、魏，中国之处而天下之枢也，王其欲霸，必亲中国以为天下枢，以威楚、赵。楚强则附赵，赵强则附楚，楚、赵皆附，齐必惧矣。齐惧，必卑辞重币以事秦。齐附而韩、魏因可虏也。"昭王曰："吾欲亲魏久矣，而魏多变之国也，寡人不能亲。请问亲魏奈何？"对曰："王卑词重币以事之；不可，则割地而赂之；不可，因举兵而伐之。"王曰："寡人敬闻命矣。"乃拜范雎为客卿，谋兵事。卒听范雎谋，使五大夫绾伐魏，拔怀。后二岁，拔邢丘。

客卿范雎复说昭王曰："秦韩之地形，相错如绣。秦之有韩也，譬如木之有蠹也，人之有心腹之病也。天下无变则已，天下有变，其为秦患者孰大于韩乎？王不如收韩。"昭王曰："吾固欲收韩，韩不听，为之奈何？"对曰："韩安得无听乎？王下兵而攻荥阳，则巩、成皋之道不通；北断太行之道，则上党之师不下。王一兴兵而攻荥阳，则其国断而为三。夫韩见必亡，安得不听乎？若韩听，而霸事因可虑矣。"王曰："善。"且欲发使于韩。

范雎日益亲，复说用数年矣，因请间说曰："臣居山东时，闻齐之有田文，不闻其有王也；闻秦之有太后、穰侯、华阳、高陵、泾阳，不闻其有王也。夫擅国之谓王，能利害之谓王，制杀生之威之谓王。今太后擅行不顾，穰侯出使不报，华阳、泾阳等击断无讳，高陵进退不请。四贵备而国不危者，未之有也。为此四贵者下，乃所谓无王也。然则权安得不倾，令安得从王出乎？臣闻善治国者，乃内固其威而外重其权。穰侯使者操王之重，决制于诸侯，剖符于天下，政適伐国，莫敢不听。战胜攻取则利归于陶，国弊御于诸侯；战败则结怨于百姓，而祸归于社稷。诗曰'木实繁者披其枝，披其枝者伤其心；大其都者危其国，尊其臣者卑其主'。崔杼、淖齿管齐，射王股，擢王筋，县之于庙梁，宿昔而死。李兑管赵，囚主父于沙丘，百日而饿死。今臣闻秦太后、穰侯用事，高陵、华阳、泾阳佐之，卒无秦王，此亦淖齿、李兑之类也。且夫三代所以亡国者，君专授政，纵酒驰骋弋猎，不听政事。其所授者，妒贤嫉能，御下蔽上，以成其私，不为主计，而主不觉悟，故失其国。今自有秩以上至诸大吏，下及王左右，无非相国之人者。见王独立于朝，臣窃为王恐，万世之后，有秦国者非王子孙也。"昭王闻之大惧，曰："善。"于是废太后，逐穰侯、高陵、华阳、泾阳君于关外。秦王乃拜范雎为相。收穰侯之印，使归陶，因使县官给车牛以徙，千乘有余。到关，关阅其宝器，宝器珍怪多于王室。

秦封范雎以应，号为应侯。当是时，秦昭王四十一年也。

范雎既相秦，秦号曰张禄，而魏不知，以为范雎已死久矣。魏闻秦且东伐韩、魏，魏使须贾于秦。范雎闻之，为微行，敝衣间步之邸，见须贾。须贾见之而惊曰："范叔固无恙乎！"范雎曰："然。"须贾笑曰："范叔有说于秦邪？"曰："不也。雎前日得过于魏相，故亡逃至此，安敢说乎！"须贾曰："今叔何事？"范雎曰："臣为人庸赁。"须贾意哀之，留与坐饮食，曰："范叔一寒如此哉！"乃取其一绨袍以赐之。须贾因问曰："秦相张君，公知之乎？吾闻幸于王，天下之事皆决于相君。今吾事之去留在张君。孺子岂有客习于相君者哉？"范雎曰："主人翁习知之。唯雎亦得谒，雎请为见君于张君。"须贾曰："吾马病，车轴折，非大车驷马，吾固不出。"范雎曰："愿为君借大车驷马于主人翁。"

范雎归取大车驷马，为须贾御之，入秦相府。府中望见，有识者皆避匿。须贾怪之。至相舍门，谓须贾曰："待我，我为君先入通于相君。"须贾待门下，持车良久，问门下曰："范叔不出，何也？"门下曰："无范叔。"须贾曰："乡者与我载而入者。"门下曰："乃吾相张君也。"须贾大惊，自知见卖，乃肉袒膝行，因门下人谢罪。于是范雎盛帷帐，侍者甚众，见之。须贾顿首言死罪，曰："贾不意君能自致于青云之上，贾不敢复读天下之书，不敢复与天下之事。贾有汤镬之罪，请自屏于胡貉之地，唯君死生之！"范雎曰："汝罪有几？"曰："擢贾之发以续贾之罪，尚未足。"范雎曰："汝罪有三耳。昔者楚昭王时而申包胥为楚却吴军，楚王封之以荆五千户，包胥辞不受，为丘墓之寄于荆也。今雎之先人丘墓亦在魏，公前以雎为有外心于齐而恶雎于魏齐，公之罪一也。当魏齐辱我于厕中，公不止，罪二也。更醉而溺我，公其何忍乎？罪三矣。然公之所以得无死者，以绨袍恋恋，有故人之意，故释公。"乃谢罢。入言之昭王，罢归须贾。

须贾辞于范雎，范雎大供具，尽请诸侯使，与坐堂上，食饮甚设。而坐须贾于堂下，置莝豆其前，令两黥徒夹而马食之。数曰："为我告魏王，急持魏齐头来！不然者，我且屠大梁。"须贾归，以告魏齐。魏齐恐，亡走赵，匿平原君所。

范雎既相，王稽谓范雎曰："事有不可知者三，有不可奈何者亦三。宫车一日晏驾，是事之不可知者一也。君卒然捐馆舍，是事之不可知者二也。使臣卒然填沟壑，是事之不可知者三也。宫车一日晏驾，君虽恨于臣，无可奈何。君卒然捐馆舍，君虽恨于臣，亦无可奈何。使臣卒然填沟壑，君虽恨于臣，亦无可奈何。"范雎不怿，乃入言于王曰："非王稽之忠，莫能内臣于函谷关；非大王之贤圣，莫能贵臣。今臣官至于相，爵在列侯，王稽之官尚止于谒者，非其内臣之意也。"昭王召王稽，拜为河东守，三岁不上计。又任郑安平，昭王以为将军。范雎于是散家财物，尽以报所尝困厄者。一饭之德必偿，睚眦之怨必报。

范雎相秦二年，秦昭王之四十二年，东伐韩少曲、高平，拔之。

秦昭王闻魏齐在平原君所，欲为范雎必报其仇，乃详为好书遗平原君曰："寡人闻君之高义，愿与君为布衣之友，君幸过寡人，寡人愿与君为十日之饮。"平原君畏秦，且以为然，而入秦见昭王。昭王与平原君饮数日，昭王谓平原君曰："昔周文王得吕尚以为太公，齐桓公得管夷吾以为仲父，今范君亦寡人之叔父也。范君之仇在君之家，愿使人归取其头来；不然，吾不出君于关。"平原君曰："贵而为交者，为贱也；富而为交者，为贫也。夫魏齐者，胜之友也，在，固不出也，今又不在臣所。"昭王乃遗赵王书曰："王之弟在秦，范君之仇魏齐在平原君之家。王使人疾持其头来；不然，吾举兵而伐赵，又不出王之弟于关。"赵孝成王乃发卒围平原君家，急，魏齐夜亡出，见赵相虞卿。虞卿度赵王终不可说，乃解其相印，与魏齐亡，间行，念诸侯莫可以急抵者，乃复走大梁，欲因信陵君以走楚。信陵君闻之，畏秦，犹豫未肯见，曰："虞卿何如人也？"时侯嬴在旁，曰："人固未易知，知人亦未易也。夫虞卿蹑蹻檐簦，一见赵王，赐白璧一双，黄金百镒；再见，拜为上卿；三见，卒受相印，封万户侯。当此之时，天下争知之。夫魏齐穷困过虞卿，虞卿不敢重爵禄之尊，解相印，捐万户侯而间行。急士之穷而归公子，公子曰'何如人'。人固不易知，知人亦未易也！"信陵君大惭，驾如野迎之。魏齐闻信陵君之初难见之，怒而自刭。赵王闻之，卒取其头予秦。秦昭王乃出平原君归赵。

昭王四十三年，秦攻韩汾陉，拔之，因城河上广武。

后五年，昭王用应侯谋，纵反间卖赵，赵以其故，令马服子代廉颇将。秦大破赵于长平，遂围邯郸。已而与武安君白起有隙，言而杀之。任郑安平，使击赵。郑安平为赵所围，急，以兵二万人降赵。应侯席稾请罪。秦之法，任人而所任不善者，各以其罪罪之。于是应侯罪当收三族。秦昭王恐伤应侯之意，乃下令国中："有敢言郑安平事者，以其罪罪之。"而加赐相国应侯食物日益厚，以顺适其意。后二岁，王稽为河东守，与诸侯通，坐法诛。而应侯日益以不怿。

昭王临朝叹息，应侯进曰："臣闻'主忧臣辱，主辱臣死'。今大王中朝而忧，臣敢请其罪。"昭王曰："吾闻楚之铁剑利而倡优拙。夫铁剑利则士勇，倡优拙则思虑远。夫以远思虑而御勇士，吾恐楚之图秦也。夫物不素具，不可以应卒，今武安君既死，而郑安平等畔，内无良将而外多敌国，吾是以忧。"欲以激励应侯。应侯惧,不知所出。蔡泽闻之,往入秦也。

蔡泽者,燕人也。游学干诸侯小大甚众,不遇。而从唐举相,曰:"吾闻先生相李兑,曰'百日之内持国秉',有之乎?"曰:"有之。"曰:"若臣者何如?"唐举孰视而笑曰:"先生曷鼻,巨肩,魋颜,蹙齃,膝挛。吾闻圣人不相,殆先生乎?"蔡泽知唐举戏之,乃曰:"富贵吾所自有,吾所不知者寿也,愿闻之。"唐举曰:"先生之寿,从今以往者四十三岁。"蔡泽笑谢而去,谓其御者曰:"吾持粱刺齿肥,跃马疾驱,怀黄金之印,结紫绶于要,揖让人主之前,食肉富贵,四十三年足矣。"去之赵,见逐。之韩、魏,遇夺釜鬲于涂。闻应侯任郑安平、王稽皆负重罪于秦,应侯内惭,蔡泽乃西入秦。

将见昭王,使人宣言以感怒应侯曰:"燕客蔡泽,天下雄俊弘辩智士也。彼一见秦王,秦王必困君而夺君之位。"应侯闻,曰:"五帝三代之事,百家之说,吾既知之,众口之辩,吾皆摧之,是恶能困我而夺我位乎?"使人召蔡泽。蔡泽入,则揖应侯。应侯固不快,及见之,又倨,应侯因让之曰:"子尝宣言欲代我相秦,宁有之乎?"对曰:"然。"应侯曰:"请闻其说。"蔡泽曰:"吁,君何见之晚也!夫四时之序,成功者去。夫人生百体坚强,手足便利,耳目聪明而心圣智,岂非士之愿与?"应侯曰:"然。"蔡泽曰:"质仁秉义,行道施德,得志于天下,天下怀乐敬爱而尊慕之,皆愿以为君王,岂不辩智之期与?"应侯曰:"然。"蔡泽复曰:"富贵显荣,成理万物,使各得其所;性命寿长,终其天年而不夭伤;天下继其统,守其业,传之无穷;名实纯粹,泽流千里,世世称之而无绝,与天地终始:岂道德之符而圣人所谓吉祥善事者与?"应侯曰:"然。"

蔡泽曰："若夫秦之商君，楚之吴起，越之大夫种，其卒然亦可愿与？"应侯知蔡泽之欲困己以说，复谬曰："何为不可？夫公孙鞅之事孝公也，极身无贰虑，尽公而不顾私；设刀锯以禁奸邪，信赏罚以致治；披腹心，示情素，蒙怨咎，欺旧友，夺魏公子卬，安秦社稷，利百姓，卒为秦禽将破敌，攘地千里。吴起之事悼王也，使私不得害公，谗不得蔽忠，言不取苟合，行不取苟容，不为危易行，行义不辟难，然为霸主强国，不辞祸凶。大夫种之事越王也，主虽困辱，悉忠而不解，主虽绝亡，尽能而弗离，成功而弗矜，贵富而不骄怠。若此三子者，固义之至也，忠之节也。是故君子以义死难，视死如归；生而辱不如死而荣。士固有杀身以成名，唯义之所在，虽死无所恨。何为不可哉？"

蔡泽曰："主圣臣贤，天下之盛福也；君明臣直，国之福也；父慈子孝，夫信妻贞，家之福也。故比干忠而不能存殷，子胥智而不能完吴，申生孝而晋国乱。是皆有忠臣孝子，而国家灭乱者，何也？无明君贤父以听之，故天下以其君父为僇辱而怜其臣子。今商君、吴起、大夫种之为人臣，是也；其君，非也。故世称三子致功而不见德，岂慕不遇世死乎？夫待死而后可以立忠成名，是微子不足仁，孔子不足圣，管仲不足大也。夫人之立功，岂不期于成全邪？身与名俱全者，上也。名可法而身死者，其次也。名在僇辱而身全者，下也。"于是应侯称善。

蔡泽少得间，因曰："夫商君、吴起、大夫种，其为人臣尽忠致功则可愿矣，闳夭事文王，周公辅成王也，岂不亦忠圣乎？以君臣论之，商君、吴起、大夫种其可愿孰与闳夭、周公哉？"应侯曰："商君、吴起、大夫种弗若也。"蔡泽曰："然则君之主慈仁任忠，惇厚旧故，其贤智与有道之士为胶漆，义不倍功臣，孰与秦孝公、楚悼王、越王乎？"应侯曰："未知何如也。"蔡泽曰："今主亲忠臣，不过秦孝公、楚悼王、越王，君之设智，能为主安危修政，治乱强兵，批患折难，广地殖谷，富国足家，强主，尊社稷，显宗庙，天下莫敢欺犯其主，主之威盖震海内，功彰万里之外，声名光辉传于千世，君孰与商君、吴起、大夫种？"应侯曰："不若。"蔡泽曰："今主之亲忠臣不忘旧故不若孝公、悼王、句践，而君之功绩爱信亲幸又不若商君、吴起、大夫种，然而君之禄位贵盛，私家之富过于三子，而身不退者，恐患之甚于三子，窃为君危之。语曰'日中则移，月满则亏'。物盛则衰，天地之常数也。进退盈缩，与时变化，圣人之常道也。故'国有道则仕，国无道则隐'。圣人曰'飞龙在天，利见大人'。'不义而富且贵，于我如浮云'。今君之怨已雠而德已报，意欲至矣，而无变计，窃为君不取也。且夫翠、鹄、犀、象，其处势非不远死也，而所以死者，惑于饵也。苏秦、智伯之智，非不足以辟辱远死也，而所以死者，惑于贪利不止也。是以圣人制礼节欲，取于民有度，使之以时，用之有止，故志不溢，行不骄，常与道俱而不失，故天下承而不绝。昔者齐桓公九合诸侯，一匡天下，至于葵丘之会，有骄矜之志，畔者九国。吴王夫差兵无敌于天下，勇强以轻诸侯，陵齐晋，故遂以杀身亡国。夏育、太史噭叱呼骇三军，然而身死于庸夫。此皆乘至盛而不返道理，不居卑退处俭约之患也。夫商君为秦孝公明法令，禁奸本，尊爵必赏，有罪必罚，平权衡，正度量，调轻重，决裂阡陌，以静生民之业而一其俗，劝民耕农利土，一室无二事，力田稸积，习战陈之事，是以兵动而地广，兵休而国富，故秦无敌于天下，立威诸侯，成秦国之业。功已成矣，而遂以车裂。楚地方数千里，持戟百万，白起率数万之师以与楚战，一战举鄢郢以烧夷陵，再战南并蜀汉。又越韩、魏而攻强赵，北坑马服，诛屠四十余万之众，尽之于长平之下，流血成川，沸声若雷，遂入围邯郸，使秦有帝业。楚、赵天下之强国而秦之仇敌也，自是之后，楚、赵皆慑伏不敢攻秦者，白起之势也。身所服者七十余城，功已成矣，而遂赐剑死于杜邮。吴起为楚悼王立法，卑减大臣之威重，罢无能，废无用，损不急之官，塞私门之请，一楚国之俗，禁游客之民，精耕战之士，南收杨越，北并陈、蔡，破横散从，使驰说之士无所开其口，禁朋党以励百姓，定楚国之政，兵震天下，威服诸侯。功已成矣，而卒枝解。大夫种为越王深谋远计，免会稽之危，以亡为存，因辱为荣，垦草入邑，辟地殖谷，率四方之士，专上下之力，辅句践之贤，报夫差之雠，卒擒劲吴，令越成霸。功已彰而信矣，句践终负而杀之。此四子者，功成不去，祸至于此。此所谓信而不能诎，往而不能返者也。范蠡知之，超然辟世，长为陶朱公。君独不观夫博者乎？或欲大投，或欲分功，此皆君之所明知也。今君相秦，计不下席，谋不出廊庙，坐制诸侯，利施三川，以实宜阳，决羊肠之险，塞太行之道，又斩范、中行之涂，六国不得合从，栈道千里，通于蜀汉，使天下皆畏秦，秦之欲得矣，君之功极矣，此亦秦之分功之时也。如是而不退，则商君、白公、吴起、大夫种是也。吾闻之，'鉴于水者见面之容，鉴于人者知吉与凶'。《书》曰'成功之下，不可久处'。四子之祸，君何居焉？君何不以此时归相印，让贤者而授之，退而岩居川观，必有伯夷之廉，长为应侯，世世称孤，而有许由、延陵季子之让，乔松之寿，孰与以祸终哉？即君何居焉？忍不能自离，疑不能自决，必有四子之祸矣。《易》曰'亢龙有悔',此言上而不能下,信而不能诎,往而不能自返者也。愿君孰计之!"应侯曰:"善。吾闻'欲而不知足,失其所以欲;有而不知止,失其所以有'。先生幸教,睢敬受命。"于是乃延入坐,为上客。

后数日,入朝,言于秦昭王曰:"客新有从山东来者曰蔡泽,其人辩士,明于三王之事,五伯之业,世俗之变,足以寄秦国之政。臣之见人甚众,莫及,臣不如也。臣敢以闻。"秦昭王召见,与语,大说之,拜为客卿。应侯因谢病请归相印。昭王强起应侯,应侯遂称病笃。范雎免相,昭王新说蔡泽计画,遂拜为秦相,东收周室。

蔡泽相秦数月,人或恶之,惧诛,乃谢病归相印,号为纲成君。居秦十余年,事昭王、孝文王、庄襄王。卒事始皇帝,为秦使于燕,三年而燕使太子丹入质于秦。

太史公曰:韩子称"长袖善舞,多钱善贾",信哉是言也!范雎、蔡泽世所谓一切辩士,然游说诸侯至白首无所遇者,非计策之拙,所为说力少也。及二人羁旅入秦,继踵取卿相,垂功于天下者,固彊弱之势异也。然士亦有偶合,贤者多如此二子,不得尽意,岂可胜道哉!然二子不困厄,恶能激乎?

译文:

范雎,魏国人,字叔。他常游说于诸侯之间,并打算侍奉魏王,因家庭贫寒无法维持自己的生活,于是就先去侍奉魏国中大夫须贾。

须贾为魏昭王出使齐国,范雎也随从前往。住了好几个月后,也没有什么结果回报朝廷。齐襄王听说范雎能言善辩,于是派人赏赐给范雎金十斤和一些牛酒，范雎辞谢不敢接受。须贾知道这件事后，非常生气，以为范雎把魏国的秘密事情告诉了齐国，因此才得到这些馈赠的礼物，于是命令范雎收下他们的牛酒，退还了他们的金。回国以后，须贾心中还在怨恨范雎，因此把这件事告诉了魏相。魏相是魏国诸公子之一，叫魏齐。魏齐听了之后也十分生气，就派门人用竹板抽打范雎，打断了他的筋骨，打掉了他的牙齿。范雎装死，门人用竹席把他卷起来放在厕所里。宾客们喝醉了酒后就往范雎身上撒尿，故意侮辱他以警告后来的人，使没有再敢胡说的人。范雎从草席中对看守他的人说："你能放我出去，我一定重谢你。"于是，看守的人就请求把席子里的死人扔出去。魏齐也喝醉了酒，说："可以。"范雎才得以逃出。后来魏齐很后悔，又重新派人去寻找范雎。魏人郑安平听说这件事后，于是就带着范雎逃跑了，他藏起来，更换姓名叫张禄。

这时，秦昭王正派谒者王稽出使在魏国。郑安平就假装为小厮来服侍王稽。王稽问说："魏国有没有贤者可以和我一起向西走走？"郑安平说："臣下乡里有个张禄先生想要见见您，谈谈天下的事情。因他有仇人，不敢白天来见。"王稽说："晚上你和他一起来吧。"郑安平在晚上和张禄来见王稽。话还没说完，王稽就知道范雎很贤能，对他说："请先生在三亭的南面等我。"与他暗地里约好就走了。

王稽告辞离开了魏国，经过三亭时让范雎坐上车就回到了秦国。到了湖县，看见有车马从西边来。范雎说："那边来的人是谁？"王稽说："是秦国丞相穰侯到东边巡察县邑去。"范雎说："我听说穰侯独揽秦国大权，很憎恨接纳别的诸侯食客，这次恐怕要侮辱我，我希望藏在车子里。"过了一会儿，穰侯果然来了，慰问了王稽一番，就停下车来问说："关东有什么变动吗？"王稽回答说："没有。"又对王稽说："谒君该没有和诸侯的那些食客们一起来吧？这些人无益于事，只能扰乱别人的国家。"王稽说："不敢这样做。"说完就离去了。范雎说："我听说穰侯是个聪明的人，但他看事情反应迟钝，刚才他怀疑车中有人，却忘了搜索。"于是范雎就下车走了，并说："这次他一定要后悔的。"穰侯走了十余里之后果然派骑兵返回来搜索车中，发现没有食客才作罢。于是，王稽和范雎进入咸阳。

王稽回报了出使情况之后，接着说："魏国有位张禄先生，是天下能言善辩的人，他曾说'秦王朝就像堆积起来的鸡蛋一样危险，能任用我就会平安。然而不可以用书信来表达'。所以我就用车把他拉来了。"秦王不相信，让他住在客舍里而且给他吃粗劣的饭菜。范雎就这样等待了一年多。

这时，秦昭王已经即位三十六年。南边攻下了楚国的鄢郢，楚怀王被囚死在秦国。秦国向东打败了齐国。齐湣王曾自称东帝，后来又取消了帝号。曾多次围困三晋。秦昭王讨厌天下的辩士，无所信赖他们。

穰侯、华阳君是昭王的母亲宣太后的弟弟，而泾阳君、高陵君都是昭王同母的弟弟。穰侯做相的时候，他们三人更番任将领，都有封邑，因为太后的缘故，他们私家的财富比王室还要多。到穰侯任秦国将领时，曾想越过韩、魏而去攻打齐国的纲、寿，打算扩大他定陶的封地。范雎上书说：

我听说聪明的君主治理政事时，有功劳的人不应该不给奖励，有才能的人不应该不给官做，功劳大的人他的俸禄要优厚一些，战功多的人他的爵位应当尊贵一些，会管理人的人他的官职应该大些。所以没有才能的人就不敢去任职，有才能的人也就不会隐藏起来。假如您认为我的话可以采纳，希望能够推行而且更加有利于发挥他们的才能；如认为我的话不可以采纳，那么久留我也没有什么作为。俗话说："不高明的君主赏赐他所喜爱的人而处罚他所讨厌的人；高明的君主却不这样，赏赐一定要赏给有功的人，处罚一定要罚有罪的人。"现在我的胸膛不足以用椹质，而腰不足以用斧钺，哪敢以犹豫不决的事情来尝试于大王呢？虽然把我当作贱人而轻易羞辱我，难道就不看重保荐我的人而不要再反复于王吗？

况且我听说周有砥砪，宋有结绿，梁有县藜，楚有和朴，这四种宝玉都出于土中，良巧的工匠虽没有鉴别出来，却是天下有名的宝物。由此可知，圣王所遗弃的人难道就不能够使国家富强吗？

我听说善于使家富裕的人是他从国家那里取来的，善于使国家富裕的人是他从诸侯那里取来的。天下有贤明的君主，诸侯就不能擅自富强，为什么呢？因为他们富了就会分割权力。好的医生知道病人的生死，而贤明的君主能明察事情的成败，有利就做，无利就舍弃，有疑虑的事就稍微尝试一下，即使舜禹重新复生也不能改变。再深的话我不敢写在书面上，再浅的话又不值得听。估计臣下愚笨不能合于大王的心意，或者那个推荐我的人地位低贱而不可信用，如果不是这样的话，我希望能赏赐给一会儿您的游览观赏的时间，得见您的天颜。如果我说一句无效的话，情愿服罪处死。

于是，秦昭王感到很高兴，就向王稽致歉，派人用传车去召见范雎。

这样范雎才得以在离宫见到秦昭王，他假装不知道通往宫内的道路一直走了进去。这时昭王正来到这里，宦者很生气，赶他离开，说："昭王来了。"范雎胡乱说："秦国哪里有王？秦国只有太后、穰侯罢了。"打算用这话来激怒昭王。昭王来后，听到他和宦者在争吵，于是就迎接他，道歉地说："我早就应该亲自来接受你的指教，正巧遇上义渠的事情紧急，我早晚都要亲自请示太后。现在义渠的事情已经了结，我才有空来接受教诲。我愚昧迟钝，向您恭恭敬敬地行宾主相见之礼。"范雎辞让了一番。这天看到范雎见昭王的大臣们无不肃然变色。

秦王屏退了左右大臣，宫中就没有别人了。秦王跪着请求说："先生用什么来指教我呢？"范雎说："是是。"过了一会儿，秦王又跪下请求说："先生用什么来指教我呢？"范雎说："是是。"像这样请求了三次。秦王跪下说："先生终于不肯指点我吗？"范雎说："不敢这样做。我听说从前吕尚遇到文王时，他身为渔父而在渭水河边钓鱼为生。像这样，是平素交往不密切。到已经悦服后立他为太师，并同车偕归，他们谈的话就更深切了。因此文王就得功于吕尚而终于称王于天下。早先假使文王疏远吕尚而不和他深谈，这就是周朝没有天子之德，而且文王、武王也无法成就他们帝王的事业。现在我是寄居于别国的臣子，和大王的交情疏远，而我所讲的都是纠正君主的事，身处别人骨肉之间，愿效愚忠而又不知大王的心意。这就是大王三次问我而不敢回答的原因。我并不是害怕而不敢说。我也知道今天在你面前说了而明天也许会被诛杀，就是这样我也不敢逃避。大王如能相信并实行了我的话，就是死了也不足以让我顾虑了，流亡了也不足以让我忧患了，漆身成癞、披发装疯也不足以让我觉得羞耻了。况且像五帝那样的圣明君主都免不了死，像三王那样的仁慈君主也免不了死，像五伯那样的贤能诸侯也免不了死，像乌获、任鄙那样的力士也免不了死，像成荆、孟贲、王庆忌、夏育那样的勇士也免不了死。死亡是每个人都绝不能避免的。处在这必然的形势下，若对秦国少有些补益，这是我最大的愿望，我又有什么可忧患的呢？伍子胥装在口袋中才混出昭关，晚上行走，白天藏起来，到了陵水以后，没有东西来糊口，用手和膝在地上爬行，到处磕头，赤着身子，鼓着肚子吹箫，在吴国的市场上讨饭，最后他却使吴国复兴，阖闾也成为霸主，假使我能够像伍子胥一样竭尽我的智谋，就是把我囚禁起来，一辈子不再见大王，这样我的话能够实行，我还有什么忧虑的呢？箕子、接舆他们虽漆身成癞，披发装疯，但无益于主。假使我能像箕子一样，而可以对我所崇敬的贤能君主有所补益，这也是我的莫大光荣，我有什么羞耻的呢？我所害怕的只是怕我死之后，天下的人看到我因尽忠而身死，因此而杜口裹足，没有人再肯向往秦国。您上怕太后的威严，下面蒙蔽于奸臣的谄媚丑态，住在深宫里面，离不开左右近侍之臣，终身迷惑，没有人帮您明察他们的奸恶。严重的会使国家灭亡，轻微的会使您自身孤立危险，这就是我所害怕的。像那些穷辱的事情、死亡的忧患，我是不害怕的。我死了而秦国能安定，这样我死了也胜过我活着。"秦王跪着说："先生这是什么话，秦国偏僻遥远，我又愚笨不贤能，有幸使先生受屈辱而来到这里，是上帝让我打搅先生来保存先王的宗庙。我能接受先生的教诲，这是上帝加宠于先王而不抛弃他们的遗孤。先生怎么能说这样的话呢？事情不论大小，上至太后，下至大臣，希望先生全面来指教我，无需怀疑我。"范雎下拜，秦王也回拜。

范睢说:"大王的国家,四面的边塞很坚固,北面有甘泉山、谷口,南面有泾、渭环绕,右面有陇、蜀地区崎岖险恶的地势,左面有函谷关、商阪山,有勇士百万,战车千辆,有利就出击,不利就回来固守,这是王者的地方。百姓害怕私斗而对于公战却很勇敢,这是王者的百姓。在这两方面大王都兼而有之。用这样英勇的秦兵,这样多的车马,去制服诸侯,就好像放出韩卢去擒跛足的兔子一样,称霸为王的事业是可以成功的,而诸位大臣中是没有一个当得起这个位置的。到现在已闭关十五年了,不敢用兵来伺察山东诸国的原因是因为穰侯对秦国出谋划策时不能出于忠心,而大王的谋划又有失策的地方。"秦王跪着说:"我希望听一听我失策的地方。"

左右多数人都在偷听,范睢感到害怕,不敢说内部的事情,就先讲外部的事情来观察秦王的意旨所在。因此进言说:"穰侯越过韩、魏而去攻打齐国的纲、寿,这不是好计策。出兵少了不足以伤害齐国,出兵多了就对秦国有害。我想大王的计划是打算少出兵而使韩、魏派出全部的兵力,这是不合道义的。现在已看到同盟国不亲近我们了,越过别的国家去攻打另一国,这样可以吗?这在策略上太疏略了。况且从前齐湣王向南攻打楚国,破军杀将,又开辟了土地千里,而齐国却没有得到尺寸土地,难道是不想得到土地吗?是当时的形势不能使他们得到。诸侯们看到了齐国的疲敝,君臣之间又不知和睦,于是就兴兵攻打齐国,把齐国打得大败。将士兵卒都因受到折辱困顿而怨怪他们的君主,问说:'谁出的这个计策呢?'王说:'文子出的这个计策。'大臣们听说乱成一团,吓得文子也逃跑了。所以齐国被打得大败的原因是因为他们攻打楚国而肥了韩、魏。这就是所谓把兵器借给了盗贼,把粮食送给了盗贼。大王不如交接远的国家而攻打近的国家，得到一寸土地就是大王的一寸土地，得到一尺土地也就是大王的一尺土地。现在舍去了近国而去远攻，这不是荒谬的做法吗？况且像从前的中山国方圆五百里，而被赵国独自吞并了它，功成名立而且得到了利益，天下没有能够妨害它的。现在韩、魏二国，地处中原而且是天下的门户，大王打算称霸，一定要亲近中原的国家并作为天下的门户，以此来对付楚、赵。楚国强盛就亲附赵国，赵国强盛就亲附楚国，楚、赵都亲附了，齐国一定害怕。齐国害怕了，就一定会用低下的语言和贵重的礼物来侍奉秦国。齐国亲附了，那么韩、魏因此也就可以收复了。"昭王说："我打算亲附魏国已经好久了，而魏国是个变化多端的国家，我无法亲附它。请问怎样才能亲附魏国呢？"范雎回答说："大王用低下的语言和贵重的礼物去侍奉它，不行就割地去贿赂它，还不行就派兵去讨伐它。"昭王说："我敬听尊教。"于是任范雎为客卿，谋划用兵打仗的事。终于听从了范雎的谋划，派五大夫绾去讨伐魏国，攻下了怀地。二年以后，又攻下了邢丘。

客卿范雎又劝昭王说："秦国、韩国的地形就像锦绣一样犬牙交错。韩国的存在对于秦国来讲就像树木生了蠹虫、人有了心腹之病一样。天下没有变化则已，天下若有变化，构成秦国忧患的，哪个国家能比韩国大呢？大王不如先收复了韩国。"昭王说："我本来打算收复韩国，韩国不听从，该怎么办呢？"范雎回答说："韩国怎么能不听从呢？大王派兵去攻打荥阳，巩、成皋一带的道路就不通了；北面截断了太行山的道路，上党地区的军队就下不来了。大王一旦派兵去攻打荥阳，他们的国家就会一断为三。韩国看到自己一定会灭亡，怎么能不听从呢？如果韩国听从了，称霸的事业就可以考虑了。"昭王说："很好。"便打算派使者去韩国。

范雎一天天更加受到亲信，悦服信用了好几年，因此他乘机向昭王说："我住在山东时，听说齐国有田文，没听说他们有国王；听说秦国有太后、穰侯、华阳君、高陵君、泾阳君，没听说有国王。能够独揽国家政权的才可称为国王，能够掌握国家利害大权的才可称为国王，能够掌握生杀大权的人才可称为国王。现在太后独断专行不顾一切，穰侯出使不向国王回报，华阳君、泾阳君等断罪处罚毫无顾忌，高陵君办事不向国王请示。这四贵存在而国家不发生危险是不可能的。处在这四贵的下面就是所谓的没有国王。像这样国家权力怎么能不破坏？政令怎么能从国王那里颁发呢？我听说善于治理国家的人，对内要巩固他的威力，对外要重视他的权力。穰侯的使者拿着国王的重大权力控制着诸侯，在天下发号施令，征讨敌人攻打国家，没有敢不听的。打了胜仗、攻取了地方后好处都归属陶，对国家有害的都加到诸侯身上；打了败仗就怨恨百姓，有了祸患就归属国家。古书里说'树上的果实多了树枝就会折弯了，树枝折弯了就会伤害了树的本干；都邑要扩大了就会危及国家，臣下要尊贵了就会卑弱他的君主'。崔杼、淖齿掌管齐国，结果崔杼射伤了庄公的大腿，淖齿抽掉了湣王的筋，把他挂在庙堂的屋梁上，过了一夜就死了。李兑掌管赵国，把主父囚禁在沙丘，一百天后就饿死了。现在我听说秦国太后、穰侯掌握政权，高陵君、华阳君、泾阳君协助他们，根本没有秦王的事，这也和淖齿、李兑是同一类型。三代之所以亡国的原因，是因为君主把权力授给了臣下，自己纵酒作乐、行围打猎，不过问政事，他所授给权力的人，妒贤嫉能，欺下蔽上，来成全他的私利，不为君主打算，而君主也不能觉悟，所以才丢掉他的国家。现在从有官爵起至各位大官，以及大王左右的人，没有一个不是相国的人。看到大王在朝廷里很孤立，我私下为大王担心，万世以后，拥有秦国的人就不会是大王的子孙了。"昭王听了之后大为恐惧，说："很好。"于是就废除了太后的权力，把穰侯、高陵君、华阳君、泾阳君赶出关外。秦王任范雎为秦相。收回了穰侯的相印，使他回到陶地，派县官供给他牛车一千多辆。到了关口，关口的人检查他的宝器，他的宝器珍怪的东西比王室还多。

秦国把应地封给了范雎，号为应侯。这个时候是秦昭王四十一年。

范雎已经做了秦国的相国后，秦国称他为张禄，而魏国不知道，以为范雎早已经死了。魏国听说秦国将要向东讨伐韩国、魏国，魏国派须贾出使秦国。范雎听说这事以后，就私行出府，穿着破旧的衣服从小路来到馆舍，见到了须贾。须贾看见他以后惊讶地说："范叔原来安然无恙。"范雎说："是的。"须贾笑着说："范叔游说过秦王吗？"范雎说："没有。我以前得罪过魏相，所以才逃到这里来，怎么敢游说呢？"须贾问说："现在范叔做什么事呢？"范雎说："我给别人做帮佣。"须贾表现出悯怜他的样子，就留下和他一起吃饭，说："范叔竟穷困到这种地步。"于是拿出他的一件绨袍送给了范雎。须贾因此又问说："秦相张君，你知道这个人吗？我听说他很得宠于秦王，天下的大事都决定于相君。现在我的事情成功或者失败全在张君，你有没有朋友跟相君相熟习的呢？"范雎说："我的主人熟习他。我范雎可以通报求见，我请求为你向张君请见。"须贾说："我的马有病，车轴也折断了，不是大车驷马，我就不出去。"范雎说："我愿意为你向主人借大车驷马。"

范雎回去要来大车驷马,并为须贾驾车,进入了秦相府。府中的人看到之后,有认识他的人都躲避让开。须贾对此事觉得奇怪。到了相国门口,对须贾说:"等我一下,我先为你进去通报一下相君。"须贾在门口等着,车停了好久,问门下的人说:"范叔为什么不出来呢?"门下的人说:"没有范叔这个人。"须贾说:"刚才和我同车进来的人。"门下的人说:"那是我们的国相张君。"须贾大吃一惊,自知上了当,于是就卸去衣服,露出身体,跪在地上移膝前进,托门下的人引进谢罪。于是范雎张挂起很多帐幔,侍从的人也很多,来见须贾。须贾一边叩头一边说自己该死,并说:"我须贾没想到你自己能致于青云之上,我不敢再读天下的书了,也不敢再参与天下的事了。我须贾有汤镬之罪,希望把我驱逐到北方胡貉地区,是生是死由你处置。"范雎说:"你的罪有多少?"须贾说:"拔下我须贾的头发来数我的罪过也不足数。"范雎说:"你的罪状有三。从前在楚昭王时申包胥为楚国打退了吴军,楚王封给他荆地五百户,包胥辞让不接受,是因为他先人的坟墓在荆地。现在我范雎先人的坟墓也在魏,你从前以为我范雎有外心向齐而在魏齐面前说我的坏话,这是你第一条罪状。当魏齐在厕所中侮辱我时,你不加制止,这是你第二条罪状。你酒醉后在我身上撒尿,你怎么那样忍心?这是你第三条罪状。然而你所以没有死的原因,是因为在赠送绨袍事上你有不忘故旧的情意,所以才放了你。"须贾谢罪后,范雎进去告诉了昭王,然后打发须贾回去。

须贾向范雎辞行,范雎大张筵席,把诸侯的使节都请来,和他们共坐在堂上,饮食非常丰富。而让须贾坐在堂下,把喂马的碎草料放在他前面,派了两个黥徒夹住他像马一样给他吃。

指责他说:"替我告诉魏王,赶快拿魏齐头来,不然我将血洗大梁。"须贾回去以后,把这些告诉了魏齐。魏齐感到害怕,逃跑到赵国,躲藏在平原君家里。

范雎做了相国以后,王稽对范雎说:"有三件事情是不可预知的,有三件事是无可奈何的。某一天宫中的车突然晚出,这是第一件不可预知的事。你突然捐弃出住所,这是第二件不可预知的事。假使我突然填塞在沟壑之中,这是第三件不可预知的事。某一天宫中车突然晚出,你虽然怨恨我,但是无可奈何。你突然捐弃出住所,你虽然怨恨我,但也是无可奈何。假使我突然填塞在沟壑之中,你虽然怨恨我,仍然是无可奈何。"范雎听后很不快活,于是就回去和昭王说:"不是王稽忠诚,就不能把我带进函谷关来;不是大王的贤圣,就不能使我显贵。现在我官至相位,爵在列侯,而王稽的官位还是一个谒者,这不是他带我进来的意图。"昭王召见王稽,任他为河东郡守,三年也不向朝廷报告执政情况。后又保举郑安平,昭王任他为将军。于是范雎分散家中的财物,全部用来报答那些(曾为了自己的事而)遭到困苦的人。给吃一顿饭的恩德也一定要偿还,瞪过他一眼的小怨也一定要报复。

范雎做了二年秦相,秦昭王四十二年时,向东讨伐韩国的少曲、高平,攻下了这两个地方。

秦昭王听说魏齐在平原君家里,打算一定要为范雎报了他的仇恨,于是就假装和好,给平原君送去一封信说:"我听说你有崇高的道义,希望和你结为布衣之友,有幸你能到我这里来,我希望和你畅饮十天。"平原君害怕秦国,而且信以为真,就到秦国来见秦昭王。昭王和平原君畅饮了好几天后,昭王对平原君说:"从前周文王得到吕尚后称他为太公,齐桓公得到管夷吾后称他为仲父,现在范雎也就是我的叔父。范雎的仇人在你家,希望派人回去把他的头拿来,不这样我就不让出关。"平原君说:"人贵时交结朋友是为了贱时有依靠,人富时交结朋友是为了贫时有依靠。魏齐是我赵胜的朋友,即使在我家我也一定不能交出来,况且现在又不在我家里。"于是,昭王就给赵王送了封信说:"君王的弟弟在秦国,范睢的仇人魏齐在平原君的家里。君王赶快派人拿他的头来,不这样我就兴兵讨伐赵国,而且也不放君王的弟弟出关。"于是,赵孝成王就派兵包围了平原君的家,来势很急,魏齐乘晚上逃出,去见了赵相虞卿。虞卿估计赵王最终不可说服,于是解下他的相印,和魏齐偷偷地一起逃跑了。这时,他想到诸侯中没有能马上来抵抗秦国的,于是又逃到大梁,打算通过信陵君投奔到楚国。信陵君听到这件事后,害怕秦国,他犹犹豫豫不肯见他们,说:"虞卿是什么样的人呢?"这时候嬴在旁边,说:"人本来是不容易被别人了解的,要了解人也是不容易的。虞卿穿着草鞋、背着雨笠出远门,一见赵王,赵王就赐给白璧一双,黄金百镒;第二次见时拜他为上卿;第三次见时授给他相印,封他为万户侯。正当这个时候,天下争着要了解他。魏齐穷困地到了虞卿那里,虞卿不敢用优厚的爵禄来使他尊贵,反而解下相印,舍弃万户侯的封爵而偷偷跑了。他着急魏齐的穷困而来到你这里,你却问说'是什么样的人'。人本来是不容易了解的,要想了解人也是不容易的。"信陵君听了觉得非常惭愧,就驾车到郊外去迎接他们。魏齐听说信陵君当初不愿见他,一怒之下就自杀了。赵王听到这事后,终于拿上他的头去送给秦国。于是,秦昭王才放出平原君使他回到赵国。

秦昭王四十三年,秦国攻下了韩国的汾泾,因此就在黄河边广武山上筑城。

五年以后，昭王采用了应侯的谋略，用反间计愚弄了赵国，赵国因为这个缘故，命令马服子代替了廉颇的将位。秦军在长平大胜赵军，接着包围了邯郸。不久和武安君白起有了怨仇，就进言昭王而杀死了白起。派郑安平去攻打赵国。郑安平被赵国所包围，非常紧急，就带着二万士兵投降了赵国。应侯坐在草席上请罪。秦法规定，任用人而用了不好的人，用人的人要按被用人的罪状来处罚。这样应侯的罪就应当拘捕他的三族。秦昭王害怕伤了应侯的心，于是给全国下令："有敢说郑安平事情的人，就以他的罪来处罚这个人。"而给相国应侯加赐的食物一天比一天多，用这来顺从他的心意。二年以后，王稽做了河东郡守，因与诸侯私下勾结，犯法被诛杀。而应侯一天比一天不高兴。

　　昭王登朝办事时常叹息，应侯进劝说："我听说'君主忧愁大臣就得受侮辱，君主受到侮辱大臣就得死去'。现在大王在朝中而忧愁，我应当请罪。"昭王说："我听说楚国的铁剑很锋利而歌舞却很差。铁剑锋利士兵就会勇敢，歌舞拙劣就会深谋远虑。用深谋远虑来驾驭勇敢的士兵，我担心楚国会图谋秦国。诸事平素没有准备，就不能应付突然的变化，现在武安君已经死了，郑安平等也叛变了，内无好的将领而外面敌国又多，所以我很忧愁。"打算用这些话来激励应侯。应侯听了很害怕，想不出什么办法来。蔡泽听到这件事后，就进入秦国。

　　蔡泽是燕国人，曾游学于四方，在大大小小很多诸侯面前求官，都没有遇到机会。后到唐举那里去相面，说："我听先生给李兑相面时说'百日之内要执掌国家的权柄'，有这回事吗？"唐举说："有这回事。"蔡泽说："像我这样的人怎么样呢？"

唐举仔细地看了一遍笑着说："先生鼻子朝天，肩膀耸起，脸盘宽大，凹鼻梁，两膝蜷曲。我听说圣人是不能拘泥相貌的，大概说的是先生吧。"蔡泽知道唐举开他玩笑，于是说："富贵是我命里自有，我所不知道的是我寿命的长短，希望听你说说。"唐举说："先生的寿命，从今往后还有四十三年。"蔡泽笑着道谢完就离去了，对他驾车的人说："我吃米饭肥肉，跃马疾驰，身怀黄金大印，把紫色绶带拴在腰上，在君主面前得到尊敬，吃肉富贵，四十三年就满足了。"于是离开燕国去了赵国，被赵驱逐出来。到了韩国、魏国，在路上碰到坏人夺去了釜鬲。听说应侯保荐的郑安平、王稽都在秦国犯了重罪，应侯内心很惭愧，于是蔡泽向西进入秦国。

在将要见昭王的时候，派人宣言要激怒应侯，说："燕客蔡泽，是天下见识高超善于口辩的智士。他一见秦王，秦王一定会使你陷于艰难而夺取你的爵位。"应侯听说以后说："五帝三代时的事情、百家学术，我都知道，众人的辩论，我都能折服他们，这样怎么能使我陷于艰难而夺去我的爵位呢？"便派人召见蔡泽。蔡泽进来后向应侯行了长揖之礼。应侯本来心里不痛快，等见到蔡泽时又见他很傲慢，应侯因此就谴责他说："你曾宣言想要代我为秦相，难道有这件事吗？"蔡泽回答说："是这样。"应侯说："请听听你的高见。"蔡泽说："唉！你的见识为什么这样迟钝呢？四季的顺序，（是自然规律，）完成任务就要离去。人的一生能身体各部位都很健康，手脚便利，耳目聪明，心里明智，难道这不是做官人的祈望吗？"应侯说："是这样。"蔡泽说："体念仁心，执持正义，行道施德，就会得志于天下，天下的人就会感到高兴，敬爱你，尊慕你，都希望你做君王，难道这不是智辩之士的希望吗？"应侯说："是这样。"蔡泽又说:"富贵显荣,治理万物,使它们各得其所;性命长寿,不受夭折而颐享天年;天下能继承他的道统,守住他的基业,无止境地流传下去;名副其实,恩泽远及千里之外,世世代代不断地称颂他,与天地共始终;难道这不是行道施德的效验和圣人所讲的吉祥善事吗?"应侯说:"是这样。"

蔡泽说:"像秦国的商君,楚国的吴起,越国的大夫种,他们那样死去也值得羡慕吗?"应侯知道蔡泽想以这些话来堵自己的嘴,就又胡说道:"为什么不可以呢?公孙鞅侍奉秦孝公,终身没有二心,尽心为公而不顾私;设立法律来禁止奸邪,立信赏罚来达到统治;推心置腹,坦露真诚,忍受怨恨,欺骗故友,俘虏了魏公子卬,安定了秦国政权,使百姓受到利益,最后为秦国破敌擒将,拓地千里。吴起侍奉楚悼王,使私情不得危害公事,逸言不得掩蔽忠良,不相信随声附和的语言,不采取依违两可的行为,不因为碰到困难而改变行动,执行正义决不躲避祸患,为君主称霸,为国家富强,决不躲避危难。大夫种侍奉越王,君主虽然受到艰难和羞辱,但他还尽忠诚而绝不懈怠,虽然君主要绝世亡国,还要尽自己的能力而绝不离开,事情成功后不骄傲自夸,自己富贵以后也不骄横怠慢。像这三个人,他们本来道义已经达到最高表现,忠已达到了典范。所以君子为了大义而死,就视死如归;活着受羞辱就不如死去光荣。士人本来就愿意杀身以成名,只要大义之所在,即使是死去也无所悔恨。为什么不可以呢?"

蔡泽说:"君主圣明,臣子贤能,这是天下的大福;君主明智,臣子正直,这是国家的福气;父亲慈祥,儿子孝敬,丈夫诚信,妻子贞节,这是家庭的福气。所以比干忠心而殷朝不能存在,子胥明智而吴国不能保全,申生孝敬而晋国大乱。这些国家都有忠臣孝子,而国家有的灭亡有的大乱,这是为什么呢?因为没有明智的君主和贤能的父亲去听从他们，所以天下的人把他们的君主、父亲看作是耻辱，而怜悯他们的臣、子。现在看来商君、吴起、大夫种作为人臣的所作所为是对的，他们的君主是不对的。所以世间说这三个人是尽了忠孝之功而看不到他们的恩德，难道还羡慕他们不遇明主而死吗？如果等死了以后才能立忠成名，那么微子是不足以称仁的，孔子也是不足以称圣的，管仲也是不足以称他伟大了。一个人建立功业，难道不希望他成全吗？身和名全部成全者这是上等。功名可以效法而生命失去者这是次一等。名声受到了辱骂而生命却保全者这是下等。"这时候应侯才称道蔡泽的话是对的。

蔡泽稍稍抓到一点空子就说："商君、吴起、大夫种，他们作为人臣能尽忠建功，当然值得羡慕，像闳夭侍奉文王，周公辅佐成王，难道不也是很忠诚吗？用君臣的关系来评论，商君、吴起、大夫种和闳夭、周公你愿意像谁呢？"应侯说："商君、吴起、大夫种不如闳夭、周公。"蔡泽说："那么你的君主慈仁任忠，笃念旧情，他尊重智能，和有道德的人为深交，坚守道义，不背弃功臣，和秦孝公、楚悼王、越王相比怎么样呢？"应侯说："不知道相比结果怎么样。"蔡泽说："现在君主亲近忠臣不如秦孝公、楚悼王、越王，你发挥聪明才智，能替君主安定危局，修明政治，平定乱事，增强兵力，排除祸患，消灭灾难，拓大疆土，种植粮谷，使国家富强，百姓富足，增强君主的权威，使国家地位尊崇，宗庙名声显扬，天下没有敢欺骗侵犯你的君主，君主威震四海，功业远扬万里之外，声名光辉流传千世，你和商君、吴起、大夫种相比怎么样呢？"应侯说："不如他们。"蔡泽说："现在你的君主在亲近忠臣、不忘故旧方面不若孝公、悼王、句践，而你在功绩和君主对你的宠信亲近方面又不若商君、吴起、大夫种，然而你官高禄盛，私家财产又富于那三个人，这时还不退隐，恐怕祸患要超过那三个人，我为你感到危险。俗话说'日中则移，月满则亏'。物盛则衰，这是天地间的必然规律。进退盈缩要随时调整以适应四时的变化，这也是圣人应遵循的常规。所以'国家有道就出来做官，国家无道就隐居起来'。圣人说过'大人居高贵之位，大人就会有利'。'不以道义而得到的富贵，对于我来讲就像天上的浮云一般'。现在你的怨恨已经报复了，恩德也已经报答了，心愿都已经达到了，但还没有变化的打算，我私下认为这是你不可取的。像翠、鹄、犀、象这些珍禽异兽，它们的处境是不大容易被人弄死的，而所以造成死亡的原因，是因为有香饵来的诱惑。苏秦、智伯的智慧，不是不能避开耻辱和远离死亡的，而所以造成死亡的原因，是因为迷惑于贪利不止的缘故。所以圣人制定了礼仪来节制人们的欲望，征取民间的财富要有限度，役使民力要不违时节，使用百姓要有止境，所以志向不要太高，行动不要骄横，经常符合规律而不要偏离了它，这样天下就能继承下来不会断绝。从前齐桓公九合诸侯，一匡天下，到了葵丘之会时，产生了骄傲自满的态度，很多国家都背叛了他。吴王夫差的军队无敌于天下，以他们的勇敢强大来轻视诸侯国，欺凌齐国和晋国，因此而身死国亡。夏育、太史噭呼喊一声就可以骇倒三军，然而他们却死在庸夫手中。这些都是乘势达到强盛却又不肯返躬的原因所致和不退居低位不节俭所带来的祸患。商君为秦孝公明制法令，禁止产生罪恶的根源。尊爵必赏，有罪必罚，统一权衡器具，校正度量器具，调整商品货币制度，消除了田间的界道，来安定百姓的事业，统一了百姓的习俗，鼓励人们去农耕，用尽土地的效益，一个家室不干两种事情，努力种田，积蓄粮食，要熟悉作战的阵法，所以只要兵动就能扩展国土，兵休就能国富民强，所以秦国才无敌于天下，在诸侯国中树立了威权，使秦国的事业得以成功。功业完成之后，就车裂处死。楚国方圆数千里，作战的士卒有百万，白起率领数万军队和楚国作战，第一次作战就攻下了鄢郢，烧毁了夷陵，第二次作战向南吞并了蜀汉。后来又越过韩、魏去攻打强大的赵国，向北坑杀了马服子，在长平屠杀了四十余万人，流血成河，沸腾的声音就像打雷一般，于是进而包围了邯郸，使秦国完成了称帝的大业。楚、赵是天下的强国，也是秦国的仇敌，从此以后，楚、赵都畏惧屈服而不敢进攻秦国的原因，是因为有白起威势的缘故。他亲自征服了七十多个城邑，大功告成之后，却被赐剑而死于杜邮。吴起为楚昭王订立了法令，削弱了大臣的重威，罢免了没有才能的人，废除了没有用处的人，去掉了不急需设立的官吏，堵塞了徇私的请托，统一了楚国的风俗，禁止百姓游手好闲，认真训练耕战的士兵，向南收服了杨越，向北吞并了陈、蔡，粉碎了纵横家的游说，使游说之士无法开口，禁止结党营私来鼓励百姓，稳定了楚国的政权，兵震天下，用威力屈服了诸侯，大功告成之后，终于被肢解而死。大夫种为越王深谋远虑，解除了会稽的危难，转亡为存，转辱为荣，开垦荒芜来充实城邑，开垦田地来种植五谷，率领四方之士，团结上下的力量，辅佐贤能的句践，向夫差报了仇恨，终于打败了强大的吴国，使越国称霸天下，功劳很明白而且确实可信，句践最后忘恩负义而杀死了他。这四个人，大功告成以后却不离去，最后祸患临头。这就是所谓只能伸而不能屈，只知前进而不知后退的人。范蠡知道这个道理，他超然避世，常做陶朱公。你难道没有见过赌博的人吗？有的想押大注，有的想得寸进尺，这些都是你所明白知道的。现在你相秦，出谋划策不需离开坐席和走出廊庙，坐在那里就可以制服诸侯，开拓三川之利来充实宜阳，截断了羊肠的天险，堵塞了太行的道路，封锁了范氏、中行氏的交通，使六国不能够合纵。修筑了千里栈道，直通蜀汉，使天下都畏惧秦国，秦国的欲望达到了，你的功劳也就到了极点，这时也就是秦国分功的时候。在这个时候还不隐退，就会像商君、白公、吴起、大夫种一样。我听说'照着水来看可以看到自己的面容，照着人来看可以知道自己的凶吉'。《书》中说'成功之下不可久居'。像他们四人的祸患你怎么能承当了呢？你为什么不乘这个机会归还相印，让位给贤能的人去接受它，你退下来隐居在山川之中，这样一定会得到像伯夷一样的廉让美名，常作应侯，世世代代传下去，就会有许由、延陵季子廉让的称誉，乔松一样长寿，哪里能和因祸而死的相比呢？你怎么选择呢？如果你忍心也不能自己离开相位，犹犹豫豫不能下定决心，那一定会有那四个人的祸患。《易经》上说'高空中的龙也有悔恨的事'，这就是说那些上去不能下来，伸出去不能屈回来，走出去不能返回的人。希望你好好地考虑一下。"应侯说："很好。我听说'有欲望而不知足，就会失去他的欲望所得，已经富有了而不知停止，就会失去他的富有财产'，承蒙先生指教，我范雎尊敬地接受你的意见。"于是就引蔡泽入座，作为上等客人接待。

几天以后，范雎入朝，对秦昭王说："客中有一个刚从山东来的叫蔡泽，他是个辩士，对于三王的事情、五霸的业绩、世俗的变化都很明白，完全可以把秦国的政事寄托给他。我见过很多的人，没有一个比得上他，我也不如他。我冒昧向您禀报。"秦昭王召见了蔡泽，并和他谈了话，非常赞赏他，任他为客卿。应侯因此也就称病请求送归相印。秦昭王坚持要挽留应侯，应侯就称病重。范雎免掉了相位，昭王刚刚对蔡泽的谋划感到满意，就任他为秦相，向东收复了周王朝。

蔡泽做了几个月的秦相以后，有人说他的坏话，他害怕被杀掉，于是就称病归还了相印，号称纲成君。他在秦国住了十多年，侍奉过昭王、孝文王、庄襄王。最后侍奉秦始皇，曾为秦国出使燕国，三年以后使燕国派太子丹去秦国当了人质。

太史公说：韩非子说"长袖的人善于舞蹈，钱多的人善于经商"，这句话是可以相信的。范雎、蔡泽是世间所说的一般辩士，去游说诸侯一直到白了头也没有什么机会，并非他们计策拙劣，进行游说用力太小。等到这两个人旅居在秦国时，相继取得了卿相的地位，功名永垂天下，本来是和国家势力的强弱不同有关。然而士人中也有偶然的巧合，贤能的人多数和这两个人一样，但不能全部发挥才能，哪能够一一数尽呢？若这两个人不被困厄，又怎么能够激昂奋发呢？

史记卷八十

乐毅列传第二十

乐毅者,其先祖曰乐羊。乐羊为魏文侯将,伐取中山,魏文侯封乐羊以灵寿。乐羊死,葬于灵寿,其后子孙因家焉。中山复国,至赵武灵王时复灭中山,而乐氏后有乐毅。

乐毅贤,好兵,赵人举之。及武灵王有沙丘之乱,乃去赵适魏。闻燕昭王以子之之乱而齐大败燕,燕昭王怨齐,未尝一日而忘报齐也。燕国小,辟远,力不能制,于是屈身下士,先礼郭隗以招贤者。乐毅于是为魏昭王使于燕,燕王以客礼待之。乐毅辞让,遂委质为臣,燕昭王以为亚卿,久之。

当是时,齐湣王彊,南败楚相唐眛于重丘,西摧三晋于观津,遂与三晋击秦,助赵灭中山,破宋,广地千余里。与秦昭王争重为帝,已而复归之。诸侯皆欲背秦而服于齐。湣王自矜,百姓弗堪。于是燕昭王问伐齐之事。乐毅对曰:"齐,霸国之余业也,地大人众,未易独攻也。王必欲伐之,莫如与赵及楚、魏。"于是使乐毅约赵惠文王,别使连楚、魏,令赵嚪说秦以伐齐之利。诸侯害齐湣王之骄暴,皆争合从与燕伐齐。乐毅还报,燕昭王悉起兵,使乐毅为上将军,赵惠文王以相国印授乐毅。乐毅于是并护赵、楚、韩、魏、燕之兵以伐齐,破之济西。诸侯兵罢归，而燕军乐毅独追，至于临菑。齐湣王之败济西，亡走，保于莒。乐毅独留徇齐，齐皆城守。乐毅攻入临菑，尽取齐宝财物祭器输之燕。燕昭王大说，亲至济上劳军，行赏飨士，封乐毅于昌国，号为昌国君。于是燕昭王收齐卤获以归，而使乐毅复以兵平齐城之不下者。

乐毅留徇齐五岁，下齐七十余城，皆为郡县以属燕，唯独莒、即墨未服。会燕昭王死，子立为燕惠王。惠王自为太子时尝不快于乐毅，及即位，齐之田单闻之，乃纵反间于燕，曰："齐城不下者两城耳。然所以不早拔者，闻乐毅与燕新王有隙，欲连兵且留齐，南面而王齐。齐之所患，唯恐他将之来。"于是燕惠王固已疑乐毅，得齐反间，乃使骑劫代将，而召乐毅。乐毅知燕惠王之不善代之，畏诛，遂西降赵。赵封乐毅于观津，号曰望诸君。尊宠乐毅以警动于燕、齐。

齐田单后与骑劫战，果设诈诳燕军，遂破骑劫于即墨下，而转战逐燕，北至河上，尽复得齐城，而迎襄王于莒，入于临淄。

燕惠王后悔使骑劫代乐毅，以故破军亡将失齐；又怨乐毅之降赵，恐赵用乐毅而乘燕之弊以伐燕。燕惠王乃使人让乐毅，且谢之曰："先王举国而委将军，将军为燕破齐，报先王之雠，天下莫不震动，寡人岂敢一日而忘将军之功哉！会先王弃群臣，寡人新即位，左右误寡人。寡人之使骑劫代将军，为将军久暴露于外，故召将军且休，计事。将军过听，以与寡人有隙，遂捐燕归赵。将军自为计则可矣，而亦何以报先王之所以遇将军之意乎？"乐毅报遗燕惠王书曰：

臣不佞，不能奉承王命，以顺左右之心，恐伤先王之明，有害足下之义，故遁逃走赵。今足下使人数之以罪，臣恐侍御者不察先王之所以畜幸臣之理,又不白臣之所以事先王之心,故敢以书对。

臣闻贤圣之君不以禄私亲,其功多者赏之,其能当者处之。故察能而授官者,成功之君也;论行而结交者,立名之士也。臣窃观先王之举也,见有高世主之心,故假节于魏,以身得察于燕。先王过举,厕之宾客之中,立之群臣之上,不谋父兄,以为亚卿。臣窃不自知,自以为奉令承教,可幸无罪,故受令而不辞。

先王命之曰:"我有积怨深怒于齐,不量轻弱,而欲以齐为事。"臣曰:"夫齐,霸国之余业而最胜之遗事也。练于兵甲,习于战攻。王若欲伐之,必与天下图之。与天下图之,莫若结于赵。且又淮北、宋地,楚魏之所欲也,赵若许而约四国攻之,齐可大破也。"先王以为然,具符节南使臣于赵。顾反命,起兵击齐。以天之道,先王之灵,河北之地随先王而举之济上。济上之军受命击齐,大败齐人。轻卒锐兵,长驱至国。齐王遁而走莒,仅以身免;珠玉财宝车甲珍器尽收入于燕。齐器设于宁台,大吕陈于元英,故鼎反乎磨室,蓟丘之植植于汶篁,自五伯已来,功未有及先王者也。先王以为慊于志,故裂地而封之,使得比小国诸侯。臣窃不自知,自以为奉命承教,可幸无罪,是以受命不辞。

臣闻贤圣之君,功立而不废,故著于《春秋》;蚤知之士,名成而不毁,故称于后世。若先王之报怨雪耻,夷万乘之彊国,收八百岁之蓄积,及至弃群臣之日,余教未衰,执政任事之臣,修法令,慎庶孽,施及乎萌隶,皆可以教后世。

臣闻之,善作者不必善成,善始者不必善终。昔伍子胥说听于阖闾,而吴王远迹至郢;夫差弗是也,赐之鸱夷而浮之江。吴王不寤先论之可以立功,故沈子胥而不悔;子胥不蚤见主之不同量,是以至于入江而不化。

夫免身立功,以明先王之迹,臣之上计也。离毁辱之诽谤,堕先王之名，臣之所大恐也。临不测之罪，以幸为利，义之所不敢出也。

臣闻古之君子，交绝不出恶声；忠臣去国，不絜其名。臣虽不佞，数奉教于君子矣。恐侍御者之亲左右之说，不察疏远之行，故敢献书以闻，唯君王之留意焉。

于是燕王复以乐毅子乐间为昌国君；而乐毅往来复通燕，燕、赵以为客卿。乐毅卒于赵。

乐间居燕三十余年，燕王喜用其相栗腹之计，欲攻赵，而问昌国君乐间。乐间曰："赵，四战之国也，其民习兵，伐之不可。"燕王不听，遂伐赵。赵使廉颇击之，大破栗腹之军于鄗，禽栗腹、乐乘。乐乘者，乐间之宗也。于是乐间奔赵，赵遂围燕。燕重割地以与赵和，赵乃解而去。

燕王恨不用乐间，乐间既在赵，乃遗乐间书曰："纣之时，箕子不用，犯谏不怠，以冀其听；商容不达，身祗辱焉，以冀其变。及民志不入，狱囚自出，然后二子退隐。故纣负桀暴之累，二子不失忠圣之名。何者？其忧患之尽矣。今寡人虽愚，不若纣之暴也；燕民虽乱，不若殷民之甚也。室有语，不相尽以告邻里。二者，寡人不为君取也。"

乐间、乐乘怨燕不听其计，二人卒留赵。赵封乐乘为武襄君。

其明年，乐乘、廉颇为赵围燕，燕重礼以和，乃解。后五岁，赵孝成王卒。襄王使乐乘代廉颇。廉颇攻乐乘，乐乘走，廉颇亡入魏。其后十六年而秦灭赵。

其后二十余年，高帝过赵，问："乐毅有后世乎？"对曰："有乐叔。"高帝封之乐卿，号曰华成君。华成君，乐毅之孙也。而乐氏之族有乐瑕公、乐臣公，赵且为秦所灭，亡之齐高密。乐臣公善修黄帝、老子之言，显闻于齐，称贤师。

太史公曰：始齐之蒯通及主父偃读乐毅之报燕王书，未尝不废书而泣也。乐臣公学黄帝、老子，其本师号曰河上丈人，不知其所出。河上丈人教安期生，安期生教毛翕公，毛翕公教乐瑕公，乐瑕公教乐臣公，乐臣公教盖公。盖公教于齐高密、胶西，为曹相国师。

译文：

乐毅，他的先祖是乐羊。乐羊是魏文侯的将军，攻占了中山国之后，魏文侯把灵寿封给他。乐羊去世后，就埋葬在灵寿，他的后世子孙也就从此在这里安了家。后来中山国曾一度复国，到了赵武灵王的时候，再次灭掉了中山国，而乐氏的后人中就有一个乐毅。

乐毅很贤能，喜好军事，赵国人把他推举出来准备起用。由于遇上赵武灵王让位，国内发生"沙丘之乱"，他便离开赵国到了魏国。他听说燕国因为"子之之乱"，政局动荡；齐国乘机进攻，把燕国打得大败，燕昭王即位后非常怨恨齐国，没有一天不在考虑报复齐国。燕国幅员狭小，地处偏僻，燕昭王感到力不从心，于是谦恭屈尊，礼贤下士，首先以师长之礼待郭隗，广招天下贤士。乐毅便在这个时候为魏昭王出使燕国，燕王以待客的礼节厚待他，争取他。乐毅先是推辞，但终于同意委身为臣，燕昭王任命他为亚卿，过了很长的时间。

那个时候，齐湣王势力最强大，南边在重丘打败楚相唐眛，西边在观津挫败三晋，于是又和三晋联合攻秦，还协助赵国灭了中山，并出兵击败了宋国，拓展疆土千余里。齐湣王与秦昭王争霸称帝，不久以后又放弃了帝号。各国诸侯都想背离秦国而与齐国结盟。齐湣王因此骄矜自大，百姓们不堪其苦。于是，燕昭王便向乐毅请教讨伐齐国的问题，乐毅回答道："齐国，至今仍保有称霸大国的余威，地广人多，要独自对它发动进攻很不容易。大王如果一定要讨伐它，最好同赵国、楚国、魏国联合起来。"这样，燕昭王就派乐毅与赵惠文王订约攻齐，另派使者去联合楚国、魏国，并请赵国向秦国说明伐齐的好处。各国诸侯深受齐湣王骄横凶暴之害，都争着与燕国联合起来讨伐齐国。乐毅回到燕国作了汇报，燕昭王便把全国的军队都动员起来，任命乐毅为上将军，赵惠文王也把相国的大印授予乐毅。于是，乐毅就总领赵、楚、韩、魏、燕国的大军去讨伐齐国，在济水之西击败齐军。诸侯各国收兵撤回，而独有乐毅率领燕军追击不舍，一直打到临菑。齐湣王自济水之西失利，败退而逃，退入莒城固守。乐毅独自率军在齐地扫荡抢掠，齐军都据城固守。后来，乐毅攻入临菑，将齐国的珍宝、财物、祭器等劫掠一空，统统运回燕国。燕昭王大为高兴，亲自到济水之滨慰劳燕军，赏赐并宴飨全军将士，把昌国封给乐毅，号称昌国君。燕昭王带着掳获于齐国的战利品回国，而命令乐毅继续带领军队攻打齐国那些尚未攻克的城池。

乐毅留在齐国打了五年仗，攻克了齐国七十多个城，都把它们改为郡县而归属于燕，只剩下莒和即墨两城尚未攻克。这时，燕昭王去世，他的儿子燕惠王继位。惠王当太子的时候曾经与乐毅有矛盾而不高兴乐毅，等到他即位，齐国的田单听说了这件事，就在燕国施反间之计，放出风说："齐国没有被攻占的城邑只剩下两座了，而之所以不尽快地攻占它们，听说是乐毅与燕国的新国王有矛盾，他想率领军队与齐军联合，就留在齐国，在齐国自立为王。现在齐国最担忧的，就只怕燕国派别的将领来。"

这个时候，燕惠王本来就已经在怀疑乐毅了，现在又中了齐国的反间之计，就派骑劫去替代乐毅为将，而召乐毅回国。乐毅知道燕惠王是在怀疑他而派人替代他，害怕回国遭杀害，就西去投奔了赵国。赵国把观津封给乐毅，号称望诸君。赵国采用尊宠乐毅的办法，用以震慑燕国和齐国。

齐将田单后来与骑劫作战，果然设了一套巧计骗了燕军，结果在即墨城下大败骑劫，进而全线进攻追逐燕军，向北一直打到燕齐交界的黄河边上，全部收复了失地，而从莒城迎接襄王，重返临菑。

燕惠王很后悔让骑劫代替乐毅，因而兵败将亡丢掉了齐国；同时又怨恨乐毅去投奔赵国，害怕赵国任用乐毅，乘燕国吃败仗的机会来攻打燕国。燕惠王就派人去责怪乐毅，并且又表示道歉，说："先王把全国的军队都委交给将军，将军为燕国大败齐国，替先王报了仇，天下无不为之震动，而我本人也没有一天敢忘记将军的功绩啊！适逢先王不幸去世，我刚刚即位，是我左右的那些人耽误了我。我之所以派骑劫去接替将军，是因为将军长年累月地在外辛劳，因此召回将军作一休整，并且商议国事。可是，将军却听信谣言，以为是同我有隔阂，便抛下燕国投奔了赵国，将军为自己打算而这样做当然也是可以的，但是又如何报答先王对将军的知遇之恩呢？"乐毅便给燕惠王复信写道：

臣无才无能，没有能接受大王的命令，顺从您的谋士们的心意，我唯恐（回到燕国会被杀掉，从而）影响了先王有知人之明的声誉，也连累您陷于不义，所以才逃跑到了赵国。现在，您派人来数落我的罪过，我深恐您并不了解先王之所以信任我重用我的道理，又不明白我之所以侍奉先王的用心，因此才冒昧地写这封信回复您。

  我听说，贤圣的君主不拿国家的禄位徇私情授予自己的亲属，只有立功多的人才能够得到赏赐，能力相当的人才能够授予官职。所以，善于考察一个人的能力而后委任以官职的君主，才是能够成就功业的君主；善于估量审察对方的品行而后与之结交的士，才是能够扬名后世的俊士。我私下里观察先王的举止行为，觉得他有超越世上各国君主的雄心，所以就借用为魏国出使的机会来到燕国，以便亲自察看。承蒙先王错爱，安排我于宾客之中，提拔我位居群臣之上，也不和宗室长辈们商议，就任命我做了亚卿。我恐怕是缺少自知之明罢，自以为只要一切遵从先王的命令，听从先王的指挥，可以幸而无罪，所以也就接受了任命而未加推辞。

  先王曾命令我说："我对齐国有深仇大恨，不管我国国力怎样的虚弱，我都决心要把讨伐齐国作为我的目标去实现。"我说："那齐国，数代称霸，强国的雄风犹存；屡战屡胜，大国的余威仍在。齐人惯于习武，精于攻战。大王如果想要讨伐它，那么一定要联合天下诸侯共同对付它。而联合天下的诸侯共同对付它，又首先要同赵国结盟。况且，（齐国控制的）淮北及宋国，正是楚国和魏国所想占有的地方，赵国如果能许诺满足他们，与他们这四个国家联合起来讨伐齐国，那就可以大败齐国了。"先王认为我的意见很对，授予我使臣的符节派我出使赵国，等我回到燕国作了汇报，就起兵攻打齐国。由于合乎天道，凭借先王的神灵，燕国全国总动员举兵伐齐，大军跟随先王挺进到济上。大军自济上奉命发动进攻，把齐军打得大败。轻装的兵士，精锐的军队，长驱直入，一直打到齐国的国都，齐王遁逃，跑到了莒城，仅仅保住了自己一条命；而珠玉、财宝、车辆、兵器和珍奇的器物，全都被燕军缴获，载运回国。如今宁台上陈设着齐国传国的宝器；元英殿里安放着齐国的大吕之钟；被齐人劫掠去的燕国的鼎彝失而复得，重返磿室；原本生长于汶水之滨的篁竹，现在在蓟丘栽种，自从五霸以来，没有什么人的功业能够比得上先王了。先王认为他壮志已酬，因此划出一块土地分封给我，使我也像个小国诸侯。我恐怕是缺少自知之明罢，自以为只要一切遵从先王的命令，听从先王的指挥，可以幸而无罪，所以也就接受了分封而未加推辞。

我听说，贤能圣明的君主，建树了功业，能够让它不要衰败，因而名垂史册；远见卓识之士，获得了荣誉，能够让它不要毁坏，因而扬名后世。像先王那样报仇雪耻，征服最强大的诸侯国，缴获它（自开国以来）蓄积八百年的珍宝，直到辞世之日，还留下谆谆教诲，要执政理事的大臣，整修法律条令，审慎地处理宗室内部的关系，恩惠遍及小民奴仆，这些都是后世应当永远牢记的遗训。

我听说，善于创造的人不一定善于取得成功，开始很好的人不一定终结也很好。以前伍子胥的话被阖闾所采纳，因而吴王得以远征楚国踏入郢都；而继位的夫差却不是如此，赐给伍子胥一把宝剑叫他自杀，把尸体装进皮袋丢入长江听任漂流。吴王夫差根本不理解伍子胥的远见卓识可以建树功业，所以把他抛入江中而毫不后悔；伍子胥则没有预料到两位君主气量全然不同，所以直至被投入江中仍然不知改变。

我要保全性命，免遭灾祸，成全功业，让先王的功绩彰明较著，就我来说，这是最为理想的；如果我遭到污辱，受到诽谤，因而败坏了先王的名誉，那是我最为惶恐的。由于我被加上了意想不到的罪名，现在得以侥幸保全性命就很满足，处于这种情形,我虽然义不容辞应当报答先王,却实在不敢表示出来啊!

我听说,古时候的君子,虽然与人绝交,但决不说人坏话;忠臣虽然被迫离开国家,但决不为自己的行为辩白。我虽然无才无能,但也常常受教于君子。我担心的是您只听得进左右亲信的说法,不能理解我的出走,所以冒昧地写信说明,恳请您留意读一读吧!

于是燕王又封乐毅之子乐间为昌国君,而乐毅也重新恢复了与燕国的往来,燕国、赵国都把他作为客卿。后来,乐毅在赵国逝世。

乐间在燕国三十多年,燕王喜采纳了他的丞相栗腹的计谋,准备攻打赵国,又来询问昌国君乐间的意见。乐间说:"赵国这个国家,东南西北四面都是常要打仗的国家,它的人民很有作战经验,要攻打它怕不行吧!"燕王不听,便派兵去攻打赵国。赵国派廉颇迎击,在鄗地把栗腹的军队打得大败,活捉了栗腹和乐乘。乐乘,是乐间的族人。于是乐间投奔了赵国,赵军便包围了燕都。燕国割让了大片的土地向赵国求和,赵国才解围而去。

燕王悔恨没有任用乐间,但乐间已经去了赵国,燕王便派人送给乐间一封信,说:"商纣王的时候,箕子不被重用,而他却不懈地犯颜直谏,只希望纣王能够听从。商容虽然被废黜,不顾身受屈辱,只希望纣王能够改变。直到了人民的意见全然不被纣王接纳,国家法制荡然,囚徒从牢狱中随意逃出,形势如此,箕子与商容才退而隐居。所以,虽然商纣王落了个残忍凶暴的恶名,但他们两位还是得到了忠诚与贤圣的美誉。为什么会这样呢?是因为他们竭诚尽忠,饱经忧患啊!现在的情形是,我虽然愚笨,却并不像纣王那么凶暴;燕国的人民虽然混乱,却并不像殷商时那样厉害。何况家里讲的话，也不必全都去告诉邻里。（你使我蒙受羞辱，自己也落得个不义的名声，）从这两方面而言，我觉得你的做法实在不可取呀！"

乐间、乐乘怨恨燕国不肯采纳自己的计谋，二人终于留在了赵国。赵国封乐乘为武襄君。

第二年，乐乘、廉颇为赵国围攻燕国，燕国备了厚礼求和，赵军才解了围。五年以后，赵孝成王去世。襄王派乐乘接替廉颇为主帅。廉颇攻打乐乘，乐乘出走，廉颇也继而逃亡，到了魏国。这以后又过了十六年，秦灭掉了赵国。

赵亡国后二十多年，汉高祖皇帝经过赵国故地，问道："乐毅还有后人在吗？"有人回答说："有个叫乐叔的是乐毅的后人。"高祖皇帝便把乐卿封给他，号称华成君。华成君，是乐毅的孙子。而乐氏家族中还有乐瑕公、乐臣公等，他们在赵国将要被秦国灭亡之时，逃到了齐国的高密。乐臣公精心研究黄帝、老子等道家学说，在齐国很有名气，被人们称为贤师。

太史公说：当初齐国的蒯通以及主父偃每读到乐毅回复燕王的信的时候，就感动得读不下去，放下书信热泪夺眶而出。乐臣公学黄帝、老子的学说，他的老师号"河上丈人"，不知道来历是怎样的。河上丈人传授给安期生，安期生传授给毛翕公，毛翕公传授给乐瑕公，乐瑕公传授给乐臣公，乐臣公传授给盖公。盖公在齐国的高密、胶西等地教授学生，是相国曹参的老师。

史记卷八十一

廉颇蔺相如列传第二十一

廉颇者,赵之良将也。赵惠文王十六年,廉颇为赵将伐齐,大破之,取阳晋,拜为上卿,以勇气闻于诸侯。蔺相如者,赵人也,为赵宦者令缪贤舍人。

赵惠文王时,得楚和氏璧。秦昭王闻之,使人遗赵王书,愿以十五城请易璧。赵王与大将军廉颇诸大臣谋:欲予秦,秦城恐不可得,徒见欺;欲勿予,即患秦兵之来。计未定,求人可使报秦者,未得。宦者令缪贤曰:"臣舍人蔺相如可使。"王问:"何以知之?"对曰:"臣尝有罪,窃计欲亡走燕,臣舍人相如止臣,曰:'君何以知燕王?'臣语曰:'臣尝从大王与燕王会境上,燕王私握臣手,曰"愿结友"。以此知之,故欲往。'相如谓臣曰:'夫赵强而燕弱,而君幸于赵王,故燕王欲结于君。今君乃亡赵走燕,燕畏赵,其势必不敢留君,而束君归赵矣。君不如肉袒伏斧质请罪,则幸得脱矣。'臣从其计,大王亦幸赦臣。臣窃以为其人勇士,有智谋,宜可使。"于是王召见,问蔺相如曰:"秦王以十五城请易寡人之璧,可予不?"相如曰:"秦强而赵弱,不可不许。"王曰:"取吾璧,不予我城,奈何?"相如曰:"秦以城求璧而赵不许,曲在赵。赵予璧而秦不予赵城，曲在秦。均之二策，宁许以负秦曲。"王曰："谁可使者？"相如曰："王必无人，臣愿奉璧往使。城入赵而璧留秦；城不入，臣请完璧归赵。"赵王于是遂遣相如奉璧西入秦。

秦王坐章台见相如，相如奉璧奏秦王。秦王大喜，传以示美人及左右，左右皆呼万岁。相如视秦王无意偿赵城，乃前曰："璧有瑕，请指示王。"王授璧，相如因持璧却立，倚柱，怒发上冲冠，谓秦王曰："大王欲得璧，使人发书至赵王，赵王悉召群臣议，皆曰'秦贪，负其强，以空言求璧，偿城恐不可得'。议不欲予秦璧。臣以为布衣之交尚不相欺，况大国乎！且以一璧之故逆强秦之欢，不可。于是赵王乃斋戒五日，使臣奉璧，拜送书于庭。何者？严大国之威以修敬也。今臣至，大王见臣列观，礼节甚倨；得璧，传之美人，以戏弄臣。臣观大王无意偿赵王城邑，故臣复取璧。大王必欲急臣，臣头今与璧俱碎于柱矣！"相如持其璧睨柱，欲以击柱。秦王恐其破璧，乃辞谢固请，召有司案图，指从此以往十五都予赵。相如度秦王特以诈详为予赵城，实不可得，乃谓秦王曰："和氏璧，天下所共传宝也，赵王恐，不敢不献。赵王送璧时，斋戒五日，今大王亦宜斋戒五日，设九宾于廷，臣乃敢上璧。"秦王度之，终不可强夺，遂许斋五日，舍相如广成传。相如度秦王虽斋，决负约不偿城，乃使其从者衣褐，怀其璧，从径道亡，归璧于赵。

秦王斋五日后，乃设九宾礼于廷，引赵使者蔺相如。相如至，谓秦王曰："秦自缪公以来二十余君，未尝有坚明约束者也。臣诚恐见欺于王而负赵，故令人持璧归，间至赵矣。且秦强而赵弱，大王遣一介之使至赵，赵立奉璧来。今以秦之强而先割十五都予赵，赵岂敢留璧而得罪于大王乎？臣知欺大王之罪当诛，臣请就汤镬，唯大王与群臣孰计议之。"秦王与群臣相视而嘻。左右或欲引相如去，秦王因曰："今杀相如，终不能得璧也，而绝秦赵之欢，不如因而厚遇之，使归赵，赵王岂以一璧之故欺秦邪！"卒廷见相如，毕礼而归之。

相如既归，赵王以为贤大夫使不辱于诸侯，拜相如为上大夫。秦亦不以城予赵，赵亦终不予秦璧。

其后秦伐赵，拔石城。明年，复攻赵，杀二万人。

秦王使使者告赵王，欲与王为好会于西河外渑池。赵王畏秦，欲毋行。廉颇、蔺相如计曰："王不行，示赵弱且怯也。"赵王遂行，相如从。廉颇送至境，与王诀曰："王行，度道里会遇之礼毕，还，不过三十日。三十日不还，则请立太子为王，以绝秦望。"王许之，遂与秦王会渑池。秦王饮酒酣，曰："寡人窃闻赵王好音，请奏瑟。"赵王鼓瑟。秦御史前书曰"某年月日，秦王与赵王会饮，令赵王鼓瑟"。蔺相如前曰："赵王窃闻秦王善为秦声，请奏盆缻秦王，以相娱乐。"秦王怒，不许。于是相如前进缻，因跪请秦王。秦王不肯击缻。相如曰："五步之内，相如请得以颈血溅大王矣！"左右欲刃相如，相如张目叱之，左右皆靡。于是秦王不怿，为一击缻。相如顾召赵御史书曰"某年月日，秦王为赵王击缻"。秦之群臣曰："请以赵十五城为秦王寿。"蔺相如亦曰："请以秦之咸阳为赵王寿。"秦王竟酒，终不能加胜于赵。赵亦盛设兵以待秦，秦不敢动。

既罢归国，以相如功大，拜为上卿，位在廉颇之右。廉颇曰："我为赵将，有攻城野战之大功，而蔺相如徒以口舌为劳，而位居我上，且相如素贱人，吾羞，不忍为之下。"宣言曰："我见相如，必辱之。"相如闻，不肯与会。相如每朝时，常称病，不欲与廉颇争列。已而相如出，望见廉颇，相如引车避匿。于是舍人相与谏曰："臣所以去亲戚而事君者，徒慕君之高义也。今君与廉颇同列,廉君宣恶言而君畏匿之,恐惧殊甚,且庸人尚羞之,况于将相乎!臣等不肖,请辞去。"蔺相如固止之,曰:"公之视廉将军孰与秦王?"曰:"不若也。"相如曰:"夫以秦王之威,而相如廷叱之,辱其群臣,相如虽驽,独畏廉将军哉?顾吾念之,强秦之所以不敢加兵于赵者,徒以吾两人在也。今两虎共斗,其势不俱生。吾所以为此者,以先国家之急而后私雠也。"廉颇闻之,肉袒负荆,因宾客至蔺相如门谢罪。曰:"鄙贱之人,不知将军宽之至此也。"卒相与欢,为刎颈之交。

是岁,廉颇东攻齐,破其一军。居二年,廉颇复伐齐几,拔之。后三年,廉颇攻魏之防陵、安阳,拔之。后四年,蔺相如将而攻齐,至平邑而罢。其明年,赵奢破秦军阏与下。

赵奢者,赵之田部吏也。收租税而平原君家不肯出租,奢以法治之,杀平原君用事者九人。平原君怒,将杀奢。奢因说曰:"君于赵为贵公子,今纵君家而不奉公则法削,法削则国弱,国弱则诸侯加兵,诸侯加兵是无赵也,君安得有此富乎?以君之贵,奉公如法则上下平,上下平则国强,国强则赵固,而君为贵戚,岂轻于天下邪?"平原君以为贤,言之于王。王用之治国赋,国赋大平,民富而府库实。

秦伐韩,军于阏与。王召廉颇而问曰:"可救不?"对曰:"道远险狭,难救。"又召乐乘而问焉,乐乘对如廉颇言。又召问赵奢,奢对曰:"其道远险狭,譬之犹两鼠斗于穴中,将勇者胜。"王乃令赵奢将,救之。

兵去邯郸三十里,而令军中曰:"有以军事谏者死。"秦军军武安西,秦军鼓噪勒兵,武安屋瓦尽振。军中候有一人言急救武安,赵奢立斩之。坚壁,留二十八日不行,复益增垒。秦间来入,赵奢善食而遣之。间以报秦将,秦将大喜曰:"夫去国三十里而军不行,乃增垒,阏与非赵地也。"赵奢既已遣秦间,乃卷甲而趋之,二日一夜至,令善射者去阏与五十里而军。军垒成,秦人闻之,悉甲而至。军士许历请以军事谏,赵奢曰:"内之。"许历曰:"秦人不意赵师至此,其来气盛,将军必厚集其阵以待之。不然,必败。"赵奢曰:"请受令。"许历曰:"请就鈇质之诛。"赵奢曰:"胥后令邯郸。"许历复请谏,曰:"先据北山上者胜,后至者败。"赵奢许诺,即发万人趋之。秦兵后至,争山不得上,赵奢纵兵击之,大破秦军。秦军解而走,遂解阏与之围而归。

赵惠文王赐奢号为马服君,以许历为国尉。赵奢于是与廉颇、蔺相如同位。

后四年,赵惠文王卒,子孝成王立。七年,秦与赵兵相距长平,时赵奢已死,而蔺相如病笃,赵使廉颇将攻秦,秦数败赵军,赵军固壁不战。秦数挑战,廉颇不肯。赵王信秦之间。秦之间言曰:"秦之所恶,独畏马服君赵奢之子赵括为将耳。"赵王因以括为将,代廉颇。蔺相如曰:"王以名使括,若胶柱而鼓瑟耳。括徒能读其父书传,不知合变也。"赵王不听,遂将之。

赵括自少时学兵法,言兵事,以天下莫能当。尝与其父奢言兵事,奢不能难,然不谓善。括母问奢其故,奢曰:"兵,死地也,而括易言之。使赵不将括即已,若必将之,破赵军者必括也。"及括将行,其母上书言于王曰:"括不可使将。"王曰:"何以?"对曰:"始妾事其父,时为将,身所奉饭饮而进食者以十数,所友者以百数,大王及宗室所赏赐者尽以予军吏士大夫,受命之日,不问家事。今括一旦为将,东向而朝,军吏无敢仰视之者,王所赐金帛,归藏于家,而日视便利田宅可买者买之。王以为何如其父？父子异心，愿王勿遣。"王曰："母置之，吾已决矣。"括母因曰："王终遣之，即有如不称，妾得无随坐乎？"王许诺。

赵括既代廉颇，悉更约束，易置军吏。秦将白起闻之，纵奇兵，详败走，而绝其粮道，分断其军为二，士卒离心。四十余日，军饿，赵括出锐卒自博战，秦军射杀赵括。括军败，数十万之众遂降秦，秦悉坑之。赵前后所亡凡四十五万。明年，秦兵遂围邯郸，岁余，几不得脱。赖楚、魏诸侯来救，乃得解邯郸之围。赵王亦以括母先言，竟不诛也。

自邯郸围解五年，而燕用栗腹之谋，曰"赵壮者尽于长平，其孤未壮"，举兵击赵。赵使廉颇将，击，大破燕军于鄗，杀栗腹，遂围燕。燕割五城请和，乃听之。赵以尉文封廉颇为信平君，为假相国。

廉颇之免长平归也，失势之时，故客尽去。及复用为将，客又复至。廉颇曰："客退矣！"客曰："吁！君何见之晚也？夫天下以市道交，君有势，我则从君，君无势则去，此固其理也，有何怨乎！"居六年，赵使廉颇伐魏之繁阳，拔之。

赵孝成王卒，子悼襄王立，使乐乘代廉颇。廉颇怒，攻乐乘，乐乘走。廉颇遂奔魏之大梁。其明年，赵乃以李牧为将而攻燕，拔武遂、方城。

廉颇居梁久之，魏不能信用。赵以数困于秦兵，赵王思复得廉颇，廉颇亦思复用于赵。赵王使使者视廉颇尚可用否。廉颇之仇郭开多与使者金，令毁之。赵使者既见廉颇，廉颇为之一饭斗米，肉十斤，被甲上马，以示尚可用。赵使还报王曰："廉将军虽老，尚善饭，然与臣坐，顷之三遗矢矣。"赵王以为老，遂不召。

楚闻廉颇在魏，阴使人迎之。廉颇一为楚将，无功，曰：

"我思用赵人。"廉颇卒死于寿春。

李牧者,赵之北边良将也。常居代雁门,备匈奴。以便宜置吏,市租皆输入莫府,为士卒费。日击数牛飨士,习射骑,谨烽火,多间谍,厚遇战士。为约曰:"匈奴即入盗,急入收保,有敢捕虏者斩。"匈奴每入,烽火谨,辄入收保,不敢战。如是数岁,亦不亡失。然匈奴以李牧为怯,虽赵边兵亦以为吾将怯。赵王让李牧,李牧如故。赵王怒,召之,使他人代将。

岁余,匈奴每来,出战。出战,数不利,失亡多,边不得田畜。复请李牧。牧杜门不出,固称疾。赵王乃复强起使将兵。牧曰:"王必用臣,臣如前,乃敢奉令。"王许之。

李牧至,如故约。匈奴数岁无所得。终以为怯。边士日得赏赐而不用,皆愿一战。于是乃具选车得千三百乘,选骑得万三千匹,百金之士五万人,彀者十万人,悉勒习战。大纵畜牧,人民满野。匈奴小入,详北不胜,以数千人委之。单于闻之,大率众来入。李牧多为奇陈,张左右翼击之,大破杀匈奴十余万骑。灭襜褴,破东胡,降林胡,单于奔走。其后十余岁,匈奴不敢近赵边城。

赵悼襄王元年,廉颇既亡入魏,赵使李牧攻燕,拔武遂、方城。居二年,庞煖破燕军,杀剧辛。后七年,秦破杀赵将扈辄于武遂,斩首十万。赵乃以李牧为大将军,击秦军于宜安,大破秦军,走秦将桓齮。封李牧为武安君。居三年,秦攻番吾,李牧击破秦军,南距韩、魏。

赵王迁七年,秦使王翦攻赵,赵使李牧、司马尚御之。秦多与赵王宠臣郭开金,为反间,言李牧、司马尚欲反。赵王乃使赵葱及齐将颜聚代李牧。李牧不受命,赵使人微捕得李牧,斩之。废司马尚。后三月,王翦因急击赵,大破杀赵葱,虏赵王迁及其将颜聚，遂灭赵。

太史公曰：知死必勇，非死者难也，处死者难。方蔺相如引璧睨柱，及叱秦王左右，势不过诛，然士或怯懦而不敢发。相如一奋其气，威信敌国，退而让颇，名重太山，其处智勇，可谓兼之矣！

译文：

廉颇是赵国一位优秀的将领。赵惠文王十六年，廉颇率领赵军攻打齐国，大败齐军，攻占阳晋，以军功官拜上卿。他也就以勇敢无畏而闻名于诸侯各国。蔺相如是赵国人，他是赵国宦者令缪贤的舍人。

赵惠文王的时候，赵国得到了著名的楚国和氏璧。秦昭王听到这件事，派人送信给赵王，表示愿意用十五座城邑与赵国交换和氏璧。赵王同大将军廉颇等诸大臣商议：假如把和氏璧给了秦国，恐怕未必能得到秦国的十五个城邑，白白地受他们的欺骗；假如不给的话，又怕由此招惹秦军来犯。谋议没有能做出决定；要物色一个回复秦王的使者，也未能找到。宦者令缪贤说："我的舍人蔺相如可以充任使者。"赵王问道："你怎么知道呢？"缪贤回答说："我曾经犯罪，私下盘算要逃到燕国去，我的舍人蔺相如劝阻我，说：'您怎么了解燕王呢？'我告诉他说：'我曾经跟随大王与燕王在边境上相会，燕王私下里握着我的手说过"非常希望和你交个朋友"。我是由此而了解燕王的，所以想到燕国去。'相如对我说：'赵国强大，燕国弱小，而您深受赵王的宠信，所以燕王才想同您交朋友。现在您要逃离赵国到燕国去，燕国害怕赵国，势必不敢收留您，反而会把您捆绑了还给赵国。您不如赤膊去见赵王，伏在铡刀旁请罪，那倒很可能侥幸获得赦免。'我听从了他的劝告,大王也幸好赦免了我。我个人认为,这个人真是位勇士,足智多谋,应该是可以充任使者的。"于是,赵王召见蔺相如,问道:"秦王要用十五座城邑来换我的和氏璧,能不能换给他?"相如说:"秦国强而赵国弱,不能不答应。"赵王说:"如果他拿到了我的和氏璧,却不给我城,那怎么办?"相如说:"秦国要求以城邑换取和氏璧,如果赵国不答应,赵国显得理屈;如果赵国把和氏璧给了秦国,而秦国不把城邑交给赵国,那么就是秦国理屈了。衡量这两种情况,宁肯让秦国去承担屈理的责任。"赵王问:"谁能够充当使者呢?"相如说:"大王如果实在没有合适的人,我愿意带着和氏璧出使秦国。秦国把十五个城邑交给赵国,就把和氏璧留给秦国;秦国不把十五个城邑交出来,我负责和氏璧完好地回到赵国。"于是,赵王就派蔺相如带着和氏璧,西去秦国。

秦王坐在章台接见蔺相如,相如双手捧着和氏璧献给秦王。秦王非常高兴,把和氏璧传给嫔妃和臣子们观赏,他们一齐欢呼起来,高喊"万岁"。蔺相如看出秦王并没有用城邑交换和氏璧的诚意,就走上前去说:"这玉璧上有些疵点,请让我指给大王看。"秦王把璧交还给他,相如便捧着璧往后倒退,靠着一根柱子,站定了,怒发冲冠,对着秦王说道:"大王想要得到和氏璧,派人送信给赵王,赵王把群臣召集到一起商议,大家都说'秦国贪得无厌,仗恃着自己的强大,只不过是想用空话骗取和氏璧,所谓用以交换和氏璧的城邑,恐怕是得不到的'。议定不能把和氏璧给秦国。而我认为,即使是平民百姓之间的交往,尚且不能相互欺骗,何况是大国之间的交往呢!再说,既然是强大的秦国所喜欢的东西,不能够为了这一块和氏璧而损伤了同秦国的感情。于是赵王就斋戒了五天,派我出使秦国,郑重地把和氏璧交给了我,在朝廷上恭恭敬敬的行拜礼送国书。为什么要这样呢?这是对大国的威望的尊重,表示敬意。今天我来到这里,大王却只在一般的台观接见我,礼节很是简慢;拿到了玉璧,又传给嫔妃们去观赏,这简直是在戏弄我。我看出大王您并无用城邑与赵国交换和氏璧的诚意,所以我又拿回了玉璧。大王要是逼迫我,把我逼急了,今天我的头就和玉璧一齐撞碎在这柱子上!"相如捧着那玉璧,两眼斜瞅着柱子,像是就要撞到柱子上去似的。秦王唯恐他会撞碎了玉璧,就连连道歉,请他千万不要那样做,并召来负责的官吏,打开地图查看,指着地图说从这里起的十五座城邑划给赵国。相如思忖着秦王说把城邑给赵国只不过是做样子骗骗人,其实赵国是得不到的,于是就对秦王说:"和氏璧是天下闻名的珍宝,赵王畏惧秦国,不敢不答应秦国的要求,把玉璧献给秦国。赵王要把和氏璧送来秦国之时,斋戒了五天,现在大王您也应当斋戒五天,在王宫正殿安排九宾迎接之典礼,我才好奉献上这玉璧。"秦王估计这情形,要强行夺取和氏璧不大可能,便同意斋戒五天,把蔺相如先安顿在广成宾馆住下。相如揣度,秦王虽然答应了斋戒,还是一定要背约的,决不会以城换璧,便派遣他的随从换上了粗布衣裳,打扮成平民百姓模样,把玉璧藏在怀中,抄小道逃走,将和氏璧送回了赵国。

秦王斋戒五天之后,果真在王宫安排了九宾迎接的隆重典礼,派人去请来赵国的使者蔺相如。相如来到王宫,对秦王说:"秦国自缪公以来已有二十来位国君即位,可是还没有哪一位是毫不含糊地信守诺言的。我实在是怕受了您的欺骗而辜负了赵王的重托,所以已派人带着和氏璧回去了,他走小路现已回到了赵国。不过,秦国强大,赵国弱小,大王仅仅只派了一位使者到赵国,赵国立即就派我捧着玉璧给送来了。现在,以秦国的强大,如果真的先割让十五个城邑给赵国，赵国岂敢不交出和氏璧而得罪您大王呢？我知道，我犯有欺骗您的罪，应当杀头；我甘愿下汤锅受极刑，但这件事还请您大王与各位大臣仔细商议一下。"秦王与众大臣面面相觑，哭笑不得，发出惊怪之声。有的臣子气得要把相如捉下去，秦王便说道："如今即使杀了蔺相如，也还是得不到和氏璧了，反而破坏了秦、赵两国的友好关系，不如依然好好予以接待，送他回赵国，难道赵王会因为一块和氏璧而欺骗秦国吗！"终于按照礼节在正殿上接见了相如，典礼结束，将相如送回了赵国。

蔺相如回到赵国后，赵王认为由于相如的机智与才干，出使于外，在诸侯面前维护了赵国的尊严，就拜相如做了上大夫。最终秦国并没有割城给赵国，赵国也就没有把和氏璧送给秦国。

后来，秦国攻打赵国，攻占了石城。第二年，秦国再次进攻赵国，杀死了两万人。

秦王派使者告诉赵王，希望与赵国修好，邀请赵王在西河之外的渑池相会。赵王畏惧秦国，不想去。廉颇、蔺相如商议道："君王如果不去，显得赵国太虚弱与怯懦了。"赵王便前往赴会，相如随行。廉颇一直送到国境边，与赵王告别时说："君王此行，按照路程、会见的典礼和归程推算，不应超过三十天。如果到三十天大王还不回来，请允许立太子为王，以断绝秦国对您进行要挟讹诈的念头。"赵王同意了。于是，赵王来到渑池与秦王相会。秦王喝酒喝到半醉，说："我听说赵王喜好音乐，请给弹奏弹奏瑟吧！"赵王弹了瑟。秦国的御史走上前来，在史册上记载道："某年某月某日，秦王会见赵王，宴会上命令赵王弹瑟。"蔺相如上前说："赵王曾听说秦王擅长秦地的歌曲，请允许我给大王您献上盆缶，用以演奏娱乐。"秦王很生气，不肯答应。于是,相如更走上前去,进献瓦缶,并跪下相请。秦王仍然不肯击缶。相如说:"我与大王相距不过五步,(我这点请求您都不肯答应,)我的颈血将要溅到大王您的身上啦!"秦王的侍从要拿刀剑来杀相如,相如瞪大了眼睛大声地呵斥他们,吓得他们都慌忙后退。于是,秦王只得很不乐意地敲了一下缶。相如回头召来赵国的御史,说道:"某年某月某日,秦王为赵王敲缶奏乐。"秦国的大臣们说:"请赵国拿出十五座城邑来,作为给秦王祝寿的献礼。"蔺相如也说:"请拿出秦国的咸阳城来,作为给赵王祝寿的献礼。"这样一直到宴会结束,秦王终于没有能从赵王那里占到便宜。赵国已经布置了重兵戒备着,秦国也不敢在军事上轻举妄动。

渑池之会结束回国,赵王认为此行蔺相如功劳很大,便拜蔺相如为上卿,位次排在廉颇之前。廉颇说:"我身为赵国的将军,攻城野战,立下大功,而蔺相如只不过动动口舌,竟然官位比我还要高了,况且蔺相如本来只是个出身卑贱的人,让我身居其下实在不能忍受,我感到羞耻。"他扬言说:"我见到蔺相如,一定要给他点难堪!"相如听说了,不肯与廉颇会面。每当朝会的时候,相如常常借口有病不去,避免为列次的先后与廉颇发生冲突。有一次,相如外出,远远地望见廉颇,相如即掉转车头躲避。于是,相如门下的宾客们大家一齐进言道:"我们之所以离开亲属而服务于您的门下,只是为了仰慕您崇高的道义精神。现在,您与廉颇同居上卿之位,廉君散布了一些恶言恶语,而您就吓得东躲西藏,恐惧得不得了。这种事就连普通人也会觉得是羞辱,何况是身居将相高位的人呢?我们都是些缺乏修养的人,请允许我们告辞而去。"蔺相如坚决地挽留他们,说道:"诸位,你们看廉将军比秦王更强吗?"大家说:"当然比不上秦王了。"相如说："尽管秦王是那样的威风凛凛，而我在秦国的宫廷上当众斥责他，羞辱他的大臣们，我虽然愚劣，难道单单就怕一个廉将军吗？我只不过是考虑到，强大的秦国之所以不敢对赵国发动战争，就是因为我们两个人在这里。现在如果两虎相争，势必不能同生共存。我之所以要忍辱回避，无非是把国家存亡大事放在前头，把个人的恩怨放在后头罢了！"廉颇听说了，脱衣露体，赤膊背着荆杖，由宾客介绍陪伴来到蔺相如府上请罪。他说："我是个粗鄙浅陋的人，不料您宽容我、容让我到了这样的地步。"终于彼此和好，成为生死与共的朋友。

这一年，廉颇率军东进攻打齐国，歼灭了一支齐军。过了两年，廉颇再次攻打齐国，攻占了几邑。三年之后，廉颇攻打魏国，攻占了防陵、安阳。四年之后，蔺相如率军攻打齐国，攻到平邑而休战。第二年，赵奢在阏与城下击败了秦军。

赵奢，是赵国田部的官吏。他负责征收租税的工作，但平原君家不肯按规定缴租。赵奢便执法惩治，将平原君家管事的人杀了九个。平原君大怒，要杀掉赵奢，于是赵奢进言说："您是赵国的贵公子，现在如果放任您家不交租税，不遵从国家的规定，这样一来就会削弱法律的效力，法律失去了效力，就会导致国家衰弱；国家衰弱，就会引来诸侯入侵；诸侯入侵，就会灭掉赵国，到那时，您又怎么可能保有您的财富呢？反之，像您这样身居高位的人，维护国家利益，遵守国家法律，就会使全国上下一心；上下一心，就会使国家富强；国家富强了，赵氏的地位就会巩固，而您贵为国戚，难道还会被天下诸侯轻视吗？"平原君认为赵奢是个有才能的人，把他推荐给赵王。赵王让他管理全国的财政赋税。他果然将全国的财政赋税管理得井井有条，收支平衡，国民富足而国库充盈。

秦国攻打韩国，军队驻扎在阏与。赵王召见廉颇问道："可以不可以去救援呢？"廉颇回答说："到阏与去的这段路，既远而又险峻狭小，难救了。"赵王又召见乐乘来问这件事，乐乘回答的话跟廉颇一样。赵王又召见赵奢来问，赵奢说："那条路的确是既远而又险峻狭小，这就好比两只老鼠在洞中相斗一样，由骁勇的将领统帅的军队能够获胜。"赵王就命令赵奢为统帅，前去救援。

大军离开邯郸三十里，赵奢在军中下达命令说："有敢对军事行动进言的处死刑。"秦军驻扎在武安城西，当秦军擂鼓呐喊，演习兵马的时候，武安城里房屋上的瓦片都在振动。军中一个侦察员请求赶紧去救援武安，赵奢立即将他斩首。他加固军营的壁垒，一直驻守了二十八天而没有向前推进，还继续修筑营垒。秦国派了间谍混入军营，赵奢用好菜好饭招待他，然后把他送出军营。间谍把看到的情况向秦国的将军作了报告，秦将大为高兴，说："离开都城不过三十里就屯驻大军不敢前行，只是一味地加固营垒，这一下阏与不再是赵国的地盘了。"赵奢把秦国的间谍送走之后，命令全军换下甲胄，轻装全速挺进，两天一夜赶到阏与，布置了一批好射手在距阏与五十里的地方扎营。营垒构筑完毕，秦人也得知了消息，全军悉数赶来。军士许历请求对战事发表意见。赵奢说："放他进来。"许历说："秦人没有料到赵国的军队突然来到这里，被激怒的秦军来进攻的气势必然旺盛，将军一定要集中兵力严阵以待，不然的话，会吃败仗的。"赵奢说："这个意见可以采纳。"许历说："请照军令把我处以死刑好了。"赵奢说："等以后回到邯郸再说吧！"许历请求再发表意见，说："能够先控制阏与北面的山头的一方必定能获得胜利，后去的一方必定要遭到失败。"赵奢表示同意，立即发兵万人快速占领了北山。秦军后来赶到，与赵军争夺北山而终于未能上山，赵奢指挥大军发动攻击，把秦军打得大败。秦军溃散而去，对阏与的包围被解除了，赵军胜利而归。

赵惠文王赐封赵奢，号"马服君"，任命许历为国尉。于是，赵奢有了同廉颇、蔺相如相同的官阶。

四年以后，赵惠文王去世，他的儿子孝成王即位。七年后，秦军与赵军在长平对峙。当时赵奢已死，而蔺相如也病势沉重。赵国派廉颇率军抗击秦兵，秦军多次打败赵军，赵军便固守营垒，不再与秦军接战。秦军屡次挑战，廉颇都不予理会。这时，赵王却听信了秦国的间谍的话。秦国的间谍故意放风说："秦国所畏惧的，就只有马服君的儿子赵括统帅赵军！"赵王便真的任命赵括为将军，取代廉颇。蔺相如说："大王只听赵括的名声就起用他，简直就像胶住了瑟的弦柱来弹瑟一样。（真是只知其一，不知其他。）赵括只不过会念念他父亲留下的书本，根本不懂得活用应变啊！"赵王不听，还是让他当了将军。

赵括自小就学习兵法，谈论军事，自以为天下没有人能比得上他。有一次，他与父亲赵奢谈论起军事来，赵奢也难不倒他，但赵奢却并不认为他好。赵括的母亲问赵奢是什么缘故，赵奢说："战争，是关系到生死存亡的大事，而赵括说起来竟那么轻巧松快。将来赵国不以赵括为将便罢了，如果真让赵括当了将军，使赵军吃败仗的，必定是赵括。"等到赵括将要出发上前线的时候，赵括的母亲给赵王上书说道："不能够让赵括当将军。"赵王说："为什么呢？"赵括的母亲回答说："当初我嫁给赵括的父亲的时候，那时赵括的父亲正做着将军，在军中由他亲自捧着饮食进献到面前，以长者之礼对待的人数以十计，他的朋友数以百计，大王及王室所赏赐的财物，他全部分给军吏和士大夫。从接受了出征命令的那天起,便再不过问家里的私事。如今赵括一下当上了将军,自己坐在官邸朝东的尊位,(摆出架子,)接受部下的朝见,部下军吏们没有一个敢抬头正眼看他的;大王赏赐的钱财,他都拿回家收了起来,天天注意着有没有合适的田产房屋,可以买的就买下来。大王看看,他的所作所为怎么可以和他父亲相比呢?他们父子两人心思完全不同,希望大王就不要派他去了吧!"赵王说:"老夫人,你就别说了,我已经决定了。"于是赵括的母亲便说道:"大王一定要派他去,那么倘若他有不称职之处,我能免去连坐之罪吗?"赵王答应了她的要求。

赵括取代了廉颇之后,全面更改规章,撤换军吏。秦将白起得到了这一情报,立即将部队作了出人意料的调遣,伴装败走,却偷袭截断了赵军运输军粮的道路,并将赵军切割为两部,顿使赵军军心涣散。四十多天后,赵军断粮饿饭,赵括亲自带着精锐的部队冲出,与秦军肉搏拼杀。秦军将赵括射死,赵军溃败,数十万大军只好投降,秦军把投降的赵军全都给活埋了。在这一战役中,赵国前后损失的兵员共计四十五万人。第二年,秦军乘胜包围了邯郸,长达一年有余,几乎不能脱险。后来幸亏有楚国、魏国等诸侯来救援,方才解除了秦军对邯郸的包围。因为赵括的母亲曾经有言在先,所以赵王也没有加罪于她。

邯郸解围之后五年,燕国的国相栗腹说:"赵国的壮丁全都死于长平之战了,而他们遗留的孤儿还没有长大成人。(可以乘机攻赵。)"便派出军队攻打赵国。赵国任命廉颇率军抗击,在鄗地将燕军打得大败,杀死了栗腹,并趁势包围了燕国的国都。燕国愿意割让五座城邑来求和,赵国答应了。赵王把尉文封给廉颇作食邑,封号"信平君",并任命他为假相国。

廉颇从长平免官而归，失去权势的时候，旧时门下的宾客都走光了。等到他再次被任命为将军的时候，那些宾客又都找上门来。廉颇说："诸位都请回去罢！"那些宾客却说："哎，您怎么还抱着那陈腐过时的见解呀？现在天下交友之道，都跟市场做交易一般，您有了权势，我们就跟您走；您没了权势，我们就离去，这本来是很自然的道理，您又何必怨恨呢！"过了六年，赵王派廉颇攻打魏国的繁阳，占领了该城。

赵孝成王去世后，他的儿子悼襄王即位，让乐乘接替廉颇。廉颇很生气，要杀掉乐乘，乐乘出走，廉颇也逃到魏国的大梁。第二年，赵国任用李牧为将军进攻燕国，攻克了武遂、方城两个城邑。

廉颇在大梁住了很长时间，魏国并不任用他。而赵国这时屡屡受挫于秦军，赵王打算再次起用廉颇，廉颇也希望再为赵国效力。赵王派遣使者去看望廉颇，观察一下廉颇是否尚可任用。与廉颇有私仇的郭开，给使者送了许多金钱，叫他诋毁廉颇。赵国的使者与廉颇见了面，廉颇特地一顿饭吃了一斗米，十斤肉，披甲上马，表示自己身体健壮尚可任用。使者回国后向赵王报告说："廉将军虽然老了，饭量还好，不过和我坐在那里，一会儿就拉了三次屎。"赵王觉得廉颇已经老而无用了，便不再召他回国。

楚国听说廉颇在魏国，暗地里派人把他接去。廉颇当了楚国的将军，却没有能建树什么战功，他说："我真希望还能够指挥赵国的战士啊！"廉颇终于死在楚国的寿春。

李牧，是赵国北部边境的优秀将领。曾驻守在代地雁门郡一带，防御匈奴。他因地制宜地设置官吏，把征收的租税运送到军营，充作军队的口粮和费用。李牧让每天宰杀几头牛供给士兵们食用，让士兵们练习射箭和骑马，特别注重通报敌情的烽火设施，增加了许多侦探、间谍，对战士们很关心优待。他制订的规章是："匈奴即使侵入边境来抢掠，我军应迅速退入堡垒中固守，有敢于逞能捉捕匈奴的斩首处死。"每当匈奴入侵，烽火台及时地发出警报，李牧的军队就立即退入堡垒，不敢同匈奴作战。像这样一连好几年，倒也没有什么损失。而匈奴则认为李牧怯懦，就连赵国守边的兵士也都以为自己的将军胆小。赵王为此责备李牧，李牧依然如故，我行我素。赵王很生气，把他召回国都，改派他人接替他担任将军。

这以后一年多，每次匈奴一来，赵军就出而迎战。但出战屡屡失利，损失严重，边境不安，无法正常耕作和放牧。赵王只好再请李牧去负责边防。李牧闭门不出，坚持说自己有病。赵王再三强令李牧，非让他统帅军队不可。李牧说："大王一定要任用我，就得答应我还是照我从前的老办法做，这样我才敢接受任命。"赵王同意了。

李牧回到军中，恢复规定一如从前。一连几年，匈奴一无所获。他们总以为是李牧胆怯。边防上的士兵们每天受到赏赐而无用武之地，都希望有机会打仗。于是，李牧进行准备，挑选了战车一千三百辆，战马一万三千匹，骁勇善战之士五万名，弓箭优秀射手十万名，全部都组织起来，严格地进行作战训练。他让百姓们四出放牧，原野上到处都是赵国的人。匈奴发动了小规模的入侵，李牧佯装打不赢而败退，任匈奴掠走数千人。单于听到了这个消息，率领大军大举进犯。李牧设置了许多迷离变幻的战阵，以左右两翼包抄突袭，一举杀掉匈奴骑兵十余万，大获全胜。这一仗，消灭了襜褴，打败了东胡，并使林胡投降，单于遁逃远方。在这次战役后的十多年里，匈奴再也不敢接近赵国的边境了。

赵悼襄王元年，廉颇已出逃到了魏国，赵王派李牧攻打燕国，攻陷了武遂和方城。过了两年，庞煖率军击败燕军，杀燕将剧辛。七年以后，秦军在武遂打败赵军，杀赵将扈辄，斩首十万。赵王任命李牧为大将军，在宜安抗击秦军，把秦军打得大败，赶走了秦将桓齮。于是，赵王封李牧为武安君。过了三年，秦军进攻番吾，李牧再次击败秦军，并在南线抗御韩、魏两国。

赵王迁七年，秦国派王翦率军攻赵，赵王派李牧和司马尚带兵抵抗。秦国用大笔金钱贿赂赵王的宠臣郭开，让他向赵王提供假情报，说李牧和司马尚企图反叛。赵王便改派赵葱及齐将颜聚取代李牧。李牧不肯服从命令，赵王叫人暗中逮捕了李牧，将他处死。又罢免了司马尚。三个月之后，王翦趁势向赵国发动猛烈进攻，大败赵军，杀了赵葱，俘虏了赵王迁及将军颜聚，终于灭掉了赵国。

太史公说：既知自己将要死去而依然神色从容，必是大勇之人。并不是"死"本身有多难，真正要死得其所，死得有价值，才是一件难事。当蔺相如捧起和氏璧，斜视着柱子的时候，以及当他叱责秦王的左右侍从的时候，大不了也就是一死而已，然而有的人却由于怯懦而不敢这样去做。蔺相如（就这样做了，）正气凛然，威震敌国；而对廉颇却能忍辱退让。他的英名重于泰山，他在关键时刻的表现，真可以说是大智大勇，智勇双全了！

史记卷八十二

田单列传第二十二

田单者,齐诸田疏属也。湣王时,单为临菑市掾,不见知。及燕使乐毅伐破齐,齐湣王出奔,已而保莒城。燕师长驱平齐,而田单走安平,令其宗人尽断其车轴末而傅铁笼。已而燕军攻安平,城坏,齐人走,争涂,以轊折车败,为燕所虏,唯田单宗人以铁笼故得脱,东保即墨。燕既尽降齐城,唯独莒、即墨不下。燕军闻齐王在莒,并兵攻之。淖齿既杀湣王于莒,因坚守,距燕军,数年不下。燕引兵东围即墨,即墨大夫出与战,败死。城中相与推田单,曰:"安平之战,田单宗人以铁笼得全,习兵。"立以为将军,以即墨距燕。

顷之,燕昭王卒,惠王立,与乐毅有隙。田单闻之,乃纵反间于燕,宣言曰:"齐王已死,城之不拔者二耳。乐毅畏诛而不敢归,以伐齐为名,实欲连兵南面而王齐。齐人未附,故且缓攻即墨以待其事。齐人所惧,唯恐他将之来,即墨残矣。"燕王以为然,使骑劫代乐毅。

乐毅因归赵,燕人士卒忿。而田单乃令城中人食必祭其先祖于庭,飞鸟悉翔舞城中下食。燕人怪之。田单因宣言曰:"神来下教我。"乃令城中人曰:"当有神人为我师。"有一卒曰:"臣可以为师乎？"因反走。田单乃起，引还，东乡坐，师事之。卒曰："臣欺君，诚无能也。"田单曰："子勿言也！"因师之。每出约束，必称神师。乃宣言曰："吾唯惧燕军之劓所得齐卒，置之前行，与我战，即墨败矣。"燕人闻之，如其言。城中人见齐诸降者尽劓，皆怒，坚守，唯恐见得。单又纵反间曰："吾惧燕人掘吾城外冢墓，僇先人，可为寒心。"燕军尽掘垄墓，烧死人。即墨人从城上望见，皆涕泣，俱欲出战，怒自十倍。

田单知士卒之可用，乃身操版插，与士卒分功，妻妾编于行伍之间，尽散饮食飨士。令甲卒皆伏，使老弱女子乘城，遣使约降于燕，燕军皆呼万岁。田单又收民金，得千溢，令即墨富豪遗燕将，曰："即墨即降，愿无虏掠吾族家妻妾，令安堵。"燕将大喜，许之。燕军由此益懈。

田单乃收城中得千余牛，为绛缯衣，画以五彩龙文，束兵刃于其角，而灌脂束苇于尾，烧其端。凿城数十穴，夜纵牛，壮士五千人随其后。牛尾热，怒而奔燕军，燕军夜大惊。牛尾炬火光明炫耀，燕军视之皆龙文，所触尽死伤。五千人因衔枚击之，而城中鼓噪从之，老弱皆击铜器为声，声动天地。燕军大骇，败走。齐人遂夷杀其将骑劫。燕军扰乱奔走，齐人追亡逐北，所过城邑皆畔燕而归田单，兵日益多，乘胜，燕日败亡，卒至河上，而齐七十余城皆复为齐。乃迎襄王于莒，入临菑而听政。

襄王封田单，号曰安平君。

太史公曰：兵以正合，以奇胜。善之者，出奇无穷。奇正还相生，如环之无端。夫始如处女，适人开户；后如脱兔，适不及距：其田单之谓邪！

初，淖齿之杀湣王也，莒人求湣王子法章，得之太史嬓之家，为人灌园。嫩女怜而善遇之。后法章私以情告女，女遂与通。及莒人共立法章为齐王，以莒距燕，而太史氏女遂为后，所谓"君王后"也。

燕之初入齐，闻画邑人王蠋贤，令军中曰"环画邑三十里无入"，以王蠋之故。已而使人谓蠋曰："齐人多高子之义，吾以子为将，封子万家。"蠋固谢。燕人曰："子不听，吾引三军而屠画邑。"王蠋曰："忠臣不事二君，贞女不更二夫。齐王不听吾谏，故退而耕于野。国既破亡，吾不能存；今又劫之以兵为君将，是助桀为暴也。与其生而无义，固不如烹！"遂经其颈于树枝，自奋绝脰而死。齐亡大夫闻之，曰："王蠋，布衣也，义不北面于燕，况在位食禄者乎！"乃相聚如莒，求诸子，立为襄王。

译文：

田单是齐国田氏王室的远房亲属。齐湣王时，田单是管理临菑市政的佐理人员，不被人所知道。到了燕国派乐毅攻破齐国时，齐湣王逃出都城，后来据守在莒城。燕国的军队长驱直入，连连攻下齐国城邑，田单逃往安平，命令他同族的人把他的车轴头截短而且外面裹上铁笼。不久燕军攻打安平，安平城被燕军攻破，齐国人跑出来争先恐后地抢道逃跑，因车轴头被撞断，车身也被撞毁，（不少人）被燕军所俘虏，只有田单和他的同族人因为车轴头用铁笼裹着的缘故才得以逃脱，向东据守在即墨。燕国已经全部攻破了其他齐城，只有莒、即墨没有被攻下，燕军听说齐王在莒，于是集中兵力一起攻打莒城。淖齿已经在莒城杀死了齐湣王，因此坚守莒城，抗拒燕军，好几年都没有被燕军攻破。燕军率兵东进围攻即墨，即墨大夫出城迎战，结果战败而死。城中的人都推荐田单说:"安平之战,田单和他的同族人因为车轴上裹了铁笼而得以保全,又熟习兵法。"于是立他为将军,用即墨城的力量来抗拒燕军。

过了不久,燕昭王死了,燕惠王即位,他和乐毅合不来。田单听说这件事后,于是就对燕国使反间计策,宣言说:"齐王已经死了,齐城没有被攻破的只有两座。乐毅怕被杀死因而不敢回国,他是以伐齐为名,实际上是打算连合兵力在齐称王。齐国的人心尚未归顺,所以将慢慢地攻打即墨来等待归附乐毅。齐国的人所害怕的只是担心别的将领前来,(如果别的将军来了,)即墨城就会被攻破。"燕王听了信以为真,于是派骑劫去接替了乐毅的职位。

乐毅因此而归服了赵国,燕国的官兵(对这件事非常)愤恨。而田单却令城中居民每逢吃饭必须在庭院中先祭享他们的祖先,飞鸟都聚集在城的上空盘旋飞舞着伺机下去啄食。燕人(看到鸟老盘旋在城的上空)感到很奇怪。田单因而宣言说:"神仙下来教导我们了。"于是告诉城中人说:"将会有一神人做我们的军师。"有一个士兵说:"我可以做军师吗?"说完就走了。于是,田单站了起来,领他回来,请他坐在面向东的尊位上,像对待老师那样地对待他。士卒说:"我欺骗了您,我确实没有什么能力。"田单说:"你不要说了。"从此像对待老师一样对待他。每次发号施令,一定说是神师的旨意。于是扬言说:"我唯独害怕的是燕军把所俘虏的割掉鼻子的士卒摆在最前列和我们作战,这样即墨就会被攻破。"燕人听了这件事后,果然像田单所说的那样做了。城中人看到齐国被俘虏的人都被割掉了鼻子,都很愤怒。他们坚守城池,唯恐被燕军所俘虏。田单又使反间计说:"我担心燕国人挖掘我们城外的坟墓,侮辱我们的祖先,这可是最寒心之事。"燕军果然挖掘了全部坟墓，焚烧了死人。即墨人从城上看到之后，都痛哭流涕，都怒气十倍地要争着出城作战。

田单知道（现在的）士卒足可以用来打仗，于是亲自拿着版插，和士卒们一起修筑工事，又把妻妾们编入行伍中间，拿出所有的食物犒劳士兵。使穿戴盔甲的士兵们都隐藏起来，使老弱妇孺们登上城头上守望，同时派遣使者去约降燕军，燕军都高呼万岁。田单又从老百姓那里收集得金千溢，让即墨城内的富豪们去馈赠燕国将领，说："即墨即将投降，希望你们不要掳掠我的家族妻妾，让他们安居无恙。"燕军将领听了很高兴，答应了他们的要求。燕军的戒备从此就更加松懈了。

田单于是在城中收集了一千多头牛，给它们披上了红色的绢帛，画满了五彩龙文，在牛角上绑上锋利的战刀，在牛尾巴上绑上了一束束灌满油脂的芦苇，把芦苇的一头用火点着。在城墙上凿开十几个洞穴，夜间把牛放出去，五千名壮士跟在牛的后面。牛尾巴被火烧得热痛，疯狂地直奔燕军，燕军在夜间（看不清是什么东西），感到非常吃惊。牛尾上的芦苇烧的像火炬一样光明炫耀，燕军看到这些东西都穿着龙纹的衣服，凡被碰到的都死的死伤的伤。五千名壮士乘机衔枚向前冲击，而城中的士卒击鼓呐喊跟随在后面，（在城头上的）老弱妇孺们都敲打着铜器呼喊助威，呼声震天动地。燕军惊皇万状，仓皇逃跑。于是，齐国人斩杀了他们的将领骑劫。燕军丢盔弃甲，狼狈逃散，齐国人乘胜追击败走的逃兵，所经过的城邑都背叛了燕军归服了田单，田单的兵力一天天增多，乘胜（继续追击燕军），燕军一天天溃败逃散，最后退到了黄河边上，齐国沦亡的七十多个城邑都又复归为齐。于是去莒城迎回襄王到临菑主持国政。

齐襄王分封田单，号曰安平君。

太史公说：战争以正兵交锋，以奇兵制胜，善于用兵的人往往出奇无穷。奇正互相变化，相辅相成，就像圆环一样不知哪里是开头的地方。用兵之初，就像处女一样怯弱，敌人打开门户进来以后，又像兔子走脱那样迅速敏捷，敌人猝不及防，这不正是田单所说的那样吗？

当初淖齿杀死齐湣王时，莒城人寻找湣王的儿子法章，在太史嬓家找到了他，当时他给人家浇灌田园。太史嬓的女儿可怜他并待他很好。后来法章暗地里把他的情况告诉了太史嬓的女儿，于是太史嬓的女儿和他发生了不正当的关系。等到莒人共同拥立法章为齐王时，把莒城作为抗拒燕军的根据地，而把太史嬓的女儿立为王后，这就是所谓的"君王后"。

燕军一开始进入齐国的时候，听说画邑人王蠋有贤名，于是就命令"环绕画邑周围三十里地区不准人们擅自进入"，这是因为王蠋的缘故。不久就派人对王蠋说："齐国人多数都很尊敬你的品行，我任你为将军，封你万家作为食邑。"王蠋坚决地谢绝。燕人说："你若不听从，我将率领三军毁灭画邑。"王蠋说："忠臣不侍奉两个君主，贞女不嫁两个丈夫。齐王没有采纳我的谏言，所以我才退出来在田野里种田。国家已经被攻破灭亡，我也不能使祖国复存；现在又用兵来威胁我做你们的将军，这是让我助桀为暴，与其活着干这种不义的事情，倒不如受烹刑而死。"于是用绳子捆住自己脖子吊在树上，自己用力把脖子勒断而死去。齐国逃亡在外面的大夫们听到这件事后，说："王蠋是个普通的百姓，尚能坚守正义不臣服于燕国，而有官位有俸禄的人就不能这样吗？"于是互相约聚回到莒城，寻找湣王的儿子，立法章为襄王。

史记卷八十三

鲁仲连邹阳列传第二十三

鲁仲连者,齐人也。好奇伟俶傥之画策,而不肯仕宦任职,好持高节。游于赵。

赵孝成王时,而秦王使白起破赵长平之军前后四十余万,秦兵遂东围邯郸。赵王恐,诸侯之救兵莫敢击秦军。魏安釐王使将军晋鄙救赵,畏秦,止于荡阴不进。魏王使客将军新垣衍间入邯郸,因平原君谓赵王曰:"秦所为急围赵者,前与齐湣王争彊为帝,已而复归帝;今齐已益弱,方今唯秦雄天下,此非必贪邯郸,其意欲复求为帝。赵诚发使尊秦昭王为帝,秦必喜,罢兵去。"平原君犹预未有所决。

此时鲁仲连适游赵,会秦围赵,闻魏将欲令赵尊秦为帝,乃见平原君曰:"事将奈何?"平原君曰:"胜也何敢言事!前亡四十万之众于外,今又内围邯郸而不能去。魏王使客将军新垣衍令赵帝秦,今其人在是。胜也何敢言事!"鲁仲连曰:"吾始以君为天下之贤公子也,吾乃今然后知君非天下之贤公子也。梁客新垣衍安在?吾请为君责而归之。"平原君曰:"胜请为绍介而见之于先生。"平原君遂见新垣衍曰:"东国有鲁仲连先生者,今其人在此,胜请为绍介,交之于将军。"新垣衍曰:"吾闻鲁仲连先生，齐国之高士也。衍，人臣也，使事有职，吾不愿见鲁仲连先生。"平原君曰："胜即已泄之矣。"新垣衍许诺。

鲁连见新垣衍而无言。新垣衍曰："吾视居此围城之中者，皆有求于平原君者也；今吾观先生之玉貌，非有求于平原君者也，曷为久居此围城之中而不去？"鲁仲连曰："世以鲍焦为无从颂而死者，皆非也。众人不知，则为一身。彼秦者，弃礼义而上首功之国也，权使其士，虏使其民。彼即肆然而为帝，过而为政于天下，则连有蹈东海而死耳，吾不忍为之民也。所为见将军者，欲以助赵也。"

新垣衍曰："先生助之将奈何？"鲁连曰："吾将使梁及燕助之，齐、楚则固助之矣。"新垣衍曰："燕则吾请以从矣；若乃梁者，则吾乃梁人也，先生恶能使梁助之？"鲁连曰："梁未睹秦称帝之害故耳。使梁睹秦称帝之害，则必助赵矣。"

新垣衍曰："秦称帝之害何如？"鲁连曰："昔者齐威王尝为仁义矣，率天下诸侯而朝周。周贫且微，诸侯莫朝，而齐独朝之。居岁余，周烈王崩，齐后往，周怒，赴于齐曰：'天崩地坼，天子下席。东藩之臣因齐后至，则斫。'齐威王勃然怒曰：'叱嗟，而母婢也！'卒为天下笑。故生则朝周，死则叱之，诚不忍其求也。彼天子固然，其无足怪。"

新垣衍曰："先生独不见夫仆乎？十人而从一人者，宁力不胜而智不若邪？畏之也。"鲁仲连曰："呜呼！梁之比于秦若仆邪？"新垣衍曰："然。"鲁仲连曰："吾将使秦王烹醢梁王。"新垣衍怏然不悦，曰："噫嘻，亦太甚矣先生之言也！先生又恶能使秦王烹醢梁王？"鲁仲连曰："固也，吾将言之。昔者九侯、鄂侯、文王，纣之三公也。九侯有子而好，献之于纣，纣以为恶，醢九侯。鄂侯争之强，辩之疾，故脯鄂侯。文王闻之，喟然而叹，故拘之牖里之库百日，欲令之死。曷为与人俱称王，卒就脯醢之地？齐湣王之鲁，夷维子为执策而从，谓鲁人曰：'子将何以待吾君？'鲁人曰：'吾将以十太牢待子之君。'夷维子曰：'子安取礼而来待吾君？彼吾君者，天子也。天子巡狩，诸侯辟舍，纳筦籥，摄衽抱机，视膳于堂下，天子已食，乃退而听朝也。'鲁人投其籥，不果纳。不得入于鲁，将之薛，假途于邹。当是时，邹君死，湣王欲入吊，夷维子谓邹之孤曰：'天子吊，主人必将倍殡棺，设北面于南方，然后天子南面吊也。'邹之群臣曰：'必若此，吾将伏剑而死。'固不敢入于邹。邹、鲁之臣，生则不得事养，死则不得赙禭，然且欲行天子之礼于邹、鲁，邹、鲁之臣不果纳。今秦万乘之国也，梁亦万乘之国也。俱据万乘之国，各有称王之名，睹其一战而胜，欲从而帝之，是使三晋之大臣不如邹、鲁之仆妾也。且秦无已而帝，则且变易诸侯之大臣。彼将夺其所不肖而与其所贤，夺其所憎而与其所爱。彼又将使其子女谗妾为诸侯妃姬，处梁之宫。梁王安得晏然而已乎？而将军又何以得故宠乎？"

于是新垣衍起，再拜谢曰："始以先生为庸人，吾乃今日知先生为天下之士也。吾请出，不敢复言帝秦。"秦将闻之，为却军五十里。适会魏公子无忌夺晋鄙军以救赵，击秦军，秦军遂引而去。

于是平原君欲封鲁连，鲁连辞让者三，终不肯受。平原君乃置酒，酒酣起前，以千金为鲁连寿。鲁连笑曰："所贵于天下之士者，为人排患释难解纷乱而无取也。即有取者，是商贾之事也，而连不忍为也。"遂辞平原君而去，终身不复见。

其后二十余年，燕将攻下聊城，聊城人或谗之燕，燕将惧诛，因保守聊城，不敢归。齐田单攻聊城岁余，士卒多死而聊城不下。鲁连乃为书，约之矢以射城中，遗燕将。书曰：

吾闻之，智者不倍时而弃利，勇士不却死而灭名，忠臣不先身而后君。今公行一朝之忿，不顾燕王之无臣，非忠也；杀身亡聊城，而威不信于齐，非勇也；功败名灭，后世无称焉，非智也。三者世主不臣，说士不载，故智者不再计，勇士不怯死。今死生荣辱，贵贱尊卑，此时不再至，愿公详计而无与俗同。

且楚攻齐之南阳，魏攻平陆，而齐无南面之心，以为亡南阳之害小，不如得济北之利大，故定计审处之。今秦人下兵，魏不敢东面；衡秦之势成，楚国之形危；齐弃南阳，断右壤，定济北，计犹且为之也。且夫齐之必决于聊城，公勿再计。今楚魏交退于齐，而燕救不至。以全齐之兵，无天下之规，与聊城共据期年之敝，则臣见公之不能得也。且燕国大乱，君臣失计，上下迷惑，栗腹以十万之众五折于外，以万乘之国被围于赵，壤削主困，为天下僇笑。国敝而祸多，民无所归心。今公又以敝聊之民距全齐之兵，是墨翟之守也。食人炊骨，士无反外之心，是孙膑之兵也。能见于天下。虽然，为公计者，不如全车甲以报于燕。车甲全而归燕，燕王必喜；身全而归于国，士民如见父母，交游攘臂而议于世，功业可明。上辅孤主以制群臣，下养百姓以资说士，矫国更俗，功名可立也。亡意亦捐燕弃世，东游于齐乎？裂地定封，富比乎陶、卫，世世称孤，与齐久存，又一计也。此两计者，显名厚实也，愿公详计而审处一焉。

且吾闻之，规小节者不能成荣名，恶小耻者不能立大功。昔者管夷吾射桓公中其钩，篡也；遗公子纠不能死，怯也；束缚桎梏，辱也。若此三行者，世主不臣而乡里不通。乡使管子幽囚而不出，身死而不反于齐，则亦名不免为辱人贱行矣。臧获且羞与之同名矣,况世俗乎!故管子不耻身在缧绁之中而耻天下之不治,不耻不死公子纠而耻威之不信于诸侯,故兼三行之过而为五霸首,名高天下而光烛邻国。曹子为鲁将,三战三北,而亡地五百里。乡使曹子计不反顾,议不还踵,刎颈而死,则亦名不免为败军禽将矣。曹子弃三北之耻,而退与鲁君计。桓公朝天下,会诸侯,曹子以一剑之任,枝桓公之心于坛坫之上,颜色不变,辞气不悖,三战之所亡一朝而复之,天下震动,诸侯惊骇,威加吴、越。若此二士者,非不能成小廉而行小节也,以为杀身亡躯,绝世灭后,功名不立,非智也。故去感忿之怨,立终身之名;弃忿悁之节,定累世之功。是以业与三王争流,而名与天壤相獘也。愿公择一而行之。

燕将见鲁连书,泣三日,犹豫不能自决。欲归燕,已有隙,恐诛;欲降齐,所杀虏于齐甚众,恐已降而后见辱。喟然叹曰:"与人刃我,宁自刃。"乃自杀。聊城乱,田单遂屠聊城。归而言鲁连,欲爵之。鲁连逃隐于海上,曰:"吾与富贵而诎于人,宁贫贱而轻世肆志焉。"

邹阳者,齐人也。游于梁,与故吴人庄忌夫子、淮阴枚生之徒交。上书而介于羊胜、公孙诡之间。胜等嫉邹阳,恶之梁孝王。孝王怒,下之吏,将欲杀之。邹阳客游,以谗见禽,恐死而负累,乃从狱中上书曰:

臣闻忠无不报,信不见疑,臣常以为然,徒虚语耳。昔者荆轲慕燕丹之义,白虹贯日,太子畏之;卫先生为秦画长平之事,太白蚀昴,而昭王疑之。夫精变天地而信不喻两主,岂不哀哉!今臣尽忠竭诚,毕议愿知,左右不明,卒从吏讯,为世所疑,是使荆轲、卫先生复起,而燕、秦不悟也。愿大王孰察之。

昔卞和献宝,楚王刖之;李斯竭忠,胡亥极刑。是以箕子详狂,接舆辟世,恐遭此患也。愿大王孰察卞和、李斯之意,而后楚王、胡亥之听,无使臣为箕子、接舆所笑。臣闻比干剖心,子胥鸱夷,臣始不信,乃今知之。愿大王孰察,少加怜焉。

谚曰:"有白头如新,倾盖如故。"何则?知与不知也。故昔樊於期逃秦之燕,藉荆轲首以奉丹之事;王奢去齐之魏,临城自刭以却齐而存魏。夫王奢、樊於期非新于齐、秦而故于燕、魏也,所以去二国死两君者,行合于志而慕义无穷也。是以苏秦不信于天下,而为燕尾生;白圭战亡六城,为魏取中山。何则?诚有以相知也。苏秦相燕,燕人恶之于王,王按剑而怒,食以駃騠;白圭显于中山,中山人恶之魏文侯,文侯投之以夜光之璧。何则?两主二臣,剖心坼肝相信,岂移于浮辞哉!

故女无美恶,入宫见妒;士无贤不肖,入朝见嫉。昔者司马喜膑脚于宋,卒相中山;范雎摺胁折齿于魏,卒为应侯。此二人者,皆信必然之画,捐朋党之私,挟孤独之位,故不能自免于嫉妒之人也。是以申徒狄自沉于河,徐衍负石入海。不容于世,义不苟取,比周于朝,以移主上之心。故百里奚乞食于路,缪公委之以政;宁戚饭牛车下,而桓公任之以国。此二人者,岂借宦于朝,假誉于左右,然后二主用之哉?感于心,合于行,亲于胶漆,昆弟不能离,岂惑于众口哉?故偏听生奸,独任成乱。昔者鲁听季孙之说而逐孔子,宋信子罕之计而囚墨翟。夫以孔、墨之辩,不能自免于谗谀,而二国以危。何则?众口铄金,积毁销骨也。是以秦用戎人由余而霸中国,齐用越人蒙而强威、宣。此二国,岂拘于俗,牵于世,系阿偏之辞哉?公听并观,垂名当世。故意合则胡越为昆弟,由余、越人蒙是矣;不合,则骨肉出逐不收，朱、象、管、蔡是矣。今人主诚能用齐、秦之义，后宋、鲁之听，则五伯不足称，三王易为也。

是以圣王觉寤，捐子之之心，而能不说于田常之贤；封比干之后，修孕妇之墓，故功业复就于天下。何则？欲善无厌也。夫晋文公亲其雠，强霸诸侯；齐桓公用其仇，而一匡天下。何则？慈仁殷勤，诚加于心，不可以虚辞借也。

至夫秦用商鞅之法，东弱韩、魏，兵强天下，而卒车裂之；越用大夫种之谋，禽劲吴，霸中国，而卒诛其身。是以孙叔敖三去相而不悔，於陵子仲辞三公为人灌园。今人主诚能去骄傲之心，怀可报之意，披心腹，见情素，堕肝胆，施德厚，终与之穷达，无爱于士，则桀之狗可使吠尧，而蹠之客可使刺由；况因万乘之权，假圣王之资乎？然则荆轲之湛七族，要离之烧妻子，岂足道哉！

臣闻明月之珠，夜光之璧，以暗投人于道路，人无不按剑相眄者。何则？无因而至前也。蟠木根柢，轮囷离诡，而为万乘器者。何则？以左右先为之容也。故无因至前，虽出随侯之珠，夜光之璧，犹结怨而不见德。故有人先谈，则以枯木朽株树功而不忘。今夫天下布衣穷居之士，身在贫贱，虽蒙尧、舜之术，挟伊、管之辩，怀龙逢、比干之意，欲尽忠当世之君，而素无根柢之容，虽竭精思，欲开忠信，辅人主之治，则人主必有按剑相眄之迹，是使布衣不得为枯木朽株之资也。

是以圣王制世御俗，独化于陶钧之上，而不牵于卑乱之语，不夺于众多之口。故秦皇帝任中庶子蒙嘉之言，以信荆轲之说，而匕首窃发；周文王猎泾、渭，载吕尚而归，以王天下。故秦信左右而杀，周用乌集而王。何则？以其能越挛拘之语，驰域外之议，独观于昭旷之道也。

今人主沉于谄谀之辞，牵于帷裳之制，使不羁之士与牛骥同皁，此鲍焦所以忿于世而不留富贵之乐也。

臣闻盛饰入朝者不以利污义，砥厉名号者不以欲伤行，故县名胜母而曾子不入，邑号朝歌而墨子回车。今欲使天下寥廓之士，摄于威重之权，主于位势之贵，故回面污行，以事谄谀之人而求亲近于左右，则士伏死堀穴岩薮之中耳，安肯有尽忠信而趋阙下者哉！

书奏梁孝王，孝王使人出之，卒为上客。

太史公曰：鲁连其指意虽不合大义，然余多其在布衣之位，荡然肆志，不诎于诸侯，谈说于当世，折卿相之权。邹阳辞虽不逊，然其比物连类，有足悲者，亦可谓抗直不桡矣，吾是以附之列传焉。

译文：

鲁仲连，齐国人。善于作超群出众的谋划，而不肯居官任职，喜欢保持高尚的节操。游行到赵国。

赵孝成王时，秦王派白起领军，在长平先后共击败赵军四十余万，于是秦军东进包围了邯郸。赵王感到害怕，各诸侯国的援兵都不敢去进攻秦军。魏安釐王派将军晋鄙前往救赵，因畏惧秦军，停留在荡阴不敢前进。魏王派客将军新垣衍从小道偷偷进入邯郸，通过平原君对赵王说："秦国所以急围赵都的原因，是因为从前齐湣王与秦王争强称帝，不久又取消帝号；现在齐国已日益减弱，目前只有秦国称雄天下，这一次不一定是贪图邯郸，他的意图是再度求得帝号。若赵国真能派使者拥护秦昭王称帝，秦国一定会高兴，而且撤兵回去。"平原君犹豫,没有能做出决定。

这时鲁仲连正好游历赵国,遇上秦军围攻赵都,他听说魏国将打算让赵国拥护秦国称帝,于是去见平原君说:"事情将怎么办?"平原君说:"我赵胜怎敢谈论国事!从前在外损失四十万大军,现在秦军又包围邯郸而不能使他们离去。魏王派客将军新垣衍使赵国尊秦称帝,现在此人就在这里。我赵胜怎么敢谈论大事呢?"鲁仲连说:"起初我以为您是天下的贤公子,现在我才知道您并不是天下的贤公子。梁客新垣衍在哪里?我请为您去责问他,并使他回去。"平原君说:"请允许我赵胜为您介绍而使他和先生相见。"于是,平原君去见新垣衍说:"东国有位鲁仲连先生,现在此人在这里,我赵胜请为您介绍,让他和将军相见。"新垣衍说:"我听说鲁仲连先生是齐国的高士,我新垣衍为人臣,奉命出使,事有其职,我不愿见鲁仲连先生。"平原君说:"我已经(把你在这里的消息)泄露给他了。"新垣衍只好答应和他相见。

鲁仲连见到新垣衍后没有讲话。新垣衍说:"我看到凡停留在这被包围的城中的人,都是有求于平原君的人;现在我看先生的玉貌,不像是有求于平原君的人,为什么一直停留在这围城之中而不离去呢?"鲁仲连说:"世人认为鲍焦是不愿屈从浊世而死的,那都是错误的,好多人都不明白鲍焦之意,只知道为自己的利益。像秦国,是个抛弃礼仪而崇尚战功的国家,用权诈的手段来役使他的士人,用对待俘虏的手段来役使他的百姓。他如肆无忌惮地称帝,甚至来统治整个天下,那么我鲁仲连就投东海而死,我不忍心做他的百姓。我之所以来见将军,是打算来帮助赵国。"

新垣衍说:"先生将怎样帮助它呢?"鲁仲连说:"我将让

梁国和燕国来帮助它，齐国和楚国本来就是帮助它的。"新垣衍说："燕国来帮助它我是同意的，至于像梁国，我是梁国人，先生怎么能使梁国来帮助它呢？"鲁仲连说："梁国只是没有看到秦国称帝后的祸害的缘故罢了。假使梁国看到秦国称帝以后的祸害，那就一定会来帮助赵国的。"

新垣衍说："秦国称帝后的祸害会是怎样的呢？"鲁仲连说："从前齐威王曾讲仁义，率领天下的诸侯去朝拜周天子。当时周王朝国势贫弱，诸侯国没有来朝拜的，而只有齐国来朝拜它。过了一年多，周烈王死了，齐国去吊丧晚了，周天子很生气，讣告齐国说：'天子去世如天崩地裂，继位的天子也离开宫室前往守丧，东方的藩臣因齐最后来到，当处斩刑。'齐威王听了勃然大怒，骂道：'你的母亲是个贱婢。'结果被天下人讥笑。天子活着的时候就去朝拜他，死后就去骂他，确实是忍受不了他的苛求。他们做天子的本来就是这样，这没有什么可奇怪的。"

新垣衍说："先生难道没有见过做仆的人吗？十个仆人服从一个主人，难道是力量胜不过他和智力不如他吗？是畏惧他罢了。"鲁仲连说："唉！梁国和秦国相比就像主仆一样吗？"新垣衍说："是这样。"鲁仲连说："我将使秦王烹醢梁王。"新垣衍听了很不高兴地说："噫！先生的话也太过分了，先生又怎能使秦王烹醢梁王呢？"鲁仲连说："当然可以，我给你说。从前九侯、鄂侯、文王，是纣的三公。九侯有个女儿而且很漂亮，献给了纣，纣认为她不好，就醢杀了九侯。鄂侯极力为此事争辩，所以也脯杀了鄂侯。文王听到这件事后喟然而叹，因此就把他关在牖里的监狱里，关了一百天，想把他置于死地。为什么和别人同样称王而到了被脯杀的地步呢？齐湣王去鲁国，夷维子跟着他并为他驾车,夷维子对鲁国人说:'你们用什么礼节来接待我的君主?'鲁国人说:'我们将用十太牢之礼来接待你的君主。'夷维子说:'你们怎么用这种礼节来接待我的君主?我的君主是天子。天子巡狩,诸侯应移居别处,交出钥匙,亲自撩衣摆几,在堂下侍候天子用膳,天子吃完饭,就退下去听理朝政。'鲁国人(听了之后就)落锁闭关,不接纳他们。齐湣王一行未能进入鲁国,将去薛国,向邹国借路通过。在这个时候,邹国国君刚死,齐湣王准备前去吊祭,夷维子对邹国国君的儿子说:'天子来吊祭,主人一定要把殡棺换个方向,放在坐南向北的方向,然后天子才好面向南而吊祭。'邹国的群臣听了以后说:'一定要像这样的话,我们将伏剑而死。'因此齐湣王又没敢进入邹国。邹国、鲁国的臣子们,在他们国君活着的时候没能奉养,死后没有送给货财衣服,然而齐湣王打算在邹国、鲁国行天子之礼,邹国、鲁国的臣子们是不会答应的。现在秦国是拥有万乘的大国,梁国也是拥有万乘的大国。都是拥有万乘的大国,又都各有称王的名号,看到他打了一次胜仗,就想归从他并尊他为帝,这样就使三晋的大臣都比不了邹、鲁的仆妾了。况且秦国如果无厌地称起帝来,他就将会变换诸侯的大臣。他将会撤掉他们认为是不好的人而换上他们认为是好的人,撤掉他们所憎恨的人而换上他们所喜爱的人。他还将会派他的子女和善于花言巧语的婢妾来作为诸侯的妃嫔姬妾,住在梁国的宫殿里。梁王怎么能安然无恙呢?而将军你又怎么能得到像过去那样的宠信呢?"

于是新垣衍站了起来,再拜谢道:"起初我以为先生是个很平庸的人,我今天知道先生是天下的贤士。我请求离去,不敢再谈尊秦为帝了。"秦将听到这件事后,为此退兵五十里。这时正好遇上魏公子无忌夺取了晋鄙的军队来救赵国,攻打秦军,于是秦军就撤离回去了。

因此平原君打算分封鲁仲连,鲁仲连再三推辞,始终不肯接受。于是,平原君置办了酒席,当酒饮到畅快的时候(平原君)起身,用千金重礼作为谢仪。鲁仲连笑着说:"高士们之所以可贵于天下,是因为他们为人排除患难,解除纷乱,而又不索取什么报酬。如果有所索取,这是做买卖人的行为,而我鲁仲连不忍这样做。"于是告别了平原君就走了,终身没有能再见。

其后二十余年,燕国的将领攻下了聊城,有些聊城人去燕国说燕将的坏话,燕将害怕被杀,因此保守聊城,不敢回去。齐国的田单攻打了一年多聊城,士卒死亡很多而聊城还是没攻下来。于是,鲁仲连写了封信,系在箭上射进城中给了燕将。信中说:

我听说,聪明的人不会违背时机而放弃利益,勇敢的士兵不会贪生怕死而埋没名声,忠诚的大臣不会先己而后君。现在你只顾一时的愤怒而不顾燕王失去臣子,这是不忠诚的表现。身死而失掉聊城,威名不能伸扬于齐国,这是不勇敢的表现。功败名亡,后世不能称许你,这是不明智的表现。有这三方面表现的人,世主不会以他为臣,游说之士也不会称道他,所以聪明的人就不会犹豫不决,勇敢的人就不贪生怕死。现在是面临抉择死生荣辱、贵贱尊卑的时刻,时不再来,希望您深思熟虑而不要与世俗同见。

楚国攻打齐国的南阳,魏国进攻平陆,而齐国没有向南进攻的打算,认为失掉南阳的害处小,不如得到济北的利益大,所以才考虑定下这一计划。现在秦兵东下,魏军不敢向东而来;连横秦国的局势成功,楚国的形势就会危弱;齐国放弃了南阳,丢掉右边的土地,来平定济北,这样的计谋还是可以实行的。况且齐国必定在聊城决一死战,您不要再考虑了。现在楚、魏的军队都相继从齐国撤退,而燕国的援兵又不来。用全部齐国的兵力,对天下无所贪求,专门来和聊城对峙一年之久,以臣之见您是不能得到成功的。况且燕国大乱,君臣失计,上下迷惑,栗腹以十万大军在外打了五次败仗,拥有万乘的大国被赵国所围,割地困主,被天下人所耻笑。国家弊病丛生,祸端日多,百姓对国家就无所归心。现在您又以疲敝的聊城百姓来抗拒整个齐国的军队,这就像墨翟守城一样。吃人肉,烧人骨,而士兵们没有反叛外逃之心,这就像孙膑的军队一样。您的才能已显扬于天下,虽然如此,但为您设想,不如保全车甲归报于燕国。保全车甲而归报燕国,燕王一定很高兴,您安全回国,士民们就像见到父母一样,您的朋友们就会攘臂而四处颂扬,您的功业就可以为世所知。上辅君主来驾驭群臣,下养百姓并资助游士,矫正国事,更正弊俗,您的功名就可以确立了。若无此意,亦可以抛弃燕国和不顾世人的议论而向东到齐国,在那里划地分封,您的富足可以和陶、卫相比,世代相袭,和齐国共存,这也是条计策。这两种计策既可以显扬名声,也可以获得厚益,希望您仔细考虑而慎重选择一条。

况且我又听说,拘守小节的人不能成就光荣的大名。憎恶小辱的人不能建立大功。从前管夷吾用箭射中桓公的衣钩,这是叛逆的行为;他遗弃公子纠而不能为公子纠死,这是怕死的表现;他被囚禁,带上手铐脚镣,这是耻辱的事情。若有这三种行为的人,君主不会用他为臣,乡里的人们也不和他交往。假使管子被囚而不出,或宁死而不返回齐国,那么他就免不了被人称为可耻和卑贱的名声。这种人奴婢尚且羞与之同名,更何况世俗呢?所以管子不以身受囚禁为耻而以天下不治为耻,不以不为公子纠死为耻而以声威不能取信于诸侯为耻，因此他虽身有三种过失行为而能辅佐桓公成为五霸之首，名扬天下而光照邻国。曹子是鲁国的将领，三战三败，失地五百里。假使曹子不肯再回头想想，不肯退缩，刎颈自杀的话，那么就免不了被认为是败军擒将的名声。曹子不顾三败的耻辱，而回来和鲁君商议计划。桓公朝见天下诸侯时，曹子凭一把利剑，抵住桓公的心部，在坛坫之上，颜色不变，辞气不乱，结果三战所失的土地而一朝收复，天下震动，诸侯惊骇，威加吴、越。像这两个人，并不是不能成小廉而行小节，他们认为死了之后就绝世灭后，就不能建立功名，这是不聪明的。所以他们抛弃忿忿，去建立终身的荣名。抛弃忿忿的失节，去建立累世不朽之功。因此他们的功业可与三王媲美流芳，（他们的）名声可与天地共存。希望您选择其中一项去做。

燕将看了鲁仲连的信后，哭了三天，犹犹豫豫自己拿不定主意。想回燕国，但已有了隔阂，害怕被杀掉；想投降齐国，但因杀害和俘虏的齐国人太多，害怕投降后而遭到侮辱。他长叹说："与其让人来杀我，还不如自杀。"于是就自杀了。（燕将死后）聊城大乱，于是田单乘机血洗聊城。回来后向鲁仲连说，打算封他爵位。鲁仲连（听后就）逃到海边隐居起来，说："与其我富贵而屈服于人，还不如宁愿贫贱而自由自在地活着。"

邹阳，齐国人。来到梁国后，与原来的吴国人庄忌夫子、淮阴枚生这类人交往。（他）上书（梁孝王），（与梁孝王的关系）介乎羊胜、公孙诡之间。羊胜等嫉恨邹阳，并在梁孝王面前说邹阳的坏话。梁孝王一怒之下，把他下交给狱吏，并想把他杀死。邹阳客游到梁国，因为谗言而被擒，他担心无罪身死而蒙受恶名，于是从狱中上书梁孝王说：

我听说忠心服侍君主的人没有不被君主以腹心相报的，以诚侍奉君主的人是不会被君主猜疑的，我经常认为是这样的，（现在看来）只是一句空话而已。从前荆轲钦慕燕丹的情义，（曾为燕丹刺杀秦王。由于他精诚感天）以致白虹贯日，燕太子丹却害怕他。卫先生为秦国谋划攻打长平的事情，（其精诚上达于天，）以致太白为之蚀昴，结果昭王对他起了疑心。（这两个人的）精诚，天地都为之感动而起了变化，两位君主却不明白他们的忠诚，难道这不是悲哀的吗？现在我尽忠竭诚，尽其计议，希望君主了解我，结果大王左右的人不明白，竟将我交给狱吏来审讯，被大家怀疑我，即使荆轲、卫先生死而复生，而燕丹、秦昭王也不会觉悟。希望大王能明白这个道理。

从前卞和贡献宝玉，楚王给他处以刖刑；李斯竭忠侍君，胡亥给他处以极刑。因此箕子假装癫狂，接舆隐居避世，就是害怕遭到这种祸患。希望大王能明白卞和、李斯的本意，而不要像楚王、胡亥一样听信谗言，不要使我被箕子、接舆所笑。我听说比干（被纣王）挖去他的心，子胥（被吴王）赐死，起初我不相信，现在我才知道确有此事。希望大王明白，少加怜悯。

俗话说："（与人相交，）有的相处到头发都白了，可是彼此交情却和新认识时一样；有的虽是倾盖相交，却是一见如故。"这是什么道理呢？就在于了解与不了解。所以像从前的樊於期逃离秦国到燕国时，把自己的头借给荆轲去用来帮助燕太子丹的事；王奢逃离齐国到了魏国时，他竟登城自刎，以此来阻止齐兵而保存了魏国。像王奢、樊於期和齐、秦并非新交,和燕、魏也并非旧故,他们之所以逃离齐、秦而去为燕、魏两君去效死的原因,是因为他们志同道合而且慕义无穷的缘故啊!所以苏秦不能取信于天下,而成了燕君的尾生;白圭(在中山时)失守六城,而为魏国夺取中山。这是什么原因呢?确实是因为彼此了解的缘故。苏秦在燕国任相时,燕国有人在燕王面前说他的坏话,燕王却按剑怒叱(说坏话的人),并赐膳以䮶騠的珍奇美味。白圭在中山地位尊显,中山国人在魏文侯面前说他的坏话,魏文侯却能以珍奇的夜光之璧相赠。这是什么原因呢?因为两主二臣都能剖心坼胆,互相信赖,怎么能够被花言巧语所迷惑或者改变呢?

所以,女子的容貌不论美丽和丑陋,入了宫门就会被人嫉妒;士人的才德不论贤与不贤,入了朝就会有人嫉恨。从前司马喜在宋受到膑刑,最后在中山国当了宰相;范雎在魏国被折骨断齿,最后封为应侯。这两个人,都坚信自己的谋划,抛弃了朋友的私交,倚仗自己独特的权位(办事),所以不免要有嫉妒之人。因此申徒狄跳河自杀,徐衍负石入海。他们不容于世俗,义气上不肯苟取和朝廷里的人结伙营私,来改变君主的心愿。因此百里奚虽乞食于道,缪公却委任于国政;宁戚虽喂牛于车下,而桓公却委任于他国事。这两个人,难道是凭借在朝做官的权势或是凭借左右大臣的吹嘘,然后才被二位君主重用的吗?(是因为他们)心心相印,志同道合,亲如胶漆,就像兄弟一般不能分离,难道还能被众人之口所迷惑吗?所以偏听偏信就会产生奸邪,专横就会闹出乱子。从前鲁君听了季孙的话而赶走了孔子,宋君轻信了子罕的计谋而囚禁了墨翟。像孔、墨的辩才都不能免于别人的谗诼,二国因此也遭到了危险。这是为什么呢?众人的舆论影响,即便是金子也可以被熔化了，毁谤的人多了，被毁者也就无法自存了。所以秦国用了戎人由余便称霸于中国，齐国用了越人蒙，威王、宣王就强大起来。这两个国君哪里是拘于世俗而被世俗所牵制，被谗言之辞所迷惑呢？二国君主能不仅能听取别人的意见并明察别人的行动，所以能名垂于当世。因此只要志同道合就是胡越之人也可以结为兄弟，像由余、越人蒙就是这样；如志不同道不合，就是亲骨肉也会被驱逐出门而不被收容，像丹朱、象、管叔、蔡叔就是这样。现在君主真能用齐、秦之义而不用宋、鲁之听的话，那么五霸之业不足称道，三王之世易如反掌。

所以圣王能有所觉寤，捐弃子之之心，而不喜欢田常的那种贤明；能像周武王分封比干的后代，修孕妇之墓，那么功业就能覆盖天下。这是为什么呢？是因为想为善的心是没有满足的。像晋文公能亲近他的仇人，称霸于诸侯；齐桓公能任用他的仇敌，而一匡天下。这是为什么呢？因为仁慈、殷勤确实能打动人的心灵，是不可以用虚辞空话来取代的。

至于像秦用商鞅之法，东面削弱了韩、魏的势力，军队称强于天下，而最后却车裂了他；越用大夫种的谋略，降服了强大的吴国，称霸中国，而最后将他杀死。所以孙叔敖三辞相位而不悔，於陵子仲辞谢三公禄位而给人灌园。现在君主真能抛弃骄傲的心理，怀有报答的心情，披开心腹，展露真情，披肝沥胆，厚施恩德，始终和他们相处无间，与士共患难安乐，那么桀的狗也可以让它去咬尧，蹠的门客也可以使他去刺杀许由。况且又握有国家大权，依靠着圣王声望的人呢？然而像荆轲冒着诛灭七族的危险，要离不惜烧死妻子，难道还足以称道吗？

我听说像明月之珠、夜光之璧一般的珍宝，若在黑暗中投向路上的行人时，行人没有不按剑注视的。这是为什么呢？是因为无缘无故地扔到他的跟前的缘故。盘根错节的树根,纡回旋曲,而变为万乘君主的玩赏之物。这是为什么呢?是因为左右的人先为它加以修饰的缘故。因此无缘无故地扔到跟前,虽然扔出随侯之珠、夜光之璧,还是会结怨而得不到别人的感德的。所以有人先(把盘根错节的树根)美言一番,那么用枯木朽株也可以树功而使君主永世不忘。现在天下百姓和穷居之士,他们身处贫贱,虽蒙被尧、舜的道术,拥有伊尹、管仲的辩才,怀抱龙逢、比干的心意,想尽忠报效当世的君主,而平素没有人像树根一样在君主面前美言修饰,虽然竭忠尽思,想奉献忠信,来辅助君主治理国家,那君主一定也会表现出按剑注视的样子,所以布衣之士就得不到像枯木朽株那样的地位了。

所以圣王制御天下,应当比陶工运钧更高一筹,而不被卑乱的语言所牵制,不被众人的口舌所改变。因此秦皇帝信任中庶子蒙嘉的话,所以就相信了荆轲的游说,结果匕首突发,险遭不测。周文王到泾、渭一带打猎,用车把吕尚拉了回来,因此而称王天下。所以秦王听信左右的话而几乎被杀,周王任用偶合之人而称王天下。这是为什么呢?因为他能超越左右牵系的谀言,摆脱世俗的议论,自己能高瞻远瞩于广阔的大道上。

现在的君主却沉溺于谄谀奉承之中,并受左右臣妾的牵制,使一些才识高远的贤士却像牛马束缚在同一槽枥上一样,这正是鲍焦之所以愤愤于世而不留恋富贵之乐的原因。

我听说盛装入朝者不会因为私利污损公义,久经磨炼的名人不会随心所欲而去伤害操行,所以有个名叫"胜母"的县而讲孝道的曾子便不敢入宿,有个名"朝歌"的邑而重俭节的墨子便回车而去。现在想使天下器度宽宏的贤士慑服于威重的权柄之下,服从于尊贵的势位之下,使他们改头换面而污损操行,来侍奉那些谄谀的小人而求得左右大臣的亲近,那他们就会老死在深山穷泽之中,怎么会有肯尽忠竭信的人而趋往阙下呢?

这封奏书被梁孝王看到以后,孝王便派人把他放出来,终于尊他为上客。

太史公说:鲁仲连的旨意虽不合大义,然而我却欣赏他身处布衣之位而荡然肆志,不折服于诸侯,高谈阔论于当世,把手握大权的卿相都给折服。邹阳的言辞虽然不逊,然而他(却把古往今来的许多事情)比物连类,虽有令人悲痛的,但也可谓是一位刚直不挠的人物,因此我把他附在列传里。

史记卷八十四

屈原贾生列传第二十四

屈原者，名平，楚之同姓也。为楚怀王左徒。博闻强志，明于治乱，娴于辞令。入则与王图议国事，以出号令；出则接遇宾客，应对诸侯。王甚任之。

上官大夫与之同列，争宠而心害其能。怀王使屈原造为宪令，屈平属草稿未定。上官大夫见而欲夺之，屈平不与，因谗之曰："王使屈平为令，众莫不知，每一令出，平伐其功，以为'非我莫能为'也。"王怒而疏屈平。

屈平疾王听之不聪也，谗谄之蔽明也，邪曲之害公也，方正之不容也，故忧愁幽思而作《离骚》。离骚者，犹离忧也。夫天者，人之始也；父母者，人之本也。人穷则反本，故劳苦倦极，未尝不呼天也；疾痛惨怛，未尝不呼父母也。屈平正道直行，竭忠尽智以事其君，谗人间之，可谓穷矣。信而见疑，忠而被谤，能无怨乎？屈平之作《离骚》，盖自怨生也。《国风》好色而不淫，《小雅》怨诽而不乱。若《离骚》者，可谓兼之矣。上称帝喾，下道齐桓，中述汤武，以刺世事。明道德之广崇，治乱之条贯，靡不毕见。其文约，其辞微，其志絜，其行廉，其称文小而其指极大，举类迩而见义远。其志絜，故其称物芳。其行廉，故死而不容自疏。濯淖污泥之中，蝉蜕于浊秽，以浮游尘埃之外，不获世之滋垢，皭然泥而不滓者也。推此志也，虽与日月争光可也。

屈平既绌，其后秦欲伐齐，齐与楚从亲，惠王患之，乃令张仪详去秦，厚币委质事楚，曰："秦甚憎齐，齐与楚从亲，楚诚能绝齐，秦愿献商、於之地六百里。"楚怀王贪而信张仪，遂绝齐，使使如秦受地。张仪诈之曰："仪与王约六里，不闻六百里。"楚使怒去，归告怀王。怀王怒，大兴师伐秦。秦发兵击之，大破楚师于丹、淅，斩首八万，虏楚将屈匄，遂取楚之汉中地。怀王乃悉发国中兵以深入击秦，战于蓝田。魏闻之，袭楚至邓。楚兵惧，自秦归。而齐竟怒不救楚，楚大困。

明年，秦割汉中地与楚以和。楚王曰："不愿得地，愿得张仪而甘心焉。"张仪闻，乃曰："以一仪而当汉中地，臣请往如楚。"如楚，又因厚币用事者臣靳尚，而设诡辩于怀王之宠姬郑袖。怀王竟听郑袖，复释去张仪。是时屈平既疏，不复在位，使于齐，顾反，谏怀王曰："何不杀张仪？"怀王悔，追张仪不及。

其后诸侯共击楚，大破之，杀其将唐眛。

时秦昭王与楚婚，欲与怀王会。怀王欲行，屈平曰："秦虎狼之国，不可信，不如毋行。"怀王稚子子兰劝王行："奈何绝秦欢！"怀王卒行。入武关，秦伏兵绝其后，因留怀王，以求割地。怀王怒，不听。亡走赵，赵不内。复之秦，竟死于秦而归葬。

长子顷襄王立，以其弟子兰为令尹。楚人既咎子兰以劝怀王入秦而不反也。

屈平既嫉之，虽放流，眷顾楚国，系心怀王，不忘欲反，冀幸君之一悟，俗之一改也。其存君兴国而欲反覆之，一篇之中三致志焉。然终无可奈何，故不可以反，卒以此见怀王之终不悟也。人君无愚智贤不肖,莫不欲求忠以自为,举贤以自佐,然亡国破家相随属,而圣君治国累世而不见者,其所谓忠者不忠,而所谓贤者不贤也。怀王以不知忠臣之分,故内惑于郑袖,外欺于张仪,疏屈平而信上官大夫、令尹子兰。兵挫地削,亡其六郡,身客死于秦,为天下笑。此不知人之祸也。《易》曰:"井泄不食,为我心恻,可以汲。王明,并受其福。"王之不明,岂足福哉!

令尹子兰闻之大怒,卒使上官大夫短屈原于顷襄王,顷襄王怒而迁之。

屈原至于江滨,被发行吟泽畔。颜色憔悴,形容枯槁。渔父见而问之曰:"子非三闾大夫欤?何故而至此?"屈原曰:"举世混浊而我独清,众人皆醉而我独醒,是以见放。"渔父曰:"夫圣人者,不凝滞于物而能与世推移。举世混浊,何不随其流而扬其波?众人皆醉,何不随其糟而啜其醨?何故怀瑾握瑜而自令见放为?"屈原曰:"吾闻之,新沐者必弹冠,新浴者必振衣,人又谁能以身之察察,受物之汶汶者乎!宁赴常流而葬乎江鱼腹中耳,又安能以皓皓之白而蒙世俗之温蠖乎!"

乃作《怀沙》之赋。其辞曰:

陶陶孟夏兮,草木莽莽。伤怀永哀兮,汨徂南土。眴兮窈窈,孔静幽墨。冤结纡轸兮,离愍之长鞠;抚情效志兮,俯诎以自抑。

刓方以为圜兮,常度未替;易初本由兮,君子所鄙。章画职墨兮,前度未改;内直质重兮,大人所盛。巧匠不斵兮,孰察其揆正?玄文幽处兮,矇谓之不章;离娄微睇兮,瞽以为无明。变白而为黑兮,倒上以为下。凤皇在笯兮,鸡雉翔舞。同糅玉石兮,一概而相量。夫党人之鄙妒兮,羌不知吾所臧。

任重载盛兮，陷滞而不济；怀瑾握瑜兮，穷不得余所示。邑犬群吠兮，吠所怪也；诽骏疑桀兮，固庸态也。文质疏内兮，众不知吾之异采；材朴委积兮，莫知余之所有。重仁袭义兮，谨厚以为丰；重华不可牾兮，孰知余之从容！古固有不并兮，岂知其故也？汤禹久远兮，邈不可慕也。惩违改忿兮，抑心而自强；离湣而不迁兮，愿志之有象。进路北次兮，日昧昧其将暮；含忧虞哀兮，限之以大故。

乱曰：浩浩沅、湘兮，分流汩兮。修路幽拂兮，道远忽兮。曾唫恒悲兮，永叹慨兮。世既莫吾知兮，人心不可谓兮。怀情抱质兮，独无匹兮。伯乐既殁兮，骥将焉程兮？人生禀命兮，各有所错。定心广志，余何畏惧兮？曾伤爰哀，永叹喟兮，世溷不吾知，心不可谓兮。知死不可让兮，愿勿爱兮。明以告君子兮，吾将以为类兮。

于是怀石遂自沉汨罗以死。

屈原既死之后，楚有宋玉、唐勒、景差之徒者，皆好辞而以赋见称；然皆祖屈原之从容辞令，终莫敢直谏。其后楚日以削，数十年竟为秦所灭。

自屈原沉汨罗后百有余年，汉有贾生，为长沙王太傅，过湘水，投书以吊屈原。

贾生名谊，雒阳人也。年十八，以能诵诗属书闻于郡中。吴廷尉为河南守，闻其秀才，召置门下，甚幸爱。孝文皇帝初立，闻河南守吴公治平为天下第一，故与李斯同邑而常学事焉，乃征为廷尉。廷尉乃言贾生年少，颇通诸子百家之书。文帝召以为博士。

是时贾生年二十余，最为少。每诏令议下，诸老先生不能言，贾生尽为之对，人人各如其意所欲出。诸生于是乃以为能不及也。孝文帝说之，超迁，一岁中至太中大夫。

贾生以为汉兴至孝文二十余年，天下和洽，而固当改正朔，易服色，法制度，定官名，兴礼乐，乃悉草具其事仪法，色尚黄，数用五，为官名，悉更秦之法。孝文帝初即位，谦让未遑也。诸律令所更定，及列侯悉就国，其说皆自贾生发之。于是天子议以为贾生任公卿之位。绛、灌、东阳侯、冯敬之属尽害之，乃短贾生曰："雒阳之人，年少初学，专欲擅权，纷乱诸事。"于是天子后亦疏之，不用其议，乃以贾生为长沙王太傅。

贾生既辞往行，闻长沙卑湿，自以寿不得长，又以适去，意不自得。及渡湘水，为赋以吊屈原。其辞曰：

共承嘉惠兮，俟罪长沙。侧闻屈原兮，自沉汨罗。造托湘流兮，敬吊先生。遭世罔极兮，乃殒厥身。呜呼哀哉，逢时不祥！鸾凤伏窜兮，鸱枭翱翔。阘茸尊显兮，谗谀得志；贤圣逆曳兮，方正倒植。世谓伯夷贪兮，谓盗跖廉；莫邪为顿兮，铅刀为铦。于嗟嘿嘿兮，生之无故！斡弃周鼎兮宝康瓠，腾驾罢牛兮骖蹇驴，骥垂两耳兮服盐车。章甫荐屦兮，渐不可久；嗟苦先生兮，独离此咎！

讯曰：已矣，国其莫我知，独堙郁兮其谁语？凤漂漂其高遰兮，夫固自缩而远去。袭九渊之神龙兮，沕深潜以自珍。弥融爚以隐处兮，夫岂从虾与蛭螾？所贵圣人之神德兮，远浊世而自藏。使骐骥可得系羁兮，岂云异夫犬羊！般纷纷其离此尤兮，亦夫子之辜也！瞝九州而相君兮，何必怀此都也？凤皇翔于千仞之上兮，览惪辉而下之；见细德之险征兮，摇增翮逝而去之。彼寻常之污渎兮，岂能容吞舟之鱼！横江湖之鱣鲸兮，固将制于蚁蝼。

贾生为长沙王太傅三年，有鸮飞入贾生舍，止于坐隅。楚人命鸮曰"服"。贾生既以谪居长沙，长沙卑湿，自以为寿不得长，伤悼之，乃为赋以自广。其辞曰：

单阏之岁兮，四月孟夏，庚子日施兮，服集予舍，止于坐隅，貌甚闲暇。异物来集兮，私怪其故，发书占之兮，筴言其度。曰："野鸟入处兮，主人将去。"请问于服兮："予去何之？吉乎告我，凶言其菑。淹数之度兮，语予其期。"服乃叹息，举首奋翼，口不能言，请对以意。

万物变化兮，固无休息。斡流而迁兮，或推而还。形气转续兮，变化而嬗。沕穆无穷兮，胡可胜言！祸兮福所倚，福兮祸所伏；忧喜聚门兮，吉凶同域。彼吴强大兮，夫差以败；越栖会稽兮，句践霸世。斯游遂成兮，卒被五刑；傅说胥靡兮，乃相武丁。夫祸之与福兮，何异纠纆？命不可说兮，孰知其极？水激则旱兮，矢激则远。万物回薄兮，振荡相转。云蒸雨降兮，错缪相纷。大专槃物兮，坱圠无垠。天不可与虑兮，道不可与谋。迟数有命兮，恶识其时？

且夫天地为炉兮，造化为工；阴阳为炭兮，万物为铜。合散消息兮，安有常则；千变万化兮，未始有极。忽然为人兮，何足控抟；化为异物兮，又何足患！小知自私兮，贱彼贵我；通人大观兮，物无不可。贪夫徇财兮，烈士徇名；夸者死权兮，品庶冯生。怵迫之徒兮，或趋西东；大人不曲兮，亿变齐同。拘士系俗兮，攌如囚拘；至人遗物兮，独与道俱。众人或或兮，好恶积意；真人淡漠兮，独与道息。释知遗形兮，超然自丧；寥廓忽荒兮，与道翱翔。乘流则逝兮，得坎则止；纵躯委命兮，不私与己。其生若浮兮，其死若休；澹乎若深渊之静，泛乎若不系之舟。不以生故自宝兮,养空而浮;德人无累兮,知命不忧。细故蒂葪兮,何足以疑!

后岁余,贾生征见。孝文帝方受釐,坐宣室。上因感鬼神事,而问鬼神之本。贾生因具道所以然之状。至夜半,文帝前席。既罢,曰:"吾久不见贾生,自以为过之,今不及也。"居顷之,拜贾生为梁怀王太傅。梁怀王,文帝之少子,爱,而好书,故令贾生傅之。

文帝复封淮南厉王子四人皆为列侯。贾生谏,以为患之兴自此起矣。贾生数上疏,言诸侯或连数郡,非古之制,可稍削之。文帝不听。

居数年,怀王骑,堕马而死,无后。贾生自伤为傅无状,哭泣岁余,亦死。贾生之死时年三十三矣。及孝文崩,孝武皇帝立,举贾生之孙二人至郡守,而贾嘉最好学,世其家,与余通书。至孝昭时,列为九卿。

太史公曰:余读《离骚》、《天问》、《招魂》、《哀郢》,悲其志。適长沙,观屈原所自沉渊,未尝不垂涕,想见其为人。及见贾生吊之,又怪屈原以彼其材,游诸侯,何国不容,而自令若是。读《服鸟赋》,同死生,轻去就,又爽然自失矣。

译文:

屈原,名平,是楚国王族,在楚怀王手下担任左徒。博闻强记,通晓国家治乱的道理,擅长辞令。入朝便与楚怀王一同商议国家大事,拟订政令,出朝便接待宾客,应酬诸侯。楚怀王特别倚重他。

上官大夫与屈原同在朝廷上共事,想要争得楚怀王的宠信,却在内心里嫉妒屈原的才干。楚怀王让屈原拟定国家法令,屈原拟出草稿,尚未最后改定。上官大夫见到后,就要抢过去看,屈原不给他。他就向楚怀王进谗言谮毁屈原说:"大王您让屈原拟定法令,朝廷内外没有谁不知道这件事。可是每当公布一道法令,屈原便炫耀他的功劳,自认为拟定法令除了我没有谁能干得了。"楚怀王听了之后很生气,开始对屈原疏远了。

屈原痛心于楚怀王耳朵听不到正确的意见,眼睛也被谗言谄媚所遮蔽,邪恶之人侵害公道,正直之人不为小人所容,所以忧心忡忡,写下《离骚》这样一首诗。离骚,就是遭遇忧患的意思。天是人类的原始,父母是人的根本。人在处境艰难之时,就会追念本源。所以当人劳苦困顿到极点,没有不呼唤上天的;苦痛愁怨之时,没有不呼唤父母的。屈原秉持公心,行为正直,尽心竭虑侍奉君主,进谗的小人却加以离间,可以说是处境艰难了。诚信却受到怀疑,忠诚却遭到诽谤,能没有怨愤吗?屈原之所以创作《离骚》的动机,是由怨愤产生的。《国风》中的诗尽管歌咏恋情却不过分,《小雅》中的诗尽管抱怨毁谤,但也未越轨。像《离骚》这首诗,可以说是兼有《国风》和《小雅》的特点。屈原在《离骚》中,上溯远古帝喾,下迄近世的齐桓公,中间述及商汤、周武王的事迹,来讥刺当世政事。他阐明道德的重要性及国家所以治乱的因果关系,所要讲的道理无不完全表现出来。他的文章简练,措辞深微,志趣高洁,行为廉正。他撰文虽篇幅短小,但立意宏大;所列举的虽是眼前近事,但却托意深远。他的志趣高洁,所以在作品中多引芳草为喻;他的行为廉正,所以一直到死也不为小人所容。远远避开污浊如泥的世界,在污秽的环境中,像蝉皮一样超脱世俗,一尘不染,不为世俗所玷辱,周身洁白,出污泥而不染。推测屈原这种高洁的志趣,即使说可与日月争辉也不过分。

在屈原被罢黜免职之后,秦国打算攻打齐国,可是齐国与楚国建立着合纵的联盟,秦惠王对此有顾虑,于是就派张仪假意离开秦国,带着丰厚的礼物到楚国为臣。他说:"秦国特别仇恨齐国,齐国却与楚国结盟,楚国如果真能与齐国绝交,秦国愿意献给楚国商、於一带六百里土地。"楚怀王贪心,相信了张仪的话,便与齐国断交,派使者去秦国接受献地。张仪狡赖说:"我与楚王约定的是六里,没听说六百里这件事。"楚国使者一怒之下离开秦国,回去把这件事报告了楚怀王。楚怀王发怒,大举兴师,讨伐秦国。秦国出兵迎战,在丹水、淅水之间把楚军打得大败,杀掉楚兵八万人,俘虏了楚军将领屈匄,就这样夺取了楚国汉中一带的土地。于是,楚怀王动用了全国的兵力,深入秦国进行反击,两国军队在蓝田交战。魏国听说秦楚交战,乘虚偷袭楚国,一直打到邓这个地方。楚国军队害怕后方空虚,从秦国撤回。而齐国一直痛恨楚国毁约,不发兵救楚,楚国的处境很狼狈。

第二年,秦国表示要把汉中郡割让给楚国来求和。楚王说:"不想要土地,只有得到张仪才算满意。"张仪听说后,便说:"以张仪一个人而能顶替汉中之地,请让我去楚国。"张仪到楚国后,又用丰厚的币帛贿赂当权的大臣靳尚,进而向楚怀王的宠妃郑袖编造诡诈的巧言。楚怀王竟听信了郑袖的话,再次放走了张仪。这时屈原已被楚怀王疏远,不再居任重要的职位,出使去了齐国。回国后,向楚怀王进谏说:"为什么不杀了张仪?"楚怀王悔悟,派人追赶张仪,没有追上。

后来,各诸侯国联合攻打楚国,把楚军打得大败,杀了楚将唐眜。

当时秦昭王与楚国通婚,希望与楚怀王会面。楚怀王准备去秦国，屈原说："秦国是虎狼成性的国家，不能听信他们的话，不如不去。"楚怀王的小儿子子兰劝楚怀王去，说："为什么要断绝同秦国的友好关系？"楚怀王终于还是去了秦国。一进入武关，秦国的伏兵就断绝了后路，因此扣留了楚怀王，胁迫他割让国土。楚怀王大怒，不肯回答。楚怀王逃往赵国，赵国不接纳。他只好又折回秦国，最后竟死在秦国，后来归葬楚国。

楚怀王的长子顷襄王即位，让他的弟弟子兰做了令尹。楚国人因为子兰劝楚怀王去秦国而没有活着回来这件事很怨恨子兰。

屈原也因这件事对子兰很痛恨，他虽然被放逐，仍眷恋关心着楚国，心中惦记着怀王，他没有忘怀祖国，希望再回到朝中任职。心存一念，希望君王能幡然觉悟，世俗顿然改变。在一篇作品中再三表示出他那怀念君王、振兴国家、一反衰弱国势的愿望。但最终也无法实现，所以再也没能返回朝中。从这种情况可见楚怀王到底也未能理解屈原的忠诚。君主无论资质愚与智，无论品德好与坏，没有谁不想得到忠臣与贤士来辅佐自己治理国家的，但国破家亡之事一个接一个，而圣明的君主与致治的国家多少世代也没有出现过，其原因就是那些国君所认为的忠臣实际上并不是忠臣，所认为的贤者实际上并不是贤者。楚怀王由于不明白什么样的人才是忠臣，所以在宫中受到郑袖的迷惑，在外面受到张仪的欺骗，疏远屈原却宠信上官大夫、令尹子兰，军队挫败，领土被分割，失去了六郡之地，自身也死于异乡秦国，被天下人所耻笑。这就是不知人善任所带来的祸患。《周易》说："井淘干净了，却无人饮用，我心里难过，这是可以汲取饮用的。君主如果贤明，大家都能得到幸福。"君主如果不贤明，哪里还谈得上幸福呢！

令尹子兰听说屈原怨恨他之后大怒，便让上官大夫在楚顷襄王前谮毁屈原。楚顷襄王发怒,便将屈原流放到更远的地方。

屈原来到江畔,在水边披散着头发且行且歌。脸色憔悴,容貌削瘦。一位渔翁见到问他:"您不是三闾大夫吗?怎么到了这个地方?"屈原说:"整个世界都污浊,唯独我是清净的;所有的人都沉醉着,只有我是清醒的,因此才被流放。"渔翁说:"圣人对事物的认识不迂拘固执,而能够顺应世俗的变化,举世混浊,为什么不随波逐流?众人皆醉,为什么不沉醉其中?何必洁身如玉,而自找被放逐的命运?"屈原说:"我听说,刚洗过头发的人一定要弹一弹帽子再戴,刚洗过澡的人,一定要抖一抖衣服再穿,又有谁愿意让自己清洁的身体受到污垢玷辱呢?宁可赴蹈奔腾的大江,而葬身于大江鱼腹之中,怎能让高洁的品质蒙受世俗的污染呢?"

于是便写下《怀沙》一诗,诗是这样写的:

阳光和煦的初夏啊,草木茂盛地生长。我怀着深深的哀伤啊,奔向南方。眺望前程迷迷茫茫,沉寂毫无声响。心头郁结着委屈与苦痛啊,遭受忧患而困顿日长。冷静下来反省自己啊,强压下内心的屈枉。

即便是把方木削成圆形啊,那原有的纹路也不会改易。抛弃当初坚持的主张啊,则会为正人君子所鄙视。像在木材上明确画出的墨线啊,从前坚持的主张决不更变。内心敦厚品质正直啊,为高尚的人所赞美。巧匠如果不挥斧砍削,又有谁能发现木材的曲直?黑色的纹理置于暗处,目力不好的人却说它不明显。离娄眼睛略微斜视,盲人却认为他也失明。把白的硬说成黑的,上下颠倒。把凤凰关在竹笼,野鸡却翩翩起舞。美玉与石头混杂于一处,却以为它们都是一模一样。这群卑鄙妒忌的小人,哪知道我的纯洁高尚。

我像一辆任重载多的车子,陷在泥淖不能自拔。怀藏珍宝,手握美玉,最终也无法向人们展示。村中的群犬狂吠,是因为它们对我看不惯。诋毁怀疑俊杰之士,这自然是庸人的本来面目。外表疏落,内心刚强,众人都不了解我的所长。像未曾加工的木材冷落在一旁,没有谁知道我的主张。我注重仁义道德的修养,把忠厚老实当成富足。重华无法遇到,有谁能理解我的胸襟!自古圣贤生不同时,哪里知道这是什么缘故呢?商汤、夏禹离我们是那样久远,远得使我们无法追慕。不要再怨恨了,克制内心的情感,使自己更加坚强。饱经忧患而不变节,愿我的志节树给后人一个榜样。沿路向北走去,暮色中夕阳正在下降。排遣忧愁与哀伤,最终只有一死。

尾声:浩荡的沅水、湘水啊,各自奔腾而逝。漫长的道路幽暗多阻,前途遥遥又渺茫。我抑制着深深的悲痛,发出长长的叹息。世间既然没有理解我的,人的良知也不必提及。我具有的一腔激情与高洁品质,无人可与我相比。伯乐已不在世,千里马还有谁认识?人生听凭命运,各有不同的安置。横下心来,放宽胸襟,还有什么可畏惧的呢?重重的悲伤,不尽的哀愁,我只有长长的叹息。世道混浊没人理解,人的良知也不必提及。明知不免一死,我想我并不怜惜生命。明确向世间的君子相告,我将树起一个榜样。

于是,屈原就抱着石头,跳入汨罗江自杀了。

屈原死后,楚国有宋玉、唐勒、景差等人,都喜好文辞而以长于赋体称著于世。但他们都只是继承了屈原擅长文辞的一面,一直没有谁敢于像屈原一样直言进谏。后来楚国的疆域一天比一天缩小，几十年后终于被秦国灭掉了。

从屈原自沉汨罗江之后，又过了一百余年，在西汉时期有贾生做了长沙王的太傅，途经湘水的时候，写下诗赋来缅怀屈原。

贾生的名叫谊，是洛阳人。十八岁的时候，便以能赋诗作文而闻名全郡。吴廷尉当时是河南郡郡守，听说贾谊是个了不起的人才，就把他罗致到自己门下，对他很赏识。孝文皇帝即位不久，了解到河南郡的吴郡守治理政事、安抚百姓在全国最有成绩，过去又因与李斯是同乡而常向李斯学习，就把他征召到朝廷担任廷尉。吴廷尉便向皇帝推荐贾谊，说他很年轻，颇为通晓诸子百家的学说。于是，文帝便把贾谊召到朝廷任命为博士。

当时贾谊才二十岁出头，在朝臣中是最年轻的。每当皇帝诏令臣下商议政事，各位老先生往往无言答对，而贾谊却总是答得很完满，人人都感到贾谊所讲的，正是自己所要说的。于是，大家都认为自己的才能赶不上贾谊。文帝也很喜欢他，一年之内，就把他从博士破格提拔为太中大夫。

贾谊认为，从汉兴到文帝经过二十多年，天下已经安定，朝野和睦，应当更定历法，改变所崇尚的颜色，订正法令制度，统一官名，大兴礼乐，便详细草拟了各项仪礼和办法，建议崇尚黄色，遵用五行之说，重新确定官名，全部变更秦朝的法度。文帝刚刚即位，谦恭谨慎，一时还顾不上这些事。但一些律令的更定，以及在京城的诸侯回到封国，都是贾谊出的主意。因此，皇帝和大臣商议，打算把贾谊提拔到公卿大臣的位置。绛侯周勃、颍阴侯灌婴、东阳侯张相如、御史大夫冯敬等人都嫉妒贾谊，便在皇帝面前谮毁贾谊说："这个洛阳人，年轻没有经验，专想揽权，把许多事情都搞乱了。"因此，皇帝从此也疏远了贾谊，不再采纳他的建议，并派他去做了长沙王吴差的太傅。

贾谊辞别朝廷前往任所,听说长沙地势低洼,气候潮湿,自度寿命不会长久,再加上又是被贬谪而去的,心情抑郁。在渡湘江的时候,作了一首赋,来凭吊屈原。这篇赋是这样写的:

敬承恩惠啊,任职长沙。我听说屈原啊,自沉汨罗。寄托湘水啊,敬悼先生。遭遇无道啊,乃丧其身。可悲可叹啊,逢时不祥。凤凰伏地啊,枭鸟翱翔。小人尊显啊,谗佞得志。圣贤颠倒啊,方正倒置。世称伯夷贪啊,反说盗跖廉。莫邪宝剑钝啊,铅制刀枪利。先生无故,默默失意。丢弃宝鼎啊,珍贵瓦壶。疲牛驾辕啊,跛驴拉套。良马垂耳啊,重负盐车。礼帽垫鞋啊,势不可久。先生命苦啊,独遭此祸。

尾声:一切都过去了。举国不理解我啊,独抑郁与谁语?凤飘飘而高飞啊,自引退而远去。学水底之神龙啊,深潜藏以自珍。远明光而隐去啊,岂随从蚁与蚓。贵圣人之神德啊,远浊世而自藏。苦骏马被绑缚啊,何异于犬和羊。夫子盘桓未去啊,乱纷纷遭此祸殃。纵观九州国君啊,何必怀恋此都。凤凰高翔千丈啊,见德辉而飞下。察虚德之险象啊,振羽翅而飞去。那窄小的沟渠啊,岂能容下吞舟之鱼。横江湖之巨鲸啊,必受制于蝼蚁。

贾谊任长沙王太傅的第三年,一天有只猫头鹰飞入贾谊的屋内,落在他的座位旁边。楚地的人把猫头鹰叫"服鸟"。贾谊是被贬谪居住在长沙的,长沙地洼潮湿,他自认为寿命不会长久,悲哀伤感,就作了一首赋,来宽慰自己。这首赋是这样写的:

丁卯之年啊,四月初夏。庚子日斜啊,服鸟来到我的住处。落于座旁啊,从容不迫。服鸟入宅啊,暗思其故。展书占卜啊,预言定数："野鸟入室啊,主人将去。"请问服鸟啊:"我去何方?吉事告我,凶言其灾。寿命长短啊,告我期限。"服鸟叹息,昂首振翼。口不能言,唯有示意。

万物变化啊,本无休止。运转推移啊,循环往复。有形无形啊,变化交替。深远微妙啊,岂可尽言。祸啊福所倚,福啊祸所伏。忧喜聚集啊,吉凶同处。吴国强大啊,夫差败亡。越避会稽啊,句践称霸。李斯显赫啊,终受极刑。傅说卑贱啊,辅佐武丁。祸之与福啊,如绳纠缠。命运难言啊,谁知终极。水激汹涌啊,箭激飞远。万物回旋啊,动荡转化。云蒸雨降啊,交错纷杂。苍天造物啊,茫然无穷。天难思虑啊,道难设想。死生由命啊,何知其时?

宇宙为炉啊,上天为工。阴阳为炭啊,万物为铜。聚散消长啊,哪有定律。千变万化啊,未有终极。偶然为人啊,何足珍惜。死为异物啊,有何忧虑。小智自私啊,独贵自己。达人大观啊,听其自然。贪夫为财死啊,烈士为名亡。恋权死于权势啊,众庶贪生怕死。逐利之徒啊,东奔西走。达人不为物屈啊,万变等同。愚人系于世俗啊,窘迫有如拘囚。至人遗弃外物啊,独与道存。众人迷惑啊,利欲满怀。真人淡泊啊,与道同归。弃智忘形啊,超然物外。寥廓恍惚啊,与道同翔。顺流而行啊,遇洲则止。委身于命啊,不私一己。生若浮萍啊,死若休息。静如深水啊,动如荡舟。不宝自身啊,心若船浮。德人无累啊,知命不忧。芥蒂琐事啊,何足忧疑!

又过了一年多,贾谊被征召到京城晋见皇帝。正赶上文帝坐在宣室接受神的赐福。文帝有感于鬼神之事,便询问鬼神的本源。贾谊就详细地讲这方面的道理。一直谈到夜半,文帝不知不觉地在座席上向贾谊面前移动。谈完之后，文帝说："我好久不见贾生了，自以为超过了他，今天看来还是不如他。"时间不长，就任贾谊为梁怀王刘揖的太傅。梁怀王是文帝喜爱的小儿子，好读书，所以文帝让贾谊做他的老师。

文帝封淮南厉王的四个儿子都为列侯。贾谊谏阻，认为这样做祸患就会由此产生。贾谊屡次上书，指出诸侯势力过大，有的封地连接数郡，不符合古代的制度，建议稍加削减。文帝不听。

几年以后，梁怀王骑马时，从马上跌下摔死了，没有后代。贾谊认为自己这个老师没有当好，很伤心，哭泣了一年多，也就死去了。贾谊死时只有三十三岁。文帝去世后，到孝武皇帝即位，把贾谊的两个孙子提拔到郡守的位置。其中贾嘉最好学，继承了贾谊的家风，和我通过信。孝昭皇帝时，贾嘉位列九卿。

太史公说：我读屈原的《离骚》、《天问》、《招魂》、《哀郢》，对他的志节深感悲壮。到了长沙，在汨罗江畔看到屈原自沉的地方，想见他的为人，常常哀痛流泪。后来看到贾谊的《吊屈原赋》，又奇怪屈原，以他那样的才能，游说诸侯，哪个国家不能容纳呢？但却让自己走上自杀这条路。可是读了《服鸟赋》，把死与生等同看待，把去和留看得很淡漠，又茫然不知适从了。

史记卷八十五

吕不韦列传第二十五

吕不韦者,阳翟大贾人也。往来贩贱卖贵,家累千金。

秦昭王四十年,太子死。其四十二年,以其次子安国君为太子。安国君有子二十余人。安国君有所甚爱姬,立以为正夫人,号曰华阳夫人。华阳夫人无子。安国君中男名子楚,子楚母曰夏姬,毋爱。子楚为秦质子于赵。秦数攻赵,赵不甚礼子楚。

子楚,秦诸庶孽孙,质于诸侯,车乘进用不饶,居处困,不得意。吕不韦贾邯郸,见而怜之,曰"此奇货可居"。乃往见子楚,说曰:"吾能大子之门。"子楚笑曰:"且自大君之门,而乃大吾门!"吕不韦曰:"子不知也,吾门待子门而大。"子楚心知所谓,乃引与坐,深语。吕不韦曰:"秦王老矣,安国君得为太子。窃闻安国君爱幸华阳夫人,华阳夫人无子,能立適嗣者独华阳夫人耳。今子兄弟二十余人,子又居中,不甚见幸,久质诸侯。即大王薨,安国君立为王,则子毋几得与长子及诸子旦暮在前者争为太子矣。"子楚曰:"然。为之奈何?"吕不韦曰:"子贫,客于此,非有以奉献于亲及结宾客也。不韦虽贫,请以千金为子西游,事安国君及华阳夫人,立子为適嗣。"子楚乃顿首曰:"必如君策,请得分秦国与君共之。"

吕不韦乃以五百金与子楚，为进用，结宾客；而复以五百金买奇物玩好，自奉而西游秦，求见华阳夫人姊，而皆以其物献华阳夫人。因言子楚贤智，结诸侯宾客遍天下，常曰"楚也以夫人为天"，日夜泣思太子及夫人。夫人大喜。不韦因使其姊说夫人曰："吾闻之，以色事人者，色衰而爱弛。今夫人事太子，甚爱而无子，不以此时蚤自结于诸子中贤孝者，举立以为適而子之。夫在则重尊，夫百岁之后，所子者为王，终不失势。此所谓一言而万世之利也。不以繁华时树本，即色衰爱弛后，虽欲开一语，尚可得乎？今子楚贤，而自知中男也，次不得为適，其母又不得幸，自附夫人。夫人诚以此时拔以为適，夫人则竟世有宠于秦矣。"华阳夫人以为然，承太子间，从容言子楚质于赵者绝贤，来往者皆称誉之。乃因涕泣曰："妾幸得充后宫，不幸无子，愿得子楚立以为適嗣，以托妾身。"安国君许之，乃与夫人刻玉符，约以为適嗣。安国君及夫人因厚馈遗子楚，而请吕不韦傅之，子楚以此名誉益盛于诸侯。

吕不韦取邯郸诸姬绝好善舞者与居，知有身。子楚从不韦饮，见而说之，因起为寿，请之。吕不韦怒，念业已破家为子楚，欲以钓奇，乃遂献其姬。姬自匿有身，至大期时，生子政。子楚遂立姬为夫人。

秦昭王五十年，使王齮围邯郸，急，赵欲杀子楚。子楚与吕不韦谋，行金六百斤予守者吏，得脱，亡赴秦军，遂以得归。赵欲杀子楚妻子，子楚夫人赵豪家女也，得匿，以故母子竟得活。秦昭王五十六年，薨，太子安国君立为王，华阳夫人为王后，子楚为太子。赵亦奉子楚夫人及子政归秦。

秦王立一年，薨，谥为孝文王。太子子楚代立，是为庄襄王。庄襄王所母华阳后为华阳太后，真母夏姬尊以为夏太后。庄襄王元年，以吕不韦为丞相，封为文信侯，食河南、雒阳十万户。

庄襄王即位三年，薨，太子政立为王，尊吕不韦为相国，号称"仲父"。秦王年少，太后时时窃私通吕不韦。不韦家僮万人。

当是时，魏有信陵君，楚有春申君，赵有平原君，齐有孟尝君，皆下士喜宾客以相倾。吕不韦以秦之强，羞不如，亦招致士，厚遇之，至食客三千人。是时诸侯多辩士，如荀卿之徒，著书布天下。吕不韦乃使其客人人著所闻，集论以为八览、六论、十二纪，二十余万言。以为备天地万物古今之事，号曰《吕氏春秋》。布咸阳市门，悬千金其上，延诸侯游士宾客有能增损一字者予千金。

始皇帝益壮，太后淫不止。吕不韦恐觉祸及己，乃私求大阴人嫪毐以为舍人，时纵倡乐，使毐以其阴关桐轮而行，令太后闻之，以啖太后。太后闻，果欲私得之。吕不韦乃进嫪毐，诈令人以腐罪告之。不韦又阴谓太后曰："可事诈腐，则得给事中。"太后乃阴厚赐主腐者吏，诈论之，拔其须眉为宦者，遂得侍太后。太后私与通，绝爱之。有身，太后恐人知之，诈卜当避时，徙宫居雍。嫪毐常从，赏赐甚厚，事皆决于嫪毐。嫪毐家僮数千人，诸客求宦为嫪毐舍人千余人。

始皇七年，庄襄王母夏太后薨。孝文王后曰华阳太后，与孝文王会葬寿陵。夏太后子庄襄王葬芷阳，故夏太后独别葬杜东，曰"东望吾子，西望吾夫。后百年，旁当有万家邑"。

始皇九年，有告嫪毐实非宦者，常与太后私乱，生子二人，皆匿之。与太后谋曰"王即薨，以子为后"。于是秦王下吏治，具得情实，事连相国吕不韦。九月，夷嫪毐三族，杀太后所生两子，而遂迁太后于雍。诸嫪毐舍人皆没其家而迁之蜀。王欲诛相国，为其奉先王功大，及宾客辩士为游说者众，王不忍致法。

秦王十年十月，免相国吕不韦。及齐人茅焦说秦王，秦王乃迎太后于雍，归复咸阳，而出文信侯就国河南。

岁余，诸侯宾客使者相望于道，请文信侯。秦王恐其为变，乃赐文信侯书曰："君何功于秦？秦封君河南，食十万户。君何亲于秦？号称仲父。其与家属徙处蜀！"吕不韦自度稍侵，恐诛，乃饮鸩而死。秦王所加怒吕不韦、嫪毐皆已死，乃皆复归嫪毐舍人迁蜀者。

始皇十九年，太后薨，谥为帝太后，与庄襄王会葬茝阳。

太史公曰：不韦及嫪毐贵，封号文信侯。人之告嫪毐，毐闻之。秦王验左右，未发。上之雍郊，毐恐祸起，乃与党谋，矫太后玺发卒以反蕲年宫。发吏攻毐，毐败亡走，追斩之好畤，遂灭其宗。而吕不韦由此绌矣。孔子之所谓"闻"者，其吕子乎？

译文：

吕不韦是阳翟的大商人。往来各地低价收货高价出手，家产积累达到千金。

秦昭王四十年，太子死去。四十二年，秦昭王将他的次子安国君立为太子。安国君有儿子二十多个。安国君有位非常宠爱的姬妾，便立她为正夫人，号称华阳夫人。华阳夫人没有儿子。安国君中间的一个儿子名叫子楚，子楚的母亲叫夏姬，不受安国君宠爱。子楚作为秦国的人质到赵国。秦军多次进攻赵国，所以赵国对子楚不很礼貌。

子楚是秦国公室庶出别支的孙子，作为人质在诸侯国家，所以车辆马匹、费用开销都不富裕，居所处境相当窘困，很不得志。吕不韦到邯郸做生意，看见子楚而怜惜他，说"这真是稀罕的宝货，可以存积着卖大价钱"。于是前往会见子楚，说道："我能够光大您的门庭。"子楚笑着说："暂且先光大您的门庭，而后再来光大我的门庭。"吕不韦说："您不知道啊，我的门庭要等待您的门庭光大才能光大。"子楚心中领会吕不韦所说的意思，于是请进去一起坐下，推心置腹深入交谈。吕不韦说："秦王已经老了，安国君得机会立为太子。鄙人听说安国君宠幸喜爱华阳夫人，华阳夫人没有儿子，但能够决定选立谁为嫡子继承人的只有华阳夫人。如今您兄弟二十多人，您又排行居中，不太受宠爱，所以长时间当人质住在诸侯国家。一旦大王去世，安国君继立为王，您就没有机会能够跟长子及其余儿子早晚在父王面前争夺当太子了。"子楚说："是这样。对这怎么办？"吕不韦说："您资财贫乏，客居在此，没有什么可以拿来奉献给双亲和结交宾客。我吕不韦虽然也资财贫乏，但请让我用千金作资本为您西游秦国，孝敬安国君和华阳夫人，促成他们立您为嫡子继承人。"子楚立即叩头而拜说："您的计策果真如愿，就请让我与您共同分享秦国。"

吕不韦于是拿出五百金给子楚，作为开销费用，去结交宾客；同时又拿出五百金购置珍奇宝物、玩赏佳品，自己带着西进游说秦国，请求谒见华阳夫人的姐姐，把他带来的物品全部进献给华阳夫人。借机称说子楚贤能聪明，结交诸侯宾客遍布天下，还常常念叨"我子楚把华阳夫人当作自己的天"，日夜悲泣思念着太子安国君和夫人。华阳夫人极为高兴。吕不韦就让她的姐姐劝说华阳夫人道："我听说这样的话，凭色相侍奉人的，容颜衰老便会宠爱减退。如今夫人侍奉太子，深受宠爱但没有儿子，何不趁这时机早早从诸子中物色一位贤能孝顺的，推举立他为嫡正而认作自己的儿子。（那样的话，）夫君健在就权重位尊；夫君倘若过世，所认的儿子登立为王，终身不会丧失权势。这就是人们所说的一句话而千秋万代受益啊。不趁着现在风华正茂的时候树立根基，如果待到容颜衰老宠爱减退之后，即使想只开口说上一句话，还有可能吗？如今子楚贤能，明知自己是排行居中的儿子，按次序不能做嫡子，他的母亲又不受宠幸，所以自愿依附夫人。夫人果真能乘此时机选拔他为嫡子，夫人就一辈子在秦国享有荣华富贵了。"华阳夫人认为确实如此，趁着太子空闲的时候，装着随意的样子说子楚当作人质在赵国极有才能，来来往往的人全都交口称赞他。于是就流着眼泪说："贱妾有幸充列后宫，不幸没有儿子，希望将子楚扶立为嫡子继承人，来寄托贱妾的后半生。"安国君答应此事，便和华阳夫人刻玉石符节为信物，相约以子楚作嫡子继承人。安国君和华阳夫人就备了厚礼送给子楚，同时请吕不韦辅助他。子楚的名望声誉因此在诸侯中越来越大。

吕不韦从邯郸女子中选取一个容貌出众、能歌善舞的，与她同居，不久知她怀有身孕。子楚跟着吕不韦来喝酒，见着那女子并喜欢上她，便在席间起身为吕不韦敬酒祝福，请求要那女子。吕不韦很恼怒，但转念已经为子楚倾家荡产，目的是要猎获他这个宝货，于是便献出了他的那位姬妾。那女人隐瞒自己怀有身孕，到十二个月时，生下儿子政。子楚就立她为夫人。

秦昭王五十年，秦派遣王齮领兵围攻邯郸，情况紧急，赵国准备杀死子楚。子楚与吕不韦商量，送黄金六百斤给看守的官吏，得以脱身，逃亡投奔秦国军队，于是得到机会返回祖国。赵国又准备杀死子楚的妻儿，子楚夫人是赵国豪门大家的女儿，得到藏匿，因此母子最后保全了性命。秦昭王五十六年，昭王去世，太子安国君即位为王，华阳夫人立为王后，子楚立为太子。

赵国也就送子楚的夫人和儿子政回归秦国。

秦王在位一年去世,谥号为孝文王。太子子楚继代即位,这就是庄襄王。庄襄王所认养母华阳后为华阳太后,生母夏姬尊奉为夏太后。庄襄王元年,任命吕不韦为丞相,封为文信侯,食邑河南、雒阳十万户。

庄襄王即位三年去世,太子政继立为王,尊奉吕不韦为相国,号称"仲父"。秦王年纪还小,太后常常暗中与吕不韦私通。吕不韦家中僮仆有万人。

在这时期,魏国有信陵君,楚国有春申君,赵国有平原君,齐国有孟尝君,都礼贤下士喜好招募宾客来互相夸耀倾轧。吕不韦因为秦国强大,却在这方面不如他们而感到羞耻,所以也招徕士人,给予优厚待遇,门下食客达到三千来人。这时诸侯各国有许多工辞善辩的文人学士,如荀卿一类人,著书立说传布天下。吕不韦便让他的门客各人著录所见所闻,辑集纂论编为八览、六论、十二纪,有二十多万字。吕不韦认为其中详尽论述了天上地下世间万物从古至今的事情,称之为《吕氏春秋》。公布在咸阳市朝的大门,并悬挂千金在上面,聘请诸侯各国的游士宾客,如有能够增添减少一个字的就赏给千金。

秦始皇渐渐长大成人,而太后却淫乱没有止息。吕不韦害怕觉察而祸殃连及自身,就暗中访求到一个生殖器特别发达的人叫嫪毐,作为门下舍人,时常放纵倡优尽情取乐,让嫪毐把他的阴茎套上桐木轮子而行走,故意叫太后闻知此事,来引诱太后。太后听说后,果真想私下得到嫪毐。吕不韦便送进嫪毐,派人编造该判腐刑的罪名告发他。吕不韦又暗中对太后说:"可做手脚假施腐刑,就能得到他在宫中供事。"于是,太后暗中给主持执行腐刑的官吏丰厚的赏赐,假装对嫪毐处以腐刑的罪,拔去胡须眉毛让他做了宦官，于是嫪毐得到机会侍候太后。太后私下与他通奸，非常喜爱他。不久有了身孕，太后恐怕别人知道，假称占卜结果说应当回避一段时间，就从宫中迁居到雍。嫪毐经常随从太后，得到赏赐非常丰厚，凡事都取决于嫪毐。嫪毐家中僮仆数千人，各处来客为谋求当官而做嫪毐门下舍人的有千余人。

秦始皇七年，庄襄王的母亲夏太后去世。孝文王后也称华阳太后，与孝文王合葬在寿陵。夏太后的儿子庄襄王葬在芷阳，所以夏太后单独另外葬在杜县东，（夏太后生前）曾说："东面可以望见我的儿子，西面可以望见我的夫君。百年以后，旁边必定会有人口万家的城邑。"

秦始皇九年，有人告发嫪毐其实并不是受过腐刑的宦官，经常与太后私下淫乱，生下儿子两个，都隐藏着。嫪毐还与太后密谋说"秦王倘若去世，就以这孩子为继承人"。于是秦王交付有关官吏办理此案，取得全部真情实据，事情牵连相国吕不韦。九月，诛灭嫪毐三族，杀死太后所生的两个儿子，同时就将太后迁居到雍。所有嫪毐的门下舍人都抄没全家迁徙到蜀郡。秦王本想诛杀相国，但因为吕不韦侍奉先王功劳很大，以及宾客辩士为之说情的人很多，秦王便不忍心对他执法。

秦王十年十月，罢免相国吕不韦的职务。直到齐国人茅焦劝说秦王，秦王才从雍接回太后，返归咸阳，而下令文信侯吕不韦迁出国都到他的封地河南。

（吕不韦在河南）一年多的时间里，诸侯各国的宾客使者在道路上前后相望络绎不绝，请求谒见文信侯。秦王担心其中会发生意外事变，就给文信侯书信说："你对秦国有什么功劳？但秦国封给你河南，食邑十万户。你同秦君有什么姻亲？竟号称仲父。你还是和家眷一起迁居到蜀郡去！"吕不韦自我思量地位日益受到侵削，害怕被杀，就喝毒酒而死。秦王所恼怒的吕不韦、嫪毐都已死去，便又全部遣返迁徙到蜀郡的嫪毐门下舍人。

秦始皇十九年，太后去世，谥号为帝太后，与庄襄王合葬在茝阳。

太史公说：吕不韦以及嫪毐显赫一时，封号为文信侯。有人告发嫪毐，嫪毐得知此事。秦王让左右的人进行核实，不马上发作。秦王到雍城郊外，嫪毐害怕灾祸发生，就与同党密谋，假托太后玺印调动军队在蕲年宫举行反叛。秦王派官吏领兵攻击嫪毐，嫪毐兵败逃奔，在好畤被追上斩首，于是诛灭他的宗族。而吕不韦也由此被贬黜了。孔子所说的那种"闻"者，难道不是指吕不韦吗？

史记卷八十六

刺客列传第二十六

曹沫者,鲁人也,以勇力事鲁庄公。庄公好力。曹沫为鲁将,与齐战,三败北。鲁庄公惧,乃献遂邑之地以和。犹复以为将。

齐桓公许与鲁会于柯而盟。桓公与庄公既盟于坛上,曹沫执匕首劫齐桓公,桓公左右莫敢动,而问曰:"子将何欲?"曹沫曰:"齐强鲁弱,而大国侵鲁亦甚矣。今鲁城坏即压齐境,君其图之。"桓公乃许尽归鲁之侵地。既已言,曹沫投其匕首,下坛,北面就群臣之位,颜色不变,辞令如故。桓公怒,欲倍其约。管仲曰:"不可。夫贪小利以自快,弃信于诸侯,失天下之援,不如与之。"于是桓公乃遂割鲁侵地,曹沫三战所亡地尽复予鲁。

其后百六十有七年而吴有专诸之事。

专诸者,吴堂邑人也。伍子胥之亡楚而如吴也,知专诸之能。伍子胥既见吴王僚,说以伐楚之利。吴公子光曰:"彼伍员父兄皆死于楚而员言伐楚,欲自为报私雠也,非能为吴。"吴王乃止。伍子胥知公子光之欲杀吴王僚,乃曰:"彼光将有内志,未可说以外事。"乃进专诸于公子光。

光之父曰吴王诸樊。诸樊弟三人:次曰余祭,次曰夷眜,次曰季子札。诸樊知季子札贤而不立太子，以次传三弟，欲卒致国于季子札。诸樊既死，传余祭。余祭死，传夷眛。夷眛死，当传季子札；季子札逃不肯立，吴人乃立夷眛之子僚为王。公子光曰："使以兄弟次邪，季子当立；必以子乎，则光真適嗣，当立。"故尝阴养谋臣以求立。

光既得专诸，善客待之。九年而楚平王死。春，吴王僚欲因楚丧，使其二弟公子盖余、属庸将兵围楚之灊；使延陵季子于晋，以观诸侯之变。楚发兵绝吴将盖余、属庸路，吴兵不得还。于是公子光谓专诸曰："此时不可失，不求何获！且光真王嗣，当立，季子虽来，不吾废也。"专诸曰："王僚可杀也。母老子弱，而两弟将兵伐楚，楚绝其后。方今吴外困于楚，而内空无骨鲠之臣，是无如我何。"公子光顿首曰："光之身，子之身也。"

四月丙子，光伏甲士于窟室中，而具酒请王僚。王僚使兵陈自宫至光之家，门户阶陛左右，皆王僚之亲戚也。夹立侍，皆持长铍。酒既酣，公子光详为足疾，入窟室中，使专诸置匕首鱼炙之腹中而进之。既至王前，专诸擘鱼，因以匕首刺王僚，王僚立死。左右亦杀专诸，王人扰乱。公子光出其伏甲以攻王僚之徒，尽灭之，遂自立为王，是为阖闾。阖闾乃封专诸之子以为上卿。

其后七十余年而晋有豫让之事。

豫让者，晋人也，故尝事范氏及中行氏，而无所知名。去而事智伯，智伯甚尊宠之。及智伯伐赵襄子，赵襄子与韩、魏合谋灭智伯，灭智伯之后而三分其地。赵襄子最怨智伯，漆其头以为饮器。豫让遁逃山中，曰："嗟乎！士为知己者死，女为说己者容。今智伯知我，我必为报雠而死，以报智伯，则吾魂魄不愧矣。"乃变名姓为刑人，入宫涂厕，中挟匕首，欲以刺襄子。襄子如厕，心动，执问涂厕之刑人,则豫让,内持刀兵,曰:"欲为智伯报仇!"左右欲诛之。襄子曰:"彼义人也,吾谨避之耳。且智伯亡无后,而其臣欲为报仇,此天下之贤人也。"卒醳去之。

居顷之,豫让又漆身为厉,吞炭为哑,使形状不可知,行乞于市。其妻不识也。行见其友,其友识之,曰:"汝非豫让邪?"曰:"我是也。"其友为泣曰:"以子之才,委质而臣事襄子,襄子必近幸子。近幸子,乃为所欲,顾不易邪?何乃残身苦形,欲以求报襄子,不亦难乎!"豫让曰:"既已委质臣事人,而求杀之,是怀二心以事其君也。且吾所为者极难耳!然所以为此者,将以愧天下后世之为人臣怀二心以事其君者也。"

既去,顷之,襄子当出,豫让伏于所当过之桥下。襄子至桥,马惊,襄子曰:"此必是豫让也。"使人问之,果豫让也。于是襄子乃数豫让曰:"子不尝事范、中行氏乎?智伯尽灭之,而子不为报雠,而反委质臣于智伯。智伯亦已死矣,而子独何以为之报雠之深也?"豫让曰:"臣事范、中行氏,范、中行氏皆众人遇我,我故众人报之。至于智伯,国士遇我,我故国士报之。"襄子喟然叹息而泣曰:"嗟乎豫子!子之为智伯,名既成矣,而寡人赦子,亦已足矣。子其自为计,寡人不复释子!"使兵围之。豫让曰:"臣闻明主不掩人之美,而忠臣有死名之义。前君已宽赦臣,天下莫不称君之贤。今日之事,臣固伏诛,然愿请君之衣而击之,焉以致报雠之意,则虽死不恨。非所敢望也,敢布腹心!"于是襄子大义之,乃使使持衣与豫让。豫让拔剑三跃而击之,曰:"吾可以下报智伯矣!"遂伏剑自杀。死之日,赵国志士闻之,皆为涕泣。

其后四十余年而轵有聂政之事。

聂政者，轵深井里人也。杀人避仇，与母、姊如齐，以屠为事。

久之，濮阳严仲子事韩哀侯，与韩相侠累有郤。严仲子恐诛，亡去，游求人可以报侠累者。至齐，齐人或言聂政勇敢士也，避仇隐于屠者之间。严仲子至门请，数反，然后具酒自畅聂政母前。酒酣，严仲子奉黄金百溢，前为聂政母寿。聂政惊怪其厚，固谢严仲子。严仲子固进，而聂政谢曰："臣幸有老母，家贫，客游以为狗屠，可以旦夕得甘毳以养亲。亲供养备，不敢当仲子之赐。"严仲子辟人，因为聂政言曰："臣有仇，而行游诸侯众矣；然至齐，窃闻足下义甚高，故进百金者，将用为大人粗粝之费，得以交足下之欢，岂敢以有求望邪！"聂政曰："臣所以降志辱身居市井屠者，徒幸以养老母；老母在，政身未敢以许人也。"严仲子固让，聂政竟不肯受也。然严仲子卒备宾主之礼而去。

久之，聂政母死。既已葬，除服，聂政曰："嗟乎！政乃市井之人，鼓刀以屠；而严仲子乃诸侯之卿相也，不远千里，枉车骑而交臣。臣之所以待之，至浅鲜矣，未有大功可以称者，而严仲子奉百金为亲寿，我虽不受，然是者徒深知政也。夫贤者以感忿睚眦之意而亲信穷僻之人，而政独安得嘿然而已乎！且前日要政，政徒以老母；老母今以天年终，政将为知己者用。"乃遂西至濮阳，见严仲子曰："前日所以不许仲子者，徒以亲在；今不幸而母以天年终。仲子所欲报仇者为谁？请得从事焉！"严仲子具告曰："臣之仇韩相侠累，侠累又韩君之季父也，宗族盛多，居处兵卫甚设，臣欲使人刺之，终莫能就。今足下幸而不弃，请益其车骑壮士可为足下辅翼者。"聂政曰："韩之与卫，相去中间不甚远，今杀人之相，相又国君之亲，此其势不可以多人，多人不能无生得失，生得失则语泄，语泄是韩举国而与仲子为雠，岂不殆哉！"遂谢车骑人徒，聂政乃辞独行。

杖剑至韩，韩相侠累方坐府上，持兵戟而卫侍者甚众。聂政直入，上阶刺杀侠累，左右大乱。聂政大呼，所击杀者数十人，因自皮面决眼，自屠出肠，遂以死。

韩取聂政尸暴于市，购问莫知谁子。于是韩县购之，有能言杀相侠累者予千金。久之莫知也。

政姊荣闻人有刺杀韩相者，贼不得，国不知其名姓，暴其尸而县之千金，乃於邑曰："其是吾弟与？嗟乎，严仲子知吾弟！"立起，如韩，之市，而死者果政也，伏尸哭极哀，曰："是轵深井里所谓聂政者也。"市行者诸众人皆曰："此人暴虐吾国相，王县购其名姓千金，夫人不闻与？何敢来识之也？"荣应之曰："闻之。然政所以蒙污辱自弃于市贩之间者，为老母幸无恙，妾未嫁也。亲既以天年下世，妾已嫁夫，严仲子乃察举吾弟困污之中而交之，泽厚矣，可奈何！士固为知己者死，今乃以妾尚在之故，重自刑以绝从，妾其奈何畏殁身之诛，终灭贤弟之名！"大惊韩市人。乃大呼天者三，卒於邑悲哀而死政之旁。

晋、楚、齐、卫闻之，皆曰："非独政能也，乃其姊亦烈女也。乡使政诚知其姊无濡忍之志，不重暴骸之难，必绝险千里以列其名，姊弟俱僇于韩市者，亦未必敢以身许严仲子也。严仲子亦可谓知人能得士矣！"

其后二百二十余年秦有荆轲之事。

荆轲者，卫人也。其先乃齐人，徙于卫，卫人谓之庆卿。而之燕，燕人谓之荆卿。

荆卿好读书击剑，以术说卫元君，卫元君不用。其后秦伐魏，置东郡，徙卫元君之支属于野王。

荆轲尝游过榆次，与盖聂论剑，盖聂怒而目之。荆轲出，人或言复召荆卿。盖聂曰："曩者吾与论剑有不称者，吾目之；试往，是宜去，不敢留。"使使往之主人，荆卿则已驾而去榆次矣。使者还报，盖聂曰："固去也，吾曩者目摄之！"

荆轲游于邯郸，鲁句践与荆轲博，争道，鲁句践怒而叱之，荆轲嘿而逃去，遂不复会。

荆轲既至燕，爱燕之狗屠及善击筑者高渐离。荆轲嗜酒，日与狗屠及高渐离饮于燕市，酒酣以往，高渐离击筑，荆轲和而歌于市中，相乐也，已而相泣，旁若无人者。荆轲虽游于酒人乎，然其为人沉深好书；其所游诸侯，尽与其贤豪长者相结。其之燕，燕之处士田光先生亦善待之，知其非庸人也。

居顷之，会燕太子丹质秦亡归燕。燕太子丹者，故尝质于赵，而秦王政生于赵，其少时与丹欢。及政立为秦王，而丹质于秦。秦王之遇燕太子丹不善，故丹怨而亡归。归而求为报秦王者，国小，力不能。其后秦日出兵山东以伐齐、楚、三晋，稍蚕食诸侯，且至于燕，燕君臣皆恐祸之至。太子丹患之，问其傅鞠武。武对曰："秦地遍天下，威胁韩、魏、赵氏，北有甘泉、谷口之固，南有泾、渭之沃，擅巴、汉之饶，右陇、蜀之山，左关、殽之险，民众而士厉，兵革有余。意有所出，则长城之南，易水以北，未有所定也。奈何以见陵之怨，欲批其逆鳞哉！"丹曰："然则何由？"对曰："请入图之。"

居有间，秦将樊於期得罪于秦王，亡之燕，太子受而舍之。鞠武谏曰："不可。夫以秦王之暴而积怒于燕，足为寒心，又况闻樊将军之所在乎？是谓'委肉当饿虎之蹊'也，祸必不振矣！虽有管、晏，不能为之谋也。愿太子疾遣樊将军入匈奴以灭口。请西约三晋，南连齐、楚，北购于单于，其后乃可图也。"太子曰："太傅之计，旷日弥久，心惛然，恐不能须臾。且非独于此也,夫樊将军穷困于天下,归身于丹,丹终不以迫于彊秦而弃所哀怜之交,置之匈奴,是固丹命卒之时也。愿太傅更虑之。"鞠武曰:"夫行危欲求安,造祸而求福,计浅而怨深,连结一人之后交,不顾国家之大害,此所谓'资怨而助祸'矣。夫以鸿毛燎于炉炭之上,必无事矣。且以雕鸷之秦,行怨暴之怒,岂足道哉!燕有田光先生,其为人智深而勇沉,可与谋。"太子曰:"愿因太傅而得交于田先生,可乎?"鞠武曰:"敬诺。"出见田先生,道"太子愿图国事于先生也"。田光曰:"敬奉教。"乃造焉。

太子逢迎,却行为导,跪而蔽席。田光坐定,左右无人,太子避席而请曰:"燕秦不两立,愿先生留意也。"田光曰:"臣闻骐骥盛壮之时,一日而驰千里;至其衰老,驽马先之。今太子闻光盛壮之时,不知臣精已消亡矣。虽然,光不敢以图国事,所善荆卿可使也。"太子曰:"愿因先生得结交于荆卿,可乎?"田光曰:"敬诺。"即起,趋出。太子送至门,戒曰:"丹所报,先生所言者,国之大事也,愿先生勿泄也!"田光俯而笑曰:"诺。"偻行见荆卿,曰:"光与子相善,燕国莫不知。今太子闻光壮盛之时,不知吾形已不逮也,幸而教之曰'燕秦不两立,愿先生留意也'。光窃不自外,言足下于太子也,愿足下过太子于宫。"荆轲曰:"谨奉教。"田光曰:"吾闻之,长者为行,不使人疑之。今太子告光曰'所言者,国之大事也,愿先生勿泄',是太子疑光也。夫为行而使人疑之,非节侠也。"欲自杀以激荆卿,曰:"愿足下急过太子,言光已死,明不言也。"因遂自刎而死。

荆轲遂见太子,言田光已死,致光之言。太子再拜而跪,膝行流涕,有顷而后言曰:"丹所以诫田先生毋言者,欲以成大事之谋也。今田先生以死明不言，岂丹之心哉！"荆轲坐定，太子避席顿首曰："田先生不知丹之不肖，使得至前，敢有所道，此天之所以哀燕而不弃其孤也。今秦有贪利之心，而欲不可足也。非尽天下之地，臣海内之王者，其意不厌。今秦已虏韩王，尽纳其地。又举兵南伐楚，北临赵；王翦将数十万之众距漳、邺，而李信出太原、云中。赵不能支秦，必入臣，入臣则祸至燕。燕小弱，数困于兵，今计举国不足以当秦。诸侯服秦，莫敢合从。丹之私计愚，以为诚得天下之勇士使于秦，窥以重利；秦王贪，其势必得所愿矣。诚得劫秦王，使悉反诸侯侵地，若曹沫之与齐桓公，则大善矣；则不可，因而刺杀之。彼秦大将擅兵于外而内有乱，则君臣相疑，以其间诸侯得合从，其破秦必矣。此丹之上愿，而不知所委命，唯荆卿留意焉。"久之，荆轲曰："此国之大事也，臣驽下，恐不足任使。"太子前顿首，固请毋让，然后许诺。于是尊荆卿为上卿，舍上舍。太子日造门下，供太牢具，异物间进，车骑美女恣荆轲所欲，以顺适其意。

久之，荆轲未有行意。秦将王翦破赵，虏赵王，尽收入其地，进兵北略地至燕南界。太子丹恐惧，乃请荆轲曰："秦兵旦暮渡易水，则虽欲长侍足下，岂可得哉！"荆轲曰："微太子言，臣愿谒之。今行而毋信，则秦未可亲也。夫樊将军，秦王购之金千斤，邑万家。诚得樊将军首与燕督亢之地图，奉献秦王，秦王必说见臣，臣乃得有以报。"太子曰："樊将军穷困来归丹，丹不忍以己之私而伤长者之意，愿足下更虑之！"

荆轲知太子不忍，乃遂私见樊於期曰："秦之遇将军可谓深矣，父母宗族皆为戮没。今闻购将军首金千斤，邑万家，将奈何？"於期仰天太息流涕曰："於期每念之，常痛于骨髓，顾计不知所出耳！"荆轲曰："今有一言可以解燕国之患，报将军之仇者，何如？"於期乃前曰："为之奈何？"荆轲曰："愿得将军之首以献秦王，秦王必喜而见臣，臣左手把其袖，右手揕其匈，然则将军之仇报而燕见陵之愧除矣。将军岂有意乎？"樊於期偏袒扼捥而进曰："此臣之日夜切齿腐心也，乃今得闻教！"遂自刎。太子闻之，驰往，伏尸而哭，极哀。既已不可奈何，乃遂盛樊於期首函封之。

于是太子豫求天下之利匕首，得赵人徐夫人匕首，取之百金，使工以药焠之，以试人，血濡缕，人无不立死者。乃装为遣荆卿。燕国有勇士秦舞阳，年十三，杀人，人不敢忤视。乃令秦舞阳为副。荆轲有所待，欲与俱；其人居远未来，而为治行。顷之，未发，太子迟之，疑其改悔，乃复请曰："日已尽矣，荆卿岂有意哉？丹请得先遣秦舞阳。"荆轲怒，叱太子曰："何太子之遣？往而不返者，竖子也！且提一匕首入不测之强秦，仆所以留者，待吾客与俱。今太子迟之，请辞决矣！"遂发。

太子及宾客知其事者，皆白衣冠以送之。至易水之上，既祖，取道，高渐离击筑，荆轲和而歌，为变徵之声，士皆垂泪涕泣。又前而为歌曰："风萧萧兮易水寒，壮士一去兮不复还！"复为羽声慷慨，士皆瞋目，发尽上指冠。于是荆轲就车而去，终已不顾。

遂至秦，持千金之资币物，厚遗秦王宠臣中庶子蒙嘉。嘉为先言于秦王曰："燕王诚振怖大王之威，不敢举兵以逆军吏，愿举国为内臣，比诸侯之列，给贡职如郡县，而得奉守先王之宗庙。恐惧不敢自陈，谨斩樊於期之头，及献燕督亢之地图，函封，燕王拜送于庭，使使以闻大王，唯大王命之。"秦王闻之，大喜，乃朝服，设九宾，见燕使者咸阳宫。荆轲奉樊於期头函，而秦舞阳奉地图柙，以次进。至陛，秦舞阳色变振恐，群臣怪之。荆轲顾笑舞阳，前谢曰："北蕃蛮夷之鄙人，未尝见天子，故振慴。愿大王少假借之，使得毕使于前。"秦王谓轲曰："取舞阳所持地图。"轲既取图奏之，秦王发图，图穷而匕首见。因左手把秦王之袖，而右手持匕首揕之。未至身，秦王惊，自引而起，袖绝。拔剑，剑长，操其室。时惶急，剑坚，故不可立拔。荆轲逐秦王，秦王环柱而走。群臣皆愕，卒起不意，尽失其度。而秦法，群臣侍殿上者不得持尺寸之兵；诸郎中执兵皆陈殿下，非有诏召不得上。方急时，不及召下兵，以故荆轲乃逐秦王。而卒惶急，无以击轲，而以手共搏之。是时侍医夏无且以其所奉药囊提荆轲也。秦王方环柱走，卒惶急，不知所为，左右乃曰："王负剑！"负剑，遂拔以击荆轲，断其左股。荆轲废，乃引其匕首以擿秦王，不中，中桐柱。秦王复击轲，轲被八创。轲自知事不就，倚柱而笑，箕踞以骂曰："事所以不成者，以欲生劫之，必得约契以报太子也。"于是左右既前杀轲，秦王不怡者良久。已而论功，赏群臣及当坐者各有差，而赐夏无且黄金二百溢，曰："无且爱我，乃以药囊提荆轲也。"

于是秦王大怒，益发兵诣赵，诏王翦军以伐燕。十月而拔蓟城。燕王喜、太子丹等尽率其精兵东保于辽东。秦将李信追击燕王急，代王嘉乃遗燕王喜书曰："秦所以尤追燕急者，以太子丹故也。今王诚杀丹献之秦王，秦王必解，而社稷幸得血食。"其后李信追丹，丹匿衍水中，燕王乃使使斩太子丹，欲献之秦。秦复进兵攻之。后五年，秦卒灭燕，虏燕王喜。

其明年，秦并天下，立号为皇帝。于是秦逐太子丹、荆轲之客，皆亡。高渐离变名姓为人庸保，匿作于宋子。久之，作苦，闻其家堂上客击筑，傍偟不能去。每出言曰："彼有善有不善。"从者以告其主，曰："彼庸乃知音，窃言是非。"家丈人召使前击筑，一坐称善，赐酒。而高渐离念久隐畏约无穷时，乃退，出其装匣中筑与其善衣，更容貌而前。举坐客皆惊，下与抗礼，以为上客。使击筑而歌，客无不流涕而去者。宋子传客之，闻于秦始皇。秦始皇召见，人有识者，乃曰："高渐离也。"秦皇帝惜其善击筑，重赦之，乃矐其目。使击筑，未尝不称善。稍益近之，高渐离乃以铅置筑中，复进得近，举筑朴秦皇帝，不中。于是遂诛高渐离，终身不复近诸侯之人。

鲁句践已闻荆轲之刺秦王，私曰："嗟乎，惜哉其不讲于刺剑之术也！甚矣吾不知人也！曩者吾叱之，彼乃以我为非人也！"

太史公曰：世言荆轲，其称太子丹之命，"天雨粟，马生角"也，太过。又言荆轲伤秦王，皆非也。始公孙季功、董生与夏无且游，具知其事，为余道之如是。自曹沫至荆轲五人，此其义或成或不成，然其立意较然，不欺其志，名垂后世，岂妄也哉！

译文：

曹沫，鲁国人，靠勇猛有力在鲁庄公那里任职。庄公喜爱力士。曹沫为鲁将，与齐交战，连连战败。鲁庄公惧怕了，便割献遂邑之地，跟齐讲和，但仍然让曹沫为将。

齐桓公答应和鲁庄公在柯相会而结盟。桓公和庄公在坛上结盟后，曹沫手执匕首登上坛去要挟齐桓公，桓公左右的人没有一个敢动的。桓公问道："你有什么要求？"曹沫说："齐强鲁弱，您这个大国侵略我鲁国也太过分了。现在鲁国城墙一倒，就会压在齐国境内，请您好好想想吧！"于是，桓公答应把侵鲁所得的土地尽数归还鲁国。桓公说过之后，曹沫扔掉匕首，走下坛去，面向北，站到群臣的位置上，脸色不变，辞令如常。桓公恼怒，想背弃约言。管仲说："不行。如果贪图小利以求一己之痛快，结果会失信于诸侯，丧失天下人的支持，还不如归还给他们的好。"于是桓公便割还侵鲁所占的土地，曹沫几次战败所丢失的土地这时全部归还给了鲁国。

这之后一百六十七年，吴国发生了专诸事件。

专诸，吴国堂邑人。伍子胥逃离楚国来到吴国的时候，就知道专诸的才干。伍子胥朝见吴王僚后，曾用伐楚的好处劝说过吴王。吴公子光对吴王僚说："那个伍员的父兄都死在楚国而他大谈伐楚，是想为自己报私仇，并不真能为吴国着想。"于是，吴王僚打消了伐楚的念头。伍子胥了解到公子光企图谋杀吴王僚，心想："那位公子光对内将有所图谋，我不能向他进说对外的事情。"于是把专诸推荐给公子光。

公子光的父亲是吴王诸樊。诸樊有弟三人：老二叫余祭，老三叫夷眛，老四叫季子札。诸樊知道季子札贤能，因而自己不立太子，决定自己死后依次传位给三位弟弟，希望最后把国家交给季子札。诸樊死后，王位转给余祭。余祭死后，传给夷眛。夷眛死后，照理应传给季子札；季子札逃了出去，不肯继位，吴人便立夷眛之子僚为吴王。公子光说："如果照兄弟次序传位，季子应当为王；如果一定要传位给儿子呢，那么我是真正的嫡嗣，应当为王。"所以他曾秘密养了谋臣，想争夺王位。

公子光得到专诸之后，把他当作宾客优待。吴王僚九年，楚平王死。春，吴王僚想利用楚国有丧事的时机行事，派他的两个弟弟公子盖余、属庸领兵围攻楚国的灊；又派延陵季子到晋国，观察其他诸侯国的动静。楚国发兵截断吴将盖余、属庸的退路，吴兵无法回来。这时公子光对专诸说："这个时机不可错失，不去争取还能得到什么！再说，我是真正的王位继承人，应当继位，季子即使回来，也不会废掉我的。"专诸说："王僚是可杀的。他母老子弱，两个弟弟领兵伐楚，楚兵又截断了他们的后路。如今吴国外面受困于楚，而朝廷内部空虚，没有骨鲠之臣，这样他对我们将毫无办法。"公子光听了顿首道："我的身子，便是您的身子。（我将为您承担一切后事。）"

四月丙子日那天，公子光在地下室里埋伏好甲士，备了酒席请王僚赴宴。王僚派兵警卫，从宫廷一直列队到公子光家，在公子光家门户台阶两旁站着的都是王僚的亲信之人。他们在王僚左右夹立侍卫，手里都拿着长铍。酒喝到兴头上，公子光假称脚有毛病，离席进入地下室，让专诸把匕首暗藏在烧好的鱼的肚子里送上去。送到王僚面前后，专诸撕开鱼肚，拿出匕首，直刺王僚，王僚当即丧命。王僚身边的人也杀了专诸。王僚的侍从们大乱。公子光放出埋伏好的甲士攻击王僚的侍从，把他们全部消灭，便自立为王，他就是吴王阖闾。阖闾封专诸的儿子为上卿。

这之后七十多年，晋国发生了豫让事件。

豫让，晋国人，原先曾在范氏和中行氏那里做事，但毫不知名。离开他们后到智伯门下供职，智伯很看重和宠爱他。后来智伯攻伐赵襄子，赵襄子和韩氏、魏氏合谋灭了智伯，灭智伯后又三分智伯的土地。赵襄子最恨智伯，把智伯的头颅漆了，作为酒器。豫让逃到山中，说道："唉！士人为知己者献出生命，女子为喜爱自己的人修饰容貌。如今智伯赏识我，我一定要为了替他报仇而死，以此来报答智伯，这样我死后的魂魄也就不会感到羞愧了。"于是变更名姓，冒充为判刑服役之人，混进赵襄子宫里涂饰厕所，身上挟带匕首，想刺杀襄子。襄子去厕所时，忽觉心惊，便抓住涂厕所的刑人审问，发现他便是豫让，身上带着凶器，口称："要为智伯报仇！"襄子身边的侍从要杀他，襄子说："他是个义士，我小心避开他就是了。再说智伯死了，没有后代，而他的臣下却想替他报仇，这个人是天下的贤德之人啊。"最终还是把豫让释放了。

不久，豫让又在身上涂漆，让皮肤长满恶疮，还吞炭使嗓子喑哑。他把自己原来的形状变得人们无法辨认之后，到市上行乞。他的妻子见了，认不出是他。在路上见到他的朋友，朋友却认出他来了，说："你不就是豫让吗？"答道："我是豫让。"他的朋友为之哭泣道："以你的才干，投奔到襄子门下效命办事，襄子一定会亲近你宠爱你。他亲近你宠爱你，你再做你想做的事，这岂不更容易吗？为什么竟要伤残身体，受许多痛苦，想以此达到向襄子报仇的目的，这不也太难了吗！"豫让说："既然已经投到他门下效命办事，却又想杀他，这是怀着异心来侍奉君主啊。再说，我所做的确实是极难的事情，然而所以要这样做，正是要使天下后世身为人臣却怀着异心去侍奉君主的人感到羞愧啊。"

豫让离去之后，不久，料到赵襄子该出门了，便埋伏在赵襄子将会经过的桥下。襄子来到桥边，马突然受惊，襄子说："此人必是豫让。"派人查问，果然是豫让。这时襄子便数落豫让说："你不是曾经在范氏、中行氏门下做过事吗？智伯把他们全灭了，而你不为他们报仇，反而投奔到智伯门下效命办事。现在智伯也已经死了，你为什么独独这样执着地为他报仇呢？"豫让说："我在范氏、中行氏门下做事，范氏、中行氏都把我当一般人相待，所以我就像一般人那样报答他们。至于智伯，他把我当国士相待，我因此要像国士那样报答他。"襄子长叹一声，呜咽着说道："唉，豫子啊豫子！你为智伯尽忠，名声已经成就了；

而我赦免你,也已经够了。你还是为自己想想吧,我不再放过你了!"襄子派兵围住豫让。豫让说:"我听说贤明的君主不掩盖别人的美德,而忠臣理应为名节献身。上一次您已经宽赦过我,天下人无不称赞您的贤明。今日之事,我自然难免一死,可我还是希望能得到您的衣服,击打它一下,以表达我的报仇的心意,这样我虽死而无憾。这不是我所敢期望的,我只是斗胆向您陈述我内心的想法。"这时襄子深感豫让义烈,便派人拿自己的衣服给豫让。豫让拔出剑来,跳跃三次,一剑直劈下去,说道:"我可以在九泉之下报答智伯了!"说罢便横剑自刎。豫让死的那天,赵国的志士听到这消息,无不为之流泪呜咽。

这之后四十多年,发生了轵人聂政事件。

聂政,轵邑深井里人。因为杀了人,躲避仇敌,和母亲、姊姊一起到了齐国,以屠宰为业。

隔了很久,濮阳严仲子在韩哀侯朝中供职,与韩相侠累结下怨仇。严仲子怕侠累杀他,逃离韩国,到处访求能向侠累报仇的人。来到齐国,齐国有人谈到聂政,说他是个有勇气有胆量的人,因为避仇而隐身在屠户中间。严仲子登门拜访,来往几次后,备下酒席,亲自向聂政母亲敬酒。酒喝到兴头上,严仲子捧出黄金百镒,上前孝敬聂政母亲,祝她长寿。聂政对这样的厚礼颇感惊怪,坚决推辞。严仲子坚持要送,聂政辞谢说:"我很幸运,老母尚在。家虽贫穷,客居他乡做个狗屠,仍可以早晚买些甘美的食品来奉养老母。对老母的供养已经够了,我不敢领受仲子的赐予。"严仲子避开他人,乘机对聂政说道:"我有仇,我行经的诸侯国也不算少了,但到齐国后,才私下听说足下义气甚高,我之所以送上百金,只是想用作为令堂买些粗糙食物的费用,并能够和足下相交,使足下高兴,哪敢因此而有什么别的企求呢!"聂政说:"我之所以贬抑志气,辱没身份,在市井当个屠夫,只是为了能够有幸奉养老母;老母在世,我是不敢把自己许给他人的。"严仲子坚持赠金,聂政到底不肯接受,但严仲子最后还是尽了宾主相见的礼仪才离去。

过了很久,聂政的母亲去世了。埋葬已毕,在除去丧服之后,聂政说道:"唉!我聂政不过是个市井小民,鼓刀屠宰;而严仲子是诸侯的卿相,却不远千里,屈尊来和我结交。我待他极为淡薄,没有什么大功可以和他所待我的相称,而严仲子又奉上百金为我母亲祝寿,我纵然没有接受,但他这样做,只是说明他对我是知遇很深的。一位贤者,因为别人瞪他一眼而气愤不堪,从而来亲近信赖一个穷困鄙陋的小民,我聂政哪能对此独独不吭一声、毫无反应就算了呢!再说前些时候他来邀请我,我只是因为老母尚在,没有答应他。现在老母享尽天年,我将要为知己的人效力了。"于是西行来到濮阳,见严仲子,说道:"前些时候我之所以没有答应仲子,只是因为母亲尚在,没有答应他。现在不幸母亲已经享尽天年去世了。仲子想要报仇的对象是谁?请让我来办理此事吧!"严仲子便详细地告诉他说:"我的仇人是韩相侠累,侠累又是韩国国君的叔父,他们宗族的人很多,居处警卫十分严密,我想派人刺他,但始终没有人能办成。现在幸蒙足下不弃,请允许我加派一些可以做您帮手的车骑壮士同去。"聂政说:"韩国和卫国,中间相距不很远,如今要去刺杀人家的国相,这位国相又是国君的亲属,在这种情况下势必不能多派人去,人员一多,不可能不发生失误,发生了失误,机密就会泄露,机密一泄露,则韩国全国便会和仲子结仇,这岂不危险吗!"于是谢绝了车骑随从。聂政辞别严仲子,独自一人启程前往。

聂政自带利剑到了韩国，韩相侠累正坐在府上，手持兵器侍卫他的人很多。聂政径直闯了进去，上阶刺杀了侠累，两旁的人顿时大乱。聂政大声呼喝，击杀数十人，然后自己削烂面皮，挖出眼珠，破肚出肠，随即死去。

韩国把聂政的尸体曝露在市集上，悬赏打听，可是没有人知道他是何人。于是韩国又悬重赏查询，宣称有能说出这个刺杀国相侠累的人的名姓的，赏赐千金。但时过很久，仍然无人知晓。

聂政的姊姊聂荣听说有人刺杀了韩相，凶手没有查清，韩国全国都不知道他的名姓，因此把尸体曝露在外，悬赏千金查询，便忧伤悒郁，语不成声地说道："怕是我的弟弟吧？唉，严仲子是了解我弟弟的！"于是立即动身，赶往韩国，来到市集上，一看死者果真是聂政。她伏在尸体上哭得极为悲哀，说道："他是轵邑深井里叫作聂政的啊！"在市集上路过的许多人都说："此人残暴地刺杀我们国相，韩王悬赏千金查问其名姓，夫人您没有听说过吗？怎么敢来认他呢？"聂荣回答说："我听说了的。但弟弟聂政所以愿蒙受污辱，混迹于市集商贩之中，是因为老母幸而还健在，我还没有出嫁的缘故。现在老母享尽天年去世，我也嫁了丈夫，当初严仲子在我弟弟处于穷困污浊环境里的时候赏识他，和他结交，对他的恩泽已经很重了，这又如何是好呢！士本应为知己者效命，如今他竟因为我还在世的缘故，又狠狠地自我伤残形体以断绝追踪的线索，我怎么能因为害怕连累杀身而让我好弟弟的名姓始终湮没无闻呢！"这番话使韩国市集上的人大吃一惊。聂荣说毕，大呼"天啊""天啊"多次，终于悒郁悲哀之至而气绝在聂政尸体旁。

晋、楚、齐、卫等国的人听到这件事，都说："不但聂政非凡出众，而且他的姊姊也是位烈女啊！如果聂政确实了解到他姊姊没有含忍的性格，不怕曝露尸体，必定要远涉千里险阻来宣扬弟弟的名姓，宁愿姊弟一起死于韩市，那么他也未必敢许身给严仲子。严仲子也可以说是善于了解人并能深得士人之心的了！"

这之后二百二十多年，秦国发生了荆轲事件。

荆轲，卫国人。祖上是齐国人，迁居到卫国，卫国人称他庆卿；以后到燕国，燕国人称他荆卿。

荆卿喜好读书、击剑，曾以剑术向卫元君游说，卫元君没有采用。后来秦伐魏，设置东郡，把卫元君的子孙亲属迁到了野王。

荆轲曾游历经过榆次，和盖聂讲论剑术。盖聂发怒，瞪着眼看荆轲，荆轲便走开了。有人建议把荆卿再叫回来，盖聂说："刚才我和他讲论剑术，有不合之处，我用眼瞪了他。你们不妨试着去找找他，我看在这种情况下他是应该离开这里了，不敢再留下来的。"派人到荆卿寄宿的主人那里，发现荆卿已经驾车离开榆次了。使者回来报告，盖聂说："他当然要离开的，刚才我用眼瞪了他，使他害怕了！"

荆轲游历到邯郸，鲁句践和荆轲下博棋，为棋路争了起来，鲁句践发怒，呵斥荆轲，荆轲一声不吭地逃走了，从此便不再相见。

荆轲到燕国之后，跟那里以屠狗为业的人和一位善于击筑的高渐离很投合。荆轲喜欢喝酒，每天都跟屠狗的人和高渐离在燕国街市上喝酒，喝到兴头上之后，高渐离击筑，荆轲随着筑曲在街市上唱起歌来，以此相乐，过后又相对哭泣，旁若无人似的。荆轲虽然和酒徒交往，但他为人深沉，喜欢读书，在所游历过的诸侯国里，全是跟当地的贤人、豪杰和品德高尚的人结交。他到燕国，燕国的处士田光先生待他也很好，知道他不是平庸之人。

在燕国不久，恰逢燕太子丹在秦国当人质后逃回燕国。燕太子丹当初曾在赵国当人质，而秦王政生在赵国，年轻的时候和太子丹交情很好。等到政立为秦王后，太子丹又在秦国当人质，秦王待他不好，所以太子丹心怀怨恨逃了回来。回来之后，寻求报复秦王的办法，但国家小，力量不够而不能实现。后来秦国经常出兵山东攻伐齐、楚、三晋，一步步吞食诸侯，即将进逼到燕国，燕国君臣对灾祸临头深感恐惧。太子丹很担忧，请教他的太傅鞠武。鞠武回答说："秦国的领土遍及天下，威胁着韩氏、魏氏、赵氏。秦国北有甘泉、谷口的坚固天险，南有泾、渭流域的肥沃土地，独占着巴、汉的丰富资源，右边靠着陇、蜀大山，左边有函谷关、殽山险阻，人民众多，士卒勇猛，军备有余。它如果打燕国的主意，那么长城之南、易水以北，（这燕国领土的前途）还无法确定。您怎么能因为被秦王欺侮而产生的怨恨，就想去触秦王的逆鳞呢！"太子丹问道："那么该从何处入手呢？"鞠武回答说："请让我进一步考虑考虑。"

过了不长时间，秦将樊於期得罪秦王，逃到燕国，太子丹接纳了他，留他住下来。鞠武劝谏道："这样做不行。像秦王这样凶暴而对燕国又久蓄怒气，这本就足以使人胆战心寒的了，又何况再听到这里是樊将军的存身之处呢？这叫作'把肉抛在饿虎经过的路上'，祸患必定是无可挽救的了！即使有管仲、晏婴，也不能替您想出什么好办法来的。希望太子从速打发樊将军去匈奴，以消除秦国进攻的借口。同时请您西面和三晋相约，南面和齐、楚联合，北面和单于讲和，然后才有办法可想。"太子说："太傅的计划，耽搁的时间太久，我心神昏乱，恐怕一刻也不能等了。而且不仅如此，那位樊将军身处困境，走投无路，才投奔到我这里来，我终究不能因为强秦的逼迫而抛弃我所同情怜惜的朋友，把他放到匈奴那里。这样做的那一天，自然也就是我生命结束之时了。希望太傅重新考虑。"鞠武说:"一个人行动冒险却想求得平安,惹出了祸事却想求得幸福,计谋短浅而结怨很深,为了维持樊将军一个人和您新建立的友情,却不顾给国家造成的巨大危害,这就是所谓'加深怨恨而助长祸患'了。要知道,把鸿雁的羽毛放在炉炭上烧燎,必然化为乌有。再说,以一个凶恶得像雕鸷那样的秦国,来向您发泄怨毒残暴的怒气,其后果难道还用得着说吗!燕国有位田光先生,他为人智谋深远而勇气深沉,可以和他商量商量。"太子说:"希望通过太傅的介绍而得以和田先生结交,可以吗?"鞠武说:"遵命。"出门去见田先生,说:"太子希望和先生商议国家大事。"田光说:"谨遵太傅指教。"于是到了太子那里。

太子迎上前去,倒退着走,引导田光到宫里,跪着为他拂拭座席。田光坐定,等左右无人的时候,太子离座而起,向田光请教说:"燕秦势不两立,希望先生注意到这一局面。"田光说:"我听说骐骥这样的良马,在它盛壮的时候一日可驰千里;到它衰老之后,驽马都可以跑在它前面。现在太子您只听说我田光盛壮时期的情况,不知道我的精力已经消耗殆尽了。尽管如此,我田光虽不敢和您商议国事,我所熟悉的好友荆卿却是可以任用的。"太子说:"希望通过先生的介绍而得以和荆卿结交,可以吗?"田光说:"遵命。"立刻起身,急步出门。太子送到门口,叮嘱道:"我所告诉先生的,先生所讲的,都是国家的大事,希望先生不要泄露出去。"田光低头笑了笑道:"是。"田光弯腰曲背,老态龙钟地去见荆卿,说道:"我和您交情好,燕国无人不知。现在太子听说我壮盛时的情况,不知道我身体已大不如从前了,我有幸承他告诉我说'燕秦势不两立,希望先生注意到这一局面'。我私意没有把自己当作外人,把足下推荐给了太子，希望足下到宫里去拜访太子。"荆轲说："谨遵先生指教。"田光说："我听说，长者办事，不让人怀疑。现在太子对我田光说'咱们讲的，都是国家的大事，希望先生不要泄露出去'，这表明太子对我田光有怀疑。一个人办事却让人怀疑，就算不上是有节操的侠义之人了。"他想用自杀来激励荆卿，说道："希望足下赶快去拜访太子，说我田光已死，以表明我是不会说出去的。"说罢便自刎而死。

荆轲于是去见太子，告诉他田光已死，并转达了田光的话。太子听后，拜了两拜，跪倒在地，用膝前行，泪流满面，过了一会儿才哽咽着说道："我之所以嘱咐田先生不要说出去，是希望完成这一有关国家大事的计划。现在田先生以死来表明他不说出去，这哪里是我的本心呢！"荆轲坐定，太子离座，叩头而拜，说道："田先生不知道我不成材，使我能到您面前，斗胆有所陈说，这是上天哀怜燕国而不遗弃它的孤儿的表示。现在秦国有贪利之心，而它的欲望是无法满足的。非要吞尽各国领土，让海内的诸侯王全都称臣归服，它的心意不会满足。现在秦已俘虏韩王，全部吞并了它的领土。又兴兵向南伐楚，向北兵临赵国；王翦率领数十万大军抵达漳、邺一带，而李信兵出太原、云中。赵国抵御不住秦国的进攻，必定称臣归服；赵国称臣归服，灾祸便降临到燕国头上。燕国弱小，屡屡受困于战乱，现在算来，即使倾全国之力也不足以抵挡秦军。诸侯慑服于秦的威势，没有人敢联合起来进行抵抗。我个人的考虑也许很愚蠢，我认为如果能请到一位天下难得的勇士出使秦国，用重利引诱秦王；秦王贪心，这样就势必能实现我们的心愿了。一旦能劫持秦王，使他把侵占的土地尽数归还诸侯，像曹沫对待齐桓公那样，那再好不过了；如果不行，就乘机刺杀他。那些秦国大将拥兵在外，而国内发生祸乱，君臣间就会相互猜疑，利用这一时机诸侯们可以联合起来，破秦是肯定无疑的了。这是我的最高愿望，但不知委托给谁，希望荆卿留意及此。"等了很久，荆轲说："这是国家大事，我才能低下，恐怕不足以受太子委任驱使。"太子上前叩头而拜，坚决恳请荆轲不要谦让推辞，荆轲这才答应下来。于是把荆卿尊为上卿，请他住上等宾馆。太子每天都上门问候，供应最丰盛的酒席，隔不多久就献上珍异物品，车骑美女之类，荆轲要什么给什么，以使他称心满意。

过了很久，荆轲还没有动身的意思。秦将王翦攻破赵国，俘虏赵王，全部吞并了赵国领土，向北进兵，攻城略地，直逼燕国南界。太子丹很恐惧，便告诉荆轲说："秦兵即将渡过易水了，这样我即使想长远侍奉足下，又哪里能做得到呢！"荆轲说："如果太子不说这番话，我也想去拜见您了。只是我现在动身，手里没有信物，那么秦王是无法接近的。那位樊於期将军，秦王悬赏黄金千斤、封邑万家要得到他的首级。如果能得到樊将军的首级和燕国督亢的地图去奉献给秦王，秦王一定乐于接见我，这样我才能有报效您的机会。"太子说："樊将军走投无路才来投奔我，我不忍因为自己的私事而伤了这位长者的心，希望足下重新考虑！"

荆轲知道太子于心不忍，便背着太子私下去见樊於期，说道："秦国对待将军可以说是够刻毒的了，父母宗族都被杀害或没入官府为奴。现在听说悬赏黄金千斤、封邑万家来购将军的首级，将军准备怎么办呢？"樊於期仰天长叹，流着眼泪说道："於期每想到这些事，常常心痛入骨，只是不知想什么办法来对付罢了！"荆轲说："现在有一句话可以解救燕国的祸患，报将军的深仇，您要听吗？"樊於期挺身上前问道："怎么做？"荆轲说："我希望得到将军的首级去献给秦王，秦王一定高兴而接见我，我左手抓住他的衣袖，右手（抽出匕首）直刺他的胸膛，这样将军的仇报了，而燕国受欺侮的耻辱也除去了。将军是否也有此心意呢？"樊於期解衣袒露一臂，一手紧捏着另一只手腕，激愤地上前说道："这正是我日夜切齿揪心想着的事，直到今天才得以听到您的指教！"便自刎而死。太子听到消息，驾车赶去，伏尸痛哭，十分哀伤。但人已死了，无可奈何，于是把樊於期的首级盛在盒子里封了起来。

其时太子已预先在寻觅天下最锋利的匕首，得到了赵国人徐夫人的匕首，以百金买来，再让工匠用毒药炼染。用匕首在人身上试验，只要一出血，哪怕仅仅能沾湿衣上丝缕，人没有不立即丧命的。于是收拾行装准备送荆卿启程。燕国有位勇士秦舞阳，十三岁时就杀人，旁人对他都不敢用不满的目光看上一眼。太子便让秦舞阳做荆轲的副手。荆轲另有所等候的人，想和他一起动身；此人住得远，还没有赶来，这里却已在为荆轲准备行装了。过了不久，荆轲还没有出发，太子嫌他拖延，怀疑他改变主意，便又对他说道："时间已经不多了，荆卿是否还有行意呢？请允许我能先派秦舞阳出发。"荆轲大怒，呵斥太子道："太子为什么这样安排呢？到了秦国却不能完成使命归来，这是竖子之所为！再说只带着一把匕首进入吉凶莫测的强秦，是随时都可能发生危险的。我所以暂时留着，是在等待我的朋友一起出发。现在既然太子嫌我拖延，那请允许我向您告辞，就此诀别了！"说罢便启程赴秦。

太子和宾客中知道这件事的人都身穿白衣、头戴白帽前来送行。送到易水之滨，饯行之后，荆轲上路，高渐离击筑，荆轲随着筑曲唱歌，唱出变徵的声调，人们都感动得流泪哭泣。荆轲又向前走去，唱道："风萧萧啊易水寒，壮士一去啊不再回来！"又发出慷慨的羽声，送行的人个个怒目圆睁，头发根根竖起，直冲帽顶。于是荆轲登车而去，直到最后，连头也不回一下。

一路到了秦国，荆轲拿出价值千金的财宝向秦王的宠臣中庶子蒙嘉送上一笔厚礼。蒙嘉替他们先在秦王那里作了介绍，说道："燕王实在畏惧大王的威严，不敢出兵抵御大王的军队，情愿献出整个国家做大王的内臣，排在属国诸侯的行列里，像大王的郡县那样贡献方物、交纳赋税，以求能奉守燕先王的宗庙。燕王恐惧，不敢自己向大王陈说，小心地斩下樊於期的首级，并献上燕国督亢地图，封装在盒子里，燕王亲自在宫廷前拜送，派遣使者前来禀报大王，听从大王发落。"秦王听了，大为高兴，于是穿上朝会群臣的礼服，设置九位傧相，在咸阳宫接见燕国使者。荆轲捧着盛樊於期首级的盒子，秦舞阳捧着盛地图的盒子，依次上前。来到殿阶，秦舞阳脸色大变，十分恐惧，秦廷群臣都感到奇怪。荆轲回过头来朝秦舞阳笑笑，上前谢罪道："来自北蕃蛮夷的粗鄙之人，未曾见过天子，所以吓坏了。望大王对他稍加宽容，使他在大王面前得以完成使命。"秦王对荆轲说："取舞阳所捧地图过来。"荆轲取地图献上，秦王展开地图，地图展到尽头，匕首忽然出现。荆轲趁势左手抓住秦王衣袖，右手拿起匕首直刺过去。匕首还没着身，秦王大惊，退身猛地站起，袖子扯断了。秦王拔剑，剑长，他握着剑鞘往外拔。当时恐慌着急，加上剑又硬，所以无法立刻拔出来。荆轲追逐秦王，秦王绕着殿柱奔逃。殿上群臣都惊呆了，由于事起突然，出人意料，他们全都失去了常态。原来按秦国的法律，群臣在殿上侍立的不允许携带哪怕是很小的兵器；而那些担任侍卫的郎中都手持兵器排列在殿下，不是有王令宣召不能上殿。正当紧急时刻，来不及宣召殿下的侍卫上来,所以荆轲可以追逐秦王。而殿上群臣由于事起突然,恐慌着急,手里没有任何东西可以去攻击荆轲,只能徒手和荆轲搏斗。这时侍医夏无且用他所捧的药袋投击荆轲。秦王正绕着殿柱奔逃,仓促恐慌间,不知该怎么办,旁边的人提醒说:"大王把剑推到背上拔!"推到背上,剑就拔出来了,秦王用剑击刺荆轲,斩断了他的左腿。荆轲残废了,用力举起匕首掷击秦王,没有击中,击中了桐柱。秦王再击荆轲,荆轲身遭八处创伤。荆轲自知事情不能成功,倚在柱上大笑,箕踞着骂道:"事情所以没有办成,是因为我要活活地劫持你,务必得到你(退还侵占土地)的文书来回报太子。"这时两旁的人上前杀了荆轲,但秦王心中不愉快了很长时间。事后评定功劳,对群臣中有功的和应当办罪的各作相应的赏罚,秦王赐给夏无且黄金二百镒,说道:"无且爱我,所以用药袋投击荆轲。"

发生了这件事后,秦王大怒,增派兵马到赵国,命令王翦的军队攻伐燕国。十月攻下蓟城。燕王喜、太子丹等率领全部精兵向东退保辽东。秦将李信追击燕王很急,代王嘉送信给燕王喜道:"秦所以追击您燕王尤急,是因为太子丹的缘故。如今王倘能杀了太子丹献给秦王,秦王必定和解,而您的社稷也就能幸运地延续下去了。"其后李信追击太子丹,太子丹藏在衍水一带,燕王就派人杀了太子丹,想献给秦国。但秦继续进兵攻燕。其后五年,秦终于灭燕,俘虏了燕王喜。

下一年,秦国吞并天下,秦王立号为皇帝。这时秦国追捕太子丹、荆轲的门客朋友,这些人全都四散逃亡了。高渐离改名变姓给人做雇工,藏匿在宋子干活。过了很长时间,他干活很辛苦,听到主人家堂上宾客击筑的声音,徘徊再三,舍不得离开。

他每每脱口说道："那个人的演奏，有好有不好。"主人的侍从把他的话报告主人，说道："那个佣工竟是个懂音乐的，在背地里评论击筑的好坏。"主人召来高渐离，让他上前击筑，满座的人听了都称赞说好，赐酒给他喝。高渐离心想，要是这样长期隐姓埋名，怕人知道，身处贫贱之中，那就永远没个完结的时候，便退身下去，拿出放在行装匣子里的筑和体面的衣服，改装整容，再走上前去。满座的客人都吃了一惊，下座和他以平等之礼相见，尊他为上宾，请他击筑唱歌，客人们听了，无不感动得流着眼泪才离开的。宋子的人一个接一个地请他去作客，这消息传到了秦始皇那里。秦始皇召见他，有认识他的人说道："他就是高渐离啊。"秦皇帝爱惜他善于击筑，特别赦免了他的死罪，只是弄瞎了他的眼睛。让他击筑，秦皇帝没有一次不称赞说好的。渐渐的能更加接近秦皇帝了，高渐离便把铅放在筑里，在又一次进见并得以接近秦皇帝时，他举筑向秦皇帝打去，没有打中。于是秦皇帝杀了高渐离，终其身不再接近诸侯方面的人。

鲁句践听到荆轲刺秦王的消息后，私下说道："唉，真可惜啊，他对刺剑技术还没研究到家啊！我实在太不了解他！当初我曾呵斥过他，他就认为我不是他志同道合的人了！"

太史公说：世上谈论荆轲，在说到太子丹的命运时，有"天上降下粟米，马头长出角来"的说法，太过分了。又说荆轲刺伤了秦王，这都不是事实。当初公孙季功、董生和夏无且交游，详细知道这件事，他们给我讲的便是这样。从曹沫到荆轲五人，他们的义举有的成功有的不成功，然而他们行事的目的都很明确，他们都不违背自己的志向，他们的声名能流传到后世，这难道是虚妄的吗！

史记卷八十七

李斯列传第二十七

李斯者,楚上蔡人也。年少时,为郡小吏,见吏舍厕中鼠食不絜,近人犬,数惊恐之。斯入仓,观仓中鼠,食积粟,居大庑之下,不见人犬之忧。于是李斯乃叹曰:"人之贤不肖譬如鼠矣,在所自处耳!"

乃从荀卿学帝王之术。学已成,度楚王不足事,而六国皆弱,无可为建功者,欲西入秦。辞于荀卿曰:"斯闻得时无怠,今万乘方争时,游者主事。今秦王欲吞天下,称帝而治,此布衣驰骛之时而游说者之秋也。处卑贱之位而计不为者,此禽鹿视肉,人面而能彊行者耳。故诟莫大于卑贱,而悲莫甚于穷困。久处卑贱之位,困苦之地,非世而恶利,自托于无为,此非士之情也。故斯将西说秦王矣。"

至秦,会庄襄王卒,李斯乃求为秦相文信侯吕不韦舍人;不韦贤之,任以为郎。李斯因以得说,说秦王曰:"胥人者,去其几也。成大功者,在因瑕衅而遂忍之。昔者秦穆公之霸,终不东并六国者,何也?诸侯尚众,周德未衰,故五伯迭兴,更尊周室。自秦孝公以来,周室卑微,诸侯相兼,关东为六国,秦之乘胜役诸侯,盖六世矣。今诸侯服秦,譬若郡县。夫以秦之彊，大王之贤，由灶上骚除，足以灭诸侯，成帝业，为天下一统，此万世之一时也。今怠而不急就，诸侯复强，相聚约从，虽有黄帝之贤，不能并也。"秦王乃拜斯为长史，听其计，阴遣谋士赍持金玉以游说诸侯。诸侯名士可下以财者，厚遗结之；不肯者，利剑刺之。离其君臣之计，秦王乃使其良将随其后。秦王拜斯为客卿。

会韩人郑国来间秦，以作注溉渠，已而觉。秦宗室大臣皆言秦王曰："诸侯人来事秦者，大抵为其主游间于秦耳，请一切逐客。"李斯议亦在逐中。斯乃上书曰：

臣闻吏议逐客，窃以为过矣。昔缪公求士，西取由余于戎，东得百里奚于宛，迎蹇叔于宋，来丕豹、公孙支于晋。此五子者，不产于秦，而缪公用之，并国二十，遂霸西戎。孝公用商鞅之法，移风易俗，民以殷盛，国以富强，百姓乐用，诸侯亲服，获楚、魏之师，举地千里，至今治强。惠王用张仪之计，拔三川之地，西并巴、蜀，北收上郡，南取汉中，包九夷，制鄢、郢，东据成皋之险，割膏腴之壤，遂散六国之从，使之西面事秦，功施到今。昭王得范雎，废穰侯，逐华阳，强公室，杜私门，蚕食诸侯，使秦成帝业。此四君者，皆以客之功。由此观之，客何负于秦哉！向使四君却客而不内，疏士而不用，是使国无富利之实而秦无强大之名也。

今陛下致昆山之玉，有随、和之宝，垂明月之珠，服太阿之剑，乘纤离之马，建翠凤之旗，树灵鼍之鼓。此数宝者，秦不生一焉，而陛下说之，何也？必秦国之所生然后可，则是夜光之璧不饰朝廷，犀象之器不为玩好，郑、卫之女不充后宫，而骏良駃騠不实外厩，江南金锡不为用，西蜀丹青不为采。所以饰后宫充下陈娱心意说耳目者，必出于秦然后可，则是宛珠之簪，傅玑之珥，阿缟之衣，锦绣之饰不进于前，而随俗雅化佳冶窈窕赵女不立于侧也。夫击瓮叩缶弹筝搏髀，而歌呼呜呜快耳者，真秦之声也；《郑》、《卫》、《桑间》、《昭》、《虞》、《武》、《象》者，异国之乐也。今弃击瓮叩缶而就《郑》、《卫》，退弹筝而取《昭》、《虞》，若是者何也？快意当前，适观而已矣。今取人则不然。不问可否，不论曲直，非秦者去，为客者逐。然则是所重者在乎色乐珠玉，而所轻者在乎人民也。此非所以跨海内制诸侯之术也。

臣闻地广者粟多，国大者人众，兵强则士勇。是以泰山不让土壤，故能成其大；河海不择细流，故能就其深；王者不却众庶，故能明其德。是以地无四方，民无异国，四时充美，鬼神降福，此五帝、三王之所以无敌也。今乃弃黔首以资敌国，却宾客以业诸侯，使天下之士退而不敢西向，裹足不入秦，此所谓"借寇兵而赍盗粮"者也。

夫物不产于秦，可宝者多；士不产于秦，而愿忠者众。今逐客以资敌国，损民以益雠，内自虚而外树怨于诸侯，求国无危，不可得也。

秦王乃除逐客之令，复李斯官，卒用其计谋。官至廷尉。二十余年，竟并天下，尊主为皇帝，以斯为丞相。夷郡县城，销其兵刃，示不复用。使秦无尺土之封，不立子弟为王、功臣为诸侯者，使后无战攻之患。

始皇三十四年，置酒咸阳宫，博士仆射周青臣等颂称始皇威德。齐人淳于越进谏曰："臣闻之，殷、周之王千余岁，封子弟功臣自为支辅。今陛下有海内，而子弟为匹夫，卒有田常、六卿之患臣，无辅弼，何以相救哉？事不师古而能长久者，非所闻也。今青臣等又面谀以重陛下过，非忠臣也。"始皇下其议丞相。丞相谬其说，绌其辞，乃上书曰："古者天下散乱，莫能相一，是以诸侯并作，语皆道古以害今，饰虚言以乱实。人善其所私学，以非上所建立。今陛下并有天下，别白黑而定一尊；而私学乃相与非法教之制，闻令下，即各以其私学议之，入则心非，出则巷议，非主以为名，异趣以为高，率群下以造谤。如此不禁，则主势降乎上，党与成乎下。禁之便。臣请诸有文学、《诗》、《书》、百家语者，蠲除去之。令到满三十日弗去，黥为城旦。所不去者，医药、卜筮、种树之书。若有欲学者，以吏为师。"始皇可其议，收去《诗》、《书》、百家之语以愚百姓，使天下无以古非今。明法度，定律令，皆以始皇起。同文书。治离宫别馆，周遍天下。明年，又巡狩，外攘四夷。斯皆有力焉。

斯长男由为三川守，诸男皆尚秦公主，女悉嫁秦诸公子。三川守李由告归咸阳，李斯置酒于家，百官长皆前为寿，门廷车骑以千数。李斯喟然而叹曰："嗟乎！吾闻之荀卿曰'物禁大盛'。夫斯乃上蔡布衣，闾巷之黔首，上不知其驽下，遂擢至此。当今人臣之位无居臣上者，可谓富贵极矣。物极则衰，吾未知所税驾也！"

始皇三十七年十月，行出游会稽，并海上，北抵琅邪。丞相斯、中车府令赵高兼行符玺令事，皆从。始皇有二十余子，长子扶苏以数直谏上，上使监兵上郡，蒙恬为将。少子胡亥爱，请从，上许之。余子莫从。

其年七月，始皇帝至沙丘，病甚，令赵高为书赐公子扶苏曰："以兵属蒙恬，与丧会咸阳而葬。"书已封，未授使者，始皇崩。书及玺皆在赵高所，独子胡亥、丞相李斯、赵高及幸宦者五六人知始皇崩，余群臣皆莫知也。李斯以为上在外崩，无真太子，故秘之。置始皇居辒辌车中，百官奏事上食如故，宦者辄从辒辌车中可诸奏事。

赵高因留所赐扶苏玺书，而谓公子胡亥曰："上崩，无诏封王诸子而独赐长子书。长子至，即立为皇帝，而子无尺寸之地，为之奈何？"胡亥曰："固也。吾闻之，明君知臣，明父知子。父捐命，不封诸子，何可言者！"赵高曰："不然。方今天下之权，存亡在子与高及丞相耳，愿子图之。且夫臣人与见臣于人，制人与见制于人，岂可同日道哉！"胡亥曰："废兄而立弟，是不义也；不奉父诏而畏死，是不孝也；能薄而材谫，强因人之功，是不能也。三者逆德，天下不服，身殆倾危，社稷不血食。"高曰："臣闻汤、武杀其主，天下称义焉，不为不忠。卫君杀其父，而卫国载其德，孔子著之，不为不孝。夫大行不小谨，盛德不辞让，乡曲各有宜而百官不同功。故顾小而忘大，后必有害；狐疑犹豫，后必有悔。断而敢行，鬼神避之，后有成功。愿子遂之！"胡亥喟然叹曰："今大行未发，丧礼未终，岂宜以此事干丞相哉！"赵高曰："时乎时乎，间不及谋！赢粮跃马，唯恐后时！"

胡亥既然高之言，高曰："不与丞相谋，恐事不能成，臣请为子与丞相谋之。"高乃谓丞相斯曰："上崩，赐长子书，与丧会咸阳而立为嗣。书未行，今上崩，未有知者也。所赐长子书及符玺皆在胡亥所，定太子在君侯与高之口耳。事将何如？"斯曰："安得亡国之言！此非人臣所当议也！"高曰："君侯自料能孰与蒙恬？功高孰与蒙恬？谋远不失孰与蒙恬？无怨于天下孰与蒙恬？长子旧而信之孰与蒙恬？"斯曰："此五者皆不及蒙恬，而君责之何深也？"高曰："高固内官之厮役也，幸得以刀笔之文进入秦宫，管事二十余年，未尝见秦免罢丞相功臣有封及二世者也，卒皆以诛亡。皇帝二十余子，皆君之所知。长子刚毅而武勇，信人而奋士，即位必用蒙恬为丞相，君侯终不怀通侯之印归于乡里，明矣。高受诏教习胡亥，使学以法事数年矣，未尝见过失。慈仁笃厚，轻财重士，辩于心而讷于口，尽礼敬士，秦之诸子未有及此者，可以为嗣。君计而定之。"斯曰："君其反位！斯奉主之诏，听天之命，何虑之可定也？"高曰："安可危也，危可安也。安危不定，何以贵圣？"斯曰："斯，上蔡闾巷布衣也，上幸擢为丞相，封为通侯，子孙皆至尊位重禄者，故将以存亡安危属臣也。岂可负哉！夫忠臣不避死而庶几，孝子不勤劳而见危，人臣各守其职而已矣。君其勿复言，将令斯得罪。"高曰："盖闻圣人迁徙无常，就变而从时，见末而知本，观指而睹归。物固有之，安得常法哉！方今天下之权命悬于胡亥，高能得志焉。且夫从外制中谓之惑，从下制上谓之贼。故秋霜降者草花落，水摇动者万物作，此必然之效也。君何见之晚？"斯曰："吾闻晋易太子，三世不安；齐桓兄弟争位，身死为戮；纣杀亲戚，不听谏者，国为丘墟，遂危社稷：三者逆天，宗庙不血食。斯其犹人哉，安足为谋！"高曰："上下合同，可以长久；中外若一，事无表里。君听臣之计，即长有封侯，世世称孤，必有乔、松之寿，孔、墨之智。今释此而不从，祸及子孙，足以为寒心。善者因祸为福，君何处焉？"斯乃仰天而叹，垂泪太息曰："嗟呼！独遭乱世，既以不能死，安托命哉！"于是斯乃听高。高乃报胡亥曰："臣请奉太子之明命以报丞相，丞相斯敢不奉令！"

于是乃相与谋，诈为受始皇诏丞相，立子胡亥为太子。更为书赐长子扶苏曰:"朕巡天下,祷祠名山诸神以延寿命。今扶苏与将军蒙恬将师数十万以屯边,十有余年矣,不能进而前,士卒多耗,无尺寸之功,乃反数上书直言诽谤我所为,以不得罢归为太子,日夜怨望。扶苏为人子不孝,其赐剑以自裁!将军恬与扶苏居外,不匡正,宜知其谋。为人臣不忠,其赐死,以兵属裨将王离。"封其书以皇帝玺,遣胡亥客奉书赐扶苏于上郡。

使者至,发书,扶苏泣,入内舍,欲自杀。蒙恬止扶苏曰:"陛下居外,未立太子,使臣将三十万众守边,公子为监,此天下重任也。今一使者来,即自杀,安知其非诈?请复请,复请而后死,未暮也。"使者数趣之。扶苏为人仁,谓蒙恬曰:"父而赐子死,尚安复请!"即自杀。蒙恬不肯死,使者即以属吏,系于阳周。

使者还报,胡亥、斯、高大喜。至咸阳,发丧。太子立为二世皇帝,以赵高为郎中令,常侍中用事。

二世燕居,乃召高与谋事,谓曰:"夫人生居世间也,譬犹骋六骥过决隙也。吾既已临天下矣,欲悉耳目之所好,穷心志之所乐,以安宗庙而乐万姓,长有天下,终吾年寿,其道可乎?"高曰:"此贤主之所能行也,而昏乱主之所禁也。臣请言之,不敢避斧钺之诛,愿陛下少留意焉。夫沙丘之谋,诸公子及大臣皆疑焉,而诸公子尽帝兄,大臣又先帝之所置也。今陛下初立,此其属意怏怏皆不服,恐为变。且蒙恬已死,蒙毅将兵居外,臣战战栗栗,唯恐不终。且陛下安得为此乐乎?"二世曰:"为之奈何?"赵高曰:"严法而刻刑,令有罪者相坐诛,至收族,灭大臣而远骨肉;贫者富之,贱者贵之。尽除去先帝之故臣,更置陛下之所亲信者近之。此则阴德归陛下,害除而奸谋塞,群臣莫不被润泽,蒙厚德,陛下则高枕肆志宠乐矣。计莫出于此。"二世然高之言，乃更为法律。于是群臣诸公子有罪，辄下高，令鞫治之。杀大臣蒙毅等，公子十二人僇死咸阳市，十公主矺死于杜，财物入于县官，相连坐者不可胜数。

公子高欲奔，恐收族，乃上书曰："先帝无恙时，臣入则赐食，出则乘舆。御府之衣，臣得赐之；中厩之宝马，臣得赐之。臣当从死而不能，为人子不孝，为人臣不忠。不忠者无名以立于世，臣请从死，愿葬郦山之足。唯上幸哀怜之。"书上，胡亥大说，召赵高而示之，曰："此可谓急乎？"赵高曰："人臣当忧死而不暇，何变之得谋！"胡亥可其书，赐钱十万以葬。

法令诛罚日益刻深，群臣人人自危，欲畔者众。又作阿房之宫，治直道、驰道，赋敛愈重，戍徭无已。于是楚戍卒陈胜、吴广等乃作乱，起于山东，杰俊相立，自置为侯王，叛秦，兵至鸿门而却。李斯数欲请间谏，二世不许。而二世责问李斯曰："吾有私议而有所闻于韩子也，曰：'尧之有天下也，堂高三尺，采椽不斲，茅茨不翦，虽逆旅之宿不勤于此矣。冬日鹿裘，夏日葛衣，粢粝之食，藜藿之羹，饭土匦，啜土铏，虽监门之养不觳于此矣。禹凿龙门，通大夏，疏九河，曲九防，决渟水致之海，而股无胈，胫无毛，手足胼胝，面目黎黑，遂以死于外，葬于会稽，臣虏之劳不烈于此矣。'然则夫所贵于有天下者，岂欲苦形劳神，身处逆旅之宿，口食监门之养，手持臣虏之作哉？此不肖人之所勉也，非贤者之所务也。彼贤人之有天下也，专用天下适己而已矣，此所以贵于有天下也。夫所谓贤人者，必能安天下而治万民，今身且不能利，将恶能治天下哉！故吾愿赐志广欲，长享天下而无害，为之奈何？"李斯子由为三川守，群盗吴广等西略地，过去弗能禁。章邯以破逐广等兵，使者覆案三川相属，诮让斯居三公位，如何令盗如此。李斯恐惧，重爵禄，不知所出，乃阿二世意，欲求容，以书对曰：

夫贤主者，必且能全道而行督责之术者也。督责之，则臣不敢不竭能以徇其主矣。此臣主之分定，上下之义明，则天下贤不肖莫敢不尽力竭任以徇其君矣。是故主独制于天下而无所制也，能穷乐之极矣，贤明之主也。可不察焉！

故申子曰"有天下而不恣睢，命之曰以天下为桎梏"者，无他焉，不能督责，而顾以其身劳于天下之民，若尧、禹然，故谓之"桎梏"也。夫不能修申、韩之明术，行督责之道，专以天下自适也，而徒务苦形劳神，以身徇百姓，则是黔首之役，非畜天下者也，何足贵哉！夫以人徇己，则己贵而人贱；以己徇人，则己贱而人贵。故徇人者贱，而人所徇者贵，自古及今，未有不然者也。凡古之所为尊贤者，为其贵也；而所为恶不肖者，为其贱也。而尧、禹以身徇天下者也，因随而尊之，则亦失所为尊贤之心矣夫！可谓大缪矣。谓之为"桎梏"，不亦宜乎？不能督责之过也。

故韩子曰"慈母有败子而严家无格虏"者，何也？则能罚之加焉必也。故商君之法，刑弃灰于道者。夫弃灰，薄罪也，而被刑，重罚也。彼唯明主为能深督轻罪。夫罪轻且督深，而况有重罪乎？故民不敢犯也。是故韩子曰"布帛寻常，庸人不释，铄金百溢，盗跖不搏"者，非庸人之心重，寻常之利深，而盗跖之欲浅也；又不以盗跖之行，为轻百镒之重也。搏必随手刑，则盗跖不搏百镒；而罚不必行也，则庸人不释寻常。是故城高五丈，而楼季不轻犯也；泰山之高百仞，而跛牂牧其上。夫楼季也而难五丈之限，岂跛牂也而易百仞之高哉？峭堑之势异也。明主圣王之所以能久处尊位，长执重势，而独擅天下之利者，非有异道也，能独断而审督责，必深罚，故天下不敢犯也。今不务所以不犯，而事慈母之所以败子也，则亦不察于圣人之论矣。夫不能行圣人之术，则舍为天下役何事哉？可不哀邪！

且夫俭节仁义之人立于朝，则荒肆之乐辍矣；谏说论理之臣间于侧，则流漫之志诎矣；烈士死节之行显于世，则淫康之虞废矣。故明主能外此三者，而独操主术以制听从之臣，而修其明法，故身尊而势重也。凡贤主者，必将能拂世磨俗，而废其所恶，立其所欲，故生则有尊重之势，死则有贤明之谥也。是以明君独断，故权不在臣也，然后能灭仁义之涂，掩驰说之口，困烈士之行。塞聪揜明，内独视听，故外不可倾以仁义烈士之行，而内不可夺以谏说忿争之辩。故能荦然独行恣睢之心而莫之敢逆。若此然后可谓能明申、韩之术，而修商君之法。法修术明而天下乱者，未之闻也。故曰"王道约而易操"也。唯明主为能行之。若此则谓督责之诚，则臣无邪，臣无邪则天下安，天下安则主严尊，主严尊则督责必，督责必则所求得，所求得则国家富，国家富则君乐丰。故督责之术设，则所欲无不得矣。群臣百姓救过不给，何变之敢图？若此则帝道备，而可谓能明君臣之术矣。虽申、韩复生，不能加也。

书奏，二世悦。于是行督责益严，税民深者为明吏。二世曰："若此则可谓能督责矣。"刑者相半于道，而死人日成积于市。杀人众者为忠臣。二世曰："若此则可谓能督责矣。"

初，赵高为郎中令，所杀及报私怨众多，恐大臣入朝奏事毁恶之，乃说二世曰："天子所以贵者，但以闻声，群臣莫得见其面，故号曰'朕'。且陛下富于春秋，未必尽通诸事，今坐朝廷，遣举有不当者，则见短于大臣，非所以示神明于天下也。且陛下深拱禁中，与臣及侍中习法者待事，事来有以揆之。如此则大臣不敢奏疑事，天下称圣主矣。"二世用其计，乃不坐朝廷见大臣，居禁中。赵高常侍中用事，事皆决于赵高。

高闻李斯以为言，乃见丞相曰："关东群盗多，今上急益发繇治阿房宫，聚狗马无用之物。臣欲谏，为位贱。此真君侯之事，君何不谏？"李斯曰："固也，吾欲言之久矣。今时上不坐朝廷，上居深宫，吾有所言者，不可传也，欲见无间。"赵高谓曰："君诚能谏，请为君候上间语君。"于是赵高待二世方燕乐，妇女居前，使人告丞相："上方间，可奏事。"丞相至宫门上谒，如此者三。二世怒曰："吾常多间日，丞相不来。吾方燕私，丞相辄来请事。丞相岂少我哉？且固我哉？"赵高因曰："如此殆矣！夫沙丘之谋，丞相与焉。今陛下已立为帝，而丞相贵不益，此其意亦望裂地而王矣。且陛下不问臣，臣不敢言。丞相长男李由为三川守，楚盗陈胜等皆丞相傍县之子，以故楚盗公行，过三川，城守不肯击。高闻其文书相往来，未得其审，故未敢以闻。且丞相居外，权重于陛下。"二世以为然。欲案丞相，恐其不审，乃使人案验三川守与盗通状。李斯闻之。

是时二世在甘泉，方作觳抵优俳之观。李斯不得见，因上书言赵高之短曰："臣闻之，臣疑其君，无不危国；妾疑其夫，无不危家。今有大臣于陛下擅利擅害，与陛下无异，此甚不便。昔者司城子罕相宋，身行刑罚，以威行之，朞年遂劫其君。田常为简公臣，爵列无敌于国，私家之富与公家均，布惠施德，下得百姓，上得群臣，阴取齐国，杀宰予于庭，即弑简公于朝，遂有齐国。此天下所明知也。今高有邪佚之志，危反之行，如子罕相宋也；私家之富，若田氏之于齐也。兼行田常、子罕之逆道而劫陛下之威信，其志若韩玘为韩安相也。陛下不图，臣恐其为变也。"二世曰："何哉？夫高，故宦人也，然不为安肆志，不以危易心，絜行修善，自使至此，以忠得进，以信守位，朕实贤之，而君疑之，何也？且朕少失先人，无所识知，不习治民，而君又老，恐与天下绝矣。朕非属赵君，当谁任哉？且赵君为人精廉强力，下知人情，上能适朕，君其勿疑。"李斯曰："不然。夫高，故贱人也，无识于理，贪欲无厌，求利不止，列势次主，求欲无穷，臣故曰殆。"二世已前信赵高，恐李斯杀之，乃私告赵高。高曰："丞相所患者独高，高已死，丞相即欲为田常所为。"于是二世曰："其以李斯属郎中令！"

赵高案治李斯。李斯拘执束缚，居囹圄中，仰天而叹曰："嗟乎，悲夫！不道之君，何可为计哉！昔者桀杀关龙逢，纣杀王子比干，吴王夫差杀伍子胥。此三臣者，岂不忠哉！然而不免于死，身死而所忠者非也。今吾智不及三子，而二世之无道过于桀、纣、夫差，吾以忠死，宜矣。且二世之治岂不乱哉！日者夷其兄弟而自立也，杀忠臣而贵贱人，作为阿房之宫，赋敛天下。吾非不谏也，而不吾听也。凡古圣王，饮食有节，车器有数，宫室有度，出令造事，加费而无益于民利者禁，故能长久治安。今行逆于昆弟，不顾其咎；侵杀忠臣，不思其殃；大为宫室，厚赋天下，不爱其费：三者已行，天下不听。今反者已有天下之半矣，而心尚未寤也，而以赵高为佐，吾必见寇至咸阳，麋鹿游于朝也。"

于是二世乃使高案丞相狱，治罪，责斯与子由谋反状，皆收捕宗族宾客。赵高治斯，榜掠千余，不胜痛，自诬服。斯所以不死者，自负其辩，有功，实无反心，幸得上书自陈，幸二世之寤而赦之。李斯乃从狱中上书曰："臣为丞相，治民三十余年矣。逮秦地之狭隘。先王之时秦地不过千里，兵数十万。臣尽薄材，谨奉法令，阴行谋臣，资之金玉，使游说诸侯，阴修甲兵，饰政教，官斗士，尊功臣，盛其爵禄，故终以胁韩弱魏，破燕、赵，夷齐、楚，卒兼六国，虏其王，立秦为天子。罪一矣。地非不广，又北逐胡貉，南定百越，以见秦之强。罪二矣。尊大臣，盛其爵位，以固其亲。罪三矣。立社稷，脩宗庙，以明主之贤。罪四矣。更克画，平斗斛、度量文章，布之天下，以树秦之名。罪五矣。治驰道，兴游观，以见主之得意。罪六矣。缓刑罚，薄赋敛，以遂主得众之心，万民戴主，死而不忘。罪七矣。若斯之为臣者，罪足以死固久矣。上幸尽其能力，乃得至今，愿陛下察之！"书上，赵高使吏弃去不奏，曰："囚安得上书！"

赵高使其客十余辈诈为御史、谒者、侍中，更往覆讯斯。斯更以其实对，辄使人复榜之。后二世使人验斯，斯以为如前，终不敢更言，辞服。奏当上，二世喜曰："微赵君，几为丞相所卖。"及二世所使案三川之守至，则项梁已击杀之。使者来，会丞相下吏，赵高皆妄为反辞。

二世二年七月，具斯五刑，论腰斩咸阳市。斯出狱，与其中子俱执，顾谓其中子曰："吾欲与若复牵黄犬俱出上蔡东门逐狡兔，岂可得乎？"遂父子相哭，而夷三族。

李斯已死，二世拜赵高为中丞相，事无大小辄决于高。高自知权重，乃献鹿，谓之马。二世问左右："此乃鹿也？"左右皆曰"马也"。二世惊，自以为惑，乃召太卜，令卦之。太卜曰："陛下春秋郊祀，奉宗庙鬼神，斋戒不明，故至于此。可依盛德而明斋戒。"于是乃入上林斋戒。日游弋猎，有行人入上林中，二世自射杀之。赵高教其女婿咸阳令阎乐劾不知何人贼杀人移上林。高乃谏二世曰："天子无故贼杀不辜人，此上帝之禁也，鬼神不享，天且降殃，当远避宫以禳之。"二世乃出居望夷之宫。

留三日，赵高诈诏卫士，令士皆素服持兵内乡，入告二世曰："山东群盗兵大至！"二世上观而见之，恐惧，高即因劫令自杀。引玺而佩之，左右百官莫从；上殿，殿欲坏者三。高自知天弗与，群臣弗许，乃召始皇弟，授之玺。

子婴即位，患之，乃称疾不听事，与宦者韩谈及其子谋杀高。高上谒，请病，因召入，令韩谈刺杀之，夷其三族。

子婴立三月，沛公兵从武关入，至咸阳，群臣百官皆畔，不适。子婴与妻子自系其颈以组，降轵道旁。沛公因以属吏。项王至而斩之。遂以亡天下。

太史公曰：李斯以闾阎历诸侯，入事秦，因以瑕衅，以辅始皇，卒成帝业，斯为三公，可谓尊用矣。斯知六艺之归，不务明政以补主上之缺，持爵禄之重，阿顺苟合，严威酷刑，听高邪说，废适立庶。诸侯已畔，斯乃欲谏争，不亦末乎！人皆以斯极忠而被五刑死，察其本，乃与俗议之异。不然，斯之功且与周、召列矣。

译文：

李斯是楚国上蔡人。年轻时，做过郡的小官吏，看到官吏宿舍厕所中的老鼠吃粪便，一见人或狗接近，总是惊恐万状。李斯进入粮仓，观察仓库中的老鼠，吃着囤积的粮食，住在周围宽大的廊檐底下，不见有人或狗接近的骚扰。对此李斯不禁感叹道："人的有出息没出息，犹如老鼠啊，只在于自己所处的环境罢了。"

李斯于是跟从荀卿学习帝王之道。学业已经完成，他忖度楚王不值得侍奉，而且东方六国都很衰弱，没有可以为之建功立业的君主，便准备西行进入秦国。李斯向荀卿辞行说："我听说这样的话：遇得时机不能放过。当今是各国诸侯拼力相争的时代，游说之士主宰政事。现在秦王企图吞并天下，自己称帝来统治天下，这正是布衣寒士奔走活动的时机，游说之士大显身手的年代啊。处于卑贱的地位而不设法有所作为，这就好像只会吃草的麋鹿看着肥肉（既不能吃也不想吃），空有一张人的面孔而勉强行走罢了。所以，耻辱没有比身份卑贱更大的，悲哀没有比处境穷困更甚的。长久处在卑贱的地位、穷困的环境，却愤世忌俗而厌恶名利，将自身寄托在无为自守的人生之道上，这不是士人应有的情怀啊。所以我将要西行去游说秦王了。"

李斯到达秦国，遇上秦庄襄王去世。于是，李斯请求做秦国相国文信侯吕不韦的舍人，吕不韦赏识他，保举他进宫为郎。李斯因此得到接近秦王进说的机会，劝说秦王道："一味等待的人，会坐失良机。要建立伟大功业，就在于利用机会而敢于下手。从前秦穆公建立霸业，但最后没有东进吞并如今的六国之地，什么缘故呢？因为当时诸侯还很多，周王室的声望没有丧失，所以五霸轮番兴起，相继尊奉周王室。自从秦孝公以来，周王室日益卑贱衰微，诸侯相互兼并，关东形成六国，秦国凭借优势役使六国，已有六代了。现在诸侯服从秦国，好像郡县隶属于中央一样。凭着秦国的强盛，大王的贤明，犹如灶上扫除灰尘那样，足以消灭诸侯，成就帝业，实现天下的统一，这是千载难逢的好时机啊。现在如果懈怠而不抓紧时机成就大事，诸侯就会再度强盛，相互联合缔结合纵的盟约，（到那时）即使有黄帝的才干，也不能吞并六国了。"于是，秦王任命李斯为长史，听从他的计谋，暗中派遣谋士携带金子宝玉去游说诸侯。诸侯各国当政的名士可以用财宝收买的，就馈赠厚礼结交他；不肯听命的，就用利剑暗杀他。离间诸侯君臣的计划（一旦奏效），秦王随后就派他的良将率领军队前去攻伐。秦王任命李斯为客卿。

恰好碰上韩国人郑国来秦国进行间谍活动，以修筑灌溉渠为名，不久被发觉。秦国宗室大臣都对秦王说："各国诸侯的士人前来秦国谋事，大多只是为他们的君主在秦国进行游说间谍活动罢了，请把外来的客卿一律驱逐出境。"李斯经讨论也在被驱逐之列。于是，李斯上书说：

我听说官吏在商议驱逐客卿之事，私下认为是搞错了。从前秦缪公寻求贤士，西边从西戎取得由余，东边从宛地得到百里奚，又从宋国迎来蹇叔，还从晋国招来丕豹、公孙支。这五位贤人，不生在秦国，而秦缪公重用他们，吞并国家二十多个，于是称霸西戎。秦孝公采用商鞅的新法，移风易俗，人民因此众多，国家因此富强，百姓乐意为国效力，诸侯亲附归服，战胜楚国、魏国的军队，攻取土地上千里，至今政治安定，国力强盛。秦惠王采纳张仪的计策，攻下三川地区，西进兼并巴、蜀两国，北上收得上郡，南下攻取汉中，席卷九夷各部，控制鄢、郢之地，东面占据成皋天险，割取肥田沃土，于是拆散山东六国的合纵同盟，使他们朝西侍奉秦国，功烈延续到今天。昭王得到范雎，废黜穰侯，驱逐华阳君，加强国君公室，杜绝外戚私门，蚕食诸侯领土，使秦国成就帝王大业。这四位君主，都依靠了客卿的功劳。由此看来，客卿哪有什么对不住秦国的地方呢！倘若四位君主拒绝远客而不予接纳，疏远贤士而不加任用，这就会使国家没有丰厚的实力，而让秦国没有强大的名声了。

如今陛下得到昆山的美玉，拥有随侯珠、和氏璧之类宝物，悬挂明月珠，佩带太阿剑，驾乘纤离马，建置翠凤旗，竖立灵鼍鼓。这么多的宝贝，秦国不出产一样，而陛下却喜欢它们，是什么缘故呢？倘若一定要秦国出产的东西才可以用，那么就该是夜光玉璧不能装饰宫廷，犀角、象牙制成的器具不能作为玩物，郑、卫之地的美女不能进入后宫，而駃騠好马不能充实宫外的马圈，江南的金锡不能使用，西蜀的丹青不能绘画。倘若用来装饰后宫、充任姬妾、赏心快意、怡目悦耳的一切，必须是出产于秦国的才可以，那么缀绕珍珠的发簪、镶嵌珠子的耳环、细缯素绢的衣裳、织锦刺绣的服饰就不能进呈到大王面前，而时髦优雅、艳丽多姿的赵国女子就不能侍立在身旁。那击瓮敲缶，弹筝拍腿，同时歌唱呼喊发出呜呜之声来快活耳朵听觉的，才是真正地道秦国的声乐，而《郑》、《卫》、《桑间》、《昭》、《虞》、《武》、《象》之类，则是异国它邦的音乐。现在舍弃击瓮敲缶而追求《郑》、《卫》之音，撤下弹筝奏曲而采取《昭》、《虞》之乐，像这样做为什么呢？只不过是图眼前称心如意，适合观赏罢了。现在用人却不这样。不问青红皂白，不论是非曲直，不是秦人就得离去，是侨民就得驱逐。这样做，所重的是女色、声乐、珍珠、美玉，而所轻的是人啊。这不是统一天下，制服诸侯的办法啊。

我听说田地广就粮食多，国家大就人口众，军队强就将士勇。因此，泰山不拒绝泥土，所以能成为那样高大；江河湖海不舍弃细流，所以能变得那样深邃；有志建立王业的人不嫌弃民众，所以能彰明他的德行。因此，土地不分东西南北，百姓不论异国它邦，那样便会一年四季富裕美好，天地鬼神降赐福运，这就是五帝、三王无可匹敌的缘故。现在却抛弃百姓使之去帮助敌国，拒绝宾客使之去侍奉诸侯，使天下的贤士退却而不敢西进，裹足止步不入秦国，这就叫作"借武器给敌寇，送粮食给盗贼"啊。

物品中不出产在秦国，而可值得宝贵的很多；贤士中不生长于秦，却愿意效忠的成群。如今驱逐宾客来资助敌国，减损百姓来充实对手，内部自己造成空虚而外部在诸侯中构筑怨恨，那要谋求国家没有危难，是不可能的啊。

秦王于是取消驱逐客卿的命令，恢复李斯的官职，结果采用他的计谋。李斯官做到了廷尉。（李斯入秦）经过二十多年，秦国最终吞并天下，尊奉秦王为皇帝，秦始皇任命李斯为丞相。铲平郡县的城池，销毁地方的武器，表示不再用兵。让秦国没有一尺土地分封下去，不立宗室子弟为王、不封元勋功臣为诸侯，为的是使今后没有战争的祸患。

秦始皇三十四年，在咸阳宫中设置酒宴，博士仆射周青臣等称颂秦始皇的武威德政。齐人淳于越进言劝谏说："我听说，殷代、周代的王位传续了一千多年，都将土地分封给子弟功臣作为自己的辅翼。如今陛下拥有海内之地，而子弟却为平民，一旦有齐国田常、晋国六卿那样的乱臣，没有子弟的辅佑卫护，用什么来救援呢？做事不效法古代而能长治久安的，没有听说过。如今青臣等人又当面奉承来加重陛下的过失，不是忠臣啊。"秦始皇把淳于越的建议交付丞相处理。丞相李斯认为淳于越的言论荒谬，驳斥其说，于是上书说："以前天下离散纷乱，没有人能统一，因此诸侯并比兴起，百家之语都称道古代来诋毁当今，搬弄空话来搅乱现实。人人认为自己私下学来的那套好，用来否定君上建立的制度。如今陛下兼并占有天下，辨别是非而确定统一的法度；然而民间私学却相互勾结攻击法治教育的制度，一听得法令下达，就各用自己的那套学说议论它，入门居家心怀不满，出门聚众街谈巷议，抨击君主来博取名声，标新立异来显示高明，率领徒众群小制造谣言。如果这种情况不加禁止，君主的权势就会从上面降低，而各种帮派朋党就会在下面形成。禁止这种情况有利。臣下请求凡是拥有文献典籍、《诗》、《书》、诸子百家著述的，都要销毁清除掉。命令下达超过三十天还不清除，就处以黥刑罚为城旦。属于不废弃的，有医药、卜筮和种植方面的书籍。倘若有想学习法令的，就拜官吏为老师。"秦始皇批准李斯的建议，没收废弃《诗》、《书》、诸子百家的书籍来愚弄百姓，使天下没有人能用古代来否定当今。彰明法度，制定律令，全部从秦始皇重新开始。统一原来各国文字。建造离宫别馆遍布全国各地。第二年，秦始皇又出去巡视，抵御外部的四方夷狄。（上述种种，）李斯都出了力。

李斯的长子李由任三川郡郡守，其余儿子都娶秦皇室公主为妻，女儿全嫁给秦皇室各位公子。三川郡郡守李由休假返回咸阳，李斯在家摆设酒宴，百官之长都前来祝贺，门庭过往的车马数以千计。李斯叹息道："唉！我听荀卿说过'事物禁忌过分盛大'。我李斯原是上蔡的平民，乡里的百姓，皇上不知我才能低下，竟把我提拔到这样的高位。当今群臣官位没有居于我之上的，可以说是富贵达到了极点。事物发展到极点就会衰落，我不知道自己的归宿在哪里啊！"

秦始皇三十七年十月，巡行出游会稽山，（然后）沿海而上，北行抵达琅邪山。丞相李斯、中车府令赵高兼任符玺令职事，一同随从。秦始皇有二十几个儿子。长子扶苏因为多次直言劝谏秦始皇，秦始皇便派他到上郡监督军队，蒙恬是军队将领。小儿子胡亥最依恋秦始皇，请求随从，秦始皇答应他。其余儿子没有一个随行。

这年七月，秦始皇到达沙丘，病得很重，命令赵高起草诏书给公子扶苏说:"把兵权交付给蒙恬,即来治理丧事,到咸阳会合而举行葬礼。"书已封缄,还没交给信使,秦始皇就去世了。诏书以及玺印都在赵高处,只有儿子胡亥、丞相李斯、赵高以及宠幸的宦官五六人知道秦始皇去世,其余群臣都不知道。李斯因为皇上死在外地,没有正式册立太子,所以对此加以保密。将秦始皇尸体安放在辒辌车里,群臣奏事、侍者进食如同旧日,宦官就从辒辌车中(假托秦始皇)批复处理各种奏呈的事务。

赵高乘机扣留秦始皇赐给扶苏加盖玺印的书信,并对公子胡亥说:"皇上去世,没有诏令封立其他儿子为王,唯独赐给长子书信。长子一到,马上即位为皇帝,而您却没有尺寸封地,对这该怎么办?"胡亥说:"本该如此啊。我听说这样的话,明哲的君主了解自己的臣属,明哲的父亲了解自己的儿子。父皇去世,不封其余儿子为王,还有什么可说的呢!"赵高说:"并非如此。当今天下的权柄,存亡予夺就在于您和我以及丞相罢了,希望您考虑此事。再说以人为臣与被人当作臣,控制别人与被别人所控制,哪能同日而语呢?"胡亥说:"废黜长兄而立幼弟,这是不义;不遵奉父皇诏令而贪生怕死,这是不孝;能力浅薄,材质低劣,勉强依仗他人取得成功,这是无能。三者都违背道德,天下不会服从,自身将会倾覆危亡,宗庙社稷也将无人祭祀供奉。"赵高说:"我听说商汤王、周武王杀死他的君主,天下称为义举,不算不忠。卫君杀死他的父亲,卫国记为德行,孔子在《春秋》中载录此事,不算不孝。干大事不必谨小慎微,行大德无需推辞谦让。地方乡里各有自己的事宜,而朝廷百官各有不同的功能(凡事不能一概而论)。所以说只顾及细枝末节就会忘记当务之急,事后必然会有祸患;生性多疑、犹豫不决,以后必然会有悔恨。当机立断而敢作敢为,连鬼神都要回避,最后必能成功。希望您完成此事。"胡亥叹息说:"如今先皇丧事未发,丧礼没了,怎么能用这事来要求丞相呢!"赵高说:"时机啊时机,一过瞬间片刻就来不及再筹划了。(该像那赶路人,)装足干粮、扬鞭跃马,唯恐耽误了时间!"

胡亥同意赵高的话后,赵高又说:"不与丞相谋划,恐怕事情不能成功,臣下请求为您去与丞相谋划此事。"于是,赵高对丞相李斯说:"皇上去世前,赐给长子遗书,命他即来治理丧事,到咸阳会合,立他为继承人。遗书尚未发出,如今皇上去世,没有知道这事的人。赐给长子的遗书以及符节玺印都在胡亥处,确定太子就在于您和我赵高的嘴如何说了。这事该怎么办?"李斯说:"哪来这派亡国之言!这不是我们做臣子所应当议论的啊!"赵高说:"您自己估量与蒙恬比谁的能力强?与蒙恬比谁的功劳大?与蒙恬比谁深谋远略没有失误?与蒙恬比谁不被天下的人怨恨?与蒙恬比谁是长子扶苏的旧交而受到信任?"李斯说:"这五件我都比不上蒙恬,您对我的责求为什么这样苛刻呢?"赵高说:"我本是宫中的仆役,有幸能以熟悉刑狱文书进入秦皇宫廷,管理有关事务二十多年,未曾见过秦皇罢免的丞相功臣有受封及于第二代的,他们最后都遭杀戮身亡。皇帝的二十多个儿子,都是您所知道的。长子扶苏刚强坚毅而威武勇敢,信用贤人而激励士子,登上皇位的话必定任用蒙恬为丞相,那您就终究不能怀捧通侯大印衣锦还乡,是很明白的了。我接受诏令教授训练胡亥,让他学习法律政事多年了,未曾见他有过失。他为人慈善仁爱,笃诚厚道,看轻财物尊重士人,内心明白而不善言辞,恪守礼法尊敬士人,秦国的其他公子没有比得上他的,可以作为皇位继承人。您考虑一下把事定下来。"李斯说:

"您还是安守本分吧！我李斯遵奉皇帝的诏令，听从上天的旨意，还有其他什么可考虑决定的呢？"赵高说："平安可以转化为危险，危险可以转化为平安。连平安和危险都把握不定，凭什么算是尊贵圣哲呢？"李斯说："我本是上蔡乡里的平民，皇上宠幸提拔我为丞相，封为通侯，子孙也都得到显赫的职位、丰厚的俸禄，原本是要将国家存亡安危的重任托付给臣下。我岂能辜负皇上期望呢！忠臣不避死亡而苟且偷生，孝子不过分勤劳而遭逢危难，做人臣的各守其职就是了。您不要再说了，（否则，）将要叫我犯禁获罪。"赵高说："我听说圣人迁徙流动没有固定的常法，趋合变化而顺应时势，看到细枝末节能知事物本源，观察征兆动向能知结果归宿。事物原本各有不同，哪里找得到固定不变的常法呢？当今天下的权柄握在胡亥手中，我能因此得志。况且从外部制约内部叫作惑，从下面制约上面叫作贼。所以，秋天的霜露降下便草木枯萎花朵凋落，春天冰雪消融水流荡漾便万物萌生，这是必然的效应啊！您为什么迟迟看不透？"李斯说："我听说晋献公改立太子，结果三代不得安宁；齐桓公兄弟争夺君位，结果公子纠身败名裂；商纣王杀死叔父比干，不听劝谏，都城化为荒丘废墟，结果危及国家：这三人违逆天道，祖宗神庙断绝了祭祀。我李斯还是个明白事理的人，哪能参与谋划这种事！"赵高说："君臣上下同心合力，国家就可以长治久安；朝廷内外浑然一体，事情便能够无懈可击。您听从我的计划，就可以永久享有通侯封爵，世代称孤道寡，必定会有王子乔、赤松子那样的寿命，孔丘、墨翟那样的智慧。如今放着这条路而不走，必将祸及子孙，实在令人为之寒心。聪明人能因祸得福，您到底如何处置此事呢？"于是，李斯仰天长叹，流着眼泪大声喘息着说："唉！偏偏碰上这混乱世道，既然不能以死相许，还能到哪里去托付身家性命呢！"于是李斯便听从赵高的安排。赵高就禀报胡亥说："臣下得请奉您太子的大命去通报丞相，丞相岂敢不接受命令！"

于是三人共同谋划，假称接受秦始皇给丞相的诏令，立儿子胡亥为太子。偷换假造给长子扶苏的书信说："我巡行天下，祈祷祭祀名山众神来延年益寿。如今你扶苏和将军蒙恬领兵几十万驻守边境，已经十几年了，不能进兵向前，士卒多有损伤，仍无建立点滴功绩，却反而屡次上书，直言不讳地诽谤我的所作所为，因为不能卸任归来做太子，日夜怨恨不已。扶苏作为儿子不孝，就赐剑用以自杀吧！将军蒙恬和扶苏居住塞外，不加规劝纠正，自然知道他的阴谋。做人臣的不忠，也赐剑自杀，把军队交给副将王离。"盖上皇帝玺印封好诏书，派遣胡亥的门客携带诏书到上郡赐给扶苏。

使者到达上郡，打开书信，扶苏哭泣起来，进入内屋，准备自杀。蒙恬制止扶苏说："陛下身居在外，没有选立太子，派我率领三十万军队守卫边疆，公子担任监军，这是关系天下的重任啊！如今就凭一个使者前来，立即自杀，岂知其中肯定无诈？望再请示一次，再请示证实后去死，也不算晚啊。"使者在旁再三催促。扶苏为人仁厚，对蒙恬说："当父亲的命令儿子去死，还能上哪里再请示呢！"立即自杀了。蒙恬不肯当即死，使者立刻把他交给狱吏，囚禁在阳周。

使者返回禀报，胡亥、李斯、赵高皆大欢喜。到达咸阳，发布丧事。太子胡亥立为二世皇帝，任命赵高为郎中令，赵高从此常在宫中供职处理政务。

秦二世闲居时，召见赵高商量事情，说："人生活在世间，就像驾驭套着六匹骏马拉的车驰越缺口裂缝那样短暂。我既已君临天下了，想要领略一切声色的快活，享受所有神往的乐趣，以此来安定宗庙而且娱乐百姓，永久保有天下，度过我的一生。这个道理可行吗？"赵高说："这是贤明君主才能实行的，而被昏愦君主所禁止。臣下请求进言，不敢躲避斧钺的惩罚诛戮，希望陛下稍加留意。沙丘的密谋，各位公子以及大臣都有察觉怀疑，而各位公子都是您皇帝的兄长，大臣又都是先帝所封置的。当今陛下新近即位，这些人心怀怨恨全都不服，恐怕会酿成变乱。况且蒙恬虽然已经死去，但蒙毅还带兵在外，臣下心惊胆战，唯恐没有好结局。那么陛下哪能享受这欢乐呢？"秦二世说："对这怎么办？"赵高说："法律要严峻而刑罚要残酷，让有罪的人互相株连判罪受戮，直至收捕他们的家族，诛灭先帝大臣而疏远同胞骨肉，贫穷的人使他富有起来，卑贱的人使他尊贵起来。统统剪除先帝的旧臣，另外安置陛下的亲信在身旁。这样他们就会暗中感恩戴德归附陛下，祸害消除而阴谋根绝，朝廷群臣没有人不得到您的恩泽，蒙受您的大德，陛下就可以高枕无忧，随心所欲地荣耀享乐了。没有比这更好的办法了。"秦二世首肯赵高的进言，便重新制定法律。于是朝廷群臣、各位公子稍一有罪，二世就下令交给赵高，让赵高审讯处置他们。杀死大臣蒙毅等人，公子中有十二人被处死在咸阳街市，十位公主遭受分尸酷刑死在杜县，家中财物都被抄没收入官府，互相株连判罪的人不计其数。

公子高打算出奔外逃，但又怕因此收捕全族，就上书说："先帝健在的时候，臣下入宫便赐予食品，出宫便赐给马车。御府的衣服，臣下得到赏赐；中厩的宝马，臣下也得到赏赐。臣下应当随从先帝同死则没能做到，作为父亲的儿子是不孝，作为皇帝的臣子是不忠。不忠的人没有理由活在世上，臣下请求追随先帝死去，希望埋葬在郦山脚下。愿皇上赐恩可怜我的请求。"奏书呈上，胡亥看后非常高兴，召见赵高而把公子高的奏书拿给他看，说："这可谓急得走投无路了吧。"赵高说："人臣正在担忧送命去死而没有空闲，怎么还能谋划变乱呢！"胡亥批准公子高的奏书，赏赐十万钱来供安葬。

法律条令诛杀刑罚日益严厉残酷，百官群臣人人自危，打算叛变的人愈来愈多。秦二世继续建造阿房宫，修筑直道和驰道，赋税征收越发加重，兵役徭役没有止息。在这种情况下，被征发的楚地戍边士卒陈胜、吴广等人就举行暴乱，在山东地区起兵，英雄豪杰相继鼎立，自己立为侯王，反叛秦朝，军队一直打到鸿门才受阻退却。李斯多次想请求给时间单独进谏，秦二世不允许。秦二世反而责问李斯说："我有自己的想法，而且还从韩非子那里听到这样的话，说：'从前尧有天下，殿堂基高仅有三尺，柞木的房椽不作砍削整治，茅草铺的屋顶不加修剪处理，就是客栈仆佣的住宿也不比这简陋。冬天裹鹿皮，夏日穿葛衣，吃五谷粗粮做的食物，喝野菜豆叶熬的汤，吃饭用陶土簋，喝汤用陶土铏，就是守门徒役的供养也不比这节俭。大禹凿开龙门山，让黄河畅通于大夏，疏浚九河，沿着九河曲曲折折地筑起堤防，引导壅塞的积水流入大海，而自己却大腿瘦得没有肉，小腿蹭得没有毛，手掌脚板长满厚茧，面孔墨黑，最后便这样死在野外，埋葬于会稽山，就是奴隶的劳苦也不比这厉害。'然而据有天下之所以可贵，难道为了折磨肉体耗费精神，身居客栈仆佣那样的住宿，口吃守门徒役那样的伙食，手操奴隶那样的劳作吗？这是无能之辈所该努力去做的，而不是贤能之人所应追求的。贤能之人有了天下，只不过专让天下来适合自己的意志罢了，这才是有天下的可贵之处。所谓贤能的人，必定会安抚天下而治理万民，如今自身尚且不能得利，将怎么治理天下呢！因此我希望随心所欲，长久享有天下而又没有祸害，（你说）应该怎么办？"李斯的儿子李由任三川郡郡守，可群盗吴广等部向西攻取土地，过往出入郡境李由不能加以禁止。章邯击败驱逐吴广等部以后，朝廷使者到三川郡调查的络绎不绝，责问李斯身居三公高位，为何让群盗猖狂到这个地步。李斯恐慌害怕，又十分看重高爵厚禄，不知计从何出，于是迎合秦二世的心意，企求获得宽容，上书回答说：

那贤能的君主，必定精通完备的治国之道而实行督察考核官吏的制度。督察考核官吏，臣子就不敢不竭其所能来效忠他的君主了。这样，君臣的名分职责确定，上下的正确关系彰明，天下无论有能无能的就没有谁敢不尽心竭力地来效忠他的国君了。因此君主独自主宰天下而不受任何制约，便能享尽人间最大的乐趣了，这才是贤明的君主啊。难道可以不明察这一点吗！

所以申子说"享有天下而不能随心所欲，叫作把天下作为自己的桎梏"，没有别的缘故，就因为不懂得如何督察考核官吏，却反而让自身来为天下民众操劳，像尧、禹那样，所以称之为"桎梏"。不能掌握申不害、韩非的高明法术，实行督察考核官吏的办法，只是让天下来适应自己的需要，却白白地费力苦身、耗神劳心，将自身服从百姓的需要，这就成了平民的百姓的仆役，而不是统治天下的君主，有什么值得尊贵的呢！让别人服从自己，那就自己尊贵而别人卑贱；让自己服从别人，那就自己卑贱而别人尊贵。所以说服从别人的卑贱，而被别人服从的尊贵，从古至今，没有不这样的。大凡古代所以要尊重贤人，只为他地位高贵；而所以要厌恶无能的人，只为他地位低贱。至于像尧、禹那样以自身服从天下需要的人，如果因循守旧追随世俗去尊崇他们，也就失去了所以尊崇贤人的原意。可以说是极大的谬误了。说他们将天下作为自己的"桎梏",不也是很适宜的吗?那是不懂得如何督察考核臣下造成的过失。

所以韩非子说"慈祥的母亲,会有败家的儿子;而严厉的家庭,没有蛮横的奴仆",什么原因呢?就在于能够施加责罚说一不二。所以商鞅的法令,规定对在路上倒灰的人判刑。把灰弃倒在路上,是轻微的过失,而要遭受刑罚,则是重罚。只有那明哲的君主才能深究轻罪。罪过轻微尚且督责严厉,何况犯有重大罪过呢?所以民众就不敢触犯法令。因此韩非子说"几尺布帛,常人不肯放手;而熔化的百斤黄金,连盗跖都不敢拿取",这不是说常人贪心太重,几尺帛的价值有多珍贵,而盗跖的欲望很低,也不是说盗跖的行动表示他轻视百斤黄金的重利。而是说明如果拿取的话必定随即烫伤,就连盗跖也不敢拿走百斤黄金;而惩罚不一定实行的话,即使常人也不肯放弃几尺布帛。因此城墙仅高五丈,楼季便不敢轻易冒险;泰山高几百丈,瘸腿的母羊却可以放牧到山顶上。像楼季这样的勇士对五丈的高度都感到为难,难道瘸腿的母羊攀登几百丈高的泰山反倒容易吗?原因就在于两者陡峭和平缓的形势大不相同。明哲的君主、圣睿的帝王所以能够永久地处在尊贵的地位,长远地掌握重要的权势,而且独自占有天下的利益,没有特别的窍门,只由于能够独断专行,而且洞悉督察考核之术,严刑峻法说一不二,所以天下之人不敢犯法。如今不追求没人犯法的方略,而采用慈母宠坏儿子的办法,也正因为不明白圣人的理论啊。不能实行圣人的法术,那就除去为天人下役使之外还能干什么呢?难道不可悲吗!

况且那些俭朴节约、恪守仁义的士人跻立朝廷,荒诞恣肆的舞乐便停息了;进谏游说、讲论道理的臣子夹杂身旁,流荡浪漫的志趣便夭折了；烈士殉节的行为显赫世间，淫逸安乐的欢娱便废弃了。所以贤明的君主能排除这三种人，从而独自操持君主的权术来控制俯首听命的臣子，并且制定严明的法令，因而自身尊崇而权势威重。凡是贤明的君主，必定能扭转世风、改变习俗，从而废除他所厌恶的东西，建立他所喜好的东西，所以生前有尊贵显赫的权势，死后有贤能明哲的谥号。因此贤明的君主独断专行，所以大权不旁落在臣子手里，然后能够阻绝仁义道德的途径，封堵飞短流长的口舌，制止烈士殉节的行为。（对外界的一切）闭目塞听，只依据内心意志来视听决断，所以（君主的权力）在朝廷外不会被仁义烈士的行为所倾覆，在朝廷内不会被进谏游说、激烈争吵的辩论所削夺。从而君主能独往独来随心所欲而没有人敢于违抗。像这样然后可以称得上能够明白申不害、韩非的权术，又修行商鞅的法制。法制修行、权术彰明而天下还有动乱，不曾听说过。所以说"王道简单明了而容易掌握"。只有贤明的君主能实行它。像这样才称得上督察考核达到真实无误，那么臣子就没有邪念，臣子没有邪念就天下安定，天下安定就君主威重尊严，君主威重尊严就督察考核必行，督察考核必行就有求必得，有求必得就国家富裕，国家富裕就君主欢乐丰盛。因此督察考核的手段一旦建立，君主所想要的东西就没有得不到的了。那时群臣百姓连补救自己的过失都来不及，还敢图谋什么变乱？像这样就具备了帝王之道，而且可以说通晓君主驾驭臣子的权术了。即使申不害、韩非再生，也不能有所增加。

上书进奏后，秦二世很高兴。于是实行督察考核的制度越发严厉，向百姓征税多的称为"明吏"。秦二世说："像这样就可以说善于督察考核了。"在路上的行人，受过刑的占了一半，而且死人遗体在市面上聚积成堆。杀人多的称为"忠臣"。秦二世说："像这样就可以说善于督察考核了。"

当初，赵高担任郎中令，被他杀害以及因私人恩怨而受到报复的人很多，因此害怕大臣入朝禀奏政事时诽谤中伤他，就劝说秦二世道："天子尊贵的地方，就在于只让人听到声音，百官群臣没有谁能见到他的面，所以称为'朕'。况且陛下年纪还轻，未必全都通晓各种事务，如今坐在朝廷，倘若奖惩措置有所不当，就会被大臣看轻，这不是向天下显示陛下神圣明哲的做法。陛下不妨拱手深居宫中，与臣下我以及侍从里熟悉法律的人一起处理政务，事情来了好有个商量。像这样大臣就不敢禀奏疑难事情，天下的人都会称颂陛下是圣主了。"秦二世采用赵高的计策，于是不再上朝坐廷接见大臣，而深居宫中。赵高经常在宫中侍奉秦二世处置事务，政事结果都由赵高决定。

赵高听说李斯因为秦二世不上朝之事要进言，就去见丞相说："关东群盗那么多，而皇上却加紧增发徭役建造阿房宫，搜罗狗马这些没用的东西。臣下想进谏，但因为地位低贱（而不敢说）。这可真是您丞相分内的事，您为什么不进谏？"李斯说："本来嘛，我想进言说这事已很久了。当今皇上不升朝坐廷，住在深宫内院，我有要说的话，没法传啊，想见面又没有机会。"赵高对李斯说："您果真能进谏的话，请让我为您等候皇上有空告诉您。"于是赵高等待秦二世正寝息取乐，妇人上前伺候时机，派人告诉丞相："皇上正闲着，可以进宫奏事。"丞相便到宫门前请求谒见皇上。像这样一连几次。秦二世发怒说："我平常有很多空闲的时间，但丞相不来。一到我正要安寝取乐，丞相就来请求奏事。丞相难道是轻视我呢？还是让我难堪呢？"赵高趁机说："像这样就危险了。沙丘的密谋，丞相参与其事。如今陛下已经即位做皇帝，而丞相的地位没有提高，这样看来他的意思是要割地封王了。而且还有一事陛下不问我，臣下不敢说。丞相长子李由任三川郡郡守，楚地盗寇陈胜等人都是丞相邻县的子弟，因此之故楚地盗寇公开横行，路过三川郡时，李由只据城自守不肯出击。我听说他们有文件书信相互来往，但没有得到详情，所以没敢将此事让您知道。况且丞相身居在外，权势已经超过陛下。"秦二世认为赵高说得对。想直接查究丞相，又怕情况不实，便先派人调查核验三川郡郡守李由与盗寇私通的情况。李斯听说了这件事。

这时秦二世在甘泉宫，正观赏角抵杂戏。李斯无法进见，就上书陈说赵高的问题道："我听说，臣子同他的君主不相上下，没有不危害国家的；妻妾同他的丈夫不相上下，没有不危害家庭的。如今有臣子在陛下身边独揽赏罚，同陛下没有两样，这很不利。从前司城子罕任宋国之相，亲自掌管刑罚，用高压手段推行他那一套，一年后就取代了他的国君。田常为齐简公的大臣，爵禄职位在国内没人能和他相比，私家财产的富有同官府相等，布行恩惠实施德政，下面获取百姓拥戴，上面博得群臣欢心，暗中夺取齐国权柄，在庭院杀死宰予，随即在朝廷杀死齐简公，于是占有齐国。这是天下人众所周知的。如今赵高有邪恶非分的居心，诡诈反常的行为，就像司城子罕任宋国之相；他私人家产的富有，犹如田氏在齐国那样。赵高同时施用田常、子罕的叛逆手段，从而取代陛下的威信，他的居心如同韩玘为韩王安之相那样。陛下不加防范，臣下恐怕他要发动变乱。"秦二世说："什么话？赵高本是宦人，然而不因为平安而恣意妄行，也不因为危难而改变忠心，洁身自好修善行德，自从派遣到这里，靠着忠诚得到进用，凭着信义坚守官位，我实在认为他是个贤才，而你却怀疑他，什么道理呢？况且我年纪轻轻失去先父，没有什么见识，不熟习如何治理百姓，而你又年纪老了，真怕不能统治天下。朕不把事情托付给赵高，应该任用谁呢？再说赵高为人精明强干，下知世俗民情，上能满足朕身需求，您就不要怀疑了吧。"李斯说："情况不是这样。那赵高，原本是个下贱的人，不懂得理义，贪婪欲望没个满足，追求利禄没个止境，地位权势仅次于国君，但求取的欲望还是没有穷尽，臣下所以说危险。"秦二世先前就已信任赵高，害怕李斯杀他，便私下告诉赵高。赵高说："丞相所患愁的只有我赵高，我赵高一死，丞相立即要干田常所做过的事了。"于是秦二世说："把李斯交给郎中令查办！"

赵高负责调查处置李斯。李斯被拘捕戴上刑具，住在牢房里，仰头对天叹息说："唉，可悲啊！无道的君主，怎么能替他出谋献策呢！从前夏桀杀死关龙逢，商纣杀死王子比干，吴王夫差杀死伍子胥。这三个臣子，难道不忠吗！然而不能免于死罪，他们的身亡是因为所忠的君主无道。如今我的智能不及这三位，而秦二世的无道超过夏桀、商纣、吴王夫差，我因为忠君而死，是活该了。况且秦二世的统治难道不昏乱吗！往日铲除他的兄弟而自立为帝，杀害忠臣而器重贱人，建造阿房宫，向天下大征赋税。我不是没有劝谏，而是他不听我啊。大凡古代的圣明君王，宴饮膳食有节制，车马器物有定数，宫殿居室有制度，颁布命令兴办事情，如果增加费用而无益于百姓之利的话就禁止，所以能长治久安。如今他对同胞兄弟行使悖逆伦常的手段，不顾及恶果；滥杀忠臣，不考虑祸殃；大建宫室，重征天下的赋税，不爱惜钱财：这三件事已经做了，天下臣民便不再俯首听命。如今反叛的人已经占有天下的一半，而秦二世的心还没有觉悟，反而仍以赵高作为辅佐,我必将会看盗寇攻到咸阳,(都城化为废墟)麋鹿在朝廷旧址上游嬉的情景。"

于是秦二世就让赵高审理丞相的案件,定李斯的罪,追查李斯和其子李由谋划造反的情况,全部逮捕李斯的家族和宾客。赵高审讯李斯,用刑具拷打了千余下,李斯忍受不了痛楚,自己含冤认罪。李斯之所以不肯自杀,是自恃善辩能说而立有大功,又确实没有谋反的心思,因此期盼上书机会自己陈述,希望秦二世省悟而赦免他。李斯便从监狱里给秦二世上书说:"臣下担任丞相,治理百姓已三十多年了。当初赶上秦国土地狭小的时候。先王早年,秦国土地不过千里,军队只有几十万。臣下竭尽绵薄之材,谨慎地奉行法令,暗中派遣谋臣,供给金银珠玉,让他们游说各国诸侯;同时暗中操练军队,整顿政治教化,任命勇猛善战的士卒做官,尊崇有功之臣,提高他们的爵位俸禄,所以终于制服韩国、削灭魏国、攻破燕国、赵国,铲平齐国、楚国,兼并六个国家,俘虏他们的君王,尊立秦王为天子。这是第一条罪。领土不是不广阔,又北上驱逐胡貉,南下平定百越,以此来显示秦国的强大。这是第二条罪。尊崇大臣,提高他们的爵位,来牢固君臣的亲密关系。这是第三条罪。确立社稷的祭典,修明宗庙的奉祀,来昭彰君主的贤明。这是第四条罪。改定器物徽识纹饰的款式,统一度量衡、法律礼乐制度,颁示天下,来树立秦国的名望。这是第五条罪。修筑驰道,兴建离宫别馆,来显示主上的得志。这是第六条罪。放宽刑罚,减轻赋税,来满足主上取得民众之心的要求,万民拥戴君主,至死不忘报恩。这是第七条罪。像我李斯这样做臣子的,犯的罪够得上死刑本已很久了。皇上宠幸臣下让我竭尽才力,方能活到今天,恳请陛下明察这一切。"奏书进上，赵高让官吏弃置不报，说："囚犯哪能上书！"

赵高派他的门客十几批装扮成御史、谒者、侍中，轮番前去反复审讯李斯。李斯更改口供用原来的实情回答，来者就派人再拷打他。后来秦二世派人向李斯对证，李斯以为和前几次的一样，终于不敢更改口供，供认不讳。赵高把判决书送呈上去，秦二世高兴地说："没有赵高，我差点被丞相所欺骗。"等到秦二世派去调查三川郡郡守的使者到达郡治雒阳，项梁已在进攻中击杀李由。使者返回咸阳，正好遇上丞相已委付狱吏收监，赵高把使者调查结果全部篡改成谋反的证词。

秦二世二年七月，定李斯灭三族之罪，判决在咸阳街市腰斩。李斯走出牢房，和他的次子一起被押解赴刑，回头对他的次子说："我想与你再牵着黄狗，一起出上蔡城东门去逐猎野兔，难道还可能吗？"于是父子相对而哭，随后诛灭了李斯的三族。

李斯死后，秦二世任命赵高为中丞相，朝政事无巨细均由赵高决断。赵高自知权势太重，（有点不放心，）于是献上一头鹿，说它是马（来作试探）。秦二世问左右群臣道："这是鹿吧？"左右群臣都说"是马"。秦二世很惊讶，自以为神志昏乱，就召来太卜，命令起卦卜问此事。太卜说："陛下一年四季祭祀天地，供奉宗庙鬼神，斋戒不够虔诚，所以到了这个地步。可以仿效前代圣贤之君虔诚地举行斋戒。"于是秦二世就进入上林苑作斋戒。每日仍游玩射猎，有个行人步入上林苑中，秦二世亲自射杀了他。赵高唆使他的女婿咸阳令阎乐奏劾不知何人谋害杀人将尸体移入上林苑。于是，赵高劝谏秦二世说："天子平白无故地杀害无辜的人，这皇天上帝禁止的事，鬼神也会不享用您的祭祀，上天将会降下灾殃，应当远远地避开皇宫来祈祷消灾免祸。"秦二世就迁出皇宫住在望夷宫。

秦二世在望夷宫停留三日后，赵高假造诏令集合卫士，命令卫士全部穿上白色服装手持武器面向宫内，赵高先入宫告诉秦二世说："山东群盗叛军大批到达了！"秦二世登上楼台见到这情景，惊恐万状，赵高就趁机胁迫秦二世，让他自杀。赵高拿过皇帝的玺印佩带在身上，左右侍卫、群臣百官没有人相随，赵高一登宫殿，宫殿就像要倒塌下来，这样一连三次，赵高自知天意不从，群臣不许，就召来秦始皇弟弟，将玺印交给他。

子婴即皇帝位后，害怕赵高，就假托有病不上朝听政，与宦官韩谈及其儿子密谋杀死赵高。赵高前来谒见皇上，请求探病，子婴趁机召见入宫，命令韩谈刺杀赵高，并诛灭赵高的三族。

子婴在位三个月，沛公的军队从武关攻入，到达咸阳，秦廷群臣全部叛变，不再上朝。子婴和妻子儿女自己用丝带拴住脖子，站在轵道亭旁投降。沛公就把子婴交给下面官吏。项王到达咸阳杀死子婴。秦朝就这样丧失了天下。

太史公说：李斯作为一个普通平民选择各国诸侯，后来入关侍奉秦国，乘着机会，辅佐秦始皇，终于成就帝王大业，李斯身为三公，可以说是受到重用了。李斯知晓六艺的宗旨，却不致力修明政治来弥补君主的缺陷，身负高爵厚禄的重权，阿谀奉承苟且迎合，实行严刑酷法，听从赵高的邪说奸计，废除嫡子扶苏，拥立庶子胡亥。等到诸侯已纷纷背叛，李斯才进谏争辩，不也太晚了吗！常人都以为李斯竭尽忠诚而遭受五刑死去，考察事实真相，却与世俗的议论大相径庭。不然的话，李斯的功绩可以同周公、召公并列媲美了。

史记卷八十八

蒙恬列传第二十八

蒙恬者，其先齐人也。恬大父蒙骜，自齐事秦昭王，官至上卿。秦庄襄王元年，蒙骜为秦将，伐韩，取成皋、荥阳，作置三川郡。二年，蒙骜攻赵，取三十七城。始皇三年，蒙骜攻韩，取十三城。五年，蒙骜攻魏，取二十城，作置东郡。始皇七年，蒙骜卒。骜子曰武，武子曰恬。恬尝书狱典文学。始皇二十三年，蒙武为秦裨将军，与王翦攻楚，大破之，杀项燕。二十四年，蒙武攻楚，虏楚王。蒙恬弟毅。

始皇二十六年，蒙恬因家世得为秦将，攻齐，大破之，拜为内史。秦已并天下，乃使蒙恬将三十万众北逐戎狄，收河南。筑长城，因地形，用制险塞，起临洮，至辽东，延袤万余里。于是渡河，据阳山，逶蛇而北。暴师于外十余年，居上郡。是时蒙恬威振匈奴。始皇甚尊宠蒙氏，信任贤之。而亲近蒙毅，位至上卿，出则参乘，入则御前。恬任外事而毅常为内谋，名为忠信，故虽诸将相莫敢与之争焉。

赵高者，诸赵疏远属也。赵高昆弟数人，皆生隐宫，其母被刑僇，世世卑贱。秦王闻高强力，通于狱法，举以为中车府令。高即私事公子胡亥，喻之决狱。高有大罪，秦王令蒙毅法治之。

毅不敢阿法，当高罪死，除其宦籍。帝以高之敦于事也，赦之，复其官爵。

始皇欲游天下，道九原，直抵甘泉，乃使蒙恬通道，自九原抵甘泉，堑山堙谷，千八百里。道未就。

始皇三十七年冬，行出游会稽，并海上，北走琅邪。道病，使蒙毅还祷山川，未反。

始皇至沙丘崩，秘之，群臣莫知。是时丞相李斯、公子胡亥、中车府令赵高常从。高雅得幸于胡亥，欲立之，又怨蒙毅法治之而不为己也，因有贼心，乃与丞相李斯、公子胡亥阴谋，立胡亥为太子。太子已立，遣使者以罪赐公子扶苏、蒙恬死。扶苏已死，蒙恬疑而复请之。使者以蒙恬属吏，更置。胡亥以李斯舍人为护军。使者还报，胡亥已闻扶苏死，即欲释蒙恬。赵高恐蒙氏复贵而用事，怨之。

毅还至，赵高因为胡亥忠计，欲以灭蒙氏，乃言曰："臣闻先帝欲举贤立太子久矣，而毅谏曰'不可'。若知贤而俞弗立，则是不忠而惑主也。以臣愚意，不若诛之。"胡亥听而系蒙毅于代。前已囚蒙恬于阳周。丧至咸阳，已葬，太子立为二世皇帝，而赵高亲近，日夜毁恶蒙氏，求其罪过，举劾之。

子婴进谏曰："臣闻故赵王迁杀其良臣李牧而用颜聚，燕王喜阴用荆轲之谋而倍秦之约，齐王建杀其故世忠臣而用后胜之议。此三君者，皆各以变古者失其国而殃及其身。今蒙氏，秦之大臣谋士也，而主欲一旦弃去之，臣窃以为不可。臣闻轻虑者不可以治国，独智者不可以存君。诛杀忠臣而立无节行之人，是内使群臣不相信而外使斗士之意离也，臣窃以为不可。"

胡亥不听，而遣御史曲宫乘传之代，令蒙毅曰："先主欲立太子而卿难之。今丞相以卿为不忠，罪及其宗。朕不忍，乃赐卿死，亦甚幸矣。卿其图之！"毅对曰："以臣不能得先主之意，则臣少宦，顺幸没世，可谓知意矣。以臣不知太子之能，则太子独从，周旋天下，去诸公子绝远，臣无所疑矣。夫先主之举用太子，数年之积也，臣乃何言之敢谏，何虑之敢谋！非敢饰辞以避死也，为羞累先主之名，愿大夫为虑焉，使臣得死情实。且夫顺成全者，道之所贵也；刑杀者，道之所卒也。昔者秦穆公杀三良而死，罪百里奚而非其罪也，故立号曰'缪'。昭襄王杀武安君白起。楚平王杀伍奢。吴王夫差杀伍子胥。此四君者，皆为大失，而天下非之，以其君为不明，以是籍于诸侯。故曰'用道治者不杀无罪，而罚不加于无辜'。唯大夫留心！"使者知胡亥之意，不听蒙毅之言，遂杀之。

二世又遣使者之阳周，令蒙恬曰："君之过多矣，而卿弟毅有大罪，法及内史。"恬曰："自吾先人，及至子孙，积功信于秦三世矣。今臣将兵三十余万，身虽囚系，其势足以倍畔，然自知必死而守义者，不敢辱先人之教，以不忘先主也。昔周成王初立，未离襁褓，周公旦负王以朝，卒定天下。及成王有病甚殆，公旦自揃其爪以沈于河，曰：'王未有识，是旦执事。有罪殃，旦受其不祥。'乃书而藏之记府，可谓信矣。及王能治国，有贼臣言：'周公旦欲为乱久矣，王若不备，必有大事。'王乃大怒，周公旦走而奔于楚。成王观于记府，得周公旦沈书，乃流涕曰：'孰谓周公旦欲为乱乎！'杀言之者而反周公旦。故《周书》曰'必参而伍之'。今恬之宗，世无二心，而事卒如此，是必孽臣逆乱，内陵之道也。夫成王失而复振则卒昌；桀杀关龙逄，纣杀王子比干而不悔，身死则国亡。臣故曰过可振而谏可觉也。察于参伍，上圣之法也。凡臣之言，非以求免于咎也，将以谏而死，愿陛下为万民思从道也。"使者曰："臣受诏行法于将军,不敢以将军言闻于上也。"蒙恬喟然太息曰:"我何罪于天,无过而死乎?"良久,徐曰:"恬罪固当死矣。起临洮属之辽东,城堑万余里,此其中不能无绝地脉哉?此乃恬之罪也。"乃吞药自杀。

太史公曰:吾适北边,自直道归,行观蒙恬所为秦筑长城亭障,堑山堙谷,通直道,固轻百姓力矣。夫秦之初灭诸侯,天下之心未定,痍伤者未瘳,而恬为名将,不以此时强谏,振百姓之急,养老存孤,务修众庶之和,而阿意兴功,此其兄弟遇诛,不亦宜乎!何乃罪地脉哉?

译文:

蒙恬,他的祖先是齐国人。蒙恬的祖父蒙骜,从齐国来到秦国服侍秦昭王,官位达到上卿。秦庄襄王元年,蒙骜担任秦国的将领,攻打韩国,夺取成皋、荥阳,设置了三川郡。秦庄襄王二年,蒙骜进攻赵国,夺取了三十七城。秦始皇三年,蒙骜进攻韩国,夺取了十三城。秦始皇五年,蒙骜进攻魏国,夺取了二十城,设置了东郡。秦始皇七年,蒙骜去世。蒙骜的儿子叫蒙武,蒙武的儿子叫蒙恬。蒙恬曾学习刑法,掌管刑狱文书。秦始皇二十三年,蒙武担任秦国的副将军,与王翦一起进攻楚国,大败楚军,杀死了项燕。秦始皇二十四年,蒙武进攻楚国,俘虏了楚王。蒙恬的弟弟是蒙毅。

秦始皇二十六年,蒙恬由于出身将门,得以担任秦国的将领,进攻齐国,大败齐军,被任命为内史。秦已兼并了天下,便派蒙恬率领三十万大军向北驱逐戎狄,收复了河南地区。修筑长城,依据地形,用来控制险要阻塞之地,起自临洮,直到辽东,绵延一万多里。于是渡过黄河,占据阳山,逶迤向北。军队冒着雨雪风霜在外十多年,驻守上郡。当时蒙恬的声威震撼了匈奴。秦始皇很尊重宠爱蒙氏,信任他们,认为他们贤能。因而亲近蒙毅,让他的官位达到上卿,外出则陪皇帝同乘一辆车,入内则侍奉在皇帝身边。蒙恬负责外面的事务而蒙毅常在朝内出谋划策,他们号称忠信,所以即使是诸将相也不敢和他们相争。

赵高是赵国王族中的远支亲属。赵高兄弟几人都出生在隐官。他的母亲受过肉刑,世代地位卑贱。秦始皇听说赵高很有能力,通晓刑狱法律,提拔他担任中车府令。赵高便私下侍奉公子胡亥,教他断决狱案。赵高犯了大罪,秦始皇让蒙毅依法惩治他。蒙毅不敢枉法,判赵高死罪,除掉了他的宦官籍。秦始皇因赵高办事认真勤勉,赦免了他,恢复了他的官爵。

秦始皇想要巡游天下,路经九原,直达甘泉。于是派蒙恬开通道路。从九原至甘泉,挖山填谷,长一千八百里。道路没有完工。

秦始皇三十七年冬天,出行巡游会稽,沿海而上,向北前往琅邪。秦始皇途中患病,派蒙毅折还,祷告山川。蒙毅没有返回。

秦始皇到达沙丘时去世了,消息保密,群臣都不知道。当时丞相李斯、公子胡亥、中车府令赵高日常随从秦始皇。赵高一向得到胡亥的宠幸,想要拥立胡亥,又怨恨蒙毅曾依法惩治他而不为他开脱,因而有了害人之心,就与丞相李斯、公子胡亥暗中谋划,拥立胡亥为太子。立了太子以后,派使者用罪名命令公子扶苏和蒙恬自杀。扶苏自杀以后,蒙恬感到疑惑而再次请求申诉。使者将蒙恬交付给执法官吏,换人顶替蒙恬的职位。胡亥用李斯的家臣担任护军。使者回来报告,胡亥听到了扶苏死讯,就想释放蒙恬。赵高怕蒙氏再度贵宠而掌权,心中怨恨他们。

蒙毅返回,赵高借着为胡亥尽忠谋划的名义,想就此灭掉蒙氏，便进言说："我听说先帝想提拔贤能的人立为太子很久了，而蒙毅劝谏说'不可以'。他明知您贤能而拖延着不让立，那就是不忠而迷惑君主。以我的愚见，不如杀了他。"胡亥听从了，因而将蒙毅囚禁在代地。此前已将蒙恬囚禁在阳周。秦始皇的丧车到了咸阳，下葬以后，太子即位为二世皇帝。而赵高亲近秦二世，他日夜毁谤蒙氏，搜求他们的罪过，检举弹劾他们。

子婴进言劝谏道："我听说从前赵王迁杀死他的良臣李牧而任用颜聚，燕王喜暗中采用荆轲的计谋而违背与秦的盟约，齐王建杀死他前代的忠臣而采用后胜的建议。这三位国君，都各自因为用了改变旧规的人而丧失国家，灾祸降到自身。如今的蒙氏，是秦的大臣谋士，而主上想一下子抛弃他们，我私下认为是不可以的。我听说考虑事情轻率的人不能治理国家，只靠自己智慧的人不能保住君位。诛杀忠臣而任用没有节操品行的人，这是在内使群臣不能相信而在外使战士离心离德，我私下认为是不可以的。"

胡亥不听，而派御史曲宫乘驿车去代地，命令蒙毅说："先主要立太子，而您从中作难。如今丞相认为您不忠，罪过牵连到您的家族。我不忍心那样治罪，就赐您一死，这也是很幸运了。您还是盘算一下！"蒙毅回答说："如果认为我不能得先主的欢心，那么我从年轻时做官，顺从先主的意志而被宠幸，直到先主逝世，可以说是了解他的心意了。如果认为我不知道太子的贤能，那么太子单独跟随先主，周游天下，远远超过其他各位公子，我是没有什么疑惑了。先主选立太子，是积数年考虑的结果，我难道敢劝谏什么话，敢谋划什么主意！我不敢修饰辩词来逃避一死，是因为这会羞辱牵累先主的名誉，愿大夫为此考虑，使我能死于真实的罪名。况且顺理成全是正道所珍贵的，刑罚杀戮是正道所鄙贱的。从前秦穆公杀死三位贤臣为他殉葬，判处百里奚而百里奚并无罪过，因此立谥号叫'缪'。昭襄王杀死了武安君白起，楚平王杀死了伍奢，吴王夫差杀死了伍子胥。这四位君主，都犯了大过失，天下人责怪他们，认为他们是不贤明的国君，因此在诸侯中名声狼藉。所以说'用正道治国的人不杀无罪者，刑罚不施于无辜者'。请大夫留意！"使者知道胡亥的意图，不听蒙毅的话，结果把他杀了。

秦二世又派使者前往阳周，命令蒙恬说："您的过错够多了，而且您的弟弟蒙毅犯有大罪，依法牵连到您。"蒙恬说："从我的祖父，到他的子孙，积累功劳和信义在秦已经三代了。如今我统兵三十多万，虽然身被囚禁，但我的势力足可以反叛。然而我自知必死而遵守大义的原因，是由于我不敢辱没先人的教诲，是为了不忘先主。从前周成王刚即位时，还没离开幼儿的襁褓，周公旦背着成王上朝，终于平定天下。到成王患病十分危险的时候，周公旦自己剪下指甲沉入黄河，说：'君王还不懂事，是我在管理国事。如果有罪过祸殃，我来承受灾难。'于是把这祷语记录下来，收藏在文书府里，这可以说是尽忠了。到成王能治理国家时，有奸臣说：'周公旦想要作乱很久了，大王如果不防备，必定出大事。'成王于是大怒，周公旦便逃跑到楚国。成王在文书府查看档案，见到周公旦沉入黄河的祷语记录，这才流着泪说：'谁说周公旦想要作乱呢！'便杀了讲谗言的人而让周公旦返回。因此《周书》说'一定要多方反复地咨询审察'。如今我的宗族，世代没有二心，而事情最终如此，这一定是有奸臣捣乱、在内欺罔主上的缘故。成王有了过失而能重新挽救，于是周朝最终昌盛；夏桀杀死关龙逢、商纣杀死王子比干而不改悔，他们身死而国亡。因此我说有过失可以挽救，听从劝谏可以觉醒。多方反复地考察，是圣明君主的法则。凡我所说的话，并不是为了求得免于惩处，我准备以忠言进谏而死，愿陛下为万民考虑遵循正道。"使者说："我接受诏令对将军执行刑法，不敢把将军的话传报给皇上。"蒙恬深深地叹息道："我怎么得罪了上天，要无过而死呢？"过了许久，他慢慢地说："我的罪过本来是该死的。起自临洮，连接到辽东，我筑城墙挖壕沟一万多里，这其间不会不切断地脉吧？这就是我的罪过。"于是吞下毒药自杀。

太史公说：我到北方边地，从直道返回，沿路看到蒙恬为秦所修的长城堡垒，挖山填谷，开通直道，确实太轻贱百姓的人力物力了。秦刚刚灭掉诸侯，天下人心没有安定，受伤者没有痊愈，而蒙恬身为名将，不在此时极力劝谏，救百姓的急难，供养老人，抚育孤儿，致力于建设百姓的和平生活，却迎合秦始皇的心意大兴功作，这样看来，他们兄弟遭到诛杀，不是应当的吗！为什么竟归罪于切断地脉呢？

史记卷八十九

张耳陈余列传第二十九

张耳者，大梁人也。其少时，及魏公子毋忌为客。张耳尝亡命游外黄。外黄富人女甚美，嫁庸奴，亡其夫，去抵父客。父客素知张耳，乃谓女曰："必欲求贤夫，从张耳。"女听，乃卒为请决，嫁之张耳。张耳是时脱身游，女家厚奉给张耳，张耳以故致千里客。乃宦魏为外黄令。名由此益贤。陈余者，亦大梁人也，好儒术，数游赵苦陉。富人公乘氏以其女妻之，亦知陈余非庸人也。余年少，父事张耳，两人相与为刎颈交。

秦之灭大梁也，张耳家外黄。高祖为布衣时，尝数从张耳游，客数月。秦灭魏数岁，已闻此两人魏之名士也，购求有得张耳千金，陈余五百金。张耳、陈余乃变名姓，俱之陈，为里监门以自食。两人相对。里吏尝有过笞陈余，陈余欲起，张耳蹑之，使受笞。吏去，张耳乃引陈余之桑下而数之曰："始吾与公言何如？今见小辱而欲死一吏乎？"陈余然之。秦诏书购求两人，两人亦反用门者以令里中。

陈涉起蕲，至入陈，兵数万。张耳、陈余上谒陈涉。涉及左右生平数闻张耳、陈余贤，未尝见，见即大喜。

陈中豪杰父老乃说陈涉曰："将军身被坚执锐，率士卒以诛暴秦，复立楚社稷，存亡继绝，功德宜为王。且夫监临天下诸将，不为王不可，愿将军立为楚王也。"陈涉问此两人，两人对曰："夫秦为无道，破人国家，灭人社稷，绝人后世，罢百姓之力，尽百姓之财。将军瞋目张胆，出万死不顾一生之计，为天下除残也。今始至陈而王之，示天下私。愿将军毋王，急引兵而西，遣人立六国后，自为树党，为秦益敌也。敌多则力分，与众则兵强。如此野无交兵，县无守城，诛暴秦，据咸阳以令诸侯。诸侯亡而得立，以德服之，如此则帝业成矣。今独王陈，恐天下解也。"陈涉不听，遂立为王。

陈余乃复说陈王曰："大王举梁、楚而西，务在入关，未及收河北也。臣尝游赵，知其豪桀及地形，愿请奇兵北略赵地。"于是陈王以故所善陈人武臣为将军，邵骚为护军，以张耳、陈余为左右校尉，予卒三千人，北略赵地。

武臣等从白马渡河，至诸县，说其豪桀曰："秦为乱政虐刑以残贼天下，数十年矣。北有长城之役，南有五岭之戍，外内骚动，百姓罢敝，头会箕敛，以供军费，财匮力尽，民不聊生。重之以苛法峻刑，使天下父子不相安。陈王奋臂为天下倡始，王楚之地，方二千里，莫不响应，家自为怒，人自为斗，各报其怨而攻其雠，县杀其令丞，郡杀其守尉。今已张大楚，王陈，使吴广、周文将卒百万西击秦。于此时而不成封侯之业者，非人豪也。诸君试相与计之！夫天下同心而苦秦久矣。因天下之力而攻无道之君，报父兄之怨而成割地有土之业，此士之一时也。"豪桀皆然其言。乃行收兵，得数万人，号武臣为武信君。下赵十城，余皆城守，莫肯下。

乃引兵东北击范阳。范阳人蒯通说范阳令曰："窃闻公之将死，故吊。虽然，贺公得通而生。"范阳令曰："何以吊之？"

对曰："秦法重，足下为范阳令十年矣，杀人之父，孤人之子，断人之足，黥人之首，不可胜数。然而慈父孝子莫敢倳刃公之腹中者，畏秦法耳。今天下大乱，秦法不施，然则慈父孝子且倳刃公之腹中以成其名，此臣之所以吊公也。今诸侯畔秦矣，武信君兵且至，而君坚守范阳，少年皆争杀君，下武信君。君急遣臣见武信君，可转祸为福，在今矣。"

范阳令乃使蒯通见武信君曰："足下必将战胜然后略地，攻得然后下城，臣窃以为过矣。诚听臣之计，可不攻而降城，不战而略地，传檄而千里定，可乎？"武信君曰："何谓也？"蒯通曰："今范阳令宜整顿其士卒以守战者也，怯而畏死，贪而重富贵，故欲先天下降，畏君以为秦所置吏，诛杀如前十城也。然今范阳少年亦方杀其令，自以城距君。君何不赍臣侯印，拜范阳令，范阳令则以城下君，少年亦不敢杀其令。令范阳令乘朱轮华毂，使驱驰燕、赵郊。燕、赵郊见之，皆曰此范阳令，先下者也，即喜矣，燕、赵城可毋战而降也。此臣之所谓传檄而千里定者也。"武信君从其计，因使蒯通赐范阳令侯印。赵地闻之，不战以城下者三十余城。

至邯郸，张耳、陈余闻周章军入关，至戏却；又闻诸将为陈王徇地，多以谗毁得罪诛，怨陈王不用其策不以为将而以为校尉。乃说武臣曰："陈王起蕲，至陈而王，非必立六国后。将军今以三千人下赵数十城，独介居河北，不王无以填之。且陈王听谗，还报，恐不脱于祸。又不如立其兄弟；不，即立赵后。将军毋失时，时间不容息。"武臣乃听之，遂立为赵王。以陈余为大将军，张耳为右丞相，邵骚为左丞相。

使人报陈王，陈王大怒，欲尽族武臣等家，而发兵击赵。陈王相国房君谏曰："秦未亡而诛武臣等家，此又生一秦也。不如因而贺之，使急引兵西击秦。"陈王然之，从其计，徙系武臣等家宫中，封张耳子敖为成都君。

陈王使使者贺赵，令趣发兵西入关。张耳、陈余说武臣曰："王王赵，非楚意，特以计贺王。楚已灭秦，必加兵于赵。愿王毋西兵，北徇燕、代，南收河内以自广。赵南据大河，北有燕、代，楚虽胜秦，必不敢制赵。"赵王以为然，因不西兵，而使韩广略燕，李良略常山，张黡略上党。

韩广至燕，燕人因立广为燕王。赵王乃与张耳、陈余北略地燕界。赵王间出，为燕军所得。燕将囚之，欲与分赵地半，乃归王。使者往，燕辄杀之以求地。张耳、陈余患之。有厮养卒谢其舍中曰："吾为公说燕，与赵王载归。"舍中皆笑曰："使者往十余辈，辄死。若何以能得王？"乃走燕壁。燕将见之，问燕将曰："知臣何欲？"燕将曰："若欲得赵王耳。"曰："君知张耳、陈余何如人也？"燕将曰："贤人也。"曰："知其志何欲？"曰："欲得其王耳。"赵养卒乃笑曰："君未知此两人所欲也。夫武臣、张耳、陈余杖马箠下赵数十城，此亦各欲南面而王，岂欲为卿相终己邪？夫臣与主岂可同日而道哉，顾其势初定，未敢参分而王，且以少长先立武臣为王，以持赵心。今赵地已服，此两人亦欲分赵而王，时未可耳。今君乃囚赵王。此两人名为求赵王，实欲燕杀之，此两人分赵自立。夫以一赵尚易燕，况以两贤王左提右挈，而责杀王之罪，灭燕易矣。"燕将以为然，乃归赵王，养卒为御而归。

李良已定常山，还报，赵王复使良略太原。至石邑，秦兵塞井陉，未能前。秦将诈称二世使人遗李良书，不封，曰："良尝事我得显幸。良诚能反赵为秦，赦良罪，贵良。"良得书，疑不信。乃还之邯郸，益请兵。未至，道逢赵王姊出饮，从百余骑。李良望见，以为王，伏谒道旁。王姊醉，不知其将，使骑谢李良。李良素贵，起，惭其从官。从官有一人曰："天下畔秦，能者先立。且赵王素出将军下，今女儿乃不为将军下车，请追杀之。"李良已得秦书，固欲反赵，未决，因此怒，遣人追杀王姊道中，乃遂将其兵袭邯郸。邯郸不知，竟杀武臣、邵骚。赵人多为张耳、陈余耳目者，以故得脱出。收其兵，得数万人。客有说张耳曰："两君羁旅，而欲附赵，难；独立赵后，扶以义，可就功。"乃求得赵歇，立为赵王，居信都。李良进兵击陈余，陈余败李良，李良走归章邯。

章邯引兵至邯郸，皆徙其民河内，夷其城郭。张耳与赵王歇走入巨鹿城，王离围之。陈余北收常山兵，得数万人，军巨鹿北。章邯军巨鹿南棘原，筑甬道属河，饷王离。王离兵食多，急攻巨鹿。巨鹿城中食尽兵少，张耳数使人召前陈余，陈余自度兵少，不敌秦，不敢前。数月，张耳大怒，怨陈余，使张黡、陈泽往让陈余曰："始吾与公为刎颈交，今王与耳旦暮且死，而公拥兵数万，不肯相救，安在其相为死！苟必信，胡不赴秦军俱死？且有十一二相全。"陈余曰："吾度前终不能救赵，徒尽亡军。且余所以不俱死，欲为赵王、张君报秦。今必俱死，如以肉委饿虎，何益？"张黡、陈泽曰："事已急，要以俱死立信，安知后虑！"陈余曰："吾死顾以为无益，必如公言。"乃使五千人令张黡、陈泽先尝秦军，至皆没。

当是时，燕、齐、楚闻赵急，皆来救。张敖亦北收代兵，得万余人，来，皆壁余旁，未敢击秦。项羽兵数绝章邯甬道，王离军乏食，项羽悉引兵渡河，遂破章邯。章邯引兵解，诸侯军乃敢击围巨鹿秦军，遂虏王离。涉间自杀。卒存巨鹿者，楚力也。

于是赵王歇、张耳乃得出巨鹿，谢诸侯。张耳与陈余相见，责让陈余以不肯救赵，及问张黡、陈泽所在。陈余怒曰："张黡、陈泽以必死责臣，臣使将五千人先尝秦军，皆没不出。"张耳不信，以为杀之，数问陈余。陈余怒曰："不意君之望臣深也！岂以臣为重去将哉？"乃脱解印绶，推予张耳。张耳亦愕不受。陈余起如厕。客有说张耳曰："臣闻'天与不取，反受其咎'。今陈将军与君印，君不受，反天不祥。急取之！"张耳乃佩其印，收其麾下。而陈余还，亦望张耳不让，遂趋出。张耳遂收其兵。陈余独与麾下所善数百人之河上泽中渔猎。由此陈余、张耳遂有卻。

赵王歇复居信都。张耳从项羽诸侯入关。汉元年二月，项羽立诸侯王，张耳雅游，人多为之言，项羽亦素数闻张耳贤，乃分赵立张耳为常山王，治信都。信都更名襄国。

陈余客多说项羽曰："陈余、张耳一体有功于赵。"项羽以陈余不从入关，闻其在南皮，即以南皮旁三县以封之，而徙赵王歇王代。

张耳之国，陈余愈益怒，曰："张耳与余功等也，今张耳王，余独侯，此项羽不平。"及齐王田荣叛楚，陈余乃使夏说说田荣曰："项羽为天下宰不平，尽王诸将善地，徙故王王恶地，今赵王乃居代！愿王假臣兵，请以南皮为扞蔽。"田荣欲树党于赵以反楚，乃遣兵从陈余。陈余因悉三县兵袭常山王张耳。张耳败走，念诸侯无可归者，曰："汉王与我有旧故，而项羽又强，立我，我欲之楚。"甘公曰："汉王之入关，五星聚东井。东井者，秦分也。先至必霸。楚虽强，后必属汉。"故耳走汉。汉王亦还定三秦，方围章邯废丘。张耳谒汉王，汉王厚遇之。

陈余已败张耳，皆复收赵地，迎赵王于代，复为赵王。赵王德陈余，立以为代王。陈余为赵王弱，国初定，不之国，留傅赵王，而使夏说以相国守代。

汉二年，东击楚，使使告赵，欲与俱。陈余曰："汉杀张耳乃从。"于是汉王求人类张耳者斩之，持其头遗陈余。陈余乃遣兵助汉。汉之败于彭城，西，陈余亦复觉张耳不死，即背汉。

汉三年，韩信已定魏地，遣张耳与韩信击破赵井陉，斩陈余泜水上，追杀赵王歇襄国。汉立张耳为赵王。汉五年，张耳薨，谥为景王。子敖嗣立为赵王。高祖长女鲁元公主为赵王敖后。

汉七年，高祖从平城过赵，赵王朝夕袒韛蔽，自上食，礼甚卑，有子婿礼。高祖箕踞詈，甚慢易之。赵相贯高、赵午等年六十余，故张耳客也。生平为气，乃怒曰："吾王孱王也！"说王曰："夫天下豪桀并起，能者先立。今王事高祖甚恭，而高祖无礼，请为王杀之！"张敖啮其指出血，曰："君何言之误！且先人亡国，赖高祖得复国，德流子孙，秋豪皆高祖力也。愿君无复出口。"贯高、赵午等十余人皆相谓曰："乃吾等非也。吾王长者，不倍德。且吾等义不辱，今怨高祖辱我王，故欲杀之，何乃污王为乎？令事成归王，事败独身坐耳。"

汉八年，上从东垣还，过赵，贯高等乃壁人柏人，要之置厕。上过欲宿，心动，问曰："县名为何？"曰："柏人。""柏人者，迫于人也！"不宿而去。

汉九年，贯高怨家知其谋，乃上变告之。于是上皆并逮捕赵王、贯高等。十余人皆争自刭，贯高独怒骂曰："谁令公为之？今王实无谋，而并捕王；公等皆死，谁白王不反者！"乃轞车胶致，与王诣长安。治张敖之罪。上乃诏赵群臣宾客有敢从王皆族。贯高与客孟舒等十余人，皆自髡钳，为王家奴，从来。贯高至，对狱，曰："独吾属为之，王实不知。"吏治榜笞数千，刺剟，身无可击者，终不复言。吕后数言张王以鲁元公主故，不宜有此。上怒曰："使张敖据天下，岂少而女乎！"不听。廷尉以贯高事辞闻，上曰："壮士！谁知者，以私问之。"中大夫泄公曰："臣之邑子，素知之。此固赵国立名义不侵为然诺者也。"上使泄公持节问之箯舆前。仰视曰："泄公邪？"泄公劳苦如生平欢，与语，问张王果有计谋不。高曰："人情宁不各爱其父母妻子乎？今吾三族皆以论死，岂以王易吾亲哉！顾为王实不反，独吾等为之。"具道本指所以为者王不知状。于是泄公入，具以报，上乃赦赵王。

上贤贯高为人能立然诺，使泄公具告之，曰："张王已出。"因赦贯高。贯高喜曰："吾王审出乎？"泄公曰："然。"泄公曰："上多足下，故赦足下。"贯高曰："所以不死一身无余者，白张王不反也。今王已出，吾责已塞，死不恨矣。且人臣有篡杀之名，何面目复事上哉！纵上不杀我，我不愧于心乎？"乃仰绝肮，遂死。当此之时，名闻天下。

张敖已出，以尚鲁元公主故，封为宣平侯。于是上贤张王诸客，以钳奴从张王入关，无不为诸侯相、郡守者。及孝惠、高后、文帝、孝景时，张王客子孙皆得为二千石。

张敖，高后六年薨。子偃为鲁元王。以母吕后女故，吕后封为鲁元王。元王弱，兄弟少，乃封张敖他姬子二人：寿为乐昌侯，侈为信都侯。高后崩，诸吕无道，大臣诛之，而废鲁元王及乐昌侯、信都侯。孝文帝即位，复封故鲁元王偃为南宫侯，续张氏。

太史公曰：张耳、陈余，世传所称贤者；其宾客厮役，莫非天下俊桀，所居国无不取卿相者。然张耳、陈余始居约时，相然信以死，岂顾问哉？及据国争权，卒相灭亡，何乡者相慕用之诚，后相倍之戾也！岂非以势利交哉？名誉虽高，宾客虽盛，所由殆与太伯、延陵季子异矣。

译文：

张耳是魏国大梁人。在他年轻时，还赶得上做魏公子毋忌的门客。张耳曾经逃亡到外黄县。外黄县有一富家，女儿长得很漂亮，但却嫁给一个平庸的丈夫。富家女便逃离她的丈夫，去投奔她父亲的宾客。这位宾客一向很了解张耳的为人，便对富家女说："你一定要找个好丈夫，那就嫁给张耳吧！"富家女一口答应。她请这位宾客出面立即办理与丈夫的离异手续，便嫁给张耳。婚后，张耳离家在外交游，妻子的娘家拿出很多钱财资助张耳，因此张耳有能力招致远方的宾客。后来张耳在魏国做了官，出任外黄县令，名声比以前更好了。陈余也是大梁人，他爱好儒家的学术。陈余多次到赵国的苦陉县交游，当地的富人姓公乘的把女儿嫁给他。这家富人也知道陈余不是个平庸的人。陈余比张耳年纪小，他便像侍奉父亲那样侍奉张耳，两人结为生死之交。

秦国占领大梁之后，张耳便把家搬往外黄县。在高祖还是平民百姓的时候，曾多次和张耳交往，并在张耳家客居过数月。秦灭魏数年以后，听说张耳和陈余是魏国的名士，便悬赏缉拿他二人，能得到张耳的给千金，得到陈余的给五百金。于是，张耳和陈余改变姓名，一块儿逃避到陈县，充当里门的守卒以糊口。两人所守的里门正好相对。有一次，里中小吏以为陈余犯了过错，用鞭子拷打他，陈余想起来反抗，张耳便用脚踩他，暗示要他忍受鞭挞。等小吏离去之后，张耳把陈余拉到桑丛下，责备他说："起初我怎么向你说的？现在受到一点小小的侮辱，就想为反抗一个小吏来断送自己的性命吗？"陈余认为张耳的话是对的。秦二世又发布诏书，要捉到他们二人。张耳和陈余反而利用门卒的身份，让里中百姓查找。

陈涉在蕲县起义，攻打到陈县，兵众已有数万人。张耳和陈余去晋见陈涉。陈涉和他手下的人，很久以前就多次听说张耳和陈余很有才德，只是没见过面。这次见面接谈之后，陈涉等人非常高兴。

陈县的父老豪杰劝陈涉说："将军您亲身披甲戴盔，手操武器，率领兵士诛伐暴虐的秦朝，恢复楚国，使灭亡了的国家复存，断绝了的继嗣得以再度延续。论功德应该称王。况且，统率天下诸将，不称王也不足以镇服。希望将军您立为楚王。"陈涉征求张耳、陈余的意见，二人回答说："秦朝施行暴政，侵占别人的国家，毁掉人家的社稷，断绝人家的后嗣，百姓们被奴役得疲惫不堪，财产被搜刮得精光。将军您愤怒填膺，把生死置之度外，是为了替天下根除残暴。现在刚攻打到陈县，便自立为王，这就向天下人暴露了自己的私心。希望将军您不要称王，迅速率兵西进，并派人立六国君主的后人为王，作为自己同盟军，这就使秦国增加了敌人。秦国的敌人多，它的力量就被分散；我们同盟者多，兵力就会增强。这样，秦国就没有兵力在野外和我们交战，城池也无人坚守。进而推翻暴虐的秦朝，占据它的首都咸阳，并以此号令诸侯。那些亡国而得复位的诸侯，也会感激您的复立之恩而归服。这样，帝王的大业就成功了。现在如果独自在陈称王，恐怕天下的人就离心离德了。"陈涉不听劝告，自立为王。

陈余又劝陈涉说："大王您攻克梁、楚二国之地，率兵西进，目标是攻入函谷关，无暇收复黄河以北地区。我曾经到赵国交游，结识了那里的豪杰，熟悉那里的地形，希望您给我派一支突袭部队，北进攻取赵地。"于是陈涉任命他的老朋友陈县人武臣为将军，邵骚为护军，张耳、陈余为左右校尉，派兵三千人，北进攻取赵地。

武臣等人率兵从白马津北渡黄河，到了河北各县，便鼓动那里的豪杰说："秦朝用乱政酷刑残害天下，已经数十年了。在北方有修筑万里长城的浩大工程，在南方有戍守五岭的繁重军役，弄得内外不安，百姓疲惫不堪；加上按人头收取赋税，张开像簸箕一样的口聚敛财物，来供应军需。天下财匮力尽，民不聊生。再加上严刑峻法，害得天下人父子不能相保。陈涉奋臂而起，首先举起反秦的义旗，在楚地称王。方圆二千里的地方，没有不起来响应的。家家奋起，人自为战，各自报怨复仇，县里则杀掉县令、县丞，郡里则杀掉郡守、郡尉。现在陈涉已经建立大楚政权，在陈县称王，并派遣吴广、周文率领百万大军西进攻秦。遇上这样的大好时机，若不能成就封侯的功业，那就说不上是人中豪杰了。请诸位互相商量计议。再说，天下人苦于秦朝的暴政已经很久了，用天下的力量攻除暴虐的君主，报父老兄弟之仇，成就割地封侯的功业，这实在是英雄人物千载难逢的大好时机啊！"各县的豪杰都认为他的话有道理。于是武臣等人广收兵员，得到好几万人。武臣被立为武信君。攻下赵地十座城池，其余的城邑都坚守对抗，不肯降服。

武臣等人便率兵向东北，进击范阳。这时范阳人蒯通向范阳县令游说："我听说你快要死了，所以前来表示哀悼。虽然如此，我还要向你祝贺，祝贺您遇上我，可以死里逃生。"范阳令说："为什么哀悼我呢？"蒯通回答说："秦朝的法律苛刻，你做范阳令已经十年了，杀害人家的父亲，使人家的孩子成为孤儿，砍断人家脚，在人家前额上刺字，被你害的人，不可胜数。但是，慈父孝子们之所以没人敢拿刀子把你捅死，只不过是畏惧秦朝严酷的法律罢了。现在天下大乱，秦法已不能施行，那么慈父孝子们就要拿刀子捅死你，成就他们父慈子孝的名声。这就是我向你表示哀悼的原因。现在的形势是天下诸侯都背叛了秦朝，武信君的军队马上就要开到,而你却坚守范阳城。城中的年轻人,都争着要杀死你,来迎接武信君。你只有紧急派我去和武信君协商,这样可以转祸为福。事情的成败就在今天了!"

于是范阳令便派蒯通去见武信君。蒯通对武信君说:"将军您如果采取必先战胜以后才拥有土地,攻坚破城才占领城市的方针,我以为这是策略上的失算。您如果能采纳我的计策,可以不攻坚就降下城池,可以不通过战争就夺得土地,传一道公文可以平定千里。您看这样可以吗?"武信君问道:"什么样的计策?"蒯通答道:"按说,现在的范阳令应该整顿他的士卒,据城坚守,但他怯懦怕死,贪财重富贵,故而他打算率先归降。可是又怕您以为他是秦朝的官吏,像以前您攻取的十座县城的县令一样被您杀掉。现在范阳城中的年轻人将要杀掉县令,据城抗拒您的军队。您何不交给我封侯的印信,去封拜范阳令,范阳令就会献城归降,城中的年轻人也就不敢杀害他了。再让范阳令乘坐豪华的车子,来往于燕、赵边境一带,当地官吏看到他这样气派,都会说,这是率先归降的范阳令啊!他们就放心而且高兴了。这样,燕、赵两国的城池,可不战而降服。这就是我所说的传一道公文可以平定千里的计策。"武信君采纳了蒯通的计策,派他把封侯的印信颁发给范阳令。赵国各地听到这一消息,不战而归顺的有三十余城。

武臣等人率兵来到邯郸。张耳、陈余听说周章率军西进入关,在戏地被秦军打退;又听说替陈涉攻占土地的各位将领,很多人受到谗言的毁谤而得罪被杀。因而张耳、陈余怨恨陈涉不采纳他们的计策,并且不任命他们为将军,只任命为校尉。于是他二人就向武臣献计:"陈涉在蕲县起事,到陈县便自立为王,看来不一定非立六国后裔为王不可。将军您现在仅用三千人就占领了赵地数十座城池，在河北成为一个独立地区，您不称王，则不足以镇服。如果陈涉听信陷害您的谗言，而进行报复，那您恐怕就不免遭受迫害了。要么就立陈涉的兄弟为王，再不就立赵国的后裔。将军您不要失去时机，时机喘息间就会失去。"武臣听从了二人的劝告，便自立为赵王。任命陈余为大将军，张耳为右丞相，邵骚为左丞相。

武臣派人通报陈涉，陈涉大怒，想把武臣等人的父母妻子都杀掉，并要发兵攻击赵国。陈涉的相国房君向他进谏说："一个秦国还没有灭亡，若杀了武臣等人的家属，这等于又树起一个秦国。不如顺水推舟，派人去祝贺，促使他们赶快率兵西进，攻击秦国。"陈涉点头称是，采纳房君的意见，把武臣等人的家属转押在宫中，并封张耳之子张敖为成都君。

陈涉派遣使者去向赵王祝贺，并催促赵王发兵西进入关。张耳、陈余劝武臣说："大王您为赵王，并非陈涉的意愿，祝贺只不过是一种计谋罢了。一旦陈涉灭亡了秦国，必然对赵用兵。希望您不要发兵西进，而应向北攻取燕、代之地，向南收取河内郡，扩大自己的地盘。这样，赵国南据黄河之险，北有燕、代之地，纵然陈涉战胜秦国，但他必不敢和赵国为难。"赵王武臣认为他们的话正确，便不发兵西进，而派韩广攻取燕地，派李良攻夺常山，派张黡攻取上党。

韩广到了燕地，燕地人便立韩广为燕王。赵王武臣和张耳、陈余率兵北伐，进军至燕国边界。这时赵王乘机外出，被燕军俘获。燕将把赵王囚禁起来，向赵国提出交换条件，要赵国割出一半土地给燕国，才肯放回赵王。赵国派使臣去交涉，燕国则杀掉使臣索取割地。为此，张耳、陈余觉得很难办。这时，赵国军中有个伙夫对他的同事们说："我去为咱们赵国劝说燕国，和赵王一块坐车回来。"同事们都觉得他的话好笑,说:"使者派去了十几起,都被燕国杀掉了,你怎么能把赵王救回呢?"于是这个伙夫来到燕国的军营,燕将接见了他。伙夫问燕将说:"您知道我的来意吗?"燕将说:"你不过是想救回赵王罢了。"伙夫又问道:"您知道张耳、陈余是什么样的人吗?"燕将说:"是有才德的人。"伙夫说:"您知道他们想干什么吗?"燕将说:"不过是想得到他们赵王吧。"伙夫却笑着说:"您还不了解他们想干什么。在武臣、张耳、陈余轻而易举地拿下赵地数十座城池的时候,三人都想得到王位,难道谁甘心终身当别人的臣子吗?君和臣的地位是不可同日而语的。只因为当时赵国刚刚平定,他们还不敢三分鼎立,姑且以长幼的次序先立武臣为王,以此来安抚赵国的人心。现在赵地已经服帖,张耳和陈余也想分割赵地,各自称王,只不过还没有找到适当的时机。现在您囚禁了赵王,他们二人名义上求赵王回国,实际上希望燕国把赵王杀掉,他们二人便瓜分赵地,自立为王。只一个赵国尚且不把燕国放在眼里,何况两个有才德的国王互相支持配合,声讨燕国杀害赵王的罪责,灭亡燕国是轻而易举的事。"燕将以为伙夫的话有道理,就释放了赵王,那伙夫便驾车把赵王接回来。

这时,李良已经平定了常山郡,向赵王武臣报捷。武臣又派李良去攻取太原郡。李良兵至石邑,秦军堵守住井陉关,李良的军队无法前进。秦军将领伪造了秦二世致李良一封信,信未加封,信上说:"李良曾经侍奉过我,并得到信任重用。李良若能叛赵归秦,可以赦免以前的罪过,并给以高贵显要的职位。"李良接到这封信,怀疑信中的话不可靠。于是就回邯郸,请求增派军队。还未到邯郸城,在路上遇见赵王的姐姐赴宴回来,有百余骑士随从。李良远远望见,还以为是赵王,就跪伏在道旁,等待晋见。赵王的姐姐已经喝醉,糊里糊涂,不知道李良是位将领,便派随从的骑士出面招呼李良起来。李良平时骄贵惯了,现在竟被一名随从骑士招呼起来,在他的部下面前感到丢尽了面子。这时,他的随从官员中有一人对他说:"天下人都起来反秦,有本领的人应先立为王。况且赵王武臣本来在您之下,现在连他的姐姐也竟然不肯下车接见您。请追上前去,把她杀掉!"李良已经得到秦国的书信,本来想反叛赵国,只是犹豫未决,现在受到这样的侮辱,不由勃然大怒,便派人追上前去,把赵王的姐姐杀死在路上。于是便率领军队袭击邯郸城。城里人不知发生了什么事情,竟把武臣、邵骚杀掉了。赵国人好多是张耳、陈余的耳目,所以他们及时逃了出来。他们二人把赵国的军队召集在一起,得到好几万人。有个说客劝张耳和陈余说:"二位客居赵地,要想单独镇服赵国,那是很难办到的,只有立赵国的后裔为王,而您二人以正当的名义扶持他,才可以成就功业。"于是访求到赵国的后人赵歇,立为赵王,让他居住在信都。李良率军进攻陈余,陈余打败李良,李良逃走,投降了秦将章邯。

　　章邯率兵攻到邯郸,把这里的老百姓都迁移到河内郡,并把邯郸城垣夷为平地。张耳和赵王歇逃入巨鹿城,秦将王离率军把巨鹿城团团围住。陈余则转而北上,去搜罗常山的兵众,得到好几万人,回兵南向,驻扎在巨鹿以北。秦将章邯的军队驻扎在巨鹿城南面的棘原,修筑甬道,直连黄河,为王离运送粮饷。王离兵多粮足,于是向巨鹿城发动猛攻。城中粮尽兵少,张耳几次派人去催促陈余,让他前来救援。陈余自料兵少,不是秦军的对手,不敢前进。相持了几个月的时间,陈余没有前进一步。张耳非常恼火,怨恨陈余,就派张黡、陈泽前往,责备陈余说:"起初我和你结成生死之交,现在赵王歇和我的性命危在旦夕,而你拥兵数万,不肯相救,这算什么生死之交呢?如果真想实践自己的诺言,那您为什么不攻击秦军,和我们同归于尽呢?这样做,尚能保全十分之一二。"陈余回答说:"我预料,向前进攻,非但救不了赵国,反而白白地葬送全军。我陈余之所以不和你同归于尽,是想替赵王和您报仇。如果一定要同归于尽,那好比拿肉去打饿虎,有什么益处呢?"张黡、陈泽说:"现在已经到生死关头,应该以同死来实践诺言,哪顾得上虑及后果!"陈余说:"我明知这样死去没有任何益处,但一定按你们说的办。"于是他给张黡、陈泽派了五千人,让他们先去试探秦军,结果是全军覆没。

在这个时候,燕、齐、楚等国得知赵国危急,都派兵来救援。张耳之子张敖也在代地征集了一万多士兵,率领前来。各路人马都驻扎在陈余周围,但都不敢轻易向秦军发动攻击。项羽率军多次切断章邯所筑的甬道,致使王离的军队粮食匮乏。于是项羽率领全部军队渡过黄河,击败章邯,章邯领兵退走。这时各路援军才敢向包围巨鹿的秦军发动攻击,活捉了王离,涉间兵败自杀。最终使巨鹿城得到保全,是楚国项羽的功劳。

赵王歇、张耳得救,出了巨鹿城,遍谢各路将领。张耳与陈余见面,责备陈余不肯救援,并且追问张黡、陈泽的下落。陈余非常恼火,说:"张黡、陈泽立逼我以死践约,我就派他们率领五千人先去试探秦军,结果全军覆没。"张耳不相信他的话,以为陈余把二人杀害了,一再追问陈余。陈余非常愤怒地说:"没想到你对我的怨恨这样深!难道你以为我稀罕这个将军的职位吗?"于是便解下印绶,把将印推给张耳。张耳一时惊愕,不肯接受。这时陈余去上厕所,张耳的门客便劝张耳:"我听说有这样一句古语:上天给予的,若不接受,反而会遭受灾祸。现在陈将军把将印交还给您,您却不肯接受,违反天意是不吉利的。请赶快收起来!"于是张耳便佩上印绶,收服了陈余的部下。陈余回来,埋怨张耳也不推让一下,便愤然离去。张耳就收编了陈余的军队。陈余和他的几百名亲信到黄河边水泽中从事渔猎。从此,陈余和张耳便结下仇怨。

赵王歇回到信都居住,张耳跟随项羽及各路诸侯西入关中。汉元年二月,项羽封立诸侯王,张耳因广于交游,所以很多人替他说好话,平时项羽也常听人说张耳有才德,便分出赵国一部分,立张耳为常山王,王都设在信都,把信都改名襄国。

陈余的门客很多人向项羽游说:"陈余、张耳同样有功于赵国。"项羽因为陈余没有跟随他入关,听说陈余现在南皮县,便把南皮周围三个县分封给他,把赵王歇移封为代王。

张耳在常山国就位,陈余愈发怨恨项羽,说道:"张耳和我的功劳相等,现在张耳封王,我只不过封侯,这事项羽处理的太不公平了。"在齐王田荣背叛项羽的时候,陈余便派夏说去游说田荣:"项羽主宰天下大事,太不公平了,把他的将领都分封在富庶的地面,把原来的王都移封到贫瘠地面,现在竟然把赵王歇移封到代郡这样的偏远地区。希望大王您借给我一支军队,我情愿把南皮作为您的屏障。"田荣也想在赵地树立自己的党羽,来反抗项羽,于是便派遣一支军队随从陈余。陈余调集三县的全部军队,去袭击常山王张耳。张耳战败逃走,他考虑其他诸侯王没有可投靠的,便说:"汉王刘邦虽然和我是旧交,但项羽的力量强大,又立我为王,我准备去投靠项羽。"甘公对他说:"汉王刘邦进入关中时,天象是金、木、水、火、土五星聚集在井宿之旁,而井宿的分野是秦地,先进入秦地的必然成为霸主。项羽的力量虽强,以后必然归属于汉。"于是张耳便去投靠汉王。这时汉王刘邦正在平定三秦之地。在汉王刘邦把章邯围困在废丘的时候，张耳来谒见汉王，汉王给他的待遇非常优厚。

陈余打败张耳以后，收复了赵国的全部领土，把赵王歇从代国迎回，仍为赵王。赵王歇感激陈余的复立之恩，把陈余立为代王。陈余考虑到赵王歇软弱，加上国势初定，便不去代国即位，留下来辅佐赵王，派夏说以代国丞相的身份去治理代国。

汉二年，汉王东进攻击项羽，派遣使者通告赵国，准备和赵国联合攻楚。陈余提出："汉王杀掉张耳，我才答应起兵。"于是汉王找到一个面貌很像张耳的人，把他杀死，割下人头，派人送给陈余，这时陈余才出兵助汉。汉王在彭城被项羽击败，向西退却；陈余发觉张耳并没有死，于是就背叛汉王。

汉三年，韩信已平定魏地。汉王派张耳和韩信攻下赵国的井陉，在泜水边上杀死陈余，乘胜追击到襄国，又杀死赵王歇。汉立张耳为赵王。汉五年，张耳逝世，给他加谥号为景王。张耳之子张敖继位为赵王。高祖的大女儿鲁元公主嫁给张敖，立为王后。

汉七年，高祖从平城南还，经过赵国，赵王张敖整天带着套袖，亲自侍奉高祖的饮食，卑躬屈膝，完全用女婿侍奉岳父的礼节。高祖伸腿而坐，口中还骂骂詈詈，根本不把赵王当一回事儿。赵相贯高和赵午等人，都六十多岁了，原是张耳的门客。这些人生平很注重气节，（看到高祖如此对待赵王，）非常生气，说道："我们的赵王是个怯懦的王啊！"并劝说赵王："天下的豪杰同时而起，有本领的先立为王。现在大王您侍奉高祖如此恭谨，而高祖却这样无礼，我们请求替您把他杀死！"张敖听了，咬破了手指，说道："你们怎么说出这样的错话！我的父亲亡了国，依赖高祖的力量才得复位。这样的恩德将惠及子子孙孙，一丝一毫的好处都是高祖给的。希望你们不要再这样讲了。"贯高、赵午等十余人互相说:"这么说,是我们错了。我们赵王是忠厚的长者,不肯忘恩负义。但我们注重气节,不能受这样的侮辱。我们怨恨高祖侮辱我王,才打算把他杀死,这事何必拉王下水呢?假如事成,功归于王,事情败露,我们承担罪责。"

汉八年,高祖从东垣南还,经过赵国。贯高等人把刺客藏在柏人城驿站的夹壁墙中,伺机刺杀高祖。高祖路过柏人城,准备在这里留宿,忽觉心中颤动,便问左右的人:"这个县叫什么名字?"左右的人回答说:"柏人。"高祖说:"柏人,就是受迫害于人!"没有留宿就离开了。

汉九年,贯高的仇人探听到贯高等人在柏人城的阴谋,便向朝廷告发了。于是高祖把赵王、贯高等人都逮捕了。那十几个人争着要自杀,贯高愤怒地斥骂他们说:"谁让你们这样干!赵王根本没有参与此事,现在连赵王也一起逮捕了,你们都自杀而死,谁来辩白赵王没有反叛呢?"朝廷下令,用密闭牢固的囚车,将赵王载往长安,准备治罪;同时高祖下令:赵国的群臣和宾客,敢有随从赵王来长安的,就杀灭他的三族。贯高与宾客孟舒等人便把自己的头发剪去,用铁圈锁住自己的脖子,扮作侍奉赵王的家奴,随赵王前去长安。贯高等到了长安,审判时,贯高交代自己的罪状说:"这件事只是我们这些人干的,赵王确实不知道。"行刑官用皮鞭、板子在贯高身上抽打了几千下,又用铁刑具刺,拷打得体无完肤,但贯高始终不再开口。吕后也多次劝说高祖,张敖是鲁元公主的丈夫,不会干出这样的事。高祖向吕后发火说:"张敖若是夺得天下,他会缺少你女儿这样的女人吗?"不听吕后的劝告。廷尉把贯高的案情和供词向高祖回报,高祖感慨地说:"真是条壮烈的汉子!谁和他熟悉,用私交的身份去问问他。"中大夫泄公说:"他是我的同乡,平素就很了解他,他的确是赵国的讲究信誉道义、不负诺言的人物。"高祖便派泄公带着符节,到贯高所坐的竹床前去问他。贯高抬头仰视,说:"这不是泄公吗?"泄公向贯高表示慰问,气氛仍像过去那样欢快融洽。谈及案情,泄公问贯高,赵王究竟是否策划谋反,贯高回答说:"人难道不是都爱自己的父母妻子吗?现在我的父母妻子都因此案而被判死刑,难道我会拿父母妻子的性命去换取赵王吗?只因为赵王确实没有反叛,只是我们这些人干的。"于是贯高便把他们企图行刺高祖的根由和赵王不知情的情形,详细向泄公说了。泄公回来,把他和贯高的谈话内容向高祖作了全面回报。于是高祖便赦免了赵王。

高祖很欣赏贯高能践守诺言、重信用,便派泄公去告诉贯高"张敖已经被释放了。"同时也赦免了贯高。贯高高兴地问:"我们赵王确实被释放了吗?"泄公回答说:"是的。"并说:"高祖很赏识你,所以才把你赦免。"贯高说:"我之所以不自杀身死,别无他求,只是为了辩白赵王没有谋反。现在赵王已被释放,我已尽到了自己的责任,死了也没有什么值得遗憾的了。作为皇帝的臣子有阴谋弑君的罪名,那还有什么脸面侍奉皇上呢?纵然皇上不杀我,我难道不问心有愧吗?"说罢,头向后猛一仰,颈脉断绝而死。在当时,贯高名扬天下。

张敖被释放以后,因他是鲁元公主的丈夫,被封为宣平侯。皇上很赏识张敖的宾客,那些自刑扮做家奴跟随张敖入关的人,都被任命为诸侯国的丞相或者郡守。到惠帝、高后、文帝、景帝时,张敖宾客的子孙都被任命为俸级为二千石的大官。

张敖在高后六年逝世,他的儿子张偃被封为鲁元王。因为他的母亲鲁元公主是吕后的女儿,所以吕后封他为鲁元王。因张偃比较软弱,兄弟又少,便封张敖小老婆所生二子为侯:张寿封为乐昌侯，张侈封为信都侯。吕后逝世，吕后的外家企图谋乱夺权，汉朝大臣把他们平灭，鲁元王和乐昌侯、信都侯也被废黜了。文帝登基，又封原鲁元王张偃为南宫侯，以延续张氏的爵位。

太史公说：张耳和陈余，当时社会上称许他们是贤能的人，他们的宾客和下人也都是天下才能出众的人，无论他们在哪一国，没有得不到卿相的官位的。张耳、陈余早年处于贫贱的地位时，互相恪守生死与共的诺言，哪有什么顾虑？但是，当他们取得王侯之位时，便争权夺利，终于因互相残杀而灭亡。为什么以前相爱相助，是那样诚心诚意，而后来背信弃义，又是那样残暴无情？难道不是为权势私利而相交吗？虽然他们名声很高，宾客众多，但他们的立身行事，与吴太伯和延陵季子相比，那就大相径庭了。

史记卷九十

魏豹彭越列传第三十

魏豹者，故魏诸公子也。其兄魏咎，故魏时封为宁陵君。秦灭魏，迁咎为家人。陈胜之起王也，咎往从之。陈王使魏人周市徇魏地，魏地已下，欲相与立周市为魏王。周市曰："天下昏乱，忠臣乃见。今天下共畔秦，其义必立魏王后乃可。"齐、赵使车各五十乘，立周市为魏王。市辞不受，迎魏咎于陈。五反，陈王乃遣立咎为魏王。

章邯已破陈王，乃进兵击魏王于临济。魏王乃使周市出请救于齐、楚。齐、楚遣项它、田巴将兵随市救魏。章邯遂击破杀周市等军，围临济。咎为其民约降。约定，咎自烧杀。

魏豹亡走楚。楚怀王予魏豹数千人，复徇魏地。项羽已破秦，降章邯。豹下魏二十余城，立豹为魏王。豹引精兵从项羽入关。汉元年，项羽封诸侯，欲有梁地，乃徙魏王豹于河东，都平阳，为西魏王。

汉王还定三秦，渡临晋，魏王豹以国属焉，遂从击楚于彭城。汉败，还至荥阳，豹请归视亲病，至国，即绝河津畔汉。汉王闻魏豹反，方东忧楚，未及击，谓郦生曰："缓颊往说魏豹，能下之，吾以万户封若。"郦生说豹。豹谢曰："人生一世间，如白驹过隙耳。今汉王慢而侮人，骂詈诸侯群臣如骂奴耳，非有上下礼节也，吾不忍复见也。"于是汉王遣韩信击虏豹于河东，传诣荥阳，以豹国为郡。汉王令豹守荥阳。楚围之急，周苛遂杀魏豹。

彭越者，昌邑人也，字仲。常渔巨野泽中，为群盗。陈胜、项梁之起，少年或谓越曰："诸豪杰相立畔秦，仲可以来，亦效之。"彭越曰："两龙方斗，且待之。"

居岁余，泽间少年相聚百余人，往从彭越，曰："请仲为长。"越谢曰："臣不愿与诸君。"少年强请，乃许。与期旦日日出会，后期者斩。旦日日出，十余人后，后者至日中。于是越谢曰："臣老，诸君强以为长。今期而多后，不可尽诛，诛最后者一人。"令校长斩之。皆笑曰："何至是？请后不敢。"于是越乃引一人斩之，设坛祭，乃令徒属。徒属皆大惊，畏越，莫敢仰视。乃行略地，收诸侯散卒，得千余人。

沛公之从砀北击昌邑，彭越助之。昌邑未下，沛公引兵西。彭越亦将其众居巨野中，收魏散卒。项籍入关，王诸侯，还归，彭越众万余人毋所属。汉元年秋，齐王田荣畔项王，乃使人赐彭越将军印，使下济阴以击楚。楚命萧公角将兵击越，越大破楚军。汉王二年春，与魏王豹及诸侯东击楚，彭越将其兵三万余人归汉于外黄。汉王曰："彭将军收魏地得十余城，欲急立魏后。今西魏王豹亦魏王咎从弟也，真魏后。"乃拜彭越为魏相国，擅将其兵，略定梁地。

汉王之败彭城解而西也，彭越皆复亡其所下城，独将其兵北居河上。汉王三年，彭越常往来为汉游兵，击楚，绝其后粮于梁地。汉四年冬，项王与汉王相距荥阳，彭越攻下睢阳、外黄十七城。项王闻之，乃使曹咎守成皋，自东收彭越所下城邑，皆复为楚。越将其兵北走谷城。汉五年秋，项王之南走阳夏，彭越复下昌邑旁二十余城，得谷十余万斛，以给汉王食。

汉王败，使使召彭越并力击楚。越曰："魏地初定，尚畏楚，未可去。"汉王追楚，为项籍所败固陵。乃谓留侯曰："诸侯兵不从，为之奈何？"留侯曰："齐王信之立，非君王之意，信亦不自坚。彭越本定梁地，功多，始君王以魏豹故，拜彭越为魏相国。今豹死毋后，且越亦欲王，而君王不蚤定。与此两国约：即胜楚，睢阳以北至谷城，皆以王彭相国；从陈以东傅海，与齐王信。齐王信家在楚，此其意欲复得故邑。君王能出捐此地许二人，二人今可致；即不能，事未可知也。"于是汉王乃发使使彭越，如留侯策。使者至，彭越乃悉引兵会垓下，遂破楚。项籍已死。春，立彭越为梁王，都定陶。

六年，朝陈。九年，十年，皆来朝长安。

十年秋，陈豨反代地，高帝自往击，至邯郸，征兵梁王。梁王称病，使将将兵诣邯郸。高帝怒，使人让梁王。梁王恐，欲自往谢。其将扈辄曰："王始不往，见让而往，往则为禽矣。不如遂发兵反。"梁王不听，称病。梁王怒其太仆，欲斩之。太仆亡走汉，告梁王与扈辄谋反。于是上使使掩梁王，梁王不觉，捕梁王，囚之雒阳。有司治反形已具，请论如法。上赦以为庶人，传处蜀青衣。西至郑，逢吕后从长安来，欲之雒阳，道见彭王。彭王为吕后泣涕，自言无罪，愿处故昌邑。吕后许诺，与俱东至雒阳。吕后白上曰："彭王壮士，今徙之蜀，此自遗患，不如遂诛之。妾谨与俱来。"于是吕后乃令其舍人告彭越复谋反。廷尉王恬开奏请族之。上乃可，遂夷越宗族，国除。

太史公曰：魏豹、彭越虽故贱，然已席卷千里，南面称孤，喋血乘胜日有闻矣。怀畔逆之意，及败，不死而虏囚，身被刑戮，何哉？中材已上且羞其行，况王者乎！彼无异故，智略绝人，独患无身耳。得摄尺寸之柄，其云蒸龙变，欲有所会其度，以故幽囚而不辞云。

译文：

魏豹是战国时魏国的贵公子。他的堂兄魏咎，以前在魏国被封为宁陵君。秦朝灭亡了魏国，魏咎被废黜为平民百姓。陈胜起兵称王以后，魏咎便去投靠他。陈胜派魏国人周市去攻取魏地，攻下魏地之后，陈胜打算立周市为魏王。周市说："古语说，天下混乱的时候，才会出现忠臣。现在天下人都起来反秦，按道理只有立原魏王的后裔才行。"齐国、赵国各派车五十辆前来，拥立周市为魏王。周市不肯接受，并派人到陈胜那里去迎接魏咎。经过五次往返交涉，陈胜才遣送魏咎回国，立为魏王。

秦将章邯在击败陈胜以后，便进兵临济，攻击魏王咎。魏王咎派遣周市去齐、楚求援，齐国派田巴、楚国派项它，率领军队跟随周市去救魏。章邯击败了救援部队，并杀掉周市等人，进而兵围临济。魏王咎为了保全临济的百姓，向章邯提出投降条件，条款议定，魏王咎就自焚而死。

魏王咎的弟弟魏豹逃亡到楚国，楚怀王拨给他好几千人，让他再去攻取魏地。不久项羽即击败秦军，章邯投降。魏豹在攻下魏地二十多座城池之后，楚立魏豹为魏王。魏王豹率领他的精锐部队跟随项羽进入关中。汉元年，项羽封各路反秦首领为王，他自己想占有梁地，就把魏王豹移封于河东，以平阳为王都，称为西魏王。

汉王刘邦从汉中回兵北上，平定了三秦，继而从临晋关东渡黄河，魏王豹举国归附。而后跟随汉王去彭城攻击楚军，结果汉军大败，西退至荥阳。魏王豹请求回国探视母亲的病情，回国以后，便封锁黄河渡口，背叛汉王。汉王得到魏王豹反叛的消息，因当时正担忧东边楚国的威胁，无暇讨伐魏豹，便对郦食其说："你去婉言劝说魏豹，若能说服他归顺，我封你为万户侯。"郦食其去劝说魏豹，魏豹谢绝说："人活在世界上的时间，就像日影移过墙缝那样短暂。汉王待人傲慢，好侮辱人，谩骂诸侯群臣像斥骂奴隶那样，根本没有上下的礼节。我可不想再见到他！"于是汉王便派韩信去讨伐西魏，在河东俘获了魏豹，把他押解到荥阳。把西魏国分置为郡。汉王让魏豹守卫荥阳。继而楚军包围荥阳，形势很危急，（周苛担心魏豹再度背叛，）便把他杀死。

彭越是昌邑县人，字仲。他常在巨野泽中捕鱼，聚结同伙，成为盗贼。陈胜、项梁起兵反秦，同伙中有的年轻人对彭越说："现在各路豪杰都竞相自立为王，反叛暴秦，您也应该出来效法他们。"彭越说："现在两条龙正在争斗，姑且等待时机。"

过了一年多时间，巨野泽中的年轻人聚集了一百余人，他们去投奔彭越，对他说："请您作我们的首领。"彭越谢绝说："我不愿和你们这伙人一起干。"年轻人再三恳求，彭越才答应，彭越和他们约定，在第二天日出时会齐，迟到的杀头。第二天日出时，有十几人迟到，最晚的到中午才来。于是彭越遗憾地说："我年岁大了，诸位一定要我当你们的首领。现在约定时间会齐，却有那么多人迟到，不能都杀死，就杀最后到的一人。"命令小头目去杀掉那个人。众人都嬉笑着说："哪能真这样！以后不敢再犯就是了。"彭越便亲自把那个人拉出去斩了。然后设立坛台，祭天盟誓，号令部下。他的部下先是非常吃惊，继而十分畏惧，都不敢抬头看他。于是彭越率众攻取地盘，收编各国的散兵游勇，得到一千多人。

沛公从砀县北进，攻打昌邑，彭越派兵援攻。昌邑未能攻下，沛公率兵西去。彭越便率领部下驻扎在巨野泽中，收编魏国的散败兵勇。项羽进入关中，封各路将领为王之后，回到楚国。这时彭越已有兵众万余人，无所归属。汉元年秋天，齐王田荣背叛项羽，田荣派人颁发给彭越将军大印，督促他攻下济阴，向楚军进攻。楚国派萧县令角率兵迎击彭越，彭越大败楚军。汉二年春天，汉王和魏王豹及其他诸侯东进攻楚，彭越率领部下三万多人在外黄县归服汉王。汉王对他说："彭将军你收复了魏地十余座城池，急于立魏国后裔为王。现今西魏王豹是魏咎的堂弟，真正是魏国的后裔。"于是任命彭越为魏国的相国，全权指挥他的军队，攻取梁地。

汉王在彭城被项羽打败，解围西退，彭越以前攻下的十余座城池也都失陷。彭越便单独率领他的军队驻扎在黄河边上。汉三年，彭越常常作为汉王的游击部队，进击楚军，在梁地切断楚军的粮食补给线。汉四年冬天，项羽和汉王两军相持于荥阳。彭越便乘机攻下睢阳、外黄等十七座城池。项羽闻讯，便留下曹咎守卫成皋，亲自率兵东去，收复了被彭越夺去的城池，这些城池再度归楚国所有。彭越率领他的军队北上谷城。汉五年秋天，项羽率兵向南，撤退到阳夏，彭越又攻下昌邑附近二十余座城池，获得谷物十多万斛，用来补给汉王的军粮。

汉王败后，数次派遣使者召彭越联合攻楚。彭越回答说："魏地刚刚平定，还担心楚军来犯，军队尚不能离开。"汉王追击楚军，在固陵被项羽打败。汉王便问张良："各国军队不肯来，怎么办呢？"张良说："齐王韩信立为王，并非您的本意，韩信心里也不踏实。梁地本来是彭越平定的，他的功劳很大，起初您因魏豹的缘故，只任命彭越为相国。现在魏豹已死，而且没有后代，何况彭越早想称王，但您却不早拿主意。您若和这两国约定：如战胜楚国，睢阳以北至谷城的地盘，全部划归彭相国，作为王国的封地；从陈县以东至海滨，划归齐王韩信。韩信的家乡在楚地，他自然想拥有故土。大王您若肯分割出这些地方许给他们二人，这二人可招之即来；您若不肯，那就不好说了。"于是汉王采纳张良的主张，派遣使者去彭越那里。使者一到，彭越即率领全军奔赴垓下，从而大败楚军。项羽死后，这年春天，立彭越为梁王，王都设在定陶。

汉六年，彭越去陈县朝见皇帝。九年、十年，去长安朝见皇帝。

汉十年秋天，陈豨在代地反叛，皇帝亲自率兵去讨伐。兵至邯郸，皇帝征调梁王彭越率军前往。梁王推说生病，只派手下的将领率兵到邯郸。皇帝十分恼怒，派人去责备梁王。梁王很害怕，打算亲自去邯郸谢罪。他手下的将领扈辄对他说："大王您起初不亲自去，现在受到责备再去，到了那里就会被皇帝就地捉拿。不如乘机发兵造反。"梁王不听从，仍然装病。这时梁王的太仆因事触怒了梁王，梁王要杀死他，太仆便逃奔到皇帝那里，告发梁王与扈辄要造反。皇帝秘密派人去逮捕梁王，梁王没有察觉，便遭逮捕，被囚禁在洛阳。经过司法官员的审理，认为谋反有据，请求按法律治罪。皇帝特加赦免，把他废为平民，送往蜀地青衣县居住。彭越西行来到郑县，适逢吕后从长安来，要到洛阳去，在路上与彭越相遇。彭越在吕后面前泪流满面，诉说自己无罪，并表示愿回老家昌邑居住。吕后答应了他的要求，并把他带回洛阳。吕后对皇帝说："彭越是条壮烈的汉子，现在把他迁往蜀地，无异是放虎归山，自留后患，不如把他杀掉。为此我才把他带回洛阳。"吕后授意彭越的舍人，让他告发彭越又要谋反。廷尉王恬开奏请诛灭彭越的三族，皇帝批准，彭越的宗族都被杀戮，梁国也即废除。

太史公说：魏豹、彭越虽然出身低微，然而他们却能席卷千里之地，登上了王位。他们浴血奋战的事迹，在当时即闻名于世。但他们存心反叛，一旦失败，却不肯自尽，宁可被俘虏囚禁，受处决而死。这是为什么呢？中等地位以上的人物，尚且认为这种下场是奇耻大辱，何况是国王这样的人物呢！这没有其他原因，因为他们的智谋韬略超群，只担心不能保全性命。（若保住性命，）一旦得到些微的权力，便可兴云作雨，找机会来实现他们谋图。正是由于这个缘故，他们才宁可被囚禁啊！

史记卷九十一

黥布列传第三十一

黥布者,六人也,姓英氏。秦时为布衣。少年,有客相之曰:"当刑而王。"及壮,坐法黥。布欣然笑曰:"人相我当刑而王,几是乎?"人有闻者,共俳笑之。布已论输丽山,丽山之徒数十万人,布皆与其徒长豪桀交通,乃率其曹偶,亡之江中为群盗。

陈胜之起也,布乃见番君,与其众叛秦,聚兵数千人。番君以其女妻之。章邯之灭陈胜,破吕臣军,布乃引兵北击秦左右校,破之清波,引兵而东。闻项梁定江东会稽,涉江而西。陈婴以项氏世为楚将,乃以兵属项梁,渡淮南,英布、蒲将军亦以兵属项梁。

项梁涉淮而西,击景驹、秦嘉等,布常冠军。项梁至薛,闻陈王定死,乃立楚怀王。项梁号为武信君,英布为当阳君。项梁败死定陶,怀王徙都彭城,诸将英布亦皆保聚彭城。当是时,秦急围赵,赵数使人请救。怀王使宋义为上将,范曾为末将,项籍为次将,英布、蒲将军皆为将军,悉属宋义,北救赵。及项籍杀宋义于河上,怀王因立籍为上将军,诸将皆属项籍。项籍使布先渡河击秦,布数有利,籍乃悉引兵涉河从之,遂破秦军,降章邯等。楚兵常胜，功冠诸侯。诸侯兵皆以服属楚者，以布数以少败众也。

项籍之引兵西至新安，又使布等夜击坑章邯秦卒二十余万人。至关，不得入，又使布等先从间道破关下军，遂得入，至咸阳。布常为军锋。项王封诸将，立布为九江王，都六。

汉元年四月，诸侯皆罢戏下，各就国。项氏立怀王为义帝，徙都长沙，乃阴令九江王布等行击之。其八月，布使将击义帝，追杀之郴县。

汉二年，齐王田荣畔楚，项王往击齐，征兵九江，九江王布称病不往，遣将将数千人行。汉之败楚彭城，布又称病不佐楚。项王由此怨布，数使使者诮让召布，布愈恐，不敢往。项王方北忧齐、赵，西患汉，所与者独九江王，又多布材，欲亲用之，以故未击。

汉三年，汉王击楚，大战彭城，不利，出梁地，至虞，谓左右曰："如彼等者，无足与计天下事。"谒者随何进曰："不审陛下所谓。"汉王曰："孰能为我使淮南，令之发兵倍楚，留项王于齐数月，我之取天下可以百全。"随何曰："臣请使之。"乃与二十人俱，使淮南。至，因太宰主之，三日不得见。随何因说太宰曰："王之不见何，必以楚为强，以汉为弱，此臣之所以为使。使何得见，言之而是邪，是大王所欲闻也；言之而非邪，使何等二十人伏斧质淮南市，以明王倍汉而与楚也。"太宰乃言之王，王见之。随何曰："汉王使臣敬进书大王御者，窃怪大王与楚何亲也。"淮南王曰："寡人北乡而臣事之。"随何曰："大王与项王俱列为诸侯，北乡而臣事之，必以楚为强，可以托国也。项王伐齐，身负板筑，以为士卒先，大王宜悉淮南之众，身自将之，为楚军前锋，今乃发四千人以助楚。夫北面而臣事人者,固若是乎?夫汉王战于彭城,项王未出齐也,大王宜骚淮南之兵渡淮,日夜会战彭城下,大王抚万人之众,无一人渡淮者,垂拱而观其孰胜。夫托国于人者,固若是乎?大王提空名以乡楚,而欲厚自托,臣窃为大王不取也。然而大王不背楚者,以汉为弱也。夫楚兵虽强,天下负之以不义之名,以其背盟约而杀义帝也。然而楚王恃战胜自强,汉王收诸侯,还守成皋、荥阳,下蜀、汉之粟,深沟壁垒,分卒守徼乘塞,楚人还兵,间以梁地,深入敌国八九百里,欲战则不得,攻城则力不能,老弱转粮千里之外;楚兵至荥阳、成皋,汉坚守而不动,进则不得攻,退则不得解。故曰楚兵不足恃也。使楚胜汉,则诸侯自危惧而相救。夫楚之强,适足以致天下之兵耳。故楚不如汉,其势易见也。今大王不与万全之汉而自托于危亡之楚,臣窃为大王惑之。臣非以淮南之兵足以亡楚也。夫大王发兵而倍楚,项王必留;留数月,汉之取天下可以万全。臣请与大王提剑而归汉,汉王必裂地而封大王,又况淮南,淮南必大王有也。故汉王敬使使臣进愚计,愿大王之留意也。"淮南王曰:"请奉命。"阴许畔楚与汉,未敢泄也。

楚使者在,方急责英布发兵,舍传舍。随何直入,坐楚使者上坐,曰:"九江王已归汉,楚何以得发兵?"布愕然。楚使者起。何因说布曰:"事已搆,可遂杀楚使者,无使归,而疾走汉并力。布曰:"如使者教,因起兵而击之耳。"于是杀使者,因起兵而攻楚。楚使项声、龙且攻淮南,项王留而攻下邑。数月,龙且击淮南,破布军。布欲引兵走汉,恐楚王杀之,故间行与何俱归汉。

淮南王至,上方踞床洗,召布入见,布大怒,悔来,欲自杀。出就舍,帐御饮食从官如汉王居,布又大喜过望。于是乃使人入九江。楚已使项伯收九江兵,尽杀布妻子。布使者颇得故人幸臣，将众数千人归汉。汉益分布兵而与俱北，收兵至成皋。四年七月，立布为淮南王，与击项籍。

汉五年，布使人入九江，得数县。六年，布与刘贾入九江，诱大司马周殷，周殷反楚，遂举九江兵与汉击楚，破之垓下。

项籍死，天下定，上置酒。上折随何之功，谓何为腐儒，为天下安用腐儒。随何跪曰："夫陛下引兵攻彭城，楚王未去齐也，陛下发步卒五万人，骑五千，能以取淮南乎？"上曰："不能。"随何曰："陛下使何与二十人使淮南，至，如陛下之意，是何之功贤于步卒五万人骑五千也。然而陛下谓何腐儒，为天下安用腐儒，何也？"上曰："吾方图子之功。"乃以随何为护军中尉。布遂剖符为淮南王，都六，九江、庐江、衡山、豫章郡皆属布。

七年，朝陈。八年，朝雒阳。九年，朝长安。

十一年，高后诛淮阴侯，布因心恐。夏，汉诛梁王彭越，醢之，盛其醢遍赐诸侯。至淮南，淮南王方猎，见醢，因大恐，阴令人部聚兵，候伺旁郡警急。

布所幸姬疾，请就医，医家与中大夫贲赫对门，姬数如医家，贲赫自以为侍中，乃厚馈遗，从姬饮医家。姬侍王，从容语次，誉赫长者也。王怒曰："汝安从知之？"具说状。王疑其与乱。赫恐，称病。王愈怒，欲捕赫。赫言变事，乘传诣长安。布使人追，不及。赫至，上变，言布谋反有端，可先未发诛也。上读其书，语萧相国。相国曰："布不宜有此，恐仇怨妄诬之。请系赫，使人微验淮南王。"淮南王布见赫以罪亡，上变，固已疑其言国阴事；汉使又来，颇有所验，遂族赫家，发兵反。反书闻，上乃赦贲赫，以为将军。

上召诸将问曰："布反，为之奈何？"皆曰："发兵击之，坑竖子耳，何能为乎！"汝阴侯滕公召故楚令尹问之。令尹曰："是故当反。"滕公曰："上裂地而王之，疏爵而贵之，南面而立万乘之主，其反何也？"令尹曰："往年杀彭越，前年杀韩信，此三人者，同功一体之人也。自疑祸及身，故反耳。"滕公言之上曰："臣客故楚令尹薛公者，其人有筹策之计，可问。"上乃召见问薛公。薛公对曰："布反不足怪也。使布出于上计，山东非汉之有也；出于中计，胜败之数未可知也；出于下计，陛下安枕而卧矣。"上曰："何谓上计？"令尹对曰："东取吴，西取楚，并齐取鲁，传檄燕、赵，固守其所，山东非汉之有也。""何谓中计？""东取吴，西取楚，并韩取魏，据敖庾之粟，塞成皋之口，胜败之数未可知也。""何谓下计？""东取吴，西取下蔡，归重于越，身归长沙，陛下安枕而卧，汉无事矣。"上曰："是计将安出？"令尹对曰："出下计。"上曰："何谓废上中计而出下计？"令尹曰："布故丽山之徒也，自致万乘之主，此皆为身，不顾后为百姓万世虑者也，故曰出下计。"上曰："善。"封薛公千户。乃立皇子长为淮南王。上遂发兵自将东击布。

布之初反，谓其将曰："上老矣，厌兵，必不能来。使诸将，诸将独患淮阴、彭越，今皆已死，余不足畏也。"故遂反。果如薛公筹之，东击荆，荆王刘贾走死富陵。尽劫其兵，渡淮击楚。楚发兵与战徐、僮间，为三军，欲以相救为奇。或说楚将曰："布善用兵，民素畏之。且兵法，诸侯战其地为散地。今别为三，彼败吾一军，余皆走，安能相救！"不听。布果破其一军，其二军散走。

遂西，与上兵遇蕲西会甀。布兵精甚，上乃壁庸城，望布军置陈如项籍军，上恶之。与布相望见，遥谓布曰："何苦而反?"布曰:"欲为帝耳。"上怒骂之,遂大战。布军败走,渡淮,数止战,不利,与百余人走江南。布故与番君婚,以故长沙哀王使人绐布,伪与亡,诱走越,故信而随之番阳。番阳人杀布兹乡民田舍,遂灭黥布。

立皇子长为淮南王,封贲赫为期思侯,诸将率多以功封者。

太史公曰:英布者,其先岂《春秋》所见楚灭英、六,皋陶之后哉?身被刑法,何其拔兴之暴也!项氏之所坑杀人以千万数,而布常为首虐。功冠诸侯,用此得王,亦不免于身为世大僇。祸之兴自爱姬殖,妒媢生患,竟以灭国!

译文:

黥布是六安县人,姓英。在秦朝时期,他还是个平民百姓。他年轻时,有人给他看相,对他说:"在受刑以后会得到王位。"到了壮年,因犯法当受黥刑。英布欣然受刑,并笑道:"有人给我看过相,说我受刑以后会得到王位,大概就是指此而言吧?"别人听他这样说,都挖苦戏笑他。英布受刑之后,被送往骊山去服劳役。在骊山服劳役的刑徒有数十万人,英布和其中的刑徒头目、英雄豪杰都有交往。于是英布便率领他们这帮人,逃到长江一带做了强盗。

陈胜起义的时候,英布去见番君吴芮,和吴芮的部众一起反秦,聚集兵众好几千人。吴芮把女儿嫁给英布。秦将章邯消灭了陈胜,打败了吕臣的军队之后,英布便率军北上,进攻秦军的左右校尉,在清波大败秦军,继而率兵东进。他听说项梁平定了江东会稽郡,便渡过长江,向西进发。陈婴因为项氏家族世代都任楚国的将领,便率军归属项梁,渡淮而南,英布和蒲将军也率军归属项梁。

项梁渡淮西进，在与景驹、秦嘉等人的战斗中，英布的功劳常在诸将之上。项梁来到薛地，听到陈胜确死的消息，便拥立原楚怀王之孙为楚怀王，项梁被封为武信君，英布被封为当阳君。后来项梁在定陶战败被杀，楚怀王便迁都于彭城，英布等各位将领也都聚集在彭城周围，保卫国都。在这个时候，秦军以迅雷不及掩耳之势包围了赵国，赵国数次派人来，请求楚国救援。楚怀王便任命宋义为上将，范曾为末将，项羽为次将，英布、蒲将军为将军，都归宋义指挥，北上救赵。大军进至黄河边上，项羽杀死宋义，楚怀王只好任命项羽为上将军，众将领都归项羽指挥。项羽派英布先行渡河，攻击秦军。英布渡河以后，连连告捷，项羽才率领全军渡河追击秦军。于是大破秦军，章邯等人投降。楚军屡传捷报，功劳在各国援军之上，而各国的援军之所以听从楚军的号令，是因为英布常常以少胜多的缘故。

项羽率军西进，行至新安，又派英布等人连夜袭击原来章邯所率的秦军，活埋了二十多万秦军士卒。楚军进至函谷关，受阻不能前进。项羽又派英布等人先从小路穿插到关下，消灭了关下的守军，这样大军才得以进入函谷关，从而进军咸阳。（在一路的征战中，）英布所率的军队常常作为尖刀部队。在项羽分封诸将时，英布被立为九江王，以六安城为王都。

汉元年四月，诸侯都离开项羽的帅旗，到各自的封国里去，项羽改称楚怀王为义帝，迁都长沙。秘密派九江王英布等人相机杀掉义帝。这年八月，英布派手下将领袭击义帝，追至郴县，把义帝杀死。

汉二年，齐王田荣背叛楚国，项羽率兵击齐，征调九江王的兵马。英布推说生病，自己不肯出征，只派部将率领数千人前往。汉军在彭城打败楚军，英布仍然托病不肯亲自援助楚军。项羽从此怨恨英布，屡次派人去谴责他，并召他前去。英布愈发害怕，更不敢前往。但这时项羽正担心北方齐、赵的进犯，西面担忧汉军的攻击，同盟军只有九江王英布；同时项羽很欣赏英布的才能，打算用作亲信，所以没有攻击他。

汉三年，汉王进击楚军，双方大战于彭城。汉军失败，便退出梁地，来到虞县。汉王对左右的人说："你们这些人，实在不配参与筹划天下大事。"谒者随何上前说："不明白陛下说的是什么意思。"汉王说："谁能为我去出使淮南，让英布发兵背叛楚国，把项羽牵制在齐地几个月，那么，我夺取天下就万无一失了。"随何说道："我请求充当使者。"汉王便派给他二十人跟他一起出使淮南。随何等到了那里，由英布的太宰出面主持其事，一连三天没有见到九江王。于是随何便向太宰说："大王之所以不接见我，必定是以为楚国强大、汉军弱小的缘故，我正是为此而来。让我见到大王，（面陈我的意见），如果我说的是正确的，那正是大王想听到的；如果我说的不在理，那就把我和其余二十人杀死在淮南闹市，以表明大王背汉亲楚的心迹。"太宰把这番话转呈给英布，英布这才接见随何。随何说："汉王之所以派我给大王您敬送书信，是因为我们对您和楚国那样亲近很感诧异。"淮南王说："因为我臣属于楚国。"随何说："大王您和项羽同样是诸侯，却臣属于楚，必定是以为楚国强大，可以作为靠山。但是，在项王讨伐齐国的时候，项王亲身背负修筑营垒的器具，为士卒做出表率。大王您应该动员淮南所有兵力，亲自率领，充当楚军的先锋，而您却只派了四千人去援助楚军。那么，臣属于人的人，难道应该这样吗？再者，在汉王和楚军大战于彭城时,当时项王还没有离开齐地,这时大王您应该亲率淮南兵众,倾巢而出,渡过淮河,日夜奔赴,参加彭城战斗。而大王您却坐拥万人之众,不派一兵一卒渡淮,袖手旁观,坐看谁胜谁败。自托于人的人,难道应该这样吗?大王您只是口头上臣属于楚,而还想牢牢依靠它,我以为大王您这样做是不足取的。然而大王您之所以不肯背叛楚国,无非是以为汉国弱小罢了。项王军事力量虽强,但天下的人都认为他所行不义,因为他违背盟约、杀害义帝。项王倚仗打了胜仗,自认为很强大。汉王招致诸侯的军队,带兵西还,把守住成皋、荥阳,从蜀汉运送军粮,深挖壕沟,坚筑营垒,分派士卒巡守边境,登城守寨。楚军若西进,中间隔着敌国梁地,有八九百里之远。这样,它想战也战不成,要想攻城,则没有那么大的力量,还需要老弱残兵从千里外运送军粮。即使楚军进至成皋、荥阳,汉军则坚守不出战,楚军若想前进,攻不下关口;若后退,汉军则尾随追击。所以说楚军是不足以依靠的。假如楚胜汉败,那么,各路诸侯由于害怕被逐个消灭,也会相互援救。楚军的强大,适足以成为众矢之的。所以说楚不如汉,这种形势是显而易见的。现在大王您不亲近万无一失的汉,却自托于危亡在即的楚国,我对大王您这种做法,感到迷惑不解。当然,我并不认为淮南的兵力足以灭亡楚国,只要大王您发兵叛楚,项王必被牵制而留在齐地,牵制他几个月,汉王夺取天下可万无一失。我请求和大王您一起带兵归属汉王,汉王必定会割出土地分封给您,淮南是您的本土,当然归您所有。为此,汉王才派我敬献此计,希望大王您能仔细考虑"。淮南王说:"那就按你说的办。"秘密答应叛楚归汉,但还不敢把此事泄露出去。

这时楚国的使者正在淮南王那里,正加紧督促英布发兵。使者住在驿馆里。随何便闯入他的驻地，坐在楚国使者的上首，对他说："九江王已经归服汉王，楚国怎么能得到他的援军呢？"英布对随何这样做，感到很突然，惊慌失措。楚使便站起身来想走，随何乘机劝英布说："事情已成这样，应当杀掉楚国的使者，不要放他回去，同时迅速投奔汉王，实现联合。"英布说："按你说的办，就此起兵，进攻楚国。"于是杀死楚使，起兵攻楚。楚国派项声、龙且进攻淮南，项王留下进攻下邑。过了几个月之后，龙且在淮南击败英布的军队，英布想率军投奔汉王，又恐怕项王来追杀，便悄悄地抄小路同随何一起归属汉王。

淮南王到了汉王那里，汉王正坐在床上洗脚，就召英布进见。英布见状，非常愤怒，后悔不该来投奔汉王，甚至想为此而自杀。从汉王那里出来，走进为他安排的住处时，他看到这里的帷帐、衣物用具、饮食和随从官员，都和汉王的住所同样规格，英布又大喜过望。于是他便派人去九江。这时楚国已派项伯收编了九江英布的部卒，并杀尽英布的妻子儿女。英布派去的人找到不少他过去的朋友和亲近臣下，带领数千人投归汉王。汉王又给他增派士卒，一起北进，沿路招收兵员，来到成皋。汉四年七月，立英布为淮南王，参加围击项羽的战役。

汉五年，英布派人进入九江，占领了好几个县。六年，英布和刘贾率军开到九江，诱劝楚国大司马周殷，周殷叛楚归汉。于是带领九江的军队，和汉军共同攻楚，在垓下大败楚军。

项羽死后，天下已定，皇帝摆设庆功酒宴。在宴会上皇帝贬低随何的功劳，说随何是迂腐的书呆子，并说治理天下哪能用迂腐的书呆子。随何便跪下申辩："在陛下率军进攻彭城时，项王还没有离开齐地，这时陛下若派步兵五万、骑兵五千，能攻下淮南吗？"皇帝说："不能。"随何接着说："陛下派我和二十人出使淮南，我到了那里，事情办得完全符合陛下的意愿。这么说来，我的作用赛过五万步兵、五千骑兵。然而陛下却斥我为迂腐的书呆子，还说治理天下哪能用迂腐的书呆子，这是从何说起呢？"皇帝说："我正在衡量你的功劳。"于是任命随何为护军中尉。英布也正式被封为淮南王，以六安为王都，九江、庐江、衡山、豫章等郡都归属英布。

汉七年，朝见皇帝于陈县。八年，朝见于洛阳。九年，朝见于长安。

汉十一年，吕后诛杀了淮阴侯韩信，英布内心很恐慌。这年夏天，朝廷又杀掉梁王彭越，并把他的尸体剁成肉酱，遍送各诸侯。朝廷把肉酱送到淮南时，英布正在狩猎，见到人肉酱，非常恐惧，便暗自派人部署兵力，密切注视着邻郡的非常事态。

英布所宠爱的宫人生了病，请求去医家就医。医家和中大夫贲赫住对门，宫人多次到医家去看病。贲赫因为在宫中任官，便送给宫人丰厚的礼物，并且陪同宫人在医家饮酒。宫人在陪伴淮南王时，闲谈中宫人称赞贲赫是位忠厚的长者。淮南王听了，妒火中烧，追问道："你是怎么知道的？"宫人说了以上全部情况，淮南王怀疑宫人和贲赫淫乱。贲赫知道以后，很害怕，便假装生病。淮南王愈发恼怒，打算逮捕贲赫。贲赫放风说淮南国有叛乱阴谋，便乘坐传车去长安告发。英布派人追赶，没有追上。贲赫来到长安，向朝廷上书告发叛乱，说英布谋反，已有端绪，应当在他未反之前干掉他。皇帝看了告密文书，告诉萧相国，萧何说："英布不应有此举动，恐怕是仇家诬告他。请先把贲赫拘留起来，再派人暗中查验淮南王的行动。"英布见贲赫畏罪逃走，去告发他，本来就怀疑贲赫向朝廷揭露了他的秘密部署，现在朝廷派使者来查验，而且抓到一些把柄，英布便决然杀掉贲赫的亲属，发兵造反。消息传到朝廷，皇帝便释放了贲赫，并任命他为将军。

皇帝把诸位将领召来，问道："英布反了，怎么办呢？"将领们都说："派兵征伐，活埋了这小子，怎么能干出这种事呢！"汝阴侯滕公找来原楚国令尹，问他对此事有何看法。令尹说："英布本来应该造反。"滕公说："皇帝割出土地封他为王，授给他爵位使他尊贵，立他为大国之主，他为什么造反？"令尹说："朝廷往年杀掉彭越，去年又杀掉韩信，这三个人是同等功劳、同一类型的人，他怕杀身之祸轮到他头上，所以才造反。"滕公便向皇帝报告了这些情况，说道："我的门客中有一个原楚国令尹薛公，这个人很有韬略，可向他询问。"皇帝便召见薛公，向他询问对策。薛公回答说："英布造反，并不足怪。如果他采取上策，那么，崤山以东的地面，就不属朝廷所有了；他若采取中策，胜败的结局还不可知；他若采取下策，陛下就可以高枕无忧了。"皇帝问道："什么是上策？"令尹回答说："英布若向东攻占吴，向西攻占楚，兼并齐地和鲁地，再传令燕、赵，让他们固守本土，这样，崤山以东的地面就不属朝廷所有了。""什么是中策呢？""他向东攻占吴，向西攻占楚，兼并韩地，攻占魏地，占据敖山上的谷仓，封锁成皋关口，那么，胜败的结局还不可知。""下策又是什么呢？""他向东攻占吴，向西攻占下蔡，然后把辎重转移到越地，而他本人却前去长沙，这样，陛下您就可高枕而卧，朝廷就安然无虑了。"皇帝问道："英布会采取哪种策略呢？"尹令回答说："他只能采取下策。"皇帝又问："为什么他不采取上策、中策，而出此下策呢？"令尹说："英布原来只不过是骊山的刑徒，自己奋斗，成为大国的君主，他的全部作为，都只是为了自身，不管身后如何，更不考虑百姓的长远利益，所以我断定他只能出此下策。"皇帝说："你分析得很好。"便封给薛公一千户作为食邑。皇帝立自己的儿子刘长为淮南王。于是皇帝发兵，亲自率领，东进讨伐英布。

英布在造反之初，曾对他的将领们说："皇帝年岁大了，已厌倦戎马生涯，他必然不会亲自率兵前来。若派遣手下将领，其中我只怕韩信和彭越，可是这两人已被杀死，其余的人都不可怕。"所以决定造反，（英布所采取策略，）果然如薛公预料的那样，他向东攻击荆国，荆王刘贾败逃，在富陵被杀。英布劫收了刘贾的军队，渡过淮河，进击楚国。楚国派兵和英布交战于徐县、僮县之间。楚军将领把军队一分为三，企图使三军之间，互相救援，成掎角之势，有人告诫楚将说："英布善于用兵，老百姓一向很怕他。况且兵法上说，诸侯在本土上作战，士卒由于留恋家园，容易逃散。现在分为三军，对方打败我们一军，其余二军就会不战而逃，哪能互相救援呢？"楚将不听劝告。英布果然打败其中一军，其余二军都散逃了。

于是，英布率兵西进，与皇帝统率的军队在蕲县西边的会甀相遇。英布所率之军，精锐非常。皇帝便下令在庸城修筑营垒。皇帝看到英布摆列的军阵，与项羽的军阵如出一辙，心中十分厌恶。皇帝和英布在壁垒上遥遥相见，便对英布说："你何苦造反呢？"英布说："我想当皇帝。"皇帝怒骂英布，两军便投入激烈的战斗。英布战败逃走，渡过淮河。他屡次停下来再战，都遭失败，最后和百十人逃往江南。英布原来和番君有婚姻关系，因此，长沙王吴臣派人去诱骗英布，诡称要和他一起逃亡，引诱他逃向越地。英布信实了吴臣的话，便随来人一起去鄱阳。鄱阳人在兹乡百姓的田舍里把英布杀死。于是宣告英布灭亡。

皇帝正式封他的儿子刘长为淮南王，封贲赫为期思侯，各将帅很多因功而受封。

太史公说：英布这个人，他的祖先莫非就是《春秋》所载被楚国灭亡的英国和六国——皋陶的后代吗？他因犯罪而受黥刑，而兴起得是多么迅速呀！被项羽活埋的士卒以千万计，而英布常常带头肆虐。他的功劳超过其他将领，因此被封为王，但最终不免被天下人所诛杀。祸害起自他宠爱的宫人，由嫉妒招致杀身之祸，竟因此而亡国！

史记卷九十二

淮阴侯列传第三十二

淮阴侯韩信者,淮阴人也。始为布衣时,贫无行,不得推择为吏,又不能治生商贾,常从人寄食饮,人多厌之者。常数从其下乡南昌亭长寄食,数月,亭长妻患之,乃晨炊蓐食。食时信往,不为具食。信亦知其意,怒,竟绝去。

信钓于城下,诸母漂,有一母见信饥,饭信,竟漂数十日。信喜,谓漂母曰:"吾必有以重报母。"母怒曰:"大丈夫不能自食,吾哀王孙而进食,岂望报乎!"

淮阴屠中少年有侮信者,曰:"若虽长大,好带刀剑,中情怯耳。"众辱之曰:"信能死,刺我;不能死,出我袴下。"于是信孰视之,俯出袴下,蒲伏。一市人皆笑信,以为怯。

及项梁渡淮,信杖剑从之,居戏下,无所知名。项梁败,又属项羽,羽以为郎中。数以策干项羽,羽不用。汉王之入蜀,信亡楚归汉,未得知名,为连敖。坐法当斩,其辈十三人皆已斩,次至信,信乃仰视,适见滕公,曰:"上不欲就天下乎?何为斩壮士!"滕公奇其言,壮其貌,释而不斩。与语,大说之。言于上,上拜以为治粟都尉,上未之奇也。

信数与萧何语,何奇之。至南郑,诸将行道亡者数十人,信度何等已数言上，上不我用，即亡。何闻信亡，不及以闻，自追之。人有言上曰："丞相何亡。"上大怒，如失左右手。居一二日，何来谒上，上且怒且喜，骂何曰："若亡，何也？"何曰："臣不敢亡也，臣追亡者。"上曰："若所追者谁何？"曰："韩信也。"上复骂曰："诸将亡者以十数，公无所追；追信，诈也。"何曰："诸将易得耳。至如信者，国士无双。王必欲长王汉中，无所事信；必欲争天下，非信无所与计事者。顾王策安所决耳。"王曰："吾亦欲东耳，安能郁郁久居此乎？"何曰："王计必欲东，能用信，信即留；不能用，信终亡耳。"王曰："吾为公以为将。"何曰："虽为将，信必不留。"王曰："以为大将。"何曰："幸甚。"于是王欲召信拜之。何曰："王素慢无礼，今拜大将如呼小儿耳，此乃信所以去也。王必欲拜之，择良日，斋戒，设坛场，具礼，乃可耳。"王许之。诸将皆喜，人人各自以为得大将。至拜大将，乃韩信也，一军皆惊。

信拜礼毕，上坐。王曰："丞相数言将军，将军何以教寡人计策？"信谢，因问王曰："今东乡争权天下，岂非项王邪？"汉王曰："然。"曰："大王自料勇悍仁强孰与项王？"汉王默然良久，曰："不如也。"信再拜贺曰："惟信亦为大王不如也。然臣尝事之，请言项王之为人也。项王喑噁叱咤，千人皆废，然不能任属贤将，此特匹夫之勇耳。项王见人恭敬慈爱，言语呕呕，人有疾病，涕泣分食饮，至使人有功当封爵者，印刓敝，忍不能予，此所谓妇人之仁也。项王虽霸天下而臣诸侯，不居关中而都彭城。有背义帝之约，而以亲爱王，诸侯不平。诸侯之见项王迁逐义帝置江南，亦皆归逐其主而自王善地。项王所过无不残灭者，天下多怨，百姓不亲附，特劫于威强耳。名虽为霸，实失天下心。故曰其强易弱。今大王诚能反其道：任天下武勇，何所不诛！以天下城邑封功臣，何所不服！以义兵从思东归之士，何所不散！且三秦王为秦将，将秦子弟数岁矣，所杀亡不可胜计，又欺其众降诸侯，至新安，项王诈坑秦降卒二十余万，唯独邯、欣、翳得脱，秦父兄怨此三人，痛入骨髓。今楚强以威王此三人，秦民莫爱也。大王之入武关，秋豪无所害，除秦苛法，与秦民约，法三章耳，秦民无不欲得大王王秦者。于诸侯之约，大王当王关中，关中民咸知之。大王失职入汉中，秦民无不恨者。今大王举而东，三秦可传檄而定也。"于是汉王大喜，自以为得信晚。遂听信计，部署诸将所击。

八月，汉王举兵东出陈仓，定三秦。汉二年，出关，收魏、河南，韩、殷王皆降。合齐、赵共击楚。四月，至彭城，汉兵败散而还。信复收兵与汉王会荥阳，复击破楚京、索之间，以故楚兵卒不能西。

汉之败却彭城，塞王欣、翟王翳亡汉降楚，齐、赵亦反汉与楚和。六月，魏王豹谒归视亲疾，至国，即绝河关反汉，与楚约和。汉王使郦生说豹，不下。其八月，以信为左丞相，击魏。魏王盛兵蒲坂，塞临晋，信乃益为疑兵，陈船欲度临晋，而伏兵从夏阳以木罂缻渡军，袭安邑。魏王豹惊，引兵迎信，信遂虏豹，定魏为河东郡。汉王遣张耳与信俱，引兵东，北击赵、代。后九月，破代兵，禽夏说阏与。信之下魏破代，汉辄使人收其精兵，诣荥阳以距楚。

信与张耳以兵数万，欲东下井陉击赵。赵王、成安君陈余闻汉且袭之也，聚兵井陉口，号称二十万。广武君李左车说成安君曰："闻汉将韩信涉西河，虏魏王，禽夏说，新喋血阏与，今乃辅以张耳，议欲下赵，此乘胜而去国远斗，其锋不可当。臣闻千里馈粮，士有饥色，樵苏后爨，师不宿饱。今井陉之道，车不得方轨，骑不得成列，行数百里，其势粮食必在其后。愿足下假臣奇兵三万人，从间道绝其辎重；足下深沟高垒，坚营勿与战。彼前不得斗，退不得还，吾奇兵绝其后，使野无所掠，不至十日，而两将之头可致于戏下。愿君留意臣之计。否，必为二子所禽矣。"成安君，儒者也，常称义兵不用诈谋奇计，曰："吾闻兵法十则围之，倍则战。今韩信兵号数万，其实不过数千。能千里而袭我，亦已罢极。今如此避而不击，后有大者，何以加之！则诸侯谓吾怯，而轻来伐我。"不听广武君策，广武君策不用。

韩信使人间视，知其不用，还报，则大喜，乃敢引兵遂下。未至井陉口三十里，止舍。夜半传发，选轻骑二千人，人持一赤帜，从间道萆山而望赵军，诫曰："赵见我走，必空壁逐我，若疾入赵壁，拔赵帜，立汉赤帜。"令其裨将传飧，曰："今日破赵会食！"诸将皆莫信，详应曰："诺。"谓军吏曰："赵已先据便地为壁，且彼未见吾大将旗鼓，未肯击前行，恐吾至阻险而还。"信乃使万人先行，出，背水陈。赵军望见而大笑。平旦，信建大将之旗鼓，鼓行出井陉口，赵开壁击之，大战良久。于是信、张耳详弃鼓旗，走水上军。水上军开入之，复疾战。赵果空壁争汉鼓旗，逐韩信、张耳。韩信、张耳已入水上军，军皆殊死战，不可败。信所出奇兵二千骑，共候赵空壁逐利，则驰入赵壁，皆拔赵旗，立汉赤帜二千。赵军已不胜，不能得信等，欲还归壁，壁皆汉赤帜，而大惊，以为汉皆已得赵王将矣，兵遂乱，遁走，赵将虽斩之，不能禁也。于是汉兵夹击，大破虏赵军，斩成安君泜水上，禽赵王歇。

信乃令军中毋杀广武君，有能生得者购千金。于是有缚广武君而致戏下者，信乃解其缚，东乡坐，西乡对，师事之。

诸将效首虏，毕贺，因问信曰："兵法右倍山陵，前左水泽，今者将军令臣等反背水陈，曰破赵会食，臣等不服。然竟以胜，此何术也？"信曰："此在兵法，顾诸君不察耳。兵法不曰'陷之死地而后生，置之亡地而后存'？且信非得素拊循士大夫也，此所谓'驱市人而战之'，其势非置之死地，使人人自为战；今予之生地，皆走，宁尚可得而用之乎！"诸将皆服曰："善。非臣所及也。"

于是信问广武君曰："仆欲北攻燕，东伐齐，何若而有功？"广武君辞谢曰："臣闻败军之将不可以言勇，亡国之大夫不可以图存。今臣败亡之虏，何足以权大事乎！"信曰："仆闻之，百里奚居虞而虞亡，在秦而秦霸，非愚于虞而智于秦也，用与不用，听与不听也。诚令成安君听足下计，若信者亦已为禽矣。以不用足下，故信得侍耳。"因固问曰："仆委心归计，愿足下勿辞。"广武君曰："臣闻智者千虑，必有一失；愚者千虑，必有一得。故曰'狂夫之言，圣人择焉'。顾恐臣计未必足用，愿效愚忠。夫成安君有百战百胜之计，一旦而失之，军败鄗下，身死泜上。今将军涉西河，虏魏王，禽夏说阏与，一举而下井陉，不终朝破赵二十万众，诛成安君。名闻海内，威震天下，农夫莫不辍耕释耒，褕衣甘食，倾耳以待命者。若此，将军之所长也。然而众劳卒罢，其实难用。今将军欲举倦獘之兵，顿之燕坚城之下，欲战恐久力不能拔，情见势屈，旷日粮竭，而弱燕不服，齐必距境以自彊也。燕齐相持而不下，则刘项之权未有所分也。若此者，将军所短也。臣愚，窃以为亦过矣。故善用兵者不以短击长，而以长击短。"韩信曰："然则何由？"广武君对曰："方今为将军计，莫如案甲休兵，镇赵抚其孤，百里之内，牛酒日至，以飨士大夫醳兵，北首燕路，而后遣辩士奉咫尺之书，暴其所长于燕，燕必不敢不听从。燕已从，使喧言者东告齐，齐必从风而服，虽有智者，亦不知为齐计矣。如是，则天下事皆可图也。兵固有先声而后实者，此之谓也。"韩信曰："善。"从其策，发使使燕，燕从风而靡。乃遣使报汉，因请立张耳为赵王，以镇抚其国。汉王许之，乃立张耳为赵王。

楚数使奇兵渡河击赵，赵王耳、韩信往来救赵，因行定赵城邑，发兵诣汉。楚方急围汉王于荥阳，汉王南出，之宛、叶间，得黥布，走入成皋，楚又复急围之。六月，汉王出成皋，东渡河，独与滕公俱，从张耳军修武。至，宿传舍。晨自称汉使，驰入赵壁。张耳、韩信未起，即其卧内上夺其印符，以麾召诸将，易置之。信、耳起，乃知汉王来，大惊。汉王夺两人军，即令张耳备守赵地，拜韩信为相国，收赵兵未发者击齐。

信引兵东，未渡平原，闻汉王使郦食其已说下齐，韩信欲止。范阳辩士蒯通说信曰："将军受诏击齐，而汉独发间使下齐，宁有诏止将军乎？何以得毋行也！且郦生一士，伏轼掉三寸之舌，下齐七十余城，将军将数万众，岁余乃下赵五十余城，为将数岁，反不如一竖儒之功乎？"于是信然之，从其计，遂渡河。齐已听郦生，即留纵酒，罢备汉守御。信因袭齐历下军，遂至临菑。齐王田广以郦生卖已，乃亨之，而走高密，使使之楚请救。韩信已定临菑，遂东追广至高密西。楚亦使龙且将，号称二十万，救齐。

齐王广、龙且并军与信战，未合。人或说龙且曰："汉兵远斗穷战，其锋不可当。齐、楚自居其地战，兵易败散。不如深壁，令齐王使其信臣招所亡城，亡城闻其王在，楚来救，必反汉。汉兵二千里客居，齐城皆反之，其势无所得食，可无战而降也。"龙且曰："吾平生知韩信为人，易与耳。且夫救齐不战而降之，吾何功？今战而胜之，齐之半可得，何为止！"遂战，与信夹潍水陈。韩信乃夜令人为万余囊，满盛沙，壅水上流，引军半渡，击龙且，详不胜，还走。龙且果喜曰："固知信怯也。"遂追信渡水。信使人决壅囊，水大至。龙且军大半不得渡，即急击，杀龙且。龙且水东军散走，齐王广亡去。信遂追北至城阳，皆虏楚卒。

汉四年，遂皆降平齐。使人言汉王曰："齐伪诈多变，反覆之国也，南边楚，不为假王以镇之，其势不定。愿为假王便。"当是时，楚方急围汉王于荥阳，韩信使者至，发书，汉王大怒，骂曰："吾困于此，旦暮望若来佐我，乃欲自立为王！"张良、陈平蹑汉王足，因附耳语曰："汉方不利，宁能禁信之王乎？不如因而立，善遇之，使自为守。不然，变生。"汉王亦悟，因复骂曰："大丈夫定诸侯，即为真王耳，何以假为！"乃遣张良往立信为齐王，征其兵击楚。

楚已亡龙且，项王恐，使盱眙人武涉往说齐王信曰："天下共苦秦久矣，相与勠力击秦。秦已破，计功割地，分土而王之，以休士卒。今汉王复兴兵而东，侵人之分，夺人之地，已破三秦，引兵出关，收诸侯之兵以东击楚，其意非尽吞天下者不休，其不知厌足如是甚也。且汉王不可必，身居项王掌握中数矣，项王怜而活之，然得脱，辄倍约，复击项王，其不可亲信如此。今足下虽自以与汉王为厚交，为之尽力用兵，终为之所禽矣。足下所以得须臾至今者，以项王尚存也。当今二王之事，权在足下。足下右投则汉王胜，左投则项王胜。项王今日亡，则次取足下。足下与项王有故，何不反汉与楚连和，参分天下王之？今释此时，而自必于汉以击楚，且为智者固若此乎！"韩信谢曰："臣事项王，官不过郎中，位不过执戟，言不听，画不用，故倍楚而归汉。汉王授我上将军印，予我数万众，解衣衣我，推食食我，言听计用，故吾得以至于此。夫人深亲信我，我倍之不祥，虽死不易。幸为信谢项王！"

武涉已去，齐人蒯通知天下权在韩信，欲为奇策而感动之，以相人说韩信曰："仆尝受相人之术。"韩信曰："先生相人何如？"对曰："贵贱在于骨法，忧喜在于容色，成败在于决断，以此参之，万不失一。"韩信曰："善。先生相寡人何如？"对曰："愿少间。"信曰："左右去矣。"通曰："相君之面，不过封侯，又危不安。相君之背，贵乃不可言。"韩信曰："何谓也？"蒯通曰："天下初发难也，俊雄豪杰建号壹呼，天下之士云合雾集，鱼鳞杂遝，熛至风起。当此之时，忧在亡秦而已。今楚汉分争，使天下无罪之人肝胆涂地，父子暴骸骨于中野，不可胜数。楚人起彭城，转斗逐北，至于荥阳，乘利席卷，威震天下。然兵困于京、索之间，迫西山而不能进者，三年于此矣。汉王将数十万之众，距巩、雒，阻山河之险，一日数战，无尺寸之功，折北不救，败荥阳，伤成皋，遂走宛、叶之间，此所谓智勇俱困者也。夫锐气挫于险塞，而粮食竭于内府，百姓罢极怨望，容容无所倚。以臣料之，其势非天下之贤圣固不能息天下之祸。当今两主之命县于足下。足下为汉则汉胜，与楚则楚胜。臣愿披腹心，输肝胆，效愚计，恐足下不能用也。诚能听臣之计，莫若两利而俱存之，参分天下，鼎足而居，其势莫敢先动。夫以足下之贤圣，有甲兵之众，据强齐，从燕、赵，出空虚之地而制其后，因民之欲，西乡为百姓请命，则天下风走而响应矣，孰敢不听！割大弱强，以立诸侯，诸侯已立，天下服听而归德于齐。案齐之故，有胶、泗之地，怀诸侯以德，深拱揖让，则天下之君王相率而朝于齐矣。盖闻天与弗取，反受其咎；时至不行，反受其殃。愿足下孰虑之。"

韩信曰："汉王遇我甚厚，载我以其车，衣我以其衣，食我以其食。吾闻之，乘人之车者载人之患，衣人之衣者怀人之忧，食人之食者死人之事，吾岂可以乡利倍义乎！"蒯生曰："足下自以为善汉王，欲建万世之业，臣窃以为误矣。始常山王、成安君为布衣时，相与为刎颈之交，后争张黡、陈泽之事，二人相怨。常山王背项王，奉项婴头而窜，逃归于汉王。汉王借兵而东下，杀成安君泜水之南，头足异处，卒为天下笑。此二人相与，天下至骥也。然而卒相禽者，何也？患生于多欲而人心难测也。今足下欲行忠信以交于汉王，必不能固于二君之相与也，而事多大于张黡、陈泽。故臣以为足下必汉王之不危己，亦误矣。大夫种、范蠡存亡越，霸句践，立功成名而身死亡。野兽已尽而猎狗亨。夫以交友言之，则不如张耳之与成安君者也；以忠信言之，则不过大夫种、范蠡之于句践也。此二人者，足以观矣。愿足下深虑之。且臣闻勇略震主者身危，而功盖天下者不赏。臣请言大王功略：足下涉西河，虏魏王，禽夏说，引兵下井陉，诛成安君，徇赵，胁燕，定齐，南摧楚人之兵二十万，东杀龙且，西乡以报，此所谓功无二于天下，而略不世出者也。今足下戴震主之威，挟不赏之功，归楚，楚人不信；归汉，汉人震恐：足下欲持是安归乎？夫势在人臣之位而有震主之威，名高天下，窃为足下危之。"韩信谢曰："先生且休矣，吾将念之。"

后数日，蒯通复说曰："夫听者事之候也，计者事之机也，听过计失而能久安者，鲜矣。听不失一二者，不可乱以言；计不失本末者，不可纷以辞。夫随厮养之役者，失万乘之权；守儋石之禄者，阙卿相之位。故知者决之断也，疑者事之害也，审豪氂之小计，遗天下之大数，智诚知之，决弗敢行者，百事之祸也。故曰'猛虎之犹豫，不若蜂虿之致螫；骐骥之跼躅，不如驽马之安步；孟贲之狐疑，不如庸夫之必至也；虽有舜禹之智，吟而不言，不如喑聋之指麾也'。此言贵能行之。夫功者难成而易败，时者难得而易失也。时乎时，不再来。愿足下详察之。"韩信犹豫不忍倍汉，又自以为功多，汉终不夺我齐，遂谢蒯通。蒯通说不听，已详狂为巫。

汉王之困固陵，用张良计，召齐王信，遂将兵会垓下。项羽已破，高祖袭夺齐王军。汉五年正月，徙齐王信为楚王，都下邳。

信至国，召所从食漂母，赐千金。及下乡南昌亭长，赐百钱，曰："公，小人也，为德不卒。"召辱己之少年令出胯下者以为楚中尉。告诸将相曰："此壮士也。方辱我时，我宁不能杀之邪？杀之无名，故忍而就于此。"

项王亡将钟离眜家在伊庐，素与信善。项王死后，亡归信。汉王怨眜，闻其在楚，诏楚捕眜。信初之国，行县邑，陈兵出入。汉六年，人有上书告楚王信反。高帝以陈平计，天子巡狩会诸侯，南方有云梦，发使告诸侯会陈："吾将游云梦。"实欲袭信，信弗知。高祖且至楚，信欲发兵反，自度无罪，欲谒上，恐见禽。人或说信曰："斩眜谒上，上必喜，无患。"信见眜计事。眜曰："汉所以不击取楚，以眜在公所。若欲捕我以自媚于汉，吾今日死，公亦随手亡矣。"乃骂信曰："公非长者！"卒自刭。信持其首，谒高祖于陈。上令武士缚信，载后车。信曰："果若人言，'狡兔死，良狗亨；高鸟尽，良弓藏；敌国破，谋臣亡'。天下已定，我固当亨！"上曰："人告公反。"遂械系信。至雒阳，赦信罪，以为淮阴侯。

信知汉王畏恶其能，常称病不朝从。信由此日夜怨望，居常鞅鞅，羞与绛、灌等列。信尝过樊将军哙，哙跪拜送迎，言称臣，曰："大王乃肯临臣！"信出门，笑曰："生乃与哙等为伍！"上常从容与信言诸将能不，各有差。上问曰："如我能将几何？"信曰："陛下不过能将十万。"上曰："于君何如？"曰："臣多多而益善耳。"上笑曰："多多益善，何为为我禽？"信曰："陛下不能将兵，而善将将，此乃信之所以为陛下禽也。且陛下所谓天授，非人力也。"

陈豨拜为巨鹿守，辞于淮阴侯。淮阴侯挈其手，辟左右与之步于庭，仰天叹曰："子可与言乎？欲与子有言也。"豨曰："唯将军令之。"淮阴侯曰："公之所居，天下精兵处也；而公，陛下之信幸臣也。人言公之畔，陛下必不信；再至，陛下乃疑矣；三至，必怒而自将。吾为公从中起，天下可图也。"陈豨素知其能也，信之，曰："谨奉教！"汉十年，陈豨果反。上自将而往，信病不从。阴使人至豨所，曰："弟举兵，吾从此助公。"信乃谋与家臣夜诈诏赦诸官徒奴，欲发以袭吕后、太子。部署已定，待豨报。其舍人得罪于信，信囚，欲杀之。舍人弟上变，告信欲反状于吕后。吕后欲召，恐其党不就，乃与萧相国谋，诈令人从上所来，言豨已得死，列侯群臣皆贺。相国绐信曰："虽疾，强入贺。"信入，吕后使武士缚信，斩之长乐钟室。信方斩，曰："吾悔不用蒯通之计，乃为儿女子所诈，岂非天哉！"遂夷信三族。

高祖已从豨军来，至，见信死，且喜且怜之，问："信死亦何言？"吕后曰："信言恨不用蒯通计。"高祖曰："是齐辩士也。"乃诏齐捕蒯通。蒯通至，上曰："若教淮阴侯反乎？"对曰："然，臣固教之。竖子不用臣之策，故令自夷于此。如彼竖子用臣之计，陛下安得而夷之乎！"上怒曰："亨之。"通曰："嗟乎，冤哉亨也！"上曰："若教韩信反，何冤？"对曰："秦之纲绝而维弛，山东大扰，异姓并起，英俊乌集。秦失其鹿，天下共逐之，于是高材疾足者先得焉。蹠之狗吠尧，尧非不仁，狗因吠非其主。当是时，臣唯独知韩信，非知陛下也。且天下锐精持锋欲为陛下所为者甚众，顾力不能耳。又可尽亨之邪？"高帝曰："置之。"乃释通之罪。

太史公曰：吾如淮阴，淮阴人为余言，韩信虽为布衣时，其志与众异。其母死，贫无以葬，然乃行营高敞地，令其旁可置万家。余视其母冢，良然。假令韩信学道谦让，不伐己功，不矜其能，则庶几哉，于汉家勋可以比周、召、太公之徒，后世血食矣。不务出此，而天下已集，乃谋畔逆，夷灭宗族，不亦宜乎！

译文：

淮阴侯韩信是淮阴人，当初还是平民的时候，家里贫穷又放荡不检点，未能被推选为地方官吏，他也不会经商谋生，经常依靠别人来糊口度日，人们都讨厌他。他曾多次到下乡南昌亭亭长家里去要饭吃，一吃就是几个月，亭长的妻子对这事也很头疼。于是就早早地在床上把饭给吃了。到吃饭的时候韩信来了，就不再给他准备饭了。韩信也明白他们的用意，很生气，从此就和他们断绝了关系，离开了他家。

韩信在城下钓鱼，有几位老大娘也在那里漂洗绵絮，有一个老大娘看见韩信饿了，就给他饭吃，连续漂洗了十几天，天天如此。韩信很高兴，对那位大娘说："我将来一定要重重报答您。"大娘生气地说："大丈夫不能自己养活自己，我是可怜你才给你饭吃的，难道是希望您报答吗？"

淮阴的屠户中有个年轻人侮辱韩信说："你虽然长得高大，喜欢带刀佩剑，其实内心是很胆怯的。"并且当众侮辱韩信说：

"你果真不怕死就用剑来刺我，怕死就从我的胯下爬过去。"于是韩信看了他很久，低下身子从他的胯下爬了过去。街上的人都嘲笑韩信，认为他是个胆小鬼。

当项梁渡淮北上的时候，韩信带着剑投奔了项梁，做了项梁的部下，没有什么名气。项梁被战败以后，他又归属项羽，项羽任他为郎中。他曾多次向项羽献策，项羽都没有采用。汉王刘邦入蜀时，韩信又逃离楚军归附了汉王，但仍没有什么名气，只做了个管理粮仓的小官。后来他犯法当处斩刑，同伙的十三人都已处斩，轮到韩信时，他抬头仰视，正好看见了滕公，说："汉王不是想统一天下吗？为什么要斩杀壮士呢？"滕公听了他的话后感到很惊奇，又见他相貌非凡，于是就把他释放了。和他交谈了一番，很欣赏他。并把此事告诉了汉王，汉王任命他为治粟都尉，但并没有感到他有什么与众不同的地方。

韩信曾多次与萧何谈论事情，萧何很赏识他。在去南郑的途中，将领中有数十人半途逃亡，韩信揣想萧何等人已经多次向刘邦推荐过自己，但刘邦并不想起用，于是韩信也就逃走了。萧何听说韩信逃走以后，来不及向汉王报告就亲自去追赶韩信。有人向汉王说："丞相萧何逃跑了。"汉王听了非常生气，如同失去了左右手一样。隔了一两天，萧何来拜见汉王，汉王又生气又高兴，骂萧何说："你为什么逃走？"萧何说："我不敢逃走，我是去追逃跑的人的。"汉王说："你去追的是谁？"萧何回答说："韩信。"汉王又骂道："将领中已逃跑了数十个你都没有去追，追韩信，这是骗人。"萧何说："那些将领容易得到，至于像韩信这样的人，是国家中独一无二的人才。大王如果只想长期称王于汉中，那就可以不用韩信，如果决心争夺天下，除了韩信就没有能与您共计大事的人了，这就要看大王怎样决定了。"

汉王说:"我也想向东扩展,怎么能愁心满结地久居于此?"萧何说:"如果大王决心向东扩展,能起用韩信,韩信就会留下来。如果不能起用韩信,韩信终归还是要逃走的。"汉王说:"我看在你的面子上就任命他为将领。"萧何说:"虽然你任命他为将领,但韩信仍然不会留下来。"汉王说:"那就任命他为大将。"萧何说:"太好了。"于是汉王就要召见韩信任命他为大将军。萧何说:"大王一向对人轻慢无礼,现在任命大将军就好像叫小孩子似的,这就是韩信所以要离去的原因。大王如决心要拜他为大将军,就要选个吉日良辰,沐浴斋戒,设置高坛、广场,准备好拜大将军的仪式才可以。"汉王同意了萧何的意见。诸位将领都很高兴,每个人都以为自己要做大将军了。等到任命大将军时,原来是韩信,全军都感到惊讶。

　　韩信的授职仪式结束后,汉王坐了下来,说:"萧丞相曾多次赞赏将军,将军将用什么良策来教导我呢?"韩信谦让了一番后就问汉王说:"现在要向东扩展,争夺天下霸权,您的对手岂不就是项羽吗?"汉王说:"是这样。"韩信说:"大王自己估量一下,在勇敢善战、兵力精强方面与项王相比怎么样呢?"汉王沉默了好大一会儿说:"我不如项王。"韩信行了再拜礼后赞佩地说:"我也认为大王在这几方面不如项王。然而我曾侍奉过他,请让我谈谈项王的为人:项王发怒呼喊时,千百人都吓得胆战腿软,然而他不能任用有才能的将领,这只不过是匹夫之勇罢了。平素项王待人恭敬慈爱,言语温和,有人生了病,他能够同情地流下眼泪来,并把自己的食物送给他们吃。但到了别人有了功劳应当加赏封爵时,他却把加赏封爵的印信玩弄得棱角磨没了还舍不得授给人家,这就是所谓的妇人之道。项王虽然称霸了天下而且诸侯都臣服于他,但他不居守关中而以彭城为都城,违背了与义帝的约定而把自己亲信的人封为王,诸侯们对他的这种做法都愤愤不平。诸侯们看见项王把义帝驱逐到江南,也都回去驱逐他们的君主,占据了好地方而自立为王。凡是项王军队经过的地方都遭到了蹂躏和破坏,天下的人们都很怨恨他们,百姓也不愿归附他们,只不过是迫于威势,勉强服从他们罢了。名义上虽为霸王,实际上已失去了民心。所以说他的强大很容易就会削弱。现在大王果能反其道而行之,任用天下勇敢善战的人,有什么敌人能不被诛灭呢?把天下的城邑封给有功之臣,那还有什么人会不服从你呢?率领正义之师,顺从思乡东归将士的心愿向东进军,还有什么人会不被打败呢?况且分封在秦地的三个王都是秦国的旧将,他们已经率领秦国子弟出来作战好几年了,他们中间被杀死的和逃亡的人不计其数,又欺骗了他们的部下投降了诸侯,到了新安,项王用欺诈的手段坑杀了秦国的降兵二十余万,唯独章邯、司马欣、董翳三人没有被杀,秦国的父老兄弟们怨恨这三个人,而且恨之入骨。现在项羽倚仗威势强封这三人为王,秦地的百姓并不拥护他们。大王入武关时,秋毫无犯,废除了秦国的苛刻刑法,并且和秦地的百姓约法三章,秦地的百姓没有一个不希望大王在秦地做王的。根据当初众诸侯的约定,大王当在关中为王,关中的百姓也都知道这件事,可是大王失掉了应得的封爵而入汉中,秦地的百姓没有不怨恨的。现在大王举兵东进,三秦之地只要发一道檄文就可安定。"汉王听了非常高兴,自己也认为与韩信相见恨晚。于是听从了韩信的计策,部署了各位将领作战的计划。

八月,汉王起兵从陈仓出发向东进军平定了三秦之地。汉二年,出函谷关,收服了魏王豹、河南王申阳,韩王郑昌、殷王司马卬也都投降了汉王。于是汉王联合了齐、赵共同攻打楚军。四月，到了彭城，汉王被击溃而还。韩信把溃散的士兵集中起来和汉王会师荥阳，又向楚军发起进攻，在京、索之间打败了楚军，因此楚军终不能向西进攻。

汉王在彭城被打败以后，塞王司马欣、翟王董翳叛汉降楚，齐、赵二国也反汉与楚联合。六月，魏王豹请假回家探望有病的亲人，一到自己的封国，马上就封锁了黄河渡口和临晋关的交通，反叛汉王，与楚订约讲和。汉王派郦生去劝说魏豹，魏豹没有被说服。这年八月，汉王任命韩信为左丞相并率兵攻打魏王。魏王在蒲坂布置了重兵把守，封锁了临晋关。于是韩信也布置了疑兵，故意摆开了船只，做出要渡临晋关的样子，而伏兵却从夏阳用木制的罂浮水渡过黄河，偷袭了魏都安邑。魏王豹听了大吃一惊，于是领兵迎击韩信，结果魏王豹被韩信所俘虏，从此平定了魏地，设为河东郡。汉王又派遣张耳与韩信一起领兵东进，然后又向北攻打赵国和代国。后九月，打败了代国的军队，在阏与捉住了夏说。韩信攻下魏国、打败代国之后，汉王就派人调回了他的精锐部队，又开赴荥阳去抵御楚军去了。

韩信和张耳率领了几万军队准备东下井陉关去攻打赵国。赵王、成安君陈余听说汉军将要来袭击他们，就在井陉关聚集了号称二十万的兵力。广武君李左车劝成安君说："听说汉将韩信渡过西河俘虏了魏王，活捉了夏说，又血战阏与，现在又以张耳为帮手，企图攻下赵国，这是乘胜出国远征，其势锐不可当。我听说从千里之外运送粮饷（来供士兵食用），士兵就要有挨饿的危险，到吃饭时才去打柴烧火做饭，部队就有吃不饱的危险。现在井陉的道路车不能并行，马不能成列，在这种情况下行军几百里，粮饷必然要落在军队的后面。希望您暂时借给我精兵三万，从小道去拦截他们的武器粮饷，您在这里深挖战壕，高筑营壁，坚守阵地，不要和他们交战。这样使他们前不能进攻，后不能退还，我率领奇兵截断他们的后路，使他们在野外一点东西都抢不到，如此不出十日，两将的首级就能献到你的帐前。希望您能考虑我的计策。如果不这样做，我们必然会被他两人所捉获。"成安君是个迂腐的书生，经常说义兵不用诈谋奇计，他回答说："我听兵法书上是这样讲的：兵力是敌人的十倍就包围他，是敌人的一倍就和他交战。现在韩信的兵号称数万，其实不过数千。他们敢涉千里来袭击我们，（等来到这里时，他们的兵力）也就精疲力竭了。像现在这样的兵力我们都避而不击，以后如有更强大的敌人前来，又用什么方法去战胜他们呢？（如果照你说的做，）各诸侯就会认为我们胆怯，而轻易地来攻打我们。"因此没有采纳广武君的计策。

韩信派人暗中去侦察，得知广武君的计策未被采用，密探回来报告韩信，韩信听了非常高兴，于是才敢率兵进入井陉狭道。在距离井陉口还有三十里的地方停下来休息。半夜，传令军中，准备出发，选出二千轻装的骑兵，每人拿一面红旗，从小道前进，隐蔽在山里窥望赵军，并告诫士兵们说："赵军看见我们逃跑，一定会倾巢出来追赶我们，（在这个时候）你们快速冲进赵军营地，拔掉赵军的旗帜，立起汉军的红旗。"同时下令让副将先给士兵们吃点食物，说："今日打败赵军后会餐。"各位将领都有点不大相信，只好假装答应说："遵命。"韩信又对军官们说："赵军已经先占据了有利的地势扎下营垒，而且在他们没有看见我军的大将旗鼓时是不会出来攻打我们的先头部队的，怕我们到了山路险狭的地方会退回来。"于是，韩信派了一万人作为先遣部队，出了井陉口就背靠河水排开阵势。赵军看到以后便大笑不已。天刚亮的时候，韩信树起大将旗帜，大吹大擂地开出井陉口，此时赵军开营出击汉军，两军鏖战了很久。在这个时候，韩信、张耳假装战败，丢弃了旗鼓逃回了河边的阵地。河边的部队打开营垒让他们进去，然后又和赵军大战一场。赵军果然倾巢而出争相掠夺汉军的旗鼓，追逐韩信、张耳。韩信、张耳已经回到河边的军营里，全军将士殊死作战，赵军无法打败。韩信派出的二千奇兵在等到赵军倾巢出来争夺战利品时冲入了赵军的军营，拔掉了赵军的全部旗帜，插起了二千面汉军的红旗。赵军已无法打败汉军，也不能抓到韩信等人，想收兵回营，但发现军营里已全部插起了汉军的红旗，因此大为惊慌，认为汉军已经全部俘虏了赵军的将领，于是队伍大乱，士兵们也纷纷逃跑，赵军将领虽然斩杀了不少逃兵，但仍然阻止不了。在这时汉军两面夹攻，大破赵军，并俘虏了大批人马，在泜水上斩杀了成安君陈余，抓获了赵王歇。

韩信传令军中不要杀死广武君，如果能有人活抓住广武君，重赏千金。于是有人捆着广武君送到了韩信的指挥部来，韩信解开了捆绑，请他面东而坐，自己却面西而坐，用对待老师一样的礼节来对待他。

诸将领来向韩信呈献首级和俘虏，完了之后都向韩信表示祝贺，有人因此问韩信说："兵法上说布置阵地要右背山陵，左对川泽，如今将军反而命令我们背水列阵，还说打败赵军后会餐，当时我们都不敢信服。然而竟取得了胜利，这是什么战术呢？"韩信说："这在兵法上也是有的，只是你们没有细看罢了。兵法上不是说'陷之死地而后生，置之亡地而后存'吗？"我韩信没有能得到素有训练而且能服从调动的将士，这就像所说的'赶着街上的百姓去作战'一样，在这种情况下只有置之死地，使每个人都主动去奋力作战。如果今天把他们置于能死里逃生的地方，那将会全部逃走,怎么还可以用他们去作战呢?"各位将领都佩服地说:"非常正确。这是我们所想不到的。"

于是,韩信问广武君说:"我准备向北攻打燕国,向东讨伐齐国,怎么做能获得成功呢?"广武君谦让地说:"我听说打了败仗的将军是没有资格来谈论勇敢作战的,亡了国的士大夫是没有资格来谈论国家的长治久安的。现在我是个兵败国亡的俘虏,怎么能配和您一起来商讨国家的大事呢?"韩信说:"我听说百里奚在虞而虞亡国,在秦而秦称霸,这并不是他在虞国时就愚蠢而在秦国时就聪明,而是在于国君能不能任用他,能不能听从他的计策。如成安君真的听了你的计策,像我韩信这样的人也早已被俘虏了。正因为成安君没能采纳你的意见,所以我韩信才能在此侍奉你。"因此韩信又坚决地问说:"我全心听从你的计策,希望你不要推辞。"广武君说:"我听说智者千虑,必有一失;愚者千虑,必有一得。所以说即使是狂人之言,圣人也可以选择采纳。只恐怕我的计策未必能用,但我愿意献出愚忠。成安君本来有百战百胜的计谋,但一次失策,全军溃败于鄗城之下,自己也死于泜水之上。如今将军渡过西河,俘虏了魏王,在阏与活捉了夏说,一举攻下井陉,不到一个上午就击破了二十万赵军,杀死了成安君。名闻海内,威震天下,农夫们都放下了农具,停止了耕作,穿好的吃好的,侧耳等候你的命令。像这些,都是将军的长处。然而民众劳苦,士卒疲乏,实在是难以继续驱使。现在将军打算用这些疲惫劳乏的士兵驻扎在燕国坚固的城池之下,想打又恐怕时间久了攻不下来,真情一暴露,形势就要被动,时间拖长了,粮草就会用完,弱小的燕国不肯降服,齐国就一定会拒守边境以图自强。与燕国、齐国僵持不下,那么刘邦、项羽的胜负就不能分明。像这些就是将军的不足之处。我见识浅薄，鄙意以为这样做是错误的。所以善用兵的人不以自己的短处去击敌人的长处，而是以自己的长处去击别人的短处。"韩信说："那么应当怎么办呢？"广武君回答说："现在为将军考虑，不如按兵不动，留守在赵国，抚恤阵亡将士的遗孤，这样做，百里之内的百姓就会每天拿着牛肉美酒来犒劳将士。然后你就向着北方燕国的道路布置军队，再派说客拿着书信送给燕国，把您的长处给燕国讲清楚，燕国一定不敢不听从。燕国降服了之后，您再派说客向东去告诉齐国，齐国也一定会闻风而服，虽然有再聪明的人也不知为齐国出什么计策好。这样一来，争取天下的大事就可以考虑了。用兵之道本来就有先虚而后实的，我说的就是这个道理。"韩信说："很好。"于是听从了广武君的计策，派人出使燕国，燕国闻风而降。于是又派人报告汉王，因而请立张耳为赵王来安抚赵国。汉王同意了这个意见，立张耳为赵王。

楚军曾多次派遣奇兵渡过黄河来攻打赵国，赵王张耳、韩信经常往来救赵，把所经过的赵地城邑都平定下来，又派兵支援汉王。这时楚军正在荥阳包围了汉王，汉王从南面逃出，到了宛、叶两地之间，收服了黥布，又直奔成皋，楚军又很快地包围了他。六月，汉王逃出成皋，向东渡过了黄河，只和滕公一起投奔到驻扎在修武的张耳军下。到了以后，住在传舍中。第二天早晨，他自称是汉王的使者，骑着马进入赵军的军营中。这时张耳、韩信还没有起床，就从他们的卧室里夺走了他们的印符，用军旗召集来诸将，调整了他们的职务。韩信、张耳起来以后，才得知汉王已经来过，大为吃惊。汉王夺取了两人统率的军队，并命令张耳留守赵地，任韩信为相国，召集起赵国那些没有派往荥阳的军队一起去进攻齐国。

韩信引兵东进，还没有从平原津渡过黄河，就听说汉王已经派郦食其说服了齐王，韩信打算停止前进。范阳辩士蒯通劝韩信说："将军是受命攻打齐国的，而汉王只是派了个密使去说服了齐王，难道有命令停止将军进军吗？怎么可以停止前进呢？况且郦生只是一个辩士，坐着车子靠摆弄三寸不烂之舌竟说下齐国七十多个城邑，将军率领着数万军队，一年多才攻下赵国五十多个城邑，做了几年的将军反不如一个小小书生的功劳？"于是韩信认为他讲得正确，听从了他的计策，继续渡过了黄河向齐国进军。这时齐王已接受了郦生的劝说，并留他开怀畅饮，撤除了防御汉军的守备。韩信乘机攻下了齐国驻扎在历下的军队，接着打到了临菑。齐王田广以为郦生出卖了自己，于是烹杀了郦生，而后逃往高密，并派使者到楚王那里请求援救。韩信平定了临菑以后，接着向东追击田广，一直追到高密的西边。这时楚王也派了龙且为将军，率领着号称二十万的大军前来救齐。

齐王田广、龙且两军联合起来和韩信作战，还未交锋，有人劝龙且说："汉军远征奋战，其锋不可阻挡。齐、楚两军在自己的国土上作战，士兵容易溃散。不如深沟高垒，让齐王派他的亲信大臣去招抚丢失的城邑，被丢失的城里官民听说自己的国王还在，又有楚军来援救，一定会反叛汉军，汉军远居二千里之外的异国他乡，齐国城邑里的百姓都反对他们，势必没有地方可以得到粮食，这样就可以使汉军不战而降。"龙且说："我平素深知韩信的为人，是很容易对付的。况且我来救齐，不战而使汉军投降，那我还有什么功劳呢？现在我经过战斗而取胜于汉军，就可以得到齐国的一半土地，为什么要停止作战呢？"于是决定交锋，与韩信的部队隔着潍水摆开了阵势。于是，韩信派人连夜做了一万多个袋子,装满了沙子,堵住了潍水的上游,然后领着一半人马渡河袭击龙且,韩信假装战败后撤。龙且果然高兴地说:"我本来就知道韩信胆子小。"于是领兵渡过潍水追击韩信。韩信派人打开了堵水的沙袋,大水一涌而至。龙且的军队大半还没有渡过潍水,韩信立即下令反击,杀死了龙且。在潍水东岸的龙且军队四处逃散,齐王田广也逃跑了。于是,韩信追击败兵直至城阳,全部俘虏了楚军士卒。

汉四年,韩信全部降服和平定了齐国,并派人向汉王上书说:"齐国伪诈多变,是个反复无常的国家,南面又和楚国接壤,如不设置一个代理国王来镇抚他们,其势不可安定。韩信希望做代理国王以便利国家。"当时,楚军正把汉王围困在荥阳,韩信的使者到达以后,呈上信件,汉王打开一看,勃然大怒,骂道:"我被围困在这里,时刻都盼望你来帮我,你却想自立为王。"张良、陈平暗暗地踩了一下汉王的脚,凑近汉王的耳边低声说:"汉军正处境不利,怎么能禁止韩信称王呢?不如因此而立他为王,好好地对待他,使他自守一方。不这样做就会发生变乱。"汉王听了之后也明白过来,因而又骂道:"大丈夫平定了诸侯,就应当立为真王,为什么要做代理国王呢?"于是派张良前往立韩信为齐王,并且征调了他的部队来攻打楚军。

楚军失去了龙且,项王有些恐慌,于是就派盱眙人武涉去游说齐王韩信说:"天下人受秦王朝的苦已经好久了,大家相约并力击秦。秦王朝被推翻以后,根据功劳的大小划分土地,分立为王,使士兵得到了休息。现在汉王又兴兵东征,侵占别人的封地,攻破三秦之后,又率兵出关,收集了其他诸侯的军队向东攻打楚军,他的意图是不吞并天下不肯罢休,他如此不知满足真是太过分了。况且汉王此人也不一定可信,他的性命曾多次掌握在项王手中,项王可怜他而使他活了下来,然而他一脱险境就背弃盟约,反过来又攻击项王,他不可亲近、不可信赖到如此地步。现在您自认为和汉王交情深厚,为他尽力作战,但终究会被他抓起来的。您所以能够保存性命到今天,是因为项王还存在的缘故。现在二王争夺天下的胜负,关键就在于您。您右靠汉王,汉王就胜利,您左靠项王,项王就胜利。如果项王今日被消灭了,那么其次就轮到您了。您和项王有旧交,为什么不叛背汉朝而和楚国联合,三分天下而自立为王呢?现在您若放弃了这个时机,而一定要帮助汉王来攻打楚王,作为一个聪明的人能像这样吗?"韩信辞谢说:"我过去侍奉项王,官不过是个郎中,位不过个执戟的卫士,进言他不听,计策他不用,所以才背楚归汉。汉王授予我上将军的印信,给了我数万军队,脱下他的衣服给我穿,拿他的饭菜给我吃,听我的进言,用我的计策,所以我才能到了这个地位。人家对我十分亲信,我背叛了他是不会有什么好结果的,即使死了也不能改变我的主意。请为我韩信向项王辞谢。"

武涉走了之后,齐国人蒯通知道决定天下局势的关键在于韩信,打算用妙计来感动他,于是就用相人之术来游说韩信说:"我曾学过相人之术。"韩信说:"先生的相术怎么样呢?"蒯通回答说:"人的贵贱在于骨相,忧愁和喜悦在面色,事业的成败在于决断能力,用这三方面的情况加以参酌,万无一失。"韩信说:"好!请先生相一相我看怎么样?"蒯通回答说:"希望(请身边的人退下,)稍给一点空隙(和您单独谈谈)。"韩信说:"左右的人都走开了。"蒯通说:"相您的面,地位不过诸侯,而且还危险不安。相您的背,却贵不可言。"韩信说:"为什么这样说呢?"蒯通说:"天下最初起兵抗秦时,英雄豪杰们自立为王，一声呼唤天下的勇士们像云兴雾涌、鱼鳞一般汇集在一起，快得像火花迸发、大风疾起。在这个时候，人们的忧虑是怎样灭掉秦国罢了。现在楚、汉分争，使天下无罪的百姓惨遭杀戮，父子老小暴尸荒野，不可胜数。楚国人从彭城起兵，转战四方，追击败兵，直到荥阳，乘胜席卷广大地区，威震天下。然而部队被困在京、索之间，被阻于成皋以西的山地不能前进，这样已经三年了。汉王率领着数十万的军队，占据了巩、雒之地，依靠着山河的险要地形，虽然一天打好几仗，却得不到尺寸土地，挫败奔逃，难以自救。在荥阳打了败仗，在成皋被射伤，于是逃到了宛、叶之间，这就是所讲的智勇双全的人也有窘困之日。将士的锐气在险要处受到挫伤，供应粮食的内府空无一粒，老百姓也精疲力竭，怨声载道，动荡不安，无所依存。据我估计，这种情况除非天下的圣贤，别人是平息不了天下的祸乱的。如今两主的命运都掌握在您的手中。您为汉王出力汉王就胜，如帮助楚王楚王就胜。我愿意披肝沥胆，以效愚计，恐怕您不能采纳。如果真能听从我的计策，不如对双方都不损害而使他们共存下来，您和他们三分天下，鼎足而立，在这种形势下谁也不敢先动。凭着您的贤才圣德，又拥有众多的部队，占有强大的齐国，燕、赵的归从，出兵于刘邦、项羽的空虚之地而牵制住他们的后方，顺应老百姓的愿望，向西（阻止刘、项之争，）为百姓请命，那么天下就会闻风响应，谁敢不听！然后分割大国，削弱强国，（重新）封立诸侯，待各诸侯分土立国之后，天下就会归服听命而感恩于齐国。占据齐国的故地，拥有胶、泗一带的地域，再用德惠来安抚诸侯，拱手谦让，那么天下的君王就会相继来朝拜齐国。我听说天赐给的你不取，反会受到祸咎；时机来了你不去实行，反会受到灾殃。希望您深思熟虑。"

韩信说："汉王待我十分恩厚，把他的车子给我坐，把他的衣服给我穿，把他的饭食给我吃。我听说，乘别人车子的人要为主人分担患难，穿别人衣服的人要为主人分担忧愁，吃别人饭的人要为主人的事业效死，我怎么能够唯利是图而违背正义呢？"蒯通说："您自以为对汉王很好，想建立流传万世的功业，我却认为是错误的。当初常山王、成安君还是百姓的时候，互相结为生死之交，后来因为张黡、陈泽的事情发生争执，两人结下怨仇。常山王背叛了项王，提着项婴的头逃跑而投降了汉王。汉王借了他的军队引兵东进，在泜水的南面杀死了成安君，使他头脚分家，终于被天下人所耻笑。这两个人的交情，可以说是天下最好的了，然而最终弄得彼此都想把对方抓获，这是为什么呢？祸患就产生在贪得无厌，而人心又变幻莫测。现在您打算以忠信与汉王交往，（但你们的交情）一定不会比常山王、成安君二人更巩固，（而你们之间的）事情却要比张黡、陈泽的事情更大。所以我认为您过分相信汉王不会危害自己也是错误的。大夫种、范蠡保存了即将灭亡的越国，使越王句践称霸于诸侯，结果功成名立以后，一个被杀，另一个不得已而逃亡。这就是野兽打尽了猎狗也就烹杀了。以交情友谊而言，您与汉王则不如张耳和成安君；以忠信而言，您与汉王则超不过大夫种、范蠡与句践。从这两类人的例子，足以使您看清楚了。希望您深思熟虑这个问题。况且我还听说，勇敢和谋略震动君主的人生命就有危险，而功劳超过天下人的人也就无法封赏了。请让我说一说您的功劳和谋略吧：您渡过西河俘虏了魏王，活捉了夏说，率兵攻下了井陉，杀死了成安君，夺取了赵国，迫降了燕国，平定了齐国，南面摧垮了楚国二十万大军，东面杀死了龙且，向西给刘邦报捷，这就是说你的功劳举世无双，而谋略空前绝后。现在您拥有震动君主的威势,持有无法封赏的功劳,归楚,楚人不敢相信,归汉,汉人感到震恐,您持有这样大的功劳打算往哪里归宿呢?从情势上看,您居于臣子的地位而拥有震动君主的威势,名高天下,我为您感到危险。"韩信辞谢说:"先生请不要说了,我将考虑你的意见。"

过了几天以后,蒯通又劝韩信说:"能够听取意见是事情成功的征兆,能反复考虑是事情成功的关键,听了错误的意见和打错了主意而能长久安全的是少有的。听取别人意见如果错听的不超过一两次,那么别人就不可能用花言巧语来迷惑了他,考虑问题如不会本末倒置,那么别人就不可能用闲言碎语来扰乱了他。安心于做奴仆杂役的人就会失去争取君权的机会,留恋于微薄俸禄的人就得不到公卿宰相的席位。所以聪明的人遇事当机立断,如果迟疑不决就会坏了事情,对鸡毛蒜皮的小事精打细算就会忘记了天下大事。聪明智慧足以知道事情的利害,但决定了又不敢去做,这是一切事情失败的祸根。所以说'猛虎犹豫不决,反不如黄蜂、蝎子的毒刺厉害;骏马徘徊不前,反不如劣马稳步前进;孟贲般的勇士狐疑不决,反不如庸夫一定要到达目的的决心;虽然有舜、禹那样的智慧,如闭口不言,反不如聋哑人用手势比画'。这些话的可贵之处就是要付诸行动。功业难成而容易失败,时机难得而容易错过。机不可失,时不再来,希望您反复考虑考虑。"韩信犹豫不决,不忍心背叛汉王,又自认为功劳多,汉王不会夺去自己的齐国,于是又谢辞了蒯通。蒯通的劝说未被采纳,后来就假装疯子做巫师去了。

汉王被围困在固陵时,采纳了张良的计策,招约齐王韩信,韩信率兵在垓下与汉王会师。项羽被打败以后,高祖乘齐王不备时夺去了他的军队。汉五年正月，改封齐王韩信为楚王，定都下邳。

韩信到了自己的封国，召见了当年给他饭吃的漂洗绵絮的大娘，赏赐给她千金。找到了下乡南昌亭长，赏赐给他百钱，并说："你是个小人，做好事有始无终。"又召见了曾侮辱过自己，让他从胯下爬过去的那个人，任他为楚中尉。并告诉他的将相们说："这是位壮士。当他侮辱我时，我难道不能杀了他吗？但杀了他没有什么道理，所以就忍让了他，才达到今天这样的成就。"

项王的逃亡将领钟离眛家住在伊庐，一向和韩信相好。项王死后，他就投奔了韩信。汉王怨恨钟离眛。听说他在楚国，就下令让楚国捕拿钟离眛。韩信刚到楚国时，巡视了所属的县邑，出出进进都要布置好士兵保卫。汉六年，有人上书告楚王韩信谋反。高帝采纳了陈平的计策，说天子将外出巡狩会见诸侯，南方有个云梦，派使者通知各诸侯到陈地朝会，告诉他们说："我将巡狩云梦。"其实是打算袭击韩信，韩信一点儿也不知道。高祖将要到达楚地时，韩信打算起兵造反，但又忖度自己是无罪的，想去朝见高祖，但又怕被抓起来。有人劝韩信说："杀了钟离眛去朝见高祖，高祖一定很高兴，也就没有什么祸患了。"韩信去见钟离眛，商量此事。钟离眛说："汉王之所以不敢来攻取楚国，是因为我钟离眛在您这里。如果想抓起我来去讨好汉王，我今天死去，您随即也就灭亡了。"于是骂韩信说："你不是个忠厚的长者。"终于自杀了。韩信拿着钟离眛的头去陈地朝见高祖。高祖命令武士把韩信捆绑起来，放在后面的车子上。韩信说："果然像有人说的那样，'狡黠的兔子死了，抓兔子的猎狗也就烹杀了；高飞的鸟射完了，弓箭也就收藏起来了；敌国被攻破了，谋臣也就被杀死了'。现在天下已经平定了，我也当然该烹杀了。"高祖说："有人告你谋反。"于是给韩信带上刑具。到了雒阳，高祖赦免了韩信的罪过，改封他为淮阴侯。

韩信知道汉王害怕而且嫉妒自己的才能，经常称病不去朝见和随从出行。韩信由此日夜怨恨，在家里闷闷不乐，感到和绛侯周勃、颍阴侯灌婴处于同等地位而羞耻。韩信曾去拜访将军樊哙，樊哙用跪拜的礼节恭迎恭送，说话时也自称为臣，说："大王竟肯光临寒舍（真是臣下的光荣）。"韩信出门后笑着说："我这一辈子竟同樊哙等人处在同等地位。"高祖经常和韩信谈论诸将的才能高下，（韩信对他们的评论）各有不同。高祖问韩信说："像我这样能够率领多少兵？"韩信说："陛下不过能率领十万。"高祖说："对于你来讲怎么样呢？"韩信回答说："我多多益善。"高祖笑着说："既然多多益善，那为什么还会被我抓住呢？"韩信说："陛下不善于率兵而善于驾驭将领，这就是我韩信所以被陛下抓获的缘故。况且陛下的权力是天授予的，不是人力所能达到的。"

陈豨被封为巨鹿郡守，向淮阴侯去辞行。淮阴侯拉着他的手避开了左右随从人员和他在庭院里散步，淮阴侯仰天叹曰："你可以和我谈谈吗？我有些话想和你谈谈。"陈豨说："将军只管吩咐。"淮阴侯说："你所管辖的地方是天下精兵聚集之处，而你是陛下亲信得宠的臣子。如果有人说你反叛，陛下一定不会相信；再有人去告你，陛下就会产生怀疑；第三次有人去告你，陛下一定会发怒而且会亲自率兵来讨伐你。我为你从这里起兵响应，就可以夺得天下。"陈豨一向知道韩信的才能，也相信他的计谋，说："一定听从你的指教。"汉十年，陈豨果然起兵反叛。高祖亲自带兵前往讨伐，韩信称病没有随从出征。韩信偷偷派人到陈豨的住处说:"你只管起兵,我在这里协助你。"于是韩信就和家臣谋划,乘黑夜假传诏书,准备赦免在官府服劳役的罪人和奴隶,发动他们去袭击吕后、太子。部署已定,等待陈豨的消息。他的门客得罪了韩信,韩信把他关了起来,打算把他杀掉。那个门客的弟弟上书吕后告发了韩信准备反叛的情况。吕后打算召韩信来,又怕他的党羽不肯就范,于是就和萧相国合谋,派一个人假装从高祖那里来说陈豨已被杀死,列侯群臣都要来庆贺。萧相国欺骗韩信说:"虽然你有病,但还是要勉强去庆贺一下。"韩信进了宫,吕后派武士把韩信捆绑起来,在长乐宫钟室里杀了他。韩信临斩时说:"我后悔没有采纳蒯通的计策,竟被妇人小子所欺骗,这岂不是天意吗?"于是诛灭了韩信三族。

高祖从平定陈豨的战场回来以后,看到韩信已经死了,他又是高兴又是怜惜,问说:"韩信死时说了些什么?"吕后说:"韩信说他后悔没采纳蒯通的计策。"高祖说:"此人是齐国的辩士。"于是下诏齐国缉拿蒯通。蒯通抓来了,高祖问说:"是你教唆淮阴侯反叛的吗?"蒯通回答说:"是的,我的确教他反叛,小子没用我的计策,所以才自取灭亡,落得如此下场。假如那小子采纳我的计策,陛下怎么能杀了他呢?"高祖很生气地说:"烹杀了他。"蒯通说:"哎呀!烹杀我可是冤枉啊。"高祖说:"你教韩信反叛,有什么冤枉的?"蒯通回答说:"秦王朝法度废弛、政权瓦解时,山东六国大乱,各诸侯国纷纷自立,英雄豪杰们像乌鸦一样纷纷聚集。秦王朝失去了统治大权以后,天下的人都来追逐他的帝位,但只有才能高、行动快的人才能抢先得到。盗跖的狗对着尧狂叫,并非尧不仁,因为他不是狗的主人。那个时候,我只知道韩信,并不知道陛下。况且天下养精蓄锐想要做陛下所做的事业的人很多,只是他们力所不及罢了。难道你可以把他们全部烹杀了吗?"高帝曰:"饶了他。"于是赦免了蒯通的罪过。

太史公说:我到淮阴时,淮阴人对我说,韩信还是老百姓时,他的志向就和别人不一样。他的母亲死后,穷得无法埋葬,然而仍到各处访求高敞的坟地,让他母亲坟地的旁边还可以安置下万户人家。我看过他母亲的坟地,确实是这样。假如韩信学一些道家的谦让之道,不夸耀自己的功劳,不以自己的才能骄傲,那他对汉王朝的功劳就差不多可以和周公、召公、太公这些人相比,就可以子孙后代祭祀不绝。但他没有向这方面努力,而且天下大局已定,还要谋反叛乱,诛灭他的宗族不也是应该的吗?

- 史记
- ☐ **汉书**
- 后汉书
- 三国志
- 晋书
- 宋书
- 南齐书
- 梁书
- 陈书
- 魏书
- 北齐书
- 周书
- 隋书
- 南史
- 北史
- 旧唐书
- 新唐书
- 旧五代史
- 新五代史
- 宋史
- 辽史
- 金史
- 元史
- 明史

汉书

帝　纪

汉书卷一上

高帝纪第一上

高祖，沛丰邑中阳里人也，姓刘氏。母媪尝息大泽之陂，梦与神遇。是时雷电晦冥，父太公往视，则见交龙于上。已而有娠，遂产高祖。

高祖为人，隆准而龙颜，美须髯，左股有七十二黑子。宽仁爱人，意豁如也。常有大度，不事家人生产作业。及壮，试吏，为泗上亭长，廷中吏无所不狎侮。好酒及色。常从王媪、武负贳酒，时饮醉卧，武负、王媪见其上常有怪。高祖每酤留饮，酒雠数倍。及见怪，岁竟，此两家常折券弃责。

高祖常繇咸阳，纵观秦皇帝，喟然大息，曰："嗟乎，大丈夫当如此矣！"

单父人吕公善沛令，辟仇，从之客，因家焉。沛中豪杰吏闻令有重客，皆往贺。萧何为主吏，主进，令诸大夫曰："进不满千钱，坐之堂下。"高祖为亭长，素易诸吏，乃绐为谒曰"贺钱万"，实不持一钱。谒入，吕公大惊，起，迎之门。吕公者，好相人，见高祖状貌，因重敬之，引入坐上坐。萧何曰："刘季固多大言，少成事。"高祖因狎侮诸客，遂坐上坐，无所诎。酒阑，吕公因目固留高祖。竟酒，后。吕公曰："臣少好相人，相人多矣,无如季相,愿季自爱。臣有息女,愿为箕帚妾。"酒罢,吕媪怒吕公曰:"公始常欲奇此女,与贵人。沛令善公,求之不与,何自妄许与刘季?"吕公曰:"此非儿女子所知。"卒与高祖。吕公女即吕后也,生孝惠帝、鲁元公主。

高祖尝告归之田。吕后与两子居田中,有一老父过,请饮,吕后因餔之。老父相后曰:"夫人天下贵人也。"令相两子,见孝惠帝,曰:"夫人所以贵者,乃此男也。"相鲁元公主,亦皆贵。老父已去,高祖适从旁舍来,吕后具言:"客有过,相我子母皆大贵。"高祖问,曰:"未远。"乃追及,问老父。老父曰:"乡者夫人儿子皆以君,君相贵不可言。"高祖乃谢曰:"诚如父言,不敢忘德。"及高祖贵,遂不知老父处。

高祖为亭长,乃以竹皮为冠,令求盗之薛治,时时冠之,及贵常冠,所谓"刘氏冠"也。

高祖以亭长为县送徒骊山,徒多道亡。自度比至皆亡之,到丰西泽中亭,止饮,夜皆解纵所送徒,曰:"公等皆去,吾亦从此逝矣!"徒中壮士愿从者十余人。高祖被酒,夜径泽中,令一人行前。行前者还报曰:"前有大蛇当径,愿还。"高祖醉,曰:"壮士行,何畏!"乃前,拔剑斩蛇。蛇分为两,道开。行数里,醉困卧。后人来至蛇所,有一老妪夜哭。人问妪何哭,妪曰:"人杀吾子。"人曰:"妪子何为见杀?"妪曰:"吾子,白帝子也,化为蛇当道,今者赤帝子斩之,故哭。"人乃以妪为不诚,欲苦之,妪因忽不见。后人至,高祖觉。告高祖,高祖乃心独喜,自负。诸从者日益畏之。

秦始皇帝尝曰"东南有天子气",于是东游以厌当之。高祖隐于芒、砀山泽间,吕后与人俱求,常得之。高祖怪问之吕后,后曰:"季所居上常有云气,故从往常得季。"高祖又喜。沛中子弟或闻之，多欲附者矣。

秦二世元年秋七月，陈涉起蕲。至陈，自立为楚王，遣武臣、张耳、陈余略赵地。八月，武臣自立为赵王。郡县多杀长吏以应涉。九月，沛令欲以沛应之。掾、主吏萧何、曹参曰："君为秦吏，今欲背之，帅沛子弟，恐不听。愿君召诸亡在外者，可得数百人，因以劫众，众不敢不听。"乃令樊哙召高祖。高祖之众已数百人矣。

于是樊哙从高祖来。沛令后悔，恐其有变，乃闭城城守，欲诛萧、曹。萧、曹恐，逾城保高祖。高祖乃书帛射城上，与沛父老曰："天下同苦秦久矣。今父老虽为沛令守，诸侯并起，今屠沛。沛令共诛令，择可立立之，以应诸侯，即室家完。不然，父子俱屠，无为也。"父老乃帅子弟共杀沛令，开城门迎高祖，欲以为沛令。高祖曰："天下方扰，诸侯并起，今置将不善，一败涂地。吾非敢自爱，恐能薄，不能完父兄子弟。此大事，愿更择可者。"萧、曹皆文吏，自爱，恐事不就，后秦种族其家，尽让高祖。诸父老皆曰："平生所闻刘季奇怪，当贵，且卜筮之，莫如刘季最吉。"高祖数让，众莫肯为，高祖乃立为沛公。祠黄帝，祭蚩尤于沛廷，而衅鼓。旗帜皆赤，由所杀蛇白帝子，杀者赤帝子故也。于是少年豪吏如萧、曹、樊哙等皆为收沛子弟，得三千人。

是月，项梁与兄子羽起吴。田儋与从弟荣、横起齐，自立为齐王。韩广自立为燕王。魏咎自立为魏王。陈涉之将周章西入关，至戏，秦将章邯距破之。

秦二年十月，沛公攻胡陵、方与，还守丰。秦泗川监平将兵围丰。二日，出与战，破之。令雍齿守丰。十一月，沛公引兵之薛。秦泗川守壮兵败于薛，走至戚，沛公左司马得杀之。沛公还军亢父,至方与。赵王武臣为其将所杀。十二月,楚王陈涉为其御庄贾所杀。魏人周市略地丰、沛,使人谓雍齿曰:"丰,故梁徙也。今魏地已定者数十城,齿今下魏,魏以齿为侯守丰;不下,且屠丰。"雍齿雅不欲属沛公,及魏招之,即反为魏守丰。沛公攻丰,不能取。沛公还之沛,怨雍齿与丰子弟畔之。

正月,张耳等立赵后赵歇为赵王。东阳宁君、秦嘉立景驹为楚王,在留。沛公往从之,道得张良,遂与俱见景驹,请兵以攻丰。时章邯从陈,别将司马夷将兵北定楚地,屠相,至砀。东阳宁君、沛公引兵西,与战萧西,不利,还收兵聚留。

二月,攻砀,三日拔之。收砀兵,得六千人,与故合九千人。三月,攻下邑,拔之。还击丰,不下。四月,项梁击杀景驹、秦嘉,止薛,沛公往见之。项梁益沛公卒五千人,五大夫将十人。沛公还,引兵攻丰,拔之。雍齿奔魏。五月,项羽拔襄城还。项梁尽召别将。

六月,沛公如薛,与项梁共立楚怀王孙心为楚怀王。章邯破杀魏王咎、齐王田儋于临济。七月,大霖雨。沛公攻亢父。章邯围田荣于东阿。沛公与项梁共救田荣,大破章邯东阿。田荣归,沛公、项羽追北,至城阳,攻屠其城。军濮阳东,复与章邯战,又破之。

章邯复振,守濮阳,环水。沛公、项羽去攻定陶。八月,田荣立田儋子市为齐王。定陶未下,沛公与项羽西略地至雍丘,与秦军战,大败之,斩三川守李由。还攻外黄,外黄未下。

项梁再破秦军,有骄色。宋义谏,不听。秦益章邯兵。九月,章邯夜衔枚击项梁定陶,大破之,杀项梁。时连雨自七月至九月。沛公、项羽方攻陈留,闻梁死,士卒恐,乃与将军吕臣引兵而东,徙怀王自盱台都彭城。吕臣军彭城东,项羽军彭城西,沛公军砀。魏咎弟豹自立为魏王。后九月，怀王并吕臣、项羽军自将之。以沛公为砀郡长，封武安侯，将砀郡兵。以羽为鲁公，封长安侯。吕臣为司徒，其父吕青为令尹。

章邯已破项梁，以为楚地兵不足忧，乃渡河北击赵王歇，大破之。歇保巨鹿城，秦将王离围之。赵数请救，怀王乃以宋义为上将，项羽为次将，范增为末将，北救赵。

初，怀王与诸将约，先入定关中者王之。当是时，秦兵强，常乘胜逐北，诸将莫利先入关。独羽怨秦破项梁，奋势，愿与沛公西入关。怀王诸老将皆曰："项羽为人僄悍祸贼，尝攻襄城，襄城无噍类，所过无不残灭。且楚数进取，前陈王、项梁皆败，不如更遣长者扶义而西，告谕秦父兄。秦父兄苦其主久矣，今诚得长者往，毋侵暴，宜可下。项羽不可遣，独沛公素宽大长者。"卒不许羽，而遣沛公西收陈王、项梁散卒。乃道砀至（阳城）〔城阳〕与杠里，攻秦军壁，破其二军。

秦三年十月，齐将田都畔田荣，将兵助项羽救赵。沛公攻破东郡尉于成武。

十一月，项羽杀宋义，并其兵渡河，自立为上将军，诸将黥布等皆属。

十二月，沛公引兵至栗，遇刚武侯，夺其军四千余人，并之，与魏将皇欣、武满军合攻秦军，破之。故齐王建孙田安下济北，从项羽救赵。羽大破秦军巨鹿下，虏王离，走章邯。

二月，沛公从砀北攻昌邑，遇彭越。越助攻昌邑，未下。沛公西过高阳，郦食其为里监门，曰："诸将过此者多，吾视沛公大度。"乃求见沛公。沛公方踞床，使两女子洗。郦生不拜，长揖曰："足下必欲诛无道秦，不宜踞见长者。"于是沛公起，摄衣谢之，延上坐。食其说沛公袭陈留。沛公以为广野君，以其弟商为将，将陈留兵。

三月，攻开封，未拔。西与秦将杨熊会战白马，又战曲遇东，大破之。杨熊走之荥阳，二世使使斩之以徇。四月，南攻颍川，屠之。因张良遂略韩地。

时赵别将司马卬方欲渡河入关，沛公乃北攻平阴，绝河津。南，战雒阳东，军不利，从辕辕辕至阳城，收军中马骑。

六月，与南阳守齮战犨东，破之。略南阳郡，南阳守走，保城守宛。沛公引兵过宛西。张良谏曰："沛公虽欲急入关，秦兵尚众，距险。今不下宛，宛从后击，强秦在前，此危道也。"于是沛公乃夜引军从他道还，偃旗帜，迟明，围宛城三匝。南阳守欲自刭，其舍人陈恢曰："死未晚也。"乃逾城见沛公，曰："臣闻足下约先入咸阳者王之，今足下留守宛。宛郡县连城数十，其吏民自以为降必死，故皆坚守乘城。今足下尽日止攻，士死伤者必多；引兵去宛，宛必随足下。足下前则失咸阳之约，后有强宛之患。为足下计，莫若约降，封其守，因使止守，引其甲卒与之西。诸城未下者，闻声争开门而待足下，足下通行无所累。"沛公曰："善。"七月，南阳守齮降，封为殷侯，封陈恢千户。引兵西，无不下者。至丹水，高武侯鰓、襄侯王陵降。还攻胡阳，遇番君别将梅鋗，与偕攻析、郦，皆降。所过毋得卤掠，秦民喜。遣魏人宁昌使秦。是月，章邯举军降项羽，羽以为雍王。瑕丘申阳下河南。

八月，沛公攻武关，入秦。秦相赵高恐，乃杀二世，使人来，欲约分王关中，沛公不许。九月，赵高立二世兄子子婴为秦王。子婴诛灭赵高，遣将将兵距峣关。沛公欲击之，张良曰："秦兵尚强，未可轻。愿先遣人益张旗帜于山上为疑兵，使郦食其、陆贾往说秦将，啖以利。"秦将果欲连和，沛公欲许之。张良曰："此独其将欲叛,恐其士卒不从,不如因其怠懈击之。"沛公引兵绕峣关,逾蒉山,击秦军,大破之蓝田南。遂至蓝田,又战其北,秦兵大败。

元年冬十月,五星聚于东井。沛公至霸上。秦王子婴素车白马,系颈以组,封皇帝玺、符、节,降枳道旁。诸将或言诛秦王,沛公曰："始怀王遣我,固以能宽容,且人已服降,杀之不祥。"乃以属吏。遂西入咸阳。欲止宫休舍,樊哙、张良谏,乃封秦重宝财物府库,还军霸上。萧何尽收秦丞相府图籍文书。十一月,召诸县豪杰曰："父老苦秦苛法久矣,诽谤者族,耦语者弃市。吾与诸侯约,先入关者王之,吾当王关中。与父老约法三章耳:杀人者死,伤人及盗抵罪。余悉除去秦法。吏民皆按堵如故。凡吾所以来,为父兄除害,非有所侵暴,毋恐!且吾所以军霸上,待诸侯至而定要束耳。"乃使人与秦吏行至县、乡、邑告谕之。秦民大喜,争持牛、羊、酒食献享军士。沛公让不受,曰:"仓粟多,不欲费民。"民又益喜,唯恐沛公不为秦王。

或说沛公曰:"秦富十倍天下,地形强。今闻章邯降项羽,羽号曰雍王,王关中。即来,沛公恐不得有此。可急使守函谷关,毋内诸侯军,稍征关中兵以自益,距之。"沛公然其计,从之。十二月,项羽果帅诸侯兵欲西入关,关门闭。闻沛公已定关中,羽大怒,使黥布等攻破函谷关,遂至戏下。沛公左司马曹毋伤闻羽怒,欲攻沛公,使人言羽曰:"沛公欲王关中,令子婴相,珍宝尽有之。"欲以求封。亚父范增说羽曰:"沛公居山东时,贪财好色。今闻其入关,珍物无所取,妇女无所幸,此其志不小。吾使人望其气,皆为龙,成五色,此天子气。急击之,勿失。"于是飨士,旦日合战。是时,羽兵四十万,号百万。沛公兵十万,号二十万,力不敌。会羽季父左尹项伯素善张良,夜驰见张良,具告其实,欲与俱去，毋特俱死。良曰："臣为韩王送沛公，不可不告，亡去不义。"乃与项伯俱见沛公。沛公与伯约为婚姻，曰："吾入关，秋毫无所敢取，籍吏民，封府库，待将军。所以守关者，备他盗也。日夜望将军到，岂敢反邪！愿伯明言不敢背德。"项伯许诺，即夜复去，戒沛公曰："旦日不可不早自来谢。"项伯还，具以沛公言告羽，因曰："沛公不先破关中兵，公巨能入乎？且人有大功，击之不祥，不如因善之。"羽许诺。

沛公旦日从百余骑见羽鸿门，谢曰："臣与将军戮力攻秦，将军战河北，臣战河南，不自意先入关，能破秦，与将军复相见。今者有小人言，令将军与臣有隙。"羽曰："此沛公左司马曹毋伤言之，不然，籍何以（生）〔至〕此？"羽因留沛公饮。范增数目羽击沛公，羽不应。范增起，出谓项庄曰："君王为人不忍，汝入以剑舞，因击沛公，杀之。不者，汝属且为所虏。"庄入为寿。寿毕，曰："军中无以为乐，请以剑舞。"因拔剑舞。项伯亦起舞，常以身翼蔽沛公。樊哙闻事急，直入，怒甚。羽壮之，赐以酒。哙因谯让羽。有顷，沛公起如厕，招樊哙出，置车官属，独骑，与樊哙、靳强、滕公、纪成步，从间道走军，使张良留谢羽。羽问："沛公安在？"曰："闻将军有意督过之，脱身去，间至军，故使臣献璧。"羽受之。又献玉斗范增。增怒，撞其斗，起曰："吾属今为沛公虏矣！"

沛公归数日，羽引兵西屠咸阳，杀秦降王子婴，烧秦宫室，所过无不残灭，秦民大失望。羽使人还报怀王，怀王曰："如约。"羽怨怀王不肯令与沛公俱西入关而北救赵，后天下约。乃曰："怀王者，吾家所立耳，非有功伐，何以得专主约！本定天下，诸将与籍也。"春正月，阳尊怀王为义帝，实不用其命。

二月，羽自立为西楚霸王，王梁、楚地九郡，都彭城。背约,更立沛公为汉王,王巴、蜀、汉中四十一县,都南郑。三分关中,立秦三将,章邯为雍王,都废丘;司马欣为塞王,都栎阳;董翳为翟王,都高奴。楚将瑕丘申阳为河南王,都洛阳。赵将司马卬为殷王,都朝歌。当阳君英布为九江王,都六。怀王柱国共敖为临江王,都江陵。番君吴芮为衡山王,都邾。故齐王建孙田安为济北王。徙魏王豹为西魏王,都平阳。徙燕王韩广为辽东王。燕将臧荼为燕王,都蓟。徙齐王田市为胶东王。齐将田都为齐王,都临菑。徙赵王歇为代王。赵相张耳为常山王。汉王怨羽之背约,欲攻之,丞相萧何谏,乃止。

夏四月,诸侯罢戏下,各就国。羽使卒三万人从汉王,楚子、诸侯人之慕从者数万人,从杜南入蚀中。张良辞归韩,汉王送至褒中,因说汉王烧绝栈道,以备诸侯盗兵,亦视项羽无东意。

汉王既至南郑,诸将及士卒皆歌讴思东归,多道亡还者。韩信为治粟都尉,亦亡去。萧何追还之,因荐于汉王,曰:"必欲争天下,非信无可与计事者。"于是汉王齐戒设坛场,拜信为大将军,问以计策。信对曰:"项羽背约而王君王于南郑,是迁也。吏卒皆山东之人,日夜企而望归,及其锋而用之,可以有大功。天下已定,民皆自宁,不可复用。不如决策东向。"因陈羽可图、三秦易并之计。汉王大说,遂听信策,部署诸将。留萧何收巴、蜀租,给军粮食。

五月,汉王引兵从故道出袭雍。雍王邯迎击汉陈仓,雍兵败,还走;战好畤,又大败,走废丘。汉王遂定雍地。东如咸阳,引兵围雍王废丘,而遣诸将略地。

田荣闻羽徙齐王市于胶东而立田都为齐王,大怒,以齐兵迎击田都。都走降楚。六月,田荣杀田市,自立为齐王。时彭越在巨野,众万余人,无所属。荣与越将军印,因令反梁地。越击杀济北王安,荣遂并三齐之地。燕王韩广亦不肯徙辽东。秋八月,臧荼杀韩广,并其地。塞王欣、翟王翳皆降汉。

初,项梁立韩后公子成为韩王,张良为韩司徒。羽以良从汉王,韩王成又无功,故不遣就国,与俱至彭城,杀之。及闻汉王并关中,而齐、梁畔之,羽大怒,乃以故吴令郑昌为韩王,距汉。令萧公角击彭越,越败角兵。时张良徇韩地,遗羽书曰:"汉欲得关中,如约即止,不敢复东。"羽以故无西意,而北击齐。

九月,汉王遣将军薛欧、王吸出武关,因王陵兵,从南阳迎太公、吕后于沛。羽闻之,发兵距之阳夏,不得前。

二年冬十月,项羽使九江王布杀义帝于郴。陈余亦怨羽独不王己,从田荣借助兵,以击常山王张耳。耳败走降汉,汉王厚遇之。陈余迎代王歇还赵,歇立余为代王。张良自韩间行归汉,汉王以为成信侯。

汉王如陕,镇抚关外父老。河南王申阳降,置河南郡。使韩太尉韩信击韩,韩王郑昌降。十一月,立韩太尉信为韩王。汉王还归,都栎阳,使诸将略地,拔陇西。以万人若一郡降者,封万户。缮治河上塞。故秦苑囿园池,令民得田之。

春正月,羽击田荣城阳,荣败走平原,平原民杀之。齐皆降楚,楚焚其城郭,齐人复畔之。诸将拔北地,虏雍王弟章平。赦罪人。二月癸未,令民除秦社稷,立汉社稷。施恩德,赐民爵。蜀、汉民给军事劳苦,复勿租税二岁。关中卒从军者,复家一岁。举民年五十以上,有修行,能帅众为善,置以为三老,乡一人。择乡三老一人为县三老,与县令、丞、尉以事相教,复勿徭戍。以十月赐酒肉。

三月,汉王自临晋渡河。魏王豹降,将兵从。下河内,虏殷王卬,置河内郡。至修武,陈平亡楚来降。汉王与语,说之,使参乘，监诸将。南渡平阴津，至洛阳，新城三老董公遮说汉王曰："臣闻'顺德者昌，逆德者亡'，'兵出无名，事故不成'。故曰：'明其为贼，敌乃可服。'项羽为无道，放杀其主，天下之贼也。夫仁不以勇，义不以力，三军之众为之素服，以告之诸侯，为此东伐，四海之内莫不仰德。此三王之举也。"汉王曰："善。非夫子无所闻。"于是汉王为义帝发丧，袒而大哭，哀临三日。发使告诸侯曰："天下共立义帝，北面事之。今项羽放杀义帝江南，大逆无道。寡人亲为发丧，兵皆缟素。悉发关中兵，收三河士，南浮江、汉以下，愿从诸侯王击楚之杀义帝者。"

夏四月，田荣弟横收得数万人，立荣子广为齐王。羽虽闻汉东，既击齐，欲遂破之而后击汉，汉王以故得劫五诸侯兵东伐楚。到外黄，彭越将三万人归汉。汉王拜越为魏相国，令定梁也。

汉王遂入彭城，收羽美人货赂，置酒高会。羽闻之，令其将击齐，而自以精兵三万人从鲁出胡陵，至萧，晨击汉军，大战彭城灵壁东睢水上，大破汉军，多杀士卒，睢水为之不流。围汉王三匝。大风从西北起，折木发屋，扬砂石，昼晦，楚军大乱，而汉王得与数十骑遁去。过沛，使人求室家，室家亦已亡，不相得。汉王道逢孝惠、鲁元，载行。楚骑追汉王，汉王急，推堕二子。滕公下收载，遂得脱。审食其从太公、吕后间行，反遇楚军，羽常置军中以为质。诸侯见汉败，皆亡去。塞王欣、翟王翳降楚，殷王卬死。

吕后兄周吕侯，将兵居下邑，汉王往从之。稍收士卒，军砀。

汉王西过梁地，至虞，谓谒者随何曰："公能说九江王布使举兵畔楚，项王必留击之。得留数月，吾取天下必矣。"随何往说布，果使畔楚。

五月，汉王屯荥阳，萧何发关中老弱未傅者悉诣军。韩信亦收兵与汉王会，兵复大振。与楚战荥阳南京、索间，破之。筑甬道属河，以取敖仓粟。魏王豹谒归视亲疾。至则绝河津，反为楚。

六月，汉王还栎阳。壬午，立太子，赦罪人。令诸侯子在关中者皆集栎阳为卫。引水灌废丘，废丘降，章邯自杀。雍地定，八十余县，置河上、渭南、中地、陇西、上郡。令祠官祀天地、四方、上帝、山川，以时祠之。兴关中卒乘边塞。关中大饥，米斛万钱，人相食。令民就食蜀、汉。

秋八月，汉王如荥阳，谓郦食其曰："缓颊往说魏王豹，能下之，以魏地万户封生。"食其往，豹不听。汉王以韩信为左丞相，与曹参、灌婴俱击魏。食其还，汉王问："魏大将谁也？"对曰："柏直。"王曰："是口尚乳臭，不能当韩信。骑将谁也？"曰："冯敬。"曰："是秦将冯无择子也。虽贤，不能当灌婴。步卒将谁也？"曰："项它。"曰："不能当曹参。吾无患矣。"

九月，信等虏豹，传诣荥阳。定魏地，置河东、太原、上党郡。信使人请兵三万人，愿以北举燕、赵，东击齐，南绝楚粮道。汉王与之。

三年冬十月，韩信、张耳东下井陉击赵，斩陈余，获赵王歇。置常山、代郡。甲戌晦，日有食之。

十一月癸卯晦，日有食之。随何既说黥布，布起兵攻楚。楚使项声、龙且攻布，布战不胜。

十二月，布与随何间行归汉。汉王分之兵，与俱收兵至成皋。

项羽数侵夺汉甬道，汉军乏食，与郦食其谋桡楚权。食其欲立六国后以树党，汉王刻印，将遣食其立之。以问张良，良发八难。汉王辍饭吐哺，曰："竖儒几败乃公事！"令趣销印。又问陈平，乃从其计，与平黄金四万斤，以间疏楚君臣。

夏四月，项羽围汉荥阳，汉王请和，割荥阳以西者为汉。亚父劝项羽急攻荥阳，汉王患之。陈平反间既行，羽果疑亚父。亚父大怒而去，发病死。

五月，将军纪信曰："事急矣！臣请诳楚，可以间出。"于是陈平夜出女子东门二千余人，楚因四面击之。纪信乃乘王车，黄屋左纛，曰："食尽，汉王降楚。"楚皆呼万岁，之城东观，以故汉王得与数十骑出西门遁。令御史大夫周苛、魏豹、枞公守荥阳。羽见纪信，问："汉王安在？"曰："已出去矣。"羽烧杀信。而周苛、枞公相谓曰："反国之王，难与守城。"因杀魏豹。

汉王出荥阳，至成皋。自成皋入关，收兵欲复东。辕生说汉王曰："汉与楚相距荥阳数岁，汉常困。愿君王出武关，项王必引兵南走，王深壁，令荥阳、成皋间且得休息。使韩信等得辑河北赵地，连燕、齐，君王乃复走荥阳。如此，则楚所备者多，力分。汉得休息，复与之战，破之必矣。"汉王从其计，出军宛、叶间，与黥布行收兵。

羽闻汉王在宛，果引兵南，汉王坚壁不与战。是月，彭越渡睢，与项声、薛公战下邳，破杀薛公。羽使终公守成皋，而自东击彭越。汉王引兵北，击破终公，复军成皋。

六月，羽已破走彭越，闻汉复军成皋，乃引兵西拔荥阳城，生得周苛。羽谓苛："为我将，以公为上将军，封三万户。"周苛骂曰："若不趋降汉，今为虏矣！若非汉王敌也。"羽亨周苛，并杀枞公，而虏韩王信，遂围成皋。汉王跳，独与滕公共车出成皋玉门，北渡河，宿小修武。自称使者，晨驰入张耳、韩信壁而夺之军。乃使张耳北收兵赵地。

秋七月，有星孛于大角。汉王得韩信军，复大振。

八月，临河南乡，军小修武，欲复战。郎中郑忠说止汉王，高垒深堑勿战。汉王听其计,使卢绾、刘贾将卒二万人,骑数百,渡白马津入楚地,佐彭越烧楚积聚,复击破楚军燕郭西,攻下睢阳、外黄十七城。

九月,羽谓海春侯大司马曹咎曰:"谨守成皋。即汉王欲挑战,慎勿与战,勿令得东而已。我十五日必定梁地,复从将军。"羽引兵东击彭越。

汉王使郦食其说齐王田广,罢守兵与汉和。

四年冬十月,韩信用蒯通计,袭破齐。齐王亨郦生,东走高密。项羽闻韩信破齐,且欲击楚,使龙且救齐。

汉果数挑成皋战,楚军不出。使人辱之数日,大司马咎怒,渡兵汜水。士卒半渡,汉击之,大破楚军,尽得楚国金玉货赂。大司马咎、长史欣皆自刭汜水上。汉王引兵渡河,复取成皋,军广武,就敖仓食。

羽下梁地十余城,闻海春侯破,乃引兵还。汉军方围钟离眛于荥阳东,闻羽至,尽走险阻。羽亦军广武,与汉相守。丁壮苦军旅,老弱罢转饷。汉王、羽相与临广武之间而语。羽欲与汉王独身挑战,汉王数羽曰:"吾始与羽俱受命怀王,曰先定关中者王之。羽负约,王我于蜀、汉,罪一也。羽矫杀卿子冠军,自尊,罪二也。羽当以救赵还报,而擅劫诸侯兵入关,罪三也。怀王约,入秦无暴掠,羽烧秦宫室,掘始皇帝冢,收私其财,罪四也。又强杀秦降王子婴,罪五也。诈坑秦子弟新安二十万,王其将,罪六也。皆王诸将善地,而徙逐故主,令臣下争畔逆,罪七也。出逐义帝彭城,自都之,夺韩王地,并王梁、楚,多自与,罪八也。使人阴杀义帝江南,罪九也。夫为人臣而杀其主,杀其已降,为政不平,主约不信,天下所不容,大逆无道,罪十也。吾以义兵从诸侯诛残贼,使刑余罪人击公,何苦乃与公挑战!"

羽大怒，伏弩射中汉王。汉王伤胸，乃扪足曰："虏中吾指！"汉王病创卧，张良强请汉王起行劳军，以安士卒，毋令楚乘胜。汉王出行军，疾甚，因驰入成皋。

十一月，韩信与灌婴击破楚军，杀楚将龙且，追至城阳，虏齐王广。齐相田横自立为齐王，奔彭越。汉立张耳为赵王。

汉王疾愈，西入关，至栎阳，存问父老，置酒。枭故塞王欣头栎阳市。留四日，复如军，军广武。关中兵益出，而彭越、田横居梁地，往来苦楚兵，绝其粮食。

韩信已破齐，使人言曰："齐边楚，权轻，不为假王，恐不能安齐。"汉王怒，欲攻之。张良曰："不如因而立之，使自为守。"春二月，遣张良操印，立韩信为齐王。

秋七月，立黥布为淮南王。

八月，初为算赋。北貉、燕人来致枭骑助汉。汉王下令：军士不幸死者，吏为衣衾棺敛，转送其家。四方归心焉。

项羽自知少助食尽，韩信又进兵击楚，羽患之。汉遣陆贾说羽，请太公，羽弗听。汉复使侯公说羽，羽乃与汉约，中分天下，割鸿沟以西为汉，以东为楚。九月，归太公、吕后，军皆称万岁。乃封侯公为平国君。羽解而东归。汉王欲西归，张良、陈平谏曰："今汉有天下太半，而诸侯皆附，楚兵罢食尽，此天亡之时，不因其几而遂取之，所谓养虎自遗患也。"汉王从之。

译文：

汉高祖，沛县丰邑中阳里人，姓刘。他的母亲曾在湖岸上休息，梦中与神相交遇。当时雷电交加，天空阴暗，他的父亲前往看视，就看见蛟龙伏在他的母亲身上，接着怀孕，便生下了高祖。

高祖这个人，高鼻梁，龙形的眉宇，漂亮的胡须，左腿有七十二颗黑痣。生性宽仁爱人，心地开阔，不拘小节。不肯干家里人的生产活计。到了壮年试用为官吏，当上泗上亭长，与官府的官吏们都混得很熟。又好酒好色。常到王老太、武大娘酒店赊酒吃，时而醉卧不起，武大娘、王老太见高祖身上常有奇异。高祖每次来店中饮酒，店家就多售酒好几倍。在看到奇异之后，年终，这两家总是毁掉欠债契券，不再向高祖要债。

高祖经常去咸阳出差服役，在观看秦始皇出行时，叹息说："哎呀，大丈夫应当有这样威风啊！"

单父人吕公与沛县县令是好友，避仇家，初来作客，后就安了家。沛中豪杰、官吏听说县令有贵客，都往相贺。萧何任县廷功曹，主管收接馈赠礼品钱财，向尊贵的客人宣布："贺钱不满一千的，坐在堂下。"高祖任亭长，向来轻视诸官吏，在拜贴上伪称说"贺钱一万"，实际上不带一钱。传报进去，吕公大惊，站起迎接到门口。吕公这人，好相面，见高祖状貌，便敬重他，请他坐上座。萧何说："刘季从来多说大话，很少办成事。"高祖因轻视诸客人，便坐在上座，无所退让。饮酒的客人多数退席之后，吕公暗示高祖留下。饮酒完毕后，吕公说："我少年时喜好给人相面，相的人很多，没有像你这相貌的，希望你自爱。我有一个亲生女儿，愿意作你的打扫房间的妾。"酒宴过后，吕婆对吕公发怒说："你当初称女儿是宝贝，欲许配贵人。沛令待你很好，向你求婚，你不给，为什么你把女儿随便许给刘季？"吕公说："这不是女人所能知道的。"终于许给高祖。吕公女就是后来的吕后，生孝惠帝、鲁元公主。

高祖曾请假回家。吕后与两个孩子住在田舍，有一老父路过请求饮水，吕后遂即招待饭食。老父给吕后相面说："夫人是天下贵人。"让相两个孩子,看见孝惠帝,说:"夫人所以当贵,就是因为这个男孩子。"相鲁元公主,也都是主贵。老父已走,高祖正好刚从别的屋子过来,吕后全部说出过路客人相我母子都有大贵的事。高祖问,回说:"去不远。"便去赶上,问老父。老父说:"刚才相过的夫人儿子都因您的缘故大贵,您的相貌贵不可言。"高祖致谢说:"真如老父所说,决不会忘记您的大德。"到高祖富贵时,不知老父在什么地方。

高祖任亭长后,便用竹皮作冠,让求盗小吏去薛县为他制作,常常戴着,到显贵时还常戴,这就是所谓的刘氏冠。

高祖以亭长身份给县里押送民夫前往骊山,民夫中途多逃走。他计算,到了骊山就会跑光,行至丰西泽中亭,停下休息,夜间释放了所送民夫。说:"诸位都走,我也从此逃跑啦!"民夫中的壮士愿跟随的有十几人。高祖带着酒气夜间从泽中小道穿行,让一人前边探路。探路的人回报说:"前面有大蛇横在路中,请回去吧。"高祖带着醉意说:"壮士走路,怕什么!"便前去,拔剑斩蛇,蛇分为两段,道路打开了。走了数里,醉困而卧。后面的人赶上来到蛇死之处,有一老妇夜间哭泣。人们问哭什么,老妇说:"有人杀了我儿。"人们说:"老婆婆的儿子为何被杀?"老妇说:"吾儿是白帝子变化为蛇,躺在路中间,今天让赤帝子杀了,因此才哭。"人们还以为老妇不说实话,想让她吃点苦头,老妇忽然不见。后面的人都到了,高祖也醒了,便告诉刚才之事。高祖心中暗自高兴,十分得意。随从的人日益怕他。

秦始皇曾说:"东南有天子气",于是东游压服此气。高祖隐藏在芒山、砀山大泽之间,吕后同别人都来找他,常能找见。高祖奇怪地问她。吕后说:"你所住的地方上空常有云气,所以按着云气方向总能找到你。"高祖又很高兴。沛县的青年有人听说此事，多愿意追随他。

秦二世元年秋七月，陈涉在蕲县起义。后到陈县，自立为楚王，派武臣、张耳、陈余攻占赵地。八月，武臣自立为赵王。各郡县百姓多杀其官吏响应陈涉起义。九月，沛县令想在沛县响应起义。主吏萧何、掾属曹参说："君为秦官，今天想背叛朝廷，率领沛子弟，恐怕不会有人从命。希望君召回各位逃亡在外的人，可以得到几百人，用来威胁群众，群众不敢不听。"县令便让樊哙召回高祖。这时高祖手下已有几百人。

不久，樊哙与高祖回来。沛令后悔起来，害怕发生变故，便关闭城门拒守，想杀掉萧何、曹参。萧、曹恐惧，翻城逃走去投靠高祖。高祖便写信射至城上，对沛县父老说："天下都被秦朝折磨坑害的很久了。今父老虽然替沛令守城，但诸侯都起兵，将要杀光城里的人。沛县众人今天同杀县令，选择可以立为首领的人拥立起来，以便响应诸侯，就可以保全室家性命。不然，父子都将被杀，是白送死。"父老便率子弟同杀沛令，开城门迎高祖，想立他为沛令。高祖说："天下正在骚动，诸侯都起兵，如立头领不好，会一败涂地。我不是自爱，恐怕能力薄弱，不能保全父兄子弟。此是大事，希望另选可以胜任的。"萧、曹都是文官，很自爱，担心事不成功，以后让秦朝诛杀全家，也都推让高祖。诸父老都说："平常听说刘季有怪事，当为贵人，又去占卜算卦，都不如刘季最吉利。"高祖再三推让，众人没有愿意干的，高祖便立为沛公。在沛县大堂拜祠黄帝，祭蚩尤，用牲畜血染旗帜和战鼓。旗帜都是红的，这是因杀了白帝子，杀者是赤帝子的缘故。年轻能干的官吏像萧何、曹参、樊哙等都去招收沛县青年，收编三千多人。

这一月，项梁与兄子项羽在吴县起兵。田儋与堂弟荣、横在齐地起兵，自立为齐王。韩广自立为燕王。魏咎自立为魏王。陈涉部将周章西入关，至戏水，秦将章邯率军击败周章。

秦二年十月，沛公攻占胡陵、方与两县，回兵守丰邑。秦泗川监御史平率军围丰邑，第二天，义军出兵交战，击破秦军。命雍齿守丰。十一月，沛公率军到薛县。秦泗川守壮兵败薛县，逃往戚县，被沛公左司马得杀死。沛公还军亢父，到了方与。赵王武臣被其部将所杀。十二月，楚王陈涉被车夫庄贾杀害。魏人周市攻略丰、沛，派人对雍齿说："丰是原来的梁徙居的地方，今魏地已平定了几十城。你今天降魏，魏封你为侯并驻守丰；不降，我们就攻破丰邑并杀光城内的人。"雍齿平素就不愿属沛公，在魏招降时，就降魏并替魏守丰。沛公攻丰，不能攻取，就反回沛县，怨恨雍齿与丰的青年的叛变。

正月，张耳等拥立赵国后代赵歇为赵王。东阳人宁君、秦嘉拥立景驹为楚王，驻在留县。沛公前往投靠景驹，途中得张良，于是与张良一同见景驹，请派兵攻丰。这时章邯攻打陈县，另派将司马夷率军北面平定楚地，从相县大肆屠杀，到达砀县。东阳宁君、沛公率兵向西，与秦军在萧县西交战，失利，收兵在留县聚齐。

二月，攻砀县，三天攻占。收砀县兵，得到六千人，与原有人马合并共九千人。三月，攻占下邑。回军攻丰不下。四月，项梁击杀景驹、秦嘉，驻军薛县，沛公前往相见。项梁增兵给沛公五千人，五大夫爵位的将领十人。沛公返回，带兵攻破丰县。雍齿逃往魏。

五月，项羽攻占襄城，返回。项梁尽召别将。六月，沛公到薛，与项梁共拥立楚怀王之孙心为楚怀王。章邯破杀魏王咎、齐王田儋于临济。七月，连日大雨。沛公攻亢公。章邯包围田荣于东阿。沛公与项梁同救田荣,在东阿大败章邯。田荣回齐,沛公、项羽追击章邯败军,追至城阳,屠城。然后驻扎濮阳县东,又与章邯交战,再败秦军。

章邯重新整军,固守濮阳城,环水防御。沛公、项羽离开濮阳,攻打定陶县。八月,田荣立田儋的儿子田市为齐王。定陶未攻下,沛公与项羽西向略地,至雍丘,与秦军交战,大败秦军,斩三川守李由。回军攻外黄县,未攻下。

项梁再破秦军,有骄傲之色。宋义劝说,不听。秦为章邯增兵。九月,章邯夜间率士兵衔枚至定陶偷袭项梁,大败项梁军,项梁被杀。当时连绵阴雨从七月下到九月。沛公、项羽正攻陈留,听到项梁战死,士卒惊恐,便与将军吕臣率兵向东,从盱台县迁走怀王,都于彭城。吕臣驻扎城东,项羽驻扎城西,沛公驻扎砀县。魏咎弟豹自立为魏王。闰九月,怀王合并吕臣、项羽军,亲自统率。任沛公为砀郡郡长,封武安侯,统领砀郡兵。任项羽为鲁公,封长安侯。吕臣任司徒,他的父吕青任令尹。

章邯大败项梁后,以为楚地兵不足以担忧,便渡河北上攻击赵王歇,大败赵军。歇退守巨鹿城,秦将王离包围巨鹿。赵王多次求救,怀王便以宋义为上将,项羽为次将,范增为末将,北向救赵。

当初,怀王与诸将订立盟约,先攻占关中者为关中王。当时秦军强大,常乘胜追击败军,诸将领没有把先入关视为有利之事。只有项羽怨恨秦杀项梁,愤激之下,愿与沛公一道西入关中。怀王诸老将都不赞成,说:"项羽性情慓悍,好为祸害残杀,曾攻占襄城,襄城被杀的没留下活人,所过之地生灵无不遭残害灭绝。况且楚多次进兵,前有陈王、项梁都遭失败,不如另派长者扶义西进,告谕秦地父兄。秦地的父老兄弟被其主的暴政苦害很久了，今要是能派长者前往，不侵扰残暴，应该是能攻下来的。项羽不可以派遣，只有沛公向来是宽厚大度的长者。"最后没有答应项羽西进要求，而派遣沛公向西收编陈王、项梁的散亡兵卒。于是，沛公取道砀县至城阳与杠里，进攻秦军壁垒，击破二县秦军。

秦三年十月，齐将田都叛田荣，率军助项羽救赵。沛公攻破东郡尉驻守的成武。十一月，项羽杀宋义，合并其军渡漳河，自立为上将军，诸将黥布等都归属项羽。十二月，沛公率兵至栗县，遇刚武侯，夺其军四千余人，与魏将皇欣、武满军合并起来，攻破秦军。原齐王田建之孙田安攻下济北，随从项羽救赵。项羽在巨鹿大败秦军，俘王离，赶跑章邯。

二月，沛公从砀县北攻昌邑，路遇彭越。越助攻昌邑，未攻下。沛公向西经过高阳邑，郦食其为里门卒，说："诸将路过此地的有很多，我看沛公度量大。"便求见沛公。沛公正坐在床上，让两女子洗足。食其不叩拜，作一个长揖说："足下必想诛灭无道的秦朝，不应坐着接见长者！"于是沛公起身，提衣相谢，请至上坐。郦食其劝沛公袭陈留城。沛公任食其为广野君，他的弟弟商为将军，率领陈留兵。三月，攻开封，未攻下。向西与秦将杨熊会战白马，又战于曲遇东，大破秦军。杨熊败走荥阳，秦二世派使者斩杨熊示众。四月，沛公南攻颍川，屠城。在张良帮助下攻占了韩地。

当时赵别将司马卬正欲渡黄河入关，沛公便北攻平阴，堵绝了黄河的渡口。沛公向南与秦军战于雒阳东，失利，从轘辕山到阳城，收集军中战马。六月，与南阳守齮战于犨东，大破秦军。攻略南阳郡，南阳守败走，退守宛城。沛公率兵过宛城西。张良劝谏说："沛公虽想赶快入关，但秦兵尚众，又据险防守。今天不攻下宛城，宛守军从后攻击，强秦在前，这是危险之道。"于是沛公夜间引军从另一条道路返回，偃旗息鼓，将近天明，包围宛城三重。南阳守想自杀。舍人陈恢说："还没到死的时候。"便越城而下来见沛公，说："臣听说足下约定先入咸阳者称王关中，今足下留攻宛城。宛郡县连城数十座，这里的官吏人民自认为投降必死，因此都去登城坚守。今足下天天进攻宛城，士兵死伤一定很多；率兵离开宛，宛城秦军必定追击足下。足下前面失去咸阳盟约，后面有强宛之患。为足下出主意的话，不如约宛受降，封赏郡守，使他守宛，收编他的甲卒与足下同西入关。这样，诸城未攻下的，闻声争开门而等待足下的到来，足下通行没有阻碍。"沛公说："好计"。七月，南阳守齮投降，封为殷侯，封陈恢千户。带兵西行，沿途城池全部请降。到丹水，高武侯鳃、襄侯王陵降。回军攻胡阳，遇番君吴芮的别将梅鋗，协力攻析、郦二城，二城降。所经过之处禁止掳掠，秦民喜悦。沛公派魏人宁昌为使者到秦都。这月章邯举军降项羽，羽以章邯为雍王。瑕丘人申阳攻下河南郡。

八月，沛公攻武关，进入秦地。秦相赵高惊恐，就杀秦二世，派人来，想约定分割关中，沛公不许。九月，赵高立二世兄子子婴为秦王。子婴诛杀赵高，遣将率兵拒峣关。沛公想击峣关，张良说："秦兵还很强大，不可轻敌。希望先派人在山上多举旗帜作为疑兵，派郦食其、陆贾前去劝秦将，用利引诱。"秦将果然想连和，沛公想答应。张良说："这仅仅是秦将要叛变，恐怕士卒不从，不如乘他们懈怠的机会攻击之。"沛公引兵绕过峣关，越蒉山，击秦军，在蓝田南大败秦军。接着到了蓝田，又在蓝田北面交战，秦兵大败。

汉元年冬十月，五星聚于东井星。沛公到霸上。秦王子婴乘坐素车白马，用丝带拴着脖子，封裹着皇帝玉玺、虎符和节等，在枳道旁投降。诸将有人说应杀死秦王，沛公说："当初怀王派我，本来是由于我能宽容，况且人家已经服罪请降，杀他不吉利。"便交由部下看管。于是西入咸阳，并想留宿宫中。樊哙、张良劝阻，才把秦重宝财物封存在府库中，还军驻扎霸上。萧何尽收丞相府地图、户籍、档案文书。十一月，召集各县豪杰说："父老受秦苛法之苦很久了，诽谤者灭族，偶语者处死于街头。我与诸侯定约，先入关者称王，我当在关中为王。与父老实行约法三章：杀人者死，伤人及盗抵罪。其余的秦法都要废除。官吏百姓原来的情况不变。我入关的目的，是为父兄除害，不是为了掠夺施暴行的，不要恐惧。我所以还要驻扎霸上，是为了等诸侯到来再定约束。"于是派人与秦吏到县乡邑告谕百姓。秦民大喜，争相带上牛羊酒食献给官兵享用。沛公推让不受，说："仓库中粟米很多，不想花费百姓的。"百姓更加高兴，唯恐沛公不当秦王。

有人劝沛公说："秦地富有十倍于天下，地形强固。今听说章邯降项羽，项羽封他为雍王，在关中为王。不久就来，沛公恐怕不能得到此地。可赶忙派将守住函谷关，不要让诸侯军入关，可征调关中兵加强军力，以便能抗拒项羽。"沛公听从此计。十二月，项羽果然率诸侯兵打算向西入关，关门已闭。听说沛公已平定关中，项羽大怒，派黥布等攻破函谷关，遂到达戏下。沛公左司马曹毋伤听说项羽发怒，想进攻沛公，就派人对项羽说："沛公想当关中王，让子婴为相，珍宝尽归己有。"想以此得到项羽封赏。亚父范增劝项羽说："沛公住在山东时，贪财好色，今天听说他入关，珍宝无所取，妇女无所爱，他的这一志向不小。我派人望其气，都成龙，有五彩之色，此即天子气。赶快攻击,勿失良机。"于是犒劳士兵,次日天明交战。这时,项羽兵四十万,号称百万。沛公兵十万,号称二十万,力不能抵。正好项羽叔父左尹项伯平时与张良友善,夜间急来见张良,全告诉了实情,劝他一同离去,不要白白送死。张良说:"我替韩王送沛公,不能不告诉,不说而逃是不义的。"于是张良与项伯同见沛公,沛公与项伯约为婚姻,说:"我入关,秋毫没有敢私取,登记户口,查封府库,等待将军,所以要把守关口,是为了防盗。日夜盼望将军到来,岂敢反叛呀!愿项伯说明不敢违背将军对我的好处。"项伯答应,当夜返回。告诫沛公说:"明晨不能不早点亲自来认错。"项伯回去,把沛公所言全都告诉项羽,并说:"沛公不先破关中兵,你能入关吗?况且人家有大功,攻击他是不吉利的,不如就此善待他。"项羽许诺。

沛公清晨带百余骑去鸿门拜见项羽,说:"臣与将军并力攻秦,将军战河北,臣战河南,没想到会先一步入关,能破秦,与将军再相见。今天有小人谗言,让将军与臣产生嫌疑。"项羽说:"这是沛公左司马曹毋伤说的;不然,我怎么会这样?"于是,项羽就留沛公饮酒。范增几次用眼睛暗示项羽击杀沛公,项羽没有反应。范增起身,外出对项庄说:"君王为人心慈,你入帐舞剑,乘机击沛公,杀死他。不这样的话,你们不久就被俘了。"项庄进帐祝酒,说:"军中没有可以取乐的,请让我舞剑。"于是拔剑起舞。项伯也起舞,总是用身体掩护沛公。樊哙听说事急,直入帐中,很愤怒。项羽视之为壮士,赐酒给樊哙。哙就势责问项羽。不一会,沛公起身去厕所,招樊哙出来,留下车马从属,自骑马,让樊哙、勒强、滕公、纪成步行,从小道回营,让张良留下谢项羽。羽问:"沛公在何处?"张良说:"听说将军有意督责他,他脱身已去,从小道回到军中了,因此让臣献上玉璧。"羽接受下来。又献给范增玉斗。增怒，撞碎玉斗，站起来说："我们要成为沛公的虏俘了！"

沛公回到军中几天后，项羽带兵西入咸阳进行大肆屠杀，杀死秦降王子婴，烧毁秦宫室，所到之处无不毁灭，秦民非常失望。项羽派人还报楚怀王，楚怀王说："当初盟约不变。"项羽怨恨怀王不肯让他与沛公同时西向入关，而让他北上救赵，使他未先入关，便说："怀王，我家所立，没有功绩，凭什么能主盟约！原来平定天下的，是诸将和我项籍。"春正月，表面上尊怀王为义帝，实际上不听他之命。

二月，项羽自立为西楚霸王，领有梁、楚地区九个郡，定都彭城。又违背盟约，改立沛公为汉王，领有巴、蜀、汉中三郡四十一县，定都南郑。三分关中，立秦三降将：章邯为雍王，定都废丘；司马欣为塞王，定都栎阳；董翳为翟王，定都高奴。楚将瑕丘人申阳为河南王，定都洛阳。赵将司马卬为殷王，定都朝歌。当阳君英布为九江王，定都六。怀王柱国共敖为临江王，定都江陵。番君吴芮为衡山王，定都邾。战国末年齐王建之孙田安为济北王。徙魏王豹为西魏王，定都平阳。徙燕王韩广为辽东王。燕将臧荼为燕王，定都蓟。徙齐王田市为胶东王。齐将田都为齐王，定都临淄。徙赵王歇为代王。赵相张耳为常山王。汉王怨项羽背弃盟约，想进攻项羽，丞相萧何劝阻，才作罢。

夏四月，诸侯离开戏下，各回本国。项羽只拨卒三万人随汉王，楚国人、诸侯国人仰慕汉王而随从他的有数万人，从杜县南进蚀中。张良辞汉王归韩国，汉王送他至褒中，他劝汉王烧毁栈道，以防各诸侯偷袭，也向项羽表示无东向之意。

汉王已至南郑，将诸及士卒都唱歌，思念东归，不少人中途逃回去。韩信任治粟都尉，也逃走，萧何追还，随即推荐给汉王，说："必想争天下，非韩信再没有可以计划的人了。"于是汉王斋戒设坛场，拜韩信为大将军，询问争天下的计策。信对答说："项羽背盟约而让君王在南郑称王，是左迁。官兵皆山东人，日夜企望东归，利用这种锋锐之气，可以成大功。天下已平定，人民皆自安宁，不可再用。不如决策东向。"于是讲述了项羽可打败、三秦易兼并之计。汉王很高兴，遂就听从韩信计策，部署诸将。留下萧何征收巴、蜀地区租税，供给军粮。

五月，汉王率兵从故道县出兵袭雍国。章邯在陈仓迎击汉王，雍兵大败，后退。在好畤再战，又大败，逃回废丘。汉王便平定雍地。东往咸阳，引兵把雍王包围在废丘，然后遣诸将略地。

田荣听说项羽把齐王市徙往胶东，而立田都为齐王，大怒，带领齐兵迎击田都，田都败走降楚。六月，田荣杀田市，自立为齐王。当时彭越在巨野，有众万余人，无所归属。田荣授彭越将军印，令他在梁地反项羽。彭越击杀济北王田安，田荣便兼并了三齐之地。燕王韩广也不肯迁往辽东。秋八月，臧荼杀韩广，兼并其地。塞王司马欣、翟王董翳皆降汉。

当初，项梁立韩国之后公子成为韩王，张良任韩司徒。项羽认为张良已跟从汉王，韩王成又无功，所以不让韩王成回本国，把他带到彭城，杀掉。当听到汉王占领关中，齐、梁又背叛，项羽大怒，就以从前的吴县令郑昌为韩王，率兵拒汉王。令萧公角击彭越，越击败角兵。当时张良掠取韩地，下书项羽说："汉王想得到关中，只要实现了盟约即止兵，不敢东进。"项羽因此没有向西之意，于是北上击齐。

九月，汉王遣将军薛欧、王吸出武关，想依靠王陵之兵，从南阳去沛县迎太后、吕后。项羽听说此事后，就发兵在阳夏阻挡，不得前往。

汉二年冬十月，项羽派九江王英布至郴县杀义帝。陈余也怨恨项羽唯独不封他为王，就向田荣求援兵，去击常山王张耳。张耳败走降汉，汉王以礼厚待。陈余迎代王歇返回赵，歇立陈余为代王。张良自韩从小道前来归汉，汉王封良为成信侯。

汉王到陕县，安抚关外的父老。河南王申阳降汉，设立河南郡。派韩太尉韩信击韩，韩王郑昌降。十一月，汉王立韩太尉韩信为韩王。汉王回关中，定都栎阳，派诸将攻城略地，攻下陇西郡。汉王提出率一万人或一郡来降者，封万户侯。整修河上郡边塞。开放秦原有苑林园池，让百姓去耕种。

春正月，项羽在城阳击田荣，田荣败走平原郡，被平原民杀死。齐地都降楚，楚烧毁城郭，齐人又叛离。汉诸将攻下北地郡，俘雍王弟章平。赦免罪人。二月二十日，令百姓拆除秦的社稷，立汉社稷。施行恩德：赏赐百姓爵位；蜀郡、汉中郡百姓供给军粮军需很劳苦，免除二年赋税；关中从军兵卒，免除家中租税、劳役一年；推举年50岁以上、品行好、能率众作善事的庶民为三老，每乡一人；选乡三老一人为县三老，为县令县丞县尉进行政事的顾问，免除徭役。每年十月赐给三老酒肉。

三月，汉王从临晋渡黄河，魏王豹降，率兵跟从汉王，攻下河内，俘虏殷王司马卬，设河内郡。至修武县，陈平离楚降汉。汉王与陈平谈话，很高兴，让他为汉王参乘，监督诸将。南渡平阴津，到了洛阳，新城三老董公拦住汉王说："臣听说'顺行德义者昌盛，违背德义者灭亡'，'师出无正义之名，军事因此不会成功。'所以说：'指明他是逆贼，敌人才可征服。'项羽行事暴虐无道，流放杀死他的君主，是天下之逆贼。仁爱不靠武勇，正义不靠暴力，汉王三军众士，都为义帝穿孝服，告谕诸侯，为义帝被杀而东伐项羽，四海之内，无不慕仰汉王之德，这是三王实行过的正义之举。"汉王说："太好了，不是先生听不到这些高见。"于是汉王为义帝发丧，袒露左臂大哭，公祭三日。派出使臣通告诸侯说："天下共立义帝，北面称臣供职。今项羽流放杀害义帝于江南，大逆不道！寡人亲自为义帝发丧，士兵都穿白色丧服。我要征发全部关中兵，收编三河地区士卒，南自江、汉以下，愿意跟从诸侯王们讨伐楚国杀害义帝的凶逆！"

夏四月，田荣之弟田横收编数万人，立田荣之子田广为齐王。项羽虽听说汉王东进，但他已经出兵击齐，便打算破齐之后再去击汉，汉王因此得以强率魏王、河南王、韩王、殷王、常山王五诸侯之兵，东伐楚。到达外黄后，彭越率三万人归汉，汉王拜越为魏相国，让他平定梁地。汉王接着进入彭城，缴获项羽的美人珍宝，设宴聚会大贺。项羽闻知，命部将击齐，而自率精兵三万人从鲁地出胡陵县，到达萧县，天亮击汉军，在彭城、灵壁东的睢水上与汉军大战，大败汉军，杀伤极多，睢水被尸体堵塞而不流。包围汉王的楚军有三层。忽然，大风从西北刮起，折树倒屋，飞沙走石，白天昏暗，楚军大乱，汉王得趁机与数十骑逃走。过沛县，派人找家眷，家眷也已逃亡，没找到。汉王路上遇见儿子和女儿，同车逃走。楚骑兵追汉王，汉王情急，把二子推下车。夏侯婴又把他们拉上车，才得脱险。审食其跟从太公、吕后从小道逃走，反而遇上楚军而被俘去，被项羽安置在军中作为人质。诸侯见汉王大败，都四散逃走。塞王欣、翟王翳降楚，殷王卬死。

吕后兄周吕侯率兵驻下邑县，汉王前往投奔。稍稍收集士卒，驻扎砀县。

汉王西过梁地，到虞县，对谒者随何说："你能劝九江王英布让他举兵叛楚，项王必留下击英布。如果他能停留数月，我就一定能夺取天下。"随何前往劝说英布，果然使他背叛了楚国。

五月，汉王驻屯荥阳，萧何征发关中的老弱和未达兵役登记年龄的人全到军中报到。韩信也收集士兵与汉王会师，汉军士气又大振。与楚军在荥阳南的京县、索亭交战，败楚军。汉筑甬道，连接黄河，以取敖仓粮食。魏王豹请假探视亲属疾病。一到家便断绝黄河渡口，反汉降楚。

六月，汉王返回栎阳。十九日，立太子，赦罪人。命关东人在关中从军的都集合起来任栎阳卫士。汉兵引水灌废丘，废丘降汉，章邯自杀。雍地平定，有八十余县，设河上、渭南、中地、陇西、上郡五郡。命祠官祭天地四方上帝山川诸神，按时祭祀。征发关中兵卒守边塞。关中发生饥荒，米一斛万钱，人吃人。汉王命人民到蜀郡、汉中谋生。

秋八月，汉王前往荥阳，对郦食其说："婉言劝告魏王豹，能劝说成功，把魏地万户封给先生。"食其前往，豹不听。汉王任韩信为左丞相，与曹参、灌婴同击魏。食其返回，汉王问："魏大将是谁？"答说："柏直。"汉王说："乳臭未干的人，不能抵挡韩信。骑将是谁？"答说："冯敬。"汉王说："是秦将冯无择之子，虽贤能，不能抵挡灌婴。步将是谁？"答说："项它。"汉王说："他不能抵挡曹参，我没有可怕的了。"九月，韩信等捉到魏豹，押送到荥阳。平定魏地，设河东、太原、上党三郡。韩信派人请求增兵三万，愿率兵北取燕、赵，东击齐，南断楚粮道交通。汉王如数给韩信增兵。

三年冬十月，韩信、张耳东下井陉，击赵，斩代王陈余，俘虏赵王歇。设常山郡和代郡。十一日天昏，日食。十一月初十天昏，有日食。

随何劝英布成功，英布起兵攻楚。楚派项声、龙且进攻英布，英布战败。十二月，英布与随何经小道归汉。汉王分给兵卒，与他一同收集散兵到了成皋。

项羽多次侵夺汉的粮道，汉军缺粮，汉王与郦食其谋划削弱楚的力量。食其主张立六国后为王，以树立盟军，汉王已刻了玺印，要派食其去封王。他又问张良，张良提出八条反对意见（详见《张良传》）。汉王吐出口中的饭，说："臭书生几乎坏了老子的大事！"下令赶快销玺印。又问陈平，便听从他的计策，交给他黄金四万斤，用来离间楚君臣。

夏四月，项羽包围汉王于荥阳，汉王请和，割荥阳以西的土地属汉。范增劝项羽尽快攻击荥阳，汉王十分忧虑。陈平反间计已经奏效，项羽果然怀疑范增，范增大怒而去，发病死于途中。

五月，将军纪信说："事情紧急！臣请求去欺骗楚军，君王可以化装寻找间隙出走。"于是陈平乘夜从东门放出二千多女子，楚军四面攻击。纪信便乘上王车，黄缯车盖，左竖羽幢，说："军粮吃光了，汉王降楚。"楚兵皆呼万岁，都到城东观望，汉王乘机与数十骑出西门逃遁。让御史大夫周苛、魏豹、枞公守荥阳。项羽见纪信，问："汉王在何处？"回答说："已经出城走了。"项羽烧死纪信。周苛、枞公相互商量："背叛过汉王的魏王豹，很难与他同守城池。"因之就杀死魏豹。

汉王逃出荥阳，到成皋。从成皋入关，想招兵再东进。辕生劝汉王说："汉与楚相持荥阳多年，汉常常困迫。希望君王出武关，项王必引兵南去，君王深挖壕沟，高筑壁垒，坚守不出战，让荥阳、成皋间暂且得到休息。韩信要是平定了河北赵地，联合燕、齐，君王就再去荥阳。这样，楚所防备的地方就增多，兵力分散。汉得到休息，再与交战，必定败楚。"汉王听从此计，出军宛、叶之间，与英布一面行军一面招兵扩军。

项羽听说汉王在宛，果然引兵向南，汉王坚壁不交战。这月，彭越渡睢水，与项声、薛公在下邳交战，破杀薛公。项羽派终公守成皋，自东击彭越。汉王带兵北上，击破终公军，再次驻军成皋。六月，项羽已经击破并赶走彭越军，听说汉又占领成皋，便引兵西拔荥阳城，生擒周苛。羽对苛说："当我的将，让你任上将军，封三万户。"周苛骂道："你不快降汉，今天就成俘虏了！你不是汉王对手。"项羽烹杀周苛，同时杀死枞公，又俘韩王信，接着包围成皋。汉王逃走，只与滕公同车出成皋北门，北渡黄河，宿于小修武邑。自称使者，早晨驰入张耳、韩信壁垒，夺得了韩信军。就派张耳北去赵地招兵。

秋七月，在大角星区出现彗星。汉王得到韩信军，又大振军威。八月，临黄河南向，驻扎小修武，想再战。郎中郑忠劝止汉王，高垒深堑，不要去交战。汉王听从此计，派卢绾、刘贾率军二万人，骑兵数百，渡白马津进入楚地，帮助彭越烧楚军粮，在燕县城西再次击败楚军，攻下睢阳、外黄十七城。九月，项羽对海春侯大司马曹咎说："谨守成皋。即使汉王要挑战，也要谨慎守城，不要交战，不让汉向东进就可以了。我十五天必平定梁地，再会合将军。"项羽引兵东击彭越。

汉王派郦食其劝齐王田广，撤去防守士兵，与汉和好。

四年冬十月，韩信用蒯通之计，袭破齐。齐王烹杀郦食其，东走高密。项羽听说韩信破齐，而且还想击楚，就派龙且救齐。

汉军果然多次在成皋挑战，楚军不出战。汉派人辱骂数日，楚大司马曹咎大怒，就率兵渡汜水。士兵半渡，汉军发起攻击，大破楚军，尽获楚军金玉宝货。大司马曹咎、长史司马欣都自杀在汜水上。汉王引兵渡河，再取成皋，驻军广武，用敖仓粮供军。

项羽攻下梁地十余城，听海春侯军败消息，便引兵返回。汉军正包围钟离眛于荥阳东，闻听项羽到，都转占险要地区。项羽也驻军广武，与汉军相持。壮丁苦于军事征战，老弱疲于运送军饷。汉王、项羽在广武之间对话。项羽想与汉王单身交战，汉王责备项羽说："我与你当初同时受命怀王，说先定关中者称王关中。你违约，让我去蜀、汉为王，罪一。你假借王命杀死卿子冠军宋义，自立为上将军，罪二。你应当救赵后还报复命，却擅自胁迫诸侯兵入关，罪三。怀王约定入关不得施暴掠抢，羽烧秦宫室，掘始皇帝墓，私吞所取财物，罪四。又强杀秦降王子婴，罪五。在新安县欺诈坑杀秦子弟二十万，封其将为王，罪六。你的部将皆封在肥美之地，赶走原来的君王，让臣下争权叛主，罪七。从彭城赶走义帝，你自为都城；夺韩王地，兼并梁、楚，多留给自己，罪八。派人暗杀义帝于江南，罪九。为人臣而杀其君主，杀已降之人，执政不平和，君主订约而不信守，天下所不容，大逆不道，罪十。我率正义之师跟诸侯一同诛凶残逆贼，让刑余的罪人打击你就行了，老子何必与你挑战！"项羽大怒，埋伏的弩射中汉王。汉王伤胸，却去摸脚说："奴虏射中我的脚趾！"汉王受伤卧床，张良强请汉王起身去慰劳士兵，以安定军心，不让楚军乘机取胜。汉王出来巡行军中，病重，随即驰入成皋。

十一月，韩信与灌婴击破楚军，杀楚将龙且，追击败军到城阳，俘虏齐王田广。齐相田横自立为齐王，逃到彭城。汉王立张耳为赵王。

汉王伤口痊愈，西行入关，到栎阳，慰问父老，设酒款待。在栎阳街挂起原塞王司马欣的头。留住四日，又回到军中，驻广武。关中为汉增加兵员，而彭越、田横占居梁地，来往骚扰楚军，断绝楚军粮饷补给。

韩信已破齐军，派人对汉王说："齐靠近楚，权威轻的人，不代理齐王，恐不能安定齐地。"汉王大怒，想伐韩信。张良说："不如就势立信为齐王，让他自己坚守一方。"春二月，派张良带上王印，立韩信为齐王。秋七月，立英布为淮南王。八月，开始征收算赋。北貉、燕人赠送雄骑助汉。汉王下令：士卒不幸死亡的，官吏给制衣衾棺敛，转送回家。四方民心归附。

项羽自知缺少援助，军粮用尽，韩信又进兵击楚，羽惧怕起来。汉派了陆贾劝说项羽，请接回太公，项羽不同意。汉又派侯公劝说项羽，项羽才与汉约定，中分天下，割鸿沟以西为汉，以东为楚。九月，送回太公、吕后，汉军齐呼万岁。于是封侯公为平国君。项羽罢军东归。汉王想西归，张良、陈平劝阻说："今汉有天下大半，诸侯又都归附，楚兵疲劳食尽，这是天亡项羽的时候，不乘其危机而消灭之，就是养虎自留祸害。"汉王听从了这一劝告。

汉书卷一下

高帝纪第一下

五年冬十月,汉王追项羽至阳夏南,止军,与齐王信、魏相国越期会击楚。至固陵,不会。楚击汉军,大破之,汉王复入壁,深堑而守。谓张良曰:"诸侯不从,奈何?"良对曰:"楚兵且破,未有分地,其不至固宜。君王能与共天下,可立致也。齐王信之立,非君王意,信亦不自坚。彭越本定梁地,始,君王以魏豹故,拜越为相国。今豹死,越亦望王,而君王不早定。今能取睢阳以北至谷城皆以王彭越,从陈以东傅海与齐王信,信家在楚,其意欲复得故邑。能出捐此地以许两人,使各自为战,则楚易败也。"于是汉王发使使韩信、彭越。至,皆引兵来。

十一月,刘贾入楚地,围寿春。汉亦遣人诱楚大司马周殷。殷畔楚,以舒屠六,举九江兵迎黥布,并行屠城父,随刘贾皆会。

十二月,围羽垓下。羽夜闻汉军四面皆楚歌,知尽得楚地。羽与数百骑走,是以兵大败。灌婴追斩羽东城。楚地悉定,独鲁不下。汉王引天下兵欲屠之,为其守节礼义之国,乃持羽头示其父兄,鲁乃降。初,怀王封羽为鲁公,及死,鲁又为之坚守,故以鲁公葬羽于谷城。汉王为发丧,哭临而去。封项伯等四人为列侯,赐姓刘氏。诸民略在楚者皆归之。汉王还至定陶,驰入齐王信壁，夺其军。初项羽所立临江王共敖前死，子尉嗣立为王，不降。遣卢绾、刘贾击虏尉。

春正月，追尊兄伯号曰武哀侯。下令曰："楚地已定，义帝亡后，欲存恤楚众，以定其主。齐王信习楚风俗，更立为楚王，王淮北，都下邳。魏相国建城侯彭越勤劳魏民，卑下士卒，常以少击众，数破楚军，其以魏故地王之，号曰梁王，都定陶。"又曰："兵不得休八年，万民与苦甚，今天下事毕，其赦天下殊死以下。"

于是诸侯上疏曰："楚王韩信、韩王信、淮南王英布、梁王彭越、故衡山王吴芮、赵王张敖、燕王臧荼昧死再拜言大王陛下：先时，秦为亡道，天下诛之。大王先得秦王，定关中，于天下功最多。存亡定危，救败继绝，以安万民，功盛德厚。又加惠于诸侯王有功者，使得立社稷。地分已定，而位号比拟，亡上下之分，大王功德之著，于后世不宣。昧死再拜上皇帝尊号。"汉王曰："寡人闻帝者贤者有也，虚言亡实之名，非所取也。今诸侯王皆推高寡人，将何以处之哉？"诸侯王皆曰："大王起于细微，灭乱秦，威动海内。又以辟陋之地，自汉中行威德，诛不义，立有功，平定海内，功臣皆受地食邑，非私之地。大王德施四海，诸侯王不足以道之，居帝位甚实宜，愿大王以幸天下。"汉王曰："诸侯王幸以为便于天下之民，则可矣。"于是诸侯王及太尉长安侯臣绾等三百人，与博士稷嗣君叔孙通谨择良日二月甲午，上尊号。汉王即皇帝位于氾水之阳。尊王后曰皇后，太子曰皇太子，追尊先媪曰昭灵夫人。

诏曰："故衡山王吴芮与子二人、兄子一人，从百粤之兵，以佐诸侯，诛暴秦，有大功，诸侯立以为王。项羽侵夺之地，谓之番君。其以长沙、豫章、象郡、桂林、南海立番君芮为长沙王。"又曰:"故粤王亡诸世奉粤祀,秦侵夺其地,使其社稷不得血食。诸侯伐秦,亡诸身帅闽中兵以佐灭秦,项羽废而弗立。今以为闽粤王,王闽中地,勿使失职。"

帝乃西都洛阳。夏五月,兵皆罢归家。诏曰:"诸侯子在关中者,复之十二岁,其归者半之。民前或相聚保山泽,不书名数,今天下已定,令各归其县,复故爵田宅,吏以文法教训辨告,勿笞辱。民以饥饿自卖为人奴婢者,皆免为庶人。军吏卒会赦,其亡罪而亡爵及不满大夫者,皆赐爵为大夫。故大夫以上,赐爵各一级。其七大夫以上,皆令食邑;非七大夫以下,皆复其身及户,勿事。"又曰:"七大夫、公乘以上,皆高爵也。诸侯子及从军归者,甚多高爵,吾数诏吏先与田宅,及所当求于吏者,亟与。爵或人君,上所尊礼,久立吏前,曾不为决,甚亡谓也。异日秦民爵公大夫以上,令丞与亢礼。今吾于爵非轻也,吏独安取此!且法以有功劳行田宅,今小吏未尝从军者多满,而有功者顾不得,背公立私,守尉长吏教训甚不善。其令诸吏善遇高爵,称吾意。且廉问,有不如吾诏者,以重论之。"

帝置酒雒阳南宫。上曰:"通侯诸将毋敢隐朕,皆言其情。吾所以有天下者何?项氏之所以先天下者何?"高起、王陵对曰:"陛下嫚而侮人,项羽仁而敬人。然陛下使人攻城略地,所降下者,因以与之,与天下同利也。项羽妒贤嫉能,有功者害之,贤者疑之,战胜而不与人功,得地而不与人利,此其所以失天下也。"上曰:"公知其一,未知其二。夫运筹帷幄之中,决胜千里之外,吾不如子房;填国家,抚百姓,给饷馈,不绝粮道,吾不如萧何;连百万之众,战必胜,攻必取,吾不如韩信。三者皆人杰,吾能用之,此吾所以取天下者也。项羽有一范增而不能用,此所以为我禽也。"群臣说服。

初,田横归彭越。项羽已灭,横惧诛,与宾客亡入海。上恐其久为乱,遣使者赦横,曰:"横来,大者王,小者侯;不来,且发兵加诛。"横惧,乘传诣雒阳,未至三十里,自杀。上壮其节,为流涕,发卒二千人,以王礼葬焉。

戍卒娄敬求见,说上曰:"陛下取天下与周异,而都雒阳,不便,不如入关,据秦之固。"上以问张良,良因劝上。是日,车驾西都长安。拜娄敬为奉春君,赐姓刘氏。六月壬辰,大赦天下。秋七月,燕王臧荼反,上自将征之。

九月,虏荼。诏诸侯王视有功者立以为燕王。荆王臣信等十人皆曰:"太尉长安侯卢绾功最多,请立以为燕王。"使丞相哙将兵平代地。

利几反,上自击破之。利几者,项羽将。羽败,利几为陈令,降,上侯之颍川。上至雒阳,举通侯籍召之,而利几恐,反。

后九月,徙诸侯子关中。治长乐宫。

六年冬十月,令天下县邑城。

人告楚王信谋反,上问左右,左右争欲击之。用陈平计,乃伪游云梦。十二月,会诸侯于陈,楚王信迎谒,因执之。诏曰:"天下既安,豪桀有功者封侯,新立,未能尽图其功。身居军九年,或未习法令,或以其故犯法,大者死刑,吾甚怜之。其赦天下。"田肯贺上曰:"甚善,陛下得韩信,又治秦中。秦,形胜之国也,带河阻山,县隔千里,持戟百万,秦得百二焉。地势便利,其以下兵于诸侯,譬犹居高屋之上建瓴水也。夫齐,东有琅邪、即墨之饶,南有泰山之固,西有浊河之限,北有勃海之利,地方二千里,持戟百万,县隔千里之外,齐得十二焉,此东西秦也。非亲子弟,莫可使王齐者。"上曰:"善。"赐金五百斤。上还至洛阳,赦韩信,封为淮阴侯。

甲申，始剖符封功臣曹参等为通侯。诏曰："齐，古之建国也，今为郡县，其复以为诸侯。将军刘贾数有大功，及择宽惠修洁者，王齐、荆地。"春正月丙午，韩王信等奏请以故东阳郡、鄣郡、吴郡五十三县立刘贾为荆王；以砀郡、薛郡、郯郡三十六县立弟文信君交为楚王。壬子，以云中、雁门、代郡五十三县立兄宜信侯喜为代王；以胶东、胶西、临淄、济北、博阳、城阳郡七十三县立子肥为齐王；以太原郡三十一县为韩国，徙韩王信都晋阳。

上已封大功臣十余人，其余争功，未得行封。上居南宫，从复道上见诸将往往耦语，以问张良。良曰："陛下与此属共取天下，今已为天子，而所封皆故人所爱，所诛皆平生仇怨。今军吏计功，以天下为不足用遍封，而恐以过失及诛，故相聚谋反耳。"上曰："为之奈何？"良曰："取上素所不快，计群臣所共知最甚者一人，先封以示群臣。"三月，上置酒，封雍齿，因趣丞相急定功行封。罢酒，群臣皆喜，曰："雍齿且侯，吾属亡患矣！"

上归栎阳，五日一朝太公。太公家令说太公曰："天亡二日，土亡二王。皇帝虽子，人主也；太公虽父，人臣也。奈何令人主拜人臣！如此，则威重不行。"后上朝，太公拥篲，迎门却行。上大惊，下扶太公。太公曰："帝，人主，奈何以我乱天下法！"于是上心善家令言，赐黄金五百斤。夏五月丙午，诏曰："人之至亲，莫亲于父子，故父有天下传归于子，子有天下尊归于父，此人道之极也。前日天下大乱，兵革并起，万民苦殃，朕亲被坚执锐，自帅士卒，犯危难，平暴乱，立诸侯，偃兵息民，天下大安，此皆太公之教训也。诸王、通侯、将军、群卿、大夫已尊朕为皇帝，而太公未有号，今上尊太公曰太上皇。"

秋九月，匈奴围韩王信于马邑，信降匈奴。

七年冬十月，上自将击韩王信于铜鞮，斩其将。信亡走匈奴，（与）其将曼丘臣、王黄共立故赵后赵利为王，收信散兵，与匈奴共距汉。上从晋阳连战，乘胜逐北，至楼烦，会大寒，士卒堕指者什二三。遂至平城，为匈奴所围七日，用陈平秘计得出。使樊哙留定代地。

十二月，上还过赵，不礼赵王。是月，匈奴攻代，代王喜弃国，自归洛阳，赦为合阳侯。辛卯，立子如意为代王。

春，令郎中有罪耐以上，请之。民产子，复勿事二岁。

二月，至长安。萧何治未央宫，立东阙、北阙、前殿、武库、大仓。上见其壮丽，甚怒，谓何曰："天下匈匈，劳苦数岁，成败未可知，是何治宫室过度也！"何曰："天下方未定，故可因以就宫室。且夫天子以四海为家，非令壮丽亡以重威，且亡令后世有以加也。"上说。自栎阳徙都长安。置宗正官以序九族。夏四月，行如洛阳。

八年冬，上东击韩信余寇于东垣。还过赵，赵相贯高等耻上不礼其王，阴谋欲弑上。上欲宿，心动，问："县名何？"曰："柏人。"上曰："柏人者，迫于人也。"去弗宿。

十一月，令士卒从军死者为椟，归其县，县给衣衾棺葬具，祠以少牢，长吏视葬。十二月，行自东垣至。

春三月，行如洛阳。令吏卒从军至平城及守城邑者皆复终身勿事。爵非公乘以上毋得冠刘氏冠。贾人毋得衣锦、绣、绮、縠、絺、纻，操兵，乘骑马。秋八月，吏有罪未发觉者，赦之。九月，行自洛阳至。淮南王、梁王、赵王、楚王皆从。

九年冬十月，淮南王、梁王、赵王、楚王朝未央宫。置酒前殿，上奉玉卮为太上皇寿，曰："始大人常以臣亡赖，不能治产业,不如仲力。今某之业所就孰与仲多?"殿上群臣皆称万岁,大笑为乐。

十一月,徙齐、楚大族昭氏、屈氏、景氏、怀氏、田氏五姓关中,与利田宅。十二月,行如洛阳。

贯高等谋逆发觉,逮捕高等,并捕赵王敖下狱。诏敢有随王,罪三族。郎中田叔、孟舒等十人自髡钳为王家奴,从王就狱。王实不知其谋。春正月,废赵王敖为宣平侯。徙代王如意为赵王,王赵国。丙寅,前有罪殊死以下皆赦之。

二月,行自洛阳至。贤赵臣田叔、孟舒等十人,召见与语,汉廷臣无能出其右者。上说,尽拜为郡守、诸侯相。

夏六月乙未晦,日有食之。

十年冬十月,淮南王、燕王、荆王、梁王、楚王、齐王、长沙王来朝。

夏五月,太上皇后崩。秋七月癸卯,太上皇崩,葬万年。赦栎阳囚死罪以下。八月,令诸侯王皆立太上皇庙于国都。

九月,代相国陈豨反。上曰:"豨尝为吾使,甚有信。代地吾所急,故封豨为列侯,以相国守代,今乃与王黄等劫掠代地!吏民非有罪也,能去豨、黄来归者,皆赦之。"上自东,至邯郸。上喜曰:"豨不南据邯郸而阻漳水,吾知其亡能为矣。"赵相周昌奏常山二十五城亡其二十城,请诛守尉。上曰:"守尉反乎?"对曰:"不。"上曰:"是力不足,亡罪。"上令周昌选赵壮士可令将者,白见四人。上嫚骂曰:"竖子能为将乎!"四人惭,皆伏地。上封各千户,以为将。左右谏曰:"从入蜀、汉,伐楚,赏未遍行,今封此,何功?"上曰:"非汝所知。陈豨反,赵、代地皆豨有。吾以羽檄征天下兵,未有至者,今计唯独邯郸中兵耳。吾何爱四千户,不以慰赵子弟!"皆曰:

"善。"又求:"乐毅有后乎?"得其孙叔,封之乐乡,号华成君。问豨将,皆故贾人。上曰:"吾知与之矣。"乃多以金购豨将,豨将多降。

十一年冬,上在邯郸。豨将侯敞将万余人游行,王黄将骑千余军曲逆,张春将卒万余人度河攻聊城。汉将军郭蒙与齐将击,大破之。太尉周勃道太原入定代地,至马邑,马邑不下,攻残之。豨将赵利守东垣,高祖攻之不下。卒骂,上怒。城降,卒骂者斩之。诸县坚守不降反寇者,复租〔赋〕三岁。

春正月,淮阴侯韩信谋反长安,夷三族。将军柴武斩韩王信于参合。

上还洛阳。诏曰:"代地居常山之北,与夷狄边,赵乃从山南有之,远,数有胡寇,难以为国。颇取山南太原之地益属代,代之云中以西为云中郡,则代受边寇益少矣。王、相国、通侯、吏二千石择可立为代王者。"燕王绾、相国何等三十三人皆曰:"子恒贤知温良,请立以为代王,都晋阳。"大赦天下。

二月,诏曰:"欲省赋甚。今献未有程,吏或多赋以为献,而诸侯王尤多,民疾之。令诸侯王、通侯常以十月朝献,及郡各以其口数率,人岁六十三钱,以给献费。"又曰:"盖闻王者莫高于周文,伯者莫高于齐桓,皆待贤人而成名。今天下贤者智能,岂特古之人乎?患在人主不交故也,士奚由进!今吾以天之灵、贤士大夫定有天下,以为一家,欲其长久,世世奉宗庙亡绝也。贤人已与我共平之矣,而不与吾共安利之,可乎?贤士大夫有肯从我游者,吾能尊显之。布告天下,使明知朕意。御史大夫昌下相国,相国酂侯下诸侯王,御史中执法下郡守,其有意称明德者,必身劝,为之驾,遣诣相国府,署行、义、年。有而弗言,觉,免。年老癃病,勿遣。"

三月，梁王彭越反，夷三族。诏曰："择可以为梁王、淮阳王者。"燕王绾、相国何等请立子恢为梁王，子友为淮阳王。罢东郡，颇益梁；罢颍川郡，颇益淮阳。

夏四月，行自洛阳至。丰人徙关中者皆复终身。

五月，诏曰："粤人之俗，好相攻击，前时秦徙中县之民南方三郡，使与百粤杂处。会天下诛秦，南海尉它居南方长治之，甚有文理，中县人以故不耗减，粤人相攻击之俗益止，俱赖其力。今立它为南粤王。"使陆贾即授玺、绶。它稽首称臣。

六月，令士卒从入蜀、汉、关中者皆复终身。

秋七月，淮南王布反。上问诸将，滕公言故楚令尹薛公有筹策。上召见，薛公言布形势，上善之，封薛公千户。诏王、相国择可立为淮南王者，群臣请立子长为王。上乃发上郡、北地、陇西车骑，巴、蜀材官及中尉卒三万人为皇太子卫，军霸上。布果如薛公言，东击杀荆王刘贾，劫其兵，度淮击楚，楚王交走入薛。上赦天下死罪以下，皆令从军；征诸侯兵，上自将以击布。

十二年冬十月，上破布军于会缶。布走，令别将追之。

上还，过沛，留，置酒沛宫，悉召故人父老子弟佐酒。发沛中儿得百二十人，教之歌。酒酣，上击筑，自歌曰："大风起兮云飞扬，威加海内兮归故乡，安得猛士兮守四方！"令儿皆和习之。上乃起舞，慷慨伤怀，泣数行下。谓沛父兄曰："游子悲故乡。吾虽都关中，万岁之后吾魂魄犹思乐沛。且朕自沛公以诛暴逆，遂有天下，其以沛为朕汤沐邑，复其民，世世无有所与。"沛父老诸母故人日乐饮极欢，道旧故为笑乐。十余日，上欲去，沛父兄固请。上曰："吾人众多，父兄不能给。"乃去。沛中空县皆之邑西献。上留止，张饮三日。沛父兄皆顿首曰："沛幸得复，丰未得，唯陛下哀矜。"上曰："丰者，吾所生长，极不忘耳。吾特以其为雍齿故反我为魏。"沛父兄固请之,乃并复丰,比沛。

汉别将击布军洮水南北,皆大破之,追斩布番阳。

周勃定代,斩陈豨于当城。

诏曰:"吴,古之建国也。日者荆王兼有其地,今死亡后。朕欲复立吴王,其议可者。"长沙王臣等言:"沛侯濞重厚,请立为吴王。"已拜,上召谓濞曰:"汝状有反相。"因拊其背,曰:"汉后五十年东南有乱,岂汝邪?然天下同姓一家,汝慎毋反。"濞顿首曰:"不敢。"

十一月,行自淮南还。过鲁,以大牢祠孔子。

十二月,诏曰:"秦皇帝、楚隐王、魏安釐王、齐愍王、赵悼襄王皆绝亡后。其与秦始皇帝守冢二十家,楚、魏、齐各十家,赵及魏公子亡忌各五家,令视其冢,复,亡与它事。"

陈豨降将言豨反时燕王卢绾使人之豨所阴谋。上使辟阳侯审食其迎绾,绾称疾。食其言绾反有端。春二月,使樊哙、周勃将兵击绾。诏曰:"燕王绾与吾有故,爱之如子,闻与陈豨有谋,吾以为亡有,故使人迎绾。绾称疾不来,谋反明矣。燕吏民非有罪也,赐其吏六百石以上爵各一级。与绾居,去来归者,赦之,加爵亦一级。"诏诸侯王议可立为燕王者。长沙王臣等请立子建为燕王。

诏曰:"南武侯织亦粤之世也,立以为南海王。"

三月,诏曰:"吾立为天子,帝有天下,十二年于今矣。与天下之豪士贤大夫共定天下,同安辑之。其有功者上致之王,次为列侯,下乃食邑。而重臣之亲,或为列侯,皆令自置吏,得赋敛,女子公主。为列侯食邑者,皆佩之印,赐大第室。吏二千石,徙之长安,受小第室。入蜀、汉定三秦者,皆世世复。吾于天下贤士功臣,可谓亡负矣。其有不义背天子擅起兵者,与天下共伐诛之。布告天下,使明知朕意。"

上击布时,为流矢所中,行道疾。疾甚,吕后迎良医。医入见,上问医。曰:"疾可治。"于是上嫚骂之,曰:"吾以布衣提三尺取天下,此非天命乎?命乃在天,虽扁鹊何益!"遂不使治疾,赐黄金五十斤,罢之。吕后问曰:"陛下百岁后,萧相国既死,谁令代之?"上曰:"曹参可。"问其次,曰:"王陵可,然少戆,陈平可以助之。陈平知有余,然难独任。周勃重厚少文,然安刘氏者必勃也,可令为太尉。"吕后复问其次,上曰:"此后亦非乃所知也。"

卢绾与数千人居塞下候伺,幸上疾愈,自入谢。夏四月甲辰,帝崩于长乐宫。卢绾闻之,遂亡入匈奴。

吕后与审食其谋曰:"诸将故与帝为编户民,北面为臣,心常鞅鞅,今乃事少主,非尽族是,天下不安。"以故不发丧。人或闻,以语郦商。郦商见审食其曰:"闻帝已崩,四日不发丧,欲诛诸将。诚如此,天下危矣。陈平、灌婴将十万守荥阳,樊哙、周勃将二十万定燕、代,此闻帝崩,诸将皆诛,必连兵还乡,以攻关中。大臣内畔,诸将外反,亡可跷足待也。"审食其入言之,乃以丁未发丧,大赦天下。

五月丙寅,葬长陵。已下,皇太子、群臣皆反至太上皇庙。群臣曰:"帝起细微,拨乱世反之正,平定天下,为汉太祖,功最高。"上尊号曰高皇帝。

初,高祖不修文学,而性明达,好谋,能听,自监门戍卒,见之如旧。初顺民心作三章之约。天下既定,命萧何次律令,韩信申军法,张苍定章程,叔孙通制礼仪,陆贾造《新语》。又与功臣剖符作誓,丹书铁契,金匮石室,藏之宗庙。虽日不暇给,规摹弘远矣。

赞曰：《春秋》晋史蔡墨有言：陶唐氏既衰，其后有刘累，学扰龙，事孔甲，范氏其后也。而大夫范宣子亦曰："祖自虞以上为陶唐氏，在夏为御龙氏，在商为豕韦氏，在周为唐杜氏，晋主夏盟为范氏。"范氏为晋士师，鲁文公世奔秦。后归于晋，其处者为刘氏。刘向云战国时刘氏自秦获于魏。秦灭魏，迁大梁，都于丰，故周市说雍齿曰："丰，故梁徙也。"是以颂高祖云："汉帝本系，出自唐帝。降及于周，在秦作刘。涉魏而东，遂为丰公。"丰公，盖太上皇父。其迁日浅，坟墓在丰鲜焉。及高祖即位，置祠祀官，则有秦、晋、梁、荆之巫，世祠天地，缀之以祀，岂不信哉！由是推之，汉承尧运，德祚已盛，断蛇著符，旗帜上赤，协于火德，自然之应，得天统矣。

译文：

五年冬十月，汉王追击项羽至阳夏南，停止前进，与齐王韩信、魏相国彭越约定会师击楚，到固陵，未能会师。楚军出击，大破汉军。汉王退回壁垒，探挖堑濠坚守。汉王对张良说："诸侯不来会师，怎么办？"张良回答说："楚军将要失败，诸侯没有得到封地，他们不来会师是理所当然的。君王能与他们共有天下，可立即来会师。齐王韩信之立，并不是君王本意，韩信感到自己的地位不巩固。彭越本来平定梁地，当初君王因魏豹的缘故，拜彭越为相国。今豹已死，越也想称王，而君王却没有早日决定封王。今能取睢阳以北到谷城都给彭越为封地，从陈县以东至沿海地区给韩信，韩信家在楚，他很愿意再得到故乡之地。如能捐出这些地区封给这两个人，让他们各自为战，楚就容易灭亡。"于是汉王派出使臣到韩信、彭越处。使臣一到,果然,韩、彭二将都引兵来会战。

十一月,刘贾进入楚地,包围寿春。汉也派人诱降楚大司马周殷。周殷叛楚,用驻舒之兵对六县进行屠城,率九江兵迎接英布,并屠杀城父县,然后跟随刘贾会师。

十二月,项羽被围在垓下。他夜间听到汉军四面皆唱楚歌,知道汉已全部占领楚地,他与数百骑逃走,所以楚军大败。灌婴追击至东城,斩项羽。楚地完全平定,只有鲁地没有攻下,汉王引天下兵打算屠杀鲁城,因为鲁是讲气节守礼仪之国,便拿项羽之头让父老兄弟观看,鲁才降汉。当初,怀王封项羽为鲁公,到他死后,鲁人还为他坚守封地,就以鲁公之礼葬项羽于谷城。汉王为他发丧,痛哭离去。汉王封项伯等四人为列侯,赐姓刘。各地百姓被掳掠至楚军的都返回故乡。汉王回定陶,驰入齐王韩信军营,夺其军权。当初项羽所封立的临江王共敖已经死去,其子共尉嗣立为王,不降汉。汉王派遣卢绾、刘贾击虏共尉。

春正月,汉王追尊兄伯号武哀侯。下令说:"楚地已平定,义帝无后继人,我想安抚楚民众,要为他们立一个君主。齐王韩信熟习楚风俗,改立为楚王,封地为淮北,定其都在下邳。魏相国建城侯彭越为魏民勤劳,亲近士卒,经常以少击众,多次击破楚军,应以魏故地作为王封地,号梁王,其都定在定陶。"又说:"战争八年不得休止,万民的苦难深重,今天下的战事结束,赦免天下死罪以下的犯人。"

这时诸侯上疏说:"楚王韩信、韩王信、淮南王英布、梁王彭城、原衡山王吴芮、赵王张敖、燕王臧荼冒犯死罪再拜说,大王陛下:以前秦行无道,天下诸侯起而诛灭。大王先俘得秦王,平定关中,对天下功劳最多。保存了危亡者,救助了败绝者,安定万民，功德盛大。又加恩惠于诸侯王有功人员，让他们建立封国。封地已经划定，大王与别人的号位相同，无上下之分，大王功德显著，没有宣明后世。冒犯死罪再拜献上皇帝尊号。"汉王说："我听说帝是有贤德之人才有的尊号，虚言无实之名号，不可取。今诸侯王都推崇寡人，将怎样处理呢？"诸侯王都说："大王出身地位细微，诛灭暴乱的秦朝，威势震动海内。又在僻陋之地，从汉中推行威德，诛杀不义之徒，封立有功之人，平定海内，功臣都封地食邑，没有私自独占。大王之德施于四海，诸侯王无法与之相比，大王居帝位很符合实际，希望大王君临天下。"汉王说："各诸侯认为是便于天下之民，那就这样吧！"于是诸侯王及太尉长安侯卢绾等三百人，与博士稷嗣君叔孙通选择吉日，定在二月初一，敬上尊号，汉王在汜水之北即皇帝位。尊王后曰皇后，太子曰皇太子，追尊先母曰昭灵夫人。

诏书说："原衡山王吴芮与子二人兄子一人，率领百粤之兵帮助诸侯，诛灭暴秦，立有大功，诸侯立他为王。项羽侵夺他的土地，称之为番君。今以长沙、豫章、象郡、桂林、南海五郡立番君吴芮为长沙王。"又说："原粤王无诸世代祭祀粤人先祖，秦侵夺其地，使他的社稷再也得不到祭祀。后来诸侯伐秦，无诸亲率闽中兵佐助灭秦，项羽废而不立。今立他为闽粤王，以闽中为封地，不要失职。"

高皇帝于是西都洛阳。夏五月，士兵都复员回家。高帝下诏说："关东人在关中的，免赋役十二年，回乡的减一半。以前有的民众聚集躲藏在山泽中，没有户籍，今天下已安定，让他们各回原县，恢复原来的爵位田宅，官吏讲解法律条文分辩义理，使百姓明白，不得鞭打羞辱。民众因饥饿自卖为别人的奴婢者，都免为平民。军官士兵遇到大赦，无罪无爵及虽有爵位但不到大夫（第五级）的，一律赐给大夫。原有大夫以上爵的各赐爵一级，七大夫以上，都受食邑，不是七大夫以下，都免自身及一户的赋役，不事差役。"又说："七大夫、公乘以上的，都是高级爵位。关东人及从军回乡的，有很多高爵，我多次下诏官吏先给他们田宅，还有他向官吏请求应当得到的帮助，要从速办理。爵位高的称人君，都是被天子尊敬礼遇的，有些长时间摆在官吏面前的事，不给解决，真是不足为训。过去秦民爵在公大夫以上，就与县令、丞行平等礼节。今天我对爵位并不轻视，为什么官吏敢这样对待爵位！况且法律规定有功劳的给田宅，今小吏未曾从军者多自满足，而有功者反而得不到，背公立私，郡守、郡尉、县令、县长管教得很不好。今命令官吏们都要很好地对待高爵，让我满意。今后将要察访，有不按我诏书办理的官吏，从重论处。"

高皇帝设宴洛阳南宫。他说："通侯各将不要隐瞒我，都要讲实情。我所以能得天下的原因是什么，项羽之所以失天下的原因是什么？"高起、王陵对答说："陛下轻慢而对人不尊重，项羽仁爱而敬重人，然而陛下派人攻城略地，有所降服，给予赏赐，与将士同享其利。项羽妒贤嫉能，对有功的人妒忌他，对贤能的人猜疑他，战胜者不记功劳，夺得地盘的不给赏赐，这些就是他失天下的原因。"皇上说："你们知其一，不知其二。运筹帷幄之中，决胜千里之外，我不如张子房；镇国家，安抚百姓，供给粮饷，不绝于道，我不如萧何；统领百万大兵，战必胜，攻必取，我不如韩信。三人皆人杰，我能任用，这是我所以取天下的原因。项羽有一个谋士范增而不能用，这是他被我擒获的原因。"群臣心悦诚服。

起初，田横归附彭越。项羽已灭，田横害怕被杀，与宾客逃到海中。皇上恐怕他们日久叛乱，派使者前往赦免田横，并对他说："田横回来，大首领可封王，小首领可封侯；不来，马上发兵诛灭。"田横害怕，乘官车前往洛阳，在离洛阳三十里处自杀。皇上很称赞他的气节，为他流泪，发卒二千人按王礼将他埋葬。

戍卒娄敬求见皇上，劝皇上说："陛下夺取天下与周朝不同，却建都洛阳，不合适，不如入关，占据旧秦的险固地区。"皇上问张良，张良也趁机劝说皇上。当日，皇上起驾西行建都长安。拜娄敬为奉春君，赐姓刘。六月二十九日，大赦天下。

秋七月，燕王臧荼反叛，皇上亲率兵征讨。九月，俘虏臧荼。下诏征询诸侯王有功者立为燕王。荆王刘贾和韩信等十人都说："太尉长安侯卢绾功劳最多，请立为燕王。"派丞相樊哙率兵平定代地。

利几反，皇上亲率兵击破叛军。利几原是项羽将。项羽败时，利几任陈县令，降汉，封颍川侯。皇上到洛阳，按通侯名册召见，利几恐惧，因此反叛。

闰九月，调关东青年到关中。修建长乐宫。

六年冬十月，皇上命天下的县邑都筑城墙。

有人告楚王韩信谋反，皇上问左右的人，左右的人争相请求去击韩信。皇上用陈平之计，伪装到云楚巡游。十二月，在陈县会见诸侯，楚王韩信迎接拜见皇上，被武士乘机捆绑起来。下诏说："天下已经安定，豪杰有功者封为侯，因新当皇帝，还没有来得及把有功的人员都考虑进去。有些人在军队中九年，有的没有熟习法令，有的犯了法，大罪的判了死刑，我很怜悯。今赦免天下罪人。"田肯祝贺皇上说："事情办的很好，陛下抓了韩信，又建都关中。秦地，是以形势之利取胜之国，山河险阻，与诸侯相隔千里，用持兵器的百万士卒来进攻，凭秦地形，只用百分之二的兵力就能抵御。地势便利，如向关东发兵对付诸侯，就像在高屋之上用瓶子倒水，有居高临下之势。齐国，东有琅邪、即墨之丰富资源，南有泰山之险固，西有浊河阻隔，北有勃海之利。地方二千里，可以武装百万士卒，相隔在千里之外，齐国用二十万人的兵力就能抵抗百万士卒。这就是东西两个秦国。如果不是皇上的亲子弟，不可在齐为王。"皇上说："很好。"赐黄金五百斤。皇上还至洛阳，赦免韩信，封为淮阴侯。

二十八日，开始剖符封功臣曹参等为通侯。下诏说："齐，古代建立了国家，今为郡县，应恢复为诸侯国。将军刘贾多次立大功，还要选择性情宽厚品德纯洁的，封在齐、荆地为王。"春正月十三日，韩王信等奏请把原东阳郡、鄣郡、吴郡五十三县封给刘贾为荆王，把砀郡、薛郡、郯郡三十六县封给弟文信君刘交为楚王。十九日，把云中、雁门、代郡五十三县封给兄宜信侯刘喜为代王，把胶东、胶西、临淄、济北、博阳、城阳郡七十三县封给长子刘肥为齐王，把太原郡三十一县划为韩国，迁徙韩王信的国都至晋阳。

皇上已封大功臣二十余人，其余的因争功，未能进行封赏。皇上住在南宫，从复道经过，常常看到诸将三三两两在一起小声议论，就询问张良。张良说："陛下与这些人同取天下，今陛下已为天子，而已经封赏的都是老朋友和所爱之人，所杀的都是平生有仇有怨的。今天军吏计算军功，认为天下土地少，不足以人人都封侯，又恐怕因过被杀，因此相聚商议谋反。"皇上说："这事怎么办？"张良说："选皇上向来不喜欢的，估计群臣都会知道是最严重的一人，先封他以示意于群臣。"三月，皇上设宴，封雍齿，随即催促丞相尽快确定功劳等次进行封赏。宴后，群臣都很高兴，说："雍齿尚且封侯，我们就不必发愁了。"

皇上返回栎阳，五天一朝见太公。太公家令劝太公说："天无二日，土无二王。皇帝虽是你的儿子，却是人主；太公虽是皇上的父亲，却是人臣。怎么让人主拜人臣！这样，皇上的威权就不能体现。"后来上朝，太公握帚，在门口迎接退行，皇上大惊，下车扶太公。太公说："帝，人主，怎么能因我乱天下大法！"于是皇上心里称赞家令之言，赐黄金五百斤。夏五月十三日，下诏书说："人之最亲的人，没有亲过父子的，因此，父有天下传归于子，子有天下尊归于父，这是人道的最高原则。过去天下大乱，战火四起，万民遭殃，朕身被铠甲，手执锐器，亲自统帅士卒，救护危难，平定暴乱，封立诸侯，停止兵戈，休养百姓，使天下太平，这都是太公教训的结果。诸王、通侯、将军、群卿、大夫已尊朕为皇帝，而太公没有名号。今敬尊太公为太上皇。"

秋九月，匈奴在马邑包围韩王信，韩王信降匈奴。

七年冬十月，皇上率军在铜鞮击韩王信，斩其部将。韩王信逃往匈奴，与部将曼丘臣、王黄共立原赵国之后赵利为王，收韩王信散兵，与匈奴共同抵抗汉军。皇上从晋阳连续作战，乘胜追击至楼烦，遇上大冷天，士卒冻掉手指的有十分之二三。随即到了平城，被匈奴包围七天，用陈平秘计才得解围。派樊哙留下平定代地。

十二月，皇上返回时，经过赵国，不以礼接见赵王。这月，匈奴攻代，代王刘喜弃国逃跑，自回洛阳，皇上赦免他降为合阳侯。二十八日，封儿子如意为代王。

春，令郎中判有耐罪以上的，要先请示。百姓生儿子，免除二年差役。

二月，皇上到长安。萧何建未央宫，立东阙、北阙、前殿、武库、大仓。皇上认为太壮丽了,很生气,对萧何说:"天下喧扰不安,劳苦多年,成败尚不可知,为什么建造宫室这样过度奢丽!"萧何说:"天下还没有平定,因此就要造宫室。况且天子以四海为家,不壮丽就不能加重声威,只是让后世不要超过这种壮丽就是了。"皇上很高兴。从栎阳迁都长安。设置宗正官以谱序九族。夏四月,前往洛阳。

八年冬,皇上率军在东垣击韩王信的残部。返回时经过赵国,赵相贯高因为皇上不以礼待赵王感到耻辱,阴谋刺杀皇上。皇上想留宿,心中一动,问该县叫什么名,回答说:"柏人。"皇上说:"柏人者,迫于人也。"于是离开该县。

十一月,下令为士卒从军战死的作小棺,送归本县,县给制衣衾棺椁葬具,用羊祭祀,长吏视葬。十二月,从东垣返回京师。

春三月,前往洛阳。下令让从军去平城的官兵及守城邑的,都免赋役终身。爵不在公乘以上,不得戴刘氏冠。商人不得穿锦、绣、绮、縠、絺、纻制的衣服、携带兵器、乘车骑马。秋八月,官吏有罪没有发觉的,赦免。九月,从洛阳返回京师,淮南王、梁王、赵王、楚王都跟从而来。

九年冬十月,淮南王、梁王、赵王、楚王在未央宫朝见皇上,设酒宴于前殿。皇上奉玉杯给大上皇祝寿,说:"当初大人常说臣无赖,不能治产业,不如刘仲勤快。今天我所成就的事业和仲相比谁的多?"殿上群臣都高呼万岁,大笑为乐。

十一月,迁徙齐楚大族昭氏、屈氏、景氏、怀氏、田氏五姓到关中,给予很好的田宅。十二月,前往洛阳。

贯高等因谋杀皇上事发觉,被逮捕,并捕赵王张敖下狱。下诏说:敢有跟随赵王到长安的,罪及三族。郎中田叔、孟舒等十人自髡发钳颈扮成赵王家奴,跟随王入狱。王实在不知贯高谋刺之事。春正月,废赵王敖为宣平侯。改徙代王如意为赵王,统治赵国。初三,以前有死罪以下的罪犯,都赦免。

二月,皇上从洛阳回京师。以赵臣田叔、孟舒等十人为贤德之人,召见并与谈话,汉廷臣没有能在他们之上的。皇上喜悦,全拜为郡守、诸侯国相。

夏六月初二天昏,有日食。

十年冬十月,淮南王、燕王、荆王、梁王、齐王、长沙王来长安朝见皇上。

夏五月,太上皇后崩。秋七月初十,太上皇崩,葬在万年县。赦免栎阳死罪以下的囚犯。八月,令诸侯王在国都都立太上皇庙。

九月,代相国陈豨反叛。皇上说:"豨曾做过我的使臣,很讲信用。代地是我急要之地,因此封豨为列侯,以相国身份镇守代,今天竟然与王黄等劫掠代地!官吏百姓没有罪,能离开豨、黄叛军来归者,全部赦免。"皇上亲自率军东征,至邯郸。上高兴说:"豨不南据邯郸而防御漳水,我知他不能有作为。"赵相周昌上奏说:常山二十五城丢失二十城,请杀郡守、郡尉。皇上说:"守、尉反了没有?"回答说:"不反。"皇上说:"是兵力不足,无罪。"皇上下令周昌选赵壮士可以带兵的人,报告天子而后召见了四人。皇上谩骂说:"小子能当将军吗!"四人羞惭,全伏在地上。皇上各封千户,任为将军。左右劝阻说:"对从军入蜀郡、汉中郡、伐楚的,封赏还没有完,今天封这四人,有什么功?"皇上说:"不是你所能知道的。陈豨反,赵、代地区都被陈豨占有。我曾以羽檄征天下之兵,没有来的。今天看来,只有靠邯郸中的兵了。我何必舍不得四千户,不用来慰劳赵国子弟!"都说:"很好。"又寻找"乐毅有没有后代?"找到了他的孙子乐叔,封在乐乡,号华成君。问陈豨将是何人,都是旧时商人。皇上说:"我知道怎么办了。"于是多用黄金收买陈豨的将,陈豨的将多降。

十一年冬,皇上在邯郸。陈豨之将侯敞率万余人游动行军,王黄率千骑驻扎在曲逆县,张春率卒万余人渡黄河攻聊城。汉将军郭蒙与齐将迎击,大破张春军。太尉周勃取道太原进入代地,到马邑,马邑不降,攻破并进行屠杀。陈豨之将赵利守东垣,高祖攻击不下。赵利的士兵在城上辱骂,皇上大怒。东垣城降,辱骂的士兵被斩。各县坚守不降陈豨者,免除租赋三年。

春正月,淮阴侯韩信谋反于长安,被诛杀三族。将军柴武在参合斩韩王信。

皇上返回洛阳。下诏说:"代地位于常山以北,与夷狄族的边界接壤。赵的国境从山的南面开始,距代很远,代常有胡人入寇,难以保全国土。割取山南太原之地增属代国,代的云中以西设云中郡,代受到的边寇就减少了。王、相国、通侯、二千石官吏请选择可立为代王的人。"燕王绾,相国萧何等三十三人都说:"皇子刘恒贤惠、聪明、温和、善良,请立为代王,都晋阳。"大赦天下。

二月,下诏说:"很想减少赋敛。如今献赋没有定出规章,官吏有的以多收赋为献费,而诸侯王征收更多,百姓十分疾苦。下令诸侯王、通侯都在十月朝见时纳献费,郡国都要各以人口实际数计算,每人一年六十三钱,用来缴纳献费。"又说:"听说帝王没有高于周文王的,霸主莫有高于齐桓公的,都是依靠贤人而成名。今天下贤者智者岂能只有古人有吗?毛病出在人主不去结交的缘故,贤士由何处进见呀!今天我凭借天的神灵、贤士大夫夺取天下，一统为刘氏江山，想让它长久传下去，世世代代祭祀宗庙不断绝。贤人已经与我一道平定天下了，而不与我共安定同享受，可以吗？贤士大夫有肯跟随我的，我能够让他位尊名显。布告天下，使人们明知我的心意。御史大夫周昌低于相国，相国酂侯萧何低于诸侯王，御史中执法下郡守，凡是诚意推举有贤明之德者，郡守必须亲自前往劝勉，为之驾车，送到相国府，登记品行、仪表、年龄。有贤明之人而不报，一旦发现，即行免职。年老疲病，不要送来。"

三月，梁王彭越谋反，诛灭三族。下诏说："选择可以立为梁王、淮阳王的人。"燕王卢绾、相国萧何等请立皇子刘恢为梁王，皇子刘友为淮阳王。撤销东郡建置，扩增为梁国封地；撤销颍川郡建置，扩增为淮阳国封地。

夏四月，皇上从洛阳返回京师，下令凡丰邑人迁徙到关中的都终身免赋役。

五月，下诏说："粤人风俗喜好互相械斗，以前秦朝迁徙中原之民到南方桂林、象郡、南海三郡，使与百粤人杂居。正当天下反秦，南海尉赵它任南方官长，治理当地，很有条理，中原人因此不减少，粤人相械斗风俗有进一步制止，全靠赵它之力。今立赵它为南粤王。"派陆贾前去授予玺绶。赵它叩头称臣。

六月，下令从军入蜀郡、汉中郡、关中的人全都免除终身赋役。

秋七月，淮南王英布反。皇上问诸将怎么办，滕公说原楚令尹薛公有平叛的计谋。皇上召见，薛公说了英布所处形势，皇上称善，封薛公千户。诏令王、相国选择可以立为淮南王的人，群臣请立皇子刘长为王。皇上征发上郡、北地、陇西车骑士，巴郡、蜀郡材官士及中尉卒三万人为皇太子卫士，驻扎霸上。英布果然像薛公所预言，东进击杀荆王刘贾，胁迫其兵，渡淮击楚，楚王刘交逃入薛城。皇上赦天下死罪以下的罪犯，全让他们从军；征调诸侯兵，皇上亲率军击英布。

十二年冬十月，皇上在会缶击溃英布军，英布逃走，皇上命别将追击。

皇上返回，经过沛县，在沛宫留住并设酒宴，全部召来故人父老子弟助酒。征沛中儿童一百二十人，教唱歌。酒喝得正酣，皇上击筑，并自己唱起来："大风起兮云飞扬，威加海内兮归故乡，安得猛士兮守四方！"让儿童都一同习唱。于是，皇上起舞，慷慨悲伤，泪水一行一行流下来。对沛父兄说："游子悲故乡。我虽然定都关中，死后我的魂魄还是思念故乡沛。况且我自称沛公开始诛讨暴逆，然后才有天下，今以沛为我的汤沐邑，免除沛县百姓的赋役，世世代代都不缴纳租税。"沛父老诸母故人整日畅饮欢乐，以讲旧故往事为乐。十余日后，皇上想离去，沛父兄坚持请留。皇上说："我手下人众多，父兄管不起饭吃。"便离开了。沛县全县皆空，都去城西面献酒。皇上又停下来，帐饮三日。沛父兄皆叩头说："沛有幸得到免赋役的恩赐，丰邑未得到，只求陛下哀怜。"皇上说："丰邑是我生长之地，最不能忘的。我是因他们曾为雍齿的缘故背叛我去降魏。"沛父兄坚持请求，才同时免丰邑赋役，与沛相同。

汉别将击英布军于洮水南北，都大破布军，在番阳追斩英布。

周勃平定代地，斩陈豨于当城。

皇上下诏说："吴，古代所建之国，从前荆王兼有其地，今王死无后。我欲再立吴王，应该议一议谁可以为吴王。"长沙王吴臣等说："沛侯刘濞稳重厚道，请立为吴王。"已拜，皇上召刘濞说："你的相貌有反相。"随即拊其背，说："汉以后五十年东南有乱，难道是你吗？然而天下同姓一家，你要谨慎，不要造反。"濞叩头说："不敢。"

十一月，皇上从淮南返回京师。经过鲁，用牛、羊、猪祭祀孔子。

十二月，下诏说："秦皇帝、楚隐王陈胜、魏安釐王、齐愍王、赵悼襄王皆断绝后代。今秦始皇帝守坟二十家，楚、魏、齐各十家，赵及魏公子无忌各五家，令看管其坟，免除赋役，不加其他杂事。"

陈豨降将说豨反时，燕王卢绾使人去陈豨住所暗中谋议。皇上派辟阳侯审食其迎绾，绾称有病。食其说绾谋反有端倪。春二月，派樊哙、周勃率军击绾。下诏说："燕王绾与我是老朋友，爱之如子，听说与陈豨有密谋，我以为没有，因此派人迎接他。他托病不来，谋反之心已明。燕国吏民没有罪，官吏在六百石以上级别的赐爵各一级。与卢绾居住在一处、离开卢绾回来的，赦免，也加爵一级。"下诏诸侯王议可以立为燕王的人，长沙王吴臣等请立皇子刘建为燕王。

下诏说："南武侯织也是粤人之后，立他为南海王。"

三月，下诏说："我立为天子，称帝有天下，至今十二年了。与天下的豪杰之士贤大夫共同平定天下，举国上下安定和睦。有功高的封了王，次的封了侯，再下的还有食邑。重臣之亲者，有的封列侯，都让他们设置官吏，征收赋税，女子称公主。列侯有食邑的，都佩有印，赏赐大宅第。二千石一级的官吏，迁徙到长安，赏赐小宅第。入蜀郡、汉中郡定三秦而有功者，全都世世免除赋役。我对于天下贤士功臣，可以说是无负于他们了。如果有不义背叛天子擅自起兵者，与天下共讨伐诛杀之。布告天下，使人们明知我的心意。"

皇上击英布时，被流矢射中，行至途中病重。吕后请良医。

医生进宫看病，皇上问医生。说："箭伤能治不能治？"医生说："可治。"于是皇上大骂起来，说："我以平民之身手提三尺剑取天下，这不是命吗？性命在天，虽扁鹊在世有什么益处？"于是不让治疾，赐黄金五十斤，停止治疗。吕后问道："陛下百年之后，萧相国死了，谁可以代替？"皇上说："曹参可以。"问其次，说："王陵可以，然少有憨厚，陈平可以帮助。陈平智谋有余，然而难以独当一面。周勃稳重忠厚少文雅，然而安定刘氏天下者一定是周勃，可使任太尉。"吕后又问其次，皇上说："这以后也不是你所能知道的了。"

卢绾与数千人居塞下等待观望，希望皇上疾愈，即亲自入京谢罪。夏四月十一日，皇帝在长乐宫驾崩。卢绾听说，便逃往匈奴。

吕后与审食其谋划说："诸将原与皇帝是平民百姓，后来北面称臣，心里常常不愉快。今天又侍奉少主。如果不尽杀这一帮子，天下不安。"因此不发丧。有的人听到了消息，告诉郦商。郦商见审食其说："听说皇帝已崩，四日不发丧，想诛杀诸将。真的这样，天下就危险了。陈平、灌婴率十万兵守荥阳，樊哙、周勃率二十万兵定燕代，这些将领听说帝崩，诸将都被杀，必然连兵返回，攻打关中。大臣内叛，诸将外反，不用有翘足的时间就会发生。"审食其入宫劝说吕后，便在十四日发丧，大赦天下。

五月十七日，高祖葬长陵。下葬以后，皇太子群臣都返回至太上皇庙。群臣说："皇帝出身细微，拨乱反正，平定天下，为汉太祖，功最高。"敬上尊号叫高皇帝。

当初，高祖不习文学，而性情明达，好计谋，善于听取臣下之言，从看门人到戍卒，见面如老朋友。开始顺民心，制订三章约法。天下已定，命萧何编次律令，韩信申述兵法，张苍制定律历章程，叔孙通制礼仪，陆贾著《新语》。又与功臣剖符作誓，立丹书铁契，存入金匮石室，藏在宗庙。虽然诸事繁多，可以立制垂范传之久远。

赞说：《春秋》晋国的史官蔡墨有一段话说：陶唐氏衰败之后，他的后代有刘累，学习驯服龙。在夏王孔甲治下称臣，食采于范的晋大夫士会，就是他的后裔。晋大夫范宣子也说："先祖从虞氏以上称为陶唐氏，在夏为御龙氏，在商为豕韦氏，在周为唐杜氏，晋国称霸华夏时称为范氏。"当时的范氏是晋国的正卿，鲁文公时逃到秦国。后来又回归晋国，留在秦国的称为刘氏。刘向说战国时刘氏随秦军东进在魏国被俘。秦灭魏之后，魏迁往大梁，曾都丰邑，因此周市劝说雍齿说："丰邑，是原来梁迁徙后的国都。"所以，颂扬高祖说："汉朝帝王的世系，出自唐尧帝。到了周朝，在秦国称刘氏。向东入魏，于是成为丰公。"丰公就是刘氏的太上皇父。他们迁徙的日子不长，在丰邑的坟墓也很少。到高祖即位，设置祭祀之官，便有秦、晋、梁、荆巫祝，代代祭祀天地，祭礼不绝，岂不是可信的吗？由此推断，汉朝继承尧的世运，帝王的运气已经很盛，斩白蛇显示符瑞，旗帜崇尚赤色，符合火德，自然相应，取得天命正统。

汉书卷四

文帝纪第四

孝文皇帝，高祖中子也，母曰薄姬。高祖十一年，诛陈豨，定代地，立（子恒）为代王，都中都。十七年秋，高后崩，诸吕谋为乱，欲危刘氏。丞相陈平、太尉周勃、朱虚侯刘章等共诛之，谋立代王。语在《高后纪》《高五王传》。

大臣遂使人迎代王。郎中令张武等议，皆曰："汉大臣皆故高帝时将，习兵事，多谋诈，其属意非止此也，特畏高帝、吕太后威耳。今已诛诸吕，新喋血京师，以迎大王为名，实不可信。愿称疾无往，以观其变。"中尉宋昌进曰："群臣之议皆非也。夫秦失其政，豪杰并起，人人自以为得之者以万数，然卒践天子位者，刘氏也，天下绝望，一矣。高帝王子弟，地犬牙相制，所谓盘石之宗也，天下服其强，二矣。汉兴，除秦烦苛，约法令，施德惠，人人自安，难动摇，三矣。夫以吕太后之严，立诸吕为三王，擅权专制，然而太尉以一节入北军，一呼士皆袒左，为刘氏，畔诸吕，卒以灭之。此乃天授，非人力也。今大臣虽欲为变，百姓弗为使，其党宁能专一邪？内有朱虚、东牟之亲，外畏吴、楚、淮南、琅邪、齐、代之强。方今高帝子独淮南王与大王，大王又长，贤圣仁孝闻于天下，故大臣因天下之心而欲迎立大王，大王勿疑也。"代王报太后，计犹豫未定。卜之，兆得大横。占曰："大横庚庚，余为天王，夏启以光。"代王曰："寡人固已为王，又何王乎？"卜人曰："所谓天王者，乃天子也。"于是代王乃遣太后弟薄昭见太尉勃，勃等具言所以迎立王者。昭还报曰："信矣，无可疑者。"代王笑谓宋昌曰："果如公言。"乃令宋昌骖乘，张武等六人乘六乘传，诣长安，至高陵止，而使宋昌先之长安观变。

昌至渭桥，丞相已下皆迎。昌还报，代王乃进至渭桥。群臣拜谒称臣，代王下拜。太尉勃进曰："愿请间。"宋昌曰："所言公，公言之；所言私，王者无私。"太尉勃乃跪上天子玺。代王谢曰："至邸而议之。"

闰月己酉，入代邸。群臣从至，上议曰："丞相臣平、太尉臣勃、大将军臣武、御史大夫臣苍、宗正臣郢、朱虚侯臣章、东牟侯臣兴居、典客臣揭再拜言大王足下：子弘等皆非孝惠皇帝子，不当奉宗庙。臣谨请阴安侯、顷王后、琅邪王、列侯、吏二千石议，大王高皇帝子，宜为嗣，愿大王即天子位。"代王曰："奉高帝宗庙，重事也。寡人不佞，不足以称。愿请楚王计宜者，寡人弗敢当。"群臣皆伏，固请。代王西乡让者三，南乡让者再。丞相平等皆曰："臣伏计之，大王奉高祖宗庙最宜称，虽天下诸侯万民皆以为宜。臣等为宗庙、社稷计，不敢忽。愿大王幸听臣等。臣谨奉天子玺、符再拜上。"代王曰："宗室、将、相、王、列侯以为（其）〔莫〕宜寡人，寡人不敢辞。"遂即天子位。群臣以次侍。使太仆婴、东牟侯兴居先清宫，奉天子法驾迎代邸。皇帝即日夕入未央宫。夜拜宋昌为卫将军，领南、北军，张武为郎中令，行殿中。还坐前殿，下诏曰："制诏丞相、太尉、御史大夫：间者诸吕用事擅权，谋为大逆，欲危刘氏宗庙，赖将、相、列侯、宗室、大臣诛之，皆伏其辜。朕初即位，其赦天下，赐民爵一级，女子百户牛、酒，酺五日。"

元年冬十月辛亥，皇帝见于高庙。遣车骑将军薄昭迎皇太后于代。诏曰："前昌产自置为相国，吕禄为上将军，擅遣将军灌婴将兵击齐，欲代刘氏。婴留荥阳，与诸侯合谋以诛吕氏。吕产欲为不善，丞相平与太尉勃等谋夺产等军。朱虚侯章首先捕斩产。太尉勃身率襄平侯通持节承诏入北军。典客揭夺吕禄印。其益封太尉勃邑万户，赐金五千斤。丞相平、将军婴邑各三千户，金二千斤。朱虚侯章、襄平侯通邑各二千户，金千斤。封典客揭为阳信侯，赐金千斤。"

十二月，立赵幽王子遂为赵王，徙琅邪王泽为燕王。吕氏所夺齐、楚地皆归之。尽除收帑相坐律令。

正月，有司请蚤建太子，所以尊宗庙也。诏曰："朕既不德，上帝神明未歆飨也，天下人民未有惬志。今纵不能博求天下贤圣有德之人而嬗天下焉，而曰豫建太子，是重吾不德也。谓天下何？其安之。"有司曰："豫建太子，所以重宗庙、社稷，不忘天下也。"上曰："楚王，季父也，春秋高，阅天下之义理多矣，明于国家之体。吴王于朕，兄也；淮南王，弟也：皆秉德以陪朕，岂为不豫哉！诸侯王、宗室昆弟有功臣，多贤及有德义者，若举有德以陪朕之不能终，是社稷之灵，天下之福也。今不选举焉，而曰必子，人其以朕为忘贤有德者而专于子，非所以忧天下也。朕甚不取。"有司固请曰："古者殷、周有国，治安皆且千岁，有天下者莫长焉，用此道也。立嗣必子，所从来远矣。高帝始平天下，建诸侯，为帝者太祖。诸侯王、列侯始受国者亦皆为其国祖。子孙继嗣，世世不绝，天下之大义也。故高帝设之以抚海内。今释宜建而更选于诸侯宗室，非高帝之志也。更议不宜。子启最长，敦厚慈仁，请建以为太子。"上乃许之。因赐天下民当为父后者爵一级。封将军薄昭为轵侯。

三月，有司请立皇后。皇太后曰："立太子母窦氏为皇后。"

诏曰："方春和时，草木群生之物皆有以自乐，而吾百姓鳏、寡、孤、独、穷困之人或阽于死亡，而莫之省忧。为民父母将何如？其议所以振贷之。"又曰："老者非帛不暖，非肉不饱。今岁首，不时使人存问长老，又无布帛酒肉之赐，将何以佐天下子孙孝养其亲？今闻吏禀当受鬻者，或以陈粟，岂称养老之意哉！具为令。"有司请令县道，年八十已上，赐米人月一石，肉二十斤，酒五斗。其九十已上，又赐帛人二匹，絮三斤。赐物及当禀鬻米者，长吏阅视，丞若尉致。不满九十，啬夫、令史致。二千石遣都吏循行，不称者督之。刑者及有罪耐以上，不用此令。

楚元王交薨。

四月，齐、楚地震，二十九山同日崩，大水溃出。

六月，令郡国无来献。施惠天下，诸侯、四夷，远近欢洽。乃修代来功。诏曰："方大臣诛诸吕迎朕，朕狐疑，皆止朕，唯中尉宋昌劝朕，朕已得保宗庙。以尊昌为卫将军，其封昌为壮武侯。诸从朕六人，官皆至九卿。"又曰："列侯从高帝入蜀、汉者六十八人益邑各三百户，吏二千石以上从高帝颍川守尊等十人食邑六百户，淮阳守申屠嘉等十人五百户，卫尉足等十人四百户。"封淮南王舅赵兼为周阳侯，齐王舅驷钧为靖郭侯，故常山丞相蔡兼为樊侯。

二年冬十月，丞相陈平薨。诏曰："朕闻古者诸侯建国千余，各守其地，以时入贡，民不劳苦，上下欢欣，靡有违德。今列侯多居长安，邑远，吏卒给输费苦，而列侯亦无由教训其民。其令列侯之国，为吏及诏所止者，遣太子。"

十一月癸卯晦，日有食之。诏曰："朕闻之，天生民，为之置君以养治之。人主不德，布政不均，则天示之灾以戒不治。乃十一月晦，日有食之，适见于天，灾孰大焉！朕获保宗庙，以微眇之身托于士民君王之上，天下治乱，在予一人，唯二三执政犹吾股肱也。朕下不能治育群生，上以累三光之明，其不德大矣。令至，其悉思朕之过失，及知见之所不及，匄以启告朕。及举贤良方正能直言极谏者，以匡朕之不逮。因各敕以职任，务省徭费以便民。朕既不能远德，故憪然念外人之有非，是以设备未息。今纵不能罢边屯戍，又饬兵厚卫，其罢卫将军军。太仆见马遗财足，余皆以给传置。"

春正月丁亥，诏曰："夫农，天下之本也，其开籍田，朕亲率耕，以给宗庙粢盛。民谪作县官及贷种食未入、入未备者，皆赦之。"

三月，有司请立皇子为诸侯王。诏曰："前赵幽王幽死，朕甚怜之，已立其太子遂为赵王。遂弟辟强及齐悼惠王子朱虚侯章、东牟侯兴居有功，可王。"乃（遂）立辟强为河间王，章为城阳王，兴居为济北王。因立皇子武为代王，参为太原王，揖为梁王。

五月，诏曰："古之治天下，朝有进善之旌，诽谤之木，所以通治道而来谏者也，今法有诽谤、訞言之罪，是使众臣不敢尽情，而上无由闻过失也。将何以来远方之贤良？其除之。民或祝诅上，以相约而后相谩，吏以为大逆，其有他言，吏又以为诽谤。此细民之愚无知抵死，朕甚不取。自今以来，有犯此者勿听治。"

九月，初与郡守为铜虎符、竹使符。

诏曰："农，天下之大本也，民所恃以生也，而民或不务本而事末，故生不遂。朕忧其然，故今兹亲率群臣农以劝之。其赐天下民今年田租之半。"

三年冬十月丁酉晦，日有食之。十一月丁卯晦，日有蚀之。诏曰："前日诏遣列侯之国，辞未行。丞相朕之所重，其为朕率列侯之国。"遂免丞相勃，遣就国。十二月，太尉颍阴侯灌婴为丞相。罢太尉官，属丞相。

夏四月，城阳王章薨。淮南王长杀辟阳侯审食其。

五月，匈奴入居北地、河南为寇。上幸甘泉，遣丞相灌婴击匈奴，匈奴去。发中尉材官属卫将军，军长安。

上自甘泉之高奴，因幸太原，见故群臣，皆赐之。举功行赏，诸民里赐牛酒。复晋阳、中都民三岁租。留游太原十余日。

济北王兴居闻帝之代，欲自击匈奴，乃反，发兵欲袭荥阳。于是诏罢丞相兵，以棘蒲侯柴武为大将军，将四将军十万众击之。祁侯缯贺为将军，军荥阳。秋七月，上自太原至长安。诏曰："济北王背德反上，诖误吏民，为大逆。济北吏民，兵未至先自定及以军、城邑降者，皆赦之，复官爵。与王兴居〔居〕，去来者，亦赦之。"八月，虏济北王兴居，自杀。赦诸与兴居反者。

四年冬十二月，丞相灌婴薨。

夏五月，复诸刘有属籍，家无所与。赐诸侯王子邑各二千户。

秋九月，封齐悼惠王子七人为列侯。

绛侯周勃有罪，逮诣廷尉诏狱。

作顾成庙。

五月春二月，地震。

夏四月，除盗铸钱令。更造四铢钱。

六年冬十月，桃、李华。

十一月，淮南王长谋反，废迁蜀严重，死雍。

七年冬十月，令列侯太夫人、夫人、诸侯王子及吏二千石无得擅征捕。

夏四月，赦天下。

六月癸酉，未央宫东阙罘罳灾。

八年夏，封淮南厉王长子四人为列侯。有长星出于东方。

九年春，大旱。

十年冬，行幸甘泉。

将军薄昭死。

十一年冬十一月，行幸代。春正月，上自代还。

夏六月，梁王揖薨。

匈奴寇狄道。

十二年冬十二月，河决东郡。

春正月，赐诸侯王女邑各二千户。

二月，出孝惠皇帝后宫美人，令得嫁。

三月，除关，无用传。

诏曰："道民之路，在于务本。朕亲率天下农，十年于今，而野不加辟。岁一不登，民有饥色，是从事焉尚寡，而吏未加务也。吾诏书数下，岁劝民种树，而功未兴，是吏奉吾诏不勤，而劝民不明也。且吾农民甚苦，而吏莫之省，将何以劝焉？其赐农民今年租税之半。"

又曰："孝悌，天下之大顺也；力田，为生之本也；三老，众民之师也；廉吏，民之表也。朕甚嘉此二三大夫之行。今万家之县，云无应令，岂实人情？是吏举贤之道未备也。其遣谒者劳赐三老、孝者帛，人五匹；悌者、力田二匹；廉吏二百石以上率百石者三匹。及问民所不便安，而以户口率置三老、孝、悌、力田常员，令各率其意以道民焉。"

十三年春二月甲寅，诏曰："朕亲率天下农耕以供粢盛，皇后亲桑以奉祭服,其具礼仪。"

夏,除秘祝,语在《郊祀志》。五月,除肉刑法,语在《刑法志》。

六月,诏曰:"农,天下之本,务莫大焉。今勤身从事,而有租税之赋,是谓本末者无以异也,其于劝农之道未备。其除田之租税。赐天下孤寡布、帛、絮各有数。"

十四年冬,匈奴寇边,杀北地都尉卬。遣三将军军陇西、北地、上郡,中尉周(含)〔舍〕为卫将军,郎中令张武为车骑将军,军渭北,车千乘,骑卒十万人。上亲劳军,勒兵,申教令,赐吏卒。自欲征匈奴,群臣谏,不听。皇太后固要上,乃止。于是以东阳侯张相如为大将军,建成侯董赫、内史栾布皆为将军,击匈奴,匈奴走。

春,诏曰:"朕获执牺牲、珪币以事上帝宗庙,十四年于今。历日弥长,以不敏不明而久抚临天下,朕甚自愧。其广增诸祀坛场、珪币。昔先王远施不求其报,望祀不祈其福,右贤左戚,先民后己,至明之极也。今吾闻祠官祝釐,皆归福于朕躬,不为百姓,朕甚愧之。夫以朕之不德,而专乡独美其福,百姓不与焉,是重吾不德也。其令祠官致敬,无有所祈。"

十五年春,黄龙见于成纪。上乃下诏议郊祀。公孙臣明服色,新垣平设五庙,语在《郊祀志》。夏四月,上幸雍,始郊见五帝,赦天下。修名山大川尝祀而绝者,有司以岁时致礼。

九月,诏诸侯王、公卿、郡守举贤良能直言极谏者,上亲策之,傅纳以言,语在《晁错传》。

十六年夏四月,上郊祀五帝于渭阳。

五月,立齐悼惠王子六人、淮南厉王子三人皆为王。

秋九月,得玉杯,刻曰"人主延寿"。令天下大酺,明年改元。

后元年冬十月，新垣平诈觉，谋反，夷三族。

春三月，孝惠皇后张氏薨。

诏曰："间者数年比不登，又有水旱疾疫之灾，朕甚忧之。愚而不明，未达其咎。意者朕之政有所失而行有过与？乃天道有不顺，地利或不得，人事多失和，鬼神废不享与？何以致此？将百官之奉养或（废）〔费〕，无用之事或多与？何其民食之寡乏也！夫度田非益寡，而计民未加益，以口量地，其于古犹有余，而食之甚不足，者其咎安在？无乃百姓之从事于末以害农者蕃，为酒醪以靡谷者多，六畜之食焉者众与？细大之义，吾未能得其中。其与丞相、列侯、吏二千石、博士议之，有可以佐百姓者，率意远思，无有所隐也。"

二年夏，行幸雍棫阳宫。

六月，代王参薨。匈奴和亲。诏曰："朕既不明，不能远德，使方外之国或不宁息。夫四荒之外不安其生，封圻之内勤劳不处，二者之咎，皆自于朕之德薄而不能达远也。间者累年，匈奴并暴边境，多杀吏民，边臣兵吏又不能谕其内志，以重吾不德。夫久结难连兵，中外之国将何以自宁？今朕夙兴夜寐，勤劳天下，忧苦万民，为之恻怛不安，未尝一日忘于心，故遣使者冠盖相望，结辙于道，以谕朕志于单于。今单于反古之道，计社稷之安，便万民之利，新与朕俱弃细过，偕之大道，结兄弟之义，以全天下元元之民。和亲以定，始于今年。"

三年春二月，行幸代。

四年夏四月丙寅晦，日有蚀之。五月，赦天下。免官奴婢为庶人。行幸雍。

五年春正月，行幸陇西。三月，行幸雍。秋七月，行幸代。

六年冬，匈奴三万骑入上郡，三万骑入云中。以中大夫令免为车骑将军，屯飞狐；故楚相苏意为将军，屯句注；将军张武屯北地；河内太守周亚夫为将军，次细柳；宗正刘礼为将军，次霸上；祝兹侯徐厉为将军，次棘门，以备胡。

夏四月，大旱，蝗。令诸侯无人贡，弛山泽，减诸服御，损郎吏员，发仓庾以振民，民得卖爵。

七年夏，六月己亥，帝崩于未央宫。遗诏曰："朕闻之：盖天下万物之萌生，靡不有死。死者天地之理，物之自然，奚可甚哀！当今之世，咸嘉生而恶死，厚葬以破业，重服以伤生，吾甚不取。且朕既不德，无以佐百姓。今崩，又使重服久临，以罹寒暑之数，哀人父子；伤长老之志，损其饮食，绝鬼神之祭祀，以重吾不德，谓天下何！朕获保宗庙，以眇眇之身托于天下君王之上，二十有余年矣。赖天之灵。社稷之福，方内安宁，靡有兵革。朕既不敏，常畏过行，以羞先帝之遗德；惟年之久长，惧于不终。今乃幸以天年得复供养于高庙，朕之不明与嘉之，其奚哀念之有！其令天下吏民，令到出临三日，皆释服。无禁取妇、嫁女、祠祀、饮酒、食肉。自当给丧事服临者，皆无践。绖带无过三寸。无布车及兵器。无发民哭临宫殿中。殿中当临者，皆以旦夕各十五举音，礼皆罢。非旦夕临时，禁无得擅哭。以下，服大红十五日，小红十四日，纤七日，释服。它不在令中者，皆以此令比类从事。布告天下，使明知朕意。霸陵山川因其故，无有所改。归夫人以下至少使。"令中尉亚夫为车骑将军，属国悍为将屯将军，郎中令张武为复土将军，发近县卒万六千人，发内史卒万五千人，臧郭、穿、复土属将军武。赐诸侯王以下至孝悌、力田金、钱、帛各有数。乙巳，葬霸陵。

赞曰：孝文皇帝即位二十三年，宫室、苑囿、车骑、服御无所增益。有不便，辄弛以利民。尝欲作露台，召匠计之，直百金。上曰："百金，中人十家之产也。吾奉先帝宫室，常恐羞之，何以台为！"身衣弋绨，所幸慎夫人衣不曳地，帷帐无文绣，以示敦朴，为天下先。治霸陵，皆瓦器，不得以金、银、铜、锡为饰，因其山，不起坟。南越尉佗自立为帝，召贵佗兄弟，以德怀之，佗遂称臣。与匈奴结和亲，后而背约入盗，令边备守，不发兵深入，恐烦百姓。吴王诈病不朝，赐以几杖。群臣袁盎等谏说虽切，常假借纳用焉。张武等受赂金钱，觉，更加赏赐，以愧其心。专务以德化民，是以海内殷富，兴于礼义，断狱数百，几致刑措。呜呼，仁哉！

译文：

孝文皇帝，高祖排行居中的儿子。母名薄姬。高祖十一年春天，诛陈豨，平定代地，立为代王，建都中都。他做代王的第十七年，高后去世了。以吕产为首的吕氏的家族企图发动叛乱，夺取刘氏天下，丞相陈平、太尉周勃、朱虚侯刘章等共同联合诛杀吕氏，商议迎立代王为帝，这件事的详细情况，记载在《吕太后纪》《高五王传》中。

大臣立即派人去迎接代王。郎中令张武等人商议，都说："朝廷大臣都是高帝那时的大将，善于用兵，惯使诈谋，看来他们的用意并非做了大臣就满足，只不过畏惧高帝和吕太后的威势罢了。如今他们刚刚诛灭诸吕，喋血京城，口头上说是迎接大王，其实不可轻易相信。希望大王托病不去，观察事态的变化。"中尉宋昌进言说："群臣的意见都是错误的。当秦末朝政腐败的时候，各国诸侯和各地英雄豪杰同时起事，当时自以为能得天下的人数以万计，然而最终登上天子宝座的，只有刘氏一人。天下豪杰绝了做皇帝的念头，这是第一点。高帝封刘氏子弟为王，封地犬牙交错，互相牵制，这便是人们所说的坚如磐石的宗族，天下都已信服刘氏势力的强大，这是第二点。汉朝建立，废除了秦朝的苛政，制订了新的法令，对人民施行恩德，老百姓个个安分守己，人心难以动摇，这是第三点。再说以吕太后的威势，在诸吕中立了三个王，把持政权，独断专行，然而，周太尉仅凭着一支符节，进入北军，一声召唤，将士们都袒露左臂，表示效忠刘氏而背弃诸吕，终于将吕氏消灭。这完全是天意所授，不是人力能做到的。现在，即使大臣们想作乱，老百姓也不会为他们所利用，他们的党羽又哪能统一号令呢？内有朱虚侯、东车侯这班亲族，京城外畏惧吴、楚、淮南、琅邪、齐、代等几个诸侯王国的强盛。现在，高帝的儿子只有淮南王与大王了，大王年又居长，贤德圣明，仁爱孝顺，天下闻名，所以朝廷大臣们顺应天下人心，要迎立大王为帝，请大王不要有什么疑虑。"代王向薄太后报告，商议这件事，犹豫，拿不定主意。用龟甲占卜，龟甲上现出一大条横向裂纹，卜辞说："大横深深，我将成为天王，夏启光大先帝之业。"代王说："我本已经是王了，还当什么王呢？"占卜的人说："卜辞上所说的'天王'，就是天子。"于是代王就派遣太后的弟弟薄昭到京城去会见绛侯周勃，周勃等人向薄昭详细说明了迎立代王为帝的意思。薄昭回来报告说："完全可以相信，没有什么可疑虑的。"代王便笑着对宋昌说："事情果真像您所说的那样。"随即叫宋昌同车做参乘，张武等六人也乘专车一同前往长安。车马到达高陵时停了下来。先派宋昌换乘快车去长安察看动静。

宋昌到达渭桥，丞相以下的官员都前来迎接。宋昌回来报告后，代王改乘快车来到渭桥。群臣拜见代王，向代王称臣。代王下车向群臣答礼。太尉周勃上前说:"我请求单独向大王进言。"宋昌说:"如果你要谈的是公事,就请公开地说;如果是私事,做王的人不能接受私情。"周勃便跪着献上皇帝的玉玺和符信。代王推辞说:"到代邸再商议这件事吧。"

闰月己酉来到代邸。群臣也跟从来了。丞相陈平、太尉周勃、大将军陈武、御史大夫张苍、宗正刘郢客、朱虚侯刘章、东牟侯刘兴居、典客刘揭都上前拜了两拜说:"皇子刘弘等人都不是孝惠皇帝的儿子,不应当继承帝位。我们特与阴安侯、顷王后、琅邪王以及宗室、大臣、列侯、二千石级以上的官员商议,大家认为:'大王如今是高帝的长子,最适合做皇帝,'希望大王登上天子位。"代王说:"侍奉高帝宗庙,是一件大事。我没有才能,不适合担当事宗的重任,希望请楚王考虑一个合适的人,我是不敢当的。"群臣都伏在地上再三请求。代王向西而坐,谦让三次,南向又两次谦让。丞相陈平等人都说:"我们考虑,大王侍奉高帝宗庙最为合适,即使是天下诸侯和百姓也认为是适宜的。我们为国家和刘氏宗庙着想,不敢草率从事,还请大王能接受我们的请求。我们特再次献上天子的玉玺和符信。"代王说:"既然宗室、将相、诸王、列侯都认为没有人比我更合适,那我就不敢推辞了。"就这样,代王登上了天子位。群臣按礼仪依次排列。于是派太仆夏侯婴和东牟侯刘兴居去清除皇宫,然后用天子的法驾,来代邸迎接皇帝。皇帝当天晚上便进入未央宫。连夜任命宋昌为卫将军,统辖南北军。任命张武为郎中令,负责在殿中巡行警卫。皇帝又回到前殿坐朝。下诏书说:"命令丞相、太尉、御史大夫:近年来诸吕擅权跋扈,阴谋作乱,企图危害刘氏江山,多亏了朝中将相、列侯、宗室和大臣们将他们诛灭,他们受到了惩罚。我现在新登皇帝位,应大赦天下,赏赐民家家长每人一级爵位,赐给受爵家的主妇牛和酒,按每百户为单位进行分配,并特许天下聚会痛饮五天。"

孝文皇帝元年十月,辛亥日,文帝登阶主祭,拜谒高庙。文帝派车骑将军薄昭去代国迎接皇太后来京。文帝说:"吕产任命自己为相国,任命吕禄为上将军,擅自派将军灌婴率兵攻打齐国,企图取代刘氏。灌婴将军却留驻荥阳,按兵不动,与诸侯一同谋划诛灭吕氏。吕产准备作乱,丞相陈平和太尉周勃谋划夺了吕产等人的兵权。朱虚侯刘章首先捕杀吕产等人。太尉周勃亲自率领襄平侯纪通带着符节进入北军。典客刘揭亲自夺取了赵王吕禄的印。为此,给太尉周勃加封食邑至万户,赏赐黄金五千斤;丞相陈平、将军灌婴各加封食邑三千户,赏赐黄金两千斤;朱虚侯刘章、襄平侯纪通、东牟侯刘兴居各加封食邑两千户,赏赐黄金一千斤;封典客刘揭为阳信侯,赏赐黄金一千斤。"

十二月,立赵幽王子遂为赵王,徙琅邪王泽为燕王,吕氏所夺齐、楚领地皆归还。完全废除收奴连坐律令。

正月,主管大臣进言:"及早确立太子,是为了尊奉宗庙。"下诏说:"我的德行浅薄,上帝神明还没有欣然接受我的祭祀,天下的民众也还没有感到满意。如今我既不能广求贤圣有德的人把天下禅让给他,还说要我预先确立太子,这就加重了我的失德。叫我怎么向天下人交代呢?应放一放。"朝廷大臣说:"预先确立太子,正是为了尊奉宗庙和国家,也正是为了不忘记天下呀。"文帝说:"楚王是我的叔父,年纪大;所见到的天下事理很多,又明了治国大体。吴王是我兄长,淮南王是我的弟弟,用他的才德辅佐我。难道这些不算是预先解决继承人的措施吗!诸侯王、宗室、兄弟和有功的大臣,很多都是贤良和有德义的人,如果能推举德高望重的人来继承我未得完成的事业,那就是国家的幸运，天下的福气了。现在不去选择推荐那些人，却说一定要确立太子，人们就会认为我是忘掉了那些有才有德的人，而一心想着儿子，说我不是为天下人着想的。我觉得这样做很不可取。"朝廷大臣一再请求说："前代殷、周建国，长治久安都有一千多年，古代统治天下的王朝没有比它们更长久了，就因为殷、周采用了早立太子的办法。确立的继承人必须是自己的儿子，这是由来已久的事。高帝亲自统率文臣武将，第一个平定天下，分封诸侯，成为我朝的太祖。诸侯王和列侯头一个受封的，也都成为各自封国的始祖。子孙继承，代代不绝，这是天下的大义，所以高帝才建立这个继承制度以安定国内人心。现在如果放下当立的人不立，而从诸侯、宗室中另加选择，那就不符合高祖的本意了。改立别人的做法是不合适的。陛下的儿子启最长，纯厚仁慈，请立他为太子。"文帝这才应允。于是赐给全国民众中当继承父业的后代每人一级爵位。封将军薄昭为轵侯。

三月，有关主管大臣又请求文帝立皇后。薄太后说："立太子的母亲窦氏为皇后。"

下诏说："正值春和时节，草木群生之物都有各自的乐趣，而百姓鳏寡孤独穷困之人有的濒临死亡，而没有人看望。作为民的父母将会怎么办。应议一议怎样振救，借贷。"又说："老人非帛不暖，非肉不饱。今年年初，不断派人省视问候长老，又没有布帛酒肉赏赐，又怎样帮助天下子孙孝养其亲？今闻官仓当给粥时，有的拿出陈米，那里算是养老的意思呀！要写成条例。"朝廷大臣请令县、道，年八十以上，赐米人月一石，肉二十斤，酒五斗。九十以上，又赐帛一人二匹，絮三斤。赐物及粥米，县令阅视，丞及尉送至，不满九十，啬夫、令史送至。二千石遣都邮巡察，不遵诏令实行，责罚。已判刑的罪人，有罪未判决的人不在此令之内。

楚元王交去世。

四月，齐、楚地震，二十九山同日崩，大水从地下涌出。

六月，让郡、国向朝廷献礼。对天下普施恩德，安抚各国诸侯和四方部族，使各方关系都很融洽。于是文帝论功赏赐跟随他从代国来京的功臣。文帝说："当朝廷大臣诛灭了诸吕来迎接我入朝的时候，我疑虑，代国的官吏们也都劝阻我，唯有中尉宋昌劝我进京，我才得以继承祖业。前已任命宋昌为卫将军，应当封他壮武侯。随我一道来京的其余六人，都任命为九卿。"文帝又说："跟随高帝进入蜀郡和汉中的六十八位列侯，都各加封食邑三百户；以前的官员二千石以上跟随高帝的颍川郡守尊等十人，各赐给食邑六百户，淮阳郡守申徒嘉等十人，各赐给食邑五百户，卫尉定等十人，各赐给食邑四百户。封淮南王的舅父赵兼为周阳侯，齐王的舅父驷钧为清郭侯。"这年秋天，封原常山国丞相蔡兼为樊侯。

二年冬十月，丞相陈平去世。文帝下诏说："我听说古代诸侯建立的国家有一千多个，各守自己的封地，按时入朝进贡，民众不辛苦，上下心情舒畅，没有违背道德的事情发生。如今列侯们大都住在京城长安，离食邑很远，使运送给养来京的官吏士兵既花费用又很辛苦，而列侯也没有机会教导和管理封地的民众。现在命令列侯们回到自己的封国去，在京任职和诏令所特准留下的人，派太子回去。"

十一月，月末日日食。十二月十五日，再次出现日食。文帝说："我听说上天生下万民，为他们设置君主来抚养治理他们。如果君主不贤明，施行政令不公平，那么上天就会显示出灾象来，警告他治理不当。十一月最后一天刚刚出现日食，已被上天谴责,哪有比这更大的灾象呀!朕有幸得以保全宗庙,凭我这样渺小的一个人依托在万民和诸侯之上,天下的治与乱,责任全在于我一人,只有二三执政大臣好比是我的左右手。我下不能治理和抚育好众生,上有损于日、月、星辰的光明,我的失德真是太大了。各地接到我的诏令后,大家都想想我的过失,以及我所知所见所思的不足之处,要求大家告诉我。并推荐贤良方正、能直言极谏的人来补正我的不足,也希望各级官吏认真整顿好自己本职工作,尽量减少徭役和开支费用,以便利民众。我既不能以恩德感化远方,又总是担心外族有侵略的企图,因而使得边防战备未能停止。现在既不能撤除边防驻军,即又怎能饬令军队加强京城的防备来保卫我呢?现决定撤销卫将军统辖的部队。太仆所管的现有马匹,只保留到够用的数目就行了,其余的一律交给驿站使用。"

春正月丁亥,文帝说:"农业是天下的根本,应当开辟籍田,朕要亲自带头耕作,供给祭祀宗庙所需的谷物。民被罚给国家服役及贷种子还没有收成,有收成又不够者,皆赦免。"

三月,有关主管大臣建议文帝立皇子们为诸侯。文帝说:"赵幽王友被囚禁而死,我十分怜惜他,已经立他的长子遂为赵王。遂的弟弟辟强和齐悼惠王的儿子朱虚侯章、东牟侯兴居对朝廷有功劳,可以封王。"于是封赵幽王的小儿子刘辟强为河间王,从齐国划出几个大郡,封朱虚侯刘章为城阳王,封东牟侯刘兴居为济北王,封皇子刘武为代王,刘参为太原王,刘揖为梁王。

五月,文帝说:"古代圣明的君主治理天下,朝廷专门设有进言献策的旌旗和批评朝政的谤木,用来疏通治政的渠道,招致进谏的臣民。如今的法律规定批评朝政和传播妖言的人要治罪,这就使得群臣不敢畅所欲言，做皇帝的无从知道自己的过失，这怎么能招致远方的贤能之士到朝廷来呢？应当废除这些法令。百姓中有人背后诅咒皇帝，发誓相约互相隐瞒，后来又互相告发，官吏就认为这是大逆不道；如果再说些不服的话，官吏又认为是诽谤朝廷。其实，这不过是由于小民们愚昧无知，以至于犯下死罪，我认为很不可取。从今以后，凡是触犯了这条法令的，一律不加处理。"

九月，文帝首次将铜制虎符和竹制使符发给各封国丞相和各郡郡守。

下诏说："农业是天下的根本，百姓依赖生存的基础，有的人不专心务农而去经商，因此衣食困乏。朕忧虑这种情况，因此今天率群臣耕田以鼓励农业。应免天下百姓今年的田租。

三年十月丁酉是这月的最后一天，日食，十一月；丁卯是这月的最后一天，出现偏日食。文帝说："先前曾下诏命令列侯回各自的封国，有的人还推托着没有走。丞相是我尊崇的大臣，就请他替我率领列侯们到封国去。"于是绛侯周勃免去丞相之职回国。文帝任命太尉颍阴侯灌婴为丞相。废除了太尉这一官职，太尉的事务归丞相处理。

四月，城阳王刘章逝世。淮南王刘长和他的随从魏敬杀死了辟阳侯审食其。

五月，匈奴兵侵入北地，占据河南地区掳掠为害。文帝驾临甘泉。派丞相颍阴侯灌婴率兵反击匈奴。匈奴兵退出边塞，又征调中尉部下精通骑射的士卒归卫将军统辖，驻守长安。

文帝从甘泉前往高奴，顺路来到太原，接见原代国的群臣，一一给予恩赐。论功行赏，赐给民众牛、酒，免除晋阳、中都两地百姓三年的赋税。文帝在太原停留和游玩了十多天。

济北王刘兴居听说文帝往代地准备去反击匈奴，便乘机反叛，调动军队打算袭击荥阳。文帝这时下诏撤退丞相灌婴的部队，派棘蒲侯陈武为大将军，率领四将军十万人马前去平叛。任命祁侯缯贺为将军，驻守荥阳。秋七月，文帝从太原返回长安。他下诏书说："济北王违背道德，反叛皇帝，连累他的属官和百姓，凡在朝廷平叛大军未到以前就反正的，以及率部投城或献出城邑归降的，一律加以赦免，恢复他们原有的官职和爵位。与济北王刘兴居有往来的人，也予以赦免。"八月，打败了济北叛军，俘虏了济北王兴居。赦免跟随济北王叛乱的官吏与百姓。

四年冬十二月，丞相灌婴去世。

夏五月，免除诸刘氏亲属的赋役，赐诸侯王之子各二千石食邑。

秋九月，封齐悼惠王子七人为列侯。

绛侯周勃有罪，逮捕下朝廷监狱。

建造顾成庙。

五年春二月，地震。

夏四月，废除盗铸钱禁令。改造四铢钱。

六年冬十月，桃、李树开花。

十一月，淮南王刘长谋反，废掉封号，迁徙到蜀郡严道，途中死在雍县。

七年冬十月，让列侯太夫人、夫人，诸侯王子及二千石官吏不得擅自搜捕人。

夏四月，赦天下罪人。

六月癸酉，未央宫东阙罘罳火灾。

八年夏，封淮南厉王长子四子为列侯。有彗星出于东方。

九年春，大旱。

十年冬，驾临甘泉。

将军薄昭死。

十一年冬十一月，驾临代国。春正月，从代国返回。

夏六月，梁王揖去世。

匈奴侵略狄道。

十二年冬十二月，黄河在东郡决口。

春正月，赐诸侯王女儿各二千石食邑。

二月，放出惠帝后宫美人，让其嫁人。

三月废除出关用传之令。

下诏说："引导百姓的出路，在于注重农本。朕亲自为天下劝农，至今十年了，而田地没有增加开辟，年景一年不丰收，民便有饥饿之色，是务农的还少，官吏努力不够的缘故。我诏书数下，年年劝民种树，而功效甚微，是因为官吏执行诏令不力，劝民不明。又加上我民甚苦，而官吏又没有省察，又用什么来劝导呢？应免除今年一半租税。

又说："孝敬父母，爱护兄弟，是天下最大的顺从。耕田是生存之本。三老乡官，众民之师长。廉吏，百姓的表率。朕很嘉赏主管这三方面大夫的活动。如今万家之县，说没有人可以响应举荐之令，是真实情况吗？原因是官吏举贤之道尚未具备。应派谒者赐三老，孝者帛每人五匹，兄弟互谅互让者二匹、擅长农耕者二匹，廉吏二百石以上者每百石加二匹。还要问民所不便不安之处，按户口计算设置三老、孝悌力田常任乡官，令各按自己的意志劝导百姓。"

十三年春二月甲寅，下诏说："朕亲率天下农耕以供祭米，皇后亲自养蚕以奉祭服，应制订出礼仪制度。"

夏，废除移过于下的秘祝官，事见《郊祀志》。五月，废除肉刑法，事见《刑法志》。

六月文帝说:"农业是天下的根本,任何事情也没有比这更重要的了。现在农民们辛苦地从事农业劳动,却还要负担租税,这样把务农与经商等同看待,本末不分,这说明鼓励务农的方法不完善。应当免除农田租税。"

十四年冬天,匈奴侵入边境掳掠,攻打朝那塞,杀死了北地郡都尉孙卬。于是,文帝派了三名将军分兵驻守陇西、北地、上郡,并任命中尉周舍为将军,郎中令张武为车骑将军,驻军渭河以北地区,有战车千辆,骑兵十万。文帝亲自去劳军,检阅了部队,并发布训令,奖赏了全军官兵。他打算亲自带兵反击匈奴,群臣怎么劝阻,他也不听。皇太后坚决阻止文帝,文帝才没有去。于是任命东阳侯张相如为大将军,成侯董赤为内史,栾布为将军,率军反击匈奴。匈奴逃走了。

这年春天,文帝说:"我有幸登上帝位,得以捧执礼品、礼器,祭祀上帝和宗庙,至今已达十四年,经历的时间长久了,凭我这么一个既不聪敏又不贤明的人,却长久地治理天下,我自己深感惭愧。应当扩大增设祭祀的坛场和礼器、钱帛。从前,先王对人远施恩惠却不求人报答,遥祭天地鬼神却不为自己祝福,尊重贤才,抑制亲戚,先民众后自己,英明到之极。如今,我听说祠官在祭祀祷告时,全为我一个人祝福而没有替百姓祈祷,这使我非常惭愧。以我这样的失德之人,却独享神灵所降的幸福,而百姓们却没有一点份儿,这就加重了我的失德。现在命令祠官祭祀要诚心恭敬,不要再为个人祝福。"

十五年春,成纪县出现黄龙。于是皇上下诏计议郊祀。公孙臣说明服色,新垣平建议设五帝庙。事在《郊祀志》。夏四月,驾临雍县,初见五帝庙,大赦天下,修饰名山大川及曾经祭祀后又断绝的神庙,朝廷官员每年致礼。

九月，令诸侯王公卿郡守举贤良能直言极谏者，皇上亲自策问，附上对答之言，然后采纳。事在《晁错传》。

十六年夏四月，皇上在渭阳郊祀五帝庙。

五月，立齐悼惠王子六人，淮南厉王子三人皆为王。

秋九月，文帝得到一个玉杯，上面刻着"人主延寿"四个字。这时文帝下诏将当年改为元年。

这一年，新垣平诡称望气、诈献玉杯的骗局终于被发觉，被诛灭了三族。

春三月，孝惠皇后张氏去世。

下诏说：近年几年连续不丰收，又有水旱疾病之灾，朕很担忧。愚而不明察，未晓罪在何处。或者说朕之政有所失而行为有过失吗？还是天道有不顺，地利有的没得到，人事多失和，鬼神废弃不祭祀的原因呢？为什么会这样？给百官的奉养是否太多，无用之事也许太多了吗？怎么民食会这样少！土地计算并不少，人数没有增加，按人口平均计算地亩，比古代还有余，而食物很不足，错在何处？是不是百姓从事末业伤害农业的人多起来，造酒耗费谷物多了，六畜的饲料大量增加了吗？小大之义我未能得到适当答案。应与丞相、列侯、二千石吏、博士议论，有可以帮助百姓的尽量想的远一些，不要有所隐瞒。"

二年夏，驾临雍县的棫阳宫。

六月，代王去世。匈奴和亲。下诏说："我很不贤明，不能将恩德施于远方，因而使得处族骚扰不止。边境地区的人民不能安定地生活，内地的百姓辛勤劳苦不能安居乐业，这二者的罪过，都在于我的德化薄弱不能达到远方。近几年来，匈奴接连侵犯边境，杀害我不少官吏平民，而边防官员与守将不能理解我的心意，以致加重了我的失德。长期灾难相结，战火相连，中外各国将如何才能安宁呢？现在我起早晚睡，为天下辛勤劳累，替万民忧虑操心，为这些惶惶不安，没有一天忘记。所以派出的使臣的车篷前后相望，道路上的车迹相连，为的是向匈奴单于谕晓我的意愿。如今匈奴单于已回到古代两族亲善友好的立场上，考虑国家的安定与万民的利益，亲自与我共同抛弃细小的过失，一起走和睦相处的正道，结成兄弟般的友谊，以保全天下的善良百姓。和亲的国策已经确定，就从今年开始。"

三年春二月，驾临代国。

四年夏四月的最后一天，日食。五月，大赦。免官奴婢为平民。驾临雍县。

五年春正月，驾临陇西。三月，驾临雍县。秋七月驾临代国。

六年冬天，匈奴三万人入侵上郡，三万人入侵云中郡。朝廷任命中大夫令勉为车骑将军，驻军飞狐口；原楚国丞相苏意为将军，驻军勾注山；将军张武率军驻防北地郡；任命河内郡守周亚夫为将军，驻军细柳；任宗正刘礼为将军，驻军霸上；祝兹侯徐悍驻军棘门：以防备匈奴。

夏四月天下干旱，蝗虫成灾。文帝向全国施恩：下令诸侯不要向朝廷进贡，取消禁止民众开发山林湖泊的法令，减少皇家享用的服饰、车马和玩好之物，裁减朝廷官员，发放仓库中的存粮救济贫苦百姓，允许民间买卖爵位。

七年夏六月己亥日，文帝在未央宫驾崩。临终前留下诏书说："我听说天下万物出生后，没有不死的。死是天地之间的常理、生物的自然现象，有什么值得特别哀痛的呢！如今这个时代，世人都高兴生而厌恶死，死了人花钱厚葬，以致弄得倾家荡产；强调服丧，以致损了身体。我很不赞成这种做法。况且我没有什么德行，对百姓无所帮助；现在死了，又让人们长久地为我服丧哭吊，遭受寒冬酷暑的折磨，使天下父子悲哀不已，损伤了老幼的心灵，减少他们的食量，中断了对鬼神的祭祀，这就加重了我的失德，怎么对得起全天下的人呢！我有幸获得保护宗庙的权力，以渺小的一个依托在天下诸侯之上，已经二十多年了。靠天地的神灵，托国家的洪福，才使得国内安宁，没有战乱。我很不聪敏，常常担心自己有什么错误的行为，以致辱于先帝遗留下来的美德；年长岁久；担心自己不得善终。如今我竟有幸能以高寿去世，又能被后人供养在高庙里，也许我的见识不高明吧，却喜欢这样的归宿，哪里还有么值得悲哀的呢！现在诏令全国官民，从诏令到达之日起哭吊三天就除去丧服。不要禁止娶妻嫁女、祭祀、饮酒、吃肉。应当办理丧事、服丧哭祭的人，都不要赤脚踏地。孝带不要超过三寸宽，送葬时不要陈列车驾和兵器，不要发动男女百姓到宫殿来哭吊。宫中应当哭祭的人，都只要在早晚各哭十五声，礼毕就停止。非早晚哭祭时间，不得擅自哭泣。下葬以后，大功只服丧十五天，小功只服丧十四天，缌麻只服丧七天，此后就脱掉孝服。其他不在诏令规定范围以内的事项，都应参照这道诏令办理。这些规定要通告全国，使大家都能知道我的心意。霸陵一带山水仍保持原貌，不要有所改变，后宫夫人以下的美人直到少使，一律遣散回娘家。"于是朝廷任命中尉周亚夫为车骑将军，典属国徐悍为将屯将军，郎中令张武为复土将军，调派京城附近各县现役士兵一万六千人，调派京城士兵一万五千人，由将军张武统管，负责挖土、填土等安葬棺椁的事项。赐诸侯王以下至孝悌、力田金钱帛各有不同。乙巳日，葬霸陵。

赞说：文帝即位二十三年，宫室、苑囿、车骑、服御没有增益。有不便利民的法律，立即废除以有利于民。曾经想造一个露台，召来工匠计算，价值百金。皇上说："百金，中等水平要十家的财产。我侍先帝宫室，常常担心愧对先帝，造台干什么！"身衣黑绨，所宠爱的那个夫人衣不拖地，帷帐不绣花纹，以示纯朴，作天下表率。修建霸陵，皆用瓦器，不得用金银铜锡装饰，沿山势，不起高坟。南越尉佗自立为帝，召请尊重尉佗兄弟，以德安抚，佗遂向汉称臣。与匈奴结和亲，后来匈奴背约入寇，令边将防备，不发兵深入进攻，恐怕烦扰百姓。吴王诈称病不上朝，赐给几杖，以示尊重。群臣袁盎等谏说，常常是采纳实行。张武等受贿赂金钱，发觉后更加奖赏，以使心愧。专门注重以德教化百姓，所以天下富裕，推行礼仪，断狱判死罪的人数百，几乎不使用刑罚。啊，真是仁爱的君主呀！

汉书卷五

景帝纪第五

孝景皇帝，文帝太子也。母曰窦皇后。后七年六月，文帝崩。丁未，太子即皇帝位，尊皇太后薄氏曰太皇太后，皇后曰皇太后。

九月，有星孛于西方。

元年冬十月，诏曰："盖闻古者祖有功而宗有德，制礼乐各有由。歌者，所以发德也；舞者，所以明功也。高庙酎，奏《武德》《文始》《五行》之舞。孝惠庙酎，奏《文始》《五行》之舞。孝文皇帝临天下，通关梁，不异远方；除诽谤，去肉刑，赏赐长老，收恤孤独，以遂群生；减耆欲，不受献，罪人不帑，不诛亡罪，不私其利也；除宫刑，出美人，重绝人之世也。朕既不敏，弗能胜识。此皆上世之所不及，而孝文皇帝亲行之。德厚侔天地，利泽施四海，靡不获福。明象乎日月，而庙乐不称，朕甚惧焉。其为孝文皇帝庙为《昭德》之舞，以明休德。然后祖宗之功德，施于万世，永永无穷，朕甚嘉之。其与丞相、列侯、中二千石、礼官具礼仪奏。"丞相臣嘉等奏曰："陛下永思孝道，立《昭德》之舞以明孝文皇帝之盛德，皆臣嘉等愚所不及。臣谨议：世功莫大于高皇帝，德莫盛于孝文皇帝。高皇帝庙宜为帝者太祖之庙，孝文皇帝庙宜为帝者太宗之庙。天子宜世世献祖宗之庙。郡国诸侯宜各为孝文皇帝立太宗之庙。诸侯王、列侯使者侍祠天子所献祖宗之庙。请宣布天下。"制曰"可"。

春正月，诏曰："间者岁比不登，民多乏食，夭绝天年，朕甚痛之。郡国或硗狭，无所农桑系畜；或地饶广，荐草莽，水泉利，而不得徙。其议民欲徙宽大地者，听之。"

夏四月，赦天下。赐民爵一级。

遣御史大夫青翟至代下与匈奴和亲。

五月，令田半租。

秋七月，诏曰："吏受所监临，以饮食免，重；受财物，贱买贵卖，论轻。廷尉与丞相更议著令。"廷尉信谨与丞相议曰："吏及诸有秩受其官属所监、所治、所行、所将，其与饮食，计偿费，勿论。它物，若买故贱，卖故贵，皆坐臧为盗，没入臧县官。吏迁徙、免、罢，受其故官属所将、监、治送财物，夺爵为士伍，免之。无爵，罚金二斤，令没入所受。有能捕告，畀其所受臧。"

二年冬十二月，有星孛于西南。

令天下男子年二十始傅。

春三月，立皇子德为河间王，阏为临江王，余为淮阳王，非为汝南王，彭祖为广川王，发为长沙王。

夏四月壬午，太皇太后崩。

六月，丞相嘉薨。

封故相国萧何孙系为列侯。

秋，与匈奴和亲。

三年冬十二月，诏曰："襄平侯嘉子恢说不孝，谋反，欲以杀嘉，大逆无道。其赦嘉为襄平侯，及妻子当坐者复故爵。论恢说及妻子如法。"

春正月，淮阳王宫正殿灾。

吴王濞、胶西王卬、楚王戊、赵王遂、济南王辟光、菑川王贤、胶东王雄渠皆举兵反。大赦天下。遣太尉亚夫、大将军窦婴将兵击之。斩御史大夫晁错以谢七国。

二月壬子晦，日有蚀之。

诸将破七国，斩首十余万级。追斩吴王濞于丹徒。胶西王卬、楚王戊、赵王遂、济南王辟光、菑川王贤、胶东王雄渠皆自杀。夏六月，诏曰："乃者吴王濞等为逆，起兵相胁，诖误吏民，吏民不得已。今濞等已灭，吏民当坐濞等及逋逃亡军者，皆赦之。楚元王子艺等与濞等为逆，朕不忍加法，除其籍，毋令污宗室。"立平陆侯刘礼为楚王，续元王后。立皇子端为胶西王，胜为中山王。赐民爵一级。

四年春，复置诸关用传出入。

夏四月己巳，立皇子荣为皇太子，彻为胶东王。

六月，赦天下，赐民爵一级。

秋七月，临江王阏薨。

十月戊戌晦，日有蚀之。

五年春正月，作阳陵邑。夏，募民徙阳陵，赐钱二十万。

遣公主嫁匈奴单于。

六年冬十二月，雷，霖雨。

秋九月，皇后薄氏废。

七年冬十一月庚寅晦，日有蚀之。

春正月，废皇太子荣为临江王。

二月，罢太尉官。

夏四月乙巳，立皇后王氏。

丁巳，立胶东王彻为皇太子。赐民为父后者爵一级。

中元年夏四月，赦天下，赐民爵一级。封故御史大夫周苛、周昌孙子为列侯。

二年春二月,令诸侯王薨、列侯初封及之国,大鸿胪奏谥、诔、策。列侯薨及诸侯太傅初除之官,大行奏谥、诔、策。王薨,遣光禄大夫吊禭、祠、赗,视丧事,因立嗣子。列侯薨,遣大中大夫吊祠,视丧事,因立嗣。其(薨)葬,国得发民挽丧、穿、复土,治坟无过三百人毕事。

匈奴入燕。

改磔曰弃市,勿复磔。

三月,临江王荣坐侵太宗庙地,征诣中尉,自杀。

夏四月,有星孛于西北。

立皇子越为广川王,寄为胶东王。

秋七月,更郡守为太守,郡尉为都尉。

九月,封故楚、赵傅、相、内史前死事者四人子皆为列侯。

甲戌晦,日有蚀之。

三年冬十一月,罢诸侯御史大夫官。

春正月,皇太后崩。

夏,旱,禁酤酒。秋九月,蝗。有星孛于西北。戊戌晦,日有蚀之。

立皇子乘为清河王。

四年春三月,起德阳宫。

御史大夫绾奏禁马高五尺九寸以上,齿未平,不得出关。

夏,蝗。

秋,赦徒作阳陵者死罪;欲腐者,许之。

十月戊午,日有蚀之。

五年夏,立皇子舜为常山王。六月,赦天下,赐民爵一级。

秋八月己酉,未央宫东阙灾。

更名诸侯丞相为相。

九月，诏曰："法令度量，所以禁暴止邪也。狱，人之大命，死者不可复生。吏或不奉法令，以货赂为市，朋党比周，以苛为察，以刻为明，令亡罪者失职，朕甚怜之。有罪者不伏罪，奸法为暴，甚亡谓也。诸狱疑，若虽文致于法而于人心不厌者，辄谳之。"

六年冬十月，行幸雍，郊五畤。

十二月，改诸官名。定铸钱伪黄金弃市律。

春三月，雨雪。

夏四月，梁王薨。分梁为五国，立孝王子五人皆为王。

五月，诏曰："夫吏者，民之师也。车驾、衣服宜称。吏六百石以上，皆长吏也。亡度者、或不吏服，出入闾里，与民亡异。令长吏二千石车朱两轓；千石至六百石朱左轓。车骑从者不称其官衣服、下吏出入闾巷亡吏体者，二千石上其官属，三辅举不如法令者，皆上丞相御史请之。"先是，吏多军功，车、服尚轻，故为设禁，又惟酷吏奉宪失中，乃诏有司减笞法，定箠令。语在《刑法志》。

六月，匈奴入雁门，至武泉，入上郡，取苑马。吏卒战死者二千人。

秋七月，辛亥晦，日有蚀之。

后元年春正月，诏曰："狱，重事也。人有智愚，官有上下。狱疑者谳有司，有司所不能决，移廷尉。有令谳而后不当，谳者不为失。欲令治狱者务先宽。"三月，赦天下，赐民爵一级，中二千石、诸侯相爵右庶长。夏，大酺五日，民得酤酒。

五月，地震。秋七月乙巳晦，日有蚀之。

条侯周亚夫下狱死。

二年冬十月，省彻侯之国。

春，匈奴入雁门，太守冯敬与战死。发车骑材官屯。

春，以岁不登，禁内郡食马粟，没入之。

夏四月，诏曰："雕文刻镂，伤农事者也；锦绣纂组，害女红者也。农事伤则饥之本也，女红害则寒之原也。夫饥寒并至，而能亡为非者寡矣。朕亲耕，后亲桑，以奉宗庙粢盛、祭服，为天下先；不受献，减太官，省徭赋，欲天下务农蚕，素有蓄积，以备灾害。强毋攘弱，众毋暴寡；老耆以寿终，幼孤得遂长。今，岁或不登，民食颇寡，其咎安在？或诈伪为吏，吏以货赂为市，渔夺百姓，侵牟万民。县丞，长吏也，奸法与盗盗，甚无谓也。其令二千石各修其职；不事官职、耗乱者，丞相以闻，请其罪。布告天下，使明知朕意。"

五月，诏曰："人不患其不知，患其为诈也；不患其不勇，患其为暴也；不患其不富，患其亡厌也。其唯廉士，寡欲易足。今赀算十以上乃得宦，廉士算不必众。有市籍不得宦，无赀又不得宦，朕甚愍之。赀算四得宦，亡令廉士久失职，贪夫长利。"

秋，大旱。

三年春正月，诏曰："农，天下之本也。黄金、珠玉，饥不可食，寒不可衣，以为币用，不识其终始。间岁或不登，意为末者众，农民寡也。其令郡国务劝农桑，益种树，可得衣食物。吏发民若取庸采黄金、珠玉者，坐臧为盗。二千石听者，与同罪。"

皇太子冠，赐民为父后者爵一级。

甲子，帝崩于未央宫。遗诏赐诸侯王、列侯马二驷，吏二千石黄金二斤，吏民户百钱。出宫人归其家，复终身。二月癸酉，葬阳陵。

赞曰：孔子称"斯民，三代之所以直道而行也"，信哉！周、秦之敝，罔密文峻，而奸轨不胜。汉兴，扫除烦苛，与民休息。至于孝文，加之以恭俭，孝景遵业，五六十载之间，至于移风易俗，黎民醇厚。周云成、康，汉言文、景，美矣！

译文：

孝景皇帝，文帝的太子。母亲是窦皇后。后七年六月，文帝驾崩。丁未，太子即皇帝位，尊皇太后薄氏为太皇太后，皇后为皇太后。

九月，有彗星现于西方。

孝景皇帝元年十月，下诏："我听说古代圣王，有功的称为'祖'，有德的称为'宗'，制定其礼仪和音乐各有各的依据。我又听说，音乐是用来颂扬德行的，舞蹈是用来表彰功绩的。在高庙举行祭祀时，就演奏《武德》《文始》《五行》等歌舞。在孝惠庙举行祭祀时，演奏《文始》《五行》等歌舞。孝文皇帝治理天下，开放关卡桥梁，连边远地区也不例外。他废除诽谤治罪的法律，废除肉刑，赏赐长老，抚恤孤独，养育众生。他节制嗜好，不受贡礼，不谋私利。处治罪人时，不株连其家属，不枉杀无罪之人。他废除宫刑，放出后宫美人，把绝人后代的事看得很重要。我不聪敏，不能全部认识他的德政。这些都是上古的圣王比不上的，而孝文皇帝亲自实行了。他的圣德可比天地，恩惠施加四海，普天之下无不得到他的好处。孝文皇帝像日月一样光明，而祭祀时却没有相称的歌舞，我感到非常不安。应当为孝文皇帝庙制作《昭德》舞，以显扬他的美德。然后祖宗的功德能够载入史册，流传万代，永垂不朽，我这才感到非常满意。现在就将这件事同丞相、列侯、中二千石级的大臣和礼官们一起商议，制定这项礼仪，然后上报。"

丞相申徒嘉等人说:"陛下长怀孝顺之道,决定制作《昭德》舞来颂扬孝文皇帝的大德,这都是我们这些愚昧的臣下所比不上的。我们恭敬地建议:开国元功没有大过高皇帝的,圣德没有胜过孝文皇帝的。因此,高皇帝的庙应当作为本朝帝室的太祖庙,孝文皇帝的庙应当作为本朝帝室的太宗庙。凡为天子者,应当世世代代奉祭太祖太宗之庙,各郡、各国诸侯都应当为孝文皇帝建立太宗庙。每年朝廷举行祭祀时,诸侯王和列侯都要派使臣来京陪同天子一同祭祀太祖、太宗。请求将这些规定载入文献,向全国公布。"景帝下制书说:"可以。"

春正月,下诏说:"近来连年不丰收,百姓很多人乏食,短命早死,朕很哀痛。有的郡国瘠贫,农桑畜牧收入有限;有的郡国地广饶,草茂盛,水利丰富,而百姓不能迁徙。应商议民欲徙往宽大地区的问题,听任其迁。"

夏四月,赦天下。赐民爵一级。

遣御史大夫青翟去代地与匈奴和亲。

五月,令田地收取半租。

秋七月,下诏说:"官吏受律条监督,受贿饮食而免官,法太重;受贿财物,贱买贵卖,论处太轻。廷尉与丞相议后更改,写出条令。"廷尉信与丞相申屠嘉相商议说:"官吏及诸俸禄人员受到官属所监、所治、所行、所将,他们给予饮食、计酬赏费,不论。给其他东西,如果故意贵买,故意贱卖,皆与犯贪赃及盗窃罪相同,赃物没收归国库。免去官职徙迁他处,受原来官属所将、所监、所治送给财物,夺爵为士卒之列,免官。无爵,罚金二斤,没收所受财物。有能告发,赏给受贿财物。"

二年冬十二月,有彗星出现在西南。

令天下男子年二十岁开始服兵役。

春三月，立皇子德为河间王，阏为临江王，余为淮阳王，非为汝南王，彭祖为广川王，发为长沙王。

夏四月壬午，太皇太后驾崩。

六月丞相申屠嘉去世。

封故相国萧何之孙萧系为列侯。

秋，与匈奴和亲。

三年冬十二月，下诏说："襄平侯纪通之子恢说不孝，谋反，想杀死其父，大逆不道。应赦其父嘉为襄平侯，及其妻及子免于处罚，恢复原来爵位。按法律判处恢说及妻、子死罪。"

春正月，淮阳王王宫正殿火灾。

吴王濞、胶西王卬、楚王戊、赵王遂、济南王辟光、淄川王贤、胶东王雄渠皆举兵反。大赦天下。景帝派太尉周亚夫、大将窦婴率兵进击。斩御史大夫晁错安抚七国。

二月壬子月最后一天，日食。

诸将破七国叛军，斩首十万余人。追杀吴王濞于丹徒。胶西王卬、楚王戊、赵王遂、济南王辟光、淄川王贤、胶东王雄渠皆自杀。夏六月，下诏说："不久前吴王濞等叛乱，起兵相威胁，牵连陷害吏民，吏民不得已被胁迫参加了叛军。今濞等已灭，吏民犯有反叛罪及逃跑士兵，皆赦免不予追究。楚元王子艺等与濞等叛乱，朕不忍加刑罚，除去皇族户籍，不使玷污宗室。"立平陆侯刘礼为楚王，续元王之后。立皇子端为胶西王，胜为中山王。赐民爵一级。

四年春，复置出入关用传制度。

夏四月乙巳，立皇子荣为皇太子，彻为胶东王。

六月，赦天下，赐民爵一级。

秋七月，临江王阏去世。

十月戊戌，日食。

五年春正月，造阳陵邑。夏，募民徙往阳陵，赐钱二十万。

遣公主嫁匈奴单于。

六年冬十二月，雷，大雨。

秋九月，废皇后薄氏。

七年冬十一月庚寅月末日，日食。

春正月，废皇太子荣为临江王。

二月罢太尉官。

夏四月乙巳，立皇后王氏。

丁巳，立胶东王彻为皇太子。赐民当了父亲者爵一级。

中元年夏四月，赦天下，赐民爵一级。封原御克大夫周苛、周昌孙子为列侯。

二年春二月，令诸侯王薨、列侯初封就回到封国，由大鸿胪奏谥号、诔文、策书。列侯薨及诸侯太傅初任之官，由大行奏谥、诔、策书。王薨，遣光禄大夫往吊，送丧衣、饮食、车马，省视丧事，遂立嗣子。列侯薨，遣大中大夫吊祠，省视丧事，遂立嗣子。下葬时，国中可以征调百姓引车发丧，挖土，修坟不过三百人，直至丧事毕。

匈奴入燕。

改分裂尸体的刑罚为弃市，即在街市中处死。

三月，临江王荣犯侵占太宗庙地罪，召往中尉，自杀。

夏四月，有彗星出现在西北。

立皇子越为广川王，寄为胶东王。

秋七月，改郡守为太守，郡尉为都尉。

九月，封原楚、赵相、内史为谏王反叛而被杀者之子四人为列侯。

甲戌，日食。

三年冬十一月，废除诸侯国御史大夫官。

春正月，皇太后驾崩。

夏旱，禁止卖酒。秋九月，蝗灾。有彗星出现在西北。戊戌，日食。

立皇子乘为清河王。

四年春三月，建造德阳宫。

御史大夫卫绾上奏，禁止高五尺九寸以上，齿未长平的马，不得出关。

夏，蝗灾。

秋，赦造阳陵刑徒，允许以官刑代替死罪。

十月戊午，日食。

五年夏，立皇子舜为常山王。六月，赦天下，赐民爵一级。

秋八月己酉，未央宫东阙火灾。

更名诸侯丞相为相。

九月，下诏说："法令、度量，是用来禁止暴力和防止不规行为的。监狱，关系到人的生命，人死是不可复生的。有的官吏不遵守法令，把受贿钱财当交易，互相勾结，营私舞弊，以苛刻为明察，让无罪的人失职，朕甚怜惜。有罪的人得不到惩罚，破坏法律，为非作歹，不以为然。诸狱可疑的，虽然是与法律条文相一致，如果人心不服，也要立即平议。"

六年冬十月，驾临雍县，郊祭五帝祠。

十二月，改诸官名称。制订铸钱伪造黄金弃市法律。

春三月，雨雪。

夏四月，梁王去世，分梁封地为五国，立孝王五子皆为王。

五月，下诏说："官吏是民之师长，车驾衣服应与官职地位相称。六百石吏以上,都是长官,没有等级或者不穿官服,出入乡里,与民无异。令长吏二千石乘坐两藩屏为红色的车,千石至六百石左边藩屏红色。车骑随从不称其官服,下吏出入闾巷无官吏体统者,二千石报告其官属,京兆尹、左冯翊、右扶风三辅官员揭发不遵守法令的官吏,都上报丞相御史。"开始时官吏多军功,车服尚不看重,因此要加以限制。又担心酷吏执行法律失中,便诏有司减少笞法,定棰令,即鞭打法令。事在《刑法志》。

六月,匈奴侵入雁门,至武泉,入上郡,夺取苑马。吏卒战死的二千人。

秋七月辛亥月末日,日食。

后元年春正元,下诏说:"监狱,事关重大。人有智愚,官有上下。狱案有疑交有司审定。有司不能决,移交廷尉。有令重审而后审定不恰当,审定者不为过失。旨在让审判案件者宽心。"三月,赦天下,赐民爵一级,中二千石、诸侯相爵位为右庶长。夏,允许百姓聚会五天,民可以卖酒。

五月,地震。秋七月乙巳日末日,日食。

条侯周亚夫下狱死。

二年冬十月,收回遣送彻侯回封国的成令。

春,匈奴入雁门,太守冯敬战死。发车骑材官屯戍。

春,因本年不丰收,禁内郡食马粟,违反者没收马。

夏四月,下诏说:"雕花纹刻文铸造,伤害农事;锦绣杂彩,伤害纺织。农事伤是饥饿的根源,纺织受害是寒冷的根源。饥寒一齐到来,而没有为非作歹者是罕见的。朕亲耕,皇后亲桑,以奉宗庙祭祀祭米祭服,为天下做出表率;不受献纳,减少太官,轻徭薄赋,让天下务农桑,平时有积蓄,以备灾害。强不取弱,众不欺寡,老耆得以寿终,幼孤得以成长。今年有的地方不丰收，民食困乏，责任何在？有的是官吏诈伪，以贿赂作交易，渔夺百姓，侵略万民。县丞，是司法长官，因法作奸与盗共盗，习以为常。应令二千石尽其职，不忠官职昏乱处事者，交丞相处理，定其罪。布告天下，使百姓、官吏尽知朕意。"

五月，下诏说："人不必担心不智，最怕的是欺诈；不患其不勇，最怕的是暴疟；不怕他不富，怕的是贪。作为廉士，寡欲易足。今资产十算（十万钱）才能当官，廉士财产必不多。有市籍不得官，无资又不得官，朕甚悯怜。应改为资产四算得官，不要让廉士长久失职位，贪夫长得利。

秋，大旱。

三年春正月，下诏说："农业是天下之本。黄金珠玉，饥不可食，寒不可衣，作为货币使用，看不到它的终结和开始。近年来有时不丰收，有人说末者众，农民少了。应令郡国务劝农桑，多种树，可以得衣食众物。官吏征发百姓要是雇佣采黄金珠玉，与盗贼同罪。二千石听之任之，与同罪。

皇太子戴冠，赐民当了父亲的爵一级。

甲子，皇帝在未央宫驾崩。遗诏赐诸侯王、列侯马二驷（八匹），吏二千石黄金二斤，吏民户百钱。放宫人归其家，免赋役终身。二月癸酉，葬阳陵。

赞说：孔子称"这些百姓，经三代淳一教化，故能以直道而行事"，这是可信的！周、秦之弊，网密法严，而奸轨不可胜穷。汉兴，扫除烦苛，与民休养生息。到了孝文，加之以恭俭，孝景遵循不变，五六十年之间达到了移风易俗，黎民纯厚的境地。周朝有成、康盛世，汉朝有文、景之治，美好啊！

汉书卷六

武帝纪第六

孝武皇帝，景帝中子也，母曰王美人。年四岁立为胶东王。七岁为皇太子，母为皇后。十六岁，后三年正月，景帝崩。甲子，太子即皇帝位，尊皇太后窦氏曰太皇太后，皇后曰皇太后。三月，封皇太后同母弟田蚡、胜皆为列侯。

建元元年冬十月，诏丞相、御史、列侯、中二千石、二千石、诸侯相举贤良方正直言极谏之士。丞相绾奏："所举贤良，或治申、商、韩非、苏秦、张仪之言，乱国政，请皆罢。"奏可。

春二月，赦天下。赐民爵一级。年八十复二算，九十复甲卒。行三铢钱。

夏四月己巳，诏曰："古之立教，乡里以齿，朝廷以爵，扶世导民，莫善于德。然则于乡里先耆艾，奉高年，古之道也。今天下孝子、顺孙愿自竭尽以承其亲，外迫公事，内乏资财，是以孝心阙焉，朕甚哀之。民年九十以上，已有受鬻法，为复子若孙，令得身（师）〔帅〕妻妾遂其供养之事。"

五月，诏曰："河海润千里。其令祠官修山川之祠，为岁事，曲加礼。"

赦吴、楚七国帑输在官者。

秋七月，诏曰："卫士转置送迎二万人，其省万人。罢苑马，以赐贫民。"

议立明堂。遣使者安车蒲轮，束帛加璧，征鲁申公。

二年冬十月，御史大夫赵绾坐请毋奏事太皇太后，及郎中令王臧皆下狱，自杀。丞相婴、太尉蚡免。

春二月丙戌朔，日有蚀之。夏四月戊申，有如日夜出。

初置茂陵邑。

三年春，河水溢于平原，大饥，人相食。

赐徙茂陵者户钱二十万，田二顷。初作便门桥。

秋七月，有星孛于西北。

济川王明坐杀太傅、中傅废迁防陵。

闽越围东瓯，东瓯告急。遣中大夫严助持节发会稽兵，浮海救之。未至，闽越走，兵还。

九月丙子晦，日有蚀之。

四年夏，有风赤如血。六月，旱。秋九月，有星孛于东北。

五年春，罢三铢钱，行半两钱。

置《五经》博士。

夏四月，平原君薨。

五月，大蝗。

秋八月，广川王越、清河王乘皆薨。

六年春二月乙未，辽东高庙灾。夏四月壬子，高园便殿火。上素服五日。

五月丁亥，太皇太后崩。

秋八月，有星孛于东方，长竟天。

闽越王郢攻南越。遣大行王恢将兵出豫章，大司农韩安国出会稽击之，未至，越人杀郢降，兵还。

元光元年冬十一月，初令郡国举孝廉各一人。

卫尉李广为骁骑将军屯云中，中尉程不识为车骑将军屯雁门，六月罢。

夏四月，赦天下，赐民长子爵一级。复七国宗室前绝属者。

五月，诏贤良曰："朕闻昔在唐、虞，画像而民不犯，日月所烛，莫不率俾。周之成、康，刑错不用，德及鸟兽，教通四海，海外肃慎，北发渠搜，氐羌徕服；星辰不孛，日月不蚀，山陵不崩，川谷不塞；麟、凤在郊薮，河、洛出图书。呜乎，何施而臻此与！今朕获奉宗庙，夙兴以求，夜寐以思，若涉渊水，未知所济。猗与伟与！何行而可以章先帝之洪业休德，上参尧、舜，下配三王！朕之不敏，不能远德，此子大夫之所睹闻也，贤良明于古今王事之体，受策察问，咸以书对，著之于篇，朕亲览焉。"于是董仲舒、公孙弘等出焉。

秋七月癸未，日有蚀之。

二年冬十月，行幸雍，祠五畤。

春，诏问公卿曰："朕饰子女以配单于，金币文绣赂之甚厚，单于待命加嫚，侵盗亡已，边境被害，朕甚闵之。今欲举兵攻之，何如？"大行王恢建议宜击。夏六月，御史大夫韩安国为护军将军，卫尉李广为骁骑将军，太仆公孙贺为轻车将军，大行王恢为将屯将军，太中大夫李息为材官将军，将三十万众屯马邑谷中，诱致单于，欲袭击之。单于入塞，觉之，走出。六月，军罢。将军王恢坐首谋不进，下狱死。

秋九月，令民大酺五日。

三年春，河水徙，从顿丘东南流入勃海。

夏五月，封高祖功臣五人后为列侯。

河水决濮阳，泛郡十六。发卒十万救决河。起龙渊宫。

四年冬，魏其侯窦婴有罪，弃市。

春三月乙卯，丞相蚡薨。

夏四月，陨霜杀草。五月，地震。赦天下。

五年春正月，河间王德薨。

夏，发巴、蜀治南夷道。又发卒万人治雁门阻险。

秋七月，大风拔木。

乙巳，皇后陈氏废。捕为巫蛊者，皆枭首。

八月，螟。

征吏民有明当世之务、习先圣之术者，县次续食，令与计偕。

六年冬，初算商车。

春，穿漕渠通渭。

匈奴入上谷，杀略吏民。遣车骑将军卫青出上谷，骑将军公孙敖出代，轻车将军公孙贺出云中，骁骑将军李广出雁门。青至龙城，获首虏七百级。广、敖失师而还。诏曰："夷狄无义，所从来久。间者匈奴数寇边境，故遣将抚师。古者治兵振旅，因遭虏之方入，将吏新会，上下未辑。代郡将军敖、雁门将军广所任不肖，校尉又背义妄行，弃军而北，少吏犯禁。用兵之法：不勤不教，将率之过也；教令宣明，不能尽力，士卒之罪也。将军已下廷尉，使理正之，而又加法于士卒，二者并行，非仁圣之心。朕闵众庶陷害，欲刷耻改行，复奉正义，厥路亡由。其赦雁门、代郡军士不循法者。"

夏，大旱，蝗。

六月，行幸雍。

秋，匈奴盗边。遣将军韩安国屯渔阳。

元朔元年冬十一月，诏曰："公卿大夫，所使总方略，一统类，广教化，美风俗也。夫本仁祖义，褒德禄贤，劝善刑暴，五帝、三王所由昌也。朕夙兴夜寐,嘉与宇内之士臻于斯路。故旅耆老,复孝敬,选豪俊,讲文学,稽参政事,祈进民心,深诏执事,兴廉举孝,庶几成风,绍休圣绪。夫十室之邑,必有忠信;三人并行,厥有我师。今或至阖郡而不荐一人,是化不下究,而积行之君子雍于上闻也。二千石官长纪纲人伦,将何以佐朕烛幽隐,劝元元,厉蒸庶,崇乡党之训哉?且进贤受上赏,蔽贤蒙显戮,古之道也。其与中二千石、礼官、博士议不举者罪。"有司奏议曰:"古者,诸侯贡士,一适谓之好德,再适谓之贤贤,三适谓之有功,乃加九锡;不贡士,一则黜爵,再则黜地,三而黜,爵、地毕矣。夫附下罔上者死,附上罔下者刑;与闻国政而无益于民者斥;在上位而不能进贤者退,此所以劝善黜恶也。今诏书昭先帝圣绪,令二千石举孝廉,所以化元元,移风易俗也。不举孝,不奉诏,当以不敬论。不察廉,不胜任也,当免。"奏可。

十二月,江都王非薨。

春三月甲子,立皇后卫氏。诏曰:"朕闻天地不变,不成施化;阴阳不变,物不畅茂。《易》曰'通其变,使民不倦'。《诗》云'九变复贯,知言之选'。朕嘉唐、虞而乐殷、周,据旧以鉴新。其赦天下,与民更始。诸逋贷及辞讼在孝景后三年以前,皆勿听治。"

秋,匈奴入辽西,杀太守;入渔阳、雁门,败都尉,杀略三千余人。遣将军卫青出雁门,将军李息出代,获首虏数千级。

东夷秽君南闾等口二十八万人降,为苍海郡。

鲁王余、长沙王发皆薨。

二年冬,赐淮南王、菑川王几杖,毋朝。

春正月,诏曰:"梁王、城阳王亲慈同生,愿以邑分弟,其许之,诸侯王请与子弟邑者,朕将亲览,使有列位焉。"于是藩国始分,而子弟毕侯矣。

匈奴入上谷、渔阳、杀略吏民千余人。遣将军卫青、李息出云中,至高阙,遂西至符离,获首虏数千级。收河南地,置朔方、五原郡。

三月乙亥晦,日有蚀之。

夏,募民徙朔方十万口。又徙郡国豪杰及訾三百万以上于茂陵。

秋,燕王定国有罪,自杀。

三年春,罢苍海郡。三月,诏曰:"夫刑罚所以防奸也,内长文所以见爱也。以百姓之未洽于教化,朕嘉与士大夫日新厥业,祗而不解。其赦天下。"

夏,匈奴入代,杀太守;入雁门,杀略千余人。

秋,罢西南夷,城朔方城。令民大酺五日。

四年冬,行幸甘泉。

夏,匈奴入代、定襄、上郡,杀略数千人。

六月庚午,皇太后崩。

五年春,大旱。大将军卫青将六将军兵十余万人出朔方、高阙,获首虏万五千级。

夏六月,诏曰:"盖闻导民以礼,风之以乐。今礼坏乐崩,朕甚闵焉。故详延天下方闻之士,咸荐诸朝。其令礼官劝学,讲议洽闻,举遗举礼,以为天下先。太常其议予博士弟子,崇乡党之化,以厉贤材焉。"丞相弘请为博士置弟子员,学者益广。

秋,匈奴入代,杀都尉。

六年春二月,大将军卫青将六将军兵十余万骑出定襄,斩首三千余级。还,休士马于定襄、云中、雁门。赦天下。

夏四月,卫青复将六将军绝幕,大克获。前将军赵信军败,降匈奴。右将军苏建亡军,独自脱还,赎为庶人。

六月,诏曰:"朕闻五帝不相复礼,三代不同法,所由殊路而建德一也。盖孔子对定公以徕远,哀公以论臣,景公以节用,非期不同,所急异务也。今中国一统而北边未安,朕甚悼之。日者大将军巡朔方,征匈奴,斩首虏八千级,诸禁锢及有过者,咸蒙厚赏,得免、减罪。今大将军仍复克获,斩首虏万九千级,受爵赏而欲移卖者,无所流眡。其议为令。"有司奏请置武功赏官,以宠战士。

元狩元年冬十月,行幸雍,祠五畤。获白麟,作《白麟之歌》。

十一月,淮南王安、衡山王赐谋反,诛。党与死者数万人。

十二月,大雨雪,民冻死。

夏四月,赦天下。

丁卯,立皇太子。赐中二千石爵右庶长,民为父后者一级。诏曰:"朕闻咎繇对禹,曰在知人,知人则哲,惟帝难之。盖君者,心也,民犹支体,支体伤则心憯怛。日者淮南、衡山修文学,流货赂,两国接壤,怵于邪说,而造篡弑,此朕之不德。《诗》云:'忧心惨惨,念国之为虐。'已赦天下,涤除与之更始。朕嘉孝弟、力田,哀夫老眊、孤、寡、鳏、独或匮于衣食,甚怜愍焉。其遣谒者巡行天下,存问致赐。曰:'皇帝使谒者赐县三老、孝者帛,人五匹;乡三老、弟者、力田帛,人三匹;年九十以上及鳏、寡、孤、独帛,人二匹,絮三斤;八十以上米,人三石。有冤失职,使者以闻。县、乡即赐,毋赘聚。'"

五月乙巳晦,日有蚀之。

匈奴入上谷,杀数百人。

二年冬十月,行幸雍,祠五畤。

春三月戊寅,丞相弘薨。

遣骠骑将军霍去病出陇西,至皋兰,斩首八千余级。

夏，马生余吾水中。南越献驯象、能言鸟。

将军去病、公孙敖出北地二千余里，过居延，斩首虏三万余级。

匈奴入雁门，杀略数百人。遣卫尉张骞、郎中令李广皆出右北平。广杀匈奴三千余人，尽亡其军四千人，独身脱还，及公孙敖、张骞皆后期，当斩，赎为庶人。

江都王建有罪，自杀。胶东王寄薨。

秋，匈奴昆邪王杀休屠王，并将其众合四万余人来降，置五属国以处之。以其地为武威、酒泉郡。

三年春，有星孛于东方。夏五月，赦天下。立胶东康王少子庆为六安王。封故相国萧何曾孙庆为列侯。

秋，匈奴入右北平、定襄，杀略千余人。

遣谒者劝有水灾郡种宿麦。举吏民能假贷贫民者以名闻。

减陇西、北地、上郡戍卒半。

发谪吏穿昆明池。

四年冬，有司言关东贫民徙陇西、北地、西河、上郡、会稽凡七十二万五千口，县官衣食振业，用度不足，请收银、锡造白金及皮币以足用。初算缗钱。

春，有星孛于东北。

夏，有长星出于西北。

大将军卫青将四将军出定襄，将军去病出代，各将五万骑。步兵踵军后数十万人。青至幕北围单于，斩首万九千级，至阗颜山乃还。去病与左贤王战，斩获首虏七万余级，封狼居胥山乃还。两军士死者数万人。前将军广、后将军食其皆后期。广自杀，食其赎死。

五年春三月甲午，丞相李蔡有罪，自杀。天下马少，平牡马匹二十万。

罢半两钱，行五铢钱。

徙天下奸猾吏民于边。

六年冬十月，赐丞相以下至吏二千石（百）金，千石以下至乘从者帛，蛮夷锦各有差。

雨水亡冰。

夏四月乙巳，庙立皇子闳为齐王，旦为燕王，胥为广陵王。初作诰。

六月，诏曰："日者有司以币轻多奸，农伤而末众，又禁兼并之涂，故改币以约之。稽诸往古，制宜于今。废期有月，而山泽之民未谕。夫仁行而从善，义立则俗易，意奉宪者所以导之未明与？将百姓所安殊路，而挢虔吏因乘势以侵蒸庶邪？何纷然其扰也！今遣博士大等六人分循行天下，存问鳏、寡、废、疾，无以自振业者贷与之。谕三老、孝弟以为民师，举独行之君子，征诣行在所。朕嘉贤者，乐知其人。广宣厥道，士有特招，使者之任也。详问隐处亡位及冤失职、奸猾为害、野荒治苛者，举奏。郡国有所以为便者，上丞相、御史以闻。"

秋九月，大司马骠骑将军去病薨。

元鼎元年夏五月，赦天下，大酺五日。

得鼎汾水上。

济东王彭离有罪，废徙上庸。

二年冬十一月，御史大夫张汤有罪，自杀。

十二月，丞相青翟下狱死。

春，起柏梁台。

三月，大雨雪。夏，大水，关东饿死者以千数。

秋九月，诏曰："仁不异远，义不辞难，今京师虽未为丰年，山林、池泽之饶与民共之。今水潦移于江南，迫隆冬至，朕惧其饥寒不活。江南之地，火耕水耨，方下巴、蜀之粟致之江陵，遣博士中等分循行，谕告所抵，无令重困。吏民有振救饥民免其厄者，具举以闻。"

三年冬，徙函谷关于新安。以故关为弘农县。

十一月，令民告缗者以其半与之。

正月戊子，阳陵园火。夏四月，雨雹，关东郡国十余饥，人相食。

常山王舜薨。子未教嗣立，有罪，废徙房陵。

四年冬十月，行幸雍，祠五畤。赐民爵一级，女子百户牛、酒。行自夏阳，东幸汾阴。十一月甲子，立后土祠于汾阴脽上。礼毕，行幸荥阳。还至洛阳，诏曰："祭地冀州，瞻望河、洛，巡省豫州，观于周室，邈而无祀。询问耆老，乃得孽子嘉。其封嘉为周子南君，以奉周祀。"

春二月，中山王胜薨。

夏，封方士栾大为乐通侯，位上将军。

六月，得宝鼎后土祠旁。秋，马生渥洼水中。作《宝鼎》《天马》之歌。

立常山宪王子商为泗水王。

五年冬十月，行幸雍，祠五畤。遂逾陇，登空同，西临祖厉河而还。

十一月辛巳朔旦，冬至。立泰畤于甘泉。天子亲郊见，朝日夕月。诏曰："朕以眇身托于王侯之上，德未能绥民，民或饥寒，故巡祭后土以祈丰年。冀州脽壤乃显文鼎，获荐于庙。渥洼水出马，朕其御焉。战战兢兢，惧不克任，思昭天地，内惟自新。《诗》云：'四牡翼翼，以征不服。'亲省边垂，用事所极。望见泰一，修天文襢。辛卯夜，若景光十有二明。《易》

曰：'先甲三日，后甲三日。'朕甚念年岁未咸登，饬躬斋戒，丁酉，拜况于郊。"

夏四月，南越王相吕嘉反，杀汉使者及其王、王太后。赦天下。

丁丑晦，日有蚀之。

秋，蝗、虾蟆斗。

遣伏波将军路博德出桂阳，下湟水；楼船将军杨仆出豫章，下浈水；归义越侯严为戈船将军，出零陵，下离水；甲为下濑将军，下苍梧。皆将罪人，江、淮以南楼船十万人，越驰义侯遗别将巴、蜀罪人，发夜郎兵，下牂柯江，咸会番禺。

九月，列侯坐献黄金酎祭宗庙不如法夺爵者百六人，丞相赵周下狱死。乐通侯栾大坐诬罔要斩。

西羌众十万人反，与匈奴通使，攻故安，围枹罕。匈奴入五原，杀太守。

六年冬十月，发陇西、天水、安定骑士及中尉、河南、河内卒十万人，遣将军李息、郎中令徐自为征西羌，平之。

行东，将幸缑氏，至左邑桐乡，闻南越破，以为闻喜县。春，至汲新中乡，得吕嘉首，以为获嘉县。驰义侯遗兵未及下，上便令征西南夷，平之。遂定越地，以为南海、苍梧、郁林、合浦、交阯、九真、日南、珠崖、儋耳郡。定西南夷，以为武都、牂柯、越巂、沈黎、文山郡。

秋，东越王余善反，攻杀汉将、吏。遣横海将军韩说、中尉王温舒出会稽，楼船将军杨仆出豫章，击之。又遣浮沮将军公孙贺出九原，匈河将军赵破奴出令居，皆二千余里，不见虏而还。乃分武威、酒泉地置张掖、敦煌郡，徙民以实之。

元封元年冬十月，诏曰："南越、东瓯咸伏其辜，西蛮、北夷颇未辑睦。朕将巡边垂，择兵振旅，躬秉武节，置十二部将军，亲帅师焉。"行自云阳，北历上郡、西河、五原，出长城，北登单于台，至朔方，临北河。勒兵十八万骑，旌旗径千余里，威震匈奴。遣使者告单于曰："南越王头已县于汉北阙矣。单于能战，天子自将待边；不能，亟来臣服。何但亡匿幕北寒苦之地为！"匈奴詟焉。还，祠黄帝于桥山，乃归甘泉。

东越杀王余善降。诏曰："东越险阻反复，为后世患，迁其民于江、淮间。"遂虚其地。

春正月，行幸缑氏。诏曰："朕用事华山，至于中岳，获驳麃，见夏后启母石。翌日，亲登（崇）〔嵩〕高，御史乘属，在庙旁吏卒咸闻呼万岁者三。登礼罔不答。其令祠官加增太室祠，禁无伐其草木。以山下户三百为之奉邑，名曰崇高，独给祠，复亡所与。"行，遂东巡海上。

夏四月癸卯，上还，登封泰山，降坐明堂。诏曰："朕以眇身承至尊，兢兢焉惟德菲薄，不明于礼乐，故用事八神，遭天地况施，著见景象，屑然如有闻。震于怪物，欲止不敢，遂登封泰山，至于梁父，然后升禅肃然。自新，嘉与士大夫更始，其以十月为元封元年。行所巡至，博、奉高、蛇丘、历城、梁父，民田租逋赋、贷，已除。加年七十以上孤、寡帛，人二匹。四县无出今年算。赐天下民爵一级，女子百户牛、酒。"

行自泰山，复东巡海上，至碣石。自辽西历北边九原，归于甘泉。

秋，有星孛于东井，又孛于三台。

齐王闳薨。

二年冬十月，行幸雍，祠五畤。春，幸缑氏，遂至东莱。夏四月，还祠泰山。至瓠子，临决河，命从臣将军以下皆负薪塞河堤，作《瓠子之歌》。赦所过徒，赐孤、独、高年米，人四石。

还，作甘泉通天台、长安飞廉馆。

朝鲜王攻杀辽东都尉，乃募天下死罪击朝鲜。

六月，诏曰："甘泉宫内中产芝，九茎连叶。上帝博临，不异下房，赐朕弘休。其赦天下，赐云阳都百户牛、酒。"作《芝房之歌》。

秋，作明堂于泰山下。

遣楼船将军杨仆、左将军荀彘将应募罪人击朝鲜。又遣将军郭昌、中郎将卫广发巴、蜀兵平西南夷未服者，以为益州郡。

三年在，作角抵戏，三百里内皆观。

夏，朝鲜斩其王右渠降，以其地为乐浪、临屯、玄菟、真番郡。

楼船将军杨仆坐失亡多免为庶民，左将军荀彘坐争功弃市。

秋七月，胶西王端薨。

武都氐人反，分徙酒泉郡。

四年冬十月，行幸雍，祠五畤。通回中道，遂北出萧关，历独鹿，鸣泽，自代而还，幸河东。春三月，祠后土。诏曰："朕躬祭后土地祇，见光集于灵坛，一夜三烛。幸中都宫，殿上见光。其赦汾阴、夏阳、中都死罪以下，赐三县及杨氏皆无出今年租赋。"

秋，以匈奴弱，可遂臣服，乃遣使说之。单于使来，死京师。匈奴寇边，遣拔胡将军郭昌屯朔方。

五年冬，行南巡狩，至于盛唐，望祀虞舜于九嶷。登灊天柱山，自寻阳浮江，亲射蛟江中，获之。舳舻千里，薄枞阳而出，作《盛唐枞阳之歌》。遂北至琅邪，并海，所过，礼祠其名山大川。春三月，还至泰山，增封。甲子，祠高祖于明堂，以配上帝，因朝诸侯王、列侯，受郡国计。夏四月，诏曰："朕巡荆、扬、辑江、淮物，会大海气，以合泰山。上天见象，增修封禅。

其赦天下。所幸县毋出今年租赋,赐鳏、寡、孤、独帛,贫穷者粟。"还幸甘泉,郊泰畤。

大司马大将军青薨。

初置刺史部十三州。名臣文武欲尽,诏曰:"盖有非常之功,必待非常之人,故马或奔踶而致千里,士或有负俗之累而立功名。夫泛驾之马,跅驰之士,亦在御之而已。其令州、郡察吏、民有茂材、异等可为将、相及使绝国者。"

六年冬,行幸回中。春,作首山宫。

三月,行幸河东,祠后土。诏曰:"朕礼首山,昆田出珍物,化或为黄金。祭后土,神光三烛。其赦汾阴殊死以下,赐天下贫民布、帛,人一匹。"

益州、昆明反,赦京师亡命令从军,遣拔胡将军郭昌将以击之。

夏,京师民观角抵于上林平乐馆。

秋,大旱,蝗。

太初元年冬十月,行幸泰山。

十一月甲子朔旦,冬至,祀上帝于明堂。

乙酉,柏梁台灾。

十二月,禅高里,祠后土。东临勃海,望祠蓬莱。春,还,受计于甘泉。

二月,起建章宫。

夏五月,正历,以正月为岁首。色上黄,数用五,定官名,协音律。

遣因杅将军公孙敖筑塞外受降城。

秋八月,行幸安定。遣贰师将军李广利发天下谪民西征大宛。

蝗从东方飞至敦煌。

二年春正月戊申,丞相庆薨。

三月，行幸河东，祠后土。令天下大酺五日，膢五日，祠门户，比腊。

夏四月，诏曰："朕用事介山，祭后土，皆有光应。其赦汾阴、安邑殊死以下。"

五月，籍吏民马补车骑马。

秋，蝗。遣浚稽将军赵破奴二万骑出朔方击匈奴，不还。

冬十二月，御史大夫儿宽卒。

三年春正月，行东巡海上。夏四月，还，修封泰山，禅石闾。

遣光禄勋徐自为筑五原塞外列城，西北至卢朐，游击将军韩说将兵屯之。强弩都尉路博德筑居延。

秋，匈奴入定襄、云中，杀略数千人，行坏光禄诸亭、障；又入张掖、酒泉，杀都尉。

四年春，贰师将军广利斩大宛王首，获汗血马来。作《西极天马之歌》。

秋，起明光宫。

冬，行幸回中。

徙弘农都尉治武关，税出入者以给关吏、卒食。

天汉元年春正月，行幸甘泉，郊泰畤。三月，行幸河东，祠后土。

匈奴归汉使者，使使来献。

夏五月，赦天下。

秋，闭城门大搜。发谪戍屯五原。

二年春，行幸东海。还幸回中。

夏五月，贰师将军三万骑出酒泉，与右贤王战于天山，斩首虏万余级。又遣因杅将军出西河，骑都尉李陵将步兵五千人出居延北，与单于战，斩首虏万余级。陵兵败，降匈奴。

秋，止禁巫祠道中者。大搜。

渠黎六国使使来献。

泰山、琅邪群盗徐敦等阻山攻城，道路不通。遣直指使者暴胜之等衣绣衣、杖斧分部逐捕。刺史、郡守以下皆伏诛。

冬十一月，诏关都尉曰："今豪杰多远交，依东方群盗。其谨察出入者。"

三年春二月，御史大夫王卿有罪，自杀。

初榷酒酤。

三月，行幸泰山，修封，祀明堂，因受计。还幸北地，祠常山，瘗玄玉。夏四月，赦天下。行所过毋出田租。

秋，匈奴入雁门，太守坐畏愞弃市。

四年春正月，朝诸侯王于甘泉宫。发天下七科谪及勇敢士，遣贰师将军李广利将六万骑、步兵七万人出朔方，因杅将军公孙敖万骑、步兵三万人出雁门，游击将军韩说步兵三万人出五原，强弩都尉路博德步兵万余人与贰师会。广利与单于战余吾水上连日，敖与左贤王战不利，皆引还。

夏四月，立皇子髆为昌邑王。

秋九月，令死罪人赎钱五十万减死一等。

太始元年春正月，因杅将军敖有罪，要斩。

徙郡、国吏民豪桀于茂陵、云陵。

夏六月，赦天下。

二年春正月，行幸回中。

三月，诏曰："有司议曰，往者朕郊见上帝，西登陇首，获白麟以馈宗庙，渥洼水出天马，泰山见黄金，宜改故名。今更黄金为麟趾褭蹄以协瑞焉。"因以班赐诸侯王。

秋，旱。九月，募死罪人赎钱五十万减死一等。

御史大夫杜周卒。

三年春正月，行幸甘泉宫，飨外国客。

二月，令天下大酺五日。行幸东海，获赤雁，作《朱雁之歌》。幸琅邪，礼日成山。登之罘，浮大海。山称万岁。冬，赐行所过户五千钱，鳏、寡、孤、独帛，人一匹。

四年春三月，行幸泰山。壬午，祀高祖于明堂，以配上帝，因受计。癸未，祀孝景皇帝于明堂。甲申，修封。丙戌，禅石闾。夏四月，幸不其，祠神人于交门宫，若有乡坐拜者。作《交门之歌》。夏五月，还幸建章宫，大置酒，赦天下。

秋七月，赵有蛇从郭外入邑，与邑中蛇群斗孝文庙下，邑中蛇死。

冬十月甲寅晦，日有蚀之。

十二月，行幸雍，祠五畤，西至安定、北地。

征和元年春正月，还，行幸建章宫。

三月，赵王彭祖薨。

冬十一月，发三辅骑士大搜上林，闭长安城门索，十一日乃解。巫蛊起。

二年春正月，丞相贺下狱死。

夏四月，大风发屋、折木。

闰月，诸邑公主、阳石公主皆坐巫蛊死。

夏，行幸甘泉。

秋七月，按道侯韩说、使者江充等掘蛊太子宫。壬午，太子与皇后谋斩充，以节发兵与丞相刘屈氂大战长安，死者数万人。庚寅，太子亡，皇后自杀。初置城门屯兵。更节加黄旄。御史大夫暴胜之、司直田仁坐失纵，胜之自杀，仁要斩。八月辛亥，太子自杀于湖。

癸亥，地震。

九月，立赵敬肃王子偃为平干王。

匈奴入上谷、五原，杀略吏民。

三年春正月，行幸雍，至安定、北地。匈奴入五原、酒泉，杀两都尉。

成至浚稽山与虏战，多斩首。通至天山，虏引去，因降车师。皆引兵还。广利败，降匈奴。

夏五月，赦天下。

六月，丞相屈氂下狱要斩，妻枭首。

秋，蝗。

九月，反者公孙勇、胡倩发觉，皆伏辜。

四年春正月，行幸东莱，临大海。

二月丁酉，陨石于雍，二，声闻四百里。

三月，上耕于巨定。还幸泰山，修封。庚寅，祀于明堂。癸巳，禅石闾。夏六月，还幸甘泉。

秋八月辛酉晦，日有蚀之。

后元元年春正月，行幸甘泉，郊泰畤，遂幸安定。

昌邑王髆薨。

二月，诏曰："朕郊见上帝，巡于北边，见群鹤留止，以不罗罔，靡所获献。荐于泰畤，光景并见。其赦天下。"

夏六月，御史大夫商丘成有罪，自杀。侍中仆射莽何罗与弟重合侯通谋反，侍中驸马都尉金日磾、奉车都尉霍光、骑都尉上官桀讨之。

秋七月，地震，往往涌泉出。

二月春正月，朝诸侯王于甘泉宫，赐宗室。

二月，行幸盩厔五柞宫。乙丑，立皇子弗陵为皇太子。丁卯，帝崩于五柞宫，入殡于未央宫前殿。三月甲申，葬茂陵。

赞曰：汉承百王之弊，高祖拨乱反正，文、景务在养民，至于稽古礼文之事，犹多阙焉。孝武初立，卓然罢黜百家，表章《六经》。遂畴咨海内，举其俊茂，与之立功。兴太学，修郊祀，改正朔，定历数，协音律，作诗乐，建封禅，礼百神，绍周后，号令文章，焕焉可述。后嗣得遵洪业，而有三代之风。如武帝之雄材大略，不改文、景之恭俭以济斯民，虽《诗》《书》所称，何有加焉！

译文：

孝武皇帝，景帝诸子中排行居中，其母名王美人。四岁时立为胶东王。七岁时立为皇太子，母为皇后。十六岁时，景帝后三年正月，景帝驾崩。甲子日，太子即皇帝位，推尊皇太后窦氏为太皇太后，皇后为皇太后。三月，封皇太后的同母弟田蚡、田胜为列侯。

武帝建元元年冬十月，下诏命丞相、御史大夫、列侯、俸禄满二千石谷及二千石谷的官吏、诸侯王国之相都要推荐品德好、威望高、敢于直言进谏的人才。丞相卫绾上奏说："已经推荐上来的贤良之士，有的是提倡申不害、商鞅、韩非、苏秦、张仪学说的，扰乱国政，请全都废除。"武帝批准了这一建议。

春季二月，大赦天下罪犯，赐给百姓爵位一级。年八十岁的老人免除人头税二算（即二百四十钱），九十岁的老人免除军赋。发行一枚重三铢的铜钱。

夏四月己巳，下诏说"古代确立教育的标准，百姓之中推重年龄，朝廷之上设立爵位，扶正社会风气引导百姓行为，最好的办法在于注重道德。然而在乡村尊重老人，侍奉高龄，是古代的道德标准。今天天下的孝子贤孙都愿意尽全力承担俸养亲人，可是，外面迫于公事繁多，家内又缺乏资财，因此孝心也就难以尽到。朕非常哀伤。百姓年龄九十岁以上，已经有了领粥的办法，还要做到免除其子或孙子的徭役，让他们亲自带着妻妾承担供养老人之事务。"

五月，下诏说："河、海润泽千里，应让祭祀之官修建山川神庙，每年办理，增加祭祀之礼。"

赦免吴、楚七国叛乱者妻子沦为官奴婢的人。

秋七月，下诏说："常常用二万新的京城卫士更换旧卫士，应省万人，废除养马苑林不许百姓入内放牧砍柴的禁令，给百姓以恩惠。"

高讨建立明堂事宜。派使者用薄草裹轮的人车，带上帛和璧玉，迎接鲁国的申培公。

二年冬十月，御史大夫赵绾因请求奏事不必经太皇太后批准而犯罪，牵涉到郎中令王臧都被关押监狱，二人都自杀。丞相窦婴、太尉田蚡免官。

春二月丙戌是第一天，日食。夏四月戊申日，如像白天变成了夜间。

开始为武帝建造茂陵陵墓。

三年春，黄河水在平原郡决口，出现大饥荒年景，人吃人。

赏赐迁往茂陵居住的每户二十万钱，田二顷。开始修建跨过渭水通往茂陵的便门桥。

秋七月，有彗星向西北方向飞去。

济川王刘明因杀太傅、中傅犯罪而废除王号迁往防茂。

闽越围击东瓯，东瓯向汉朝廷告急。武帝派中大夫严助持兵符征调会稽兵士,由海上去救援。未到东瓯,闽越便逃走,朝廷也退兵。

九月丙子月最后一天,日食。

四年夏,刮的风和红色的血液一样。六月,天旱。秋九月,彗星向东北方向而去。

五年春,废除三铢钱,推行半两钱。

设立《五经》博士。

夏四月,武帝外祖母平原君去世。

五月,发生大的蝗虫灾害。

秋八月,广川王刘越、清河王刘乘皆去世。

六年春二月乙未,辽东郡的高庙发生火灾。夏四月壬子,高祖陵园便殿起火。皇上素服五日。

五月丁亥,窦太皇太后去世。

秋八月,彗星向东方,行进长度到达天空边际。

闽越王郢进攻南越。武帝派大行王恢帅兵从豫章出发,大司农韩安国从会稽出发,攻击闽越。没有到达,越人便杀郢降汉,汉朝兵退。

元光元年冬十一月,开始让郡国推举孝子和廉洁各一人。

卫尉李广为骁将军驻屯云中,中尉程不识为车骑将军驻屯雁门,六月撤回。

夏四月,大赦天下,赏赐百姓长子一级爵位。恢复吴、楚七国宗室中被取消的继承权。

五月,下诏策问贤良说:"朕听说过去在尧、舜时,画不同颜色的衣服象征五刑百姓就不犯罪,日月所照之处,没有不尽职听从使用的。周朝的成王、康王,刑罚阁置不使用,恩德及于鸟兽,教令到达各地。海外到肃慎族,向北征发至渠搜,氏族、羌族前来臣服。星辰不变色，日月不侵蚀，大山不崩溃，河流山谷不堵塞；麒麟、凤凰停留在郊外草泽之中，黄河中的龙马载河图而出，洛水中的神龟负洛书而现。啊，实施什么办法而达到如此完美的境地呀！如今朕获得了承继皇家基业的地位，早起追求，晚睡思念，犹如渡涉深水，还不知怎样渡过去。美好啊！伟大啊！怎样做才能弘扬先帝宏业美德，向上追溯加入尧、舜行例，往下追寻与禹、汤、文、武匹配！朕不够聪敏，不能远施恩德，这是诸位大夫所耳闻目见的。贤良之士深知古今王事之体制，接受写于简策上问题的考问，都写出来回答，著之于简策之上，朕要亲自阅览。"于是，董仲舒、公孙弘等人便以策问方式步入仕途。

秋七月癸未，日食。

二年冬十月，武帝驾临雍县，祭祀五帝。

春，下诏询问大臣说："朕使子女美容修饰之后许配与单于，黄金锦绣彩礼相赠丰厚，单于对朝廷命令更加怠慢，侵扰盗抢事件没有停止。边境遭受祸害，朕非常忧虑。现在打算出兵攻击匈奴，怎么样？"大行令王恢建议应该攻击。夏六月，御史大夫韩安国为护军将军，卫尉李广为骁骑将军，太仆公孙贺为轻车将军，大行令王恢为将屯将军，太中大人李息为材官将军，率领三十万大军隐避于马邑山谷中，诱惑单于前来，打算进行伏击。单于入塞，发觉有伏兵，跑出塞外。六月，撤回大军。将军王恢犯了首议出兵而临阵不进击匈奴之罪，下狱自杀。

秋九月，下令让百姓公开聚集饮酒五日。

三年春，黄河水改道，从顿丘东南流入渤海。

夏五月，封高祖功臣五人为列侯。

黄河水在濮阳决口，淹没十六郡。朝廷派兵十万人救黄河决口。在河边建造龙渊宫。

四年冬，魏其侯窦婴有罪，在街头处死。

春三月乙卯，丞相田蚡去世。

夏四月，严霜杀灭草木。五月地震，大赦天下罪人。

五年春正月，河间王刘德去世。

夏，征发巴、蜀之民开通南方少数民族地区通路，又派出士兵修建雁门险阻屏障。

秋七月，大风拔起树木。

十二日，皇后陈氏废黜。捕捉搞巫蛊术的人，皆处死悬首示众。

八月，农田出现钻心虫灾害。

征集官吏、百姓中明白当世时务、熟习圣人治世方法的人，留在县内领取俸食，让他们与郡国向朝廷报告地方钱粮、治安的计簿使同来京师。

六年冬，开始征收商人车船税。

春，挖凿水渠沟通渭河。

匈奴进入上谷，杀害官吏、百姓，抢掠财物。朝廷派车骑将军卫青从上谷出兵，骠骑将军公孙敖从代郡出兵，轻骑将军公孙贺从云中郡出兵，骁骑将军李广从雁门出兵。卫青到达龙城，斩杀七百匈奴兵。李广、公孙敖损兵而还。皇帝下诏说："东方民族、北方民族不讲仁义，由来已久。不久前匈奴多次侵扰边境，因此派遣将军抚慰军队。古代治理军队严明戒律，今天出兵，因刚刚遭受寇虏为害，将士官兵不久才聚集起来，上下尚未协调一致，代郡将军公孙敖、雁门将军李广不称职，校尉军官们又违背道义不知约束自己行为，抛弃军队而败北，下级官吏触犯禁律。用兵的方法是：不尽心训练教育士兵，是将帅的过错；教令已经宣布明确，不能尽力去照办，是士卒的罪过。将军已经交廷尉，按法律明正其罪,如果再对士兵施加刑罚,二者并行,就不是圣人仁义之心了。朕忧虑众士卒遭到陷害,打算洗刷耻辱改正错误,再度奉行正义,又担心无路可走。因此,应赦免雁门、代郡士兵不遵守军法的人。"

夏,大旱,蝗虫灾。

六月,驾临雍县。

秋,匈奴侵扰边境。派遣将军韩安国驻屯渔阳。

元朔元年冬十一月,武帝下诏说:"公卿大夫被派遣,总随方略,统一处理各项事务,推广教化,美善社会风俗。以仁义为根据,表彰道德禄用贤人,奖励善良禁止暴行,是五帝、三王所倡导的。朕起早晚睡,鼓励天下之士完善这条道路。因此嘉惠老人,优待孝敬老人的人,选拔才能出众者,宣讲文章之学,考究政事,激励民心,严令执事官员,推荐孝子、廉洁之士,可望成为风气,承继先圣美好伟大的业绩。有十户人家的小镇,必定有忠信诚实的人;三人一路同行,其中就有我的老师。太守一级长官统管人伦道德,将怎样佐助朕照亮黑暗之处,劝勉百姓,激励大众,推广乡里训令呢?而且推荐贤人受到奖赏,遮蔽贤人匿藏知名人士要处死,是古代通行的办法。应该让朝中二千石一级官员、礼官、博士拿出不举荐贤人而治罪的办法来。"朝中执事官员上奏建议说:"古代,诸侯推荐人才,第一次推举了人才属于品德好,第二次推荐了人才叫作贤人中最好的贤人,第三次推荐了人才就是有功之臣,便要奖赏车马、衣服、乐器、朱户、纳陛、虎贲百人、铁钺、弓矢、秬鬯这九种贵重物品;不推举人才,第一次废除爵位,第二次削除领地,第三次全部削去爵位和领地。迎合部下欺骗上司者处死,迎合上司欺骗部下者处以刑罚,参与国政而不为民谋利者罢斥,在上位而不能推荐贤人者贬退，这就是为了奖励善良废止邪恶。今天诏书显扬先帝传业，下令太守举荐孝子、廉洁之士，是为了开导百姓，移风易俗。不举荐孝子，不执行诏令，应当以不尊敬罪论处。不能发现廉洁之士，是不称职，应当罢免官职。"上奏建设被批准。

十二月，江都王刘非去世。

春三月甲子，立卫氏为皇后。下诏说："朕听说天地不变化，不能完成给予万物的变化；阴阳不变化，万物不能畅通繁茂。《易》说'通达变化，使百姓不知疲倦'。《诗》说'多次变化的事都是循环往复进行，从中择其善而从之'。朕赞赏唐尧、虞舜的质朴，也喜爱商、周的文采，借鉴旧的事物以立新政。应减免罪人罪行，与百姓除旧布新。景帝后三年以前百姓各种欠赋官之物及诉讼之辞，都不必再去办理。"

秋，匈奴侵入辽西郡，杀死太守；侵入渔阳、雁门，击败都尉，杀掠三千余人。派遣卫青出兵雁门，将军李息出兵代郡，斩获数千人。

东夷族秽君南闾等二十八万人降汉，在该地设置了苍海郡。

鲁王刘余、长沙王刘发皆去世。

二年冬，赐给淮南王刘安、淄川王刘志茶几与拐杖，不必上朝朝见皇帝。

春正月，下诏说："梁王、城阳王亲生兄弟，愿意把封邑分给其弟，应允许。诸侯王请求与子弟封邑者，朕将亲自过问，使子弟都有列侯位置。"于是藩国开始分而治之，而子弟都受封为侯。

匈奴侵入上谷、渔阳，杀掠吏民千余人。派遣将军卫青、李息出兵云中，到达高阙，接着西至符离，斩获数千人。收复了河套以南的河南地区，设置了朔方、五原郡。

三月最后一天，发生日食。

夏，招募百姓迁往朔方十万人。又迁徙郡国豪富及资产在三百万钱以上的大富户定居于茂陵。

秋，燕王刘定国有罪，自杀。

三年春，废苍海郡。三月，下诏说："刑罚是为了防止奸邪的，对内尊崇文德为的是显示亲爱；由于百姓没有受到教育，朕奖励士大夫每日更新职守，恭敬不懈。应减免天下有罪人的罪行。"

夏，匈奴侵入代郡，杀死太守；侵入雁门郡，杀掠千余人。

秋，停止开通西南夷道路，建造朔方城。让百姓举行五日酒宴。

四年冬，驾临甘泉宫。

夏，匈奴侵入代郡、定襄郡、上郡，杀掠数千人。

六月庚午，皇太后去世。

五年春，大旱。大将军卫青帅六将、兵卒十余万人从朔方、高阙出发，斩获一万五千人。

夏六月，下诏说："听说用礼指导百姓，用音乐进行劝谕，今天礼乐制度破坏，朕很忧虑。因此要把天下博闻有识之士全部请来，都举荐给朝廷。应让礼官劝进学业，讲论见闻，推举遗逸之民倡兴礼学，作为天下的表率。太常应商讨给予博士弟子，推崇乡里教化，以便培养贤能人才。"丞相公孙弘请求为博士设立弟子，学礼乐者更为增加。

秋，匈奴侵入代郡，杀死都尉。

六年春二月，大将军卫青率领六将军、十万余骑兵从定襄郡出兵，斩首三千余人。返回，在定襄、云中、雁门休整士兵、战马。大赦天下。

夏四月，卫青又率领六将军直达大沙漠南界，大获全胜。前将军赵信军败，投降匈奴。右将军苏建损失全军，只身逃回，有罪赎为平民。

六月，下诏说："朕听说五帝实行的礼制不相重复，夏、商、周三代的治国之法也各不相同，所走的道路不同而建立的功德伟业是一样的。孔子用招徕远方朋友这策来回答鲁定公的提问，对鲁哀公用政在选臣来回答，对齐景公的提问用节省开支来回答，不是有不同的对待，所注重的缓急各有区别。今天中国已经大一统而北方边境还未安定，朕很伤痛。不久前大将军巡行朔方，征伐匈奴，斩首俘虏一万八千多人，各类受限制不得做官及有过错的人，都蒙受厚赏，得到减免罪过的优待。今大将军频获大捷，斩首俘获一万九千多人，受到奖赏爵位而又想转卖的人，没有转卖的办法。应商议办法写成命令。"朝廷执事官员请求设置武功赏爵，以便奖励爱护战士。

元狩元年冬十月，驾临雍县，祭五帝。猎获一只白麒麟，撰写了一首《白麟之歌》。

十一月，淮南王刘安、衡山王刘赐谋反，被杀。同党处死的数万人。

十二月，降大雨加雪，有的百姓冻死。

夏四月，减免天下有罪人的罪行。

丁卯日，立刘据为皇太子。赐中二千石官员右庶长爵位、百姓当了父亲的赐爵一级。下诏说："朕听说咎繇回答禹的提问时，说是在于认识人，认识了人就会聪明有智，就是帝王也难以办到。君主是心脏，百姓犹如肢体，肢体受到伤害心脏就惨痛。不久前，淮南王、衡山王研修文学，买卖货物，两国相连接，被邪说诱惑，因而酿成篡逆谋反大罪，这是朕没有恩德所造成的。《诗》说：'忧伤之心戚惨，思念国事最为沉重。'已经大赦天下，洗涮旧俗使百姓开始新的生活。朕奖励孝子、尊敬兄长、致力于耕种的人，同情年老失明孤寡独身老人特别是缺少衣食的人，非常令人担忧。应派遣谒者巡视天下，慰问赏赐。就说：'皇帝派谒者赏赐县三老和孝子帛，每人五匹；乡三老、敬兄长者，努力耕种者赐帛，每人三匹；年九十以上及鳏寡孤独赐帛，每人二匹，丝絮三斤；八十以上赐米，每人三石。有冤而失去职业者，由使者处理。在县乡就居住地赏赐，不必会聚众人。'"

五月的最后一天，天黑暗，发生日食。

匈奴侵入上谷郡，杀数百人。

二年冬十月，驾临雍县，祭祀五帝。

春三月戊寅，丞相公孙弘去世。

派遣骠骑将军霍去病出兵陇西，到达皋兰，杀敌八千余人。

夏，马生在余吾水中。南越进献驯象、鹦鹉。

将军霍去病、公孙敖出北地二千余里，越过居延县，杀敌三万余人。

匈奴侵入雁门，杀掠数百人。派遣卫尉张骞、郎中令李广同时出兵右北平郡。李广杀匈奴三千余人，丧失全军四千人，只身脱险逃回，还有公孙敖、张骞皆失约迟到，以法当斩，赎为百姓。

江都王刘建有罪，自杀。胶东王刘寄去世。

秋，匈奴浑邪王杀休屠王，并且率其部众合计四万余人前来投降，安置在原来五个属国境内。把这些地区划分为武威郡、酒泉郡。

三年春，彗星施向东方。夏五月，赦天下。立胶东康王少子刘庆为六安王。封故相国萧何曾孙萧庆为列侯。

秋，匈奴侵入右北平郡、定襄郡，杀掠千余人。

派遣谒者在水灾郡县提倡种冬小麦。推举官员、百姓能借贷给贫民钱粮者把名字报上朝廷。

把征调陇西郡、北地郡、上郡的戍边兵卒减少一半。

征调有罪官吏开凿昆明池。

四年冬,朝廷官员报告关东贫民迁徙到陇西、北地、西河、上郡、会稽的共七十二万五千口,国家供应衣食扶持产业,用费不足,请求收集银、锡铸造白金及皮币以便满足使用。开始征收商业税、手工业资产税。

春,彗星施向东北。

夏,彗星出现在西北。

大将军卫青率四将军出兵定襄,将军霍去病出兵代郡,各率五万骑兵。步兵跟在后面的有数十万人。卫青到达沙漠以北包围单于,杀敌一万九千人,到阗颜山返回。霍去病与左贤王交战,杀敌七万余人,在狼居胥山祭天后返回。卫、霍两军死亡士卒数万人。前将军李广、后将军赵食其皆失约迟到。李广自杀,食其赎免死罪。

五年春三月甲午,丞相李蔡有罪自杀。

天下马匹缺少,平抑雄马每匹价格为二十万钱。

废除半两钱,发行五铢钱。

迁徙天下奸猾官、民到边地。

六年冬十月,赏赐丞相以下至太守一级官员黄金,县级以下官员至随从人员帛,少数民族锦各不相等。

下雨水不结冰。

夏四月乙巳,在祖庙中册立皇子刘闳为齐王,刘旦为燕王,刘胥为广陵王。开始作封王策文。

六月,下诏说:"不久前朝廷官员由于钱币重量轻又多伪造,伤害了农业,而从事商业和手工业的人增多起来,又要堵塞大家富户兼并弱小贫民的道路,因此更换钱币以便加以限制。考查古代,制订适合今天的办法。废除旧币已有一年多一个月的时间了，而山泽之民还没有晓得告示之意。实行仁爱政策人们就可以从事善良之事，确立了正义就可以改变社会风俗，究竟是奉旨执行命令的人宣示引导不明呢？还是安置百姓有不同办法，而妄托上命乘机侵夺民众的官吏造成的？怎么这样杂乱烦扰！今派遣博士褚大等六人分别巡察天下，慰问鳏寡残疾人，没有力量兴办产业者由官方借贷给予支持。晓谕天下命三老、孝悌为民师，推举有特殊才能和品德的人，请来到朕所在之处。朕嘉奖贤人，高兴见到和认识这些人。广泛宣扬他们的品德，才德兼备之士受特殊招请，责任在于使者鉴别与推举。详细询问隐身之处、不被任用，以及蒙冤失去正常职业等情况，奸邪狡猾为害百姓的人，农田没有开垦为政又苛薄的官吏，一律揭发上奏。郡国能妥善处理事务的人，都要上报丞相、御史大夫。

秋九月，大司马骠骑将军霍去病去世。

元鼎元年夏五月，大赦天下，允许百姓举行大宴会五日。

在汾水岸边得到古鼎。

济东王刘彭离有罪，废除王号迁徙至上庸旧邑。

二年冬十一月，御史大夫张汤有罪，自杀。十二月，丞相庄青翟关进监狱自杀。

春，建造柏梁台。

三月，下大雨夹杂大雪。夏，大水灾，崖关以东地区饿死的以千计算。

秋九月，下诏说："仁爱不分远近，正义不怕艰难。今天京师虽然没有获得丰收，山林池泽的财富与百姓共享。现在水灾移到江南，寒冬就要迫近，朕害怕百姓饥寒交加无法存活下去。江南地区，烧草灌水种田，刚刚从巴、蜀运出粟米到江陵，派遣博士中等人分路前往巡视，晓谕所到之处，不许加重百姓负担使之困苦。官吏和百姓有能救济饥民使其摆脱饥饿困境者,全都上报朝廷。"

三年冬,迁徙函谷关关口到新安县,在旧关地址设立弘农县。

十一月,下令让百姓告发隐瞒产业资财税的人得到其财产的一半的奖励。

正月戊子,景帝的阳陵园失火。夏四月,雨水冰雹并下,关东地区十几个郡国发生饥荒灾难,出现人吃人现象。

常山王刘舜去世。其子刘勃继王位,因有罪,废王号迁徙到房陵。

四年冬十月,驾临雍县,祭祀五帝庙。赏赐百姓爵位一级,受爵者之妻计一百户宰食牛一头、赏酒若干斗。从夏阳出行,向东驾临汾阴。十一月甲子日,在汾阴高丘上建后土祠。礼仪完毕后,驾临荥阳。返回到了洛阳,下诏说:"在冀州祭礼土地神,瞻望黄河、洛水,巡视豫州,在周王室旧址观览,一切都成过去而没有继承人,询问老人,才得到旁支后代姬嘉。应封姬嘉为周子南君,以便侍奉周朝香火。"

春二月,中山靖王刘胜去世。

夏,封方士栾大为乐通侯,职位相当于上将军。

六月,在后土祠旁挖得宝鼎。秋,在渥洼水中生出神马。作《宝鼎》《天马之歌》。

封立常山宪王刘舜之子刘商为泗水王。

五年冬十月,驾临雍县,祭祀五帝庙。遂即越过陇山,登上空同山,西到祖厉河岸而返回。

十一月最后一天清晨,冬至。在甘泉宫建造太一神庙。天子亲自祭祀,早晨向东拜揖太阳,夜间向西南拜揖月亮。下诏说:"朕以微小身寄托于王侯之上,恩德未能安抚百姓,百姓有的忍受饥寒,因此巡行祭祀土神以祈求丰收之年。于是,冀州高丘显示镂有铭文之宝鼎,得以供献宗庙。渥洼水出神马,朕可以驾驭。终日谨慎小心,畏惧不能胜任国政,思念向天地表明心志,只有内省自新。《诗》云'四匹雄马驾驭战车飞奔,去征伐没有服从的人。'亲自巡视边防,用兵极盛。见到了太一天神之庙,修撰祭天之文辞。辛卯日夜晚,其巨大光芒有十二次明亮起来。《易》说:'初一日的前三天是辛日,后三天是丁日。'朕非常挂念年景没有全部获得丰收,整饬身体以备斋戒,初四,在祭祀天神处行拜赐之礼。"

夏四月,南越王丞相吕嘉叛汉朝,杀汉使者及南越王、王太后。大赦天下。

四月的最后一天,发生日食。

秋,蛙与虾蟆群斗。

派遣伏波将军路博德出兵桂阳,顺湟水而下;楼船将军杨仆出豫章,顺浈水而下;归义越侯严任戈船将军,出零陵,顺离水而下;甲为下濑将军,从苍梧出发。诸将均率罪人,江淮以南楼船水兵十几万人。越人驰义侯遗另外统率巴、蜀罪人,征发夜郎兵,顺牂柯江而下,各路大军在番禺会齐。

九月,列侯在宗庙祭祀时因献黄金酎祭成色分量不合规定而犯法被削爵位的有一百零六人,丞相赵周入狱自杀。乐通侯栾大因谎言欺骗被揽腰处死。

西羌族十万之众反汉朝,与匈奴联络,攻击故安,包围枹罕县。匈奴侵入五原,杀死太守。

六年冬十月,征发陇西、天水、安定各郡县骑兵及中尉,河南、河内兵卒十万人,派遣将军李息、郎中令徐自为征讨西羌反叛,被平息。

巡行东方,将要驾临缑氏县,到左邑桐乡时,听说南越兵败，改左邑县为闻嘉县。春，到汲县中乡时，斩获吕嘉人头，改汲县为获嘉县。驰义侯遗所率军未及出发，武帝便命令去征讨西南地区少数民族，骚乱被平息。于是划定南越地区区域，设置南海、苍梧、郁林、合浦、交趾、九真、日南、珠崖、儋耳九郡。划定西南区域，设置武都、牂柯、越巂、沈黎、文山五郡。

秋，东越王余善反叛，攻杀汉朝军官和官吏。汉朝派遣横海将军韩说、中尉王温舒出兵会稽，楼船将军杨仆出兵豫章，攻击东越。又派浮沮将军公孙贺出兵九原，匈河将军赵破奴出兵令居，距离都长达二千余里，没有遇见匈奴兵而返回。于是分出武威、酒泉地另置张掖、敦煌郡，迁徙百姓前去充实边防。

元封元年冬十月，下诏说："南越、东瓯都辜负了汉朝，西部、北部各民族尚未和睦，朕将要巡行边防，整编军队振奋士气，亲自掌握统军号令，设立十二方面将军、亲临前线统帅军队。"巡行从云阳开始，北经上郡、西河、五原，出长城，北面登上单于台，到朔方和北河岸边。检阅骑兵十八万骑，旌旗长达千余里，威震匈奴。派遣使者告诉单于说："南赵王人头已经挂在汉朝北门。单于敢应战，天子亲自率军在边界等待；不能应战，速来臣服汉朝。为什么只是躲藏在幕北寒苦之地呢！"匈奴畏惧起来。武帝返回，在桥山祭祀黄帝，然后回到甘泉。

东越人杀其王余善降汉。下诏说："东越地形险阻而其王反复无常，成为后世祸患，应迁徙其民至江淮地区。"于是东越地区便无人居住。

春正月，驾临缑氏。下诏说："朕祭祀华山，又到中岳，猎驳麃兽，见到夏启母之化身石。次日亲身登上嵩高山，护车随从的御史，在庙旁官吏、兵座都听到三声呼喊万岁的声音。登山祭祀的礼仪没有不回答的。应让祭祀官修缮加固太室词，禁止砍伐山上草木。用山下三百户的赋税作为祭祀费用，命名为嵩高邑，专供祭祀，免除其徭役及其他杂务。"起驾后，便向东巡行海上。

夏四月癸卯，武帝返回，上山祭祀泰山，下山坐于明堂朝见大臣。下诏说："朕以微小身躯承担尊贵的帝位，每日都担心的是恩德浅薄，对礼乐制度不够明了，因此祭祀天地恭请八方之神。遇到了天地神灵的恩赐，显现出神灵景象，倏然听到呼喊万岁之声。被怪物震慑，欲制止又不敢轻动，于是登上泰山祭祀天神，下至梁父山祭祀地神，然后又上萧然山祭祀。从此有了新的起点，鼓励士大夫也去旧更新，应以十月为元封元年。巡行所到之处，博县、奉高县、蛇丘县、历城县、梁父县，百姓的田租、借贷之官物、赋税，都已免除。增加赏赐年七十岁以上的孤独者帛，每人二匹。四个县不交今年的人口税。赐天下百姓爵位一极，受爵者之妻以百户计算赏宰食牛一头、酒若干斗。"

从泰山出行，又向东巡行海上，到碣石。从辽西经北边九原郡，回到甘泉宫。

秋，彗星施向东井星，又施向三台星。

齐王刘闳去世。

二年冬十月，驾临雍县，祭祀五帝。春驾临缑氏县，又到东莱。夏四月，返回祭祀泰山。到瓠子堤，正遇黄河决口，命令随从大臣将军以下都背柴填塞河堤，作《瓠子之歌》。赦免经过地之罪犯，赐孤独年高者米，每人四石。返回后，建造甘泉宫的通天台、长安的飞廉馆。

朝鲜王攻杀辽东都尉，于是招募天下死刑罪犯去攻打朝鲜。

六月，下诏说："甘泉宫内室生长出灵芝，九茎叶与叶相连。上方天帝博施恩德，连下房内室也降临恩泽，赐朕宏大美好之物。应赦天下，赏赐云阳都每百户宰食牛一头，酒若干斗。"

作《芝房之歌》。

秋，建造明堂于泰山之下。

派遣楼船将军杨仆、左将荀彘将军应幕罪人攻打朝鲜。又派遣将军郭昌、中郎将卫广征发巴、蜀兵镇压西南少数民族地区继续骚乱的人，设置益州郡。

三年春，表演杂技乐戏，三百里内的人都来观看。

夏，朝鲜人杀其王右渠降汉，在其地设立乐浪、临屯、玄菟、真番郡。

楼船将军杨仆因作战伤亡太重而触犯军法，被免职沦为平民，左将军荀彘因争功犯罪在街头处死。

秋七月，胶西王刘端去世。

武都氐族人反汉，把这些人分批迁徙到酒泉郡。

四年冬十月，驾临雍县，祭祀五帝。经过回中通道，于是从萧关北面出发，经独鹿、鸣泽，从代郡返回，驾临河东。春三月，祭土地神。下诏说："朕亲自祭后土地神，看见灵光出现在灵坛，一夜三照。驾临中都宫，殿上出现光。应赦汾阴、夏阳、中都等县的死罪及以下罪犯，赐三县及杨氏县都免交今年租赋。"

秋，由于匈奴势力削弱，应及时使其臣服汉朝，于是便派使臣前去说降。单于派使臣来京，死于京师。匈奴偷袭边地，派拔胡将军郭昌驻屯朔方。

五年冬，向南方巡视游猎，到达南郡盛唐地区，遥祭葬于九嶷山的尧、舜登上安徽灊县的天柱山，从寻阳县上船游长江，武帝亲射江中之蛟，捕获。船只前后接连千里，在枞阳停船登岸，作《盛唐枞阳之歌》。于是北到琅邪，傍依大海而行，沿途拜祭名山大川。春三月，回到泰山，加高山上祭坛。甲子日，在明堂祭祀高祖，牌位配于天帝之旁，随之朝见诸侯王及列侯，让郡国上报地方钱粮、户口、治安等情况。夏四月，下诏说："朕巡游荆州、扬州，邀集江淮之神，会聚大海之气，聚合致于泰山。上天显示景象，增修了祭坛。应大赦天下。驾临所过之县免去今年租赋，赏赐鳏寡孤独帛，贫穷人家赐粟。"返回后宫驾临甘泉宫，会祀太一天神。

大司马大将军卫青去世。

初次设置十三州部刺史。知名大臣文武大员快要不在人世了，下诏说："建立丰功伟业，必须依赖特殊人才，因此有的马狂奔踶踢而能一日跑完千里，士有的被世俗讥议反而能建立功业。翻车之马，放纵不羁之士，也都在于主人驾驭罢了。应令州郡访察官吏、百姓中有超群出类拔萃可以胜任将相及出使遥远的国家的人才。"

六年冬，驾临回中宫。春，建造首山宫。

三月，驾临河东郡，祭祀后土神庙。下诏说："朕祭祀首山，山下田地里挖出珍宝，有的化为黄金。祭祀后土，神光三照。应赦汾阴县死罪以下罪犯，赐天下贫民布帛，每人一匹。

益州、昆明人反汉、赦免京师死囚令其从军，派遣胡将军郭昌率领这些士兵前往袭击。

夏，京师百姓在上林平乐馆观看杂技戏。

秋，大旱，虫灾。

太初元年，冬十月，驾临泰山。

十一月甲子初一晨，冬至，在明堂祭祀天帝。

乙酉，柏梁台失火。

十二月，在高里山下祭祀后土。东行至渤海岸，遥祭蓬莱。春天返回，在甘泉宫召见郡国计簿使。

二月建造建章宫。

夏五月，确定新历法，以正月为一年之开始。祭祀时的服装以黄色为上，计数以五为贵，确定官名，协调音律。

派遣因杅将军公孙敖建造塞外受降城。

秋八月，驾临安定。派遣贰师将军李广利征调天下有罪百姓西征大宛。

蝗虫从东方飞到敦煌。

二年春正月戊申，丞相石庆去世。

三月，驾临河东郡，祭祀后土。让天下百姓大饮五日，祭饮五日，祭祀宗族，以及腊祭百神。

夏四月，下诏说："朕祭祀介山，祭祀后土，皆有神光照应。应赦汾阴、安邑死罪以下犯人。

五月，登记官吏、百姓养马数量，从中征调一批补充驾车马、战马。

秋，蝗灾。派遣浚稽将军赵破奴率二万骑兵从朔方出击匈奴，没有返回。

冬十二月，御史大夫倪宽死。

三年春正月，东行巡游海上。夏四月，返回，修理增高泰山祭坛，祭祀石闾山。

派遣光禄勋徐自为建造五原塞外防御城塞，西北到卢朐山，游击将军韩说率兵屯驻此地。强弩将军都尉路博德建造居延城。

秋，匈奴侵入定襄郡、云中郡，杀掠数千人，袭击破坏了光禄勋所筑列城章障；又侵入张掖、酒泉，杀死都尉。

四年春，贰师将李广利斩大宛王头，获得汗血马返回。作《西极天马之歌》。

秋，建造明光宫。

冬，驾临回中宫。

调弘农县都尉治理武关,收取出入者的关税供给关口官兵食用。

天汉元年春正月,驾临甘泉宫,祭太一天神。三月,驾临河东,祭后土神。

匈奴放回汉朝使者,派使者前来献礼。

夏五月,赦天下罪人。

秋,关闭城门搜索违法奢侈者。征发罪人屯戍五原。

二年春,驾临东海郡。返回时驾临回中。

夏五月,贰师将军率骑兵三万从酒泉郡出发,与匈奴右贤王大战于天山,斩获万余人。又派遣因杅将军从西河郡出兵,骑都尉李陵将兵五千人从居延城北出发,与单于战,斩匈奴万余人。李陵兵败,投降匈奴。

秋,下令禁止使用巫术在道路上祭祀。在京师大搜奸人。

渠黎等西域六国派使者前来献礼。

泰山、琅邪百姓徐勃等占据山险攻打当地县城,道路不通。朝廷派遣直指绣衣使者暴胜之等穿绣衣、持杖斧分别前往各州追捕。刺史郡守以下官员都处死。

冬十一月,下诏通告都尉说:"如今仗势横行的强人多去远方交结同党,依靠东方反叛的百姓。应谨慎察验出入关的人。"

三年春二月,御史大夫王卿有罪,自杀。

初次实行酒类专卖。

三月,驾临泰山,修理祭坛祭天,在明堂祭祖,随之召见郡国上计簿使。返回时驾临北地。祭祀常山地神,埋黑玉于地下。夏四月,赦天下罪人。驾临所过之地不要交当年田租。

秋,匈奴侵入雁门郡,太守因畏懦犯罪处死在街头。

四年春正月,在甘泉宫朝见诸侯王。征发天下七种人(其中包括有罪官吏、死囚、赘婿、贾人、原来是商人户籍的人、父母是商人户籍、祖父母是商人户籍的七种人）及勇敢之士，派遣贰师将军李广利率六万骑兵、七万步兵从朔方出兵，因杅将军公孙敖率万骑、步兵三万从雁门郡出兵，游击将军韩说率步兵三万人从五原出发，强弩都尉博德率步兵二万人与贰师将军会合。李广利与单于在余吾水连日交战，公孙敖与左贤王交战失利，都带兵返回。

夏四月，立皇子刘髆为昌邑王。

秋九月，让死刑罪犯交五十万钱赎减死罪一级。

太始元年春正月，因杅将军公孙敖有罪，处以腰斩死刑。

迁徙郡国豪氏、官吏中仗势不守法者到茂陵、云陵居住。

夏六月，赦天下罪人。

二年春正月，驾临回中宫。

三月，下诏说：“朝中官员议论说，不久前朕祭天时见到天帝，西方登上陇首山，猎获白麟以赠祀宗庙，渥洼水出现天马，泰山显出黄金，宜改归的钱币名称。今改黄金为麟足马蹄形以便适应祥瑞。"用此黄金赏赐诸侯王。

秋，旱灾。九月，招募死罪交出钱五十万减死罪一级。

御史大夫杜周死。

三年春正月，驾临甘泉宫，宴请外国宾客。

二月，让天下百姓饮酒五日。驾临东海郡，猎获赤雁，作《朱雁之歌》。驾临琅邪郡，在成山上拜日。登上之罘山。乘船于大海上。山中有万岁声。冬，赏赐驾临所过之地每户五千钱，鳏寡孤独者帛每人一匹。

四年春三月，驾临泰山。壬午，在明堂拜祭高祖，以其牌位配于天帝之侧，遂即召见郡国上计簿使。癸未日，在明堂拜祭孝景帝。甲申，修理祭坛以祭天神。丙戌，在石间山祭天。夏四月，驾临不其县，在交门宫拜祭神人，像是对座位上的神拜祭一样。作《交门之歌》。夏五月,返回驾临建章宫,大设酒宴,赦天下罪人。

秋七月,赵国有蛇从城外进入,与城中蛇群斗于孝文帝庙下,城中蛇死。

冬十月最后一天,日食。

十二月,驾临雍县,拜祭五帝,西到安定、北地。

征和元年春正月,返回,驾临建章宫。

三月,赵王刘彭祖去世。

冬十一月,征派三辅骑士大搜上林苑,关闭长安城门搜查行巫术者,十一日才放行。巫术诅咒,埋木偶害人事件发生了。

二年春正月,丞相公孙贺下狱自杀。

夏四月,大风吹坏房屋折断树木。

闰四月,诸邑公主、阳石公主都因用巫术犯罪被处死。

夏,驾临甘泉。

秋七月,按道侯韩说、使者江充等人在太子住处掘出木偶人。壬午日,太子与皇后合谋杀江充,拿兵符调军队与丞相刘屈氂大战长安城,死者数万人。庚寅日,太子逃出,皇后自杀。开始派驻城门屯兵,更换兵符上加黄色耗毛小穗。御史大夫暴胜之、司直田仁因失于放纵而犯罪,胜之自杀,田仁处以腰斩死刑。八月辛亥日,太子自杀于湖县。

癸亥日,地震。

九月,立赵敬肃王刘彭祖之子刘偃为平干王。

匈奴侵入上谷、五原,杀掠官民。

三年春正月,驾临雍县,然后到达安定、北地。匈奴侵入五原,御史大夫商丘成率二万步兵从西河出发,重合侯马通率四方骑从酒泉出发。丘成到达浚稽山与匈奴交战,杀知甚众。马通到达天山，匈奴退去，于是降车师国。丘成、马通都率部返回。李广利兵败，投降匈奴。

夏五月，赦天下罪人。

六月丞相刘屈氂下狱用腰斩罪罚处死。其妻悬首示众。

秋，蝗灾。

九月，谋反人公孙勇、胡倩被发现，皆伏法。

四年春正月，驾临东莱到达大海岸边。

二月丁酉，陨石落在雍县，有二块，声响传至四百里。

三月，武帝在巨定耕田。返回后驾临泰山，修理坛台祭祀天神。庚日，在明堂拜祭。癸巳日，祭石闾山。夏六月，返回后驾临甘泉。

秋八月最后一天，日食。

后元元年春正月，驾临甘泉，祭祀太一神庙，然后驾临安定。

昌邑王髆去世。

二月，下诏说："朕祭祀天神时见到上帝，在北边巡游时，见到群鹤停留。由于未用网捕。所以没有献上猎物。进献太一神庙，神光、景象同时出现。应赦天下罪人。"

夏六月，御史大夫商丘成有罪自杀。侍中仆射莽何罗与弟重合侯马通谋反，侍中驸马都尉金日磾，奉车都尉霍光、骑都尉上官桀讨平反叛。

秋七月，地震，常常涌出泉水。

二年春正月，在甘泉宫朝见诸侯王，赏赐宗室。

二月，驾临盩厔县五柞宫。乙丑，立皇子弗陵为皇太子。丁卯，武帝驾崩于五柞宫，在未央宫前殿入殓。三月甲申，葬在茂陵。

赞说：汉承接了历代弊端，高祖拨乱反正，文帝、景帝注重养民，对于考究古代礼乐制度之事，还很缺乏。孝武帝刚刚继位，卓有远见地罢黜百家，突出《六经》的地位。于是谁能为天下谋事，推举为优秀人才，让他建功立业。兴办太学，修建祭祀庙祠，改正月为一年第一个月，确定历法，协调音律，作诗赋乐曲，建造祭天禅台，祭祀百神，继续周朝传统，号令制度，光彩值得称述。后继者得以继承宏大事业，而具备夏、商、周三代的风气。像汉武帝这样的雄才大略，不改变文、景时恭俭以救助百姓的政策的话，就是《诗》《书》所赞美的制度又能超过多少呀！